unei doamne

Alma, parte a Grupului Editorial Litera
O.P. 53; C.P. 212, sector 4, Bucureşti, România
tel.: 021 319 63 93; 0752 101 777

Editor: Vidraşcu şi fiii
Redactor: Georgiana Harghel
Corector: Georgiana Enache
Copertă: Florentina Tudor
Tehnoredactare şi prepress: Ioana Cristea

Descrierea CIP a Bibliotecii Naţionale a României
GARWOOD, JULIE
Secretele unei doamne / Julie Garwood. trad.: Graal Sot.
–Bucureşti: Litera, 2013
ISBN 978-606-686-191-5
I. Soft, Graal (trad.)

821.111(73)-31=135.1

JULIE GARWOOD

Secretele unei doamne

Traducere din limba engleză
Dana Purgaru

Alma

Nici un om nu-i o insulă;
Fiecare-i o parte de continent, o fărâmă din întreg.
Un bulgăre de pământ de e luat de mare, Europa devine mai mică;
La fel un promontoriu sau pământul prietenilor tăi ori moşia ta.
Moartea unui om mă slăbeşte, fiindcă-s parte a umanităţii;
Prin urmare, nu-ncerca în van să afli pentru cine bat clopotele...
Căci pentru tine bat.

JOHN DONNE
Meditaţia XVII

Prolog

New York, 1860

O găsiră în gunoi. Norocul era de partea lor; şobolanii nu ajunseseră încă la ea. Două rozătoare se urcaseră deja pe acoperitoarea coşului de picnic şi îşi făceau loc frenetic cu ghearele prin răchită, în timp ce alţii rupeau marginile cu dinţii lor ascuţiţi ca nişte lame. Şobolanii erau înnebuniţi de parfumul dulceag al laptelui şi al cărnii fragede.

Străduţa era căminul găştii. Trei dintre cei patru băieţi dormeau duşi în paturi improvizate din lăzi de lemn căptuşite cu paie vechi. Avuseseră o noapte plină: furturi, escrocherii şi bătăi. Erau, pur şi simplu, prea epuizaţi ca să audă plânsetele bebeluşului.

Douglas avea să fie salvatorul ei. Al patrulea membru al găştii făcea de pază la capătul îngust al străduţei. Urmărea de ceva vreme o femeie cu pelerină neagră. Când se apropie grăbită de intrare, cu coşul în braţe, el îi avertiză pe ceilalţi membri ai găştii de o posibilă problemă, printr-un fluierat uşor, apoi se retrase la adăpost, în spatele unei grămezi de butoaie scorojite de whisky. Femeia se opri la intrarea în formă de arcadă, aruncă o privire grăbită peste umăr, spre strada principală, apoi fugi chiar în mijlocul străduţei. Se opri atât de brusc, încât rochia i se răsuci în jurul gleznelor. Apucă mânerul, îşi duse braţul spre spate îndeajuns de mult ca să-şi ia avânt serios şi azvârli coşul pe o piramidă de gunoi, adunat lângă peretele de vizavi. Coşul ateriză pe o parte, aproape de vârful grămezii. În tot acest timp femeia bombănise ceva în şoaptă. Douglas nu putu desluşi nici un cuvânt pentru că sunetul pe care îl scotea era estompat de un alt zgomot care venea din coş. I se păru că aduce a mieunat de pisică. Se uită în treacăt la coş; toată atenţia îi era îndreptată spre necunoscută.

Era evident că femeii îi era teamă. Observă că mâinile îi tremurau când îşi trase marginile glugii pe frunte. Se gândi că, probabil, se simțea vinovată pentru că se descotorosea de vreun animal de casă. Probabil că acesta era bătrân şi suferind şi nimeni nu-l mai dorea prin preajmă. Aşa sunt oamenii, se gândi Douglas. Niciodată nu vor să fie deranjați de cei prea bătrâni sau prea tineri. Prea multă bătaie de cap, își dădu el cu părerea. Se surprinse dând din cap şi aproape înjurând cu voce tare gândindu-se cum stau lucrurile şi, mai ales, la laşitatea femeii. Dacă nu voia animalul, de ce nu-i dădea, pur şi simplu, drumul? Nu avu timp să se gândească prea mult la un posibil răspuns pentru că ea se întoarse brusc şi alergă înapoi înspre stradă. Şi fără să se uite în urmă. Când femeia ajunse aproape de colț, Douglas mai fluieră o dată. De data asta fu un fluierat puternic, ascuțit. Cel mai vechi dintre membrii bandei, un sclav fugar pe nume Adam, sări în picioare cu agilitatea şi viteza unui animal de pradă. Douglas arătă spre coş, apoi porni în urmărirea femeii. Observase plicul gros care ieşea din buzunarul hainei acesteia şi i se păru momentul potrivit să acționeze. La urma urmelor, era cel mai bun hoț de buzunare care bântuise în ultimii unsprezece ani de pe Market Street.

Adam îl urmări cu privirea pe Douglas, apoi se întoarse să ia coşul. Nu era o sarcină uşoară.

Şobolanii nu voiau să renunțe la prradă. Adam îl lovi pe unul dintre ei direct în cap cu o piatră zimțată. Animalul scoase un țipăt ascuțit şi apoi fugi spre stradă. Adam aprinse torța şi o flutură înainte şi înapoi deasupra coşului ca să-i sperie pe ceilalți şobolani. Când se asigură că fugiseră toți, luă coşul din gunoi şi îl duse în patul din lăzi unde încă dormeau ceilalți membri ai bandei.

Aproape îl scăpă din mâini când auzi sunetul slab care venea dinăuntru.

– Travis, Cole, treziți-vă. Douglas a găsit ceva.

Adam trecu de paturi şi se îndreptă spre capătul înfundat al străduței. Se aşeză, îşi îndoi picioarele lungi, osoase, şi puse coşul jos. Se rezemă de peretele din cărămidă şi aşteptă să i se alăture şi ceilalți doi băieți.

Cole se aşeză în dreapta lui Adam, iar Travis, cu un căscat zgomotos, se ghemui în cealaltă parte.

– Ce-ai găsit, şefule? întrebă Travis încă somnoros.

Îi pusese întrebarea lui Adam. Ceilalți trei membri ai găștii îl ridicaseră pe sclavul evadat la rangul de lider cu o lună în urmă. Pentru a lua această decizie își folosiseră și judecata, dar și sentimentele. Adam era cel mai în vârstă dintre ei, avea aproape paisprezece ani și, prin urmare, era logic să-i conducă pe ceilalți. De asemenea, era cel mai inteligent dintre cei patru. Acestea erau motivele raționale, dar mai era unul, mai convingător: Adam își riscase viața ca să le salveze lor pielea. Pe străduțele lăturalnice din New York, unde supraviețuirea celor mai puternici era singurul lucru care avea importanță, nu era loc de prejudecăți. Foamea și violența stăpâneau noaptea, și nici una din ele nu ținea cont de culoarea pielii.

– Șefule? șopti Travis, grăbindu-l să răspundă.

– Nu știu ce-i, zise Adam.

Era pe cale să adauge că nu încă nu se uitase înăuntru, dar Cole îl întrerupse:

– E un coș, asta-i, bombăni el. Încuietoarea care ține capacul pare a fi din aur adevărat. Așa o fi?

Adam ridică din umeri. Travis, cel mai mic dintre băieți, îi copie gestul. Acceptă torța pe care i-o dădu Adam și o ținu îndeajuns de sus ca să poată vedea cu toții.

– N-ar trebui să-l așteptăm pe Douglas înainte să deschidem chestia asta? întrebă Travis.

Privi peste umăr, spre intrarea pe străduță.

– Unde s-a dus?

Adam întinse mâna spre încuietoare.

– O să vină.

– Așteaptă, șefule, îl avertiză Cole. Vine un sunet dinăuntru, spuse el și se întinse spre cuțit. Auzi, Travis?

– Aud, răspunse Travis. Ar putea să ne muște. Credeți că-i un șarpe?

– Sigur că nu poate fi un șarpe, îi răspunse Cole exasperat. Ai balegă în loc de creier, băiatule. Șerpii nu se scâncesc așa... ca, să zicem... pisoii.

Deranjat de replică, Travis își coborî privirea.

– N-o să aflăm niciodată dacă nu deschidem chestia asta, bombăni el.

Adam dădu din cap aprobator. Trase de încuietoare şi săltă capacul un centimetru. Nu sări nimic să-l atace. Răsuflă uşurat, apoi deschise cu totul capacul. Balamaua scârţâi.

Cei trei băieţi, care stătuseră cu umerii lipiţi de perete, se aplecară în faţă ca să se uite înăuntru.

Apoi icniră la unison. Nu le venea să-şi creadă ochilor. Un bebeluş perfect şi frumos ca un înger dormea liniştit. Cu ochii închişi şi cu un pumn minuscul în dreptul guriţei, pruncul îşi sugea din când în când degeţelul şi scâncea; era sunetul pe care-l auziseră mai devreme.

Adam fu primul care îşi reveni din surpriză.

– Dumnezeule mare, şopti el. Cum e posibil să arunci ceva atât de frumos?

Când văzu copilul, lui Cole îi scăpă cuţitul din mână. Se întinse spre el, observă că mâna îi tremura ca o reacţie la teama legată de ceea ce se putea ascunde înăuntru şi clătină din cap; i se părea că se poartă ca un laş. Îşi modifică vocea ca să pară aspră şi să mascheze jena pe care o simţea.

– Sigur c-au aruncat copilul. Oamenii fac asta tot timpul. Şi bogaţii, şi săracii. N-are importanţă. Se satură de ceva şi îl aruncă precum gunoiul. Nu-i aşa, Travis?

– Aşa-i, fu de acord Travis.

– Şefule, n-ai auzit nici una dintre poveştile despre orfelinate de la Douglas şi Travis?

– Am văzut mulţi bebeluşi, îi anunţă Travis înainte ca Adam să răspundă la întrebarea lui Cole. Ei bine, poate nu mulţi, dar am văzut câţiva, continuă el în încercarea de a fi cât mai precis. Îi ţin sus, la etajul trei. Nici unul dintre micuţi nu a scăpat, din câte-mi amintesc. Îi pun în salonul ăla şi uneori uită că sunt acolo. Cel puţin, cred că asta s-a întâmplat.

Vocea lui tremură la amintirea perioadei pe care o petrecuse într-unul dintre centrele pentru orfani.

– Copilaşul ăsta n-ar fi scăpat cu viaţă dacă ar fi trăit acolo, adăugă el. E prea mic.

– Am văzut şi mai mici pe Main Street. Nellie, curva, a avut unul. Şi de ce crezi că e băiat?

– E chel, nu? Numai băieţii se nasc fără păr.

Argumentul lui Travis i se păru logic lui Cole. Dădu din cap aprobator. Apoi se întoarse spre şeful lor.

– Ce-o să facem cu el?

– Nu-l aruncăm, îi anunță Douglas.

Ceilalți trei băieți făcură un pas spate şocați de asprimea din tonul lui. Douglas dădu din cap ca să le dea de înțeles că vorbeşte serios şi apoi adăugă:

– Am văzut totul. Un bărbat bine înțolit în haină şi frac s-a dat jos din trăsura lui scumpă. Avea coşul ăsta pe braț. Stătea sub felinarul de pe stradă, aşa că evident că i-am văzut foarte bine fața. Am văzut şi fața femeii. L-a aşteptat la colț, aşa mi s-a părut, şi, când bărbatul s-a dat jos din trăsură, s-a dus la ea. Femeia a tot încercat să-şi ascundă chipul, îşi tot trăgea gluga pe frunte, iar felul în care s-a purtat m-a făcut să cred că era tare speriată. Bărbatul s-a enervat şi nu mi-a luat mult să-mi dau seama de ce.

– Şi? De ce s-a enervat? vru Cole să ştie când Douglas se opri din povestit.

– Că ea n-a vrut să ia coşul, de-aia, explică Douglas.

Se ghemui lângă Travis înainte de a vorbi.

– Ea tot clătina din cap, fără încetare. Bărbatul era foc şi pară şi o amenința cu degetul. Apoi a scos un plic gros şi i l-a arătat. Atunci, ea s-a îmbunat. L-a înşfăcat din mâna lui, fulgerător, ceea ce m-a făcut să cred că plicul era important, apoi a luat în sfârşit coşul. El s-a urcat înapoi în trăsură, iar femeia a îndesat plicul în buzunar.

– Şi ce s-a întâmplat apoi? întrebă Travis.

– Ea a aşteptat până când trăsura a dat colțul, zise Douglas. Apoi s-a furişat pe străduța noastră şi a aruncat coşul. Nu prea i-am dat atenție. Am crezut că-i o pisică înăuntru. Nu m-am gândit niciodată că ar putea fi un copil. Nu cred că aş fi plecat dacă aş fi ştiut...

– Unde-ai fost? îl întrerupse Cole.

– Mă rodea curiozitatea să aflu ce e în plicul din buzunarul ei, aşa c-am urmărit-o.

– L-ai luat? întrebă Travis.

Douglas chicoti.

– Sigur că l-am luat. Nu degeaba am reputația că sunt cel mai bun hoț de buzunare de pe Market Street, nu? Femeia se grăbea, dar mi-am strecurat mâna în buzunarul ei profitând de aglomerație, când mulțimea se înghesuia spre trenul de noapte. Nici n-a știut c-am atins-o. Femeie proastă. Abia acum își dă seama, probabil, ce s-a întâmplat.

– Ce-i în plic? întrebă Cole.

– N-o să vă vină să credeți.

Cole își dădu ochii peste cap. Lui Douglas îi plăcea să tragă de timp. Îi înnebunea pe ceilalți.

– Îți jur pe Dumnezeu, Douglas, că dacă nu zici...

Travis îi întrerupse amenințarea.

– Am și eu ceva important de zis, spuse el.

Nu era absolut deloc interesat de conținutul plicului. Gândul lui era la copil.

– Ne-am înțeles cu toții că n-o să-l arunci pe micuț. Așa că, acum, mă întreb cui o să i-l dăm.

– Nu știu pe nimeni care să vrea un bebeluș, admise Cole.

Își frecă bărbia încă netedă, așa cum văzuse la tâlharii mai în vârstă și mai versați. I se părea că gestul îl făcea să pară mai bătrân și mai înțelept.

– La ce-i bun? continuă el.

– Probabil că la nimic, răspunse Travis. Cel puțin, nu încă. Totuși, poate când se face mai mare...

– Da? zise Douglas care devenise brusc curios când auzise entuziasmul subit din vocea lui Travis.

– Cred că am putea să-l învățăm cu toții câteva lucruri.

– Cum ar fi? întrebă Douglas și apoi întinse mâna și atinse ușor fruntea bebelușului cu degetul arătător. Pielea lui părea din satin.

Travis simți un val de căldură la gândul că se putea ocupa de educația copilului. Îl făcea să se simtă important și folositor.

– Douglas, tu l-ai putea învăța să șterpelească din buzunare. Ești bun la asta. Și tu, Cole, l-ai putea învăța să fie dur. Am văzut privirea din ochii tăi când ai senzația că ți-a făcut rău cineva. L-ai putea învăța pe micuț să se uite și el la fel de urât. Chiar înspăimântător.

Cole zâmbi. Îi plăcea complimentul.

– Mi-am făcut rost de un pistol, şopti el.

– Când? întrebă Douglas.

– Ieri, răspunse Cole.

– Eu l-am văzut deja, se lăudă Travis.

– O să trag cu el imediat ce fac rost de gloanţe. O să fiu cel mai rapid pistolar de pe Market Street. Aş putea să-l fac pe micuţul ăsta să-mi calce pe urme.

– Eu aş putea să-l învăţ cum să facă rost de lucruri, anunţă Travis. Mă pricep să găsesc tot ce avem nevoie, nu-i aşa, şefule?

– Da, fu de acord Adam. Te pricepi foarte bine.

– Am fi cea mai tare gaşcă din New York. Toată lumea s-ar teme de noi, şopti Travis.

Era atât de entuziasmat de această posibilitate încât ochii îi sclipeau. Din voce se simţea că începuse să viseze.

– Chiar şi Lowell şi prietenii lui ticăloşi, adăugă el şi se gândi la membrii găştii rivale de care se temeau cu toţii în secret.

Băieţii rămaseră tăcuţi, cu gândurile la frumoasa imagine pe care Travis tocmai le-o descrisese. Cole îşi frecă din nou bărbia. Îi plăcea ce visa. Fu nevoit să-şi alunge înflăcărarea din voce când vorbi din nou.

– Şefule, i-ai putea spune totul despre cărţile de care ştii de la mama ta. Poate l-ai putea face la fel de deştept ca tine.

– L-ai putea învăţa să citească, să nu fie biciuit, aşa cum ai păţit tu, interveni Travis.

– Dacă-l păstrăm, primul lucru pe care trebuie să-l facem este să-i scoatem rochia aia caraghioasă, anunţă Douglas.

Se încruntă, privind cămaşa albă, lungă, şi clătină din cap.

– N-o să râdă nimeni de el. O să avem noi grijă de asta.

– Îl omor pe ăla care încearcă numai să rânjească la el, promise Cole.

– Toţi bebeluşii poartă chestiile astea, zise Travis. Am mai văzut. În asta dorm.

– De ce? întrebă Douglas.

– N-au nevoie de alte haine pentru că încă nu ştiu să meargă.

– Cum o să-i dăm de mâncare? întrebă Cole.

–Are o sticlă cu lapte în coş. Când se goleşte, o să mai fac rost, promise Travis. Probabil că n-are încă dinţi, aşa că nu poate mesteca mâncare adevărată. Laptele o să-i ajungă deocamdată. Mai sunt şi nişte scutece uscate... o să mai fac rost.

–Cum de ştii aşa de multe despre bebeluşi? întrebă Cole.

–Pur şi simplu, răspunse Travis şi ridică din umeri.

–Cine-l schimbă când face pipi? întrebă Douglas.

–Cred că asta ar trebui să facem cu toţii, pe rând, sugeră Cole.

–Am văzut scutece atârnate pe sforile din spatele casei lui McQueeny. Erau şi nişte haine mici, atârnate acolo la uscat. Pot să-i aduc câteva micuţului. Ia spuneţi, cum o să-l botezăm? întrebă Travis. Are cineva vreo idee?

–Ce ziceţi de Micul Cole? sugeră Cole. Sună frumos.

–Ce ziceţi de Micul Douglas? întrebă Douglas. Sună frumos.

–Nu-l putem boteza după unul dintre noi, spuse Travis. Ne-am certa dacă am face-o.

Douglas şi Cole se văzură nevoiţi să fie de acord cu Travis.

–Bine, admise Cole. Numele trebuie să sune important.

–Numele babacului meu a fost Andrew, interveni Douglas.

–Şi? întrebă Cole. Te-a abandonat la orfelinat după ce-a murit maică-ta, nu-i aşa?

–Mda, recunoscu Douglas cu capul plecat.

–Nu-l botezăm pe micuţ după un tip care a abandonat un copil. Nu-i corect. Avem principii, nu? Şi-aşa a fost aruncat la gunoi... N-are rost să-i aducem aminte de asta dându-i numele babacului tău. Eu zic să-i spunem Sidney, după tipul acela ferchezuit care făcea jocurile pe Summit Street. Era dat dracu' Sidney. Ţi-l aminteşti, Douglas, nu? întrebă Cole.

–Mi-l amintesc bine, răspunse Douglas. Era foarte respectat.

–Aşa-i, spuse Cole. Şi a murit din cauze naturale. Asta-i important, nu-i aşa? Nu i-a venit nimeni de petrecanie.

–Îmi place cum sună, interveni Travis. Hai să votăm.

Douglas ridică mâna. Era plină de mizerie şi de funingine.

–Cine-i de acord?

Cole şi Travis ridicară amândoi mâna. Adam nu se mişcă. Cole păru a fi singurul care observă că şeful lor nu se implicase în conversaţie în ultimele minute. Se întoarse şi se uită la el.

–Ce s-a-ntâmplat, şefule?

–Ştii ce s-a-ntâmplat, răspunse Adam pe un ton sâcâit. Trebuie să plec. Am stat şi-aşa prea mult. Dacă vreau să fiu liber şi să nu-mi fac griji că fiii stăpânului meu mă vor găsi şi mă vor duce înapoi, trebuie s-o iau spre Vest. Nu-mi pot duce viaţa ascunzându-mă pe tot felul de străduţe până la lăsarea nopţii. Oricine se poate face nevăzut în sălbăticie. Înţelegeţi asta, nu? N-ar trebui să votez pentru bebeluş. N-o să fiu aici să ajut la creşterea lui.

–Nu ne putem descurca fără tine, Adam, ţipă Travis. Nu ne poţi părăsi.

Părea un băieţandru înspăimântat. Vocea i se frânse şi se transformă într-un suspin zgomotos. Gândul că va fi abandonat de protectorul lui îl înspăimânta.

–Te rog să rămâi, îl imploră el aproape ţipând.

Zgomotul îl trezi pe bebeluş. Micuţul tresări şi scoase un icnet. Adam se întinse spre coş şi îi mângâie cu stângăcie burtica. O singură atingere şi îşi retrase mâna imediat.

–Bebeluşul ăsta e ud leoarcă.

–Ud de ce? întrebă Cole care întinse mâna spre sticlă încercând să vadă dacă e cumva spartă.

–Pipi, răspunse Travis. Ar fi bine să-i dai scutecul jos, şefule. Altfel o să i se înroşească fundul.

Bebeluşul era pe cale să se trezească. Băieţii se uitau la el fascinaţi. Nici unul dintre ei nu-şi amintea să fi fost vreodată atât de aproape de o fiinţă atât de mică.

–Arată ca un moş când îşi schimonoseşte faţa aşa, şopti Douglas şi pufni. E drăgălaş micuţul, nu?

Cole aprobă dând din cap, apoi se întoarse spre Adam.

–Tu eşti şeful acum, Adam. Trebuie să-i dai scutecul jos.

Cel mai mare dintre ei nu se eschivă de la această responsabilitate. Trase adânc aer în piept, făcu o grimasă, apoi îşi strecură palma pe sub braţele bebeluşului şi îl ridică cu grijă din coş. Micuţul deschise ochii. În lumina torţei pe care Travis o ţinea deasupra, văzură cât de albaştri erau aceştia.

–Ar putea fi fraţiorul tău, Cole. Amândoi aveţi fix aceeaşi culoare a ochilor.

Mâinile întinse ale lui Adam erau țepene. Avea o expresie chinuită. Transpirația îi scălda fruntea. Era evident că îl speria faptul că ținea în brațe bebelușul. Nu știa cât de tare să-l strângă și îi era teamă că micuțul va începe să plângă. Habar n-avea ce-ar fi făcut atunci. Îi șopti răgușit lui Cole să ridice cămașa lungă și să desfacă scutecul.

– De ce eu? se plânse Cole.

– Travis ține torța, iar Douglas e prea departe ca să ajungă la mâinile mele, răspunse Adam. Grăbește-te. Ar putea începe să scâncească din nou. Mi-e teamă să nu-l scap. E așa ușor, parcă țin aer în palme.

– E curios micuțul, nu? remarcă Travis spre Douglas. Uite cum ne studiază pe fiecare în parte. Tare serios pentru o chestie așa mică.

– Douglas, vino la mine și șterge-mi fruntea, ceru Adam. Nu văd din cauza transpirației care-mi pică-n ochi.

Douglas înșfăcă o cârpă și se conformă. Adam se purta de parcă ținea un pachet de dinamită. Concentrarea lui era extrem de intensă și aproape dureros de urmărit.

Travis fu cel care observă umorul situației. Izbucni într-un hohot de râs.

– N-o să explodeze, șefule. E exact ca tine, doar că mai mic.

Cole nu era atent la pălăvrăgeala din jur. Își ținu respirația în timp ce se ocupa de scutec. Bumbacul ud îi făcea greață. Când desfăcu, în sfârșit, bucata de pânză, aceasta căzu grămadă, lângă coș. Băieții făcură o pauză, se uitară în jos și se încruntară privind cârpa care le făcuse atâtea probleme. Cole își șterse mâinile de cracii pantalonilor, apoi se întinse să tragă cămașa înapoi peste coapsele grăsuțe ale bebelușului. După ce făcu asta își dădu seama brusc. Se uită din nou ca să se asigure că nu se înșela.

Sidney era fetiță. O fetiță cheală. Se enervă instantaneu. Ce naiba aveau să facă cu o fetiță, care nu va fi niciodată bună de nimic? Începu să clatine din cap. Se hotărî pe loc. Nu voia să aibă de-a face cu ea. Nu și nu, niciodată. N-aveau decât s-o arunce înapoi în gunoi. Se răzgândi, însă, în mai puțin de un minut.

Când tocmai se pregătea să adopte o expresie amenințătoare, se uită întâmplător la chipul ei. Îl fixa cu privirea. Își întoarse capul spre stânga pentru a ieși din câmpul ei vizual. Ochii fetiței îl urmăriră. Cole încercă să se uite în altă parte. Nu reuși. Nu voia s-o privească, dar se părea că nu va reuși să se abțină. Apoi ea îi zâmbi.

Era pierdut. Legătura dintre ei se formase într-o clipită. Toate celelalte lucruri picară unul câte unul ca niște piese de domino.

– Trebuie să facem lucrurile ca la carte.

Vorbele lui Cole se auziră în șoaptă. Ceilalți băieți se întoarseră și se uitară la el.

– Ce să facem ca la carte? Travis puse întrebarea care era pe buzele tuturor.

– Nu se mai pune problema să fim cea mai tare gașcă din New York. Nu putem ține copilașul aici. N-ar fi corect. Ea are nevoie de o familie, nu de niște borfași care să-i dea ordine.

– Ea?

Adam fu cât pe ce să scape bebelușul.

– Vrei să spui că tu crezi că Sidney e fetiță? continuă el.

– Nu doar cred, știu, anunță Cole dând din cap. Nu are toate cele necesare ca să fie băiețel.

– Doamne sfinte, șopti Adam.

Cole nu-și dădea seama ce era mai amuzant, expresia oripilată de pe fața lui Adam când rosti numele Celui de Sus sau sunetul ciudat pe care îl scosese din gât când făcuse acest lucru. Păru că se înecase cu un copan de pui.

– Nu vreau fete pe-aici, bombăni Travis. Nu-s bune de nimic. Le urăsc pe toate. Nu fac altceva decât să se plângă mereu.

Ceilalți băieți îl ignorară pe Travis. Douglas și Cole se uitau amândoi la Adam. Șeful lor avea o expresie pierdută.

– Ce-i, șefule? întrebă Cole.

– Un negru n-ar trebui să țină în mâini o fetiță albă ca un crin, zise Adam.

Cole pufni.

– Te-am văzut când ai salvat-o din gura șobolanilor. Dacă ar fi fost mai mare și ar fi înțeles ce se întâmplă, ar fi fost foarte recunoscătoare.

– Chiar aşa, sublinie Douglas şi dădu din cap.

– În plus, adăugă Cole, ea nu ştie dacă eşti alb sau negru.

– Zici că-i oarbă? întrebă Travis uimit de acea posibilitate.

– Nu-i oarbă, bombăni Cole exasperat. Doar că-i prea mică să înțeleagă ce e ura. Când se nasc, bebeluşii nu urăsc nimic. Trebuie învățați să facă asta. Când se uită la Adam, nu vede decât un frate. Mda... exact asta vede. Iar frații mai mari îşi protejează surioarele, nu-i aşa? E o lege sacră, sau ceva de genul ăsta. Poate că micuța ştie deja asta.

– I-am promis ceva mamei mele, le vorbi din nou Adam. I-am dat cuvântul meu de onoare c-o să fug cât de departe pot spre vest, până o să găsesc un loc în care să fiu în siguranță. Mama mi-a zis că vine războiul şi, când o să se termine şi totul o să se liniştească, e posibil să fie eliberată. Mi-a promis că atunci va veni după mine. Nu trebuie decât să reuşesc să rămân în viață până-n ziua aceea. I-am promis c-o să supraviețuiesc, iar un fiu nu-şi încalcă niciodată promisiunea făcută mamei lui. Trebuie să fug pentru ea.

– Ia bebeluşul cu tine, îi spuse Cole.

– O să mă spânzure, pufni Adam.

– La dracu', oricum o să te spânzure că l-ai omorât pe ticălosul ăla de stăpân al tău, zise Cole.

– Dacă o să te prindă, Adam, interveni Douglas. Iar tu eşti prea deştept să laşi să se întâmple una ca asta.

– Şi eu mă simt ca un frate pentru bebeluş, anunță Cole.

Ceilalți băieți se întoarseră imediat spre la el. Se simți jenat de felul în care îl priveau.

– Nu e nici o ruşine că spun asta, adăugă el repede. Eu sunt puternic, iar ea e doar o ființă mică şi are nevoie de frați, ca Adam şi ca mine, care să se asigure că va creşte aşa cum se cuvine.

– Aşa cum se cuvine? Ce ştii tu despre asta? întrebă Douglas.

În vocea lui se citea neîncrederea şi ironia.

– Nimic, admise Cole. Nu ştiu nimic despre ceea ce se cuvine, adăugă el. Dar Adam ştie totul despre asta, nu-i aşa, Adam? Tu vorbeşti bine şi citeşti şi scrii ca un domn. Mama ta te-a învățat, iar acum mă poți învăța şi tu pe mine. Nu vreau să-mi neglijez surioara. N-ar fi deloc bine.

– Ar putea să ne învețe pe toți, spuse Douglas, care nu voia să fie lăsat pe dinafară.

– Nu cred că aş urî-o dac-aş fi fratele ei mai mare, mormăi Travis. O să fiu foarte puternic când o să mă fac mare. Nu-i aşa, Douglas?

– Da, aşa e, confirmă Douglas. Ştii ce cred eu?

– Ce? întrebă Adam.

Zâmbi, în ciuda grijilor pe care şi le făcea, pentru că micuța tocmai îi adresase cel mai caraghios rânjet. Era evident că este fericită. Părea să-i placă să fie în centrul atenției. Avea multă putere asupra lor pentru o ființă atât de mică. Simplul ei zâmbet îl făcea să se simtă inundat de un val de căldură şi de linişte în interior. Uşurința cu care îl acceptase topise nodul dureros pe care îl simțise în stomac din ziua în care fusese nevoit să-şi părăsească mama.

Fetița era un dar magic pe care îl primise în grijă, şi era de datoria lui să se asigure că ea era îngrijită, protejată şi prețuită.

– Uneori mă întreb dacă Dumnezeu ştie mereu ce face, şopti Adam.

– Sigur că ştie, răspunse Douglas. Şi cred că ar vrea să găsim un alt nume pentru bebeluşul nostru. Sidney nu mai pare atât de potrivit. Sper să-i crească păr. Nu-mi place ideea de a avea o surioară cheală.

– Mary, se repezi Cole.

– Rose, spuse Adam în acelaşi timp.

– Mary a fost numele mamei mele, explică Cole. A murit când m-a născut. Am auzit de la vecini că era o femeie foarte bună.

– Numele mamei mele este Rose, spuse Adam. Şi ea e o femeie foarte de treabă.

– Bebeluşul adoarme, şopti Travis. Puneți-o jos în coş şi am să încerc să-i pun un alt scutec. Apoi o să vă puteți certa mai departe pentru numele ei.

Adam făcu ceea ce i se spusese. Îl urmăriră cu toții pe Travis care, cu stângăcie, îi puse un alt scutec uscat. Copilaşul dormea dus când el îşi termină treaba.

– Nu cred că avem motiv să ne certăm, spuse Douglas.

Se întinse să acopere bebeluşul, în timp ce Adam şi Cole murmurau în continuare motivele pentru care voiau ca fetiţa să fie botezată după mamele lor. Douglas ştia că urma o ceartă şi voia s-o oprească înainte să se ajungă prea departe.

– Eu cred că e stabilit. Numele ei este Mary Rose. Mary după mama ta, Cole, iar Rose după mama ta, Adam.

Cole fu primul care îşi dădu seama de cât de frumos era numele şi zâmbi; Adam aprobă şi el repede. Travis începu să râdă, dar Douglas îi făcu semn să tacă şi îl împunse cu cotul ca să nu trezească bebeluşul.

– Trebuie să facem nişte planuri, şopti Douglas. Cred că ar trebui să plecăm cât mai repede, poate chiar mâine, cu trenul de noapte. Travis, ai timp până atunci să faci rost de lucrurile de care avem nevoie pentru Mary Rose. Eu o să cumpăr biletele. Adam, tu va trebui să te ascunzi în vagonul de bagaje cu bebeluşul. Este bine aşa?

Adam aprobă din cap.

– Tu fă planurile, iar eu o să fiu de acord, promise el.

– Cum o să iei biletele? întrebă Cole.

– Plicul pe care l-am luat de la femeia care a aruncat-o pe Mary Rose e plin cu bani. Erau şi nişte hârtii care păreau vechi, cu un scris înflorit şi sigilii pe fiecare coală, dar n-am desluşit nici una pentru că nu ştiu să citesc. Am recunoscut însă banii când m-am uitat în plic. Avem destui cât să mergem până unde are nevoie Adam să ajungă şi să facem rost de nişte pământ.

– Dă-mi să văd hârtiile, îi ceru Adam.

Douglas scoase plicul din buzunar şi i-l dădu şefului. Adam fluieră când văzu banii îndesaţi înăuntru. Găsi două hârtii şi le scoase afară. Una era plină cu cifre şi cu mâzgâlituri pe care nu le înţelegea, iar cealaltă coală părea o pagină goală smulsă dintr-o carte. Erau doar câteva cuvinte scrise în partea de sus, care ofereau ceva detalii despre data de naştere a copilei şi despre greutatea ei. Citi cuvintele cu voce tare astfel încât să ştie şi ceilalţi ce scria.

– N-a fost de ajuns că au aruncat-o. S-au descotorosit şi de hârtii, şopti Douglas.

– Eu n-am avut hârtii când am fost lăsat la orfelinat, zise Travis. Noroc că ştiam deja cum mă cheamă, nu-i aşa, Cole?

– Aşa cred, răspunse acesta.

Travis ridică din umeri de parcă ăsta nu ar fi fost un lucru important.

– Am o idee, aşa că nu mă întrerupeţi până nu mă ascultaţi până la capăt. Da?

Aşteptă până ce fiecare dintre ei confirmă şi apoi continuă:

– Sunt singurul dintre noi care ştie sigur că nu este căutat de oamenii legii şi că nu e nimeni pe urmele mele şi cred că Mary Rose ar trebui să poarte numele meu. Adevărul este că, dacă vrem să facem asta aşa cum trebuie, cum a zis Cole, atunci toată lumea ar trebui să ia numele meu. Până la urmă, fraţii şi surorile sunt cu toţii parte a aceleiaşi familii şi cu toţii trebuie să poarte acelaşi nume. Deci eu zic că, din clipa asta, ar trebui să ne numim cu toţii Clayborne. Sunteţi de acord?

– Nimeni n-o să creadă că sunt un Clayborne, protestă Adam.

– Cui îi pasă dacă te crede cineva? întrebă Cole. Nu cerem aprobarea, vrem doar să fim lăsaţi în pace. Dacă spui că eşti un Clayborne, şi noi spunem că eşti un Clayborne, cine o să spună că nu-i aşa? Cine te provoacă trebuie să treacă mai întâi de noi dacă are chef de scandal. Şi, nu uita, adăugă el, acum am pistol. Nu peste mult timp o să pot face faţă oricărei probleme ivite în calea noastră.

Douglas şi Travis aprobară dând din cap. Adam răsuflă uşurat. Douglas îşi puse mâna deasupra coşului, cu palma în jos. Se uită la fiecare membru al găştii.

– Eu zic să votăm pentru mama Rose şi să devenim o familie pentru micuţa noastră Mary Rose. Suntem fraţi, şopti el.

Travis îşi puse mâna peste cea a lui Douglas.

– Fraţi, jură el.

Urmă Cole.

– Pentru Mary Rose şi mama Rose, îi asigură el. Suntem fraţi până la moarte.

Adam ezită pentru ceea ce le păru celorlalţi băieţi a fi o eternitate. Apoi se hotărî, într-un final. Mâna lui o acoperi pe a lui Cole.

– Frați, jură el cu vocea tremurând de emoție.
– Pentru cele două Rose.

3 iulie 1860

Dragă Mamă Rose,

Îți scriu pe adresa stăpânei Livonia și mă rog ca această scrisoare să vă găsească sănătoase pe amândouă. O să vă împărtășesc minunatele aventuri pe care le-am avut în drumul către Vest, dar mai întâi trebuie să-ți spun ceva foarte important. Este vorba de noua noastră familie. Ai o rudă ce-ți poartă numele, mamă. O cheamă Mary Rose.

Cu dragoste,

John Quincy Adam Clayborne

Capitolul 1

Montana Valley, 1879

Copila se întorcea în sfârşit acasă.

Cole aştepta lângă trăsură ca diligenţa să ia ultima curbă. Era atât de încântat încât abia dacă putea sta locului. Norul de praf ce se ridica de pe deal îi arăta faptul că diligenţa era aproape. Abia aştepta s-o vadă. Se întrebă dacă se schimbase mult în ultimele luni, apoi râse de ideea lui prostească. Mary Rose crescuse deja când plecase pentru ultimul an de şcoală. În afară de câţiva pistrui în plus pe nas sau de părul puţin mai lung, nu-şi putea imagina că apăruseră alte schimbări importante.

Doamne, ce dor îi fusese de ea. La toţi le fusese. Viaţa la fermă îi ţinea ocupaţi din zori până la apus şi numai la cină resimţeau lipsa ei şi a atitudinii de şefă pe care o avea în timp ce încerca să-i convingă să mănânce un fel nou de mâncare, diferit, pe care îl preparase special pentru ei. Era o bucătăreasă bună când nu se îndepărta prea mult de ceea ce le era cunoscut, dar nici unul dintre ei nu suporta sosurile franţuzeşti, sofisticate, pe care ei îi plăcea să le toarne peste orice.

Diligenţa avea mai bine de o oră întârziere, ceea ce însemna că vizitiul era arţăgosul Clive Harrington. Probabil că dorise să afle de la Mary Rose toate bârfele înainte să plece. Cu siguranţă, Clive îi solicitase toată atenţia şi, ştiind ce suflet bun avea sora lui, Cole era sigur că nici ea nu-l zorise ca să ajungă mai repede.

Cei doi erau buni prieteni şi nimeni nu înţelegea de ce. Clive Harrington era un bătrân ţâfnos, băgăcios, mereu încruntat, care se plângea necontenit, vorbea răstit, era, mai pe scurt, după părerea lui Cole, un ticălos cât se poate de enervant. În plus, era urât ca păcatul. Străzile din oraş se goleau când apărea el; numai Mary Rose rămânea prin preajmă. Atunci avea loc transformarea magică. Clive se schimba dintr-un ticălos sălbatic într-un om blajin. Nu numai că se purta de parcă ar fi fost cel mai bun prieten al tuturor, dar, pe fața lui, apărea un rânjet ridicol, care nu-i mai dispărea până-n seară. Harrington se făcea de râs agitându-se în preajma lui Mary Rose, şi totul se petrecea numai din cauza faptului că ea îi dădea nas. Chiar ținea la păduchele acela bătrân. Avea grijă de el când era în nevoie, se asigura că era invitat la masă, de sărbători, şi avea grijă de hainele lui. Harrington se îmbolnăvea mereu o dată pe an, de obicei în preajma perioadei în care se strângeau vitele, uneori chiar cu o lună înainte. Apărea la ei în prag, cu pălăria într-o mână şi cu o batistă murdară în cealaltă, şi le cerea sfaturi despre cum să-şi vindece cea mai recentă boală misterioasă. Totul la cacealma, desigur. Mary Rose îl conducea imediat pe bătrânul Clive în sufragerie şi îl îngrijea toată săptămâna. De atât avea nevoie ca să-şi revină.

Toată lumea din oraş vorbea despre boala de-o săptămână a lui Harrington ca de concediul lui anual şi, după felul în care bătrânul îşi ştergea colțurile ochilor şi îşi freca nasul cu batista în timp ce trăgea de hățurile cailor, Cole bănuia că deja îşi plănuise următorul moment de relaxare.

Nici nu se opri bine diligența că Mary Rose sări din ea.

– În sfârşit, sunt acasă! strigă ea.

Îşi săltă poalele rochiei şi alergă spre fratele ei. Boneta îi zbură de pe cap şi ateriză în praful din spatele ei. Râdea şi deborda de bucurie. Cole încercă să-şi păstreze expresia sobră pentru că nu voia ca Harrington să răspândească zvonul că, de acum, se înmuiase. Lui Cole îi plăcea ca toți cei din oraş să se teamă de el. Râsul surorii lui se dovedi, însă, contagios, iar Cole nu-şi mai putu controla reacțiile. Mai întâi zâmbi, apoi izbucni în râs. La naiba cu aparențele!

Mary Rose nu se schimbase deloc. Era la fel de exuberantă şi de neinhibată ca întotdeauna, şi Dumnezeu îi era martor că toți frații ei îşi făceau nenumărate griji pentru felul în care ea îşi punea parcă tot sufletul pe tavă.

Se aruncă în brațele lui. Pentru o ființă atât de mică, avea forța unui urs. Cole o îmbrățişă, o sărută pe creştet şi apoi îi sugeră să nu mai râdă ca o nebună. Ea nu se supără. Se retrase, îşi puse mâinile în şolduri şi îşi cercetă fratele cu privirea, din cap până în picioare.

– Eşti la fel de chipeş, Cole. Ai omorât pe cineva cât am fost la şcoală?

– Sigur că nu, se răsti el.

Îşi încrucişă braţele la piept, se rezemă de trăsură şi încercă să se încrunte la ea.

– Parcă ai mai crescut câţiva centimetri. Şi părul tău pare mai blond. Când te-ai ales cu cicatricea de pe frunte? Te-ai bătut?

Înainte să apuce să răspundă, ea se întoarse spre Harrington.

– Clive, fratele meu a împuşcat pe cineva cât timp am fost eu plecată?

– Din câte-mi amintesc, nu, do'nşoară Mary, strigă el.

– Vreo bătaie în care a scos cuţitul? întrebă ea.

– Nu cred, răspunse Clive.

Mary Rose păru convinsă. Zâmbi din nou.

– Sunt aşa de fericită că m-am întors acasă. M-am hotărât. Nu mai plec niciodată. Adam n-o să mă mai convingă să mă duc nicăieri, indiferent cât de bine ar putea fi pentru sufletul meu. Acum sunt educată şi am hârtii care dovedesc acest lucru. Doamne, ce cald e primăvara asta, nu-i aşa? Ador căldura, vântul şi praful. Travis s-a încăierat prin oraş? Nu contează, adăugă grăbită. Oricum nu mi-ai spune dacă a făcut ceva rău. Adam, însă, o să-mi spună. El îmi spune totul. Apropo, mi-a scris ce-ai făcut. E gata noul hambar? Am primit o scrisoare de la mama Rose chiar în ziua în care s-a terminat şcoala. Poştalionul a venit la ţanc. Nu e minunat? Trăim timpuri moderne. Cum e cu…

Lui Cole îi era greu să ţină pasul cu sora lui. Vorbea la fel de repede ca un politician.

– Mai rar, o întrerupse. Nu pot răspunde decât la o întrebare pe rând. Trage-ţi răsuflarea în timp ce eu îl ajut pe Harrington să-ţi descarce bagajul.

Câteva minute mai târziu, cufărul, cutiile şi cele trei valize erau urcate în spatele trăsurii. Mary Rose se urcă pe băncuţă şi începu să caute prin bagaje. Cole îi spuse să aibă răbdare până ajungeau acasă dacă voia să găsească vreun lucru. Ea îi ignoră sugestia. Închise o cutie şi se întoarse spre a doua. Harrington stătea lângă trăsură şi îi zâmbea.

– V-am simţit lipsa, don'şoară Mary, şopti el.

Roşi ca un băieţandru şi îi aruncă lui Cole o privire fugară, ca să se asigure că acesta nu râdea de el. Cole se prefăcu a nu fi auzit mărturisirea. Se întoarse înainte să-şi dea ochii peste cap. Sora lui era, evident, încântată de confesiunea lui Harrington.

– Şi mie mi-a fost dor de tine, Clive. Ai primit scrisorile mele?

– Sigur că da, răspunse el. Şi le-am citit de mai multe ori.

Mary Rose îi zâmbi prietenului ei.

– Mă bucur să aud asta. N-am uitat de ziua ta de naştere. Nu pleca încă. Am ceva pentru tine.

Scotocea cu înverşunare prin cufăr şi, într-un final, găsi cutia pe care o căuta. I-o înmână lui Clive.

– Asta-i pentru tine. Promite-mi că n-o deschizi până nu ajungi acasă.

– Mi-aţi luat un cadou? întrebă el năucit de uimire.

Ea zâmbi.

– Două cadouri, îl corectă. Mai e o surpriză ascunsă în primul.

– Ce e? întrebă Clive.

Se purta ca un copil în dimineaţa de Crăciun. Mary Rose îl luă de mână şi se apropie de trăsură.

– E o surpriză, răspunse ea. De-aia am înfăşurat-o într-o hârtie frumoasă. Mulţumesc pentru drum, adăugă ea şi făcu o reverenţă. A fost minunat.

– Nu sunteţi supărată pentru că nu v-am lăsat să mergeţi cu mine pe capră?

– Nu, nu-s supărată, îl asigură ea.

Harrington se întoarse spre Cole ca să-i explice.

– M-a implorat s-o las să stea acolo sus cu mine, dar m-am gândit că nu se cade ca o domnişoară aşa de cochetă să călătorească astfel.

Cole dădu din cap complet de acord.

– Trebuie să plecăm, Mary Rose.

Nu mai aşteptă ca ea să răspundă, ci se întoarse şi se urcă în trăsură. Luă frâiele şi îi ceru surorii lui să nu mai piardă vremea. Ea fugi mai întâi după bonetă. Clive îşi strângea cadoul în ambele mâini, în timp ce se îndrepta încet spre capra diligenţei. Se purta de parcă ar fi dus o comoară nepreţuită.

În sfârşit, porniseră pe drumul spre casă. Cole îi răspunse la întrebări în timp ce ea îşi dădea jos cea mai mare parte dintre lucrurile care dovedeau că devenise o doamnă. Îşi scoase mănuşile albe, apoi agrafele care-i prindeau cocul dichisit la ceafă. Păru mulţumită abia când pletele blonde îi căzură libere pe spate. Scoase un oftat de plăcere când îşi trecu degetele prin bucle.

– M-am săturat să mă port ca o cucoană, zise ea. Pe bune, este aşa un chin.

Cole râse. Mary Rose ştia că nu va beneficia de nici o urmă de simpatie din partea lui.

– N-ai râde dacă ar trebui să porţi corset. Îţi strânge trupul ca o menghină. Nu e nimic natural în asta.

– Te-au obligat să porţi aşa ceva la şcoală?

Cole fu îngrozit de idee.

– Da, răspunse ea. Dar n-am făcut-o. Până la urmă, nimeni n-avea de unde şti. Nu m-am îmbrăcat niciodată în public.

– Pentru Dumnezeu, sper că nu.

Fu nevoit să încetinească galopul cailor când începură să urce spre prima culme. Mary Rose se întoarse ca să se asigure că nu îşi pierduse cufărul aşezat în partea din spate a trăsurii. Odată ajunşi sus, se întoarse la loc. Îşi scoase jacheta bleumarin, o puse pe spatele băncuţei şi începu să-şi desfacă nasturii de la manşetele bluzei apretate. Gulerul o sufoca. Desfăcu şi primii trei nasturi.

– S-a petrecut ceva ciudat la şcoală. N-am ştiut ce să pricep din asta.

– Din ce? întrebă el.

– A venit o colegă nouă în ianuarie. Era din Chicago. Părinţii ei au însoţit-o ca s-o ajute să se instaleze.

– Şi?

Mary Rose ridică din umeri.

– Probabil că nu înseamnă nimic.

– Spune-mi oricum. Pari îngrijorată.

– Nu sunt îngrijorată, răspunse ea. Doar că e foarte ciudat. Mama fetei s-a născut şi a crescut în Anglia. I s-a părut că mă cunoaşte.

– N-are cum să te cunoască, spuse el. N-ai fost niciodată în Anglia. Ai fi putut s-o întâlneşti în altă parte?

Mary Rose clătină hotărâtă din cap.

– Sunt sigură că mi-aş fi amintit.

– Spune-mi ce s-a întâmplat.

– Traversam zona pe care o împărţim la comun. Am zâmbit nou-venitelor, ca să fiu politicoasă şi să le fac să se simtă bine-venite, şi, dintr-odată, mama fetei a ţipat îndeajuns de tare ca să sperie garguii de piatră de pe clădirea Emmet. M-a speriat şi pe mine.

– De ce? întrebă el.

– Ţipa şi arăta spre mine, explică Mary Rose. M-am simţit foarte jenată.

– Ce s-a întâmplat apoi?

– Şi-a dus ambele mâini la piept şi părea că mai avea puţin şi leşina.

– Am înţeles, Mary Rose. Tu ce-ai făcut?

Bănui pe dată că sora lui nu-i spunea totul. Intra mereu în necazuri şi apoi era mereu uimită de problemele care, inevitabil, urmau.

– N-am făcut nimic, ridică ea tonul. M-am purtat ca o domnişoară. De ce tragi concluzia că eu am fost de vină pentru starea sărmanei femei? întrebă pe un ton afectat.

– Pentru că, de obicei, eşti, îi reaminti el. Aveai la tine pistolul?

– Sigur că nu, răspunse ea. Nu alergam şi nu făceam nimic nelalocul lui. Ştiu cum să mă port ca o domnişoară când trebuie, Cole.

– Atunci, care-a fost problema cu doamna?

– Când s-a calmat, într-un final, mi-a spus că a crezut că eram o femeie pe care o cunoştea. Agatha Nu-Ştiu-Cum. A zis că sunt leită ea.

– Nu e ciudat, declară el. Multe femei au părul blond şi ochii albaştri. Nu e deloc neobişnuit.

– Vrei să spui că am o figură comună?

El nu se putu abţine.

– Da, cred că da.

Era o minciună, desigur. Mary Rose era exact opusul. Era frumoasă, sau cel puţin aşa îi spusese – şi nu doar o dată – fiecare bărbat bun de însurătoare din oraş. El nu o vedea pe sora lui în acel mod. În cea mai mare parte a timpului, avea un suflet bun, dar uneori era cam sălbatică. Pe vremuri fusese o ştrengăriţă, dar, odată cu trecerea timpului, i se părea că ea mai era o pacoste atât de mare.

–Adam mă asigură că sunt drăguţă, îl contrazise ea şi îl împuse pe fratele ei cu umărul. El spune mereu adevărul. În plus, ştii foarte bine că sufletul unei femei este cel care contează cu adevărat. Mama Rose spune că sunt o fată frumoasă şi nici măcar nu m-a văzut.

–Ai terminat să te dai mare, Mary Rose?

Ea râse.

–Da.

–Eu nu mi-aş face probleme dacă, printr-o coincidenţă, aş semăna cu altcineva.

–Dar nu s-a terminat aici, explică ea. Cam după o lună, am fost chemată în biroul directoarei. Acolo mă aştepta un domn în vârstă. Era prezentă şi directoarea. Avea dosarul meu pe birou.

–De unde ştii că era dosarul tău?

–Pentru că e cel mai stufos din şcoală, răspunse ea. Iar copertele sunt uzate.

Se uită la fratele ei şi îşi dădu numaidecât seama la ce se gândea acesta.

–Poţi să nu mai zâmbeşti aşa plin de sine Cole. Recunosc că primul an de şcoală n-a mers prea bine, că am avut unele dificultăţi de acomodare. Acum îmi dau seama că s-a întâmplat din cauza dorului de casă şi, din acest motiv, am tot încercat să fiu dată afară ca să veniţi să mă luaţi de acolo. Însă, adăugă ea repede, de atunci am avut un comportament ireproşabil, iar asta ar trebui să conteze.

–Spune-mi despre bărbatul care te aştepta în birou, zise el.

–Era avocat, răspunse ea. Mi-a pus tot felul de întrebări despre familia noastră. Voia să ştie de cât timp locuim în Montana şi de ce mama ta nu stă cu noi. Mi-a cerut să îi descriu pe fraţii mei. Nu i-am răspuns la nici o întrebare. Am considerat că nu e treaba lui. Până la urmă, era un străin. Nu mi-a plăcut deloc de el.

Nici lui Cole nu-i plăcea.

–Ţi-a explicat de ce te întreba toate acele lucruri?

– Mi-a spus că, la mijloc, se afla o mare moştenire. Cred că a plecat convins că nu eram nici măcar rudă îndepărtată cu respectivii. Te-am îngrijorat, aşa-i?

– Puțin, recunoscu el. Nu-mi place ideea că se interesează unii de noi.

Ea încercă să-l binedispună.

– N-a fost chiar aşa de rău. Nu învățasem pentru examenul la engleză pentru că Eleanor mă ținuse trează o jumătate de noapte plângându-se de tot felul de nimicuri. Şi, pentru că fusesem chemată la direcție, a trebuit să aştept până a doua zi ca să dau examenul.

– Am crezut nu vrei să mai ai de-a face cu Eleanor.

– Îți jur că n-am vrut, răspunse Mary Rose. Însă nimeni n-a dorit să fie colegă de cameră cu ea, iar doamna s-a aşezat practic în genunchi implorându-mă s-o primesc pe Eleanor. Are un suflet bun, serios, dar îl ține ascuns în cea mai mare parte a timpului. Este, în continuare, o mare provocare pentru mine.

Cole zâmbi. Eleanor era singura problemă în viața perfectă a surorii sale. Mary Rose era singura elevă din şcoală care îi putea suporta prezența. Fraților le plăcea să audă poveştile despre Eleanor. Istericalele tinerei li se păreau amuzante, iar când vreunul dintre ei avea chef să râdă, o povestire despre Eleanor avea mereu un efect garantat.

– Era la fel de împopoțonată ca de obicei? întrebă el, în speranța că sora lui avea să-l delecteze cu o nouă poveste.

– Da, răspunse Mary Rose. M-am simțit vinovată că vă tot povestesc despre ea, dar Travis m-a convins că, din moment ce ei nu i se întâmplă nimic rău şi nu va afla niciodată, este în regulă. Poate să facă lucruri de-a dreptul scandaloase. Ştii că a plecat de la şcoală cu o săptămână înaintea tuturor? Nici măcar nu şi-a luat la revedere. S-a întâmplat ceva cu tatăl ei, dar nu a vrut să-mi spună ce. Câteva nopți înainte, a plâns până a adormit şi apoi a plecat. Mi-aş fi dorit să mi se fi confesat. Aş fi ajutat-o, dacă aş fi putut. Tatăl ei nu era bolnav. Am întrebat-o pe directoare după ce a plecat Eleanor. Nu mi-a spus nimic, dar şi-a țuguiat buzele şi face asta numai atunci când este cu adevărat nemulțumită de ceva. Tatăl lui Eleanor voia să doneze şcolii o sumă mare de bani, astfel încât directoarea să poată construi încă un internat. Mi-a spus că totul s-a terminat. Ştii ce mi-a zis?

– Nu, ce?

– Mi-a zis că a fost păcălită. Ce crezi că a vrut să spună prin asta?

– Ar putea însemna orice.

– Cu o seară înainte ca Eleanor să plece, i-am spus că, dacă are nevoie de mine vreodată, nu trebuie decât să vină în Rosehill.

– De ce i-ai spus asta? întrebă Cole.

– Mi-a fost milă de ea, plângea ca un copil, explică Mary Rose. Însă nu mi-aş face griji că ar putea să apară la fermă. E mult prea necivilizat pentru ea. Ea e foarte sofisticată. Dar m-a durut că nu şi-a luat rămas-bun. Doar eram singura ei prietenă. Totuşi, nu i-am fost o prietenă prea bună, aşa-i?

– De ce crezi că n-ai fost?

– Ştii de ce, răspunse ea. O tot bârfesc şi nu e deloc frumos din partea mea. Prietenii n-ar trebui să vorbească aşa unii despre alţii.

– N-ai făcut decât să ne povesteşti lucruri care s-au petrecut cu adevărat şi ai apărat-o în faţa tuturor la şcoală. Acolo nu ai bârfit-o niciodată, nu?

– Nu.

– Atunci nu văd ce e rău în asta. Nu ai criticat-o niciodată, nici măcar în faţa noastră.

– Da, dar...

– În plus, te-ai asigurat că este invitată la toate petrecerile. Datorită ţie n-a fost niciodată lăsată pe dinafară.

– De unde ştii asta?

– Te cunosc. Întotdeauna ai grijă de neadaptaţi.

– Eleanor nu este neadaptată.

– Vezi? Iar îi iei apărarea.

Ea zâmbi.

– Întotdeauna mă simt mai bine după ce discut cu tine. Chiar crezi că avocatul va înceta să mai pună întrebări despre noi?

– Da, răspunse el.

Ea oftă.

– Mi-a fost dor de tine, Cole.

– Şi mie de tine, surioară.

Îl împinse din nou cu umărul. Începură să discute despre fermă. Cât timp fusese plecată la şcoală, fraţii cumpăraseră încă o bucată de teren. Travis era plecat în Hammond, ca să ia lucrurile de care aveau nevoie pentru a îngrădi o porţiune din moşie, astfel încât caii să aibă îndeajuns de mult spaţiu pentru nutreţ, suficient pentru iarnă.

Cole şi Mary Rose ajunseră la Rosehill câteva minute mai târziu. Când avea numai opt ani, fusese cea care dăduse numele casei lor. Găsise sus pe deal nişte flori, care semănau cu nişte roze sălbatice, şi i se păruse că era un semn de la Dumnezeu care le spunea că nu trebuie să mai plece de acolo. Şi asta pentru că numele ei era Mary Rose; la fel ca şi numele mamei ei. Pe Adam nu-l lăsase inima să-i spulbere entuziasmul. De aceea nu-i spusese că florile acelea nu erau, de fapt, trandafiri. În plus, se gândise că, dacă o lăsa pe sora lui să dea numele fermei, acest lucru îi va oferi un plus de siguranţă. Numele rămase şi, în doar un an, chiar şi locuitorii din Blue Belle foloseau acel nume cu totul deosebit când se refereau la căminul familiei Clayborne.

Rosehill se afla în mijlocul unei văi din inima ţinutului Montana. De jur împrejurul fermei, pe o rază de aproape un sfert de milă, terenul era plat. Cole insistase să ridice casa chiar în mijlocul acestei zone întinse, astfel încât să poată vedea pe oricine ar fi intrat pe teritoriul lor. Nu-i plăceau surprizele; nici unuia dintre fraţii lui nu-i plăceau, şi, imediat ce casa de două etaje fusese gata, construiseră un punct de observaţie deasupra mansardei astfel încât să poată vedea mereu dacă se furişa cineva către ei.

Munţii maiestuoşi, cu vârfurile acoperite de zăpadă, erau ca un scut pe laturile de nord şi de vest ale pajiştii. Partea de est era mărginită de munţi mai mici şi de dealuri, terenuri nefolositoare pentru fermieri deoarece aceştia aveau nevoie de păşuni bogate. Vânătorii de animale cu blană, însă, se bucurau de pantele estice încă pline de castori, de urşi şi de lupi. Din când în când, un vânător ostenit se oprea la casa lor pentru mâncare şi ca să schimbe câteva cuvinte. Adam nu alunga niciodată un om flămând, iar, dacă oaspetele avea nevoie şi de un pat pentru noapte, îl culca în anexă.

Nu exista decât o singură cale de acces către fermă, din drumul principal ce venea de peste deal, dinspre Blue Belle. Cei care soseau dintr-acolo erau de obicei epuizați când ajungeau la marginea râului. În cazul în care conduceau care pline, le lua de regulă o zi întreagă, poate şi mai mult, ca să ajungă în Blue Belle. Majoritatea nici nu se încumetau să meargă mai departe de Perry sau de Hammond; doar sufletele hăituite, cu un motiv puternic, sau fugarii îşi continuau drumul. Deşi circulau zvonuri cum că se găsea aur în munți, în nord, nu fusese găsit niciodată, iar acesta era singurul motiv pentru care locul rămăsese neatins. Familii onorabile, cu frică de autorități, aflate în căutarea unui teren liber, traversau câmpiile spre prerii sau profitau de mulțimea de vapoare care navigau pe râul Missouri. Când aceşti oameni ajungeau într-un oraş, majoritatea se mulțumeau să rămână acolo. Aşezările mari erau mai civilizate, ceea ce, desigur, atrăgea familiile duse la biserică. Oamenii cinstiți voiau lege şi ordine. Mai multe grupuri de justițiari răspunseseră acestor dorințe şi curățaseră imediat locurile de răufăcătorii care-şi făceau veacul prin oraşele mari, inclusiv prin Hammond.

La început, justițiarii fuseseră o soluție, dar, ulterior, se transformaseră într-o problemă pentru că unii dintre acei bărbați îşi făcuseră prostul obicei de a se lua de oricine nu le plăcea. Pedepsele se aplicau pe loc şi uneori inutil, ca atunci când scoteau omul din casă şi îl atârnau în ştreang, de cel mai apropiat copac. Nici măcar insigna de şerif nu-ți putea garanta protecția față de grupurile de justițiari.

Adevărații răufăcători şi pistolari, în căutare de bani uşor de obținut, îndeajuns de iuți de mână şi de şmecheri plecaseră din oraşe precum Hammond şi se stabiliseră în interiorul şi în jurul Blue Belle.

Din acest motiv, aşezarea avea o reputație proastă. Totuşi, mai existau câteva familii bune care îşi duceau traiul în Blue Belle. Adam spunea că acest lucru se datora faptului că se stabiliseră înainte să-şi dea seama că faptul în sine era o greşeală.

Mary Rose nu avea niciodată voie să meargă singură în Blue Belle. Din moment ce Adam nu pleca vreodată de la fermă, Travis, Douglas sau Cole erau cei care o însoțeau cu diverse ocazii. Frații făceau cu schimbul, iar, dacă nici unul dintre ei nu putea lipsi de acasă, Mary Rose rămânea și ea la fermă.

Cole încetini trăsura când ajunseră pe culmea dealului care separa drumul principal ce ducea în oraş de moşia Clayborne. Mary Rose îl ruga mereu să oprească atunci când ajungeau la ultima curbă care ducea jos, în vale. Era previzibilă, ca de obicei.

–Te rog să opreşti un minut. Am fost plecată atâta timp...

El opri caii şi aşteptă răbdător următoarea întrebare. Trebuia să o lase un minut sau două. Inițial se lăsa copleşită de emoții, apoi ochii i se umpleau de lacrimi.

–Simți? Simți ce simt şi eu?

El zâmbi.

–Îmi pui aceeaşi întrebare de fiecare dată când te aduc acasă. Da, simt.

Întinse mâna spre batistă şi i-o dădu. Se obişnuise, de ceva vreme, să aibă la el o batistă special pentru ea. Odată, pe vremea când era doar o fetiță, își ștersese nasul cu mâneca. Nu mai voia să o lase să facă asta niciodată.

De acolo se bucura de o priveliște panoramică asupra fermei şi a munților din spatele ei. Indiferent cum şi-o amintea, de fiecare dată când ajungea acasă, priveliştea minunată o copleşea. Adam îi spusese că acest lucru se datora faptului că aprecia creația lui Dumnezeu şi că o preamărea. Ea nu era însă sigură că acesta ar fi motivul, ci credea că era vorba de vibrația vitală care se ridica din sol şi o mişca aşa cum nimic altceva nu reuşea s-o facă. Ar fi vrut ca şi frații ei să simtă acel lucru, acea legătură dintre Dumnezeu şi natură, iar Cole se simțea dator să recunoască –, dar numai față de ea – că da, şi el simțea pulsația vitală care îi înconjura. Pământul nu era niciodată la fel pentru toți, dar era mereu acolo.

–E la fel de vie şi de frumoasă ca întotdeauna, Mary Rose.

–De ce şi tu şi Adam vă referiți la ținutul acesta ca la o femeie?

– Pentru că se poartă ca atare, răspunse Cole.

Nu roşea şi nici nu se simțea jenat când spunea astfel de prostii, pentru că ştia că sora lui îl înțelege.

– Este capricioasă şi vanitoasă şi nu va fi niciodată îmblânzită de nici un bărbat. Da, e o femeie, singura pe care o voi iubi.

– Şi pe mine mă iubeşti.

– Tu nu eşti o femeie, Mary Rose. Eşti sora mea.

Ea izbucni în râs. Sunetul se întoarse ca un ecou dinspre pini.

Cole luă frâiele şi struni caii în jos, pe panta domoală. Zăboviseră prea mult.

– Dacă-i femeie, ne-a cuprins pe toți în îmbrățişarea ei. Mă întreb dacă rozele mele încep să se trezească.

– Ar trebui să ştii că florile pe care le-ai găsit nu sunt roze.

– Ştiu ce sunt, răspunse ea. Dar sunt precum rozele.

– Nu, nu sunt.

Deja se ciondăneau. Mary Rose răsuflă mulțumită.

Îşi concentră atenția asupra casei. Doamne, ce fericită era să-şi vadă din nou ferma. Casa nu era impunătoare, dar ei i se părea frumoasă. Terasa – sau veranda, aşa cum îi plăcea lui Adam să-i spună – se întindea pe lungimea casei, pe trei laturi ale acesteia. Vara stăteau afară în fiecare seară şi ascultau sunetele nopții.

Cel mai mare dintre frați nu părea a fi pe afară.

– Pun pariu că Adam e cufundat în cărțile lui.

– Ce te faci să crezi asta?

E o zi mult prea frumoasă ca să stai închis înăuntru. „Numai dacă nu e ceva care are legătură cu cărțile“, se gândi ea. Abia aştept să-l văd. Grăbeşte-te, Cole!

Era nerăbdătoare să se întâlnească din nou cu frații ei. Avea daruri pentru fiecare, inclusiv o cutie plină cu cărți, pe care Adam cu siguranță le va prețui, hârtie de desenat şi penițe noi pentru Cole, ca să le folosească la proiectul pentru noua clădire ce avea să fie anexată la fermă, medicamente şi perii pentru Douglas, pe care să le folosească la cai, un jurnal nou pentru Travis, în care acesta să țină evidența lucrurilor care se petreceau în familie, mai multe cataloage, semințe pentru grădină, pe care voia să le planteze în spatele casei, sub îndrumarea lui Adam, dar şi ciocolată şi cămăşi din flanel, cumpărate de la magazin, pentru toți.

Întâlnirea fu minunată, exact aşa cum anticipase. Stătură până târziu în noapte, la poveşti. Cole le povesti fraţilor săi despre avocatul care vizitase şcoala lui Mary Rose abia după ce ea se dusese la culcare. Nu voia să-şi facă griji. El, însă, era preocupat. Nici unul dintre ei nu credea în coincidenţe, aşa că dezbătură orice motiv pe care l-ar fi putut avea avocatul ca să ceară informaţii despre familia Clayborne. Douglas şi Cole făcuseră amândoi lucruri necurate în tinereţe, dar timpul şi distanţa care îi despărţeau de răufăcătorii dintre care făcuseră parte îi convinsese că faptele le fuseseră uitate. Singurul motiv de îngrijorare era Adam. Dacă avocatul fusese angajat de fiii stăpânului lui Adam, ca să dea de el, însemna că necazurile le dădeau târcoale.

Crima, o ştiau cu toţii, nu avea să fie uitată vreodată. Adam luase viaţa unui om ca să salveze alţi doi oameni. Fusese un accident, dar circumstanţele nu aveau importanţă pentru fiii mortului. Un sclav le omorâse tatăl.

Nu, moartea părintelui nu avea să fie uitată sau iertată vreodată. Trebuia răzbunată.

Trecuse o oră de când începuseră să discute în şoaptă, iar Adam, ca şef al familiei, decretă că era o prostie să-şi facă griji sau să speculeze. Dacă exista într-adevăr o ameninţare, erau nevoiţi să aştepte ca să afle ce era aceasta.

– Şi apoi? întrebă Cole.

– Facem tot ce putem să ne apărăm unul pe altul, zise Adam.

– N-o să permitem nimănui să te spânzure, Adam. Ai făcut ce trebuia să faci, spuse Travis.

– Ne facem griji degeaba, zise Adam. Trebuie să fim atenţi şi să aşteptăm.

Discuţia se sfârşi aici. Trecu o lună în linişte şi pace. Lucrurile se desfăşurau ca de obicei, iar Travis şi Douglas începură să creadă că, poate nu avea să se mai întâmple nimic după interogatoriul avocatului.

În cele din urmă, ameninţarea îşi făcu apariţia. Purta numele de Harrison Stanford MacDonald, omul care urma să le distrugă vieţile.

Duşmanul.

12 noiembrie 1860

Dragă Mamă Rose,

Fiul neavoastră a vrut să arăt că pot scrie, aşa că vă trimit scrisoarea asta. Toţi învăţăm gramatic şi ortografie dup ce Mary Rose adoarme. Fiul neavoastră e un profesor bun. Nu râde când greşim şi are mereu o vorbă bună când ne ia somnu. Pentru că suntem fraţi acu, cre că sunteţi şi mama me.

Fiul neavoastră,

Cole

Capitolul 2

Harrison Stanford MacDonald aflase totul despre familia Clayborne fără să pună vreo întrebare. Era străin în oraş şi, de aceea, ar fi trebuit să fie tratat cu suspiciune şi cu neîncredere. Auzise multe despre răufăcătorii care făceau legea în Vest şi citise tot ce îi picase în mână. După toate aparenţele, aflase că străinii se încadrau, inevitabil, în unul din cele două grupuri. Pe de o parte, erau cei ignoraţi şi lăsaţi în pace pentru că îşi vedeau de treburile lor – dar care aveau o înfăţişare intimidantă şi cei care sfârşeau prin a fi omorâţi pentru că puneau prea multe întrebări.

Codul de onoare ce funcţiona în Vest îl uluise pe Harrison. I se părea că era cel mai înapoiat set de reguli de care auzise vreodată. Locuitorii se protejau de cei veniţi din afară şi totuşi nu mişcau un deget atunci când un vecin se lua de altul. Uciderea cuiva părea un lucru acceptat, însă cu condiţia să existe şi un motiv întemeiat la mijloc.

În drumul spre Blue Belle, Harrison se gândise la problema pe care ar putea-o avea dacă ar afla ceea ce trebuia să ştie şi, în cele din urmă, găsise cea mai potrivită cale de atac. Se hotărî să folosească prejudecăţile celor din oraş faţă de străini în avantajul lui. Ajunsese în Blue Belle în jurul orei zece dimineaţa şi devenise cel mai al dracu' individ care intrase vreodată în oraş. Se dovedea extrem de suspicios faţă de oricine îndrăznea măcar să se uite spre el. Își trăsese pălăria neagră în jos pe frunte, își ridicase gulerul hainei lungi, maro, adoptă o expresie încruntată și începu să meargă pe mijlocul drumului pe care locuitorii îl numeau strada principală – dar care nu era, de fapt, decât o fâșie de țărână – de parcă tot ținutul era al lui. Dădu cuvântului „amenințător" o nouă definiție. Voia să arate ca un bărbat care ar fi fost în stare să omoare pe oricine îi stătea în cale și i se păru că reușise acest lucru când o femeie care se plimba cu băiețelul îl văzu îndreptându-se spre ea și își apucă imediat fiul de mână, alergând în direcția opusă.

Vru să zâmbească. Nu îndrăzni. Nu avea să afle nimic despre familia Clayborne dacă părea prietenos. Așa că își menținu atitudinea de urăsc-pe-toți-și-pe-toate.

Îl plăceau.

Prima oprire fu cârciuma orașului, localul mereu popular. Fiecare oraș avea unul, iar Blue Belle nu era cu nimic diferit. Găsi cârciuma la capătul drumului, intră, și ceru o sticlă de whisky și un pahar. Chiar dacă proprietarului i se păru o cerere ciudată pentru acea oră, nu spuse nimic. Harrison luă sticla și paharul și se duse în cel mai întunecos colț al încăperii, se așeză la o masă rotundă, cu spatele la perete, și așteptă să apară curioșii și să-l abordeze.

Nu trebui să aștepte prea mult. Barul era gol când intrase. Însă zvonul despre străinul care tocmai sosise se împrăștiase ca focul în prerie și, după numai zece minute, Harrison număra deja nouă oameni. Stăteau în grupuri la celelalte mese și se uitau cu toții la el. Rămase cu umerii aplecați și cu ochii ațintiți asupra paharului. Perspectiva de a bea la o oră atât de matinală îi întorcea stomacul pe dos și nu avea nici cea mai mică intenție de a lua vreo înghițitură, așa că învârti în pahar lichidul tulbure, de culoarea chihlimbarului, încercând să pară îngândurat.

Auzi șoapte, apoi zgomot de pași pe podeaua din lemn. Mâna lui Harrison se îndreptă instinctiv spre pistol. Dădu haina la o parte și își puse palma pe tocul armei. Se abținu să scoată pistolul, apoi își dădu seama că tot ceea ce făcuse în mod instinctiv era, de fapt, ceea ce trebuia să facă dacă voia să continue cu teatrul.

– Sunteți nou pe-aici, domnule?

Harrison îşi ridică încet privirea. Era evident că bărbatul care pusese întrebarea aceea ridicolă fusese trimis de ceilalţi. Era neînarmat. În plus, era şi bătrân, probabil avea în jur de cincizeci de ani, cu pielea ciupită de vărsat, şi părea cel mai din topor individ pe care îl întâlnise vreodată Harrison. Se uita cruciş cu ochii căprui ca nişte mărgele, pierduţi pe chipul rotund, pe care singurul lucru ce nu putea scăpa privirii era nasul de mărimea unui cartof. Era, după evaluările lui Harrison, un om care ştia să-ţi atragă atenţia.

–Cine vrea să ştie? întrebă el, încercând să pară cât mai morocănos.

Nasul-cartof zâmbi.

–Numele meu este Dooley, anunţă el. Vă deranjează dacă stau niţel?

Harrison nu răspunse la întrebare. Se uită, pur şi simplu, la bărbat şi aşteptă să vadă ce avea de gând să facă.

Dooley luă tăcerea lui drept confirmare, trase un scaun şi se aşeză cu faţa la Harrison.

–Căutaţi pe cineva prin oraş?

Harrison scutură din cap. Dooley se întoarse spre ceilalţi.

–Nu caută pe nimeni, strigă el. Billie, adu-mi un pahar. Mi-ar prinde bine nişte băutură, dacă străinul ăsta vrea să-mpartă.

Se întoarse din nou spre Harrison.

–Sunteţi pistolar?

–Nu-mi plac întrebările, răspunse Harrison.

–Nu, nici n-am crezut că sunteţi pistolar, spuse Dooley. Dacă eraţi, aţi fi aflat că Webster a plecat ieri din oraş. Căuta să înfrunte pe cineva, dar nimeni nu i-a făcut pe plac, nici măcar Cole Clayborne, iar el este singurul motiv pentru care Webster a venit în oraş. Cole e cel mai rapid pistolar de pe-aici. Dar nu se mai bagă în dueluri, mai ales acum, că sora lui s-a-ntors acasă de la şcoală. Ea nu suportă duelurile şi nu vrea ca fratele ei, Cole, să aibă o reputaţie proastă. Adam îl ţine din scurt, adăugă el dând din cap atotştiutor. Este cel mai mare dintre fraţi şi un om paşnic, dacă mă-ntrebi pe mine. E şi citit şi, după ce te prinzi ce fel de om e, mă rog, atunci îţi dai seama că e genul la care apelezi dacă ai o problemă. De obicei ştie ce-i de făcut. Aveţi de gând să vă stabiliţi pe-aici sau sunteţi doar în trecere?

Billie, proprietarul cârciumii, se apropie ţanţoş de ei, cu două pahare în mână. Le puse pe masă şi apoi îi făcu semn unui bărbat care stătea lângă uşă.

– Henry, vin-aici şi fă-ţi prietenul să tacă. Se face de râs dacă pune atâtea întrebări. Nu vreau să-l văd mort înainte de prânz. Nu face bine la afaceri.

Harrison nu răspunse decât pe jumătate la întrebările care urmară. Henry li se alătură şi, odată aşezat, proprietarul trase un scaun, îşi puse o cizmă pe el şi se aplecă în faţă, cu mâna pe genunchi. Era evident că cei trei se împrieteniseră deja. Le plăcea să bârfească şi, curând, începură să se întrerupă unul pe altul cu poveşti despre toată lumea din oraş. Triol acela îi amintea lui Harrison de mătuşile bătrâne cărora le plăcea să se amestece în toate, dar care nu doreau răul nimănui. Harrison reţinu fiecare informaţie pe care i-o dădură, dar nu puse nici o întrebare. Până la urmă, discuţia se îndreptă către subiectul femeilor din acea zonă.

– Sunt la fel de rare ca şi diamantele pe aici, dar avem şapte sau opt potrivite. Câteva sunt chiar drăguţe. Cum e Catherine Morrison. Tatăl ei e proprietarul magazinului universal. Are păr frumos, castaniu, şi are şi toţi dinţii.

– Nici nu se compară cu Mary Rose Clayborne, interveni Billie.

Se auziră mormăieli de aprobare din toată încăperea. Se părea că toţi cei din salon ascultau conversaţia.

– Nu e numai drăguţă, strigă un bărbat încărunţit.

– E genul de femeie care-ţi taie răsuflarea, fu de acord Henry. Şi are un suflet pe măsură.

– Aşa-i, zise Dooley. Dacă ai nevoie de ajutor, te ajută să îl primeşti.

Şi mai multe mormăieli aprobatoare urmară acestei declaraţii.

– Indienii Injun vin de la multe mile depărtare doar pentru câteva fire din părul ei. O exasperează, dar întotdeauna le dă o şuviţă. Este la fel de frumos ca aurul. Ei cred că le aduce noroc. Nu-i aşa? îl întrebă Henry pe Billie.

Proprietarul aprobă dând din cap.

– Odată, câțiva nenorociți au încercat s-o răpească de la fermă. Ziceau că fuseseră vrăjiți de ochii ei albaștri. Ziceau că sunt magici. Vă aduceți aminte ce s-a întâmplat apoi, băieți? își întrebă el prietenii.

Dooley râse.

– Îmi aduc aminte de parcă s-ar fi întâmplat ieri. Adam n-a mai fost așa împăciuitor în ziua aceea, nu-i așa, Fantomă?

Un bărbat cu părul alb, țepos, și cu barbă lungă, albă și rară, dădu din cap aprobator.

– Nu, domnule, n-a fost, strigă el. Din câte-mi amintesc, Adam aproape că l-a spintecat pe unul. De atunci n-a mai încercat nimeni s-o fure.

– Domnișoara Mary nu se lasă curtată, spuse Billie. Păcat. Ar fi trebuit să aibă până acum doi sau trei copii care s-o tragă de fuste.

Harrison nu trebui să mai întrebe de ce nu era curtată. Dooley era fericit să explice.

– Are patru frați cu care nici unul dintre noi nu vrea să se pună. Nu, domnule! Nu poți ajunge la ea fără să treci de ei. De-aia nu s-a măritat până acum. Cel mai bine e să stați departe de ea.

– O, n-o să vrea ea să aibă de-a face cu el, strigă Fantomă.

Dooley dădu din cap aprobator.

– Nu îi plac decât cei neîndemânatici și cei amărâți. Din câte se pare, crede că e de datoria ei să aibă grijă de toți ăștia. Asta din cauză că are o fire așa de bună.

– Am zis deja asta, spuse Henry.

– Își înnebunește frații când are grijă de toți amărâții. Totuși, trebuie să suporte, zise Billie.

– Pe noi ne place, și nu suntem amărâți, spuse Dooley care, evident, încerca să pună lucrurile la punct.

– Nu, sigur că nu suntem, fu de acord Henry. N-am vrea să vă faceți o idee greșită, domnule. Domnișoara Mary ne place pentru că suntem pe-aici de atât de multă vreme. S-a obișnuit cu noi. O puteți admira peste câteva ore. Ne place să ne aliniem în fața magazinului pe la prânz, ca s-o putem vedea îndeaproape.

Întotdeauna are ceva frumos de zis pentru fiecare dintre noi. Sper că astăzi o să vină cu fratele ei, Douglas.

– De ce? întrebă Billie.

– Iapa mea iar se poartă ciudat. Trebuie s-o vadă doctorul.

– Dacă aveți nevoie de un cal bun, Douglas are un grajd mare, îi zise Dooley lui Harrison. Îmblânzeşte caii sălbatici şi îi vinde câteodată. Dar trebuie să vă placă mai întâi. E sceptic în privința celor la care ajung caii lui. Nu e doctor adevărat, dar nouă aşa ne place să-i spunem.

– Lui nu-i place, Dooley. Zice că nu e doctor şi că n-ar mai trebui să-i spunem aşa, strigă Fantomă.

– Ştiu asta, replică Dooley, părând exasperat. De-aia nu-i spunem niciodată în față „doctore". Se pricepe, însă, foarte bine la animale şi la leacuri.

– Cu ce vă ocupați? îl întrebă Billie pe Harrison. Nu vreau decât să facem conversație domnule, adăugă el repede.

– Cu treburi legale, răspunse Harrison.

– Asta n-o să vă ajute să faceți prea mulți bani ca să mâncați, cel puțin nu în mod regulat. Vă mai pricepeți şi la altceva?

– Vânez.

– Înseamnă că ştiți să puneți capcane, decretă Henry.

Harrison clătină din cap.

– Nu chiar, se eschivă el.

Chiar în acel moment, se putea spune că era la vânătoare, dar nu avea de gând să le spună acelor oameni că era în căutarea unui copil furat care, probabil, devenise o femeie în toată firea.

– Ori vă pricepeți la capcane ori nu, zise Henry. Aveți ceva echipamente cu care să puneți capcane?

– Nu.

– Atunci nu vă pricepeți la capcane, îi spuse Henry. Dar la ferme vă pricepeți? Ați încercat vreodată? Trebuie să fii făcut pentru asta. Nu-mi amintesc să mai fi văzut pe cineva aşa de mare şi de lat în umeri. Mă gândesc la câțiva dintre frații Clayborne şi la Johnny Simpson, desigur, dar cred că sunteți cu jumătate de cap mai înalt decât oricare dintre ei. Vreți să ne spuneți cum vă cheamă? continuă Henry.

– Harrison, răspunse el. Numele meu e Harrison MacDonald.

– Aveți prenumele ca un nume de familie, nu? remarcă Dooley. Vă supărați dacă vă spun Harrison sau preferați MacDonald?

– Spune-mi Harrison.

– Cred c-o s-o fac, dacă aveți de gând să vă stabiliți pe-aici. Aveți un accent foarte diferit, adăugă el, apoi își ridică repede mâinile. Nu sunt decât curios, atât.

– California? încercă Henry să ghicească.

– Eu cred că e din Kentucky, strigă Fantomă.

Harrison clătină din cap.

– M-am născut în Scoția și am fost crescut în Anglia, răspunse el. Peste ocean, adăugă în caz că nu știau unde se aflau țările acelea.

– Ar prinde bine un avocat în oraș, interveni Billie. Nu avem nici unul pe-aici. Dacă Adam Clayborne nu ne poate ajuta, atunci trebuie să mergem până în Hammond ca să facem rost de răspunsul de care avem nevoie. Judecătorul Burns se va bucura. Se enervează când trebuie să lucreze cu... cum ne spune? îl întrebă pe Dooley.

– Ignoranți.

– Asta e. Dacă mă-ntrebi pe mine, legile au devenit al naibii de încurcate. Sunt prea multe hârtii de completat pentru guvern.

– Așa-i, strigă Fantomă. Pe vremuri era ușor să cumperi o bucată de pământ. Nu făceai decât să te așezi acolo și era al tău. Acum trebuie să plătești și să completezi acte.

– Deci, vreți să vă stabiliți aici? Pun pariu că Morrison o să închirieze spațiul de vizavi de magazinul lui. Ați putea să vă puneți firma acolo și poate-ați reuși să câștigați ceva dolari pe lună.

Harrison ridică din umeri.

– Nu știu sigur ce-o să fac. Poate mă stabilesc aici, poate nu. E prea devreme.

– Aveți destui bani ca să vă ajungă până vă decideți? întrebă Henry.

Harrison știa că nu era bine să recunoască faptul că avea bani la el.

– Nu, răspunse el. Nu cred că am îndeajuns de mulți cât să-mi ajungă mai mult de câteva zile.

–O să vă descurcați, îi zise Dooley. Sunteți mare și aveți mușchi. Puteți să vă oferiți oricând să munciți ca să aveți de mâncare pe masă.

–Așa am zis și eu, minți Harrison.

–Ce aveți de gând să faceți în Blue Belle? întrebă Billie. Știu că nu-i treaba mea, dar sunt curios. Vă deranjează dacă ne spuneți, domnule?

–Spune-mi Harrison, zise el din nou. Nu e nici o problemă să spun de ce mă aflu aici. Sunt în ceea se poate numi o goană după cai verzi pe pereți. Cel puțin, omul pentru care lucrez crede că excursia mea se va termina fără nici un rezultat.

–Deci, aveți deja o slujbă? întrebă Dooley.

–Mi-am luat o vacanță temporară.

–Deci, v-ați putea stabili aici. Așa-i? vru Henry să știe.

–Cred că da.

–Eu zic că așa ar trebui, anunță Billie. Să nu lucrezi decât pentru tine. Așa e la noi. Nu trebuie să răspunzi în fața nimănui.

–Vreți să răspundeți la o întrebare despre lege? întrebă Fantomă.

–Ce vrei să știi?

–Mă gândesc serios să fur un cal, anunță Fantomă care se ridică și se îndreptă spre masă. Tipul pe care vreau să-l jefuiesc mi-a furat femeia acum câțiva ani așa că, după cum văd eu treaba, nu fac nimic rău, de fapt. Legea-i de partea mea, nu?

Harriston se lăsă pe spătarul scaunului. Se abținu să nu zâmbească. Întrebarea era amuzantă, dar nu voia ca Fantomă să creadă că râdea de el.

–Îmi pare rău că te dezamăgesc, zise. Mândria poate fi de partea ta, dar legea nu e.

Dooley bătu cu palma în masă și scoase încă un hohot de râs.

–Asta i-am zis și eu, anunță el aproape țipând. Mândria o să-l facă să atârne în ștreang dacă-i fură calul lui Lloyd.

Lui Fantomă nu-i plăcu răspunsul lui Harrison. Se îndepărtă de masă bombănind. Întrebarea lui, însă, deschise calea altora și, pentru următoare ore, Harrison dădu sfaturi juridice pe gratis.

Deși fusese educat la Oxford și își făcuse ucenicia în Anglia, lucrase și pentru un bărbat care deținea două fabrici. Cum respectiva companie făcuse exporturi pe coasta de est a Americii, Harrison fusese nevoit să se familiarizeze cu legile care reglementau exportul şi importul. Îl fascina diferenţa dintre modul în care legea era interpretată în tribunalele din Anglia şi din America. Se lăsase prins imediat de materialele care îi căzuseră în mână, despre decizii judecătoreşti şi cazuri neobişnuite.

Asociaţii săi fuseseră de părere că era un lucru fără rost, mai ales în ceea ce priveşte cazurile vechi pe care dorise să le discute cu ei. Îi spuseseră că, în cel mai bun caz, era o treabă plictisitoare şi că le reamintea de bibliografia obligatorie cu care avuseseră de furcă la universitate. Harrison nu era de aceeaşi părere. Îi plăcea să-i citească pe filosofi, mai ales pe Platon, şi se desfăta cu opiniile învăţaţilor care contribuiseră la întemeierea sistemului de guvernământ al ţării sale. Dar cel mai mult iubea justiţia. Îl atrăgea disciplina sistemului juridic. I se părea imperativ să fie la curent cu cele mai recente decizii astfel încât să poată deveni, în cele din urmă, unul dintre cei mai buni în domeniu. Bun nu era îndeajuns pentru el. Harrison ţintea excelenţa în orice făcea. Enigmele nerezolvate îl înnebuneau. Ducea la bun sfârşit orice începea.

Pasiunea sa pentru justiţie şi compasiunea faţă de cei cu care lucra îl făcuseră nepopular în multe cercuri. Pentru că lucra pentru puternicul lord Elliott, nu fusese niciodată ostracizat, deşi fusese de câteva ori pe aproape, în mai multe ocazii, şi totul numai pentru că se ocupase de cazurile unor amărâţi. Îşi făcu rapid o reputaţie de apărător al celor mai puţin norocoşi, locuitori în cartierele sărace din Londra. Nu dorise să devină campionul cuiva, desigur, şi dacă i s-ar fi spus la şcoală că va deveni, în cele din urmă, un avocat de drept penal, chiar şi doar pentru jumătate din timp, Harrison ar fi crezut că era o nebunie.

Atenţia nedorită îl costase logodna cu Lady Edwina Horner, care îl informase printr-o scrisoare că nu suporta să fie căsătorită cu un vânător de scandaluri, indiferent ce ar fi însemnat acest lucru. Bărbaţii care îşi spuneau prietenii săi încercaseră să-l avertizeze că era cazul să renunţe la ideea ridicolă că săracii din Anglia aveau aceleaşi drepturi ca şi cei bogaţi. Cu toate acestea,

Harrison refuzase să accepte un astfel de punct de vedere elitist şi egoist.

– Poate că legile lor din Anglia sunt altfel decât ale noastre, sugeră Fantomă, apoi se duse înapoi în spatele încăperii şi se uită plin de speranţă la Harrison. Poate că n-o să fiu spânzurat dacă-i fur calul pentru că Lloyd a început primul tot tămbălăul ăsta.

Harrison clătină din cap. Se părea că Fantomă nu voia să renunţe la plan.

– Am studiat îndeajuns de mult legea americană ca să ştiu că tot ai fi găsit vinovat.

– Chiar dacă Lloyd este vinovat şi tot el a început toată tărăşenia?

Deşi Harrison nu era familiarizat cu un asemenea limbaj, avea totuşi impresia că dădea sfaturi bune.

– Chiar şi aşa.

Urmă o nouă rundă de întrebări. Toţi curioşii, care la început îl urmăriseră din celălalt capăt al cârciumii, se adunaseră la masa lui Harrison şi formaseră un cerc în jurul lui. Nici unul dintre ei nu părea dornic să se ocupe de alte treburi.

Deodată, uşile cârciumii se deschiseră.

– Vine domnişoara Mary. Cole vine călare după ea.

Băbatul care făcu anunţul în gura mare o luă la fugă spre stradă. Reacţia la auzul veştii avu un efect uimitor asupra celor de faţă. Cu toţii săriră în picioare şi alergară afară. Dooley aproape că fu dat jos în învălmăşeală. Într-un final, reuşi să-şi recapete echilibrul şi se întoarse spre Harrison.

– Nu vii? Ar trebui să o vezi pe domnişoara noastră, Mary. Merită efortul.

Pentru că lui Dooley i s-ar fi părut ciudat dacă Harrison nu s-ar fi arătat interesat, acesta se ridică de la masă şi îl urmă pe bătrân pe treptele din faţă. Harrison nu se grăbea s-o întâlnească pe tânără, dar Dooley era deja afară, peste drum, înainte ca Harrison să ajungă în dreptul stâlpului din colţul clădirii.

Vânătoarea lui s-ar fi putut termina în doar câteva minute. Harrison se simţi dintr-odată cuprins de tot felul de emoţii contradictorii. Îi făcuse o promisiune lui Lord Elliot, că acea aventură avea să fie ultima sa încercare de a rezolva enigma, iar dacă se dovedea că Elliot avea dreptate, atunci toată acea distanță străbătută nu fusese decât finalul unei aventuri ratate.

Oftă îngrijorat. Dovezile, îi spusese Elliot, erau incontestabile. Mary Rose Clayborne nu avea cum să fie fata lui. Victoria era singură la părinți. Mary Rose avea patru frați mai mari. Totuşi, deşi acea informație fusese verificată de avocatul din St. Louis, bărbatul mai făcuse unele comentarii ce i se păruseră ciudate lui Harrison. Mary Rose fusese reticentă în timpul discuției şi refuzase să dezvăluie chiar şi numai numele fraților ei. Avocatul raportase că, deşi fusese foarte politicoasă, avusese impresia că se temea de ceva. Directoarea nu reuşise s-o convingă pe tânără să fie cooperantă. Diriginta, însă, se dovedise de mare ajutor. Îi spusese avocatului că doi dintre frații lui Mary Rose o însoțeau la şcoală, la începutul fiecărui an. Nu îi întâlnise pe nici unul din ei, nu îi văzuse nici măcar de la distanță şi, de aceea, nu fusese în stare să îi descrie. Auzise un zvon care o deranjase, despre unul dintre frați, dar nu dorise să îi dea avocatului detalii.

Spusese că nu îi plăcea să bârfească şi că Mary Rose devenise o elevă model după ce se acomodase cu viața din internat, iar zvonul pe care îl împrăştiase una dintre fete fusese rapid dezmințit. Oricum nu l-ar fi crezut nimeni. Bârfele erau pentru țărăncuțe, nu pentru domnişoarele bine-crescute. Nu putuseră să o facă să spună mai multe.

Harrison dădu din cap. Nu se putea lua după zvonuri. Probabil că era vorba de ceea ce crezuse Elliot – încă un caz în care două femei arată oarecum la fel. Elliot îl îndemnase pe Harrison să renunțe, aşa cum făcuse şi el însuşi, şi să accepte dovada cumplită că micuța Victoria Elliott murise la scurt timp după ce fusese răpită. În inima lui, Harrison ştia că Elliott avea dreptate, dar, de fiecare dată când se uita la omul care îl protejase pe tatăl lui atât de mulți ani la rând, se simțea dator să plece la încă o vânătoare.

Harrison se considera o persoană realistă, dar, chiar şi aşa, instinctul îi spunea să meargă în Montana şi să afle adevărul. Nu se agăța de lucruri fără fundament. Era deja în America când aflase vestea despre ultima ocazie în care fusese văzută, iar Chicago era la doar la o zi călare de locul în care se afla. Nu-i luase mult timp să ajungă la marginea oraşului ca să discute cu femeia care credea că o întâlnise pe fiica lui Elliott. După ce vorbise cu doamna Anna Middleshaw și după ce auzise relatarea avocatului care discutase cu Mary Rose, se hotărâse că avea să merite să ia calea sălbăticiei. Doamna Middleshaw nu era o femeie care să se piardă ușor cu firea și totuși era cuprinsă de emoții. Era o persoană cu capul pe umeri. Credea cu toată convingerea că o văzuse pe Lady Victoria. Argumentul ei era valabil. Nimeni, spusese ea, nu putea semăna atât de mult cu cineva dacă nu era rudă. Harrison voia să creadă că ea avea dreptate.

Se pregăti să facă față unei dezamăgiri și coborî de pe veranda din lemn. Strălucirea metalului îi atrase atenția. Se întoarse pe jumătate ca să se uite pe stradă și văzu ceea ce semăna cu o țeavă de pușcă ce se ițea de pe un drum lăturalnic, la vreo cinci metri distanță. Oricine ținea arma, o îndreptase spre grupul de oameni adunați în fața magazinului. Harrison îi recunoscu pe Henry, Fantomă și Dooley, dar mai erau încă trei bărbați pe care nu-i mai văzuse înainte, care stăteau într-un cerc, de cealaltă parte a drumului. Un bărbat cu părul de un blond spălăcit se afla în dreptul lui Henry, iar în clipa în care făcu un pas în spate, apăru și țeava puștii. Blondul se mișcă însă din nou, aproape imediat, Dooley apărându-l fără intenție în ambuscadă. Harrison observă țeava puștii care fusese din nou lăsată în jos. Se hotărî să intervină.

Grupul intră în magazin. Harrison își scoase haina în timp ce traversa drumul, o aruncă pe un stâlp și apoi intră.

Mirosul de piele și de condimente plutea în jurul lui. Magazinul era mare, cam de dimensiunea unuia dintre grajdurile de acasă ale lui Elliott. Avea un culoar lung cât magazinul și alte două, de-o parte și de alta. Rafturile care se lăsaseră sub greutate erau pline de borcane cu mâncare, mormane de haine, mărfuri din piele, târnăcoape și lopeți și cu multe alte lucruri care abia puteau fi cuprinse cu privirea. Tot magazinul era construit din mai multe soiuri de lemn, dar predomina pinul, la fel ca și în cazul celorlalte clădiri din oraș.

Harrison nu mai văzuse în viața lui o astfel de încăpere dezordonată, umplută până la refuz. Obsesia lui pentru ordine și disciplină îl făcu să se simtă șocat la vederea haosului din fața sa. Teancuri de țesături colorate erau îndesate la întâmplare într-o piramidă înclinată deasupra unei mese rotunde într-un colț al magazinului, lângă trei butoaie gigantice cu murături. Văzu un bărbat murdar care întinse mâna și luă o murătură mare din saramură, apoi își șterse mâna udă de marginea unei țesături din dantelă care căzu dintr-un maldăr aflat pe marginea mesei. Materialul ajunse jos, în calea bărbatului, însă acesta călcă, pur și simplu, peste el în drumul său spre intrarea în magazin.

A munci în mijlocul unui asemenea haos l-ar fi scos din minți pe Harrison. Cum Dumnezeu reușea proprietarul să găsească ceva acolo? Harrison oftă, își alungă din minte întrebarea și apoi se duse într-o parte a intrării, unde își propuse să stea până când avea să-l zărească pe Blond în mulțime. Unde naiba se ascundea bărbatul? Harrison era cu cel puțin un cap mai înalt decât toți cei aflați în magazin și, totuși, nu-l vedea pe Blond. N-avea cum să fi dispărut în neant, deși în acea dezordine orice era posibil.

Dooley îi făcu semn cu mâna din partea stângă a magazinului. Bătrânul stătea în fața unei tejghele și vorbea în șoaptă cu o domnișoară drăguță, cu părul castaniu. Probabil că era fata proprietarului, cea pe care aflase că o cheamă Catherine Morrison. Dooley îi făcu semn să se apropie de tejghea, dar Harrison clătină din cap și rămase pe loc. Nu voia să riște să-l piardă pe Blond. Nu-i păsa și nici nu-l deranja dacă Dooley considera că face un gest nepoliticos.

Câteva minute mai târziu, îl auzi pe Dooley spunând: „E timid". Din moment ce se uitase înspre el când făcuse acea remarcă, Harrison presupuse că se referea la el. Era ridicol. Domnișoara Morrison îi atrase atenția când îi făcu semn cu mâna. Se aplecă peste tejghea și îi adresă un zâmbet provocator de genul hai-să-facem-cunoștință. El nu îi răspunse la zâmbet. Nu avea chef să fie sociabil în acel moment pentru că simțea că era mai important să-l avertizeze pe străin.

Nu obișnuia să se amestece în treburile altuia, dar credea cu convingere în tratament echitabil și în corectitudine. Să iei un om pe nepregătite era un lucru al naibii de laș, și Harrison ura lașii mai mult decât orice.

Își pierdu răbdarea. Se hotărî să se ducă să-l caute pe bărbat, dar exact când era pe cale să pleces, Blondul apăru la capătul culoarului principal, cu un sac de făină pe umăr. În timp ce Harrison îl aștepta să ajungă la intrare, o tânără își făcu loc pe lângă Blond și se grăbi în direcția lui Harrison.

Doamne, era Lady Victoria. Tânăra care se îndrepta spre el trebuia să fie fiica pierdută a lui Elliott. Era bucățică ruptă din răposata lui soție. Văzându-i pomeții înalți și ochii albaștri, Harrison trase aer în piept și uită să expire. Era paralizat de uimire. Inima porni să-i bată cu putere în piept până începu să-l doară și fu din nou obligat să respire. Nu-i venea să creadă ce vedea. Frumoasa femeie arăta de parcă tocmai ieșise din portretul în ulei al lui Lady Agatha, care trona deasupra șemineului din biblioteca lui Elliott. Hainele erau diferite, într-adevăr, da; da, sigur că erau, în rest semăna ca două picături de apă, chiar și pistruii de pe nas păreau identici. Dintr-odată, pentru Harrison nu mai conta câți frați avea ea. Era exact așa cum spusese doamna Middleshaw. Nimeni nu putea semănă atât de mult cu o altă persoană fără să-i fie rudă.

Mary Rose Clayborne. Cu cât se apropia mai mult de el, cu atât ieșeau mai mult în evidență diferențele. Ochii erau mai deschiși la culoare decât cei din portretul mamei sale. Harrison oftă frustrat. Forma exotică, migdalată, a ochilor și structura osoasă a feței semănau cu cele din tablou; totuși, odată cu micșorarea distanței dintre ei, el nu mai era așa de sigur. La naiba, chiar semăna puțin cu Blondul. Avea părul de aceeași culoare cu al lui. Nu, nuanța nu era la fel. Al ei era de un blond mai deschis, înspicat cu șuvițe de culoarea mierii. Doamne, era frumoasă, dar ar fi putut fi totuși sora mai mică a Blondului; și cum era oare posibil acest lucru dacă semăna atât de mult cu soția lui Elliott?

Era prea tânăr când o văzuse ultima oară pe Lady Agatha ca să-și aducă aminte detaliile înfățișării ei. Avea zece ani când ea plecase împreună cu soțul ei în America, ca să ia parte la marea inaugurare a fabricii lui de lângă New York. Avea amintirile normale ale unui băiețandru prostuț, precum mirosul ei – ca florile în ploaie – și felul în care îi zâmbea – cu multă dragoste și bunătate în privire. Își aducea aminte de căldura și de blândețea îmbrățișării ei, dar toate acele amintiri, oricât de prețuite fuseseră de un băiețel care își pierduse mama, nu-i erau acum de nici un folos.

N-o mai văzuse niciodată pe Lady Agatha. Aflase că, după ce se întosese la Londra, se izolase în dormitor, zi și noapte, îmbrăcată în negru, în întuneric, și plânsese dispariția fetiței în vârstă de doar patru luni.

Oare femeia care se îndrepta spre el era Lady Victoria? Nu avea de unde să știe.

Căuta disperat un mod în care să poată afla adevărul. Apoi își aduse aminte ceea ce îi spuseseră Dooley și ceilalți bărbați despre Mary Rose Clayborne. Era ca un magnet. În plus, nu-i mai spusese Dooley că își înnebunea frații pentru că tot timpul adăpostea la ea acasă tot felul de amărâți?

Harrison puse la punct imediat un nou plan. Nu va mai fi cel mai al dracului ticălos care intrase vreodată în oraș. Tot teatrul acela îi adusese informațiile de care avusese nevoie și îl ajutase să se integreze printre bărbații din cârciumă. Prefăcătoria nu mai putea da roade, cel puțin nu cu Mary Rose Clayborne. Îi plăceau indivizii ciudați, așa că se hotărî să se transforme în așa ceva. Avea să fie un tip de la oraș, stângaci, naiv, care nu avea destulă minte cât să supraviețuiască. Spera doar că avea să fie capabil să își joace bine rolul.

Mary Rose Clayborne îl observă imediat pe străin. Stătea cu brațele încrucișate pe piept, rezemat de pervazul ferestrei de la magazinul lui Morrison. Era un bărbat bine făcut, imposibil de trecut cu vederea, cu părul castaniu-închis și ochii cenușii, expresivi. Era arătos, își spuse în sinea ei; într-un fel aspru, crud, dar aparențele nu aveau importanță. Era sigură că părea nefericit. Putea jura că era palid de parcă văzuse o nălucă. O fantomă, își zise. Apoi zâmbi pentru că era o idee amuzantă. Numai Fantomă vedea spirite din altă lume și numai după ce se cinstea din băutura producție proprie care îi garanta viziuni. O fantomă, într-adevăr.

Totuși, și-ar fi dorit ca el să nu pară atât de nefericit. Se hotărî să se prezinte. Poate că îi va spune ce-l deranja. Poate că i-ar putea fi fost de ajutor. Exact când îi veni ideea, se răzgândi pentru că observă că străinul purta la brâu una din acele cartușiere, acum la modă. Un pistol cu şase gloanţe era frumos aşezat în toc. Mary Rose se gândi că străinul putea fi foarte bine doar un alt pistolar sosit în oraş cu singurul scop de a-i provoca pe fraţii ei la un duel şi, dacă aşa stăteau lucrurile, nu avea de gând să fie nici amabilă şi nici săritoare. Ba chiar putea foarte bine să-l împuşte cu mâna ei.

Ştia că se grăbeşte să tragă concluzii. Se hotărî că era cel mai bine să-l ignore. Ajunse în dreptul intrării şi încercă să-i deschidă uşa fratelui ei. Cole era chiar în spatele ei, dar avea mâinile ocupate cu sacul de pe umăr. Harrison se grăbi să-i ţină calea. Se rezemă de uşă şi aşteptă să se uite spre el. Ea se opri.

– Eu n-aş ieşi încă afară, doamnă.

– Nu?

El clătină din cap.

– Nu.

Mary Rose făcu ochii mari de uimire. Într-un final, străinul îi zâmbi. Ea schiţă un gest asemănător, dar se opri la timp. Stătea la numai jumătate de metru de el şi, de aceea, era nevoită să-şi dea capul pe spate ca să îi vadă ochii. Era sigură că văzuse o licărire. Nu avea idee ce i se păruse lui aşa de amuzant. Culoarea îi revenise în obraji şi i se păru că mirosea chiar frumos. A aer şi a piele, se gândi ea, şi, pentru că pielea lui era atât de bronzată, îşi dădu seama că acesta îşi petrecuse o mare parte din timp la soare.

Mary Rose îşi reveni din uimire.

– De ce să nu ies afară? întrebă ea.

Harrison îşi dădu seama că era cazul să nu se mai holbeze la ea dacă voia să răspundă la întrebare. Era frumoasă. Îi simţi parfumul, aşa de uşor şi de diafan, foarte asemănător cu parfumului mamei ei. Ştia că se purta ca un şcolar, dar nu se putea abţine. Nici nu reuşea să-şi şteargă zâmbetul de pe faţă pentru că era al naibii de drăguţă, dar şi pentru că era atât posibil, cât şi imposibil să fie fata lui Elliott.

Realitatea îl aduse imediat cu picioarele pe pământ.

– Deschide uşa, Mary Rose, îi ordonă Blondul.

Se uitase fix la Harrison când rostise nerăbdător porunca.

– Domnul acesta nu vrea să plecăm încă, răspunse ea, apoi se întoarse spre fratele ei şi ridică din umeri. Nu ştiu de ce.

Cole se încruntă la Harrison. Tonul lui deveni sarcastic:

– Uite ce e, domnule, sunt moduri mai civilizate de a face cunoştinţă cu cineva. Dacă vreţi s-o cunoaşteţi pe sora mea, aşteptaţi până încarc asta. Apoi, poate vă las să vorbiţi cu ea.

Mary Rose nu-l putea lăsa pe străin să înţeleagă greşit.

– N-o să vă lase să vorbiţi cu mine, explică ea. Fratele meu nu mă lasă să discut cu străinii. Numele meu este Mary Rose Clayborne. Al dumneavoastră?

– Harrison Stanford MacDonald.

Ea dădu din cap.

– Sunt încântată să vă cunosc, domnule MacDonald. Acum pot ieşi?

– Aş vrea să vorbesc mai întâi cu fratele dumneavoastră, zise el.

Ea făcu un pas în spate şi îl călcă pe picior pe fratele ei.

– Sunteţi pistolar?

Întrebarea suna ca o acuzaţie. Nu-i lăsă timp să răspundă pentru că, evident, ajunsese la concluzia că răspunsul era afirmativ. Se încruntă la el şi clătină din cap.

– Puteţi să vă luaţi gândul de la un duel. Nu e deloc interesat. Vă sugerez să plecaţi din Blue Bell, domnule. Nu sunteţi binevenit aici.

– Pentru Dumnezeu, Mary Rose. Pot vorbi şi eu. Sunteţi pistolar, domnule?

Harrison clătină din cap. Era cât se poate de uimit de turnura pe care o luase conversaţia.

– Nu, răspunse el. Nu sunt pistolar.

Se întoarse spre Mary Rose.

– La ce fel de duel vă referiţi?

Făcu ochii mari.

– Cole, nu ştie ce-i aia duel. De unde sunteţi, domnule MacDonald?

– Scoţia.

Ea se încruntă auzindu-i răspunsul.

– De ce aţi venit în Blue Belle?

– Caut un loc în care să mă stabilesc.

–Atunci, înseamnă că nu sunteți aici ca să vă duelați cu fratele meu?

Nu se mai încrunta la el, dar în voce i se citea încă suspiciunea.

–De ce-aş vrea să fac aşa ceva, doamnă? Nici măcar nu-l cunosc pe fratele dumneavoastră.

Ea răsuflă uşurată.

–Ei bine, atunci..., şopti ea.

Îşi netezi părul de pe umeri, un gest ce lui i se păru foarte feminin, şi apoi îi zâmbi frumos.

–N-am crezut că sunteți pistolar, dar nu puteam fi absolut sigură. Şi când mă gândesc că...

Cole n-o lăsă să termine ce avea de spus:

–Pentru Dumnezeu, Mary Rose. Deschide uşa.

–Dar încă nu te-am prezentat domnului MacDonald, spuse ea.

–N-am nevoie, bombăni Cole. Douglas aşteaptă afară în căruță. Deschide uşa.

Mary Rose nu păru afectată de tonul lui morocănos. Continuă să îi zâmbească lui Harrison şi să se poarte ca şi cum ar fi avut tot timpul din lume ca să discute cu el.

–Numele fratelui meu este Cole Clayborne. Are şi un al doilea prenume, dar e sensibil când vine vorba de asta şi m-ar omorî dacă vi l-aş spune. Cole, ți-l prezint pe domnul Harrison.

–Mary Rose, jur pe Dumnezeu că o să-ți scap sacul ăsta greu cu făină drept în capul tău.

Ea oftă.

–Fratele meu e foarte drăguț, domnule, odată ce ajungeți să-l cunoaşteți.

Harrison nu era convins. Cole nu părea genul de om care putea fi drăguț. Părea să se fi născut încruntat. Un singur lucru era sigur: fratele lui Mary Rose nu avea să mai aştepte multă vreme. Harrison se decise că era mai bine să-i spună despre ambuscadă înainte ca bărbatul să iasă vijelios direct prin uşa închisă. Părea îndeajuns de puternic şi de nervos ca s-o facă.

–Am văzut o puşcă îndreptată spre dumnevoastră, începu el în şoaptă astfel încât ceilalți clienți să nu-l audă. Oricine o fi cel care vrea să vă împuşte se ascunde vizavi. M-am gândit că poate vreți să ştiți.

Cole se calmă imediat.

– Ați apucat să-l vedeți?

Harrison clătină din cap.

– M-am gândit să-i zbor pușca din mâini, dar adevărul e că abia am cumpărat pistolul ăsta și încă nu l-am încercat. Probabil că n-aș fi făcut decât să rănesc pe cineva.

– Asta și e ideea, îi spuse Cole pe un ton evident exasperat.

– Îmi pare rău că nu v-am putut ajuta, zise Harrison. Dar, până nu aflu cât de bine țintește...

Lăsă propoziția neterminată. Voia ca Mary Rose și fratele ei să tragă singuri concluziile. Nu trebui să aștepte prea mult. Mary Rose trase adânc aer în piept.

– Aveți pistol și nu l-ați mai folosit până acum?

– Da, doamnă.

Nu voia să mai fie nevoit s-o mintă, dar încă nu îi spusese adevărul. Ținu pentru el informațiile importante, știind mult prea bine că o putea face să-i cadă în plasă. Nu se simțea confortabil cu modul în care o manipula. Totuși, urma să facă tot ce era necesar ca să-i câștige încrederea astfel încât să afle ceea ce voia și, din moment ce ea manifesta o slăbiciune către neadaptați, se gândise că era o idee bună să joace un astfel de rol.

– V-ați ieșit din minți? îl întrebă ea.

– Nu cred, răspunse el.

– Doamne, Dumnezeule, nu știți că nu e bine să mergeți prin oraș înarmat? La cât de mare sunteți, o să intrați inevitabil în conflicte. O să fiți omorât într-o clipită. Asta vreți, domnule MacDonald?

Își dusese mâinile la gură și se uita la el de parcă ar fi văzut un nebun. Îi aducea aminte de o profesoară care își certa elevii. Însă el nu avusese niciodată profesoare așa de tinere și de drăguțe. Majoritatea fuseseră bătrâne, prăfuite și ofilite precum frunzele uscate. Era clar că își făcea griji în privința lui. Ciudat, se simțea bine să primească atenție din partea ei. Până la urmă, nu era chiar așa de rău să fie un neadaptat. Harrison încercă să pară preocupat.

– Nu, doamnă. Nu vreau să fiu omorât. Vreau să învăț să folosesc pistolul. Nu pot să fac asta dacă îl țin în cutie.

Cole oftă. Harrison se întoarse imediat spre el.

– Vreți să car eu sacul acela? Mă pot duce să-l încarc în căruță și apoi să-l caut pe șerif.

– Nu avem șerif în Blue Belle, explică Mary Rose.

Lui Harrison nu-i fu greu să se arate uimit.

– Și, atunci, cine se ocupă de păstrarea ordinii aici?

– Nimeni, răspunse ea. De-asta orașul acesta este un loc atât de periculos pentru cineva ca dumneavoastră. Ați crescut la oraș, nu-i așa, domnule?

Încercă să nu se simtă afectat de mila din tonul ei.

– Da, am fost crescut la oraș. Te rog, spune-mi Harrison. „Domnule" este o modalitate de adresare prea oficială pentru locul acesta.

– Bine, fu ea de acord. O să-ți spun Harrison. Te rog să-ți dai cartușiera jos. N-ar trebui să porți așa ceva. Pun pariu că cineva ți s-a spus că e la modă în zona noastră, nu-i așa? Sau ai citit undeva despre asta?

– Am citit că face parte din echipamentul necesar.

Ea oftă.

– O, Doamne...

Cole așteptase îndeajuns. Se aplecă, propti sacul cu făină de perete, se ridică, apoi își roti umerii ca un urs, ca să scape de junghiul care-i înțepenise gâtul. Harrison și Mary Rose se dădură la o parte când se apropie de ușă. Cole nu părea preocupat de ambuscada care i se pregătise. O împinse pe sora lui din dreptul ușii, își scoase pistolul din toc și apoi întredeschise puțin ușa, doar cât să intre o rază de soare.

Douglas îl aștepta la intrare. Fratele lui Cole stătea în stradă, lângă căruță, rezemat de stâlpul de care se legau caii. Părea să fi ațipit. Cole fluieră ca să-i atragă atenția. Harrison se uită la Mary Rose. Comportamentul ei îl uimea. În secunda în care fratele ei pusese mâna pe pistol, ea își acoperi urechile cu palmele și își îndreptă privirea spre tavan, cu o expresie resemnată.

– Douglas, jos!

Cole lătră comanda cu o fracțiune de secundă înainte de a se apleca în pragul ușii, de a ochi și de a trage trei focuri rapide.

Sunetul pistolului răsună în magazin. Vitrina din sticlă începu să tremure.

Cu un gest fulgerător, puse pistolul înapoi în toc.

– Ar trebui să fie de ajuns.

Apoi ridică sacul cu făină şi ieşi afară. Atitudinea lui relaxată era destul de surprinzătoare, dar ceea ce-l uimi şi mai mult pe Harrison era faptul că majoritatea clienţilor din încăpere nu se arătară deloc curioşi. În cazul în care găseau ciudat gestul lui Cole Clayborne de a trage cu pistolul din pragul uşii, se pricepeau foarte bine să ascundă acest lucru. Oare, astfel de lucruri se întâmplau în fiecare zi? Harrison începea să creadă că poate aşa stăteau lucrurile.

– Cole, ai uitat să-i mulţumeşti lui Harrison, strigă Mary Rose.

– Mulţam pentru avertisment, zise Cole peste umăr.

Recunoştinţa lui i se păru insuficientă lui Mary, dar nu se putea supăra pe fratele ei. Ştia cât de greu îi era să mulţumească şi, probabil, era cu adevărat recunoscător că străinul îi salvase viaţa.

– Cine a încercat să te prindă în ambuscadă, Cole? întrebă ea.

– Cu plăcere, strigă Harrison în acelaşi timp.

Cole aruncă sacul cu făină în căruţă, alături de celelalte provizii pe care le cumpăraseră deja, şi apoi se întoarse să-i răspundă surorii lui.

– Probabil a fost Webster. Nenorocitul...

Se opri înainte de a termina să-l înjure pe nenorocitul care dorise să-l prindă în ambuscadă.

– Era ofticat pentru că n-am vrut să mă duelez cu el săptămâna trecută. Cred c-ar fi trebuit să-l omor atunci. N-o să facă decât să mai încerce. L-am atins totuşi, aşa că, mai întâi, va trebui să se vindece. Eşti gata de plecare, Mary Rose?

– Imediat.

Ea se întoarse din nou spre Harrison.

– A fost foarte frumos din partea ta să-l avertizezi pe fratele meu. Îţi este foarte recunoscător. Numai că îi vine greu s-o arate. Nu-i place să rămână dator, nici măcar cu mulţumiri.

– Fratele tău nu-mi datorează mulțumiri. Oricine ar fi făcut ce-am făcut eu.

– Mi-ar plăcea să fie adevărat, răspunse ea. Poate că, în Scoția, vecinii se ajută între ei, dar pe aici, în Blue Belle, lucrurile stau altfel.

El dădu uşor din cap, luă de bun ceea ce ea îi spusese şi continuă s-o privească fix, în timp ce încerca să se gândească ce să mai spună. Nu-i luă mult ca să înceapă să se simtă ca un dobitoc. Îi scăpa printre degete, şi el nu găsea nici măcar un lucru de zis cu care s-o țină aproape încă câteva minute.

Ironia situației nu putea să îi scape. Pentru Dumnezeu, era avocat; un om care îşi petrecea timpul şi îşi câştiga pâinea cu dezbateri, linguşeli şi certuri rămăsese acum fără cuvinte. Dacă asta nu putea fi numită contradicție în termeni, nu ştia ce altceva ar fi putut fi. *Doamne, ce ochi frumoşi avea!*

În clipa în care se gândi la acest lucru îşi dădu seama că avea necazuri. Tânăra care îi zâmbea atât de frumos îi lua mințile. Era dezgustat de propria purtare. Avea pretenția că era în stare să nu lase ca o simplă atracție fizică să-i zădărnicească planurile.

Mary Rose se gândi că zăbovise prea mult. Nu voia să se întoarcă aşa repede acasă însă, şi se convinse că acest lucru se întâmpla deoarece era preocupată de străinul cu inimă bună.

– Mă întrebam...

– Da? îi scăpă lui pe un ton plin de speranță, ca un băiețel care era pe cale să primească un cadou.

– De ce vrei să înveți să tragi cu pistolul?

La dracu', era nevoit s-o mintă din nou. Devenea din ce în ce mai dificil. Poate, dacă nu l-ar fi privit cu ochi atât de nevinovați, i-ar fi fost mai uşor. Adevărul n-avea să-i fie de folos în această situație pentru că ştia că, dacă recunoştea că se pricepea să umble cu un pistol, ea i-ar fi întors spatele n-ar mai fi privit înapoi. Îl rănea în orgoliul propriu să pretindă că e atât de nepriceput. Câştigase premii la universitate pentru precizia cu care țintea, iar în armată învățase să fie foarte rapid. Pistoalele cu şase gloanțe erau preferate de bărbații obişnuiți şi, oricât de mult ar fi urât arma aceea, tot ştia cum s-o folosească. Era nevoit să recunoască faptul că pistolul îi fusese de ajutor, iar viteza de reacție îi salvase viața de câteva ori.

– Spune-mi, te rog, de ce vrei să înveți să tragi cu pistolul? îl întrebă ea din nou.

– Mă gândesc să mă fac fermier, răspunse el. Cred că pistolul mi-ar fi de folos.

– Noi avem o fermă la câteva mile în afara oraşului. Se numeşte Rosehill. Ai auzit cumva de ea?

Era o întrebare ridicolă, şi Mary Rose regretă că o pusese în clipa în care cuvintele îi ieşiseră din gură. Sigur că nu auzise de Rosehill. Tocmai ajunsese în oraş. Totuşi, nu fusese în stare să găsească nimic altceva de spus în încercarea de a-l ține de vorbă. Şi cât de mult îi plăcea să-l audă vorbind! Accentul lui neobişnuit, acea vibrație în glas, era ca o muzică pentru ea.

– Nu, n-am auzit de ferma voastră, răspunse el.

Continuară să se uite unul la altul încă un minut, înainte ca Mary Rose să se întoarcă din nou, pregătită de plecare. Ajunse la uşa din față şi se opri. Cole şi Douglas se uitau la ea, sprijiniți de căruță. Amândoi stăteau cu brațele încrucişate la piept şi, observă ea, aveau câte un picior petrecut peste celălalt. Pe față li se citea resemnarea. Erau obişnuiți cu felul în care Mary Rose se purta de obicei. Le zâmbi înainte de a se întoarce din nou spre Harrison. Se bucură când observă că acesta venise după ea afară. Îl văzu uitându-se la Douglas şi, probabil, întrebându-se cine era. Se gândi să i-l prezinte după îi va aduce la cunoştință care îi erau planurile pentru viitorul apropiat. Trebuia să facă ceva să-l ajute. Părea foarte singur şi pierdut.

– Pur şi simplu, nu te pot lăsa singur.

Îi atrase din nou atenția cu aceste cuvinte.

– Nu? întrebă el.

Aruncă o privire peste umăr ca să vadă dacă frații săi se mai uitau la ea şi observă nu numai că aceştia aveau ochii ațintiți asupra ei, dar se mai şi încruntau, dezaprobator. Le zâmbi, doar ca le arate că era foarte fericită să discute cu străinul, apoi îl luă pe Harrison de mână şi îi făcu semn s-o însoțească. Voia să mărească puțin spațiul dintre ei şi frații săi. În plus, avea nevoie de intimitate pentru discuția lor, pentru că îşi cunoştea bine frații şi îşi dădea seama că aceştia ar fi încercat să intervină, dacă ar fi ştiut ce are de gând.

– Nu, sigur nu te pot lăsa singur aici. O să intri în bucluc dacă nu fac ceva.

– De ce crezi că o să intru în bucluc?

– De ce? repetă ea.

Nu-i venea să creadă că o întrebase aşa ceva. Totuşi, părea foarte dezorientat. Sărmanul, nici măcar nu-şi dădea seama că era în pericol. Decise că era de datoria ei să-i explice situaţia în care se afla.

– Tocmai ai recunoscut că nu ştii să te aperi. Sunt sigură că cel puţin câţiva clienţi dinăuntru au auzit asta. Se pare că toţi cei din oraş consideră că e de datoria lor să ştie ce fac şi ce zic ceilalţi. O să umble vorba, Harrison, şi oricât de mult mă doare să recunosc, frumosul nostru orăşel are câţiva bătăuşi cu reputaţie. Imediat ce vor afla că eşti vulnerabil, o să te vâneze. N-o să fii în siguranţă aici.

– Vrei să spui că sunt neajutorat? întrebă el cu o expresie uimită.

Se gândi că era mai bine să fie directă. Deşi probabil că se va simţi rănit în amorul propriu, era spre binele lui să-i spună adevărul.

– Da, eşti neajutorat.

El se declară mulţumit de direcţia în care mergeau lucrurile. Considera că era de responsabilitatea ei să-l ajute. Dooley şi Henry avuseseră dreptate în privinţa asta. Chiar avea o slăbiciune pentru cei slabi şi vulnerabili. Totuşi, îşi simţea orgoliul rănit. Era al naibii de frustrant ca o femeie să creadă că era neajutorat. Se hotărî să protesteze cât de cât ca să-şi oblojească mândria rănită.

– Doamnă, nu-mi amintesc să vă fi spus că nu pot avea grijă de mine.

Ea se prefăcu a nu auzi.

– Mi-e teamă că trebuie să mergi cu mine acasă.

El se abţinu să nu zâmbească.

– Nu cred că-i o idee bună. Sunt hotărât să aflu cum funcționează pistolul ăsta. Am dat o mulțime de bani pe el. Sunt sigur că are o cătare bună.

Părea exasperată.

– Nu despre pistoale este vorba, ci despre oamenii care le folosesc. Să vii cu mine acasă este o soluție bună. Te rog, încearcă să înțelegi. Ești un bărbat impozant și ești o țintă prea bună. Oamenii au anumite așteptări.

N-avea idee la ce se referea ea.

– Ce treabă are mărimea...

Nu-l lăsă să termine.

– Se așteaptă să te protejezi și să-ți aperi bunurile, iar dacă nu înveți să îți folosești pumnii și pistolul, o să te omoare până la sfârșitul săptămânii.

Își îmblânzi tonul intenționat, pentru ca adevărul să nu devină prea greu de suportat. De fapt, nu credea că ar fi rezistat nici măcar o zi pe cont propriu.

– Sunt sigură că frații mei vor fi bucuroși să te învețe tot ce trebuie să știi. Până una alta, i-ai salvat viața lui Cole. Va fi încântat să te învețe să folosești pistolul cât să poți avea grijă de tine.

Harrison fu nevoit să tragă adânc aer în piept înainte de a vorbi. Știa că aroganța putea sta în calea planurilor sale, dar nu se putea abține să nu se contrazică puțin cu ea. Se putea preface că era puțin vulnerabil, dar nu voia să pară complet neputincios. La naiba, trebuia să existe o cale mai ușoară.

– Chiar pot avea grijă de mine. Nu-mi dau seama cum ai ajuns la concluzia că nu pot. Mi-am folosit pumnii și înainte și sunt...

Ea nu dorea să-l asculte. Clătină din cap cu o expresie compătimitoare, apoi spuse:

– A crede și a face sunt două mâncăruri de pește diferite, Harrison. Este periculos să crezi că ești capabil să faci ceva atunci când, de fapt, nu ești. Ai mai fost vreodată implicat într-un schimb de focuri?

El fu nevoit să admită că nu.

– Ei, vezi?

Se purta de parcă el ar fi trebuit să își fi dat seama de toate astea până atunci. Se întreba dacă schimbul de focuri era un fel de ritual necesar înainte ca o persoană să creadă că este sau nu pregătită corespunzător pentru a se stabili în Blue Belle.

–Toți bărbații de pe aici au fost implicați în schimburi de focuri? întrebă el sceptic.

Nu se putu abține. Un avocat nu ar fi trebuit să se lase încolțit și, până în acel moment, nu mai fusese pus într-o astfel de situație, dar această femeie încântătoare tocmai reușise această performanță, iar el încă nu putea să-și dea seama cum de se întâmplase așa ceva.

–Nu, sigur că nu, răspunse ea.

–Atunci, de ce m-ai întrebat pe mine dacă am fost?

Ea părea exasperată.

–Sigur că ai observat că oamenii din magazin nu purtau cartușiere, spuse ea. Majoritatea nu poartă. Mesajul trebuie să meargă mână în mână cu arma, Harrison. Dacă porți o armă trebuie să fii pregătit să dovedești că o poți folosi. Mă bucur să aflu că nu ai fost implicat în nici un schimb de focuri și sper să nu fii nevoit să omori pe cineva. Armele nu ar trebui utilizate pentru distracție sau din dorința de răzbunare. Omorâm șerpi și alte lighioane, dar nu oameni. Din păcate, unii dintre locuitori, și mulți alții care se perindă pe aici, nu par să facă diferența.

–Am observat că fratele tău poartă armă.

–Asta-i altceva, insistă ea. Cole e nevoit să poarte, iar tu nu. Pistolarii care vor să-și facă o reputație se țin scai de fratele meu, se cred mai rapizi decât el. Mândria le aduce moartea până la urmă, deși nu mor de mâna lui Cole. El nu a omorât pe nimeni de ani de zile. Nu e pistolar, adăugă ea cu subînțeles.

Părea să vrea ca el să fie de acord cu ea.

–Înțeleg.

–Trebuie să poarte arma pentru a se proteja.

–Am priceput.

–A devenit bun la asta pentru a putea avea grijă de noi. Nu este vina lui că e rapid. Va trebui să înveți să te aperi, dacă vrei să te stabilești aici. În plus, dacă vorbești serios și vrei să înveți să fii fermier, Rosehill este locul ideal pentru tine. Vei avea profesori minunați. Adam s-ar putea chiar să te plătească ca să lucrezi pentru noi și vei învăța din mers.

–Adam?

–Fratele meu mai mare, explică ea. Am patru fraţi. Eu sunt cea mai mică, urmează Travis, Cole, Douglas şi Adam.

Din moment ce era atât de sinceră cu el, se hotărî să-i pună cât mai multe întrebări cu putinţă.

–Părinţii tăi mai trăiesc?

–Mama, da, răspuns ea. Acum locuieşte în sud, dar va veni la noi în curând. Ar trebui să mergi să-ţi iei lucrurile. Dacă vrei, vin cu tine.

–Nu crezi că ar trebui să-i întrebi şi pe fraţii tăi înainte, domnişoară Clayborne?

Din experienţă, ea ştia că nu ar fi fost o idee bună să le ceară permisiunea.

–Nu, îi fac eu să fie de acord. Te rog, spune-mi Mary Rose, sau, pur şi simplu, Mary, ca toată lumea. Ai cal şi căruţă sau ai venit în Blue Belle cu diligenţa?

–Am un cal.

–Atunci, mergem?

Era evident că încheiase discuţia. Păşi pe alee, zâmbi spre fraţii ei când trecu prin dreptul lor şi se îndreptă către grajduri. Harrison zăbovi un minut sau două, ca să-şi revină, şi o ajunse din urmă abia la jumătatea drumului.

–Cel de lângă Cole este fratele meu, Douglas, spuse ea. Cred că am să aştept un pic înainte de a ţi-l prezenta. Starea lui de spirit trebuie să se îmbunătăţească.

–Chiar pare deranjat de ceva, remarcă Harrison.

Îl studiase când trecuse pe lângă el. Harrison mergea lângă Mary Rose, cu mâinile la spate, şi se gândea cum s-o întrebe, într-un mod cât mai delicat cu putinţă despre Douglas.

–Douglas este fratele tău vitreg? întrebă el pe un ton care spera să fie informal.

–Nu, de ce mă întrebi?

–Nu seamănă cu tine sau Cole. N-aş fi zis că sunteţi rude. Îmi aminteşte de un prieten de-al meu, pe nume Nicholas. S-a născut şi a crescut în Italia.

–Nu cred că Douglas este italian. S-ar putea să fie irlandez. Da, cred că e irlandez.

– Crezi?

Ea dădu din cap, dar nu oferi mai multe informații. Harrison era complet derutat.

– Tatăl tău s-a recăsătorit?

– Nu. Eu și Cole suntem singurii din familie care seamănă unul cu altul.

Aşteptă să spună mai multe, dar nu mai zise nimic despre frații ei, ci schimbă discuția.

– Ai frați?

– Nu.

– Surori?

– Din păcate, nu.

– Ce păcat, concluzionă ea. Trebuie să fi fost foarte plictisitor pentru tine în copilărie. Cu cine te-ai bătut când erai mic?

El râse.

– Cu nimeni.

Nu era de mirare că săracul de el nu ştia să se apere. Totul începuse să capete sens. El nu avea frați mai mari care să-l învețe lucruri utile.

Harrison aruncă o privire peste umăr ca să se mai uite o dată la Douglas. Concluzia lui rămase aceeaşi. Nu credea că Douglas ar fi fost înrudit cu Mary Rose. Tot aspectul lui era diferit de fizicul lui Cole. Douglas avea părul castaniu-închis și ochii căprui, bărbia pătrată şi pomeți lați, proeminenți. Trăsăturile lui Cole erau aproape patriciane, iar nasul îi era acvilin. Harrison nu-şi dădea seama care dintre ei era mai în vârstă. Ciudat, amândoi păreau de-o seamă. Poate doar un an să-i fi despărțit, se gândi el. În acelaşi timp, îşi zise că era posibil ca Douglas să fi semănat cu un strămoş mai îndepărtat. Orice era posibil, şi era al naibii de nerăbdător să afle dacă îşi pierdea sau nu timpul.

– Nu pari irlandeză.

– Nu?

Ea îi zâmbi și continuă să meargă. Era evident că nu dorea să mai discute subiectul acesta.

– Mary Rose, unde naiba te duci? o întrebă fratele ei, Douglas.

Ea se întoarse.

– Mă duc la grajduri, răspunse strigând.

Se întoarse repede, grăbi pasul şi abia atunci continuă explicaţia:

– Domnul MacDonald o să vină la noi la cină.

Cei doi fraţi se uitară către sora lor care aproape că o luase la fugă. Cole aşteptă încă un minut şi apoi întinse palma către fratelui său. Douglas oftă, băgă mâna în buzunar şi scoase un dolar de argint.

– Să nu pui niciodată pariu pe un lucru atât de evident, îl sfătui Cole.

Douglas se jucă uşor cu bucata de argint din palmă. Privirea îi rămase aţintită asupra străinului.

– Nu pricep, bombăni el. Mie mi se pare bine făcut. Este mult mai înalt decât Mary Rose. La dracu', are peste un metru optzeci şi are muşchi, Cole. Vezi?

– Văd, răspunse Cole râzând.

– Se mişcă la fel ca tine, am observat imediat, iar ochii lui nu pierd nimic. Îţi jur pe Dumnezeu, nu înţeleg ce vede la el. Mie mi se pare normal.

Cole exulta: câştigase pariul. Douglas găsi entuziasmul lui enervant.

– La dracu', poartă pistol. Eu aş fi atent la el dacă ne-am întâlni pe o alee întunecată.

– E un pistol nou.

– Şi?

– Nu l-a folosit niciodată.

– Atunci de ce poartă o cartuşieră din aia la modă?

Cole ridică din umeri.

– Cred că s-a gândit că aşa se cuvine. Pielea nu este nici măcar zgâriată. Cred că şi aia e nou-nouţă.

– Atunci e prost?

– Aşa se pare.

Douglas dădu din cap.

– O să se cureţe.

Zâmbetul lui Cole se lăţi.

– Şi, tocmai de aceea, sora noastră îl aduce acasă.

Douglas îşi voia banii înapoi.

– Ai ştiut asta înainte să pui pariul?

– Puteai să fi întrebat. Dar n-ai făcut-o.

Douglas acceptă înfrângerea. Se uită din nou la străin, urmărindu-l până ce dispăru după colțul grajdului.

– Dooley i-a zis lui Morrison că e din Scoția. A mai zis și că e învățat.

– Deci e un băiat de la oraș?

Cole aprobă din cap.

– Așa se pare. Nu știe să tragă cu arma și nu cred că știe să se lupte. N-ai văzut nici o cicatrice pe fața lui, nu?

– Nu, n-am văzut. Cred că ar fi trebuit să aibă câteva dacă s-ar fi jucat cu niște cuțite la viața lui.

– Asta vreau și eu să zic, spuse Cole. Am vorbit cu el câteva minute. Pare educat, dar nu mi se pare că e prea isteț. Mi-a spus că i-a fost teamă să tragă în Webster. Cică i-a fost frică să nu rănească pe cineva.

Douglas izbucni în râs. Cole așteptă până ce se liniști, apoi continuă:

– Dacă ar fi isteț, n-ar purta armă. Le dă tuturor impresia că se pricepe la asta.

– Păcat, remarcă Douglas. Un tip bine clădit ca el ar trebui să știe să se lupte. Ar putea fi chiar fioros dacă ar ști ce să facă.

Cole se declară de acord.

– Chiar că e păcat.

– Cum a zis Mary Rose că-l cheamă?

– MacDonald, răspunse Cole.

Rânji când adăugă:

– MacDonald Vai-De-El.

11 februarie 1861

Dragă Mamă Rose,

Am avut ceva necazuri în St. Louis. O duceam pe Mary Rose în brațe, iar un bărbat pus pe harță s-a apropiat și s-a luat de noi. Bebelușul are cârlionți acum și este foarte prietenoasă cu toată lumea. Ei bine, i-a zâmbit bărbatului, i-a arătat cei patru dinți din față și i-a curs ceva salivă pe bărbie, iar el a întrebat cu voce tare de ce nu seamănă cu mine. A tot încercat să mi-o ia, dar a venit Cole, care pare a fi fratele lui Mary Rose, că are părul blond şi ochii albaştri. Oricum, a luat copilul în braţe şi i-a zis bărbatului să-şi vadă de treabă.

Băgăciosul ne-a făcut să mergem mai departe, până când ne găsim un loc în care oamenii îşi văd de-ale lor. Adam crede că preria ar putea fi îndeajuns de departe de oameni, aşa că ne strângem lucrurile şi plecăm mâine. Păcat că nu ne poţi răspunde, dar, imediat ce ne stabilim, o să-ţi trimitem veşti.

Adam verifică acum ce am scris şi m-a rugat să-ţi transmit că trebuie să ne construim o casă ca lumea. Mary Rose se târăşte peste tot, iar mizeria de pe ceea ce numim noi podea se lipeşte de mâinile şi de genunchii ei. Încearcă să mănânce ţărână când nu ne uităm la ea. Nici unul dintre noi nu ştie de ce face asta. Dar e tare fericită. Trebuie să facem cu schimbul când o culcăm. Doarme în fiecare noapte cu unul dintre noi şi trebuie să-ţi spun că mi se face rău când mă trezesc udat de ea. Udă orice am pune pe ea. Cred că e normal, nu?

Ne-ar plăcea să te vedem, ca să ştim cum arată mama noastră.

Cu dragoste,

Fiul tău preferat, Douglas

Capitolul 3

Douglas se amuza copios de porecla găsită de fratele lui pentru ultimul proiect caritabil al lui Mary Rose, dar imediat ce se uită mai bine la armăsarul lui Vai-De-El, starea lui de spirit se schimbă considerabil. Dintr-odată, simţi imboldul de a-l omorî. Nu-i păsa dacă MacDonald se putea apăra sau nu. Dacă nenorocitul era responsabil de starea deplorabilă a calului atunci putea să jure pe Dumnezeu că merita să moară.

Cole ajunse la grajduri în căruţă, alături de fratele lui. Proprietarul, un bărbat roşcat, gigantic, pe nume Simpson, le spusese că Mary Rose şi străinul erau în spate, lângă ţarc. Cole voia să ia calul lui şi pe cel lui Mary Rose, dar Simpson se oferi cu amabilitate să înhame armăsarul şi iapa şi să-i scoată afară, prin urmare Cole şi Douglas merseră spre locul în care se afla calul lui MacDonald. Nici nu opriseră bine, că Douglas îi aruncă frâiele lui Cole şi se întinse să ia puşca. Arma era rezemată de capră, între cei doi. Cole fu mai rapid decât fratele lui. Înşfăcă puşca din mâna lui Douglas şi o aruncă în căruţă. Ştia ce dorea acesta să facă.

– Întâi vezi despre ce-i vorba, îi sugeră în şoaptă. Apoi îl poţi omorî.

Douglas dădu aprobator din cap şi apoi sări din căruţă. Porni cu pas hotărât spre ţarc, unde Mary Rose şi MacDonald se uitau la animale.

Rămăsese uimită când văzuse prima oară calul, dar îşi revenise repede. Se uita la armăsar în timp ce încerca să înţeleagă ce motive ar fi avut cineva să se poarte atât de urât cu el. Cicatrici şi cute albe îi acopereau aproape fiecare centimetru al pielii. Nici nu-şi imagina prin ce suferinţe trecuse sărmanul animal. Se hotărî să afle.

– De când ai calul? întrebă ea pe un ton îngrijorat.

– Cam de trei săptămâni.

– Mulţumesc ţie, Doamne, şopti ea.

Tocmai când să-i mai pună o întrebare, îl văzu pe Douglas venind spre ei şi se grăbi să se bage între cei doi bărbaţi. Observase furia de pe chipul fratelui ei.

– Are calul doar de trei săptămâni, Douglas. Doar de trei săptămâni.

Harrison nu pricepu comportamentul ei.

– De ce ţipi?

– E necesar ca Douglas să mă audă. Nu vreau să te omoare.

Rămase uluit de modul direct în care ea i se adresase, dar nu lăsă să se vadă. Îşi îndreptă toată atenţia asupra fratelui ei. Observă cât de roşu de furie era chipul lui Douglas, apoi înţelese imediat. Douglas se uita la armăsar, furios din cauza stării acestuia.

– Douglas se pricepe să îngrijească animalele, zise Mary Rose. Fermierii vin de la multe mile distanţă doar pentru un sfat. Fratele meu are o slăbiciune pentru cai. Este foarte grijuliu, iar când a văzut cicatricele de pe animalul tău...

– Doar cât a văzut cicatricile.

– Da, recunoscu ea. Cineva l-a bătut cu biciul, nu-i aşa? Ştii, am crezut că pielea lui e albă până m-am apropiat de el; atunci am văzut că e auriu. Cine i-a făcut asta?

Douglas se apropiase de ei şi stătea cu mâinile strânse pumn în timp ce studia animalul şi le asculta conversaţia. Încerca să se liniştească, dar i se păru un lucru aproape imposibil.

– Nu ştiu, răspunse Harrison. Am întrebat, dar n-a ştiut nimeni să-mi spună. Am uitat de cicatrice. Nu îl mai văd decât pe MacHugh.

– MacHugh? Ce nume ciudat, spuse ea înainte să-şi dea seama că era posibil să-l fi insultat. Adică, vreau să spun, ce nume frumos, se corectă ea repede. Ciudat şi frumos, încheie şi dădu din cap ca să sublinieze faptul că vorbea serios.

Se străduia să nu-l supere. El zâmbi când îi văzu reacţia. Chiar era drăguţă şi nu părea răsfăţată. Dacă aşa stăteau lucrurile, atunci avea să fie o schimbare bine-venită după toate femeile pe care le cunoscuse până atunci. Se întrebă dacă ea avea idee cât de drăguţă era. Se concentră asupra discuţiei.

– L-am botezat după o rudă mai îndepărtată. Am văzut câteva asemănări.

– Da?

– E un cal al naibii de urât, spuse Cole din spatele lor.

Harrison nu se întoarse când îi răspunse.

– Dincolo de cicatrici, e un cal al naibii de bun.

– Crezi că e bun? şopti Mary Rose.

– Da.

Ea oftă încet. Aproape că simţea cum i se înmoaie inima. Harrison era un om bun şi decent. Era o raritate ca un bărbat să vadă dincolo de lucrurile de suprafaţă, cel puţin aceasta era concluzia la care ajunsese după ce respinsese pe câţiva pretendenţi aroganţi, cu gura mare, şi nu cunoştea decât patru exemplare care aveau capacitatea de a privi în profunzime, în sufletul unei persoane. Fraţii ei erau buni şi la locul lor, chiar şi atunci când nu voiau să fie astfel, şi poate că la fel era şi Harrison. Doamne, spera să aibă dreptate. Bărbaţii buni erau o raritate, mai ales în zona Montana.

În plus, aveau tendința de a muri de tineri. Standardele și valorile lor de viață îi omorau înainte de vreme. Dar nu și pe cel din fața ei, era gata să jure asta. Era hotărâtă să-l ajute să învețe cum să se descurce în sălbăticie. În plus, nu era prea greu, odată ce se prindea cum mergeau lucrurile.

MacHugh se dădea în spectacol în fața audienței. Se cabra, necheza și se purta de parcă tocmai mâncase o găleată de ierburi halucinogene. Harrison era obișnuit cu toanele lui. Știa că MacHugh încerca să-i intimideze, iar din privirea îngrijorată a lui Mary Rose în clipa în care armăsarul se apropie nervos de gard, își dădu seama că era impresionată. Se duse spre Douglas și căută instinctiv protecția lui. Harrison își dădu seama că își dorea ca ea să fi venit spre el.

– Te lasă să-l călărești? întrebă ea.

Douglas se calmase destul cât să se bage în vorbă.

– De ce l-ar fi cumpărat dacă nu l-ar fi lăsat să-l călărească, Mary Rose? Folosește-ți capul, pentru Dumnezeu, o luă la rost Douglas.

– L-aș fi cumpărat imediat, chiar dacă nu l-aș fi putut călări, zise Harrison.

– Ei, asta-i chiar o prostie, spuse Cole.

Harrison nu se supără.

– Poate.

– Din cauza asemănărilor de care vorbeai? întrebă ea.

El confirmă dând din cap.

– Spune-mi care sunt astea, continuă ea.

– Calul este la fel de încăpățânat ca și ruda de care îți spuneam, spuse Harrison. Am văzut o licărire în ochii lui, dar nu numai. Răbdare, cred, față de cei care nu îl înțeleg.

Ea oftă din nou.

– Răbdare, șopti ea.

Harrison dădu din nou din cap. Nu avea idee ce o apucase. În privire i se putea vedea că devenise visătoare. Se întrebă ce era în mintea ei.

Ea credea că e pe cale să se îndrăgostească. Se simțea exact ca o școlăriță. Nu-i păsa. Cât timp nu spunea nimănui la ce visa cu ochii deschiși, era în regulă, nu?

– M-am gândit că pot învăța câteva lucruri de la el, îi spuse Harrison lui Douglas. Eu sunt cam nerăbdător.

Avea să fie un soț minunat, își zise Mary Rose în sinea ei. Își dorea să fie răbdător.

– Are picioare puternice, spuse Douglas și se apropie de gard. De fapt, e chiar solid. Te-ai uitat bine? În gură?

– Da.

– Nu a avut nici o boală, de care să știi?

– Nici una.

– De unde l-ai luat?

– De lângă Hammond, de la Finley. Ai auzit de el?

Mary Rose făcu ochii mari.

– Ai fost la Finley? O, Doamne, cumpără numai cai pe care îi omoară pentru că le vinde carnea. Cât ai dat pe el?

– Doisprezece dolari, răspunse Harrison.

– Atunci înseamnă că ai fost jefuit, MacDonald, își dădu Cole cu părerea.

Douglas nu era de acord cu fratele lui.

– Nu sunt sigur de asta. Poate a făcut o afacere bună.

– Chiar am făcut o afacere bună, insistă Harrison. Și am fost foarte norocos. Dacă aș fi ajuns cu o oră mai târziu, MacHugh ar fi fost deja mort.

– Și de aceea l-ai fi cumpărat chiar dacă nu l-ai fi putut călări?

Mary Rose zâmbi trăgând această concluzie. Se întoarse spre Cole.

– Nu-i așa că-i drăguț? șopti ea.

– E prost, îi răspunse Cole la fel de încet.

Harrison auzi schimbul de replici. Ridică din umeri și apoi se duse spre poartă. MacHugh îl urmă. Calul părea că vrea să-l facă fărâme pe Harrison și totuși, când el intră în țarc, MacHugh doar îl înghionti ușor și apoi se liniști. Rămase la fel de blând și de ascultător până când Douglas încercă să se apropie de el. Harrison îl apucă de căpăstru și îl liniști. Fratele lui Mary Rose închise poarta în spatele lui și se apropie. Imediat, calul începu din nou să se agite.

– Rămâi pe loc, strigă Harrison. Lasă-l pe el să vină la tine. Dacă nu te miști, n-o să-ți facă nici un rău.

Douglas dădu din cap. Stătea cu picioarele uşor depărtate şi aştepta să vadă ce urma să facă armăsarul. Nu avu mult de aşteptat. Imediat ce Harrison dădu drumul căpăstrului, armăsarul o luă la goană prin ţarc. Mary Rose era sigură că MacHugh avea să-i omoare fratele. Voia să ţipe ca să-l avertizeze şi avu nevoie de multă stăpânire de sine ca să nu scoată nici un sunet. Cole era sigur că vedea flăcări în ochii armăsarului şi întinse imediat mâna spre pistol. Se jură că avea să împuşte nenorocitul de animal înainte să-l facă bucăţi pe fratele lui.

– N-ai minte, Douglas? şopti Cole.

MacHugh se opri la câţiva centimetri de Douglas. Încă nu îşi epuizase tehnicile de intimidare şi se mai cabră de două ori înainte de a se hotărî să se poarte frumos. Genunchii lui Mary Rose tremurau. Se apropie de Cole şi se sprijini de el.

– Acum poţi să-l atingi, dacă vrei, îi spuse Harrison lui Douglas, în timp ce se apropie de armăsar. Ţi-am zis că n-o să-ţi facă nici un rău. Nu vrea decât să se dea în spectacol. Te simţi bine?

Puse acea întrebare fiindcă observase cât de palid era Douglas. Fratele lui Mary Rose înghiţi în sec înainte de a răspunde.

– Ai uitat să-mi spui că o mă sperie în halul ăsta.

Întinse mâna ca să mângâie armăsarul. MacHugh îl împinse imediat o jumătate de metru. Douglas râse. Apoi încercă din nou.

– De aproape observ cât de frumos e. Trebuie să treci cu vederea cicatricile. Este unul dintre cei mai cuminţi cai de care m-am apropiat de ceva vreme încoace, zise el şi apoi adăugă pe un ton admirativ: Ai ales bine.

Harrison nu-şi asumă meritul.

– Nu eu l-am ales. El a făcut-o.

Nu oferi amănunte, iar Douglas nu puse întrebări. Părea să înţeleagă.

– E foarte înalt, nu? Şi este surprinzător de blând pentru un armăsar, remarcă Douglas.

– Avem cai şi mai înalţi în Scoţia, răspunse Harrison.

– De-acolo eşti?

Harrison dădu din cap.

– Iar tu am înţeles că eşti irlandez, spuse el în speranţa că-l va face pe fratele lui Mary Rose să vorbească despre trecutul lui.

Douglas păru surprins.

– Cine ți-a zis asta?

– Sora ta.

Acesta zâmbi.

– Atunci înseamnă că oi fi. Uneori.

Ce Doamne, iartă-mă, însemna „uneori"? Harrison vru să întrebe, dar alese să continue discuția despre armăsar pentru că observase că Douglas devenise deja reticent. Zâmbetul vag dispăruse la fel de repede pe cum apăruse. Devenise precaut.

– Nu-l lăsa pe MacHugh să te păcălească. Este blând numai când vrea să fie. Poate fi adevărată fiară, mai ales când se simte încolțit.

Douglas dădu agasat din mână.

– Multă lume crede asta.

Se prezentă și apoi îi spuse lui Harrison că nu-l deranja dacă venea la cină. Între cei doi se formase o legătură inexplicabilă. Dragostea lui Douglas pentru animale și afecțiunea evidentă a lui Harrison pentru MacHugh îi făcea să aibă ceva în comun.

Cole rămăsese nebăgat în seamă destul de mult. Nu voia ca victoria să fie numai a lui Douglas. Dacă acesta reușise să se apropie de animalul acela afurisit, atunci și el voia să facă la fel. Însă, câteva minute mai târziu, trecu prin același ritual teribil prin care trecuse și Douglas. În cazul lui Cole, însă, dură mai mult timp până ce culoarea îi reveni în obraji.

Mary Rose dorea să fie următoarea. Frații săi îi cerură să nu se bage.

– Lui MacHugh îi plac femeile.

Remarca relaxată a lui Harrison nu îi îmbună pe Cole și pe Douglas. Amândoi clătinau îngrijorați din cap când sora lor intră în țarc.

– Niciodată nu ne ascultă, bombăni Cole.

Douglas crezu de cuviință s-o apere.

– E căpoasă, îi spuse lui Harrison.

– Observ.

Mary Rose se opri în fața porții după ce intră și încercă să nu pară speriată. Vru să închidă ochii, dar nu îndrăzni. Frații ei ar fi râs de ea, iar ea s-ar fi simțit jenată pentru că Harrison o privea.

Armăsarul o ignoră. Maru Rose aşteptă câteva minute înainte să se apropie. Într-un final, MacHugh veni la trap lângă ea. Îl mângâie, îi şopti la ureche şi se purtă cu el de parcă ar fi fost un bebeluş, iar el răspunse cu blândeţe. Era evident că îi plăcea mirosul ei şi părea dornic de afecţiune.

– O să-ţi placă la Rosehill, şopti ea. Poate o să vrei să stai împreună cu prietenul tău, Harrison, vreme lungă, lungă.

Ştia că visează cu ochii deschişi la lucruri imposibile. Nu-l cunoştea pe bărbat decât de douăzeci–treizeci de minute, iar unul dintre lucrurile pe care el i le spusese era că se gândeşte doar să se stabilească în acea zonă. Se putea decide oricând să strângă totul şi să plece înainte de venirea iernii, dacă i se părea că viaţa acolo era prea grea. Trase cu ochiul la Harrison, de după armăsar. Apoi, simţi din nou că rămâne fără suflare. Nu înţelegea ce i se întâmplă. Nu credea că reacţia bizară pe care o avea la vederea bărbatului era provocată de faptul că acesta era chipeş. Era adevărat că îl găsea atrăgător, dar nu din acea cauză simţea un nod în gât. Ci pentru că era un om foarte plăcut. Nu îi trebuise prea mult să-şi dea seama de acest lucru. În plus, era şi bun la suflet. Mac Hugh era dovada vie a acestui fapt.

Nu se putea abţine să nu se holbeze la el. Oare pasiunea putea lovi atât de fulgerător? Toate fetele de la internat credeau în aşa ceva, dar ea nu crezuse în prostiile lor. Nu mai era, însă, aşa de sigură. Fraţii ei îi spuseseră şi ei că, la un moment dat, va trebui să se mărite şi era conştientă, în adâncul inimii, că probabil ei aveau dreptate. Şi totuşi, până în acea zi, ideea de a sta alături de acelaşi bărbat zi şi noapte, pentru tot restul vieţii, îi provocase mereu silă. Însă, în acea clipă, nu mai simţea cum i se strânge stomacul. Totul se schimbase brusc. Nici un bărbat nu o mai făcuse să se simtă aşa. Se gândi că acea senzaţie era preţul pe care trebuia să-l plăteşti când erai îndrăgostit. În plus, îşi imagină ce-ar simţi dacă şi când el ar săruta-o. Mai fusese sărutată de câteva ori. O făcuseră să se simtă de parcă ar fi sărutat o meduză. Fusese complet scârbită.

Mary Rose se hotărî că trebuia neapărat să afle cum săruta Harrison. Oftă din nou numai la acest gând. Ştia că era lipsită total de orice urmă de moralitate. Nu-i păsa. Îl bătu uşor cu palma pe MacHugh şi apoi se întoarse şi ieşi din ţarc. Armăsarul o urmă docil.

Cei doi fraţi observaseră modul în care ea îl privise Harrison. Şi el văzuse acest lucru şi încerca să priceapă ce o apucase. Apoi cu toţii o auziră cântând.

– Ce dracu'-i cu ea? îl întrebă Cole pe fratele lui.

– Visează cu ochii deschişi, îşi dădu cu părerea Douglas.

Harrison nu mai spuse nimic. Rămăsese în mijlocul ţarcului şi se uita la Mary Rose. Se purta ciudat, da. Când îl privise, avusese pe chip o expresie perplexă. La ce se gândise oare? Îl scotea din minţi că nu ştia. Începea să se poarte într-un mod greu de înţeles. Lui Harrison nu îi plăcea acest tip de comportament. A şti ce gândeau ceilalţi era un lucru esenţial în munca lui. Evident că nu citea gândurile, dar se pricepea foarte bine să ghicească temperamentul oamenilor şi, de obicei, le prevedea reacţiile.

– Las-o baltă, MacDonald, spuse Cole înainte să pornească spre grajduri.

Aşteptase destul ca Simpson să-şi mişte fundul şi să pună şaua pe cal. Avea s-o facă singur.

– Ce să las baltă? îl întrebă Harrison pe Cole.

Douglas se îndrepta deja spre căruţă.

– Să încerci s-o înţelegi, strigă el peste umăr. Nu vei reuşi s-o înţelegi niciodată pe Mary Rose.

Cole se întoarse când ajunse la uşa din spate a grajdului.

– Harrison, nu crezi c-ar fi bine să ţii pasul cu calul? Încearcă s-o urmeze pe sora mea până acasă.

Lui Harrison îi scăpă o înjurătură şi o luă la fugă. Ce naiba se întâmpla cu el? Nici măcar nu observase că MacHugh dispăruse.

După expresia de uimire de pe faţa lui Harrison, Cole îşi dădu seama că acesta nu băgase de seamă că îi plecase calul. Se distră pe seama lui MacDonald Vai-De-El fără să-i pese în mod special că era nepoliticos din partea lui să procedeze astfel. Pe Cole nu îl surprinsese schimbarea de favoriţi în ceea ce-l privea pe MacHugh. Armăsarul nu se purta cu nimic diferit de majoritatea animalelor care bântuiau prin zonă. Îşi dădeau seama ca un lucru e bun imediat ce îl vedea. Om sau animal, nu părea să conteze. Cu toţii o urmau pe Mary Rose acasă.

*

Locuia în mijlocul Paradisului. Harrison se opri când ajunse pe culmea de lângă domeniul Clayborne. Se uită în jos fascinat şi se minună de valea care i se întindea la picioare. Iarba luxuriantă de primăvară acoperea fundul văii şi se întindea în sus, spre munţii din spate. Verdele era atât de strălucitor şi de intens încât era aproape greu de privit, şi se surprinse mijind ochii. Părea că soarele căzuse pe pământ şi se spărsese în smaralde. Oriunde se uita, urmele de rouă străluceau. Împrăştiate pe covorul splendid, se zăreau flori de câmp roz, galbene, roşii, portocalii, mov şi albastre, atât de multe încât ar fi fost imposibil să fie numărate. Culorile tuturor florilor ardeau în propriile nuanţe bogate. Parfumul lor dulce se combina cu aerul rece, curat, din vale.

Munţii, vechi de când lumea, tronau maiestuoşi şi mândri pe lateralele de nord şi de vest ale văii, iar un pârâu lat şi limpede şerpuia pe versantul vestic.

Frumuseţea zonei îi tăia răsuflarea şi, la fel ca văile din Scoţia, te făcea să fii cuprins dintr-odată de o senzaţie de melancolie, de dor de ţară şi de cămin.

Cum era posibil ca o bucată de rai să-i amintească atât de mult de o alta? Nu ar fi crezut că aşa ceva este posibil, şi totuşi era; valea se înfăţişa în faţa lui ca una dintre creaţiile perfecte ale lui Dumnezeu.

Starea de melancolie dispăru la fel de repede pe cum apăruse, şi se simţi curpins de o senzaţie intensă de pace şi de mulţumire.

Liniştea îl cuprinse ca într-o pătură călduroasă. Se simţea bine, calm şi împlinit. Foamea de casă îl învăluia cu fiecare respiraţie.

Putea sta acolo o veşnicie.

Gândul îl făcu să se agite. Se chinui să alunge orice gând trădător. Inima lui era în Scoţia şi, într-o bună zi, când avea să fie îndeajuns de bogat şi de puternic, voia să se întoarcă şi să recupereze ce îi aparţinuse.

Într-un final, îşi mută privirea asupra fermei Clayborne. Îşi imaginase că trăiau într-o cabană din lemn, asemănătoare căsuţelor pe care le văzuse în călătorii, dar familia Clayborne trăia într-o casă albă cu două etaje. Era destul de modestă, ca mărime şi aspect, şi totuşi avea un aspect impunător.

O verandă, susținută de stâlpi albi, înconjura trei laterale ale casei. Totul părea proaspăt vopsit. În spatele casei se aflau două hambare, la ceva depărtare unul de altul. Clădirile erau ridicate la mică distanță una de alta și erau înconjurate de țarcuri cu gard. Numără cinci.

– Câți cai aveți?

– Uneori parcă sunt sute, răspunse ea. Venitul nostru depinde acești cai. Îi creștem și-i vindem. Cred că niciodată n-am avut mai mult de șaizeci sau șaptezeci, câteodată doar treizeci. Cole aduce din când în când mustangi sălbatici. Mai avem vaci, desigur, dar nu îndeajuns de multe câte ar vrea Travis.

– Travis este fratele tău cel mai mic?

I se păru foarte frumos din partea lui că încerca să rețină cum îi chema pe ai ei.

– Da, e cel mai mic dintre ei.

– Câți ani avea când te-ai născut?

Ea îl privi curioasă.

– Avea nouă ani, aproape zece ani. De ce întrebi?

El ridică din umeri.

– Mă întrebam, răspunse. Travis seamănă cu Douglas sau cu tine și Cole?

– Seamănă pur și simplu. Cu Travis. Pui cam multe întrebări, Harrison.

– Da? întrebă el pentru că nu îi veni nimic altceva în minte.

Ea dădu din cap hotărâtă.

– Ce părere ai despre casa mea?

Se întoarse ca să mai admire o dată peisajul înainte de a răspunde. A-i spune, pur și simplu, că valea era frumoasă nu putea descrie cu adevărat sentimentul pe care i-l dădea acea zonă. Nu înțelegea de ce era așa de important pentru el să găsească vorbele potrivite, dacă nu cumva esențial, și era hotărât să fie cât mai exact. Cuvântul „paradis“ solicita un proces de gândire mai laborios. Avea nevoie de explicații. Așa că vorbi din suflet:

– Pământul tău îmi amintește de Scoția și asta, Mary Rose, este cea mai mare laudă pe care ți-o poate oferi un om de la munte.

Ea zâmbi de plăcere. Ochii lui Harrison îi spuneau că era sincer. Simți dintr-odată că îi vine să ofteze. Doamne, cât de mult îi plăcea acest bărbat. Se aplecă într-o parte în şa, ca să fie mai aproape de el.

– Ştii ce cred? şopti ea.

El se aplecă spre ea.

– Nu, spuse el încet. Ce crezi?

– Că noi doi semănăm foarte mult.

Dintr-odată îl cuprinse groaza. O luase razna dacă ea credea că semănau. Ba mai mult, erau complet diferiţi, după părerea lui. Îşi dăduse seama imediat că era dominată de emoţii. În mod cert, el nu era. Rareori lăsa pe cineva să ştie la ce se gândea sau ce simţea. Era şi foarte metodic în tot ceea ce făcea. Ura surprizele; în munca lui, acestea puteau fi mortale şi, de aceea, gândea totul cu două mutări în avans înainte de a lua vreo decizie.

Avea nevoie de ordine în viaţă şi, din câte auzise despre Mary Rose, nu putea decât să tragă concluzia că ea era obişnuită cu haosul. În plus, avea un temperament înduioşător, teribil de naiv şi de credul. Iar în ceea ce privea încrederea, pentru numele lui Dumnezeu, femeia părea să aibă încredere în toţi oamenii pe care îi întâlnea. Nu îi trebuiseră decât puţin mai mult de cinci minute ca să hotărască să vină acasă cu ea. Putea să fi fost vorba de un criminal sângeros. O, nu, nu semănau deloc. El nu avea încredere în nimeni. Avea o fire cinică din cauza profesiei sale.

Însă nu avea cum să înţeleagă cât de greşit îl judecase pentru că nu ştia nimic despre el. Acceptase cu inocenţă tot ceea ce îi spusese şi atâta timp cât continua să se prefacă a fi un băiat bine-crescut de la oraş, care purta pistol doar pentru că se gândise că aşa se cuvenea, atunci ea avea să continue să creadă că erau suflete-pereche.

– Nu te întrebi de ce cred că semănăm? întrebă ea.

El se pregăti pentru ce avea să urmeze.

– De ce?

– Vezi lucrurile aşa cum le văd şi eu, răspunse ea. Nu te mai încrunta, Harrison. Nu te-am insultat.

Pe naiba, cum să nu.

– Nu, sigur că nu, fu el de acord. Din ce motiv anume crezi că semănăm?

– Vezi cu inima.

–Am învățat, cu mult timp în urmă, să pun logica și rațiunea mai presus de emoții, începu el. Filosofia mea de viață este, de fapt, foarte simplă.

–Și care ar fi această filosofie?

–Mai întâi cu mintea, apoi cu inima.

Nu părea impresionată.

–Prin urmare nu ți-ai permis niciodată să simți... pur și simplu? Trebuie mereu să gândești înainte de toate?

–Sigur că da, admise el.

Era mulțumit că îl înțelesese. Își spuse că ar face mai bine să-i urmeze exemplul.

–Cât de calculat ești, Harrison.

El și zâmbi.

–Mulțumesc.

–Și de rigid.

–Da.

Ea își dădu ochii peste cap.

–Lui Adam o să-i placă de tine, concluzionă ea.

–De ce?

–Fratele meu îți împărtășește filosofia. Cred că, uneori, îl înnebunesc. Îmi pare rău că-și face atât de multe griji, dar nu mă pot abține, așa sunt eu. Când mă uit la valea mea...

Se opri brusc. Apoi se îmbujoră.

–Da? întrebă el.

O să crezi că-s nebună.

–Ba nu.

Ea trase aer în piept.

–Poți să râzi dacă vrei, dar uneori simt o legătură cu pământul și, dacă nu fac nici un zgomot și mă concentrez să aud și să simt, aproape că îi percep inima bătându-i plină de viață peste tot în jurul meu.

Îl studie atentă. Nu zâmbise, dar se i se păru că mai avea puțin și izbucnea în râs. Simți nevoia să se apere.

–Am crezut că și tu ai simțit asta, Harrison. Însă nu sunt sigură că tu...

–Mary Rose, mergem? Pe bune, am irosit o zi întreagă așteptându-te.

Cole țipă frustrat în spatele lor. Mary Rose își înghionti imediat iapa și porni.

– Fratele meu nu prea are răbdare cu cei care trag de timp. De fapt, e foarte calm, doar că nu-i place s-o arate.

Era minciuna anului. Harrison nu era deloc convins că fratele ei avea vreun dram de răbdare. Se surprinse întrebându-se cum de nu-l omorâse nimeni până în acel moment. Cole nu numai că avea un temperament vulcanic; era, totodată, cel mai enervant om pe care-l întâlnise Harrison. Și aceea părea a fi calitatea sa principală.

Mezinul îi întâmpină în fața hambarului principal, dar așteptă să fie prezentat. Harrison descălecase deja și încerca să-l convingă pe MacHugh să intre în grajd. Armăsarul nu avea chef să coopereze. Se cabră de câteva ori și apoi începu să necheze, să lovească din picioare și să-l înghiontească pe Harrison cu capul în umăr. Harrison îi porunci lui MacHugh să se poarte frumos. Animalului nu-i plăcu tonul pe care îl abordase și îl împinse din nou, dar cu mai multă forță. Harrison ateriză în fund într-un nor de praf.

Lipsa lui de autoritate asupra animalului era umilitoare. Lui Mary Rose i se făcu milă de el. Își imploră frații să-l ajute. Aceștia erau suficient de deștepți cât să ia distanță față de animal. Douglas zâmbea. Fu însă îndeajuns de politicos cât să nu râdă, chiar și atunci când Harrison ateriză pentru a doua oară în fund. Cole nu reuși să fie la fel de rezervat. Hohoti până îi dădură lacrimile. Lui Harrison îi venea să-l strângă de gât. Nu putea, desigur, cel puțin nu și dacă voia să rămână la cină și să afle cine naiba erau, de fapt, oamenii aceia.

Își dăduse deja seama că roșcatul care stătea în spatele lui Mary Rose era ori Adam, ori Travis. Râsul lui Cole îi atrase din nou atenția. Îi veni să-și înfigă pumnul în mutra lui enervantă și să-i frângă, cu puțin noroc, și câteva oase. Ce-ar fi fost rău în asta? Îi fu greu să se abțină să n-o facă. Într-un final, rațiunea câștigă. Mary Rose probabil că s-ar fi supărat dacă l-ar fi bătut măr pe fratele ei. În plus, și-ar fi dat seama că putea să aibă grijă și singur de propria persoană. Doamne, cât ura acea prefăcătorie și, în acel moment, îl ura și pe Cole Clayborne cu aceeași pasiune.

Harrison se săturase de toanele lui MacHugh. Îl lăsă să câştige. Dădu drumul frâielor şi se îndreptă spre ţarc. MacHugh necheză, mai dădu puţin din picioare şi apoi îl urmă. Se îndreptă spre mijlocul ţarcului şi rămase nemişcat cât timp Harrison îi dădu jos harnaşamentul.

– Dacă sari gardul, MacHugh, te descurci singur. Ai priceput?

– Harrison, vino să-l cunoşti pe Travis, strigă Mary Rose.

– Ce nume e ăsta, Harrison? întrebă Travis îndeajuns de tare ca Harrison să-l audă.

– Un nume de familie, strigă Harrison.

Aşeză şaua şi pătura pe gard, închise poarta în spatele lui şi se duse să-l cunoască pe fratele mai tânăr al lui Mary Rose.

– Ce nume e Travis? Irlandez?

Travis zâmbi.

– Ar putea fi, răspunse el vesel.

Ce răspuns mai era ăla? Nu mai apucă să întrebe pentru că Mary Rose începuse deja să povestească despre cum îl întâlnise pe Harrison şi despre cât de bun şi de grijuliu fusese pentru că îl avertizase pe Cole despre ambuscadă.

Harrison îl studie pe Travis în timp ce ea vorbea şi un gând continua să nu-i dea pace. N-avea cum. Bărbatul acela n-avea cum să fie ruda ei. Nu semăna cu nici unul dintre fraţi, deşi, cu cât se gândea mai mult, lui Harrison i se părea că tocmai faptul că nici unul nu semăna cu celălalt era lucrul care îi unea. La dracu', Travis aducea mai mult cu MacHugh. Comparaţia îl făcu să zâmbească.

Travis avea părul roşcat şi ochii verzi. Faţa lui era pătrată. Mary Rose avea faţa perfect ovală. Travis era cam de aceeaşi înălţime ca Douglas, dar îi lipsea robusteţea acestuia. Mezinul era slab ca o trestie şi nu avea muşchii lui Cole.

Harrison îşi spuse că nimic nu-l mai putea surprinde. Nu l-ar mai fi mirat nici dacă ea i-ar fi spus că Travis avea un frate geamăn de culoare. Ba chiar ar fi găsit resurse să nu izbucnească în râs în timp ce l-ar fi întrebat pe acesta din urmă dacă era tot irlandez.

Se concentra asupra conversaţiei când Mary Rose îi spuse lui Travis că el urma să rămână la cină. Fratele ei nu păru deranjat de anunţ. De fapt, era resemnat. Harrison îşi dădu seama că acesta nu era nici pe departe la fel de nervos ca şi Cole, dar se răzgândi repede.

– Ai tupeu să călăreşti un cal aşa de urât.

– Travis, nu fi nepoliticos, se răsti Mary Rose.

– N-am fost nepoliticos, răspunse el. Îi făceam lui Harrison un compliment. Chiar are tupeu, zise el şi se întoarse spre oaspete. Îmi pare rău dacă te-am supărat.

– Harrison, o să pui mâine şaua pe MacHugh?

Cole îi adresase întrebarea din spatele căruței. Harrison deveni imediat suspicios.

– De ce? răspunse el cu voce tare.

Cole ridică sacul cu făină pe umăr înainte de a răspunde.

– Vreau să fiu şi eu de față.

Harrison ştia că ar fi regretat imediat dacă ar fi răspuns, aşa că se chinui să păstreze tăcerea. I se păru incredibil de greu.

Îl urmări pe Cole traversând veranda şi intrând în casă şi abia atunci îl văzu pe bărbatul înalt, de culoare, care stătea rezemat de stâlp. Acesta avea o înfățişare impresionantă, cu umeri lați, păr cărunt şi ochelari rotunzi, cu ramă din aur. Avea un aer de profesor. Purta o cămaşă deschisă la gât şi pantaloni maro-închis. Părea foarte relaxat şi la locul lui. Harrison se întrebă dacă şi acesta era încă un suflet pierdut pe care Mary Rose îl luase sub aripa sa protectoare şi îl invitase la cină. Dacă aşa stăteau lucrurile, individul părea să se fi hotărât să rămână.

– Nu-i da atenție lui Cole, Harrison. Îi place să te tachineze. Atâta tot. Nu vrea să te supere. De fapt, e un tip foarte drăguț şi înțelegător.

Îi zâmbi ca să-i dea de înțeles că se aştepta ca el să creadă toate acele baliverne. Avu nevoie de multă voință ca să nu pufnească în râs în fața ei.

– Pentru Dumnezeu, Mary Rose, Harrison e bărbat în toată firea, nu un băiețel, spuse Travis pe un ton critic, tipic de frate, şi apoi îi urmă. O să te obişnuieşti cu sora mea, dar o să-ți ia ceva vreme. E mereu preocupată de sentimentele celorlalți. Se pare că nu se poate abține. Ignor-o. Noi aşa facem.

După ce îi dădu un sfat atât de înțelept, o luă înainte.

–Mai trebuie să faci cunoştinţă cu cineva şi apoi ai să ne ştii pe toţi. Hai, mai repede, Harrison. Adam ne aşteaptă.

Mary Rose urcă treptele în fugă, dar se opri lângă străin. Harrison bănuia că voia să i-l prezinte pe celălalt oaspete înainte de a intra şi de a face cunoştinţă cu Adam. Presupusese greşit.

–Adam, aş vrea să ţi-l prezint pe prietenul meu, Harrison MacDonald. E din Scoţia.

Adam se dezlipi de stâlp şi se uită la Harrison.

–Da? răspunse el. Bine aţi venit la Rosehill, domnule MacDonald.

Harrison era prea uimit ca să mai poată vorbi. Se uită în jos spre Mary Rose şi din nou la Adam. Nu ştia ce-ar fi trebuit să spună sau să facă şi nici unul dintre ei nu-l ajuta. Nu făceau altceva decât să se uite la el şi să aştepte să vadă cum va reacţiona. I-ar fi plăcut să primească o explicaţie a faptului că bărbatul de culoare se autointitula fratele ei şi să ştie de ce ea accepta aşa ceva.

Într-un final, reuşi să se adune. Nu era momentul să pună întrebări, iar ei nu îi oferiră explicaţii. Nu putu face altceva decât să se roage la Dumnezeu că avea să le privească, la un moment dat.

–Mă bucur să vă cunosc, domnule. Sora dumneavoastră a fost atât de amabilă încât să mă invite să rămân la cină. Sper că nu deranjez.

Harrison întinse mâna ca să salute. Adam păru surprins de gest. Ezită o secundă sau două până ce acceptă, în final, să dea mâna cu el.

–Nu-i nici un deranj. Suntem destul de obişnuiţi ca Mary Rose să invite străini la cină, zise el, apoi făcu o pauză îi zâmbindu-i surorii lui. Scoţia e tare departe de aici.

Harrison dădu din cap aprobator.

–Cina e gata, anunţă Adam. Te poţi spăla înăuntru.

Deschise drumul. Mary Rose îl urmă. Harrison rămase pe loc şi încercă să pună cap la cap toate variantele nebuneşti care i se plimbau prin minte. Nu reuşea să înţeleagă nimic. Cum naiba ajunsese ea să aibă parte de patru fraţi atât de diferiţi?

Mary Rose ţinu deschisă uşa din plasă şi-l aşteptă răbdătoare. Într-un final, el reuşi să iasă din transă.

– În legătură cu Adam..., începu ea.

– Da?

Se pregăti pentru încă una dintre surprizele ei, aşteptându-se să fie din nou şocat.

– N-ai întrebat încă, dar cred că ar fi bine să-ți spun.

Se simți inundat de un val de bucurie. În sfârşit. Avea să primească nişte explicații.

– Da?

Ea zâmbi şi ridică ochii spre el.

– Nu e irlandez.

1 iulie 1862

Dragă Mamă Rose,

Avem mult de furcă pentru că încercăm să facem copila să nu-şi mai ude scutecele. Noi, fiind băieți, facem lucrurile altfel. L-a văzut pe Travis într-o după-amiază şi, de atunci, face numai din picioare. Am încercat să-i explicăm că fetele nu fac aşa, dar nu vrea să asculte, şi acum începem să ne întrebăm dacă înțelege cu adevărat că e fată. Adam se jură că e isteață foc, dar e la fel de încăpățânată ca şi Cole, şi ştii cât de căpos poate fi un măgar. Ne-am dat seama că avem nevoie de o femeie care să ne ajute cu această problemă. Adam s-a gândit că ar fi bine să ducă fetița la coliba lui Belle, din moment ce ea e singura femeie din toată zona. Cole s-a enervat când a aflat. Nu vrea ca Mary Rose să stea lângă o curvă, dar eu am zis că poate nu degeaba se spune că Belle are suflet bun. În plus, urăşte ceea ce e nevoită să facă pentru a pune mâncare pe masă. Atât de mult îşi urăşte meseria încât îi spune fiecărui bărbat care îi trece pragul cât de tristă şi deprimată e. De-aia oamenii nu-i mai spun curvă, ci Blue Belle[1].

Fiul tău iubit,

Douglas Clayborne

---

[1] Belle cea Tristă

Capitolul 4

Cina se transformă într-un interogatoriu. Toată atenția era îndreptată spre Harrison şi, deşi se simțea destul de sigur că ar fi putut prelua controlul discuției în orice moment, sau cel puțin ar fi putut să o oprească, alese să le facă jocurile şi să fie cât mai relaxat cu putință. Avea motivele lui. Întrebările puse de frații Clayborne şi reacțiile lor la răspunsurile lui îi ofereau mai multe informații despre această familie.

Fiecare dintre bărbați folosi o altfel de abordare. Cole încercă să fie cât mai direct şi mai intimidant, Douglas fu grosolan şi dezvălui, din când în când, frânturi de informații despre familie, iar Travis fu metodic, dar şi diplomat. Adam era cel mai evaziv. Îşi păstrase o expresie stoică pe tot parcursul cinei. Harrison nu avea nici cea mai vagă idee la ce se putea gândi.

Mary Rose nu semăna cu nici unul dintre frați. Ea era la fel de uşor de citit ca o carte deschisă. Fiecare reacție i se citea pe față şi în ochi. Harrison nu mai întâlnise pe nimeni ca ea. Era deschisă, sinceră şi minunat de blândă, iar acele calități îl făceau să-şi dorească să o cunoască mai bine. Era îndeajuns de sincer cât să recunoască faptul că se simțea atras de ea. Era o femeie frumoasă, şi numai mort n-ar fi observat acest lucru. Ochii ei îl vrăjeau, iar gura aceea dulce îl făcea să se gândească la lucruri la care nu avea dreptul nici măcar să le viseze.

Dar, în timp ce frumusețea îi atrăgea atenția, inima ei îi menținea interesul. Din fericire, disciplina îl salvă de la ridicol. Se abținu să se uite fix la ea în timpul cinei. Frații ei nu aveau, însă, un comportament la fel de controlat. Începură să se holbeze la el din clipa în care sosi mâncarea până ce farfuriile fură luate de pe masă. Erau nepoliticoşi, ştiau acest lucru, şi se părea că nu le păsa. Aşteptară până ce cănile cu cafea fură reumplute, şi apoi începură atacul. Harrison se relaxă lăsându-se pe spătarul scaunului şi le permise să se dea la el.

Ierarhia din familie deveni evidentă imediat ce familia se aşezase la masă. Adam stătea în capul mesei, o poziție pe care

Harrison o considera semnificativă, dar şi interesantă. Mary Rose stătea la stânga lui, iar Cole la dreapta. Douglas stătea lângă sora lui, iar Travis, cel mai mic dintre fraţi, lângă Cole. Harrison fu poftit să se aşeze la celălalt capăt al mesei, vizavi de cel care, în mod evident, era considerat capul familiei Clayborne.

– V-aţi săturat, domnule MacDonald? întrebă Adam.

– Da, mulţumesc. Friptura a fost excelentă. Vă rog să-mi spuneţi Harrison.

Adam dădu din cap.

– Iat tu spune-mi Adam, sugeră el. În Anglia, unii bărbaţi au titluri. La fel e şi în Scoţia?

– Da, răspunse el.

– Şi tu, Harrison? Ai şi tu un titlu? întrebă Douglas.

Nu răspunse. Nu se simţea bine discutând despre asta şi fu nevoit să recunoască faptul că era cuprins uşor de jenă. Titlul unui gentleman i se păru dintr-odată prea pompos şi deloc la locul lui în munţii aceia.

– Ei? insistă Cole.

– Întâmplarea face să am, recunoscu el. Titlul a fost moştenit din generaţie în generaţie; e, de fapt, o tradiţie.

– Şi care e titlul tău? întrebă Adam.

Harrison oftă. Nu părea să aibă vreo cale de scăpare.

– Sunt conte de Stanford, din Insula Hawk.

– Pare un nume groaznic pentru un copil, remarcă Douglas. Te-ai născut cu acest titlul?

– Nu, l-am moştenit când a murit tata.

– Cum îţi spun oamenii de acolo? Sir? întrebă Cole.

– Personalul.

– Şi ceilalţi? insistă Cole.

– Lord.

Cole rânji.

– Mie-mi pare foarte pretenţios, remarcă el. Ai mulţi bani şi pământuri?

– Nu.

Mary Rose observă că oaspetele nu se simţea în largul lui. Se hotărî să-l salveze întrerupând discuţia despre titluri.

–Adam a gătit friptura de la cină. A fost rândul lui să-l ajute pe Samuel.

–Cine e Samuel? întrebă Harrison.

–E bucătarul nostru, explică ea. Nu l-ai cunoscut încă. Uneori stă cu noi la masă, dar în seara asta e ocupat.

–Nu, nu e, îi zise Cole surorii lui şi apoi se întoarse spre Harrison. S-a prefăcut că e ocupat. Nu-i plac străinii. N-o să apuci să-l vezi până nu o să fie pregătit de asta. Ce te-a făcut să pleci din Scoția?

Schimbarea subiectului conversației nu-l surprinse pe Harrison. Se abținu să nu râdă. Folosise de multe ori tehnica la tribunal. Scopul era să-l faci pe martor să lase garda jos şi să răspundă fără să gândească.

–Am vrut să văd Statele Unite.

Cole nu părea să-l creadă. Harrison nu se obosi să încerce să-l convingă. Nu mai spuse nimic; se uită, pur şi simplu, la el şi aşteptă întrebarea următoare.

–Am înțeles de la Mary Rose că vrei să fii fermier, interveni Douglas.

–Da.

–De ce? întrebă Travis.

–Îmi place stilul ăsta de viață.

Din câte se părea, Travis voia ca el să ofere o explicație detaliată. Harrison refuză să-i facă pe plac. Dorea să-l facă să muncească un pic pentru asta.

–E muncă multă, îi spuse Douglas.

–Îmi imaginez, fu de acord Harrison.

–Ce anume îți place la meseria de fermier? insistă Travis.

–Să stau afară, răspunse Harrison. Să îmi folosesc mâinile.

–Sunt multe alte lucruri pe care le poți face afară, se băgă şi Cole.

–Sună de parcă până acum ai stat închis într-un birou, zise Travis.

–Da, răspunse Harrison. Cam aşa sună, nu?

–Păi, şi? Aşa a fost? întrebă Travis.

În tonul lui se putea citi frustrarea provocată de faptul că nu primea un răspuns mulțumitor.

– În cea mai mare parte a timpului am stat într-un birou, recunoscu Harrison. Dar, în ultima vreme, am reuşit să şi călătoresc cu afaceri.

– Pentru cine lucrezi? întrebă Douglas.

– Pentru lordul William Elliott, răspunse el. Însă mi-am luat concediu.

– Deci şi el are un titlu pretenţios, remarcă Douglas.

Harrison dădu din cap, dar nu intră în detalii.

Şi interogatoriul continuă. Harrison dădea din când în când un răspuns evaziv sau bătea câmpii intenţionat, doar ca să afle care dintre fraţi avea să-l readucă la întrebarea la care căutau răspunsul. I se păru straniu şi surprinzător că Travis, mezinul, se dovedi a fi cel mai tenace. În plus, era şi destul de analitic. Ar fi fost un avocat foarte bun.

– De ce n-ai rămas în Statele Unite? întrebă Travis.

– În Statele Unite? repetă Harrison, care nu înţelesese întrebarea.

– Montana nu e un stat, explică Douglas.

– Da, zise Harrison. Am uitat de asta. Crezi că o să devină curând un stat?

– E doar o chestiune de timp, explică Douglas.

Tocmai se pregătea să conducă discuţia spre subiectul formării unui stat, dar Travis îl întrerupse:

– Şi de ce-ai bătut atâta drum până aici?

Se învârteau în cerc. Harrison abia se putea abţine să nu râdă.

– Am vrut să văd pământul. Cred că am mai spus asta, Travis.

– Te rog să nu mai insişti, îl rugă Mary Rose.

Se aplecă în faţă, cu cotul pe masă şi cu bărbia în palmă şi îi zâmbi lui Harrison.

– Ce părere ai despre casa noastră? întrebă ea.

Harrison se uită la Adam în timp ce răspunse. Fratele cel mare nu mai spusese nimic de ceva vreme. Părea pe jumătate adormit, iar Harrison începea să creadă că nici măcar nu era atent la conversaţie şi totuşi, în clipa în care sora lui îşi pusese cotul pe masă, se întinse uşor şi îi atinse braţul. Era o atenţionare foarte subtilă. Mary Rose se întoarse spre fratele ei imediat, ca să vadă ce doreşte. Adam nu îi dădu explicaţii. Harrison ştia că nu voia să atragă atenția asupra micii ei scăpări în privința bunei purtări. Însă, probabil, o atinsese destul de ferm pentru că ea se îndreptă imediat în scaun și își puse mâinile în poală. Apoi îi zâmbi lui Adam. El îi făcu cu ochiul.

Harrison se prefăcu a nu fi observat ceea ce tocmai se întâmplase. Își mută cana dintr-un colț în altul al mesei și își schimbă poziția în scaunul cu spătar tare.

– Casa voastră este superbă, remarcă el.

– Nici n-ai văzut prea mult din ea, protestă Douglas.

– A văzut primul etaj, interveni Cole. Și asta e tot ce-o să vadă. Partea de sus e interzisă, Harrison.

– Sus sunt numai dormitoare, adăugă repede Mary Rose.

Se uită urât la Cole pentru că fusese atât de nepoliticos, apoi se uită din nou la oaspetele lor. Harrison îi zâmbi.

– Casa m-a surprins. Nu mă așteptam...

Cole îl întrerupse:

– Te așteptai să trăim ca niște barbari?

Harrison se săturase de înțepăturile lui. Devenise enervant. Se hotărî să-l provoace îndeajuns de mult cât să-și iasă din fire.

– Crezi că am bănuit că trăiți ca niște barbari pentru că uneori te porți astfel?

Cole dădu să se ridice, dar Mary Rose îl făcu imediat să se răzgândească.

N-a vrut să te insulte, îi spuse ea lui Cole. Poți să fii enervant. Unii ar putea să spună chiar că ești scandalagiu.

– Chiar așa și-l cunosc, zise Travis. Cel puțin în oraș.

Cole dădu din cap.

– Nu pot să-mi asum meritul pentru ceva ce nu este adevărat, zise el. Oamenii spun despre mine că sunt antisocial, Harrison. Din păcate, încă nu mi-am câștigat statutul de scandalagiu. Lucrez încă la asta.

Cole se întoarse spre sora lui.

– Mulțam oricum, Mary Rose.

Se uită la el exasperată. Apoi îi explică lui Harrison:

– Pe aici, statutul de scandalagiu vine cu niște avantaje. Oamenii obișnuiesc să te lase în pace, iar lui Cole îi place asta.

De aceea, remarca ta că el se poartă ca un barbar a fost, de fapt, un compliment. Pricepi?

– Vrei să-mi spui că tocmai l-am lăudat?

Încercă să nu pară foarte sceptic, dar ştia că nu reuşise când toţi fraţii începură să râdă. Mary Rose nu zâmbea.

– Da, chiar asta ai făcut, zise ea.

Dorea s-o contrazică cu vehemenţă. Totuşi, păruse atât de sinceră şi atât de îngrijorată că el nu se va prinde de povestea pe care o inventase ca să-şi liniştească fratele, încât se hotărî să coopereze.

– Da, înseamnă că asta am făcut.

Cuvintele nu îi rămaseră în gât. I se păru un efort lăudabil. Ea răsuflă uşurată, iar Harrison îşi spuse că efortul pe care îl făcuse, de a trece pe mândrie, meritase din plin.

– Ce anume te-a surprins? întrebă Travis.

Nu-şi mai amintea de la ce porniseră. Din vina lui Mary Rose, desigur. Era atât de fericită că el încerca să se înţeleagă bine cu Cole, încât îi zâmbi. Harrison nu credea că ea flirta cu el sau că încerca să-l impresioneze, dar nu făcea decât să îi sucească minţile. Era al naibii de frumoasă şi de plăcută. Şi de provocatoare. Nu se putea abţine să nu se întrebe cum ar fi s-o ţină în braţe.

– Harrison? îl strigă Douglas.

– Da? zise el. Ce m-ai întrebat?

– Eu nu te-am întrebat nimic, răspunse Douglas. Travis te-a întrebat.

– Dacă nu te-ai mai holba aşa la sora noastră, poate ai reuşi să te concentrezi, spuse Cole.

Travis îi atrase atenţia fratelui său să nu mai enerveze oaspetele, apoi repetă întrebarea.

– Mă întrebam ce anume te-a surprins la casă.

– Pare foarte modestă din exterior, explică Harrison. Şi totuşi, în interior...

– E la fel de modestă, zise Cole.

– Dacă nu o priveşti cu adevărat, cred că aşa e. Dar eu sunt mereu atent la detalii.

– Şi? întrebă Cole.

–Atenția acordată detaliilor mă surprinde, recunoscu Harrison.

Încerca să nu se mai uite la Mary Rose. Refuză până să și arunce o privire spre ea.

–Mulurile de la intrare sunt spectaculoase, iar detaliul de la scară este la fel de impresionant.

–Mulurile? repetă Travis.

–Marginea, sau bordura, dintre tavane și pereți, explică Harrison.

–Știu ce-s alea, replică Travis. Mă surprinde că ai observat un asemenea detaliu.

–Nu mă așteptam să aibă atâtea camere. Aveți un salon încăpător, sufrageria, desigur, și o bibliotecă plină până în tavan cu cărți, pe care este evident că nu le-ați cumpărat de pe-aici...

–Cole a proiectat casa, se lăudă Mary Rose. Ceilalți l-au ajutat s-o construiască. Le-a luat câțiva ani.

–Însă nu ne-a lăsat să-l ajutăm la balustradă sau la pereții de la intrare. Acolo e numai meritul lui, spuse Travis.

–Tocmai i-ai făcut lui Cole încă un compliment, zise Mary Rose.

Harrison fu dezamăgit să audă asta. Nu voia să găsească nimic impresionant la Cole Clayborne. Bărbatul avea manierele unui porc mistreț. Totuși, meșteșugul lui părea de clasă, iar Harrison știa că avusese nevoie de luni de muncă susținută. Se simțea obligat să admire talentul bărbatului și disciplina lui.

–Ce altceva te-a mai surprins? întrebă Douglas.

Lui Harrison îi veni să zâmbească din nou. După expresia de pe chipul bărbaților știa că nu erau doar curioși să-i afle părerea despre casa lor. Păreau dornici să fie lăudați.

–Aveți un pian în salon. Am observat imediat.

–Sigur că ai observat, spuse Cole. E singurul lucru pe care îl avem în salon.

–Un Steinway, anunță Douglas. L-am luat când Mary Rose s-a făcut destul de mare ca să învețe să cânte.

–Cine a învățat-o? întrebă Harrison.

–Pianul a venit cu tot cu profesor, explică Douglas care rânji spre Travis. Într-un fel, adăugă el.

Harrison nu ştia ce putea să însemne acea remarcă ciudată. Se hotărî să nu întrebe. Avea să-şi păstreze întrebările pentru chestiuni mai serioase.

– Câți ani aveai când ai început lecțiile? o întrebă pe Mary Rose.

Nu era sigură. Se întoarse spre Adam pentru confirmare.

– Avea şase ani, răspunse acesta.

– Eu aveam şapte, spuse Harrison.

– Ştii să cânți la pian? întrebă Mary Rose, care părea încântată de acest lucru.

– Da.

– Sigur că ştie, pufni Cole. Nu ştie să lupte sau să tragă cu arma, dar, pentru numele lui Dumnezeu, ştie să cânte la pian. Ei bine, asta n-o să te ajute să trăieşti prin locurile astea.

– Ar putea să cânte la barul lui Billie, zise Douglas.

– Şi să fie împuşcat în spate ca ultimul care a făcut asta? se opuse Travis.

– De ce-a fost împuşcat? întrebă Harrison, în ciuda deciziei pe care o luase de a nu pune întrebări dacă răspunsurile nu-i puteau oferi informații despre familie.

– Cuiva nu i-a plăcut ce cânta, îi spuse Cole.

Harrison dădu din cap în semn că înțelege.

– Am înțeles, zise el, deşi, de fapt, nu prea înțelegea.

– De ce ai învățat să cânți la pian? Mi se pare ciudat, spuse Cole.

– A făcut parte din educația pe care am primit-o, explică Harrison.

Nu se simțea jignit de atitudinea lui Cole. De fapt, era amuzat. Acesta părea să creadă că a cânta la pian era un lucru cu totul inutil pentru un bărbat.

– Înseamnă că ai fost educat greşit, zise Cole. Fetele cântă la pian. Nu băieții. Tatăl tău nu te-a scos niciodată în curtea casei, ca să te învețe cum să-ți foloseşti pumnii?

– Nu, răspunse Harrison. Al tău?

Cole se pregăti să răspundă, apoi se răzgândi. Se lăsă pe spate şi ridică din umeri.

–Cole, ai auzit vreodată de Chopin sau de Mozart? Au fost compozitori, spuse Harrison. Au compus muzică şi au cântat-o. La pian.

Cole ridică din nou din umeri. Era evident că nu îl convingea argumentul. Harrison se hotărî să schimbe subiectul.

–De unde aţi luat porţelanul acesta?

–Nu sunt decât şase ceşti, iar două dintre ele nici măcar nu sunt din acelaşi set. Nici măcar nu avem farfurii. Am luat ceştile din St. Louis ca Mary Rose să-şi poată invita prietenii la ceai.

–Eram mult mai tânără atunci, spuse ea. A invita lumea la ceai făcea parte din educaţia mea.

–Şi cine te-a învăţat asta? întrebă Harrison.

Zâmbi când şi-o imagină în postura de fetiţă care învaţă să devină o domnişoară bine educată.

–Douglas, răspunse ea.

–Am făcut cu schimbul, adăugă repede Douglas.

După felul în care acesta se uită la sora lui, Harrison îşi dădu seama că nu era deloc încântat că ea îi povestise despre petrecerile cu ceai. Mary Rose se prefăcu a nu observa expresia încruntată a lui Douglas.

–Probabil că ţi se pare ciudată fascinaţia noastră când ţi-a văzut reacţia cu privire la casă, zise ea. De obicei, nu îi rugăm pe oaspeţi să ne spună părerea, dar tu pari demn de toată încrederea şi cât se poate de sofisticat.

Ridică din sprânceană când îi află părerea despre el. Ea îi interpretă expresia ca pe un semn că nu era de acord.

–Eşti sofisticat, insistă. Aşa mi se pare după felul în care vorbeşti şi după cum priveşti lucrurile. Este evident că ai crescut într-un mediu rafinat.

–Pari a fi genul care apreciază calitatea, zise Douglas bucuros că se îndepărtaseră de subiectul legat de invitaţiile la ceai. Majoritatea celor de pe aici nu sunt interesaţi de lucrurile rafinate. Nu îi învinovăţesc. Sunt prea ocupaţi ca să-şi câştige pâinea.

–Hammond devine un loc din ce în ce mai lustruit, spuse Travis. În schimb, cei respinşi de societatea de acolo vin aici, în Blue Belle.

–Pentru că aici nu avem legi, interveni Cole.

Cu toții dădură aprobator din cap.

–Cred că ne-am întrebat dacă ți se pare că ne ridicăm la înălțime, spuse Travis. Douglas are dreptate. Cei de pe aici nici măcar nu au aruncat o privire la biblioteca noastră şi, desigur, n-au cerut nici o carte cu împrumut. Adam le-ar da cu dragă inimă, dar nu par să aibă timpul sau interesul pentru astfel de lucruri.

–Ați citit toate cărțile din bibliotecă? întrebă Harrison.

–Sigur că da, zise Cole.

–Travis a uitat să spună că majoritatea vecinilor noştri nu ştiu să citească şi de aceea nu au vor să împrumute vreo carte, spuse Mary Rose.

Harrison dădu din cap înainte de a se întoarce înapoi spre Travis.

–M-ai întrebat dacă am crezut că v-ați ridicat la înălțimea aşteptărilor, îi reaminti acestuia. După ce standarde? Al vostru sau al meu? Dacă v-ați umplut casa ta de lucruri scumpe cu unicul scop de a impresiona, atunci nu, după opinia mea nu ați îndeplinit nici un standard. Dar nu acesta a fost obiectivul, nu?

–De unde ştii că nu? întrebă Cole.

–Simplă deducție, răspunse Harrison. Pianul nu e în salon ca să adune praf şi complimente. L-ați cumpărat cu intenția de a vă educa sora. Puteați să fi folosit banii pentru a cumpăra alte lucruri, dar ați ales un pian. Ați vrut ca sora voastră să aprecieze muzica, ceea ce mi-a dat de înțeles că înțelegeți valoarea educației, sub toate formele ei. Faptul că recunoaşteți că ați citit cărțile din bibliotecă este un alt indiciu. Cât despre a fi rafinați sau învățați, cred că sunteți mult mai cizelați decât vreți să lăsați să se vadă. Fără îndoială, sunteți bine educați. Titlurile cărților pe care le aveți mi-au spus asta.

–Nici unul dintre noi nu a mers la universitate, aşa cum ai făcut tu, sublinie Douglas.

–A merge la universitate este doar o cale de a dobândi cunoştințe. Există şi altele. O diplomă nu este o asigurare împotriva ignoranței. Unii dintre colegii mei mi-au dovedit asta.

–Ne faci complimente, nu-i aşa? întrebă Travis.

–Da, cred că da.

Mary Rose oftă destul de tare pentru ca toată lumea să audă. Harrison îi zâmbi. Ea îi întoarse zâmbetul.

– Pianul este preferatul meu, spuse ea. Tu ai avut vreun lucru deosebit acasă de care să-ţi pară rău că te-ai despărţit?

– Cărţile, răspunse Harrison.

Adam dădu din cap în semn că înţelege.

– Şi eu ţin la cărţile mele, recunoscu el. Se pare că avem ceva în comun.

Harrison fu mulţumit că fratele cel mare intervenise din nou în conversaţie. Se părea că Adam era un om extrem de rezervat şi, din acea cauză, era cel mai dificil de citit. Harrison vru să-l tragă de limbă, ca să afle mai multe, dar ştia că trebuie să procedeze cu multă prudenţă.

– Am observat versurile pe care le-aţi înrămat în bibliotecă, remarcă el.

– Ce? întrebă Travis.

Înainte ca Harrison să apuce să răspundă, Douglas întrebă:

– Te referi la poemul pe care Adam l-a pus pe perete?

– Da, e unul dintre preferatele mele, spuse Harrison.

Cole se hotărî să-l provoace.

– Chiar l-ai citit? Nu ştiu în ce carte l-a găsit Adam, dar i-a luat ore bune pentru a-l copia ca să-l înrămeze. A scris în partea de jos de unde l-a luat, astfel încât oamenii să nu creadă că a încercat să-şi asume meritul de a-l fi scris el.

– Sigur că l-am citit, de multe ori, de fapt. Cred că l-am şi învăţat pe dinafară.

Cole părea să-l creadă.

– Ia să vedem dacă-l ştii pe de rost, îl provocă el. Recită poemul de la început până la sfârşit.

Harrison se hotărî să-i facă pe plac, chiar dacă i se părea un gest puţin cam copilăresc.

– Nici un om nu este o insulă...

Sări peste un singur vers. Adam îl ajută. Acesta era impresionat, dacă era să se ia după zâmbetul lui, iar Harrison începu să se gândească că, dintre toţi fraţii, avea cele mai multe în comun cu Adam.

Mary Rose zâmbi mulțumită ca o profesoară mândră de performanțele elevilor ei. Harrison se simțea ca un idiot.

– Foarte bine, îl lăudă ea. Adam cântă la pian, izbucni ea. Mai aveți ceva în comun.

– De ce i-ai spus asta? întrebă Cole.

Mai avea puțin și o strângea de gât. Ei nu părea să-i pese de furia din vocea lui.

– Ai fost teribil de nepoliticos în seara asta, spuse. Știi foarte bine, Cole. Harrison este oaspetele nostru. Te rog mult să ții minte asta.

– Nu-i nevoie să-mi spui ce să fac sau ce să spun, Sidney. De ce nu ții tu minte asta?

Ea oftă.

– Ești insuportabil, șopti.

Harrison nu era sigur că înțelesese ceea ce tocmai se întâmplase. Mary Rose era foarte furioasă pe fratele ei, iar, dacă privirile ar fi putut ucide, Cole s-ar fi prăbușit din scaun. Motivul furiei ei nu avea sens, însă. Părea să fie legat de faptul că i se adresase cu un nume de bărbat, dar nu își putea imagina de ce. Curiozitatea îl făcu să întrebe.

– I-ai spus sorei tale Sidney?

– Da, izbucni Cole.

– De ce?

– Pentru că are fumuri.

– Da?

– Ascultă, Harrison. Despre asta ar fi bine să nu pui întrebări. Să ții minte asta.

Harrison începu să râdă. Nu era reacția la care se așteptase Cole.

– Ce-i așa de amuzant?

– Tu ești amuzant, spuse Harrison. Tocmai ți-ai petrecut o oră interogându-mă.

Cole zâmbi.

– E casa noastră. Noi facem regulile. Nu tu.

– Vrei să încetezi să fii așa de bădăran? întrebă Mary Rose.

Avea de gând să continue să-l mustre pe fratele ei, dar Adam o făcu să se răzgândească. Se aplecă un pic în față și se uită la ea.

Mary Rose se lăsă imediat pe spate şi închise gura. Apoi, Adam se întoarse spre Cole. Acesta, încă nervos, se sprijini şi el imediat de spătar. Era evident că Adam cerea un armistiţiu, şi ceea ce-l impresionă pe Harrison fu faptul că nu fusese nevoit să rostească nici un cuvânt.

– Dacă nu eşti prea obosit, Harrison, aş dori să aud câteva ceva despre Scoţia, spuse Adam. N-am avut ocazia să merg în străinătate, dar am făcut destul de multe călătorii cu ajutorul cărţilor mele.

– Ai vrea să vizitezi Scoţia? îl întrebă Mary Rose.

– Da, bineînţeles că aş vrea, dar mi-aş vizita mai întâi căminul.

– Şi unde este căminul tău? întrebă Harrison.

– Căminul meu este Africa, răspunse Adam. Sunt sigur că ai observat culoarea pielii mele.

Zâmbetul lui era sincer. Nu-şi bătea joc de Harrison; era, pur şi simplu, direct.

– Te-ai născut în Africa? întrebă Harrison.

– Nu, m-am născut în sclavie, în sud, dar de îndată ce-am fost destul de mare ca să am răbdare şi să ascult, mama şi tata mi-au spus poveşti minunate despre strămoşii lor şi despre satele din care provin. Aş dori să-mi văd satul înainte de a muri.

– Dacă mai e acolo, interveni Cole. Satele sunt arse.

– Da, dacă mai e, admise Adam.

– N-o să mergi în Africa, spuse Douglas. Tu nu mergi nicăieri.

– Cred că ţi-ar plăcea Scoţia, spuse Harrison încercând să readucă firul discuţiei spre ceea ce dorea să spună Adam. Există asemănări între valea asta şi zonele de munte din Scoţia.

– Povesteşte-ne despre casa ta, zise Travis.

Harrison se supuse. Vorbi cinci sau zece minute despre ţara sa şi despre moşii, şi încheie prin a spune:

– Patul tatălui meu a fost mereu în faţa ferestrelor pentru a putea privi afară, către pământul lui. Era mulţumit...

Se opri înainte de a spune mai multe.

– Îmi cer scuze că bat câmpii. Probabil că v-aţi dat seama până acum cât de periculos este să-i ceri unui scoţian să vorbească despre casa lui. Mai mult ca sigur că vă va plictisi câteva ore bune.

– Nu este plictisitor, spuse Cole.

– Ai fost cât se poate de convingător, îl asigură Adam.

– Ai spus că patul tatălui tău era în fața ferestrei, zise Cole. A căzut la pat?

– Da.

– Când?

– De când pot să-mi aduc aminte. De ce întrebi?

Cole se simțea îngrozitor. Își aminti acum că-l întrebase pe Harrison dacă tatăl lui nu-l scosese în curte ca să-l învețe cum să se bată. Motivul era evident. Tatăl lui nu putuse face acest lucru. Dumnezeule, era de-a dreptul dezgustător.

– Eram doar curios, răspunse Cole. Ce s-a întâmplat cu tatăl tău?

– Un glonț i-a străpuns șira spinării.

Cole se strâmbă.

– Apoi a paralizat?

– Da.

– A fost un accident?

– Nu.

Răspunsul lui Harrison fu scurt.

– Și ai stat cu el, chiar și după ce ai crescut și ai putut pleca, spuse Cole.

După părerea lui Harrison, remarca era aproape obscenă.

– Da, am stat cu el. Doar eram fiul lui, pentru numele lui Dumnezeu!

– Dar el poate că nu ar fi stat cu tine dacă tu ai fost cel țintuit la pat zi și noapte. Majoritatea taților nu ar fi făcut-o.

– Te înșeli, răspuse Harrison. Majoritatea taților ar face-o. Al meu, cel puțin, așa ar fi procedat.

– Ți-ai făcut datoria, zise Cole cu satisfacție.

Părea să fi ajuns la o concluzie. Harrison se simțea insultat.

– Nu e vorba de datorie.

– Te-ai aprins?

Cole avu tupeul să zâmbească după ce puse întrebase. Harrison simți dintr-odată nevoia de a-i trage un pumn. Îi răspunse pe un ton acid:

–Insulți onoarea tatălui meu și a mea printr-o astfel de remarcă deplasată.

Cole ridică din umeri. Nu era impresionat de mânia invitatului. Se întoarse spre Adam.

–Trebuie să-l mai întărim un pic. Ești dispus să te ocupi de asta?

–Poate, răspunse Adam.

–Are destulă fibră, dar are nevoie și de tupeu, interveni Douglas.

Cole pufni.

–A rămas cu tatăl lui, nu? Asta e o dovadă suficientă că are tupeu. Travis, ce crezi?

–Mi se pare în regulă. Pare, însă, un pic prea interesat de sora noastră. Asta ar putea fi o problemă.

–Cu toții sunt interesați de Mary Rose. M-aș mira dacă Harrison n-ar fi. Eu zic să încercăm.

Frații dădură din cap aprobator. Mary Rose nu ar fi putut să fie mai fericită. Bătu din palme și îi zâmbi lui Harrison. Lui nu-i venea să creadă că tocmai vorbiseră despre el de parcă nici nu ar fi fost de față. Lipsa lor de politețe era atât de scandaloasă încât aproape că îi venea să râdă

Mary Rose se ridică. Harrison îi imită imediat gestul. Ceilalți nu se mișcară.

–Ai fost invitat să rămâi la noi, îi spuse ea. De data asta, toată lumea e de acord. E uimitor, pe bune, adăugă ea și dădu din cap. De obicei, lui Cole nu îi place de nimeni. Pe tine te place. Nu-i drăguț?

Nu reuși să se abțină să îi ofere o doză din sinceritatea sa.

–Nu neapărat, zise.

Toată lumea râse, inclusiv Mary Rose.

–Ai un simț al umorului minunat, Harrison.

Nu glumise, dar se hotărî să lase lucrurile așa. Mary Rose înconjură masa și se opri în fața lui.

–Să-ți arăt unde vei dormi. Adam, ne scuzi?

– Da, desigur. Noapte bună, Harrison.

Ea se întoarse să plece. Harrison le mulțumi fraților pentru cină, adăugă urarea lui de noapte bună și apoi o urmă. Nici unul dintre bărbați nu se luă după ei. Fu întru câtva surprins, mai ales după ce Travis își exprimase cu voce tare îngrijorarea față de interesul pe care îl arăta față de sora lor.

Nici el, nici Mary Rose nu spuseră nici un cuvânt până nu se apropiară de căsuță. Pe cer erau cel puțin o mie de stele, care le luminau drumul.

– Îți plac frații mei, nu-i așa?

– Uneori, răspunse el. Sunt un pic mai ciudați.

– Nu ciudați, doar diferiți.

El își prinse mâinile la spate și încetini pasul ca să poată merge alături de ea. Se gândi la un mod în care să abordeze subiectul care-l interesa și, într-un final, se hotărî să fie direct.

– Pot să te întreb ceva?

– Da.

– De ce nu m-ai avertizat?

– În legătură cu Adam?

– Da, în legătură cu Adam.

– De ce să te fi avertizat? L-ai fi acceptat sau nu l-ai fi acceptat. Alegerea era a ta.

– Nu sunteți înrudiți între voi, nu-i așa?

– Nici unul. Dar suntem o familie, Harrison. Sângele nu este singurul care strânge legăturile.

– Nu, sigur că nu, fu el de acord. Ați devenit o familie cu mult timp în urmă, nu-i așa?

– Da, răspunse ea. Cum ai ghicit asta?

– Vă purtați ca niște frați. Sunteți protectori și loiali unul față de ceilalți și totuși vă certați din cauza unor lucruri neînsemnate. Modul în care v-ați purtat unul cu altul la cină mi-a spus că sunteți împreună de multă vreme.

– Așa e, admise ea. Nu-i așa că e frumos aici?

Nu voia să discute despre cât de frumos era. Mary Rose schimbase intenționat subiectul. Se hotărî să îi facă pe plac. Prea multe întrebări pentru o singură seară. Avea să afle mai multe a doua zi.

– Da, e frumos. Aerul limpezeşte mintea.

– Dacă asta-i tot ce-ai observat, înseamnă că ai stat prea mult la oraş.

Era de acord cu ea.

– În Londra, nu poţi vedea mereu stelele. Aerul este plin de miresme otrăvitoare şi de fum. Ţi se ascunde priveliştea.

– Şi în New York e la fel, remarcă ea.

El se împiedică. I se păru că i se opreşte inima în loc.

– Ce-ai spus?

Ea repetă.

– Pari surprins, adăugă.

Îşi dădu seama că nu avusese prea mult succes în a-şi ascunde reacţia. Se forţă să-i zâmbească.

– Am fost surprins, remarcă pe un ton care spera să fie unul obişnuit. N-am crezut că ai fost la New York.

– Eram doar un bebeluş pe atunci, deci evident că nu-mi amintesc felul în care arată oraşul, dar fraţii mei ştiu. Mi-au spus că era foarte aglomerat, plin de fabrici şi de fum şi de mulţimi de oameni care roiesc pe-acolo.

Harrison trase adânc aer în piept. Misterul începea să se împrăştie. Mai trebuia să afle cine o luase de la părinţii ei şi cine îi ajutase pe băieţi să ajungă exact în Montana.

– Numai anumite zone din New York sunt aglomerate, zise el. De fapt, e un loc foarte interesant.

– Trebuie să ai grija când ajungi pe acolo, nu?

– Trebuie să ai grijă peste tot.

– Iar vorbeşti ca Adam. El îmi spune mereu să am grijă. Uneori nu sunt atentă la ce-i în jurul meu, recunoscu ea. Travis e şocat că n-am fost jefuită în St. Louis cât am fost la internat. Dar aici, la fermă, sunt în siguranţă. Nu mai vreau să plec. Mi se face prea dor de casă.

El nu voia să audă aşa ceva.

– S-ar putea să-ţi placă în Anglia şi în Scoţia, îi sugeră.

– O, sunt sigură că aşa ar fi. Ştiu că sunt locuri frumoase pe care trebuie să le văd. Însă mi-ar fi dor de valea mea. Sunt atât de multe lucruri de făcut aici şi ziua nu are niciodată suficient de multe ore pentru asta. Tot timpul găsesc chestii noi şi interesante.

Ştii că tocmai am auzit de o femeie care trăieşte singură sus, la Boar Ridge? Familia ei tocmai se aşezase acolo când au fost atacați de indieni. Soțul şi fiul ei au fost omorâți. Ea a fost scalpată şi lăsată să moară. Dar a supraviețuit. Travis mi-a spus că i-a auzit pe Billie şi pe Dooley vorbind în şoaptă despre ea. Toată lumea crede că-i nebună. Sărmana femeie a fost singură atâția ani, iar eu abia acum am aflat că există. O să mă duc s-o văd, imediat ce-l conving pe Adam să mă lase.

– Dacă e nebună, ar putea fi periculoasă, Mary Rose. N-ar trebui să te duci...

– Iar vorbeşti ca Adam, îl întrerupse ea. Acum, că am aflat despre femeia asta, trebuie să încerc s-o ajut. Sigur înțelegi ce vreau să spun.

Harrison schimbă puțin subiectul.

– Eu aş fi mulțumit dacă aş trăi în valea voastră. Cred că şi tu ai putea fi fericită în Scoția sau în Anglia, după ce te-ai acomoda.

– De ce? Pentru că mi-ar aminti de casă? Nu e ca atunci când iubeşti un bărbat pentru că-ți aminteşte de altul? Mi-ar plăcea în Scoția, Harrison, dar nu cred că aş fi fericită. Acasă este cel mai bine.

El oftă.

– Eşti prea tânără ca să te împotriveşti atât de mult la nou.

– Pot să-ți pun o întrebare personală? Nu trebuie să răspunzi dacă nu vrei.

– Desigur, fu el de acord. Ce vrei să ştii?

– Ai sărutat multe femei?

Întrebarea îl luă pe nepregătite.

– Ce-ai spus?

Ea îi puse din nou întrebarea. Nu râse pentru că i se părea al naibii de sinceră.

– Ce te-a dus cu gândul la asta?

Nu dorea să-i spună adevărul. De fiecare dată când îl privea, se gândea la asta. Din clipa în care îl văzuse cât de blând şi de bun fusese cu armăsarul lui îndărătnic, nu se mai putuse gândi la altceva. Voia ca el s-o sărute şi, chiar dacă ştia că ceea ce-şi dorea era semn de neruşinare, nu-i păsa.

– Eram curioasă. Ei bine?

– Cred că da.

– Întâi te gândeşti să săruţi şi apoi o faci sau este o chestie mai mult spontană?

– Te gândeşti la cele mai ciudate lucruri.

– Da, aşa e.

Ajunseră în dreptul intrării în căsuţă. El puse mâna pe clanţă şi se întoarse spre ea.

– Îţi aduci aminte ce ţi-am spus mai devreme, când ne uitam de sus la vale? Întâi ascult ce-mi spune mintea, apoi inima. Iată-ţi răspunsul. Întotdeauna gândesc înainte de a acţiona.

Ea păru dezamăgită.

– Eşti un om foarte disciplinat, nu-i aşa?

– Aşa-mi place să cred.

Mary Rose clătină uşor din cap. Nu ştia cum să interpreteze dezaprobarea ei evidentă. Faptul că era disciplinat era o calitate, nu un defect. Nu înţelegea un principiu atât de simplu?

– Eu nu sunt la fel de disciplinată.

El dădu din cap resemnat. Ajunsese deja la această concluzie. Deschise uşa şi se făcu un pas în spate ca ea să intre prima. Însă ea nu se mişcă din loc.

– Înăuntru sunt douăsprezece paturi, dar o să fii singur la noapte. Dacă ai nevoie de ceva, anunţă-ne.

– Unde vrea Douglas să-l las pe MacHugh peste noapte?

– Pune-l în prima boxă din stânga, răspunse ea. E mai mult loc acolo. Nutreţul e gata pregătit, probabil. Crezi că o să fie mai cooperant acum, că a avut timp să ne cunoască?

– Da.

– Dar tu, Harrison? Te obişnuieşti cu noi?

Întrebarea ei îl făcu să zâmbească.

– Da.

Se uită spre el şi zâmbi. Doamne, era frumoasă.

– Pot să-ţi cer o favoare?

Stătea la numai o palmă distanţă de el, cu faţa ridicată şi, Doamne, ochii îi căpătaseră culoarea safirelor în lumina lunii. Nu îndrăzni să se uite la gura ei. Ştia că şi-ar pierde controlul dacă ar face-o pentru că, în acea clipă, se gândea la ceea ce-ar simţi dacă ea s-ar lipi strâns de el. Imboldul de a o gusta îl făcu să paralizeze de teamă. Moliciunea şi căldura ei îl îndemnau să se aplece şi să profite de ceea ce nu i se oferise. Îşi ieşise din minţi.

– Ce favoare?

Vocea îi tremura. Ea nu păru să bage de seamă. Evident că nu îşi dădea seama de efectul pe care îl avea asupra ei, altfel s-ar fi ridicat pe vârfuri ca să fie mai aproape de el. Mirosea minunat. Precum florile de câmp după ploaie. Îşi puse palmele pe pieptul lui. Inima începu să-i bată cu putere.

– Te gândeşti să mă săruţi?

Nu se gândise la nimic altceva.

– La dracu', nu, nu mă gândesc să te sărut.

Se simţi respinsă şi jignită. Se gândi că se purta de parcă tocmai îi poruncise să sărute o capră. Se simţi imediat jenată de îndrăzneala ei. Îşi lăsă braţele în jos. Se făcuse de râs, dar mai avea de aşteptat ca să intre în pământ de ruşine. Singurul lucru important era să-şi păstreze demnitatea. Avu de furcă la acest capitol. Şi putea jura pe Dumnezeu că era un efort teribil. Nu dorea decât să fugă cât o ţineau picioarele înapoi în casă, dar nu avea să se poarte ca un copil. Rămase pe loc şi se strădui să se uite din nou în ochii lui, aşa cum ar fi făcut orice femeie în toată firea.

– N-am putut să nu observ cât de dezgustat ai fost. Perspectiva era atât de înfiorătoare pentru tine?

– N-am fost dezgustat. Bărbaţii nu sunt dezgustaţi.

Părea enervat. Nu-l întrebă dacă chiar era pentru că presupuse că îi va spune că bărbaţii nu se enervează.

– Noapte bună, Harrison. Somn uşor.

Nu glumea cu el. Nebună asta habar n-avea ce îi făcuse. Somnul era exclus. Se sprijini de cadrul uşii şi o urmări întorcându-se în casă. Se purta de parcă n-ar fi avut nici o grijă pe lume. Tocmai îi sucise minţile şi simţea un nod gol în stomac. Ba chiar n-ar fi fost deloc ciudat dacă ar fi auzit-o cântând mulţumită. Se întrebă cât de blazată ar fi fost dacă el i-ar fi spus ce-ar fi dorit să-i spună şi ce-ar fi dorit să facă cu gura ei dulce şi provocatoare. Se putea abţine să nu o ducă cu forţa în pat. Îşi reaminti că era om, nu animal, şi că îşi putea controla instinctele primitive. Aproape reuşise să se convingă de acest lucru, dar, exact în acel moment, observă, din întâmplare, felul în care şoldurile ei se legănau în timp ce păşea, iar imaginația îi umplu imediat mintea cu tot felul de imagini chinuitoare.

Somn uşor? Pe dracu'!

14 august 1862

Dragă Mamă Rose,

Aseară ne-am speriat de moarte. Lui Mary Rose i s-a făcut foarte rău. Ar fi trebuit să ne dăm seama mai devreme că nu se simte bine, dar nici unul dintre noi n-a bănuit că aceasta era cauza pentru care era atât de prost dispusă. E veselă mereu, dar marțea aceasta a început să se poarte ca o pacoste. După-amiaza a fost şi mai rău. Douglas i-a spălat pătura preferată, cea pe care îi place s-o țină la nas în timp ce-şi suge degetul, iar când a văzut-o la uscat pe tufişuri a făcut o criză pe care nici unul dintre noi n-o va uita prea uşor. Încă ne țiuie urechile de la țipetele ei asurzitoare. A sărit peste somnul de după-amiază şi a plâns până n-a mai putut. Nu l-a lăsat nici măcar pe Adam s-o consoleze şi n-a vrut să-şi mănânce cina. Din moment ce, de obicei, are un apetit destul de mare, ne-am dat seama, într-un final, că ceva e în neregulă. Până la miezul nopții, ardea de febră.

Am făcut cu schimbul ca să stăm cu ea şi s-o udăm cu buretele, iar când nu o țineam de mână sau nu îi legănam pătuțul, ne loveam unii de alții în timp ce măsuram îngrijorați încăperea cu pasul. Febra a ținut trei zile şi trei nopți. Părea atât de micuță şi de neajutorată în pătuțul ei… Avea nevoie de doctor, dar nu aveam unde să găsim unul, nici măcar în Hammond. Nu cred că mi-a fost vreodată atât de frică. Şi Cole era înspăimântat, dar şi-a ascuns teama în spatele furiei. Continua să spună cât de mult greşisem că adusesem un bebeluş în mijlocul sălbăticiei. Era măcinat de vină, la fel ca noi. Ştiam că avea dreptate, dar ce-am fi putut face? Să lăsăm copilul în gunoi, să fie mâncat de şobolani?

Faptul că iubim ceva atât de mic şi de fragil ne sperie pe toți. Depinde în totalitate de noi. Trebuie să ne aducem mereu aminte să îi tăiem carnea în bucățele mici ca să nu se înece și să ne asigurăm că nu calcă pe vreun șarpe, și asta ne solicită toată atenția. În unele zile sunt atât de îngrijorat pentru ea încât abia pot dormi.

M-am rugat pentru ea tot timpul cât a fost bolnavă. Ba chiar am încercat să dau la schimb viața mea pentru a ei. Însă, cred că Dumnezeu a vrut să mai rămânem pe-aici pentru că sâmbătă dimineața febra a trecut, iar Mary Rose s-a întors la noi. Eu, Douglas și Adam am fost atât de ușurați încât ne-au dat lacrimile. Nu mi-e rușine să recunosc pentru că nu ne-a văzut nimeni. Cole și-a ascuns lacrimile. A fugit afară și nu s-a întors decât peste aproape o oră. Știam cu toții ce făcuse. Ochii lui erau la fel de roșii și de umflați ca ai noștri.

Roagă-te în continuare pentru noi, Mamă Rose. Ne prinde bine orice ajutor. Noi ne rugăm pentru tine. Acum că luptele se duc atât de aproape de tine, suntem mai îngrijorați ca oricând. Ziarele pe care punem mâna sunt pline de știri vechi, dar Adam încearcă să ne țină pe toți informați despre luptele care se dau. După cum se pare, Sudul ar putea câștiga războiul ăla căruia nu-i spune încă război. Ai grijă de tine, te rog. Avem nevoie de tine.

Fiul tău,
Travis

P.S. Era să uit vestea bună. În urmă cu două săptămâni, a venit familia Morrison. Vor să construiască un magazin universal peste drum de maghernița lui Blue Belle. Sigur că toată lumea e bucuroasă de acest lucru. O să fie un lux să putem să comandăm provizii de atât de aproape. Și poșta va fi livrată până la urmă la magazin, deși tot o dată pe săptămână. Soții Morrison au o fată pe nume Catherine. E cam cu un an și jumătate mai mare decât Mary Rose. Sora noastră are nevoie de o prietenă cu care să se joace, cel puțin așa zice Adam, și, pentru că soții Morrison par oameni de treabă, Cole nu are nimic împotrivă să le facem fetelor cunoștință.

Capitolul 5

Harrison era deja treaz la ivirea zorilor. Nu dormise deloc bine. Se trezise în timpul nopții, când Cole se furișase în baracă și îi căutase prin lucruri, iar, după ce acesta plecase, Harrison nu reușise să se culce la loc. Se gândise să-l întrebe pe Cole ce anume căuta, dar după ce rumegase ideea, se hotărâse să se prefacă adâncit în somn.

Nu-l îngrijorase faptul că ar fi putut găsi ceva important asupra lui. Harrison nu avea la el documente sau dosare. Toate informațiile pe care le strânsese, împreună cu raportul pe care îl primise de la avocatul din St. Louis, fuseseră deja trimise înapoi la Londra. Era încă foarte iritat și, în funcție de cum aveau să evolueze lucrurile în timpul zilei, putea să se hotărască dacă să deschidă sau nu discuția despre fapta lui Cole.

Starea lui de spirit nu se îmbunătăți. După ce se spălă și se îmbrăcă, se duse în hambar ca să îl țesale MacHugh. Își petrecu douăzeci de minute încercând să convingă animalul încăpățânat să iasă din boxă.

Dorea să ia calul și să-l ducă în țarc. MacHugh, însă, voia să rămână pe loc. Smulse căpăstrul din mâna lui Harrison, iar, când acesta se aplecă să-l ridice și se îndreptă din nou spre armăsar, MacHugh încercă să-l dărâme. Calul făcea îndeajuns de mult zgomot cât să trezească toată ferma. Harrison își pierdu răbdarea. Blestemă calul câteva minute, în mai multe limbi, și, deși asta nu-l făcu pe MacHugh să se liniștească și să se poarte frumos, Harrison se simți mai bine pentru că-și vărsase năduful.

Într-un final, se dădu bătut. Dacă MacHugh voia să putrezească în boxă, din partea lui, era în regulă. Lăsă poarta deschisă, se întoarse să plece și apoi se opri. Cole și Douglas stăteau la intrarea în grajd, iar, după expresiile lor amuzate, Harrison își dădu seama că asistaseră la spectacolul pe care îl dăduse MacHugh.

– E mâncare în casă, îl informă Douglas. Când termini de mâncat, Cole o să te pună la treabă.

– Să fac ce? întrebă Harrison.

– Voiam să te las să mă ajuți cu câțiva mustangi, dar, după cum am văzut că te porți cu caii, m-am răzgândit. De ce nu stai mai bine în casă, să cânți la pian?

Harrison se enervă. Își aminti de reacția lui Cole când Mary Rose dezvăluise faptul că și Adam știa să cânte la pian, prin urmare se hotărî să-i administreze arogantului o muștruluială bine-meritată.

– Cânt înaintea lui Adam sau după?

Cole se repezi la el. Se opri la numai câțiva centimetri. Însă nu părea supărat. Părea îngrijorat. Harrison nu știa ce să creadă din reacția lui.

– Ascultă, MacDonald, singurul motiv pentru care Adam a învățat să cânte la pian a fost ca Mary Rose să învețe. A trebuit să se prefacă că îi plăcea. Ai înțeles asta? N-a vrut, ci a fost obligat.

Douglas simți și el nevoia să-și apere fratele mai mare.

– Nu vrem să rămâi cu impresia că Adam nu este un bărbat adevărat. Se ține tare, nu-i așa, Cole?

– Sigur că da. Ce zici de asta, MacDonald?

Harrison nici nu se mai strădui să dea un răspuns diplomatic.

– Cred că voi doi sunteți nebuni.

Se gândise că știau deja că erau săriți de pe fix, dacă aveau asemenea prejudecăți stupide. Orice prejudecată nu reflecta decât ignoranță, după părerea lui, fiind lipsită de rațiune și de logică. De aceea, era nebunească.

Douglas se înroși auzind spusele lui Harrison. Cole își ascunse reacția. Harrison renunță la dispută. Încercă să treacă pe lângă ei și să iasă la aer. Era complet dezgustat. Cole îi blocă ieșirea. Douglas îl împinse din drum.

– Nu-l lovi încă, îi zise el fratelui său. Vreau să-l întreb ceva. De ce crezi că suntem nebuni?

Părea nedumerit.

– Amândoi credeți că numai femeile ar trebui să cânte la pian, așa-i?

Nici unul din ei nu răspunse. Harrison clătină dezamăgit din cap.

–Atitudinea voastră este ridicolă şi complet lipsită de logică. Adam este un om împlinit, continuă el. E meritul lui dacă este aşa de bine educat.

Apoi îşi îndreptă atenţia spre Cole.

–Tu, pe de altă parte...

Douglas îl întrerupse înainte de a termina ce avea de zis.

–Nu vreau scandaluri în grajdurile mele, anunţă el. Caii se agită. Cole, nu văd de ce Harrison nu te poate ajuta cu mustangii.

–Sunt sigur că sunt destul de capabil, interveni Harrison. N-are cum să fie atât de greu şi, sigur, nu-i nevoie de prea multă inteligenţă.

–De ce spui asta? întrebă Douglas.

Harrison zâmbi.

–Cole reuşeşte, nu?

Celor doi le luă o secundă ca să înregistreze insulta. Harrison îşi păstră calmul. Se aşteptase la Cole să scoată pistolul sau să-şi folosească pumnul. Era pregătit pentru ambele reacţii. Cole făcu ochii mari. Se dădu un pas înapoi, scutură din cap şi apoi pufni în râs. Harrison se simţi foarte dezamăgit. Voia să se bată.

–Eşti un om extrem de agreabil, zise Cole. Îţi jur pe Dumnezeu că aşa-i.

–Data viitoare când îmi mai umbli prin lucruri, te împuşc.

Cole păru surprins.

–M-ai auzit azi-noapte?

–Ba bine că nu.

–Îţi pierzi îndemânarea, Cole.

–Cred că da. Nu cred că am făcut zgomot.

–Ce căutai, de fapt? întrebă Harrison.

–Nimic special, răspunse Cole. Eram curios.

Douglas se grăbi să explice.

–Trebuie să-i înţelegi curiozitatea, zise el. Ne-a fost greu să acceptăm faptul că nu ştii să te aperi, la cât de mare eşti. Sigur, după ce ai spus că ştii să cânţi la pian, am înţeles.

–Ce-ai înţeles?

–Ştii tu, faptul că tatăl tău a fost foarte bolnav şi aşa mai departe. Cole, n-ar fi trebuit să-i răscoleşti prin lucruri. N-a fost un gest frumos.

– Tu mi-ai spus s-o fac, îi reaminti Cole.

Douglas nu-şi amintea să fi făcut o astfel de sugestie. Cei doi fraţi începură să se certe de zor. Făcură din ţânţar armăsar şi, nu peste multă vreme, ajunseseră să îşi reproşeze lucruri întâmplase cu mulţi ani înainte. Dacă Harrison ar fi stat rezemat de un perete ar fi început să se dea cu capul de el. Bărbaţii din familia Clayborne îl înnebuneau. Se hotărî să preia controlul.

– Pot să mă apăr, se răsti el şi îi obligă astfel pe cei doi să lase în urmă supărările din copilărie. Vreau să învăţ despre munca la fermă, dar voi doi nu trebuie să vă irosiţi vremea să-mi arătaţi cum să mă bat sau să trag cu arma şi sunt bucuros s-o dovedesc.

Cole râse.

– Cum o dovedeşti? Ne împuşti?

Harrison dădu din cap.

– Nu-i o idee prea rea, recunoscu el. Însă ce-ar fi să vă bat măr pe amândoi?

Douglas se uită la el compătimitor.

– Nu-i o ruşine dacă nu ştii să te aperi, Harrison. O să te învăţăm tot ce trebuie să ştii. Mă bucur, însă, că ai temperament. Trebuie să fii puţin iute la mânie dacă vrei să te înţelegi bine cu lumea.

– E ridicol.

– Posibil, răspunse Cole. Dar pe-aici aşa merg lucrurile. Vrei să ţi se arate respect, nu-i aşa?

Harrison renunţă să mai caute să îi facă să înţeleagă pe cei doi catâri încăpăţânaţi. Ştia că era responsabil de ideile greşite pe care şi le făcuseră despre el. La momentul respectiv, i se păruse o idee bună. Mary Rose avea o slăbiciune pentru cei slabi, aşa că pretinsese că e slab. Dintr-odată, îşi dădu seama că era la fel de lipsit de raţiune ca şi fraţii ei. Obţinuse exact ceea ce-şi dorise. Ar fi trebuit să fie încântat. Totuşi, nu era. Şi numai din cauza faptului că nu voia, de fapt, ca Mary Rose să îl creadă vreun neputincios.

Ce naiba se întâmpla cu el? Harrison îi lăsă pe cei doi fraţi şi intră în casă. Se strădui să se concentreze la motivul adevărat pentru care venise în Montana. Lady Victoria. Nu mai avea nici un dubiu. Mai mult ca sigur că Mary Rose era fiica de mult pierdută a lordului Elliott. Nu-şi dorea decât să o ia pe sus, să o arunce în şaua lui MacHugh şi s-o ducă în Anglia, unde îi era locul. Erau, însă, unele obstacole care îi stăteau în cale. În primul rând, trebuia să lămurească modul în care se petrecuse răpirea. Până ce făptaşul, sau făptaşii, nu erau găsiţi, familia lui Elliott nu era în siguranţă.

Celălalt obstacol care zădărnicea reuniunea dintre tatăl îndurerat şi fata lui erau fraţii Clayborne. La dracu', şi-ar fi dorit să îi urască. Chiar şi Cole începea să-l facă să râdă cu ideile lui despre viaţă. Era evident că toţi cei patru fraţi îşi iubeau sora, iar el admira asta. Şi îi respecta pentru asta. La fel şi pentru loialitatea care îi lega. Nici unul dintre ei nu ar fi lăsat-o să plece fără să se lupte pentru ea. Şi ce putea el face în acel caz?

Harrison nu credea că Mary Rose se putea dovedi o problemă. Ea nu s-ar fi luptat cu inevitabilul; cel puţin, el nu credea asta. Desigur, ar dori să rămână în valea ei pentru tot restul vieţii, dar ştia că sentimentele i se putea schimba când urma să afle că avea un tată, care o aştepta înapoi în Anglia. Era, pur şi simplu, prea bună la suflet să nu meargă şi cel puţin să-l cunoască. A o face să rămână în Londra era problema tatălui ei. Problema lui Harrison s-ar termina în acel punct.

Încercă să îşi alunge gândurile din minte, grăbi pasul şi când să dea ultimul colţ ca să intre în bucătărie prin uşa din spate, o zări pe Mary Rose care se grăbea în direcţia opusă. Se ducea în hambarul mai mic, şi după cum se furişa, îşi dădu seama că nu voia să fie văzută. Ducea cu ea un coş de răchită maro, cu mâner rotunjit, prin care îşi trecuse braţul.

– Bună dimineaţa, Harrison, îl auzi pe Travis în spatele lui.

Harrison se întoarse.

– Bună dimineaţa, răspunse. Unde se duce sora ta? Pare să fie destul de grăbită.

Travis zâmbi.

– Se furişează. Însă ştiu unde se îndreaptă. O las câteva minute, apoi mă iau după ea. Adam o să se înfurie când va afla.

– Ce să afle?

– Mary Rose se duce să-i facă o vizită Nebunei Corrie.

– E femeia care a supravieţuit atacului indian?

–Ai auzit deja despre ea?

–Sora ta mi-a zis seara trecută.

–Da, despre Corrie e vorba. A ieşit zvonul că e dusă cu pluta. Cred că şi tu dacă ai fi scalpat, ai fi la fel. Chiar şi indienii stau departe de ea acum. Se tem de ea. La fel şi cele mai multe persoane din Blue Belle. Vor s-o ardă.

–Să ardă ce?

–Casa ei, explică Travis. Un vânător a crezut că locul era pustiu. Ea aproape că i-a zburat capul cu puşca când a încercat să se apropie de uşă. Corrie stă ascunsă acolo de la atac, iar asta a fost acum cincisprezece ani. Oricum, acum, că Mary Rose ştie despre ea, s-a hotărât să îi facă o vizită. Crede că femeii i-ar prinde bine un prieten. Adam i-a spus că nu se poate duce. I-a zis că e prea periculos şi nu se ştie cum va reacţiona femeia. Ştiam că Mary Rose nu-l va asculta. Niciodată n-o face. Uite-o cum se duce acolo. Jur pe Dumnezeu, Adam o s-o omoare.

Travis o luă din loc.

–Spune-le fraţilor mei unde mă duc, bine? îi strigă el peste umăr.

Travis era bine înarmat. Harrison era încântat să ştie că toţi bărbaţii Clayborne aveau grijă de sora lor mai mică. Îl auzi pe Travis mormăind ceva despre faptul că se săturase să tot fie deranjat şi zâmbi. Avea să fie ultimul moment de bucurie pentru mult timp de atunci înainte.

Îmblânzirea mustangilor nu era un lucru greu. Era imposibil. Harrison nu se prinsese deloc ce trebuia să facă nici după o săptămână, iar în zilele care trecuseră suferise o lovitură după alta în amorul propriu. Era plin de vânătăi peste tot. Umilinţa îl durea la fel de tare. Îşi petrecuse mai mult timp căzut pe spate, cu umerii la pământ, decât pe picioare, şi fusese o sursă inepuizabilă de amuzament pentru familia Clayborne.

Sincronizarea lui Cole era desăvârşită. Indiferent ce făcea, se întâmpla să fie întotdeauna aproape de ţarc ori de câte ori Harrison zbura din şa. Cole reacţiona întotdeauna la fel. În primul rând, tresărea exagerat când îl vedea pe Harrison căzut, apoi dădea din cap şi spunea:

–Asta cred că doare.

Urmau, inevitabil, hohote de râs. Lui Harrison îi venea să-l omoare. Ar fi sărit la el dacă ar fi avut puterea necesară, iar el, pur şi simplu, era secătuit. Nu se putea hotărî care moment din zi era mai rău. Seara, când tot corpul îi pulsa în agonie, sau dimineaţa, când era ţeapăn ca un mort. Mergea ca un om bătrân, schilod. Ba chiar se şi văita ca unul.

Într-o seară târziu, Mary Rose intră în căsuţă şi, din fericire, el avea încă pantalonii pe el. Îşi scosese cămaşa ruptă, apoi se prăbuşise pe pat, cu faţa în jos. Nici măcar nu ridică privirea când ea intră.

– O, Harrison, spatele tău este un dezastru, şopti ea.

Se aşeză pe marginea patului şi îl mângâie uşor.

– Adam a trimis nişte alifie pentru a-ţi relaxa muşchii. Vrei să te ung pe umeri?

Avea nevoie de ceva pentru spate, dar ştia că nu s-ar fi cuvenit să îi ceară aşa ceva.

– Mulţumesc.

– Eşti ostenit, nu? întrebă ea.

Nu-i răspunse. Mary Rose deschise sticla şi îi turnă lichidul rece pe spate. Apoi începu să-l maseze. Îşi încreţi nasul simţind mirosul şi speră că Harrison nu observase.

– Pentru numele lui Dumnezeu, ce e putoarea asta?

Se uită spre uşa deschisă gândindu-se că mirosul venea de afară.

– Este alifie, explică ea.

– Doamne, e împuţită.

– Cailor le place.

El îşi săltă brusc capul.

– Folosiţi asta la cai?

Îi împinse capul înapoi pe pernă.

– E bună şi pentru oameni. Mirosul va dispărea într-un minut. Încearcă să te relaxezi. Lasă alifia să acţioneze în muşchi. O să te simţi mai bine imediat.

Îi era greu să o creadă. Spatele îl durea în continuare.

– Lasă sticla aici, îi sugeră el. În cazul în care alifia are efect, o să-mi dau şi pe picior.

– Bine, promise ea. Închide ochii şi încearcă să te odihneşti.

Cinci minute mai târziu, i se păru că deja murise. Mâinile ei erau magice. Mușchii i se relaxară, dar nu se simțea deloc excitat de apropierea sau de atingerea ei ceea ce, după mintea lui, nu putea însemna decât că era deja mort.

Gemu de plăcere ca să o facă să nu se oprească. Ea crezu că adormise. Stătea cu fața întoarsă spre ușă. Părea calm și era foarte chipeș. Părul îi acoperise fruntea. Avea barba de o zi, mai mult o umbră, iar ea simți dintr-odată imboldul de a afla cum se simțea la atingere. I se păru că era în regulă, pentru că el adormise și nu putea să-și dea seama cât de îndrăzneață fusese. Îi atinse mai întâi fruntea, apoi prinse curaj. Observă o vânătaie pe tâmplă și o înconjură încet cu vârfurile degetelor. Pielea lui era netedă și caldă la atingere.

Deveni și mai îndrăzneață și îi trasă cu degetul profilul nasului și al obrazului care erau perfecte. Își trecu degetele în jos, pe marginea gâtului. Perii din barbă o gâdilară. Simți nevoia de a-i atinge gura, cedă aproape imediat tentației și o exploră încet cu vârful degetelor.

Își dădu seama că nu era nimic la acel bărbat care să nu-i placă. I se părea la fel de frumos la exterior ca și la interior, lucru care conta cel mai mult. Sufletul lui. Se aplecă și îl sărută pe frunte. Nu-i venea să creadă cât de îndrăzneață e. De obicei era mai reținută, uneori chiar timidă în preajma bărbaților, dar în seara aceea, cu Harrison...

Oftă și îl sărută pe obraz. Apoi se îndreptă și începu să-i maseze din nou umerii. Nu voia să se oprească să-l atingă. Ce se întâmpla cu ea? Simțea că răspundea fizic în fața lui Harrison, dar, din cauza lipsei de experiență, nu avea nici cea mai vagă idee ce ar fi trebuit să facă. Să se oprească, presupuse ea. Însă nu se opri pentru că îi plăcea senzația pe care o avea când îi atingea pielea Era cald și musculos. Simți furnicături în stomac și un tremur de parcă era plin cu fluturași. Iar, când se gândi să-l sărute din nou...

– Ce faci aici cu un bărbat pe jumătate dezbrăcat? N-ai nici un pic de minte, Mary Rose?

Cole făcu remarca critică din dreptul ușii și se apropie apoi de pat.

–Vorbeşte mai încet, şopti ea. Doarme. Am lăsat uşa deschisă tocmai ca să nu pară deplasat faptul că sunt aici. În plus, poate că e pe jumătate dezbrăcat, dar este cât se poate de inofensiv. Nu profit de el. Promit.

Nu i se păru necesar să menționeze că deja profitase. Cole nu i-ar fi înțeles curiozitatea. Cum ar fi putut să o facă, din moment ce nici ea nu înțelegea?

–Nu spune asta. Nu m-am gândit că ai putea profita de el. Nici n-ai şti cum.

–Ar trebui însă, nu? Nu crezi că e timpul să-mi explici câteva lucruri?

–Mai târziu, Mary Rose. O să discutăm despre asta mai târziu.

–Mereu spui asta, şopti ea. Nu contează. Mi-am dat seama şi singură.

Cole vru să îndrepte discuția spre un subiect mai puțin delicat. Se lăsă pe vine lângă Harrison, ca să se uite mai bine la fața lui, apoi se ridică.

–Nu-mi dau seama dacă respiră. Ei?

–Sigur că respiră.

–Pare mort.

–Nu e, îl asigură ea. Cel puțin nu încă. Când o să-l lăsați să respire, tu şi Douglas?

–Îl învățăm tot ce trebuie să ştie dacă vrea să devină fermier.

–Îl omorâți.

Cole zâmbi când observă cât de supărată era.

–Nu, deloc. Harrison e mai puternic decât pare.

Ea pufni deloc elegant.

–Nu, e mai sensibil decât pare, îl corectă ea. A devenit mai priceput la îmblânzirea cailor?

Cole oftă.

–Douglas îmi tot spune că da. Însă eu nu văd nici o îmbunătățire. Harrison e prea orăşean, Mary Rose.

–De ce crezi asta?

–Vorbeşte cu mustangii. Douglas a zis că, după aceea, se urcă în şa şi se aşteaptă ca ei să înțeleagă şi să coopereze. Niciodată nu ridică tonul, iar singurul moment în care înjură este după ce își termină ziua de muncă. Hai înapoi în casă. E târziu.

Cole dădu să plece, apoi se răzgândi.

–Apropo, tatăl lui Catherine Morrison i-a spus lui Douglas că ar vrea să-l întrebe pe Harrison dacă i-ar plăcea s-o curteze.

Mary Rose era uimită. Şi furioasă. Își ascunse reacția și continuă să maseze mușchii lui Harrison.

–E ridicol, spuse ea. Familia Morrison nici măcar nu îl cunoaşte pe Harrison.

–O să-l invite duminică la cină, îi spuse Cole.

–Nu se poate duce.

–De ce?

–O să fie ocupat.

–Lui Travis sigur n-o să-i placă faptul că Harrison a primit invitația. Fratelui tău îi place destul de mult de Catherine.

–Nu-mi pot imagina de ce. Nu-mi place deloc de ea.

–De ce nu?

–Este înfumurată și flirtează, zise Mary Rose. E destul de neruşinată.

–N-am observat asta.

–Eşti bărbat. Sigur că n-ai observat. Bărbații nu observă niciodată astfel de lucruri. În plus, nu flirtează cu tine. Îi e teamă de tine.

Cole rânji.

–Te cam enervează, nu?

–Ce mă enervează?

–Că o altă femeie e interesată de Harrison.

–Nu mă enervează.

Dacă Harrison nu s-ar fi prefăcut că dormea, ar fi contrazis-o. Masajul blând pe care ea i-l făcuse până atunci se transformase într-un chin. Nu știa cât mai putea suporta durerea.

–Cineva trebuie să aibă grijă de Harrison. Este foarte naiv, să știi.

–Nu mai spune.

–E și foarte credul.

–Da?

–Vorbesc foarte serios, Cole, aşa că te rog să nu mai rânjeşti aşa. Harrison este un om bun şi blând. Evident că nu ai observat asta.

–Nu pot spune că am făcut-o, răspunse Cole.

–Cu toţii ar trebui să avem grijă de el. Este responsabilitatea noastră.

–Şi ce crezi, mai exact, că-i va face Catherine? O să-l muşte?

–Mă aştept la orice de la ea, spuse Mary Rose.

Ştia că nu mai era raţională. Nu-i păsa.

–Ştiu că poate sunt nedreaptă, dar Catherine cred că se poate transforma într-o viperă. Cred că ar trebui să îi transmiţi lui Morrison că Harrison nu e interesat.

Cole îşi dădu ochii peste cap.

–Eu şi Harrison o să mergem mâine în oraş ca să luăm nişte harnaşamente. O să le poată spună chiar el dacă merge sau nu duminică la cina la care a fost invitat. Decizia este a lui, Mary Rose.

–Merg şi eu cu tine.

Harrison nu mai rezistă durerii. Deschise ochii exact când Cole se întorsese şi ieşea pe uşă.

–Poţi să te opreşti, zise el.

Ea sări un metru în spate auzindu-l vorbind.

–Eşti treaz.

Nu i se păru necesar să confirme.

–Umerii sunt mai bine?

De fapt, durerea din muşchi era mai intensă din cauza masajului ei mult prea entuziast.

–Da, mulţumesc.

Mary Rose puse dopul la sticlă, o aşeză pe podea lângă ea şi se ridică.

–Când te-ai trezit? întrebă, încercând să nu pară foarte curioasă.

O cuprinse panica şi se întrebă cât auzise din conversaţie. Doamne, dacă nu dormise deloc? Dacă, de fapt, fusese doar aţipit? Ştia că-l sărutase?

–Acum, minţi el. De ce?

Ea se îmbujorase. Harrison se abţinu să nu râdă pentru că ştia că ar fi devenit şi mai jenată. Se rostogoli din pat şi se ridică. Picioarele goale se răciră la contactul cu podeaua din lemn. Stătea mult prea aproape de ea, ştia că trebuia să se dea mai departe, dar părea să nu se poată abţine.

– Mă întrebam dacă l-ai auzit pe Cole, se bâlbâi ea. A venit aici ca să vadă ce faci.

– Mulţumesc că vă faceţi griji pentru mine.

Păru din nou surprinsă.

– De ce crezi că ne facem griji pentru tine?

– Unguentul, răspunse el.

Mary Rose se relaxă. Se întoarse spre el.

– Harrison?

– Da?

– Tocmai îi spuneam lui Cole că o să dau o cină duminică. Voi găti eu totul. O să fii aici, da? O să fac tot ce pot ca să iasă bine. S-ar putea să-i invit şi pe Dooley, Henry, Billie şi Fantomă.

Se abţinu din nou să nu râdă.

– Sună bine.

Ea îi zâmbi.

– Vrei să-mi cunoşti prietena? Cred c-o să te placă.

– Corrie Nebuna? întrebă el intrigat.

– Te rog nu-i mai spune aşa, îi zise Mary Rose. Să ştii că nu e nebună. E timidă şi precautǎ. Nu ai fi şi tu la fel dacă ai fi fost atacat de indieni?

– Ba da, recunoscu el. A vorbit cu tine?

– Nu, dar se pregăteşte s-o facă, răspunse ea. Sunt sigură de asta.

– Dacă n-a vorbit cu tine, cum ţi-ai dat seama c-o să vină? Ţi-a zâmbit sau...

– O, n-am văzut-o. Nu m-a lăsat.

– Atunci de unde ştii că nu e nebună?

– Nu m-a împuşcat.

Închise ochii şi numără până la zece înainte să-i pună următoarea întrebare.

– Spune-mi mai exact ce s-a întâmplat. Ai bătut la uşa ei? Ai intrat?

–Nu m-am apropiat de uşă. Nici nu m-am apropiat de verandă. Este foarte timidă, Harrison.

–Cât de mult te-ai apropiat de casă?

–Am ajuns până în luminişul din faţă, răspunse ea. A tras cu arma în pământ, în faţa picioarelor mele. Intenţionat nu m-a nimerit. A vrut să-mi spună că nu vrea să mă apropii.

–Şi ce-ai făcut atunci?

–I-am spus cine sunt şi că abia am aflat de ea. I-am mai spus cât de greu mi-a fost să găsesc casa. E ascunsă, să ştii. Mă rog, după ce am aflat, am vizitat-o. I-am povestit despre familia mea. A trebuit să strig fiecare cuvânt, desigur, ca să mă poată auzi, iar când mi-am dat seama că nu mă mai ţinea vocea, i-am zis despre coşul pe care i-l adusesem. Plin cu borcane cu dulceaţă, pâine proaspătă şi biscuiţi. Am întrebat-o dacă vrea să i-l las. M-am asigurat că nu îmi înţelege greşit motivele. Nu i-l ofeream din milă, ci din prietenie. Orice femeie are mândria ei. N-am vrut s-o jignesc. Cred că a înţeles. M-a lăsat să mă apropii câţiva metri. N-am încercat mai mult. Am lăsat coşul şi i-am spus că mă voi întoarce a doua zi cu un alt coş plin cu bunătăţi. Am mai rugat-o să lase coşul gol în luminiş, ca să-l pot lua acasă.

–Ai de gând să te duci în fiecare zi?

–Nu, n-aş putea face asta. Nu mi-ar mai rămâne timp pentru alte lucruri şi am atâtea de făcut pe-aici. După ce Corrie va începe să vorbească cu mine şi o să ajungem să ne cunoaştem, atunci, probabil, că mă voi duce doar o dată pe săptămână pentru o vizită mai lungă. Cred că o să fim prietene bune. Încă nu mi-ai răspuns, da sau nu?

–Despre cina de duminică?

Ea dădu din cap.

–Dacă o să-ţi dai toată silinţa să găteşti o cină specială, sigur că voi fi aici, zise el şi se opri. Adam s-a supărat că ai plecat fără să spui unde te duci, nu-i aşa?

–N-a fost supărat. A fost dezamăgit, spuse ea şi oftă. E mai rău. Dacă ar fi ţipat la mine, nu m-aş fi simţit atât de vinovată.

–Ai de gând să-i spui de planurile tale pentru mâine?

–Am discutat deja. Am primit acordul lui. Înţelege, Harrison, nu vrea să-i cer permisiunea să fac ceva. Îşi dă seama că sunt capabilă să iau decizii. Vrea doar să fiu precautå. I-am promis că nu mă mai duc acolo singură. O să răceşti, adăugă ea. Ar trebui să-ţi pui o cămaşă pe tine. Noapte bună.

Se întoarse să plece. El ar fi vrut să mai rămână puţin. O prinse de mână şi îi spuse:

–Stai.

Ea se întoarse.

–Da?

–N-am mai întâlnit pe cineva ca tine.

Doamne, nu-i venea să creadă că spusese aşa ceva. Se simţea ca un dobitoc.

–Eşti foarte bună la suflet, adăugă el.

Mary Rose îşi aminti de toate acele lucruri oribile pe care i le spusese lui Cole despre Catherine Morrison cu doar câteva minute înainte şi nu fu în stare să-l lase pe Harrison să îşi facă o impresie atât de greşită despre ea.

–Nu, nu sunt bună, recunoscu ea. Încerc să fiu, dar uneori nu-mi iese. Uneori pot fi chiar răutăcioasă.

Harrison nu-i dădu drumul. Începu s-o tragă mai aproape. Ştia că-şi ieşise din minţi pentru că, pentru prima oară în viaţa lui, nu putea lăsa raţiunea să învingă. Se hotărâse să nu se implice emoţional în ceea ce o privea pe Mary Rose. Dar tot avea de gând s-o sărute.

–Ce faci?

–Te trag lângă mine.

–De ce?

–Vreau să te sărut.

Ea era uimită.

–Vorbeşti serios?

–Da.

Rosti cuvântul încet şi îl făcu să sune incredibil de seducător. Ea aproape că oftă uşurată, dar se opri la timp.

–Vrei să te sărut?

–Nu asta-i problema, zise ea şi făcu o pauză. Nu înţeleg, recunoscu imediat. Abia ai vorbit cu mine toată săptămâna şi aproape că nici nu m-ai privit... iar acum vrei să mă săruţi? Harrison, nu cred că gândeşti logic.

Părea uimită de propria concluzie. El izbucni în râs.

– Nu gândesc logic.

Schimbaseră rolurile. Acum ea era cea analitică.

– Cred că trebuie să joc corect.

Ea tot nu pricepea. O trase la piept, se aplecă şi o sărută pe frunte. Apoi îi luă mâinile şi i le aşeză pe umerii lui. Ea nu opuse rezistență. Părea în continuare extrem de fâstâcită, dar era sigură pe ea. Încă nu o luase în brațe şi nu avea de gând s-o facă dacă ar fi dat vreun semn de teamă sau de refuz.

– Tu m-ai sărutat, explică el. De mai multe ori, după câte îmi amintesc. Acum e rândul meu şi asta, Mary Rose, este ceea ce numesc eu să joci corect.

– O, Doamne, nu dormeai, nu-i aşa?

Părea îngrozită. Îşi coborî privirea spre pieptul lui. Harrison îi ridică bărbia cu mâna. O sărută pe obraz, la fel cum îl sărutase ea, apoi pe nas. Ea depăşi senzația de jenă aproape imediat.

– Probabil că te-ai distrat, şopti.

– Nu, îi zise el.

– Nu? De ce?

– Pentru că m-ai înnebunit. Săruți ca o fetişcană.

Degetele ei începură să se joace în părul lui. Era surprinsă de cât de mătăsos era. Oftă şi se lipi de el. Îi plăcea senzația pe care o simțea când îi atingea pielea. Căldura şi puterea care radiau din corpul lui o încălzeau.

– Arată-mi cum ți-ar plăcea să fii sărutat, Harrison.

În sfârşit, o luă în brațe. Apoi îi spuse să-şi deschidă buzele. Ea încercă să-l întrebe de ce, dar gura lui se lipi de a ei, şi uită ce voia să-l întrebe. Simți un fior pe şira spinării şi, instinctiv, îl strânse mai aproape. Era cel mai uimitor şi minunat sărut pe care îl trăise. Gura lui aproape că o frigea, dornică şi totuşi blândă, iar apoi limba lui îşi făcu loc şi o atinse pe a ei.

Felul pasional în care o săruta o înmuia de plăcere. Se agăță de el şi se lipi de pieptul lui. Se simțea îmbrățişată pe de-a-ntregul. Moliciunea ei era înconjurată de brațele şi de coapsele lui. Îl simți tremurând şi îşi dădu seama atunci că era la fel de pătruns de sărut şi, dintr-odată, ştiu că era la fel de stăpână pe sine ca şi el şi că, la rândul ei, deținea controlul asupra lucrurilor care aveau să se întâmple. Gura lui o atingea flămândă, evident, şi toate inhibiţiile ei dispărură şi îl sărută la fel de pătimaş.

Încheie sărutul mult mai repede decât şi-ar fi dorit ea şi refuză să se retragă chiar şi atunci când braţele lui îi dădură drumul. Îşi puse obrazul pe pieptul lui. Putea auzi bătăile grăbite ale inimii lui. Sau erau bătăile inimii ei cele care îi răsunau în urechi? Şi respira la fel de precipitat ca şi ea.

– N-am vrut să mă opresc.

În mărturisirea ei şoptită se citea uluirea. Harrison trase adânc aer în piept şi încercă să-şi recapete autocontrolul. Încă se lupta cu propria lui stare de uimire şi de tulburare, pentru că nu mai simţise o asemenea pasiune instantanee şi înflăcărată pentru nici o altă femeie.

– Tu ai vrut să te opreşti? îl întrebă ea.

Părea că i se tăiase răsuflarea. Fu mulţumit să observe că era şi ea la fel de afectată.

– Nu, n-am vrut, recunoscu. Şi exact de-asta am făcut-o. Dă-mi drumul, Mary Rose. E timpul să te duci acasă.

Nu voia să plece, dar bănuia că, într-adevăr, trebuia să plece. N-ar fi politicos şi nici demn de o domnişoară bine-crescută să-l îndemne s-o sărute din nou până şi-ar fi pierdut minţile. Se întoarse uşor şi păşi spre uşă. Se uită din nou spre el când ajunse pe prima treaptă. Voia să-i spună noapte bună. Cuvintele, însă, îi rămaseră prizoniere în gât şi nu făcu altceva decât să îl privească. Arăta uimitor de perfect. Stătea lângă felinar, şi în lumina aceea, pielea lui căptase o tentă aurie. Se rezemase de stâlpul patului, iar când îşi schimbă poziţia, îi observă muşchii care se încordaseră sub piele. Douglas îi spusese că Harrison avea forţa a trei bărbaţi, dar, în acelaşi timp, ştia că nu avea să-i facă rău vreodată.

– Mă simt în siguranţă când sunt cu tine.

Fu surprinsă că spusese asta cu voce tare. Harrison zâmbi.

– Aşa ar şi trebui. Nu ţi-aş face niciodată rău, Mary Rose.

– Te-am sărutat din nou ca o fetişcană?

El scutură din cap.

– Nu, m-ai sărutat ca o femeie. Ce s-a întâmplat în seara asta nu trebuie să se mai întâmple. N-ar fi trebuit niciodată să încep ceva ce nu pot termina.

Își trecu degetele prin păr, gest care îi oglindea frustrarea.

– Nu putem fi împreună.

– Suntem deja.

– Nu, nu suntem, spuse el pe un ton înțepat.

Nu pricepea ce-l apucase. Dădu din cap și apoi se întoarse să plece. Încercă să înțeleagă ce se întâmplase în timp ce se pregătea de culcare. După o oră în care se chinuise să pună lucrurile cap la cap, renunță. Știa că Harrison se simțea atras de ea pentru că felul în care o sărutase îi spusese acel lucru. Nu era răbdătoare de felul ei, dar se hotărî să încerce să aibă răbdare până ce avea să își dădea seama care era problema lui. Trebuia să fie un motiv foarte serios pentru care nu voia ca ei doi să fie împreună. Omul ăsta avea un motiv pentru orice făcea. Presupunea că nu avea altceva de făcut decât să aștepte până ce el îi va spune despre ce era vorba. Și atunci ea trebuia să găsească o cale să depășească obstacolul care se ridica în calea lui.

Își puse papucii și halatul și coborî în bibliotecă. Adam era acolo și recitea una dintre cărțile lui preferate. Fratele ei se așezase într-un fotoliu uzat, din piele maro. Buștenii trosneau în focul din șemineu și încălzeau încăperea.

– Adam, te deranjez?

Fratele ei își ridică privirea și zâmbi.

– Sigur că nu.

Închise cartea pe care o citea și o puse pe masă, lângă scaun. În încăpere se mai afla un fotoliu identic, din piele maro, de cealaltă parte a șemineului, dar trecu pe lângă el și se așeză la picioarele lui Adam.

– Am vrut că vorbesc cu tine despre Harrison.

– S-a întâmplat ceva?

– Nu, îl asigură ea. Nu s-a întâmplat nimic. Îmi place de el... foarte mult. Cred că și el mă place. Cel puțin așa pare.

– Atunci, care-i problema?

Ea își lăsă ochii în jos.

– Săptămâna trecută i-am spus să mă sărute. Într-un final, a făcut-o în seara asta.

Îşi ridică privirea spre fratele ei ca să vadă cum reacţionase la o asemenea mărturisirea. Adam nu lăsă să se vadă nici o reacţie. Îşi dădu jos ochelarii, îi strânse cu grijă şi îi puse pe carte.

– Te-a sărutat.

– Da, zise ea.

– Şi, apoi, ce s-a întâmplat?

– Mi-a spus că n-o să mă mai sărute niciodată.

– Înţeleg.

Un zâmbet îi apăru pe chip.

– Ţi-a spus de ce?

– Da, mi-a spus, răspunse ea. Dar explicaţia lui nu are nici un sens. Ştiu că i-a făcut plăcere. L-am văzut şi l-am simţit, dar nu m-a sărutat decât o dată, iar, acum, dacă mă gândesc mai bine, poate că nu i-a plăcut chiar aşa de mult.

– Spui că-ţi place să-l săruţi. Cred că trebuie să discutăm despre asta.

– Chiar mi-a plăcut mult să-l sărut. Îmi place de el, Adam. Mi-a spus că nu putem fi împreună, dar nu mi-a dat nici un motiv pentru asta. Poate că încearcă să mă protejeze ca să nu sufăr, continuă ea. Poate ştie că se va întoarce în Scoţia şi nu vrea să începem o relaţie şi apoi să plece. Poate că seamănă cu Cole.

– Cum adică?

– Lui Cole nu-i place să fie legat de vreo femeie. Îmi spune mereu că n-o să se însoare niciodată. Crezi că Harrison gândeşte la fel?

– Nu-l cunosc prea bine ca să-ţi răspund la întrebare, dar îl cunosc pe Cole. Numai vorba e de el, surioară. Are nevoie doar de timp ca să cunoască femeia potrivită. Atunci atitudinea lui se va schimba.

– De ce bărbaţii privesc căsnicia ca pe o capcană? Femeile nu le răpesc libertatea, pentru numele lui Dumnezeu!

– În anumite privinţe, o fac, răspunse Adam. Căsătoriţi pe vecie... Dacă un bărbat a făcut alegerea greşită, este prins în capcană, nu?

– Aşa cred, dar şi femeia e prinsă în aceeaşi capcană.

Mintea lui Adam începu să lucreze. Se gândea la Harrison. Îşi dădu seama că trebuia să afle mai multe despre oaspetele lor. Dacă

Mary Rose se implica într-o relație cu el, era de datoria lui Adam să se asigure că Harrison nu avea să-i facă vreun rău.

–Adam?

–Da?

–La ce te gândeşti?

–La Harrison, răspunse el. Mi-am dat seama că nu prea ştim multe despre el. Cred că ar trebui să-l cunoşti mai bine înainte să-i mai ceri să te sărute.

Ea încuviință din cap în semn că e de acord.

–O să încerc.

–Cole mi-a spus că ar trebui să am o discuție cu tine despre bărbați şi femei şi...

–Intimitate, îl ajută ea.

–Da, intimitate.

–Am discutat deja despre asta, în urmă cu câțiva ani.

–Îmi amintesc şi am crezut că ți-ai adus şi tu aminte, dar fratele tău mi-a zis că l-ai rugat să-ți spună despre anumite lucruri de viață. Crede că n-ai înțeles. Aşa e?

–Ba da, mi-ai explicat foarte clar.

–Aşa am crezut şi eu. Ai pus foarte multe întrebări.

–Iar tu ai răspuns cu răbdare la fiecare. Eşti singurul care mi-a explicat logic. Travis a început să facă tot felul de comparații cu florile şi albinele, apoi a trecut la câteva parabole din Biblie. Când mi-a spus-o pe cea cu pâinile care s-au înmulțit, m-a pierdut complet. Mi-a zis că eu sunt ca o bucată de pâine şi că, într-o bună zi, o mă multiplic şi eu. L-am întrebat cum. A ridicat mâinile în aer şi m-a trimis la Douglas.

–Şi Douglas ce ți-a zis?

Adam mai auzise toate aceste lucruri, însă îi plăcea să asculte din nou.

–Mi-a spus să-mi folosesc capul. A fost extrem de îmbufnat. Subiectul l-a făcut să se simtă foarte jenat. Nici măcar nu s-a uitat la mine. Mi-a reamintit că trăiesc la o fermă, a repetat mereu „pentru Dumnezeu“ şi mi-a sugerat să mă uit în jurul meu. Şi că apoi o să mă prind. I-am zis că mă tot uit în jurul meu de unsprezece ani şi că încă nu m-am prins de nimic. În disperare, a arătat cu mâna spre cai şi mi-a zis că atunci când mă voi face mare o să fiu la fel ca o iapă şi un bărbat o să se apropie de mine ca un armăsar.

Adam râse până îi dădură lacrimile.

– Acum, spune-mi din nou cum ai reacţionat tu la această comparaţie.

– M-am simţit foarte insultată, desigur, şi dezgustată. Atunci m-a trimis la tine.

Îşi şterse colţurile ochilor că dosul palmelor şi, în final, reuşi să se liniştească.

– Dacă-ţi aminteşti ce-am discutat atunci, de ce l-ai mai pus pe Cole să explice?

– Nu m-am putut abţine, recunoscu ea. Reacţia lui a fost amuzantă. Roşeşte, Adam, roşeşte pe bune. Se fâstâceşte complet, şi ăsta e un lucru foarte ciudat pentru el. Probabil că o să-l mai întreb o dată şi încă o dată până când se va prinde, într-un final.

Adam începu din nou să râdă.

– Aşa să faci. Abia aştept să aflu ce comparaţie o să mai găsească. E un adevărat domn.

Oftă şi apoi se întoarse la subiectul mai serios.

– Acum cred că ar fi bine să discutăm despre cum te-ai simţit când te-a sărutat Harrison.

Şi asta făcură. Mary Rose nu se simţea absolut deloc inconfortabil sau jenată că vorbea cu Adam. Reuşea mereu s-o liniştească. Nu era vreun subiect pe care nu-l putea discuta cu el. Putea să spună orice îi venea în cap fără să-şi facă griji că ar fi putut fi oripilat sau dezamăgit. Legătura dintre frate şi soră era extrem de puternică, iar încrederea ei în raţiunea lui era absolută.

Era îngrijorat că s-ar fi putut speria de reacţia ei fizică faţă de Harrison. Pasiunea era, uneori, interpretată greşit şi de multe ori lucrul pe care unul nu-l înţelegea îl speria pe celălalt. Nu voia ca sora lui mai mică să se teamă de nimic şi de nimeni. Trebuia să se bucure de viaţă, nu să se ascundă de ea, la fel cum o făcuse şi el atâţia ani.

– Un bărbat poate dori să se culce cu o femeie fără s-o iubească. Înţelegi?

– Da, înţeleg. O femeie poate face la fel, nu?

– Da, aşa e.

–Să înțeleg faptul că a dori și a iubi nu merg întotdeauna mână în mână.

–Da.

–Nu-ți face griji pentru mine. Îți faci griji pentru că nu am experiență, dar ține minte că dacă nu am experiență nu înseamnă că o să fac lucruri prostești.

–Așa e.

Mai vorbiră câteva minute, până ce nu mai putu să-și țină ochii deschiși de somn. Îl sărută de noapte bună.

–Mi-aș dori ca mama să fie aici. Îmi este dor de ea.

–Într-o bună zi, o să vină lângă noi, promise Adam. Coșmarul ei nu mai poate continua mult. Stăpâna Livonia s-ar putea să se răzgândească și s-o lase să plece. Mă îndoiesc că mama ar pleca undeva înainte să moară Livonia. Acum e complet dependentă de mama.

–Nici nu-mi pot imagina cum e să fii orb. Totuși, nu cred că m-aș face rea, așa cum s-a făcut Livonia.

–Acum ea are nevoie de mama mai mult decât ai tu, Mary Rose.

–Fiii lor sunt chiar atât de cruzi încât i-au întors spatele mamei lor?

–La întrebarea asta îți pot răspunde, zise el. Ar face orice ca să pună mâna pe bani. Rose și Livonia au căsuța lor în spatele proprietății pe care fiii au vândut-o deja. Cât timp fiii Livoniei le lasă în pace, nici una din ele nu va avea de suferit.

–Le trimiți bani regulat, nu?

–Facem ce putem. Acum du-te la culcare. Vreau să termin capitolul ăsta din Constituție. Am de gând să-l atrag pe Harrison mâine-seară într-o dispută și vreau să fiu pregătit.

–Eu o să-i mai scriu mamei încă o scrisoare înainte să adorm. Trebuie să-i spun despre Harrison. O să vrea să afle fiecare detaliu.

–Credeam că i-ai spus deja despre el.

–Da, dar asta a fost înainte ca el să mă sărute. Trebuie să-i povestesc mamei despre asta. Noapte bună. Te iubesc!

–Și eu te iubesc, surioară.

Mary Rose se băgă în pat o jumătate de oră mai târziu. Adormi gândindu-se cât de perfectă era viața ei. Trăia într-o vale frumoasă, cu frații ei chipeşi, şi avea un pretendent superb care, până la urmă, avea să o urmeze. Desigur, mai întâi avea să-l atragă într-un joc de-a v-ați ascunselea. Şi apoi îl va lăsa să o prindă.

Planurile ei erau mărețe şi, o, cât de perfectă era viața ei! Se îndrăgostea.

17 mai 1863

Dragă Mamă Rose,

Am auzit atât de multe veşti contradictorii despre război, încât nu mai ştim ce să credem. Atât Nordul, cât şi Sudul îşi asumă victoria. Până o să mai primim ştiri, totul ni se pare atât de complicat şi de lipsit de sens. Tot ce ştim sigur este că mii de tineri mor. Încercăm din răsputeri să facem ceea ce ne-ai spus, să nu ne facem griji pentru tine, dar e dificil. Ne gândim la tine, ne rugăm pentru tine şi suntem cu inima alături de tine.

Scrisoarea ta a fost o uşurare pentru noi. I-am mulțumit Celui de Sus să primim veşti de la tine după aproape o lună de aşteptare şi am sărbătorit-o cu o cină specială. Cole a făcut friptură de veveriță, Douglas a făcut biscuiți, iar eu am cules legume din grădină. La desert am avut mere coapte şi o bomboană de mentă. După ce ne-am săturat, am început să cântăm. Eu şi Cole n-am cântat tocmai rău, dar Douglas şi Travis au fost groaznici. Însă nimeni nu a cântat mai oribil decât micuța Mary Rose. Cea care-ți poartă numele nu cântă. Țipă.

Mă gândisem să-i iau un pian când se face mai mare. Trebuie să găsim un profesor, desigur, ca să o învețe. Acum nu mi se mai pare o idee aşa de bună. Dacă nu poate să scoată o notă, poate că e pierdere de vreme. Totuşi, este important pentru ea să aibă o educație completă, iar noțiunile despre muzică sunt esențiale. Am vorbit cu frații ei despre ce am dori ca ea să ştie să facă cel mai bine. Travis insistă să învețe franceza. Zice că toți bărbații şi toate femeile bine educate ştiu cel puțin o limbă străină. Acum ne concentrăm pe engleză. Gramatica ei e destul de şubredă. Încurcă mereu verbele. Ţi-am ascultat sfatul şi nu exagerăm când o corectăm şi încercăm mereu s-o lăudăm pentru fiecare temă, cât de mică, pe care o duce la bun sfârşit. Îi place să ne facă pe plac, iar când e fericită şi ne zâmbeşte, ei bine, parcă soarele tocmai ne intră pe uşă. Luminează orice încăpere, mamă, ca mii de lumânări aprinse.

Cole ne-a arătat o schiţă pe care a făcut-o pentru casa pe care vrea s-o construiască. Am fost uimiţi de detalii. Nici unul dintre noi n-a ştiut că are atât talent. Cred, însă, că se înhamă la mai mult decât poate duce, dar nu am vrut să-i stric entuziasmul. Schiţa este pentru o casă cu două etaje, cu cinci dormitoare şi e la fel de mare ca şi proprietăţile alea dichisite din Sud. I-am sugerat, însă, să o facă pe cât de simplă poate la exterior ca să nu atragem atenţia asupra familiei noastre. Oamenii văd o casă scumpă şi încep să se întrebe ce-i în ea. Apoi devin invidioşi, cel puţin asta e impresia pe care mi-am făcut-o eu după atâţia ani în care am observat oamenii. Dacă o persoană are ceva mai bun, cred că şi ei ar trebui să aibă, chiar dacă nu sunt dispuşi să muncească din greu pentru acel lucru. Oamenii din Blue Belle nu sunt, însă, la fel ca oamenii de la oraş. Cu toţii tindem să apreciem ceea ce au alţii.

Am deja şapte cărţi în colecţia mea, iar Travis vrea să mergem săptămâna viitoare la Hammond să vedem ce putem lua de acolo la schimb. Douglas a început să îmblânzească vreo câţiva mustangi pe care i-a prins împreună cu Cole. Douglas are un talent aparte pentru a avea grijă de animale. Zice că nu vorbesc, de fapt, cu el, ci îi dau semne când ceva nu e în ordine.

Descoperim încet-încet ce putem face fiecare pentru familie. Mi se pare interesant felul în care Dumnezeu ne-a dat fiecăruia un talent special. Eu mă pricep la cifre, aşa că ţin evidenţa. E foarte multă hârţogărie de făcut pentru teren, şi am început deja un registru de contabilitate în care trec fiecare cheltuială. Morrison s-a oferit să ne dea un credit. A zis că nu trebuie decât să plătim o dată pe lună pentru bunurile pe care le luăm de la el, dar ne scuteşte de dobândă şi, după mintea mea, asta e echivalent, pur şi simplu, cu un împrumut.

Dacă nu avem destui bani în cutia de trabucuri, atunci ne descurcăm fără. Eu nu mai merg în oraş. Ţi-am urmat sfatul şi încerc să nu atrag atenţia asupra mea. Nou-veniţii sunt puţin surprinşi când aud că un negru trăieşte printre ei, iar când ne cunosc familia sunt derutaţi. Cole zice că asta se întâmplă pentru că toţi ceilalţi din Blue Belle mă acceptă ca pe unul de-al lor şi chiar şi cei care au sosit aici mai recent cred că totul e în regulă.

Faptul că am câştigat prietenia familiei Morrison a ajutat, desigur. Au avut necazuri când acoperişul lor a cedat. M-am dus atunci în oraş şi i-am ajutat să înalţe altul nou. Doamna Morrison a stat cu Mary Rose în locul nostru şi, deşi sora noastră insista că micuţa Catherine a lovit-o şi i-a tras scaunul, suntem siguri că s-a distrat cu noua ei prietenă.

M-am îndepărtat de subiect, nu-i aşa? Îţi spuneam că Dumnezeu ne-a dat la fiecare un talent special. Apoi am început să bat câmpii despre mine. Acum, hai să-ţi spun despre fraţii mei. Cole încă mai exersează cu arma ca să ne protejeze şi să aducă vânat şi, deşi cred că e foarte talentat, rapid şi precis, nici unul dintre noi nu vrea ca el să devină pistolar. Sunt fericit să spun că are şi talent de constructor. În plus, îi ajută pe toţi. Douglas lucrează cu caii pe care îi prind, iar Side Camp a zis deja că o să îi cumpere imediat ce fratele meu reuşeşte să-i înşeueze. Douglas vrea să construiască un hambar înainte de a ne apuca de casă. El şi Cole încă se mai ceartă pe tema asta: care dintre clădiri să fie prima. Cole o să-l lase pe Douglas să câştige, dar o să-i dea multe bătăi de cap înainte să cedeze. Travis este cel care se ocupă de aprovizionare. Băiatul ăsta poate convinge pe oricine de orice. Ori de câte ori avem nevoie de ceva, îi spunem, iar el găseşte o cale de a obţine lucrul respectiv.

Încă nu ştim ce talent special are fetiţa. Însă este sigur că nu e vorba de ceva artistic. Am pus în plic şi un desen pe care l-a făcut pentru tine. Se presupune că e un tablou cu căsuţa noastră, dar nu cred că o să-ţi poţi da seama. Din punctul meu de vedere, seamănă cu o grămadă de mâzgâlituri. A fost foarte mândră de opera ei şi, bineînţeles, toţi am lăudat-o şi i-am spus ce frumoasă este.

Nu-i mai place să-i spunem că e copil. Nu ne lasă nici să-i mai spunem Mary. Acum trebuie s-o strigăm pe numele întreg dacă vrem să ne răspundă. Ni se pare o prostie s-o strigăm mereu Mary Rose Clayborne. Pune o mie de întrebări în fiecare zi. Eu încă mai cred că e mai deşteaptă decât noi toţi la un loc şi, după felul în care ne convinge să facem diverse lucruri pentru ea, fraţii mei îmi dau dreptate. Nu vrem să i se urce la cap. Dacă nu e ascultătoare, o lăsăm să stea singură până când e pregătită din nou să facă parte din familie. Nu-i place să fie dată deoparte şi pare tare amărâtă. Cole ne roagă mereu să o iertăm pentru că are o inimă aşa de bună, dar şi el înţelege importanţa faptului de a o ajuta să înţeleagă că anumite comportamente nu pot fi tolerate.

Totuşi, nu sunt sigur cât de îngrozitor se simte când o punem să stea singură. De exemplu, ieri, lucram cu ea în grădină. Mi-a spus să mă opresc şi s-o duc înăuntru ca să-i dau o bomboană de mentă. Când am refuzat-o, s-a dus în casă şi şi-a luat singură. Ştia că o să intre în bucluc pentru că n-a mâncat numai una. Le-a mâncat pe toate. Câteva minute mai târziu, a ieşit afară cu dovada faptei ei – era cât se poate de îmbujorată – şi cu păturica ei şi cu păpuşa din cârpă pe care i-a făcut-o Travis. A trecut pe lângă mine, s-a dus în cealaltă parte a curţii şi s-a aşezat pe o buturugă. Apoi a început să plângă şi să se prefacă amărâtă. Ne-a citit pe fiecare dintre noi, mamă. A trebuit să-mi întorc privirea, pentru că nu puteam să nu zâmbesc.

Mă opresc acum. Travis şi Douglas mi-au dat deja scrisorile lor pentru tine, iar Cole tocmai o termină pe-a lui. Am apreciat că ai pus în plic o pagină pentru fiecare dintre noi, cu numele noastre pe ele. Ne place să ne bucurăm de un minut în care să stăm cu tine, iar când Mary Rose va creşte şi o să ştie să citească, sunt sigur că o să aprecieze şi ea gestul tău.

Fraţii mei au vorbit despre faptul că ar vrea să se înroleze şi să facă tot ce le stă în putinţă ca Nordul să câştige războiul. Mă enervez de fiecare dată când unul dintre ei vorbeşte de acest lucru şi cred că am reuşit să-i conving că, deşi intenţiile lor sunt bune, nu pot pleca. Am făcut cu toţii o promisiune faţă de surioara noastră şi trebuie s-o respectăm. Travis a zis că nu crede că micuța are nevoie de toți patru, dar, după ce i-am arătat că fiecare dintre noi are o contribuție importantă, s-a simțit mai bine. Așa e, mamă. E nevoie de patru bărbați aproape maturi ca să aibă grijă de Mary Rose. Așa de grea este viața aici. Fiecare trebuie să dea tot ce poate ca să supraviețuiască.

Ne rugăm în fiecare noapte pentru soldații din Nord.

Nu vreau să închei această scrisoare pe un ton trist. Am fost surprinși că medalionul frumos pe care l-ai trimis a reușit să ajungă aici. Pachetul nici măcar nu a fost rupt. Mary Rose ne-a văzut când îl admiram. I-am spus că tu i l-ai trimis, dar că îl va primi când va împlini șaisprezece ani. Ei bine, mamă, a făcut o criză. Însă nici unul dintre noi nu a cedat. Am făcut, totuși, un compromis. I-am promis că se poate uita la el în fiecare seară, înainte să se ducă la culcare. Acum avem încă un ritual pe care trebuie să-l respectăm seara. Am ajuns la trei. Trebuie să bea o gură de apă, să i se citească o poveste, iar acum trebuie să îi permitem să se uite la medalion. E multă bătaie de cap, dar, Doamne, cum ne mai face să zâmbim...

Te iubesc,
Adam

Capitolul 6

Harrison, cel blând și bun la suflet, se transformase într-un maniac dezlănțuit chiar sub ochii lui Mary Rose. Nu-i venea să creadă ce zi proastă avusese. În seara aceea, la cină, îi spuse lui Adam că toată ziua fusese un coșmar pentru ea. Și că era numai vina lui Harrison. Era atât de furioasă pe el, încât nici nu mai putea vorbi cu el.

Dimineața, însă, fusese plăcută. Își petrecuse o oră întreagă pregătindu-se să meargă în oraș. Voia să arate cât mai bine pentru Harrison. De obicei, considera că hainele pe care le purta trebuiau să fie doar funcționale și s-o mulțumească. În acea zi, însă, cum bărbatul viselor ei o sărutase cu o seară înainte, voia să fie frumoasă pentru el. Știa că, probabil, se purta prostește, dar nu părea să-i pese prea mult. După ce probă trei ținute, alese o fustă de călărie de culoare bleu şi o bluză albă. Îşi prinse părul la spate cu o fundă albastră cu alb. Nu era exagerat de încântată de felul în care arăta, dar era tot ce putea face cu fizicul pe care-l primise de la Dumnezeu.

Nu peste mult timp, îşi dădu seama că nu trebuia să facă un efort aşa de mare. Cu excepția unui salut în fugă, Harrison nici nu îi dădu atenție. În afară de Adam, cu toții merseră în oraş cu ea. Travis voia să ridice un pachet, Cole şi Harrison trebuiau să ia harnaşamente noi, iar Douglas dorea să discute cu fierarul despre potcovirea unor cai. Mary Rose avea o listă de lucruri care credea că i-ar fi putut fi de folos prietenei ei, Corrie.

Se împăcă cu gândul că oaspetele încăpățânat nu dorea să stea de vorbă cu ea. Era furioasă pe el că refuzase să asculte explicațiile raționale. Insistase să poarte cartuşiera şi pistolul, şi îi oferi lui Cole un argument ridicol, cum că pusese gloanțe în pistol şi ar fi fost bine aşa, dacă s-ar ivi necazuri. Nu-i venea să creadă cât de căpos putea să fie. Era adevărat, frații ei erau înarmați, dar erau şi pricepuți şi aveau la ei arme pentru protecție. Pistolarul nepriceput pe nume Webster şi câțiva dintre prietenii lui neaveniți încă le dădeau târcoale şi, până ce frații Clayborne nu se asigurau că aceştia plecau definitiv din zonă, erau obligați să stea în gardă.

Pentru că era joi, nimeni din oraş nu se aştepta să-i vadă. Mary Rose se rugase ca fata lui Morrison să fi rămas acasă şi se părea că nu era în magazin să-şi ajute tatăl. Mary Rose nu voia să fie nevoită să asiste la asalturile ei asupra lui Harrison pentru că astfel de tactici i-ar fi făcut greață. Harrison era atât de naiv. Majoritatea bărbaților erau naivi când venea vorba de tacticile femeilor. Harrison n-ar fi bănuit ce punea la cale Catherine, dar Mary Rose ştia. Femeile se înțeleg unele pe altele. Catherine voia să-l prindă pe Harrison în laț. A găsi un bărbat nu era un lucru atât de greu în vale. Le depăşeau pe femei ca număr în proporție de o sută la unu. Dar a găsi un bărbat bun era cu totul şi cu totul altceva. Era un lucru la fel de rar ca diamantele.

Mary Rose nu credea că este geloasă. Nu făcea altceva decât să aibă grijă de Harrison. Până la urmă, era oaspetele ei. Catherine

Morrison nu avea decât să găsească pe altcineva pe care să-l hărțuiască. În drum spre oraș, Mary Rose îi rugase pe Cole și pe Douglas, de cel puțin cinci ori, să aibă grijă de Harrison. Într-un final, cei doi frați se săturară să-i promită că așa vor face. O rugaseră să înceteze să-i bată la cap. I-ar fi spus și lui Travis, dar el și Harrison călăreau alături, iar ea nu dorea ca bărbatul pe care voia să-l protejeze să știe că nu credea că putea avea grijă de propria persoană. Sigur că nu putea, dar nu voia ca el să afle că își dăduse seama de acest lucru.

Norocul era de partea ei. Catherine nu era la magazin. Mary Rose îl văzu pe Harrison discutând cu tatăl ei, dar conversația nu dură decât un minut sau două, și apoi Harrison făcuse cunoștință cu Floyd Penneyville, un alt nou-venit, iar subiectul era strângerea anuală a vitelor, activitate care se terminase în urmă cu trei săptămâni. Atât lui Floyd, cât și lui Harrison le părea rău că pierduseră toată distracția.

Dooley o prinse din urmă exact când voia să iasă din magazin. Se ducea spre grajduri să-l ia pe Douglas. Cole, Travis și Harrison vorbeau cu Floyd.

–'Neața, domnișoară Mary. Uau, ce bine arătați astăzi!

–Mulțumesc, Dooley.

–Henry m-a alergat până aici, zise el.

Își aminti de bunele maniere și își scoase repede pălăria.

–I-am trimis deja vorbă lui Cole că Webster și-a luat niște tovarăși cu el. Cred, după cum i-am văzut pe frații dumneavoastră, că se așteaptă la necazuri.

–Trebuie să fim pregătiți pentru orice situație, îi zise Mary Rose prietenului ei.

Îl cita pe Adam, desigur. El îi spunea să fie mereu pregătită. Dooley o urmă afară și o însoți pe aleea podită cu lemn.

–Mă rog, Henry mi-a spus că luați provizii pentru Corrie Nebuna. Mi-a vândut gogoși sau asta e adevărul?

–Spunea adevărul, zise ea. Corrie nu e nebună. Ți-aș fi recunoscătoare dacă le-ai spune prietenilor tăi despre asta. E prietena mea, Dooley.

–Asta mi-a zis și Henry c-o să-mi spuneți. Am vești proaste pentru dumneavoastră, domnișoară Mary. Bickley și câțiva dintre prietenii lui justițiari se duc pe creastă ca să ardă coliba lui Corrie. Ăștia cred că e un pericol pentru ceilalți.

Mary Rose se îngrozi.

– Cum îndrăznesc? țipă ea și apoi îl apucă de braț pe Dooley. Au plecat deja?

– Nu, dar se pregătesc să plece, explică Dooley. Henry și Fantomă îi țin de vorbă. Știți cum e Bickley. Îi place să se laude. E frate cu dracu', domnișoară Mary. Mi-aș dori să se întoarcă în Hammond, de unde au venit cu toții. N-are ce face altceva decât să se dea mare pe aici. Unii dintre prietenii lui sunt răi până în măduva oaselor. Unul e atât de urât încât mă face să vomit numai când mă uit la el. Își spun justițiari de parcă asta ar fi ceva special.

Bătrânul făcu o pauză și pufni. Ar fi scuipat, dar nu credea că domnișoarei Mary i-ar fi plăcut asta.

– Unde sunt acum?

– La cârciumă. Îi mănâncă rău să plece. Henry nu mai știe ce să-i mai întrebe și știți cum e Fantomă. De când a început să-și facă singur berea, se poartă foarte ciudat. Îi ia mult timp până se prinde de ce zice lumea. Nu se poate concentra, asta e, pentru că vorbesc spiritele cu el tot timpul. Normal, faptul că l-a lovit trăznetul nu l-a ajutat deloc, dar eu tot cred că ar fi normal la cap dacă n-ar mai bea. Domnișoară Mary, unde vă duceți?

– La cârciumă.

– Doar n-aveți de gând să intrați, nu?

– Dacă trebuie, o s-o fac, spuse ea. Trebuie să opresc povestea asta.

Alergau pe alee. Dooley rămase în curând fără aer.

– Stați să-i anunț pe frații dumneavoastră, domnișoară Mary. Așteptați aici.

Lui Mary Rose i se păru o idee bună să primească o mână de ajutor. Fu de acord să aștepte și abia se așezase pe bancă, lângă depozit, când Bickley și acoliții lui ieșiră. Caii îi așteptau cu frâiele legate de stâlpii din fața cârciumii.

Nu îndrăzni să aștepte mai mult. Se rugă la Dumnezeu ca bărbații să nu fie băuți. Nu-l cunoștea pe Bickley, dar auzise povești despre el și nici una dintre ele nu merita repovestită. Înfățișarea lui era la fel de dezgustătoare pe cât îi era firea. Avea părul lung, şaten, sârmos, şi ochi mici. Arăta ca un şarpe, îşi spuse ea, şi, din câte auzise, exact asta şi era. Bickley avea puţin peste un metru şi jumătate. Adam zice că e un om mic, care încearcă să fie mare.

– Bickley? Pot să discut cu dumneata?

Mary Rose rămase în colţul podeţului din lemn şi aşteptă ca şeful grupului s-o bage în seamă. Spera ca acesta să vină singur la ea şi că prietenii lui îl vor aştepta la uşa cârciumii. El se întoarse la auzul vocii ei. Rânji, se încruntă în lumina soarelui şi porni spre ea. Îi păru rău când îi văzu prietenii urmându-l.

– Ce pot face pentru dumneavoastră, domnişoară Mary?

Bickley puţea a băutură şi a transpiraţie stătută. Nu fu deloc surprinsă că îi ştia numele. Erau aşa de puţine femei în Blue Belle, încât bărbaţii care trăiau în oraş şi în împrejurimi le ştiau pe fiecare. Pe ea o cunoşteau chiar şi în Hammond.

– Te duci împreună cu tovarăşii sus, la Boar Ridge?

– Acolo ne ducem. O să-i dăm foc acelei femei nebune înainte să rănească pe cineva. Respectăm legea şi, din moment ce Blue Belle nu are şerif, m-am gândit că e de datoria noastră să avem grijă de lucrurile de pe aici.

– Nu-mi dau seama de ce credeţi că există cineva de pe aici care este responsabilitatea voastră, zise ea. Trăiţi în Hammond, nu în Blue Belle. Avem grijă singuri de noi aici.

Voia să le spună să se ducă înapoi de unde veniseră şi să-şi vadă de treburile lor, dar nu o făcu de teamă că îi va întărâta şi mai rău.

– În Hammond este un şerif, zise el. Nu vrea ajutorul meu. Oamenii de pe aici vor fi mai... recunoscători.

Unul dintre însoţitorii lui chicoti. Mary Rose făcu un efort să-şi stăpânească nervii. Trase adânc aer în piept şi apoi încercă să cadă la o învoială cu neisprăvitul acela.

– Ieri m-am dus pe creastă şi i-am făcut o vizită acelei femei. Corrie nu e nebună. E timidă. Nu îi plac străinii care încearcă să-şi bage nasul în viaţa ei. Nimănui nu-i plac. Lui Corrie îi plac doar localnicii din Blue Belle.

– Încercaţi să ne convingeţi să nu ne facem datoria, nu?

– Corrie e prietena mea. Vreau s-o lăsaţi în pace.

Tonul îi devenise poruncitor.

– Nu trebuie să stau şi să vă ascult. M-am hotărât. Nu-i aşa, băieţi?

Mary Rose nu se mai abţinu.

– Dac-o deranjaţi pe sărmana femeie, o să mă duc personal la judecătorul Burns şi o să semnez o petiţie. O să-l acuz pe fiecare dintre voi de tentativă de crimă, iar prietenii mei din Blue Belle se vor bucura să vă vadă spânzuraţi.

Lui Bickley nu-i plăcea să fie ameninţat. Mai ales de o femeie. Băutura îl făcu să uite de fraţii Clayborne. Era timpul s-o înveţe minte cineva pe ticăloasa asta înfumurată. Era bărbatul potrivit s-o facă. Voia să-i bage minţile în cap şi s-o audă scâncind de teamă cât de curând posibil.

– Cine te crezi de vorbeşti aşa cu mine? întrebă el răstit, stropindu-se cu salivă pe bărbie.

– Sunt o femeie care recunoaşte un prost când îl vede, răspunse ea.

Bickley nu era din cale-afară de inteligent, dar era rapid. Înainte ca ea să-şi dea seama ce intenţie are, o apucă de braţ, îl strânse cu putere şi încercă s-o tragă spre el. Ea îl lovi cu putere în picior, chiar deasupra rotulei. Durerea îl săgetă în coapsă. O plesni cu dosul palmei şi, pentru că ea nu ţipă, o lovi din nou cu pumnul.

– Eşti sărit, Bickley? şopti unul dintre prietenii lui. Dă-i drumul înainte ca fraţii ei să înceapă să tragă

– Nu-i dau drumul până nu mă roagă frumos. O doare. Ştiu asta. O să-i strâng mâna până-i frâng osul în două, dacă nu-mi spune cât de rău îi pare că m-a luat peste picior. Dacă fraţii ei încearcă să mă oprească, o să-i împuşc pe fiecare dintre ei. Să mor io, dacă n-o să fie aşa.

Mary Rose fu luată pe nepregătite de atac, dar îşi reveni repede. Simţea gustul sângelui în gură şi ştia că buza îi fusese spartă. Şi bărbia părea udă şi bănui că îi curgea sânge din rană. Însă nu pierdu vremea făcându-şi griji. Mintea i se limpezise suficient de mult cât să-şi amintească scopul pentru care venise. Trebuia să-l împiedice pe Bickley să ajungă pe creastă şi asta cu orice preţ. Îl lovi din nou pe ticălos, mult mai tare de data aceasta, iar când el se ghemui, îşi folosi pumnul ca să-l doboare din picioare.

Adam îi spusese mereu că avea un croşeu de stânga puternic. Voia să dovedească faptul că îşi meritase complimentul.

Se aşteptase ca Bickley să-i dea drumul, dar el o ţinu strâns până când aproape că atinse pământul. Apoi o azvârli într-unul din stâlpi. Se lovi la tâmplă şi căzu. Îşi pierdu cunoştinţa. Se trezi un minut sau două mai târziu, cu o durere care îi făcea capul să explodeze. Închise ochii şi încercă să se concentreze ca pulsaţiile care îi loveau craniul să se oprească. Urechile îi vuiau. Nu putea să scape de ţiuitul acela care se intensifică după ce deschise ochii şi vederea începu să i se limpezească. Crezu că se simţea mai bine pentru că nu mai vedea stele verzi. Dintr-odată, bărbaţii o călcară în picioare ca să se urce pe cai. Unul dintre ei o lovi în stomac. Ţipă, se ghemui şi încercă să se rostogolească pe-o parte. Altul, în graba lui, îi folosi şoldul pe post de scăunel pentru a se urca pe cal, rupându-i rochia cu pintenii.

Era încă prea ameţită ca să se apere. Era un miracol că nu fusese zdrobită de caii laşilor care încercau să scape. Nu putea să-şi ţină ochii deschişi. Simţi cum o culese cineva de pe jos, apoi mintea i se întunecă din nou. Pluti între întuneric şi lumină timp de câteva minute, iar când se trezi, toată lumea fugea. Se ridică la timp ca să-l vadă pe Bickley înghiontindu-şi calul şi pornind în galop. Încercă să se ridice în picioare pentru că voia să-l ajungă din urmă înainte să apuce să îi facă rău lui Corrie, şi aproape reuşi să se sprijine în genunchi, dar ceea ce se întâmplă apoi o surprinse atât de tare încât căzu din nou în fund.

Dragul şi bunul Harrison se transformase într-un barbar. Apăru ca un înger răzbunător de nicăieri şi sări să-l atace pe Bickley. Urletul pe care-l auzea venea dinspre Harrison. Era cuprins de furie. Îl dădu jos pe Bickley din şa şi îl azvârli în mijlocul drumului. Apoi se duse după el. Toată lumea ţipa. Mary Rose se ruga la Dumnezeu ca larma să înceteze. Zgomotul îi intensifica durerea. Harrison nu mai scotea nici un sunet. Era ocupat să-l omoare pe Bickley cu mâinile goale. După expresia calmă, dar ucigaşă de pe chipul lui, nu se mai îndoia de ce intenţii avea. Dacă cineva nu l-ar fi oprit, l-ar fi omorât pe omul care o atacase.

Uimită, rămăsese fără cuvinte. Expresia lui Harrison îi dădea fiori pe şira spinării. Părea atât de... metodic. În mod cert, nu se lupta ca un gentleman. De altfel, nici Bickley. Acesta încercă să scoată pistolul şi să-şi împuşte atacatorul, dar Harrison îi smulse arma din mână. Atunci Bickley se întinse după cuţit. Harrison părea mulţumit de tactica aplicată. Ba chiar zâmbea. Aşteptă până ce Bickley se aruncă asupra lui apoi se mişcă fulgerător şi îi înşfăcă arma din mână.

De la distanţă, se auzi o împuşcătură. Mary Rose îl văzu pe Douglas care se îndrepta spre ea. Avea puşca sprijinită de şold şi pistolul cu piedica trasă, pregătit să tragă. Bărbaţii care încercaseră să scape nu mai erau călare. Se îndreptau înapoi spre cârciumă, retrăgându-se din faţa fratelui ei. Probabil că Douglas îi prinsese în faţa grajdurilor, se gândi Mary Rose. Cole stătea în spatele lui Harrison. Avea braţele încrucişate pe piept şi zâmbea satisfăcut, în timp ce se uita la Bickley care încerca toate şiretlicurile posibile.

Travis îngenunche dintr-odată lângă Mary Rose. O ridică uşor în braţe.

– Doamne, surioară. Eşti bine?

Părea înspăimântat. Ea nu dădu din cap de teamă că mişcarea i-ar fi accentuat durerea.

– Sunt bine. Ai sânge pe cămaşă. Tu eşti bine?

– E sângele tău, nu-i al meu. Ai obrazul însângerat. Te-a bătut rău, nu-i aşa?

– Travis, ce ţi-a luat aşa mult timp să ajungi aici? Am aşteptat şi am aşteptat...

– Mary Rose, tocmai ce s-a întâmplat. Probabil că ţi-ai pierdut cunoştinţa. Sigur te simţi bine?

– De ce-l bate Harrison pe Bickley? Se presupune că nu ştie să se bată. Du-te şi opreşte-l înainte să fie rănit. Bickley e îndeajuns de rău cât să-l omoare, Travis.

– De ce-aş vrea să fac asta? Am văzut cu toţii ce ţi-a făcut ticălosul. Harrison e rapid, nu-i aşa? L-a prins pe Bickley înainte ca eu sau Cole să ajungem măcar la colţ.

– Te rog să mă laşi jos. Pot să stau singură.

– Dacă te las, o să te duci după Harrison. N-o să-l omoare pe Bickley, promise el. Însă, probabil Cole o va face. Stai să-ţi vadă fața. Ești destul de praf, surioară. Îți curge sânge de la tâmplă și din colțul gurii.

Henry și Fantomă apărură în spatele lor. Travis se întoarse spre ei.

– Aveți grijă de sora mea cât mă duc să-l ajut pe Harrison, da?

– Las-o fără grijă, spuse Henry. O s-o protejăm noi. Nu-i așa, Dooley?

– Sigur că da, promise prietenul lui.

Încă încerca să-și recapete răsuflarea. Tocmai ajunsese la magazin ca să-i cheme pe frații ei, când Bickley ieșise afară și începuse să o bată pe domnișoara Mary.

– Totul s-a petrecut al naibii de repede.

– Așa-i, fu de acord Henry. Într-o clipită, așa s-a întâmplat.

Henry o ridică pe Mary Rose în brațe și o ținu strâns la piept. În încercarea de a o liniști și de a o proteja, aproape că o sufoca.

– Nu cântărește mai mult decât un fulg, remarcă el.

– Te rog, pune-mă jos. Lasă-mă să mă sprijin de tine, Dooley.

– Bine, fu el de acord. Dar, dacă amețești, te ridic din nou.

– Fă-o să promită că stă cuminte aici, sugeră Dooley.

Lui Henry i se păru o idee bună și își obligă ostatica să-și dea cuvântul. Fantomă ieșise din salon și stătea în dreptul ușii. Henry se întoarse spre el.

– Du-te și adu un scaun pentru domnișoara Mary, bine? O s-o punem să stea lângă perete. Apoi, adu-ne un vas cu apă și niște cârpe curate. Sunt în spatele barului. Trebuie s-o curățăm pe domnișoara Mary înainte s-o vadă Cole.

– Cred că ar trebui să-ți faci mai multe griji pentru tipul ăla, Harrison. E o amenințare mai mare decât Cole.

– A văzut-o deja, zise Henry. De ce crezi că-i așa de nervos?

– Se pare că a cam terminat cu Bickley. Crezi că l-a omorât?

– Nu. Bickley încă se zvârcolește în țărână.

– Poate că-s chinurile morții, sugeră Dooley.

Își frecă bărbia și se uită chiorâș la bărbatul care se zbătea în praf.

– Pentru că îl cunosc pe Harrison și știu părerea lui despre lege, nu cred că Bickley e pe ducă.

Dooley nu era de acord cu el.

–Punem pariu.

–Punem.

–Dacă Bickley e mort, câştig.

Henry dădu din cap. Mary Rose nu-şi dorea decât ca prietenii ei să nu mai vorbească. Îşi concentră atenția asupra tovarăşilor lui Bickley. Douglas îi obliga pe cei cinci bărbați să se îndrepte spre Harrison. Erau încă înarmați şi îşi făcea griji că unul sau doi din ei l-ar fi putut împuşca pe Harrison sau pe Cole.

–L-am văzut pe unul dintre tipi lovind-o pe domnişoara Mary în stomac, şopti Henry. Altul a călcat-o în picioare, rău de tot. Da, domnule, aşa a făcut. Nu-i urât din partea unor bărbați să se poarte aşa cu o domnişoară?

Dooley fu de acord cu el. Se gândi câteva secunde şi se simți obligat să le spună fraților şi răzbunătorului ei ce făcuseră indivizii. Se îndreptă în fugă spre alee.

–Harrison? Cole? Unul dintre ei a lovit-o pe domnişoara Mary în stomac. Ăla urât a călcat pe ea. Cu putere. Aproape a omorât-o. Altul i-a rupt rochia. Da, domnule, asta au făcut.

Lui Mary Rose îi venea să-l strângă de gât pe Dooley. Îi întărâta intenționat pe Harrison şi pe frații ei. Nu apucase să-i facă lui Dooley semn să tacă. Harrison auzise fiecare cuvânt. Nu spuse nimic. Nici nu trebuia. Expresia lui vorbea de la sine.

–De ce te-ai dus să-i spui lui Harrison? Cole e mai bun la trasul cu arma, remarcă Henry preocupat.

Aproape o târî pe Mary Rose mai aproape de drum ca să vadă mai bine lupta.

–Le-am spus lui Harrison şi lui Cole, zise Dooley. Dar cred că Harrison e mult mai rău. Ai văzut cum s-a dus după Bickley. În plus, Cole a auzit ce-am spus. Ți-au mai făcut şi altceva oamenii ăia, domnişoară Mary?

Ea se uită urât la Dooley. Dacă prietenii lui Bickley îi mai făcuseră ceva rău, n-avea de gând să-i spună celui care împrăştia bârfele în oraş. Se trase din strânsoarea lui Henry şi trecu de Dooley înainte ca ei să-şi dea seama că le scăpa printre degete.

–Prinde-o, strigă Henry. Dac-o să se tragă, o s-o pățească încercând să intervină. Încă-i amețită, Dooley. Vezi bine.

Dooley o prinse de mijloc şi o trase înapoi lângă Henry. Acesta îi reaminti răbdător care îi era misiunea, în timp ce Mary Rose se aşeză din nou în colţ. Nu îşi luă ochii nici o clipă de la Harrison. El stătea la câţiva metri în faţa lui Cole şi a lui Travis. Fraţii ei îi protejau acestuia spatele şi erau aternţi la bărbaţii care se apropiau de ei.

Cel mai urât dintre ei duse mâna la pistol. Cole trase în arma acestuia înainte să apuce s-o ridice. Ceilalţi bărbaţi ridicară imediat mâinile. Se părea că nu voiau să se amestece într-un schimb de focuri. Harrison se întoarse spre Cole.

– Nu te băga, ordonă el. Sunt ai mei.

Cole rânji. Travis dădu din cap.

– O să fii omorât, iar Mary Rose o să se supere foarte tare, şopti el doar pentru urechile lui Harrison şi ale lui Cole.

Harrison se întorsese deja spre tovarăşii lui Bickley.

– Scoteţi-vă pistoalele, ordonă el.

Aşteptă până ce aceştia îi ascultară ordinul, apoi îşi scoase şi el cartuşiera şi pistolul şi i le aruncă lui Travis. Cole îşi ţinu arma îndreptată spre grup. Mai avea cinci gloanţe şi doar de atât era nevoie ca să-l omoare pe fiecare dintre ei, dacă încercau ceva. Se aştepta la orice de la ticăloşii ăia. Unul dintre ei ar fi putut avea un pistol ascuns. Spera să fie aşa. Voia să-l omoare pe cel puţin unul dintre ei.

Îi fu refuzată această ocazie. Harrison le făcu semn bărbaţilor să îl atace.

– Are de gând să se pună cu toţi deodată? îşi întrebă Travis fratele.

Harrison răspunse:

– Ba bine că nu.

Cole zâmbi din nou. Atât el, cât şi Travis făcură un pas în spate ca să-i facă mai mult loc lui Harrison.

– O să fie frumos, concluzionă Cole.

Mary Rose îşi dori brusc să fi avut pistolul la ea. Dacă l-ar fi avut la îndemână, era sigură că i-ar fi împuşcat pe toţi cei de pe stradă, inclusiv pe fraţii ei şi pe Harrison. Cole părea că se distrează. Pe el l-ar fi împuşcat primul. Refuză să mai privească.

Harrison dispăru în mijlocul grupului de bărbați. Apoi trupurile începură să zboare.

Văzuse destul cât să aibă coşmaruri o săptămână. Se întoarse şi intră în cârciumă. Se aşeză pe unul dintre scaunele de lângă fereastră, dar refuză să privească afară. Fantomă stătea în fața barului şi bea. Când o văzu, lăsă sticla jos, se scărpină în cap şi încercă să pară uimit pentru a-şi ascunde vinovăția.

– Ce puteam face, domnişoară Mary?

– Nu contează, Fantomă. Bea liniştit.

– E ceva mai bună decât băutura mea.

– Nu vrei să vezi scandalul, la fel ca toată lumea din oraş?

– Tocmai mă pregăteam să mă duc acolo, zise Fantomă.

Mary Rose închise ochii. O durea tot corpul. Îi venea să plângă. Doamne, abia aşteptase ieşirea din acea zi. Ei, până la urmă, n-avea ce să se mai întâmple mai rău de atât. Se linişti la acest gând. Se înşela, însă. Grozăviile nu se încheiaseră.

– Poți ieşi afară, domnişoară Mary. N-ar trebui să stai în cârciumă. Ce-o să zică Adam?

Dooley îi pusese întrebarea din pragul uşii.

– Fantomă, laşule...

– Ce trebuia să fac?

– Apă, vas, cârpe, îl ajută Mary Rose.

Fantomă zâmbi.

– Acu-mi aduc aminte.

Îşi mai turnă un pahar în timpul acesta.

– Da, domnule, îmi aduc aminte.

– Vin Harrison şi frații tăi, spuse Dooley.

Dacă ar fi fost o uşă în spate, ar fi ieşit pe acolo. Nu voia ca vreunul dintre ei s-o vadă astfel. Cel puțin acesta era motivul pe care îl invoca. Nu voia să se gândească la motivul real. Harrison îşi schimbase total comportamentul. Nu ştia ce părere avea despre acest lucru. Se arătase atât de crud. Ce Dumnezeu, nu-l crezuse în stare.

– Dooley, nu vreau ca Harrison să mă vadă. Spune-i să aştepte afară.

Dooley veni în grabă către ea.

– Te-a văzut deja, domnişoară Mary. Cine crezi că te-a cules de pe jos? A vrut să se asigure că respiri şi că eşti bine şi apoi s-a dus după Bickley.

Cole şi Travis intrară tocmai când Dooley îşi încheia explicaţia. Harrison îi urmă.

– Nu-mi amintesc, recunoscu ea. Continuă să se uite în pământ, încă nesigură e cum avea să reacţioneze când va da din nou ochii cu Harrison.

– Ai fost inconştientă, Mary Rose. Sigur că nu-ţi aminteşti. Trebuia să-l fi omorât, Harrison, sau cel puţin să mă laşi pe mine s-o fac, bombăni Cole.

– Harrison i-a rupt mâna lui Bickley, spuse Mary Rose.

– Nu, n-a făcut-o. Doar i-a sucit-o, îi zise Henry. Douglas îi bagă pe toţi în depozit în timp ce Morrison caută nişte frânghie.

– De ce? întrebă Dooley. O să-i spânzurăm?

– Nu, răspunse Henry. Pe dintre ei o să-i târască până în Hammond. Şeriful de acolo probabil c-o să-i închidă.

– Nu-i nici un doctor pe aici care să se uite la Mary Rose? întrebă Harrison.

Cole clătină din cap.

– Cel mai apropiat locuieşte în Hammond.

– E prea departe, interveni Travis. Hai s-o ducem acasă la Morrison. Doamna Morrison o să aibă grijă de ea.

– Aş vrea să merg acasă.

– Imediat, îi promise Cole.

Se lăsă pe vine lângă sora lui. O întrebă şoptind:

– De ce nu te uiţi la noi?

– Nu vreau, răspunse ea. Vreau să merg acasă. Acum.

– Eşti supărată pe noi?

Ea dădu din cap confirmând, apoi tresări când simţi cât de dureroasă putea să se dovedească fiecare mişcare. Îşi dădu seama că n-ar fi trebuit să se aşeze. Nici măcar nu era sigură că putea păşi.

– Atunci, de ce nu ţipi sau ceva de genul ăsta?...

– M-ar durea prea tare, recunoscu ea.

Încercă să se ridice şi scoase imediat un icnet. Cole fu dat, dintr-odată, la o parte din drum. Harrison o luă pe Mary Rose în brațe. Era incredibil de blând cu ea. Când își dădu seama de acest lucru, aproape că fu în stare să-l privească.

– Ce-i cu ea? întrebă Travis. E speriată?

– Nu, e supărată, îi spuse Cole. Nu doresc să fiu prin preajmă când o să izbucnească.

– Pun pariu că n-ai văzut niciodată aşa ceva, Harrison.

Travis şi Cole pufniră în râs. Mary Rose se simți jignită de lipsa lor de înțelegere.

– Nu-mi dau seama ce vi se pare aşa de amuzant, se răsti ea.

– Râdem pentru că suntem bucuroşi că n-ai murit, spuse Travis.

Ea nu părea să-l creadă. Cole încercă s-o liniştească.

– Uite cum stau lucrurile: o să fie mai bine de acum în colo.

Ea se consolă cu această speranță. Da, lucrurile trebuiau să se îmbunătățească. Numai dacă Harrison nu începea din nou să se dea mare.

1 septembrie 1863

Dragă Mamă Rose,

Fata ta are o gură cât o şură. Ieri-dimineață i-a spus lui Cole să tacă, iar acum câteva minute i-a zis lui Travis să-şi vadă de treburile lui. Suntem mereu luați pe nepregătite când o auzim vorbind aşa, şi trebuie să ne străduim din greu ca să n-o lăsăm să vadă cât de amuzantă ni se pare. Îi place să facă pe şefa cu noi, iar în ultima vreme, repetă vorbe deocheate pe care le aude la Cole. Am învățat cu toții o lecție importantă, desigur, şi ne străduim din greu să nu spunem nimic nepotrivit. Îşi petrece destul de mult timp singură şi, Doamne, cât mai plânge! Uneori poate fi destul de enervantă.

Am început să facem cu rândul ca s-o învățăm alfabetul. Încă e prea mică pentru asta, dar îi place să beneficieze de atenție. Travis i-a luat o tablă şi două cutii cu cretă. A mâncat una dintre bucățile de cretă şi apoi i-a fost rău. Nu cred c-o să mai bage în gură aşa ceva.

Cu toții ne facem griji pentru tine, Mamă Rose. Suntem speriați din cauza războiului şi a faptului că nici una dintre scrisorile tale nu ajunge până la noi. Ne rugăm ca tu şi doamna Livonia să fiţi în siguranţă. Ne-ar ajuta să ne mai liniştim dacă am primi o scrisoare de la tine. Ştim că scrii, dar poşta merge atât de prost acum încât nici măcar nu ştim sigur dacă primeşti scrisorile noastre. Cred că Dumnezeu o să aibă grijă de tine şi că, atunci când totul se va termina, o să fii o femeie liberă şi o să poţi veni la familia ta. Copila are mare nevoie de tine.

Dumnezeu să te apere,

Douglas

Capitolul 7

N-ar fi trebuit să provoace destinul. Lucrurile mergeau din rău în mai rău. La zece minute după ce suferise atacul umilitor, se trezi în cea mai ridicolă ipostază. Stătea pe fotoliu, cu picioarele urcate pe un scaun, în salonul familiei Morrison. Era singură. Toţi ceilalţi se adunaseră în bucătărie. Mama lui Catherine se dusese să aducă apă şi cârpe ca să-i cureţe faţa, în timp ce fata ei îi întreţinea pe oaspeţii strânşi la masa din bucătărie.

Mary Rose îşi spuse că merita suferinţa prin care o trecea. Făcuse remarci nepotrivite la adresa lui Catherine şi, deşi cea mai mare parte dintre opiniile nemiloase erau adevărate, nu se putea plânge, pentru că o cunoştea pe Catherine. La început – când Mary Rose intră în casă –, Catherine mimă compasiunea. Avusese public. Dădu un spectacol pe cinste. Ba chiar îi dădură lacrimile din cauza stării deplorabile în care se afla prietena ei. Mary Rose nu era uşor de prostit. Se prinsese cu mulţi ani în urmă care era firea lui Catherine. De micuţă, Catherine se prefăcuse că este copilul perfect în faţa părinţilor şi a fraţilor lui Mary Rose, dar, în clipa în care ei se întorceau cu spatele, o înşfăca pe Mary Rose de păr şi o muşca. Din păcate, cu timpul, starea sau comportamentul ei nu se îmbunătăţise. Compasiunea ei faţă de Mary Rose luă sfârşit în clipa în care doamna Morrison îi conduse pe bărbaţi în bucătărie. Catherine îi aruncase în faţa lui Mary Rose prosopul pe care i-l dăduse mama ei şi alergase imediat după Harrison.

Travis, Cole şi Harrison stăteau în jurul mesei din bucătărie şi se ospătau cu felii din tarta cu coacăze, pe care doamna Morrison abia o scosese din cuptor. Dooley li se alătură. De unde stătea Mary Rose, îl putea vedea foarte bine pe Harrison. Şi pe Catherine, desigur. Se agăţa de el. Când îl servi cu desert, îi puse mâna pe braţ şi se aplecă deasupra umărului lui ca să-i aşeze farfuria în faţă. Îi luă o eternitate ca să se îndrepte de spate. Pe Harrison nu păru să-l deranjeze.

Faptul că o vedea pe Catherine flirtând cu el şi că nu putea face nimic i se părea un adevărat coşmar. Travis nu se dădea nici el deoparte. Concura pentru atenţia lui Catherine şi îşi făceau unul altuia complimente stupide. Catherine torcea ca o pisică.

– Ai fost foarte tare când te-ai enervat, Harrison, îl lăudă Dooley. Am crezut că ţi-ai ieşit din minţi când am văzut că te pui cu toţi şi pun pariu că n-ai primit atâţia pumni câţi ai dat.

Harrison dădu din cap.

– Nu, nu mi-am ieşit din minţi. Am ştiut exact ce fac.

Dooley nu terminase tot ce avea de povestit despre evenimentul care atrăsese atenţia întregului oraş.

– Cine-ar fi crezut că e posibil? remarcă el. Un avocat dichisit ca tine să se lupte atât de bine...

Cole rămase interzis.

– E avocat?

Evident, zise Dooley.

Cole îşi puse jos lingura şi se întoarse încet spre Harrison. Apoi îl pocni în barbă. Harrison tresări. Îl duruse. Îşi frecă bărbia şi se încruntă spre Cole.

– De ce-ai făcut asta?

– Pentru că eşti avocat, răspunse Cole.

Îşi ridică lingura, se întoarse la farfuria cu tartă şi, apoi, zise:

– De ce dracu' nu ne-ai zis că eşti avocat?

– Nu era un secret, izbucni Dooley.

Se duse la cuptor şi se rezemă de marginea lui. Nu mai era nici un scaun gol în bucătărie şi, ca să ia unul, trebuia să se ducă în salon, şi nu voia să facă asta pentru a nu pierde nici un posibil subiect de bârfă.

Bătrânul își îndesă în gură încă o lingură plină cu tartă și apoi continuă:

– Toți cei din oraș știu cu ce se ocupă Harrison, Cole. Ba chiar am și discutat cu el despre deschiderea unui birou peste drum de magazin. Da, domnule, așa am făcut.

– Dacă mă mai lovești, te fac afiș, zise Harrison.

– Urăsc avocații.

– Așa se pare, spuse Harrison sec. Pot să te-ntreb de ce?

– Și eu am vrut să te pocnesc, dar Cole a fost mai rapid, bombăni Travis.

– Cole urăște pe toată lumea, Harrison. Nu te-ai prins până acum de asta? întrebă Dooley.

Travis răspunse, într-un final, la întrebarea lui Harrison:

– Urâm avocații pentru că își bagă mereu nasul unde nu le fierbe oala. Cineva ar trebui să-i adune pe toți și să-i spânzure. Apoi am putea organiza un picnic.

– Era cât p-aci să spânzurăm pe unii în dimineața asta, domnișoară Catherine, spuse Dooley.

Harrison se uită spre salon ca să vadă ce făcea Mary Rose. Arunca câte o privire o dată la fiecare minut ca să se asigure că era bine. Doamnei Morrison îi lua o veșnicie să aducă cele trebuincioase ca s-o poată îngriji pe Mary Rose, iar Harrison își pierdu răbdarea așteptând să se ocupe cineva de ea.

– La ce te holbezi? îl întrebă Cole.

– La sora voastră, recunoscu el și dădu să se ridice. Mă duc să văd dacă pot ajuta.

– Las-o pe madam Morrison să vadă de ea, îl sfătui Travis. Femeilor le place să fie îngrijite de alte femei.

Harrison se așeză la loc și șopti:

– Cucoanei îi ia cam mult timp să se apuce de treabă, nu?

– Toate la timpul lor, Harrison, spuse Travis, care se uită peste umăr la sora lui și apoi se întoarse cu fața spre ei. E bine. Nu-ți face griji pentru ea.

– Cineva trebuie să-și facă griji, insistă Harrison cu încăpățânare. Tu și Cole vă purtați de parcă s-ar fi julit la genunchi. A fost inconștientă câteva clipe, pentru Dumnezeu! Ar putea fi...

– N-o lăsa să vadă că ești îngrijorat.

Cole fu cel care îl avertiză. Travis rânji.

– Un sfat bun, Harrison. Ai face bine să-l ţii minte.

Lui Harrison nu-i venea să creadă cât de nesimţitori erau cei doi. Cole bănui la ce se gândea când îi văzu expresia plină de neîncredere.

– E mică, dar e puternică.

– Probabil că se simte ca naiba, zise Harrison.

– Pentru Dumnezeu, n-o întreba cum se simte, îl avertiză Travis.

– De ce nu?

– Eşti avocat, o să te prinzi tu, răspunse Cole. Chiar ai de gând să laşi baltă legile şi să te faci fermier?

– Da, răspunse Harrison. Exact asta vreau să fac.

– Domnule MacDonald, îmi place mult cum vorbeşti, spuse Catherine Morrison.

Se aplecă şi îşi atinse oaspetele în timp ce puse în faţa lui un şervet din in.

– E neobişnuit, nu-i aşa, Travis?

– Mie mi se pare că vorbeşte de parcă i-ar fi rămas ceva în gât, bombăni Travis.

Nu era deloc fericit s-o audă pe Catherine zicând ceva frumos despre un alt bărbat, din moment ce avea de gând să-şi manifeste interesul faţă de ea în viitorul apropiat.

– O, Travis, eşti adorabil când îl tachinezi aşa.

Cole şi Harrison schimbară priviri exasperate. Harrison era de părere că tânăra mersese prea departe cu îndrăzneala. Era extrem de transparentă. Cole nu era la fel de delicat. Vedea în Catherine o femeie disperată, care se purta ca o fată bătrână în căutare de soţ. Lui Travis i se părea cea mai frumoasă fiinţă din Blue Belle.

Catherine nu terminase spectacolul, dar Mary Rose se săturase să asculte. Nu mai putea rezista să aştepte în salon. Voia să se ducă acasă şi să beneficieze de puţină compasiune şi de îngrijiri. Dacă tăieturile de pe frunte şi de la gură nu s-ar fi oprit din sângerat, se gândi că ar fi trebuit să fi murit deja după câtă grijă primise. Probabil că nimeni n-ar fi observat dacă ar fi murit, cel puţin nu până nu terminau tarta. Ştia că se autocompătimea. Era în regulă.

Poate se hotăra chiar să se complacă în acea stare pentru tot restul zilei.

Statul în fotoliu o făcuse să înțepenească. Se ridică și aproape își pierdu echilibrul. Se împletici înainte, se îndreptă de spate și apoi se întoarse să se uite în bucătărie ca să vadă dacă o observase cineva. Nu o făcuseră. Nu era surprinsă, desigur, pentru că toți erau foarte ocupați cu mâncatul tartei.

Ieși afară și văzu caii legați de gard. Douglas veni călare exact când păși pe verandă.

– Ce priveliște, Mary Rose.

– E de mirare? Am fost atacată, Douglas. Când mă gândesc la tot...

Se opri înainte să înceapă să enumere toate locurile în care o durea.

– Ei, hai, n-are rost să te plângi.

Fratele ei descălecă și se îndreptă spre verandă.

– Unde sunt ceilalți?

– Înăuntru, se bucură de minunata tartă a doamnei Morrison. Eu n-am de unde să știu dacă e bună, desigur. Nu mi-a oferit nimeni.

– Iar începi. Faptul că te plângi n-o să te ajute să te simți mai bine.

Întinse mâna și o mângâie stângaci pe umăr.

– Ba da, îl asigură ea. Îmi place să mă plâng.

– Știu, spuse el pe un ton în care se citea resemnarea.

Apoi îi zâmbi. Amuzamentul lui o enervă din nou. Ce naiba trebuia să facă pentru a primi puțină compasiune?

– Când mă gândesc la lucrurile prin care am trecut azi, eu...

– Unde te duceai singură?

– Acasă, răspunse ea. Și să nu-ndrăznești să mă oprești.

Într-un final, își dădu seama și el că ea se simțea îngrozitor. Mai avea puțin și izbucnea în lacrimi.

– Bine, o liniști el. O să mergem acasă. Așteaptă aici. Îi chem pe ceilalți. O să mergem împreună. Mă grăbesc, îți promit.

Ea se prefăcu a fi de acord ca să rămână singură. Știa ce urma să se întâmple. Promisiunea lui Douglas era sinceră, dar, odată ce avea să intre în bucătăria doamnei Morrison, va uita că trebuia s-o ducă undeva.

Bărbații! Erau incredibil de ușor de prostit. Îi mângâi pe creștet, le dai ceva de mâncare și te urmează peste tot. Iar un zâmbet și câteva complimente stupide vor fi de ajuns ca să uite imediat de toate responsabilitățile lor. Cum era, de exemplu, o soră muribundă pe verandă, își spuse în sinea ei. Pentru numele lui Dumnezeu, avea nevoie de puțină compasiune, chiar dacă trebuia să meargă până la Hammond și să angajeze un străin pentru asta.

Îi luă destul de multă vreme ca să se așeze comod în șa. Apoi o luă spre casă. Se strădui să scape de starea proastă. Nu se simțea chiar atât de rău. Mary Rose obișnuia să compare fiecare eveniment oribil cu un altul asemănător prin care trecuse. Fiecare traumă dureroasă și umilitoare era imediat inclusă printr-o comparație făcută în mintea ei într-o categorie la fel de rea, nu chiar la fel de rea sau mai rea decât altceva. Și oricât de cumplit fusese atacul lui Bickley, tot nu se compara cu cel al albinelor. Până în acel moment, nimic nu se comparase cu asta. Aproape că murise din cauza înțepăturilor, cel puțin așa îi spusese Adam, că stătuse la ușa raiului. Nu-și amintea cât de bolnavă fusese. Tot ce-și mai amintea era durerea. Nu se plânsese, nici măcar când o rugaseră frații ei s-o facă.

– Mary Rose, mergi mai încet și așteaptă-ne.

Douglas țipase la ea. Făcu ce-i ceruse, dar când ajunse în dreptul ei și observă că avea câteva firimituri de tartă în colțul gurii, se uită urât la el și îl ignoră.

– Poate să călărească singură? se auzi Harrison din spate.

– Încearcă, răspunse Mary Rose.

– Te-ai simți mai bine dacă ai merge cu mine? strigă Cole.

– Mă îndoiesc. Mă omoară spatele. Evident, ai uitat ce s-a întâmplat.

– Și tu o să-mi reamintești, nu-i așa?

Ea zâmbi ușor. Se opri la timp. Nu voia ca vreunul dintre frații ei să se prindă de jocul ei. Ar fi stricat toată distracția dacă și-ar fi dat seama că singurul motiv pentru care se plângea era pentru că lor nu le plăcea asta.

– Am fost lovită cu cruzime şi...

– N-are rost să repeţi, Mary Rose.

Cole ajunse în dreptul ei şi o luă în braţe.

– Gata. Acum o să te simţi mai bine.

Poate că ea ar fi fost de acord cu el dacă vocea lui n-ar fi părut atât de veselă. Se purta de parcă nu s-ar fi întâmplat nimic neobişnuit. Cu toţii se purtau astfel, chiar şi fanfaronul de Harrison. Se hotărî să-l enerveze pe Cole şi, imediat, începu din nou să se plângă. Fratele ei n-avea scăpare. Putea să se vaite cât dorea, dar el nu putea face nimic. De obicei, în clipa în care ea începea să-şi verse năduful, toată lumea pleca. Se prinsese de asta în urmă cu câţiva ani. Şi tocmai de aceea începuse acel joc. Ori de câte ori voia să rămână singură, începea să se plângă, apoi stătea şi îşi admira fraţii care se călcau pe picioare în timp ce fugeau cât mai departe de ea. Planul era eficient, iar când ceva mergea n-avea rost să-l schimbi.

Ţelul ei, în acel moment, era să se întoarcă pe calul ei şi să fie lăsată în pace. Avea nevoie de intimitate ca să se poată gândi la comportamentul ciudat al lui Harrison. Într-o clipită, devenise alt om. Era ca şi cum fusese prins într-un soi de vrajă. Ce naiba se întâmplase cu omul bun pe care îl plăcuse atât de mult? Trebuia să lămurească problema înainte să-l poată privi din nou în ochi fără să se enerveze.

Cole nu voia s-o lase să călărească singură, dar, curând, se sătură de văicărelile ei. I-o dădu lui Douglas. Acesta nu rezistă nici măcar cinci minute. Apoi Travis fu cel care se trezi cu ea pe cap. Trei învinşi şi încă un jucător în picioare, îşi spuse ea cu puţină emfază.

– Ascultă, Mary Rose, mă apucă durerea de măsele când te ascult, bombăni Travis. De ce nu aştepţi până ajungem acasă şi apoi să te aşezi şi să scrii o scrisoare lungă mamei? Îi poţi povesti totul despre cât de rău te simţi.

– Nu, nu pot, răspunse ea. Mama nu vrea să audă asta. Mi-a spus că nu se cade ca o domnişoară bine educată să se plângă, nici măcar atunci când se simte bine făcând asta.

Travis râse.

– Îi scriai ca să ne pârăşti, nu-i aşa?

– Eram mică atunci, se apără ea. Mama mi-a zis să mă opresc. Mi-a zis că nu le sunt loială fraților mei și că n-ar trebui să-i torn. Mama ar avea grijă de mine dacă m-ar vedea acum. Doar am fost lovită și...

– Harrison, vrei să facem schimbul? țipă Travis.

– Nu contează, șopti Mary Rose. Am terminat cu văicăreala.

Travis nu o crezu așa că o pasă în poala lui Harrison. Ea gemu când ateriză pe coapsele lui tari. Îi spuse să se sprijine de el. După ce se rezemă de trupul lui ca de oțel, reuși, în sfârșit, să se relaxeze puțin. Își păstră privirea la drum și se gândi la cât de grijuliu o ținea în brațe.

Imaginația începu să i-o ia razna. Dintr-odată, își dădu seama că, probabil, arăta ca o sperietoare. Ce ciudat să se gândească tocmai la asta, își spuse. Grija ei prostească despre cum arăta era încă o ciudățenie. Știa că nu gândea logic când venea vorba de Harrison. Încă nu putea să se uite la el. O speriase de moarte când se dusese după Bickley și prietenii lui, iar apoi, zece minute mai târziu, nu avusese puterea să asiste la flirturile lui Catherine. Probabil că încă era confuză după ce se lovise la cap.

Harrison nu mai suportă tăcerea ei. Îi dădu părul într-o parte și se aplecă spre ea.

– Te doare, Mary Rose?

– Nu.

– Ai nevoie de un doctor, o anunță el. Mă pot duce la Hammond să aduc unul.

– N-am nevoie de doctor, îl asigură. Mă simt bine, pe bune.

O strânse ușor.

– Încearcă să te relaxezi.

Câteva minute mai târziu, îi șopti încă o dată numele, cu acel accent fermecător, și Mary Rose simți dintr-odată că vrea să ofteze și să tremure în același timp. Rezistă cu stoicism ambelor porniri. Lovitura la cap probabil că o zăpăcise complet. Era supărată pe Harrison, nu?

– De ce nu te uiți la mine? Te-am speriat?

Părea amuzat. Era bun și înțelegător, din când în când, și foarte, foarte drăguț. Îi venea să-l plesnească. Nu îi răspunse. Harrison oftă.

– Uită că am întrebat, zise el. Probabil că m-am înşelat.

Petrecură câteva minute în tăcere. Până la urmă, sentimentul de vină o făcu să-i spună adevărul.

– Nu te-ai înşelat chiar întru totul. Nu m-am speriat de tine. M-am speriat de ce ai fi putut să păţeşti. Mi-ai spus că poţi avea grijă de tine, dar nu te-am crezut. Nu-mi plac bărbaţii care se bat.

– Atunci probabil că-i urăşti pe fraţii tăi.

– Îmi iubesc fraţii. Pe tine nu te iubesc.

Ştia că ea nu-l iubea. Sigur că nu. Totuşi, îl chinuia mai mult decât voia gândul că voia să recunoască că şi-ar fi dorit ca ea să nu-i spună asta.

– Încă nu ştiu ce m-a apucat, zise el.

– Ţi s-au făcut vrăji, Harrison?

Părea cu adevărat îngrijorată. Încercă să nu râdă.

– Nu cred. Când te-am luat în braţe, ceva s-a întâmplat cu mine. Nu pot explica. Erai inconştientă, plină de sânge şi nu-mi dădeam seama dacă mai respirai. N-am ştiut.

Era uimită de ce auzea. Nu se putu abţine să nu-l întrerupă.

– Tu m-ai ridicat? Dooley mi-a spus că aşa a fost, dar nu l-am crezut.

– Erai inconştientă, îi explică din nou. N-ai cum să-ţi aminteşti. Erai în pericol să fii călcată de cai. Trebuia să fac ceva ca să te protejez. Ştiu, am ajuns puţin cam târziu la tine, nu? Erai întinsă pe jos şi nici măcar nu încercai să-ţi protejezi capul, pentru numele lui Dumnezeu.

Începu să tremure când îşi aminti cât de neajutorată fusese. O strânse mai tare în braţe, iar ea îşi dădu seama că lui Harrison îi fusese teamă.

– Ce-ai făcut după ce m-ai ridicat?

– Am verificat dacă respiri înainte de a te ridica. Ar fi trebuit să mă calmez atunci, dar n-am făcut-o. Ceva s-a petrecut în mine. Te-am lăsat unde am crezut că eşti în siguranţă şi apoi m-am dus după ticălos.

Abia dacă mai era atentă la ceea ce îi spunea. Era prea ocupată să se laude în sinea ei. Nu-i spusese ea că semănau? Şi cum se mai contrazisese cu ea... Îşi aminetea fiecare vorbă pe care el i-o spusese. În plus, îşi amintea destul de clar şi cât de oripilat păruse. Se întrebă dacă ar fi fost nepoliticos să-i spună asta. Era timpul ca el să admită că ea avusese dreptate.

– Deci tu, de fapt, nu ai stat deloc să evaluezi situaţia? Ai reacţionat, pur şi simplu, nu-i aşa?

Ştia exact unde bătea cu întrebarea. Ridică din umeri şi încercă să nu zâmbească. Doamne, era tare isteaţă.

– N-am zis că aşa a fost.

– Ba da, asta ai zis. Ţi-ai cam schimbat filosofia de viaţă, nu? Îţi aminteşti. Întâi cu inima, apoi cu mintea.

– E invers.

– Ştiu, răspunse ea pe un ton amuzat. Cred că tu ai uitat. Îţi dai seama ce compliment frumos mi-ai făcut?

– Serios? Tu tocmai m-ai insultat.

Ea izbucni în râs. Era evident că nu se simţea deloc vinovată. Râsul ei ajunse la urechile lui Cole. Acesta îşi grăbi calul ca să-i ajungă din urmă. Observă imediat cât de strâns o ţinea Harrison pe sora lui. Părea s-o ţină în braţe.

– Nu o ţii pe Mary Rose cam aproape?

– Vezi-ţi de treaba ta, Cole, zise Harrison.

Mary Rose zâmbi. Cole păru surprins. Nu era obişnuit să fie pus la punct de un alt bărbat. Toţi ceilalţi oaspeţi ai ei fuseseră prea timizi ca să facă acest lucru. Harrison nu semăna cu nici unul din câţi cunoscuse ea înainte. Cole se hotărî să nu mai insiste. Se întoarse spre sora lui şi îi zâmbi larg. Ea crezu că încerca să fie drăguţ, o raritate pentru el Cum zâmbetul nu i se şterse de pe chip, îşi dădu seama că alta putea fi cauza.

– De ce rânjeşti aşa la mine? întrebă ea suspicioasă.

Cole nu avea de gând să-i spună adevărul. Sărmana lui surioară arăta jalnic. Părul îi era vâlvoi. Funda albastră cu alb îi atârna la gât. Sângele uscat îi împodobea fruntea şi bărbia. Mai cursese şi pe gât. Avea să o ia cu rău când se va uita în oglindă.

– Mă bucur că te simţi mai bine, îi spuse el.

Îşi continuă drumul alături de ei. Mary Rose voia s-o lase singură cu Harrison. Voia să-l facă pe Harrison să spună tot ce simţise. Cât timp Cole era prin preajmă, nu avea să mai spună nici un cuvânt. Avea nevoie de linişte şi era un singur mod în care o putea obţine.

– Nu mă simt mai bine.

– Dar ai râs. Te-am auzit.

– Deliram. Am nişte dureri groaznice. Ai uitat ce-am păţit? Capul îmi bubuie, iar şoldul e...

Nu mai trebui să continue. Cole plecă. Îl urmări luând-o înaintea lui Travis. Douglas era mult în spatele grupului, ca să-i apere de vreo surpriză.

– Aşa, ce ziceai?

– Mary Rose, îmi fac griji pentru tine. Chiar ai dureri? Ai nevoie de un doctor, insistă el.

Ea îl mângâie pe mână.

– Sunt bine, pe bune. Acum îmi amintesc, continuă. Nu te poţi abţine, nu, Harrison?

– Sigur eşti bine? Păreai atât de slăbită când i-ai spus lui Cole cât de rău te simţi. Mă văd nevoit să insist să te vadă un medic, spuse el din nou.

Îl lovi uşor pe mână.

– E frumos din partea ta că-ţi faci griji. Sunt bine, serios. Nu te poţi abţine, nu-i aşa?

– De la ce să mă abţin? Să fiu drăguţ?

Ea zâmbi.

– Nu, nu te poţi abţine să nu-ţi pese de mine.

Iar acum avea să-i spună ce simţea cu adevărat.

– Sigur că-mi pasă de tine. Îmi pasă şi de fraţii tăi. Cu toţii m-aţi primit în casa voastră şi m-aţi hrănit. Mi-aţi dat un pat şi...

– Mângâie-i şi hrăneşte-i, iar ei îţi vor fi întotdeauna recunoscători.

– Ce-ai spus?

– Nu contează.

– Ai de gând să te uiţi la mine?

– Mă pregătesc s-o fac, spuse ea. Mai întâi, promite-mi ceva.

– Ce?

– Că nu o să te mai porţi de parcă ai fi vrăjit. Fii cine eşti cu adevărat. Da?

– Nu sunt vrăjit, Mary Rose, şi trebuie să aflu ce părere ai despre mine înainte de a-ți face pe plac.

Mary Rose se gândi că era un târg corect. În cele din urmă, se întoarse şi se uită la el. Imediat îşi dori să n-o fi făcut. Harrison păru uimit, dar numai pentru o secundă sau două. Apoi, rânji la fel cum făcuse Cole cu câteva minute înainte. Îşi explică atitudinea înainte ca ea să întrebe.

– Îmi aminteşti de Fantomă.

– Aşa de rău e? şopti ea.

Încercă să-i aranjeze buclele. Păreau să stea în toate direcțiile. Ea întinse mâinile ca să-l ajute.

– Nu arătam la fel şi în oraş? Atunci n-ai zâmbit?

– În oraş eram foarte supărat. Acum nu sunt supărat. În plus, părul tău...

– Ce-i cu părul meu?

Îi dădu mâna la o parte ca să-şi poată netezi mai bine buclele.

– E zbârlit? O, Doamne, chiar arăt ca Fantomă?

– Nu, al lui e într-o parte. Al tău, nu.

– Mary Rose? N-o să ghiceşti cine ne aşteaptă, strigă Cole. Clive Harrington e în curtea noastră din față.

Cole îi comunică vestea de pe colina de deasupra fermei. Mary Rose uită imediat de felul în care arăta. Îi spuse lui Harrison să se grăbească ca să ajungă mai repede lângă fratele ei.

– Cred că Clive e bolnav, strigă ea.

Cole clătină din cap.

– Nu cred.

Travis ajunse al doilea pe colină.

– Ei, ce caută diligența lui în curtea noastră?

Probabil că se întâmplase ceva rău. Mary Rose era sigură de asta. Clive avea o regulă clară. Niciodată nu îşi conducea diligența pe proprietatea cuiva. Zicea că e împotriva principiilor lui. Îşi lăsa pasagerii în intersecțiile de pe traseu. Mai departe era treaba lor cum ajungeau acasă. Străinii aveau parte de acelaşi tratament. Pe Clive nu-l preocupa dacă se rătăceau. Nici soarta bagajelor lor nu-l interesa. Îi spusese cândva lui Mary Rose că avea lucruri mai importante la care să se gândească.

Îi dăduse a înțelege că și-ar putea schimba regulile de dragul ei, dar ea insistase să o trateze ca pe oricine altcineva. Nu voia să primească atenție specială. Clive spunea că este un înger trimis din rai ca că-l ajute să-și păstreze standardele ridicate.

Mary Rose și Harrison ajunseră, într-un final, în locul de observație de deasupra văii. Îl văzu imediat pe Clive, care făcea cărare pășind nervos în fața cailor săi.

–S-a întâmplat ceva îngrozitor, anunță ea. Uitați-vă cât de agitat e sărmanul Clive.

–Unde-i Adam? se întrebă Travis.

–Probabil că-i în casă, se auzi Douglas din spate.

–Sigur e vorba de ceva îngrozitor.

–Nu cobi, Mary Rose, o sfătui Harrison. Ar putea fi chiar pe dos. Poate că s-a întâmplat ceva minunat și nu mai are răbdare ca să anunțe.

Ea se întoarse pe jumătate în poala lui ca să-i arate cât de exasperată era o asemenea sugestie ridicolă.

–Poate a fost jefuit, suspectă Travis.

–Mă îndoiesc, răspunse Cole. Toți cei de pe aici știu că nu are niciodată la el ceva de valoare.

–Să ne grăbim, îi rugă Mary Rose. Trebuie să-l ajut pe Clive. Are necazuri.

–E posibil să nu fie nici o veste proastă, o contrazise Cole. Harrison ar putea avea dreptate.

–După dimineața pe care am avut-o... sigur este ceva rău. O merit.

–Iar începi?

–Am zis niște lucruri urâte despre Catherine, îi spuse fratelui ei. Tot ce-am spus era adevărat, dar tot nu ar fi trebuit să o fac. În apărarea mea, dacă-ți spun că n-ai nici cea mai vagă idee de ce-a trebuit să suport, pentru că am fost nevoită să cresc cu ea în preajmă și să fie singura mea prietenă, te-ai așeza în genunchi și mi-ai cere iertare. Da, așa ai face. De ce nu mi-ați dat mai bine un șarpe cu clopoței cu care să mă joc? Aș fi fost mai în siguranță.

Travis zâmbi spre Harrison.

–Mary Rose încă e supărată pe Catherine – i-a tăiat părul. Îi place să poarte pică.

– Acesta e cel mai neînsemnat motiv. Dacă nu coborâți dealul, dați-vă la o parte.

Frații se mișcară, în cele din urmă. Ajunseră la fermă în câteva minute. Clive se grăbi s-o ajute să coboare.

– Doamne, Dumnezeule, ce-ați pățit, domnișoară Mary?

– Bickley m-a lovit.

Clive se enervă.

– O să-l omor. Să vedeți ce-o să-i fac.

– Haide, Clive, nu te ambala. Nu face bine la stomac. Bickley și prietenii lui au fost duși în Hammond. Șeriful va avea grijă de ei. E foarte frumos din partea ta că-ți faci griji pentru mine. Ești un prieten foarte bun.

– Vă doare, domnișoară Mary? întrebă Clive.

Nu era convins că ar fi fost mai bine s-o lase baltă.

– Nu, nu, deloc, îl asigură ea. După ce mă spăl pe față și îmi schimb rochia, n-o să-ți mai dai seama că am pățit ceva.

– Și să vă pieptănați, sugeră el.

Ea încercă numaidecât să-și netezească iar buclele.

– Acum spune-mi de ce ești aici. S-a întâmplat ceva rău?

– Da, ceva rău, răspunse el. Slavă Domnului că ați venit acasă. Nu aveați de ce să vă duceți astăzi în Blue Belle, domnișoară Mary. Nu e sâmbătă. Ați uitat?

– Nu, dar aveam nevoie de provizii ca să le duc unei prietene. A fost o situație neprevăzută.

– Bine atunci, dacă a fost ceva neprevăzut, bombăni el, apoi își aduse aminte de problema sa. Chiar dacă arătați de parcă ați fi fost călcată în picioare, tot sunteți o binecuvântare pentru acești ochi obosiți. Am nevoie de ajutorul dumneavoastră într-o situație disperată. Trebuie să mă ajutați. Trebuie.

Mary Rose le aruncă fraților ei o privire de genul v-am-zis-că-e-ceva-de-rău înainte să-i ofere lui Clive întreaga sa atenție.

– Sigur c-o să te ajut. Spune-mi ce s-a întâmplat.

– Trebuie s-o scoateți din diligență. Nu vrea să se miște. Nu l-a lăsat nici măcar pe Adam să se apropie de ușă. A început să tragă în el. A zis că n-o să lase nici un fermier să pună mâna pe ea. Că nu se cade. Exact așa a zis. Am încercat să-i spun cum merg lucrurile pe aici, dar nu vrea să asculte. Nu crede că Adam e fratele dumneavoastră. I-am înțeles îndoielile. Nu e de pe-aici, aşa că nu-i obişnuită cu lucrurile. Până la urmă, Adam a renunțat şi s-a dus înapoi înăuntru. N-a vrut să fie împuşcat. L-a amenințat că asta o să facă dacă o să se mai apropie de diligență. Fratele dumneavoastră mi-a oferit un scaun confortabil şi o băutură rece. Însă n-am îndrăznit să-i accept oferta. N-am putut s-o las singură aici. Nu aveam de unde să ştiu ce făcea cu diligența mea dacă îi întorceam spatele. Am încercat s-o îmbunez, domnişoară Mary. Nimic n-a mers. Vrea să fie primită aşa cum se cuvine şi zice că nu iese până nu obține ceea ce vrea. Stă acolo de două ore. Nu te poți înțelege cu ea, domnişoară Mary.

– Despre cine e vorba? întrebă Douglas.

Încercase deja să se uite pe fereastră, dar o perdea neagră îi bloca vederea.

– Domnişoara Border.

I se simți un tremur în glas când îi rosti numele.

– Eleanor?

Mary Rose se opri trăsnită. Nu-i venea să creadă ce-i povestise Clive. Ce naiba făcea Eleanor Border în curtea ei?

Douglas se întoarse pe călcâie şi se holbă la sora lui.

– Acea Eleanor?

Clive o trase de mână înainte să apuce să-i răspundă fratelui ei.

– Trebuie s-o luați de pe capul meu. Vă jur că am să fac orice-mi cereți. Vă şi implor, dacă vreți.

Cole era singurul pe care îl amuza vestea. În ochii lui strălucea încântarea.

– Deja implori, zise el, apoi începu să râdă.

Celebra colegă de cameră despre care auziseră atâtea poveşti înfiorătoare, femeia care o făcuse pe Mary Rose să se simtă oribil atâția ani la rând, venise să-i salute.

– Ce face aici? întrebă Travis.

Era foarte nervos.

– Tu ai invitat-o? întrebă Douglas.

– Într-un fel, se fâstâci ea.

– Cum adică într-un fel? vru Douglas să ştie.

Se apropie de sora lui.

–Ei?

–Am invitat-o, dar numai pentru că eram sigură că n-o să accepte niciodată oferta mea. Nu-i place la ţară. Crede că e un loc pentru barbari şi necivilizaţi. Douglas, nu te mai încrunta la mine. Răul e deja făcut.

–Femeia aceea a mai fost vreodată la vest de St. Louis? întrebă Travis.

–Nu, dar oricum nu-i place, explică Mary Rose.

–Vreau să-mi spui că nu-i aceeaşi Eleanor despre care ai vorbit în ultimii ani, îi ceru Douglas.

O apucase de cealaltă mână şi n-avea de gând să-i dea drumul până ce ea nu-i spunea ceea ce voia să audă.

–Ştii foarte bine că ea e, şopti ea.

Mary Rose încercă să-i dea mâna la o parte ca să se ducă şi să îşi întâmpine oaspetele.

–Îmi vine să te strâng de gât că ai invitat-o, Mary Rose, bombăni Travis.

–Te porţi ca un copil, spuse ea. Şi vorbeşte mai încet. Nu vreau să ne audă vorbind despre ea. E foarte sensibilă.

Cole izbucni din nou în râs.

–Clive, du-o înapoi în Blue Belle, sugeră Douglas. Poate sta într-una dintre camerele de deasupra barului.

–Fii serios, pentru numele lui Dumnezeu. Numai beţivii stau acolo. Eleanor este o domnişoară delicată şi rafinată.

–Cred că nici unul dintre voi nu îmi înţelege problema, ţipă Clive. Trebuie să scap de ea, dacă vreau să ajung la răscrucea Morton înainte de căderea nopţii. Oamenii mă aşteaptă.

–Da, desigur, îl linişti Mary Rose. O să te ajutăm.

Clive nu mai asculta. Se pornise şi nu avea de gând să se oprească. Îşi înghiţise frustrările acumulate în ultimele două ore. Era momentul să verse tot.

–Dacă oamenii de pe aici află că mi-am încălcat principiile şi am adus-o la uşa voastră din faţă n-o să mai pot niciodată să ţin capul sus.

Se întoarse apoi către fraţii ei.

–Vă spun, n-aţi mai văzut aşa ceva. Eu nu mă pun cu ea. Deja a făcut o gaură în pălăria mea cea bună. Mulţumesc lui Dumnezeu că nu o aveam pe cap în clipa aia. A zis că mă împușcă ca pe un câine dacă nu mă port frumos cu ea. Nu știu de ce spuneți că e delicată, domnișoară Mary. Știu doar că trebuie să faceți repede ceva. N-o mai vreau acolo.

– O scoatem afară imediat, promise ea. Douglas, te rog, dă-mi voie să trec. Trebuie să fim ospitalieri. Deja ne-am purtat urât pentru că am lăsat-o să aștepte.

Harrison stătea lângă MacHugh și urmărea scena. Era uimit de reacția tuturor față de oaspetele nedorit. Evident că devenise foarte curios în privința lui Eleanor Border.

– Crezi c-o să te las s-o întâmpini după ce s-a purtat așa cu fratele meu? întrebă Douglas.

– Ea nu înțelege chestiile astea.

– Ce nu înțelege mai exact? întrebă Travis. L-ai auzit pe Clive. A spus deja că i-a zis că Adam e fratele tău.

– Evident că nu l-a crezut, ripostă Mary Rose.

– A amenințat că-l împușcă și pe el, interveni Clive.

Lui Cole îi pieri zâmbetul.

– Poftim? întrebă el aproape țipând.

– Nu am povestit nimănui despre familia mea. Cole, calmează-te. Ai insistat să nu spun nimic despre nimeni. Îți aduci aminte? Toți mi-ați spus, de nenumărate ori, să nu dau nici un detaliu despre familia noastră, zise ea.

Apoi adăugă încet:

– Probabil că Eleanor a crezut că o să fie abandonată aici de Clive.

– Chiar asta și făceam, țipă Clive.

Mary Rose închise ochii. Douglas încă o ținea de mână, iar Clive o trăgea de cealaltă mână. Nu avea de chef de așa ceva. O durea tot corpul și nu voia să ajungă să îndrepte ceva ce nu mai putea fi îndreptat. O aveau pe Eleanor Border pe cap, fie că le plăcea sau nu.

– O să-și ceară scuze de la Adam, promise ea.

– Sau? întrebă Travis.

– Sau va pleca, promise Mary Rose.

– Cu mine cum rămâne, domnișoară Mary? Pe mine m-a făcut măgar ignorant. Mi-a zis că nu știu ce-nseamnă o baie. A mai zis şi multe alte lucruri urâte despre mine, dar n-o să le repet. E afurisită ca o viespe, vă spun eu. Şi pentru ce? Tot ce-am făcut a fost s-o preiau de la răscruce. A fost o crimă, vă întreb? Ştiţi că am standardele mele.

– Da, ştiu. N-o să afle nimeni că ţi-ai încălcat principiile şi ai adus-o aici. Nici unul dintre noi n-o să spună nimic nimănui. Eleanor trebuie să-şi ceară scuze şi faţă de tine, Clive. O să-ţi plătească o pălărie nouă. Asta te-ar face să te simţi mai bine?

Clive arăta de parcă mai avea puţin şi plângea de mulţumire. Mary Rose îl bătu cu palma pe umăr.

– Eşti un om bun şi ai încercat să te înţelegi cu ea. Ştiu cum este. A fost colega mea de cameră la şcoală. Îmi pare rău dacă ţi-a făcut probleme.

Clive lăsă capul în jos.

– Şi m-a terorizat, domnişoară Mary. Nu mi-e teamă să recunosc.

Cole îşi dădu ochii peste cap.

– Eu zic să dăm foc diligenţei. O să iasă imediat. Îţi cumpăr una nouă, Clive.

Mary Rose închise din nou ochii exasperată. Se hotărî să nu mai piardă timpul liniştind asistenţa. Se smulse din mâna fratelui ei şi alergă spre diligenţă. Clive se dădu în spate până la treptele care duceau spre verandă. Mary Rose bătu la uşă şi apoi încercă s-o deschidă. Fără succes.

– Eleanor, am venit acasă. Te rog, deschide uşa, strigă ea. Sunt Mary Rose.

Auzi zăvorul deschizându-se. Trase uşa şi apoi urcă. Înainte ca cineva să se poată uita înăuntru, închise uşa în spatele ei. Doar o crăpătură între perdele lăsa să intre puţină lumină. Mary Rose îi aruncă doar o privire lui Eleanor şi fu imediat inundată de un sentiment de vină din cauza poveştilor pe care le spusese despre ea. Fosta ei colegă de cameră era înspăimântată. Stătea înghesuită în colţul diligenţei şi tremura de teamă. Lacrimile îi curgeau pe faţă.

Mary Rose se aşeză pe bancheta din faţa lui Eleanor şi se apleacă spre ea ca să-i apuce mâna. Atunci observă pistolul. Eleanor îl ţinea în poală. Ţeava acestuia era îndreptată spre Mary Rose.

Nu se sperie. Era doar emoționată. Eleanor se uita la ea, dar Mary Rose nu credea că aceasta o vede, de fapt.

– Când ai luat pistolul? o întrebă.

– Săptămâna trecută.

– Știi să-l folosești?

– Încă nu. Învăț.

– Armele sunt periculoase, Eleanor. N-ar trebui să umbli cu ele.

– M-am tuns. Îți place?

Mary Rose nu fu surprinsă de întrebare. Eleanor fusese întotdeauna preocupată de propria persoană. Aspectul ei era mereu pe primul loc... se pare că era chiar mai important decât frica.

Biata femeie era atât de înspăimântată încât tremura. Avea o privire hăituită, ce îi amintea lui Mary Rose de o căprioară încolțită de vânători. Eleanor era o femeie atrăgătoare, brunetă și cu ochi verzi, vioi. Înainte, avusese părul lung până la umeri, dar acum era doar până la urechi. Era cârlionțat și foarte frumos.

– Da, îmi place cum te-ai tuns. Ești foarte drăguță.

Continua să vorbească încet. Nu voia s-o sperie pe Eleanor și, de aceea, se mișca încet; cu gesturi măsurate, se întinse și întoarse pistolul cu țeava spre podea. Apoi apucă arma cu blândețe din mâna lui Eleanor. Prietena ei o urmărea, dar nu încercă s-o oprească.

– Nu trebuie să te mai temi. Ești în siguranță acum. Totul va fi bine.

– Nu, nu va fi bine. Nimic n-o să mai fie la fel. N-am vrut să vin aici. Știi cât de mult îmi displac condițiile astea primitive.

– Dacă n-ai vrut să vii aici, de ce-ai făcut-o?

– N-am avut unde să mă duc.

Într-un final, se uită la Mary Rose. Avea lacrimi în ochi. Eleanor părea cu adevărat nefericită și încă era foarte speriată. Mary Rose se hotărî să afle care era motivul. Prietena ei fusese întotdeauna stăpână pe ea și, într-un fel, puteai spune că are sânge-rece. Cu excepția nopților, își aminti Mary Rose. Atunci o auzea pe Eleanor plângând.

–Eşti paradoxală, Eleanor, remarcă ea. Povesteşte-mi despre tatăl tău. Nu te-ai dus în Europa cu el după ce ai terminat şcoala?

–Totul a fost o minciună, răspunse Eleanor. Tata a fugit. Nici măcar nu mi-a spus că voia să plece. Doar a fugit.

–De ce?

–Autoritățile au venit la şcoală ca să mă ia la întrebări. Atunci am aflat ce-a făcut tata. A trebuit să plec din şcoală, desigur. Directoarea s-a înfuriat. Se pare că tata îi promisese că va da bani pentru construcția noii clădiri.

–Nu cred că te-a dat afară, protestă Mary Rose.

–Ba da, insistă Eleanor. Ultimele taxe nu fuseseră achitate. Anchetatorii mi-au zis că tata luase bani de la alți oameni. În toți anii aceştia a furat bani de la clienții lui prin diverse metode. Trăia pe picior mare. Era mereu impecabil îmbrăcat, ținea mereu să fie la modă. Cred că avea peste cincizeci de costume în garderobă. Tata umbla mereu cu câte o tânără agățată de brațul lui.

–Şi? o îndemnă Mary Rose să continue.

–Nu voia să-i pun în pericol poziția în societate. Îi reaminteam constant cât de bătrân este, de fapt. M-a băgat la internat ca să nu mă mai aibă prin preajmă.

–N-ai de unde să ştii dacă te voia sau nu.

–Ba da, ştiu. Mi-a spus de multe ori, mă săturasem să aud asta. Niciodată nu v-a vrut. Mama l-a păcălit să se căsătorească cu ea după ce a rămas însărcinată. A murit la naştere, dar avea un inel pe deget şi probabil că era mulțumită.

Mary Rose era foarte uimită de cele auzite. Inima ei era alături de Eleanor. Avea grijă, însă, să nu-şi arate compasiuea, pentru că Eleanor ar fi crezut, fără îndoială, că o compătimeşte. Lui Mary Rose îi părea rău pentru sărmana femeie, dar nu voia ca aceasta să ştie. Mândria. Se interpunea în calea unor soluții realiste.

–Am crezut că tu şi tatăl tău duceți o viață interesantă. N-ai fost în toate locurile alea exotice în vacanță?

–Nu, nu m-am dus niciodată nicăieri. Am stat acasă cu menajera.

–Dar poveştile pe care mi le-ai spus...

–Am citit despre locurile alea. Atâta tot. Am vrut să te impresionez puțin.

– De ce?

Eleanor ridică din umeri.

– Nu ştiu.

– De ce nu mi-ai spus, pur şi simplu, adevărul?

– Trebuia să păstreze aparenţele, bombăni ea. Aşa tată, aşa fiică, cred. În plus, mi-ai fi plâns de milă.

– Ce s-a întâmplat cu tatăl tău? Unde-i acum?

– N-am nici cea mai vagă idee. Nimeni nu ştie. Autorităţile îl caută încă. Ar trebui să-i fiu recunoscătoare că mi-a plătit o parte din taxe, dar nu sunt. S-a folosit de banii altor oameni. Nu mi-a lăsat nici un rând să-mi spună măcar unde a plecat. Poliţia nu mă crede. Am fost dusă în arest şi a trebuit să stau acolo două nopţi. A fost oribil. Într-un final, au fost nevoiţi să mă elibereze. E mare scandal, desigur. Sunt oameni chiar din Chicago care mă urăsc pentru că sunt rudă cu el. Toată lumea pare să creadă că ştiu unde se ascunde. Anchetatorii au supravegheat casa zi şi noapte. A fost de nesuportat. M-am ascuns în spatele perdelelor şi am încercat să pretind că nu s-a întâmplat nimic.

– Îmi pare aşa de rău, şopti Mary Rose.

Eleanor nu părea s-o audă.

– Am crezut că locuinţa este a noastră, dar nu era aşa. Proprietăreasa m-a aruncat afară. N-am ştiut unde să mă duc în altă parte. Mi-ai spus că pot veni la tine oricând am nevoie. Ai vorbit serios?

– Da, sigur că da.

– N-o să mă alungi?

– Nu, n-o să te alung, promise ea. Ţi-ai făcut griji că n-o să te las să rămâi pentru că noi două nu ne-am înţeles uneori?

– Eşti singura persoană de la şcoală care m-a suportat. Cred că ţi-a fost greu. M-am purtat urât cu tine pentru că ştiam că m-ai fi compătimit.

– Nu te compătimesc. Eşti gata să ieşi din diligenţă?

– Da.

Eleanor întinse mâna spre clanţă. Mary Rose o atinse.

– Stai puţin, o rugă ea. Vreau să-ţi spun câteva lucruri despre fraţii mei, înainte de a-i cunoaşte. Adam...

– Bărbatul de culoare?

–Da, răspunse ea.

–N-o să-ți vină să crezi ce mi-a spus birjarul acela îngrozitor. A zis că bărbatul de culoare e fratele tău. Îți vine să crezi ce lucru îngrozitor...

–Adam este fratele meu. Pentru că este cel mai în vârstă din familia noastră, este şi capul familiei.

Lui Eleanor îi căzu fața.

–Nu cred că vorbeşti serios.

–Ba sunt foarte serioasă. Va trebui să-i ceri scuze înainte să intri în casă.

Eleanor era uluită. Se rezemă de pernele de pe spătar şi se uită fix la Mary Rose.

–Cum naiba...

–N-are importanță cum, insistă Mary Rose. Adam este fratele meu şi îl iubesc din toată inima.

–N-are cum să fie fratele tău.

Mary Rose începea să obosească încercând s-o convingă.

–Ba da, replică tăios simțind că era timpul să pună piciorul în prag. Adam şi frații mei mai mari m-au crescut de când eram doar un bebeluş.

–Oamenii de aici vă acceptă?

–Desigur.

–De ce?

Mary Rose îşi dădu ochii peste cap.

–Suntem aici de multă vreme. Cred că s-au obişnuit cu noi. Ei bine? Ai de gând să-ți ceri scuze?

Eleanor dădu din cap afirmativ.

–N-am vrut să-l jignesc. Nu am zis nimic rău, Mary Rose. Am crezut că birjarul m-a mințit. Încercase deja să mă arunce în mijlocul drumului. Îți imaginezi una ca asta?

–Numele lui e Clive Harrington. Este un om bun. Va trebui să-i ceri şi lui scuze. Nu ar fi trebuit să tragi în el.

Eleanor ridică din umeri. Evident că nu era prea încântată.

–N-am vrut să-l împuşc, dar nu cred că vreau ca el să ştie asta. S-ar putea să se supere dacă află că pistolul s-a descărcat singur.

–E deja supărat.

–A fost un accident, insistă Eleanor. De ce trebuie să mă scuz față de el pentru ceva ce n-am vrut să fac?

–Ai fi putut să-l omori.

–N-am făcut-o.

–În plus, i-ai creat probleme, îi spuse Mary Rose. Şi l-ai jignit. I-am promis că o să-i spui că-ți pare rău. În plus, mi-am dat cuvântul de onoare c-o să-i cumperi o pălărie nouă. I-ai găurit singura pălărie.

–Nu-i pot cumpăra alta. Nu mai am destui bani.

–Atunci o să-ți dau eu, spuse Mary Rose. Dar să nu afle Clive. Trebuie doar să știe că o să i-o cumperi cu banii tăi.

–De ce-ți pasă de ceea ce simte el?

–Clive e prietenul meu.

–O, în regulă, bombăni Eleanor. Îmi dau seama c-o să insiști pe tema asta. O să-mi cer scuze și o să-i cumpăr o pălărie nouă. De ce nu mi-ai zis de Adam? Îți era frică că o să le spun celorlalte fete?

Mary Rose clătină din cap.

–De ce mi-ar fi păsat că i-ai fi spus cuiva?

–Pentru că te-ai fi făcut de rușine.

Răbdarea lui Mary Rose se epuizase. Tot ce voia era o baie fierbinte și puțină consolare. Știa că nu avea să primească nici unul din aceste lucruri până nu își caza noul oaspete.

–Știm bine cu toții cum stă treaba cu prejudecățile, Eleanor. A fi umilită de un grup de fete ignorante contează prea puțin pentru mine. Sincer, eu și cu frații mei am învățat să ne consumăm nervii cu astfel de oameni. Frații mei sunt minunați, bărbați mândri. Nu îmi e rușine cu familia mea.

–Atunci, de ce n-ai zis nimic?

–Chestiunile de familie sunt intime, explică Mary Rose repetând ceea ce frații ei îi spuseseră de nenumărate ori. Cine suntem și ce facem nu-i treaba nimănui.

–Acum, că mă gândesc mai bine, nu mi-ai spus nici despre frații tăi mai mari, spuse Eleanor. Știam că ai patru, dar atâta tot. Și ei sunt... ca Adam?

–Da, răspunse Mary Rose. Sunt la fel de buni la suflet. Însă Douglas și Cole sunt ceva mai căpoși.

Eleanor nu părea să-şi vină în fire. Încă zăbovea în diligenţă din cauza şocului provocat de ce îi spusese Mary Rose.

– Putem ieşi acum.

– Într-o clipă, şopti Eleanor. Lucrurile sunt diferite pe aici, nu-i aşa?

– Condiţiile sunt diferite faţă de oraş, răspunse Mary Rose. Dar familia e familie, indiferent unde se află casa.

– Ce naiba vrei să spui?

– Acum, că ştiu despre tatăl tău şi despre familia ta, înţeleg de ce nu pricepi. Odată ce te vei obişnui cu noi, cred că o să-ţi placă să trăieşti aici. E sufocant aici, Eleanor. Putem ieşi?

– Adam e capul familiei tale, drept pentru care o să-l respect. Îţi dau cuvântul meu de onoare.

Mary Rose dădu înţelegătoare din cap.

– Nu, o să-l respecţi pentru că aşa trebuie. Poziţia lui în familie nu contează. Cunoaşte-l întâi, Eleanor. Îţi promit că apoi o să-l respecţi pentru cine este, nu pentru ceea ce este.

– Pe bune, Mary Rose, mereu încerci să mă ameţeşti. Adam este singurul care mă poate alunga, aşa-i?

Mary Rose renunţă să mai încerce să o facă să raţioneze.

– O, pentru Dumnezeu, bombăni ea. Vreau o baie. Vrei să încetezi să te cerţi cu mine şi să ieşi afară?

Eleanor observă, în sfârşit, cât de rău arăta Mary Rose.

– Ce-ai păţit?

– O diferenţă de opinii, răspunse ea.

– Sper că nu fraţii tăi...

– Sigur că nu. Pe bune, Eleanor, nu suntem barbari. Ies înainte să leşin. E cald aici, nu-i aşa? zise Mary Rose care se întinse spre mâner. O să te porţi frumos cu toată lumea, da?

Nu i-ar fi cerut acest lucru, dacă n-ar fi ştiut de ce era în stare Eleanor.

– Să nu îndrăzneşti să începi cu prostiile în faţa fraţilor mei. N-o să le suporte.

– Ce prostii?

– Ştii la ce mă refer.

– Dă-mi un exemplu.

– Privirea disprețuitoare cu care îi tratezi pe toți, zise Mary Rose. Şi...

– O, bine. O să mă port frumos. Doamne, nu sper decât că am să ştiu cum.

Mary Rose spera acelaşi lucru. Deschise, într-un final, uşa. Căldura o moleşise, iar valul de aer proaspăt era la fel de binefăcător ca un pahar cu apă rece după o zi petrecută sub soarele dogoritor.

Uşa îl lovi pe Harrison. Stătea în apropiere şi aştepta să vadă dacă Mary Rose avea nevoie de ajutor. Îi oferi mâna şi o ajută să coboare. Părea îngrijorat. Ea îi zâmbi ca să-i dea de înțeles că totul era în regulă. Încă avea în mână pistolul lui Eleanor, dar îl ținu cu țeava în jos până ce Harrison îl văzu şi i-l luă. Acesta i-l aruncă lui Cole care îl îndesă imediat în centură.

Eleanor coborî din diligență un minut mai târziu şi se duse lângă Mary Rose. Se uita chiorâş în lumina soarelui şi nu îşi luă privirea de la prietena ei. Deoarece Harrison era cel mai aproape, Mary Rose i-o prezentă lui mai întâi. Apoi le făcu fraților săi semn să se apropie şi să cunoască noul oaspete.

Clive stătea lângă trepte. Încă părea că voia s-o spânzure pe Eleanor de cel mai apropiat copac. Eleanor şi Mary Rose se îndreptară spre el. Într-un final, Eleanor şopti o scuză. Clive nu era mulțumit.

– Trebuie s-o spui cu voce tare, ca să audă toată lumea, şi trebuie să-mi spui domnule Harringon, să te arăți respectuoasă.

Mary Rose se simți obligată s-o înghiontească pe Eleanor ca să se supună. Clive nu zâmbise, dar Mary Rose îşi dădu seama că era încântat de scuzele ei, pentru că nu se mai încrunta atât de evident.

– Domnişoară Mary, o să se țină de cuvânt şi o să-mi cumpere o pălărie nouă?

– Da, promise Mary Rose.

Clive dădu din cap mulțumit. Se duse înapoi la diligență bombănind. Mary Rose ştia că se purta astfel de ochii fraților ei. Clive nu putea să se arate mulțumit, nu şi dacă voia să-şi păstreze reputația intactă. Se urcă pe capră, luă frâiele şi apoi o strigă pe Mary Rose.

– M-am simțit cam rău săptămâna asta, dar acum...

Se opri şi se uită urât la Eleanor.

– Acum nu mai sunt aşa sigur. Cât va sta?

– O scurtă vreme, răspunse Mary Rose. Eşti mereu binevenit, Clive. Ştii asta.

– Mă simt mai bine, zise el. S-ar putea să mă vindec de starea asta... în scurtă vreme. La revedere, domnişoară Mary.

– Ce-a fost asta? întrebă Eleanor.

Mary Rose îi făcu cu mâna prietenului ei înainte de a-i răspunde.

– Mi-a spus că n-o să se îmbolnăvească până nu pleci tu. Du-te şi stai pe unul dintre scaunele de pe verandă cât timp mă duc eu în casă ca să discut cu Adam. O să dureze o vreme, o preveni ea. Trebuie să te întâmpine înainte să poți pune piciorul în casă.

– Şi dacă n-o să vrea?

Mary Rose refuză să se gândească la această posibilitate.

– Adam e foarte îngăduitor. Trebuie să-i spun ce-ai pățit. Te deranjează?

– O să le spună tuturor?

– Nu, o asigură ea.

Eleanor fu de acord.

– Trebuie să stau acolo singură?

Mary Rose se uită în jur căutând o posibilă companie pentru Eleanor. Harrison era singurul candidat pentru acea sarcină, dar numai pentru că fusese singurul care rămăsese în urmă. Cole ajunsese deja la hambarul principal, iar Travis şi Douglas se grăbeau şi ei să dispară.

Harrison nu se arătă încântat în mod deosebit, dar era îndeajuns de galant să facă ceea ce-l rugase Mary Rose. Mai întâi, însă, o făcu să-l roage frumos, ceea ce ei i se păru un lucru foarte nepoliticos. Fu nevoită să alerge şi după el.

– Mergi mai încet, îi ceru ea când îl ajunse, în sfârşit, din urmă. De ce te încrunți aşa?

– Mi-am făcut griji pentru tine, recunoscu el. N-ar fi trebuit să intri în diligență. Avea un pistol, Mary Rose. Puteai să pățeşti ceva. Deja l-a împuşcat pe Clive, îi reaminti el.

– Eleanor nu mi-ar face rău mie sau oricui altcuiva, dacă tot veni vorba. Îi e frică, Harrison. A avut probleme în ultima vreme. Fii bun cu ea.

Harrison știa că trebuia să se poarte ca un gentleman. Îl strigă pe Douglas să-l ia pe MacHugh, apoi o urmă pe Mary Rose pe verandă. În sfârșit, reuși și ea să intre în casă. Adam era în bibliotecă și stătea la birou. Lucra de zor la unul dintre registrele lui contabile și nu băgă de seama că Mary Rose se oprise în pragul ușii de un minut sau două.

Ea așteptă răbdătoare, dar ochii i se umplură de lacrimi. Într-un final, nu mai putu să-și păstreze calmul. Până la urmă, se lupta cu inevitabilul. De când se știa, fusese dezgustător de previzibilă. Indiferent de duritatea insultei sau a rănii pe care cineva i-o provocase, reușea să-și păstreze autocontrolul și demnitatea până ce ajungea acasă și-l vedea pe fratele ei cel mai mare. Atunci, totul se prăbușea. În ziua aceea, era la fel de previzibilă ca ploaia în timpul unui picnic. Nu trebuia decât ca Adam s-o observe.

– O, surioară, ce-ai pățit?

Mary Rose izbucni imediat în lacrimi și se aruncă în brațele fratelui ei.

13 februarie 1864

Dragă Mamă Rose,

Abia ne-am oprit din plâns după ce am citit un ziar de acum o lună, luat de Travis la schimb pe niște piei lângă Perry, în care un gentleman, pe nume Benson, a transcris discursul pe care l-a ținut Lincoln în Gettysburg. Citisem în iulie despre bătălia în care au murit atât de mulți tineri curajoși. Benson a scris că președintele nostru a ținut un discurs în cimitirul ridicat pe câmpul de luptă. Adam a plâns când a citit toate acele vorbe și le-a copiat ca să ți le trimitem. Cole crede că deja l-ai citit, mamă, dar știm că e prea important ca să nu fie citit de două ori.

Și tu și Lincoln sunteți prezenți în rugăciunile noastre,
Douglas

Capitolul 8

Mary Rose se aruncă de gâtul lui Adam şi plânse ca o fetiță. El o cuprinse în brațe şi o mângâie până când se linişti. Îi luă mai multe minute ca să-şi recapete controlul. Apoi se aşeză pe marginea biroului şi îşi vărsă oful. Îi povesti toate detaliile oribile a tot ce i se întâmplase în oraş. Insistă asupra episodului Catherine Morrison. Adam îi studie rănile în timp ce o asculta şi o calmă cu vocea lui blândă.

– Aşa?..., îi zicea el mereu.

Numaidecât, se simți din nou bine. Fratele ei o duse în bucătărie şi-i spălă fața ca să se poată uita mai bine la răni şi să vadă dacă acestea aveau nevoie de copci. Îşi ținu respirația până află verdictul, apoi zâmbi uşurată. Nu era nevoie de copci. Era gata să-şi vadă mai departe de treburi. Vru să-i dea batista înapoi lui Adam, dar observă că aceasta era udă leoarcă de lacrimi şi murdară de sânge închegat, aşa că o aruncă în coşul de rufe. Fratele ei îi sugeră să se ducă sus şi să se spele. El se întoarse în bibliotecă pentru a-şi termina treburile.

– Relaxează-te în după-amiaza asta, Mary Rose. Ai avut parte de suficient de multă agitație.

Se luă după el. Nu putea să stea să se desfete în baie câtă vreme Eleanor stătea pe verandă şi îşi făcea griji. Trebuia s-o instaleze în casă şi apoi să se ducă să-i ducă proviziile lui Corrie. Îi promisese femeii că se va întoarce în acea zi, iar Mary Rose nu voia să-şi încalce cuvântul.

– M-am smiorcăit destul, îi spuse fratelui ei.

Stătea în prag şi se uita la Adam care se aşezase din nou la birou. Observă că registrele contabile erau deschise, îşi dădu seama că îl întrerupsese din muncă, dar îşi spuse că n-avea decât să o mai rabde puțin. Cărțile puteau aştepta. Eleanor, nu.

– Nu uita să-ți dai cu alifie pe tăieturile alea.

– Nu uit, zise ea. Acum trebuie să discutăm despre Eleanor. Aşteaptă pe verandă. I-am spus că nu poate intra până nu are permisiunea ta. Poți să vorbeşti cu ea între patru ochi? Vrea să-ți povestească ce-a pățit, înainte să te hotărăști dacă o lași să rămână sau nu.

Adam fu surprins de rugăminte.

– M-ai văzut tu vreodată alungând pe cineva?

– Nu, dar cu Eleanor e altă situație. O să provoace haos în familie pentru o vreme. Ai chef s-o suporți?

– Cum rămâne cu frații tăi? N-ar trebui să aibă și ei ceva de zis?

– Ei vor face ceea ce crezi tu că trebuie să facă, răspunse ea. Cole se va face probleme, desigur, dar o să găsească el o cale s-o evite până se acomodează.

Adam se lăsă pe spătar și se uită suspicios la sora lui.

– Cât are de gând Eleanor să stea cu noi?

Nu-l putu privi în ochi când răspunse.

– Puțin.

– Da? Și cât înseamnă mai exact puțin, Mary Rose?

Ea ridică din umeri.

– Aş vrea să știu, șopti ea. Vorbești cu ea? Te rog. E speriată. Are nevoie de un loc în care să se simtă în siguranță.

Adam oftă. Se ridică și ocoli biroul.

– Bine, fu el de acord. Acum, du-te sus. O să mă ocup de Eleanor. Care e numele ei de familie?

– Border, răspunse Mary Rose. N-ar trebui să stau și eu aici cât timp vorbești cu ea?

Adam clătină din cap.

– Nu e nevoie.

Mary Rose se îndreptă către scări spre etajul al doilea. Adam aproape că ajunsese la ușa din față când ea se întoarse și îi strigă:

– Vreau să mă asigur că...

El se întoarse și o privi.

– Ce anume?

– Că își cere scuze față de tine. Te-a insultat, Adam. Iar eu nu vreau să vină în casa mea până nu-ți spune că-i pare rău.

– O, pentru Dumnezeu, du-te sus. Îmi dai bătăi de cap. O să mă descurc cu Eleanor.

Adam deschise ușa din plasă. Eleanor stătea pe unul din scaunele din răchită și vorbea cu Harrison. Celălalt oaspete stătea în picioare. Se sprijinea de stâlp, cu brațele încrucișate pe piept și părea iritat, dar și plictisit. Adam așteptă până când Eleanor termină să i se plângă lui Harrison de căldură.

– Domnișoară Border, vreți să veniți în bibliotecă cu mine? Aș dori să stăm de vorbă.

Ridică din sprânceană văzându-i reacția. Nu țipase, dar se purta de parcă tocmai asta făcuse. Sări în picioare atât de repede încât răsturnă scaunul. Harrison se întinse și îl ridică. Eleanor se îndreptă spre Adam, apoi se opri brusc. Își duse palmele la piept.

– Nu pot intra, domnule Clayborne.

– Nu? De ce? întrebă Adam.

– Mary Rose mi-a spus că n-o pot face până nu-mi cer scuze. Îmi pare rău, chiar îmi pare rău dacă v-am jignit. Nu l-am crezut pe birjarul ăla oribil. Am crezut că mă minte ca să scape de mine. N-am vrut să vă dau impresia că pentru că sunteți... știți dumneavoastră, mă rog, că nu pot... pentru că nu despre asta e vorba. N-am crezut că omul ăla m-a dus la casa lui Mary Rose.

Într-un final, făcu o pauză ca să-și tragă răsuflarea. Adam nici nu clipi în timpul explicației. Harrison era impresionat. Nu se putea abține să nu zâmbească. Ar fi vrut s-o roage să-i explice cum era Adam, doar ca s-o vadă cum se foiește, dar, pentru că era un gentleman, rezistă tentației. Cole, însă, nu avea astfel de rezerve. A fi un gentleman nu era, evident, vreunul din lucrurile la care aspira. Tocmai ajunsese sus, pe treptele care duceau spre verandă, când Eleanor își începuse discursul încâlicit.

– Adam este „știți dumneavoastră"? Ce-nseamnă asta? o întrebă el.

Ea se întoarse și se încruntă.

– Îmi ceream scuze pentru că n-am crezut că Adam era fratele lui Mary Rose. Nu mi-a spus decât că are patru frați și că mama ei trăiește undeva în Sud și nu mi-a dat niciodată detalii. Recunosc, nici n-am întrebat.

Se opri și îl măsură pe Cole din cap până-n picioare.

– Sora dumneavoastră se pare că a glumit în diligență când mi-a spus că dumneavoastră și ceilalți doi frați sunteți la fel ca Adam. Nu sunteți, desigur.

Îi întoarse spatele lui Cole și i se adresă lui Adam.

– Pot intra, domnule?

– Vă rog, spuse Adam. Sunteţi binevenită la noi.

– Doar o secundă. Eu tot mai vreau să ştiu...

– Las-o baltă, Cole, îi sugeră Adam.

Tonul lui nu suporta alte proteste.

Eleanor se îndreptă spre uşă. Îi făcu semn cu mâna spre Harrison, un gest care îi aminti acestuia de regina Angliei.

– Luaţi-mi bagajele din praf şi duceţi-le în camera mea, îi ordonă ea.

Cole rânji spre Harrison. Acesta îi zâmbi drept răspuns. Apoi Harrison se întoarse spre Eleanor.

– Îmi pare rău, domnişoară, dar nu vi le pot aduce, anunţă el. N-am voie să merg la etajul doi.

Harrison coborî treptele.

– Cred că ar trebui să te ocupi tu de asta, vorbi el tărăgănat când trecu pe lângă Cole.

– Ai grijă să le scuturi de praf înainte să le aduci înăuntru, Kyle, comandă ea.

Harrison auzi o înjurătură şi îşi dădu seama că ziua începea să arate mai bine. Îl văzu pe Douglas ieşind în fugă din şopron. MacHugh îl alerga. Armăsarul trecea, evident, printr-una dintre crizele lui de personalitate şi îşi vărsa năduful pe Douglas. Da, domnule, ziua începea să fie din ce în ce mai bună.

– Adam, vreau să vorbesc cu tine despre ceva important, strigă Cole.

Se văzu nevoit să ţipe la fratele lui ca acesta să-l audă peste hohotele de râs ale lui Harrison. Adam o lăsă pe Eleanor să treacă pe lângă el, înainte de a-i răspunde lui Cole.

– Nu durează mult, promise el.

– Ce vrei să faci?

– Să vorbesc cu domnişoara Border, răspunse el. N-ar trebui să-mi ia mult timp.

Adam apreciase parţial corect. Discuţia cu Eleanor nu îi luă mult timp. Doar trei ore. Conversaţia între patru ochi fu încordată la început. O oră mai târziu, Adam se trezi în situaţia ridicolă de a se trezi din nou cu cămaşa udă. Eleanor se dovedi la fel de căpoasă şi plângăcioasă ca Mary Rose. După ce insistase cu vehemență că nu plânge niciodată, îl umpluse de lacrimi.

Cole se săturase să-l aştepte pe Adam. Era hotărât să discute cu el despre Harrison. Faptul că aflase că oaspetele lor era avocat îl tulburase. Voia să afle părerea lui Adam despre acea situație înainte să facă un mare caz din această descoperire.

Auzi toată zarva din bibliotecă, deschise uşa ca să vadă despre ce era vorba şi rămase stană de piatră nevenindu-i să creadă. Eleanor îl ținea în brațe pe Adam, suspina şi plângea încercând, în acelaşi timp, să vorbească. Cole nu înțelegea nimic din ce spunea. Totul suna extrem de încâlcit. Reacția lui Adam era amuzantă. Stătea în mijlocul bibliotecii, cu brațele în sus şi arăta de parcă tocmai i se ordonase să nu mişte nici un deget. Fratele lui Cole părea treribil de stânjenit şi, în mod evident, neputincios.

Într-un final, Adam lăsă o mână jos şi o bătu uşor pe Eleanor pe umăr, cu gesturi neîndemânatice. Îl observă pe Cole care trăgea cu ochiul din pragul uşii, se încruntă spre el pentru că zâmbea şi apoi îi făcu semn să plece. Cole închise imediat uşa.

Nici unul dintre frați nu pomeni acel incident în timpul cinei. Eleanor dorise să rămână în cameră. Mary Rose îi dusese o tavă cu mâncare şi un ceainic cu ceai care spera că îi va calma prietena epuizată. Fu ultima care coborî la masă.

– Îmi pare rău c-am întârziat, spuse ea. Eleanor nu vine jos să mănânce cu noi în seara asta. E istovită.

Se aşeză lângă Adam.

– Te place, îi şopti ea fratelui său cel mare. Desigur, încă nu-şi dă seama cât de căpos poți fi.

– Eu nu cred că-i place de Adam, interveni Douglas. Cred că are idei preconcepute.

Cole clătină din cap. Şi el crezuse acelaşi lucru până când o văzuse îmbrățişându-l pe Adam. Nu ar fi luat în brațe o persoană pe care o ura.

– Nu, e doar nepoliticoasă, spuse el familiei.

– Eşti sigur? întrebă Douglas. N-o vreau pe-aici dacă nu eşti sigur.

– Sunt sigur.

–Ce te nelinişteşte, Mary Rose? Te încrunţi de parcă ţi s-au înecat corăbiile, spuse Travis.

–Nu i-am dat voie să se ducă pe creastă azi după-amiază, zise Adam.

–Nu sunt copil. Nu pricep de ce crezi...

–Avem un oaspete, spuse Adam. Te rog să-ţi aduci aminte asta.

Ea închise imediat gura şi se întoarse spre Harrison.

–Putem începe? Sunt lihnit, spuse Douglas.

Se întinse spre castronul cu cartofi, dar se opri când Adam îl rugă să mai aştepte un minut.

–Harrison? Întâmplător vorbeşti franceză?

–Da. De ce întrebi?

–Aş vrea să ne faci pe plac în seara asta.

–Desigur, fu de acord Harrison, fără să aibă nici cea mai vagă idee despre ce vorbea acesta.

Adam se întoarse spre familia sa.

–Am fost neglijenţi în ultimele săptămâni şi am uitat obiceiul de a spune rugăciunea. Mary Rose, vrei să fii bună?...

Ea dădu din cap încuviinţând, apoi îşi plecă fruntea şi îşi uni palmele pentru rugăciune.

–*Au nom du Père*[1]...

Harrison era din nou uimit de familia Clayborne. Vorbiră cu toţii în franceză pe parcursul cinei. Mary Rose, observă el, avea cel mai bogat vocabular, şi bănui că studiase limba la internat. Franceza şi latina se numărau printre materiile de bază. Însă nu era doar pricepută. Atât accentul, cât şi uşurinţa cu care vorbea îi demonstrau faptul că studiase franceza multă vreme.

Era amuzant să-l asculţi pe Travis pentru că era îndeajuns de fluent şi vorbi cu un accent uşor nazal. O dădu, însă, în bară de câteva ori cu pronunţia. Un francez s-ar fi luat cu mâinile de cap dacă l-ar fi auzit. Rugăciunea rostită de Mary Rose înainte de masă i se păru cunoscută lui Harrison, dar nu reuşea să-şi dea seama unde o mai auzise.

–Pot să vă pun o întrebare?

–Din nou? Ce mai e acum, Harrison? întrebă Cole.

Harrison îi ignoră sarcasmul din voce.

[1] În numele Tatălui (n.tr.)

– Rugăciunea pe care ați rostit-o mi se pare cunoscută, dar nu-mi pot aminti unde am mai auzit-o.

– Este o rugăciune catolică, răspunse Mary Rose. O rostim înainte de a lua masa.

– O, Doamne, sunteți catolici!

Nu își dădu seama că își exprimase uimirea cu voce tare până când observă că toată lumea se holba la el. Păreau uimiți și perplecși.

– Ce-ai împotriva catolicilor?

– Nimic, răspunse Harrison. Am fost surprins. Nu știu de ce, dar am presupus că sunteți... diferiți.

– Suntem, îi zise Mary Rose.

– Ce? întrebă Harrison.

– Diferiți. Nu suntem mereu catolici.

El se lăsă pe spătar. Părea că nu poate procesa această veste. Lordul Elliott avea să fie oripilat. Familia lor nu numai că aparținea de Biserica Anglicană, aveau rezervate locurile cele mai bune din biserică. Și de ce-ar fi bănuit Harrison că familia Clayborne ar fi aparținut Bisericii Anglicane? Zâmbi la reacția lui inițială. Lordul Elliott o va iubi la fel de mult pe Mary Rose. Însă, mai mult ca sigur, va încerca s-o convertească. Abia mai târziu își dădu seama ce spusese Mary Rose, despre faptul că nu erau mereu catolici. Nu avea sens.

– Stai puțin, zise el. Nu puteți fi catolici doar câteodată. Sunteți sau nu sunteți. Sunt sigur de asta. Cel mai bun prieten al meu e catolic.

– Și, totuși, nu îți place..., începu Cole.

Harrison nu-l lăsă să-și termine comentariul.

– Nu-mi displac catolicii. Am fost surprins să aflu că sunteți catolici. Atâta tot.

– De ce nu putem fi catolici doar câteodată? întrebă Travis.

– Suntem, insistă Mary Rose.

Harrison se hotărî să le facă pe plac. Avea să-i forțeze să își dea seama, încet, cu logică și răbdare, că nu puteau să-l ia peste picior.

– Bine, să presupunem că sunteți catolici doar câteodată. Vă deranjează dacă-mi spuneți când sunteți?

– În aprilie, mai şi iunie, răspunse ea.

El nu clipi.

– Şi în iulie, august şi septembrie?

– Luterani, îi spuse Travis.

Harrison era impresionat. Fratele nici măcar nu zâmbi.

– Şi în următoarele trei luni?

– Suntem din nou altceva. Baptişti. Sau, cel puţin, încercăm să le respectăm regulile.

Harrison se săturase.

– Mary Rose, ai terminat...

Voia s-o întrebe dacă nu voia să înceteze să glumească pe seama lui. Însă ea nu-l lăsă să-şi termine întrebarea.

– Nu, n-am terminat, îl întrerupse ea. Unde am rămas?

– La ianuarie, îi reaminti Cole.

– Evrei în ianuarie, februarie şi martie, iar în aprilie...

– Evrei în ianuarie? întrebă el aproape ţipând.

– Acum ce naiba mai ai împotriva religiei iudaice? întrebă Cole. Mi se pare că ai cam multe împotriva multor oameni.

Harrison închise ochii şi numără până la zece. Apoi încercă din nou să îşi găsească drum în ceaţa confuziei în care îl aruncase familia Clayborne şi să găsească o explicaţie logică.

– Nu am nimic împotrivă, se răsti el. Doar că încerc să vă înţeleg, oameni buni. Nici unul dintre voi nu poate avea toate aceste religii. Este o bătaie de joc la adresa fiecărei credinţe dacă voi le respectaţi doctrinele sacre numai trei luni pe an.

Lui Adam i se făcu milă de el.

– Învăţăm tot ce putem despre diferite religii, Harrison. Credem că este important să înţelegem şi să respectăm credinţa altora. Crezi în existenţa lui Dumnezeu?

– Da.

– Şi noi la fel, răspunse Adam. Însă nu aparţinem unei biserici organizate.

– Probabil pentru că nu e nici una în Blue Belle, interveni Douglas. Oamenii vorbesc despre construirea unei biserici, apoi încep să se certe despre ce fel de biserică va fi, aşa că nu se face nimic.

– Probabil că tu ai fost educat în spiritul religiei tatălui tău, nu? întrebă Travis.

– Da, admise Harrison.

– Copil fiind, nu ți-a dat prin cap să aparții unei alte religii. Nici unul dintre noi n-a avut un tată care să ne ghideze. Facem ce putem, Harrison.

Nu le putea contrazice raționamentul.

– Autodidacți, zise el.

– Şi înțelegere, plusă Adam.

Harrison dădu din cap în semn că e de acord.

– Există multe religii diferite. O să încercați să le înțelegeți pe toate?

– Chiar şi după ce ne vom dedica mintea, inima şi sufletul unei anumite religii vom continua să avem mintea deschisă față de credința altora. Cunoaşterea înseamnă libertate, iar odată cu libertatea, vine înțelegerea.

– Sunt câteva familii de evrei în Hammond. Le vizităm cât de des putem. Unii dintre localnicii de acolo nu îi plac. Oricât de ridicol ar părea, au tendința de a respinge ceea ce nu înțeleg. Unii chiar îşi bat joc de ei. Ignoranța lor e demnă de milă. Nici unul dintre noi nu s-a născut evreu şi, de aceea, nu putem deveni evrei practicanți; cel puțin, din informațiile pe care ni le-au dat ei, aceasta este concluzia la care am ajuns. Tradițiile lor sunt bogate şi pline de înțelesuri pentru ei, iar nouă ni se pare că, cu cât cunoaştem mai multe despre credința lor, cu atât mai bogați devenim. Orice om care trăieşte după propriile convingeri trebuie admirat, nu luat în râs. Acum înțelegi?

– Da, răspunse Harrison. Acum, spune-mi de ce vorbiți în franceză, continuă el. Vreți să înțelegeți cum trăiesc francezii?

Chiar dacă stătea în celălalt capăt al mesei, Harrison observă că lui Adam îi sclipiră ochii. Se pregăti din nou să-şi manifeste frustrarea.

– Vorbim în franceză pentru că e joi.

– Şi? îl provocă Harrison cu un rânjet.

Mary Rose îi zâmbi.

– Întotdeauna vorbim în franceză marțea, joia şi sâmbăta.

Iar începem, îşi spuse el. Ştia exact în ce direcţie se îndrepta conversaţia.

– Conversaţia aceasta o să semene cu cea pe care am avut-o despre irlandezi?

– Poate, spuse ea.

– Ce vrea să spună despre irlandezi? întrebă Travis.

Mary Rose se întoarse spre fratele ei ca să-i explice.

– Harrison voia ca noi să fim irlandezi. Nu-mi imaginez de ce e aşa de important pentru el, dar aşa mi se părea. N-am făcut decât să încerc să-i fac pe plac. Până la urmă, e oaspetele nostru. Am vrut să se simtă bine-venit.

– Deci de-asta i-ai spus că sunt irlandez, zise Travis şi dădu din cap.

– Tu eşti irlandez, Travis.

– Ştiu asta, Cole. Doar că mă întrebam de ce e aşa de important pentru el. E un tip ciudat, nu-i aşa?

Cole confirmă dând din cap. Apoi se întoarse spre Harrison.

– Poate că voia să fim irlandezi, poate că nu. Aş fi crezut că, fiind din Scoţia, voia să fim scoţieni, nu irlandezi. Ce-ai împotriva irlandezilor, Harrison? Ce ţi-au făcut?

Harrison dori dintr-odată să îşi ia câmpii. Nu avea nici cea mai vagă idee cum reuşise firul conversaţiei să se sucească în acest fel. Trase adânc aer în piept şi încercă din nou să fie raţional.

– Nu-mi pasă dacă sunteţi irlandezi sau nu, zise el.

– De ce nu? întrebă Cole.

Harrison se încruntă în faţa unei astfel de atitudini ofensive. Îşi dădu seama că a avea o conversaţie normală cu oricare dintre membrii familiei Clayborne era, pur şi simplu, un lucru prea greu pentru el. Era pregătit să se declare învins.

– Mă rog la Dumnezeu să nu fiu nevoit niciodată să vă interoghez într-o sală de judecată, remarcă el sec.

– Ce-ai cu noi? întrebă Douglas. Am fost foarte ospitalieri, nu-i aşa?

– Sunteţi complet lipsiţi de logică, asta este problema voastră, îi anunţă Harrison.

Nu-i păsa dacă-i insulta sau nu. Până la urmă, frustrarea avea limitele ei.

–Poate suntem puțin prea logici pentru tine, se gândi Cole. Te-ai gândit la varianta asta?

–Mă întrebam, pur și simplu, de ce vorbiți în franceză trei seri pe săptămână, răspunse el.

–Marțea, joia și sâmbăta, îi reaminti Cole rânjind cu tupeu.

Frații se delectau văzând cât de frustrat era. Harrison începea să se prindă, încet-încet, cum stătea treaba, nu era chiar imbecil. Decise că merseseră prea departe. Schimbă intenționat subiectul.

–Mary Rose, te simți bine?

–Da, mulțumesc, răspunse ea.

–A încasat ceva scatoalce de dimineață, îi spuse Harrison lui Adam.

–Așa se pare, fu de acord Adam.

Vocea lui era blândă, plăcută.

–Arată mai bine, remarcă Douglas.

„Mai bine“ nu descria suficient de bine cât de bine i se părea lui Harrison că arăta Mary Rose. Era la fel de frumoasă, în ciuda vânătăilor. Pe fruntea ei trona un cucui, lângă tâmplă, de mărimea unei pietricele. Însă nu se i vedea tăietura pentru că era acoperită de bucle. Colțul gurii era, de asemenea, umflat. Probabil că o durea, se gândi el. Nu avea importanță. Tot voia s-o sărute.

–Iar face asta, Cole.

–Cine face, ce, Douglas?

Harrison se holbează din nou la Mary Rose.

–Nu făceam altceva decât să-i inventariez rănile, se apără Harrison. Ești foarte rezistentă, Mary Rose. Meriți complimente pentru tăria de care dai dovadă.

–Nu sunt deloc delicată, răspunse ea și îi aruncă o privire lui Adam. Frații mei par să fi înțeles acest lucru.

–Nu începe cu noi, Mary Rose, o avertiză Cole.

–Ce să încep? întrebă ea cu o privire inocentă de copil.

–Pari delicată, recunoscu Harrison cu voce tare.

–Ei bine, nu sunt, așa că să nu îți treacă prin minte că poți să-mi spui ce să fac. Am parte de suficiente prostii de felul ăsta pe aici.

Harrison ridică din sprânceană auzind cât de vehementă era. Se părea că Mary Rose era într-o dispoziție proastă. Nu știa cu siguranță ce anume o deranjase, dar era îndeajuns de deștept să n-o întrebe care era problema. Arăta de parcă ar fi vrut să sfâșie pe cineva. Și era sigur că nu dorea să fie ținta.

– Nu-i mai pune întrebări, șopti Cole destul de tare.

– Nici nu îndrăznesc, răspunse Harrison.

– Despre ce voiai să vorbim? îl întrebă Adam pe Cole.

– Despre Harrison, răspunse Cole. Am vrut să vorbim despre oaspetele nostru. M-am săturat să aștept să termini cu Eleanor, așa că m-am întors la muncă. Oricum, am aflat de ce Harrison pune așa de multe întrebări. Nu se poate abține. Ai auzit ce-a zis despre interogatoriul nostru în sala de judecată, așa că te-ai prins și tu.

– E avocat, interveni Travis, înainte ca fratele lui să apuce să termine.

Cole se încruntă pentru că-i luase fața. Apoi lăsă la o parte impolitețea lui Travis și continuă:

– A crezut că ne-a spus, dar cred că a uitat intenționat. Probabil s-a gândit că n-o să-i permitem să stea cu noi dacă știm cu ce se ocupă. Până la urmă, avem standardele noastre.

Douglas părea șocat de veste. Cole era uimit de reacția lui.

– Nu ai auzit ce-a zis acum câteva minute? Numai avocații interoghează martorii, zise Cole.

– Nu eram atent, recunoscu Douglas. De ce nu ne-a spus? A avut destule ocazii.

– E foarte nepoliticos să discutați despre un oaspete când acesta este încăpere, interveni Harrison.

– Nu e mai bine decât să așteptăm să plece și apoi să-l vorbim pe la spate? întrebă Cole.

– N-ar trebui să vorbiți deloc despre el, îl sfătui Harrison.

– De ce nu ne-ai spus? întrebă Douglas.

– A crezut că a făcut-o, spuse Cole. Toată lumea din oraș știe, chiar și Dooley.

– Ei bine, noi n-am știut, nu-i așa? zise Douglas. Pentru numele lui Dumnezeu, sunt atât de nervos că-mi vine să-l pocnesc.

– Am făcut-o eu deja, se lăudă Cole.

–Da, a făcut-o, spuse Mary Rose uitându-se urât la el. În bucătăria familiei Morrison. Fratele tău are maniere deosebite la masă, Adam. Nu eşti de aceeaşi părere, Harrison?

Toți cei de la masă se întoarseră spre el, ca să vadă de partea cui avea să fie. Harrison se hotărî să fie cât se poate de sincer.

–Poate, zise el. Însă, recunosc că eram pe cale să-l pocnesc şi eu, dar am văzut că te uitai.

–Ştii că mă uitam? întrebă ea.

Dădu din cap. Ea se încruntă şi mai mult.

–Şi, totuşi, ai lăsat-o pe Catherine Morrison să se întindă peste tine?

–Nu era întinsă peste mine, nu-i aşa, Cole?

Din moment ce oaspetele lor îi luase apărarea în urmă cu un minut, Cole se simți obligat să facă acelaşi lucru.

–Nu, nu era. Era doar politicoasă, nu-i aşa, Travis?

–Poate puțin prea politicoasă după părerea mea, spuse Travis. Dar şi cu mine a fost foarte politicoasă, aşa că, după părerea mea, totul e în regulă.

–Cu alte cuvinte, s-a întins şi pe tine, se răsti Mary Rose.

În acel moment, Harrison îi aruncă o privire lui Adam şi fu surprins să vadă că acesta zâmbea. Reacția lui Mary Rose față de Catherine îl distra.

–De ce-ți pasă ce-i face ea cu Harrison? întrebă Cole.

–Se întâmplă să cred că o gazdă ar trebui să fie mai puțin ospitalieră, bombăni ea.

–Chiar că a fost ospitalieră, răspunse Cole.

–Mary Rose, dacă n-ai mai fi atât de căpoasă şi ai renunța la ranchiuna pe care i-o porți lui Catherine, din cauza lucrurilor pe care ți le-a făcut când erați mici, ai observa ce femeie drăguță a devenit. E drăguță, cu inima curată şi bună la suflet.

Adam schimbă brusc subiectul.

–Am o întrebare pentru voi, anunță el.

Aşteptă până ce se bucură de atenția tuturor şi apoi continuă:

–Sunt curios unde erați cu toții când Mary Rose a fost bătută. Vrea să-mi explice cineva?

Şi începură să-i explice cu toții în acelaşi timp. Cole era atât de tulburat, încât uită să mai vorbească în franceză în timp ce îi prezenta o listă cu motivele pentru care nu avuseseră grijă de sora lor.

Mary Rose era în mijlocul concertului de țipete. Continua să insiste că era cât se poate de capabilă să aibă grijă de ea. Nimeni nu îi dădea însă atenție. Harrison era fascinat de schimbarea suferită de Adam. Era, așa cum ar și spus un englez, al naibii de furios. Era prima oară când fratele cel mai mare își arăta emoțiile. Privirea îi era la fel de rece ca și vocea. Travis invoca nenumărate grozăvii ca motiv că nu reușise să aibă grijă de sora lui. Cole nu reușea să se facă înțeles, iar Douglas încă încerca să găsească o scuză.

La fel de surprinzător pentru Harrison era propriul comportament. Nu doar că se amestecase în dispută. Era la fel de guraliv și de insuportabil precum Cole, ori de câte ori voia să fie ascultat de ceilalți. Se simțea foarte bine. Cinele de la el de acasă fuseseră întotdeauna solemne. Și plictisitoare. Nu se vorbea decât în șoaptă și nimeni nu întrerupea pe nimeni ca să se facă ascultat. Se discutau numai chestiuni importante, iar Harrison nu își dăduse seama, până în acel moment, cât de plictisitoare fusese viața lui și câtă rutină implica.

– Adam, vrei să mă asculți, ceru Mary Rose aproape țipând și apoi bătu cu pumnul în masă ca să-i atragă atenția. Vreau să înțelegi că sunt o femeie în toată firea și că pot avea grijă de mine. Nu-ți dai seama cât de jignită mă simt de această discuție?

Nu-i plăcu răspunsul lui.

– Poți pleca acum, surioară. De ce nu te duci în salon să cânți la pian? Nu te-am mai auzit cântând de multă vreme.

Mary Rose dori să protesteze. Expresia de pe fața lui o făcu, însă, să se răzgândească. Se ridicară cu toții când ea ieși din sufragerie, luând exemplul lui Harrison. Imediat ce sora lor ieși, se așezară la loc și începură din nou să țipe. Harrison nu mai încercă să-i atragă atenția lui Adam. Se așeză confortabil și urmări disputa fraților.

Cole se calmase suficient de mult încât să vorbească din nou în franceză. Ba chiar începuse să înjure. Părea să cunoască toate cuvintele urâte din vocabularul francez.

– Jur pe Dumnezeu, într-o clipă era acolo, apoi a dispărut. N-am făcut decât să mă întorc și a dispărut.

Explicația lui era singura care avea sens. Travis încă se acoperea de scuze și nimic din ce spunea nu părea plauzibil. Douglas era ocupat să-l acuze pe Cole că nu fusese atent. Le reaminti fraților săi că se aflase în grajd și că de aceea nu ar fi avut cum să aibă grijă de Mary Rose. Nimeni nu putea fi în două locuri în același timp.

– Atunci, de ce te aștepți ca eu să fi fost și în magazin, și afară, în același timp? întrebă Cole.

– Bine, bine, țipă Travis. Eu mă duceam s-o văd pe Catherine. Ar fi trebuit să rămân în oraș, dar am crezut că o să ai tu grijă de ea, Douglas.

Adam se întoarse spre Harrison.

– Și tu ce făceai?

El nu avea nici o scuză.

– Îmi asum întreaga responsabilitate. M-am lăsat furat de discuția despre strângerea vitelor și, pur și simplu, n-am observat când a plecat din magazin.

Adam dădu din cap. Se uită la fiecare și apoi vorbi:

– Nu trebuie să se mai întâmple așa ceva. Mary Rose poate să aibă singură grijă de ea. Știu că nu suntem responsabili pentru ea. Și este vinovată pentru că a căutat-o cu lumânarea. Știe prea bine. Nici măcar n-a avut pistolul, adăugă și clătină din cap. Sora noastră a lăsat ca supărarea să-i întunece judecata. Însă, acum că e în salon și nu poate protesta, vreau să vă reamintesc faptul că este vulnerabilă. Poate că nu-i place că este mai delicată ca fizic, dar e un lucru important pentru noi. Putea să fie omorâtă.

– Da, așa este, fu de acord Cole. Bickley e mic, dar e de două ori mai greu decât ea și are mușchi.

– Prietenii lui erau mari, zise Douglas.

– Prietenii lui? Au mai fost și alții care au lovit-o?

Frații tresăriră când auziră furia din vocea lui Adam. Cole și Travis se întoarseră spre Harrison căutând ajutor. Douglas se holba la cana cu cafea.

– N-a mai lovit-o nimeni, explică Harrison. Am reușit să-l prind pe Bickley înainte să fugă. Frații tăi ar fi făcut la fel. S-a întâmplat să fiu primul care a ajuns la ea.

– Cum l-ai oprit pe Bickley? întrebă Adam.

Se calmase suficient de mult cât să vorbească pe un ton normal.

– Cu pumnii, recunoscu Harrison. Mi-am ieşit din fire. Îmi pare rău. Puteam să-i omor pe toţi, dar n-am făcut-o. Acum se află în Hammond. Autorităţile se vor ocupa de ei.

– Ce te face să crezi că şeriful va face ceva? întrebă Adam.

– Vrei să spui că n-o să facă? întrebă Harrison.

– Mă îndoiesc. Trăim în Blue Belle. Oamenii din Hammond au singuri grijă de ei. Numai Dumnezeu ştie câte are pe cap şeriful. Probabil că o să dea mâna cu ei şi o să le dea drumul.

– Crezi că se vor întoarce în Blue Belle? întrebă Harrison.

– În cele din urmă, da, spuse Adam. Gunoaiele ajung mereu în oraşul nostru. Însă nu cred că Bickley va veni după Rose. Tu vei fi ţinta lui, Harrison. Cred că ar trebui să stăm cu toţii în gardă.

Fraţii se declarară cu toţii de acord. Adam zâmbi.

– Îmi pare bine că am lămurit lucrurile. Harrison, în urmă cu o lună am cumpărat trei sute de vite de la un fermier care locuieşte lângă cascadă. Vei sta pe aici suficient de mult ca să ne ajuţi să le aducem la Rosehill?

Nu avu timp să răspundă. Douglas îşi dădu primul cu părerea.

– Nu ştie să prindă vitele în laţ, Adam. Ştii, Harrison?

– Nu, dar...

– Lasă-mă să ghicesc, vorbi Cole tărăgănat. Nu poate fi prea greu, aşa-i? Nu asta ai spus şi despre îmblânzirea cailor?

– Poate că am fost puţin naiv, recunoscu Harrison. Însă sunt sigur că, dacă-mi daţi un laţ şi-mi arătaţi cum se foloseşte, o să mă prind imediat.

– Îi place să sufere, nu-i aşa? remarcă Douglas.

– Când o să înţelegi că nu te pricepi deloc? întrebă Cole.

– După ce-ţi sparg faţa, Cole.

Izbucniră cu toţii în râs. Nu-l luaseră în serios.

– Da, domnule, e uşor să te placă omul, spuse Cole.

– De ce? întrebă Harrison.

– Eşti singurul care se pune cu el, explică Douglas. De-aia te place. Poate că nu eşti deştept, dar ai curaj. Cole nu-i obişnuit să i se răspundă.

Harrison ridică din umeri.

– Cât de departe este fermierul de la care ați cumpărat vitele?

– La două zile de mers, răspunse Cole. Poimâine poți începe să exersezi cu lațul. Mai întâi trebuie să termini cu mustangii. Mai ai încă unul încăpățânat de îmblânzit. Îți amintești?

Harrison oftă.

– Îmi amintesc. Ăla cu pete. Încă nu e pregătit să fie ascultător. Însă mai are puțin. Îl simt că se obișnuiește cu ideea. Seamănă cu tine, Cole. Foarte căpos. Poate o să am mai mult noroc cu el mâine.

– Ai fi terminat deja dacă nu ai fi pierdut atât mult timp vorbind cu fiecare cal. Nu înțeleg o iotă din ce le spui. Ar trebui să pricepi asta.

– Îi fac să se obișnuiască încet cu vocea mea, explică Harrison. Sunt încăpățânați, da, dar și speriați. Nu sunt singurul care vorbește cu caii. L-am auzit și pe Douglas.

– Are dreptate, recunoscu Douglas. Și eu vorbesc cu ei.

– Douglas, vrei, te rog, să te duci și să-i reamintești lui Mary Rose că e rândul ei să strângă masa? Harrison, tu o să te ocupi de strânsul mesei mâine-seară.

– Sigur. Ce trebuie să fac?

– Nu ai mai spălat vase înainte? întrebă Cole.

– Nu.

– Ai trăit în puf, nu-i așa? remarcă Travis.

– Cred că da.

Douglas se ridicase de pe scaun și se îndrepta spre ușă. Se opri în prag, apoi se întoarse și veni repede la masă.

– Eu nu mă duc acolo. Du-te tu, Travis.

Douglas se așeză, Travis ridicându-se în picioare.

– Cântă Beethoven, îl avertiză Douglas.

– Ce? întrebă Travis.

– A V-a.

Se așeză din nou la locul lui.

– Hai să-l trimitem pe Harrison.

Pufniră cu toții în râs. Cole îi explică de ce era așa de amuzant.

– Nu vrei să te pui cu Mary Rose când cântă Beethoven.

– Adică?

– Înseamnă că e în toane proaste, explică Cole. De câte ori auzim Simfonia a V-a fugim în cealaltă parte a casei. Ești în siguranță cu Mozart sau Chopin, adăugă el. E tare întoarsă pe dos în seara asta, nu-i așa, Adam?

Fratele lui zâmbi.

– Da, așa e, fu el de acord. Harrison, ești pregătit să intri în bibliotecă?

Harrison dădu din cap confirmând și se ridică. Îl urmă pe Adam și ieșiră din încăpere. Cei doi își făcuseră un obicei din a-și petrece serile cu dezbateri. Harrison abia aștepta să-și pună mintea la contribuție. În primele ocazii, îl lăsase pe Adam să câștige, sau cel puțin crezuse că-l lăsase să-și asume câteva victorii, dar, până la urmă, firea lui competitivă își ceru revanșa. Discuțiile cu Adam erau o provocare pentru minte. Harrison se bucura de ele aproape la fel de mult ca Adam.

Se așeză pe unul dintre fotoliile din piele moale din fața șemineului și ridică un caiet de pe masă. Apropie călimara și penița. Adam turnă câte un pahar cu coniac pentru fiecare. Îi dădu lui Harrison băutura și apoi se așeză vizavi de oaspetele său. Harrison își puse picioarele pe scăunelul de lângă fotoliu.

– Care-i subiectul tău pentru seara asta?

– M-am gândit mult și m-am hotărât să discutăm despre invazia Cartaginei.

Părea să savureze fiecare cuvânt pe care-l rostea.

– Nu putem discuta despre final până nu vorbim despre început, răspunse Harrison.

Adam se lovi peste genunchi.

– Exact, zise el. Grecii, trebuie să înțelegi asta, au fost un popor mândru și foarte inteligent.

Introducerea lui oglindea poziția pe care o avea în privința subiectului. Harrison contraatacă folosind teza sa.

– La fel și spartanii. Și ei au fost luptători invincibili, cu abilități superioare în toate domeniile, inclusiv în conceperea de planuri pentru bătălii. Superioritatea lor nu poate fi contestată.

Și, astfel, dezbaterea începu. Ce doi se contrară pentru mai bine de o oră. Când, în cele din urmă, Adam îi sugeră să ia o pauză, Harrison numără momentele în care fiecare din ei fusese nevoit să se dea bătut în timpul discuției. Și el, și Adam fură dezamăgiți să afle că seara se încheiase la egalitate. Adam rămase în bibliotecă să citească înainte de a se duce la culcare. Harrison îi ură noapte bună și se îndreptă spre căsuță. Mary Rose îl aștepta pe verandă. Părul ei auriu strălucea în lumina lunii.

– De ce nu ești în pat? E târziu.

– Aveam nevoie de aer, răspunse ea. Te însoțesc.

Harrison o așteptă la capătul treptelor. Traversară curtea unul lângă altul.

– Sunt neliniștită în seara asta.

– Beethoven nu te-a ajutat să scapi de supărări?

Observă zâmbetul din tonul lui și zâmbi.

– Nu eram supărată, doar frustrată. Frații mei sunt prea autoritari. Mereu încearcă să intervină în orice.

– Nu cred că intervin îndeajuns, îi spuse el. Este un loc foarte periculos.

– Iar eu sunt o femeie slabă și micuță, nu?

Harrison clătină din cap.

– Nu am de gând să intru în polemica asta. Nu există un pian în căsuță, ceea ce înseamnă că o să te răzbuni pe mine.

– Înseamnă că și tu crezi că nu sunt în stare de nimic.

– Nu am nici o părere, zise el. Ai un obicei care mă irită la culme, Mary Rose. Mereu tragi concluzii înainte să știi toate faptele.

Mâna ei se atinse de a lui.

– Da? întrebă ea.

– Da.

Îl atinsese intenționat. El nu își dăduse seama. Era ori timid, ori greu de cap, se gândi ea. Orice subtilitate era pierdere de vreme cu el. Bănuia că nu trebuia decât să fie îndrăzneață dacă voia să-l facă să coopereze, iar concluzia o irita la culme. Îl luă de mână și se apropie de el. Harrison n-avea decât s-o respingă sau s-o dea la o parte, dar era prea domn ca să se poarte atât de grosolan. Era prins la înghesuială, fie că-i plăcea, fie că nu.

Gestul ei de afecțiune îl luă prin surprindere. Nu-și retrase mâna. În schimb, o strânse pe a ei și o ținu bine.

– Petreci foarte mult timp discutând cu Adam, remarcă ea pe un ton care spera că era unul firesc.

Era emoționată de faptul că aducea vorba de asta și nu voia ca el să observe.

– Crezi?

– Da.

Nu mai spuse nimic. Ea spera în continuare că îi va explica de ce și, pentru că era în continuare tăcut, se hotărî să insiste.

– Mă întreb de ce vorbești cu el în fiecare seară, începu ea din nou.

Vocea îi era reținută. El o privi ca să vadă dacă era doar îngrijorată pentru ceva anume sau dacă îi era teamă. Îi putea vedea doar creștetul. Se uita în pământ și nu își ridică ochii spre el. Mâna ei, însă, tremura, fiind evident foarte preocupată de ceva anume. Știa că nu era bine să abordeze direct subiectul dacă voia să afle care era problema. Singurul mod în care o putea înțelege pe Mary Rose era să încerce să intre pe ușa din spate.

– Îmi place să discut cu el.

– Așa m-am gândit și eu.

– Da.

– Despre ce vorbiți?

– De toate.

– Fii mai precis.

– De ce? Ce vrei să știi?

– Eram curioasă.

– Vorbim despre tot felul de lucruri.

– Cum ar fi?

– Cum ar fi războiul dintre statele voastre și motivul pentru care nimeni nu-i spune război, deși exact asta este. Tu despre ce crezi că vorbim?

– Am crezut că îi pui întrebări. Ești curios din fire.

– Despre ce să-l întreb?

– Despre trecutul lui.

– Nu, nu l-am întrebat despre trecut.

Abia după ce răspunse, își dădu seama cât de adevărat era. Nu-l întrebase pe Adam nici măcar un singur lucru despre trecutul lui. Irosise ocazii perfecte de a încerca să afle mai multe despre această familie. Era uimit de propriul comportament. Nu-și respectase prioritățile, iar acest lucru îl enerva. Venise în Montana în căutarea adevărului şi totuşi, când mai avea nevoie de o singură informaţie vitală care să îi completeze tabloul de ansamblu şi să găsească vinovatul responsabil de răpire, oprise căutările. Înţelegea motivul reticenţei sale. Adevărul avea să distrugă familia Clayborne. Îl distrugea şi pe el numai gândul la durerea pe care o putea provoca tuturor.

Mary Rose îl ţinea de mână, îl lăsa să vadă afecţiunea pe care i-o purta, dar el ştia că, în clipa în care urma să afle de ce stătea cu ei, îl va urî. Nu avea nevoie de ura ei; avea nevoie de iubirea ei.

Harrison grăbi pasul. Se înfuriase brusc pe propria persoană. Avea nevoie să rămână singur ca să se gândească şi să ajungă la un fel de concluzie. Se implicase emoţional în relaţia cu familia Clayborne fără să-şi dea seama ce i se întâmplă. Îi plăcea pe toţi, ţinea la ei, îşi făcea griji pentru ei. La dracu', îi plăcea până şi să-l urască pe Cole. O, da, avea multe lucruri la care să se gândească în acea noapte.

– Harrison, n-am vrut să te insult sugerând că-ţi bagi nasul, şopti Mary Rose.

– N-am crezut asta, răspunse el.

– Nu eşti supărat?

– Nu, sigur că nu.

Încetini pasul şi încercă să se calmeze.

– Atunci nu mă mai strânge de mână.

El îi dădu imediat drumul.

– E frig în seara asta. Ar trebui să te duci în casă, spuse el dintr-odată.

– Nu mi-e frig, zise ea.

Într-un final, îşi dădu seama că era posibil să dorească să scape de ea. Spera din tot sufletul să se înşele.

– Eşti îngrijorat de ceva?

– Cum ar fi? întrebă el.

– Că s-ar putea să te sărut din nou.

Remarca ei era absurdă. Nu putea decât să râdă.

– Eu te-am sărutat, îi reaminti.

– Eu te-am încurajat.

– Bine, suntem amândoi în culpă.

–În culpă, repetă ea. Da, eşti avocat. Mi-aş fi dorit să nu fi fost.

–Explică.

–Avocații ne deranjează.

–De ce?

Ea ridică din umeri. Nu avea de gând să dea mai multe explicații. Harrison nu renunță. Se hotărî că era momentul să primească un răspuns.

–Îți era teamă că l-aş întreba pe Adam lucruri despre familie sau despre trecutul lui?

Se opriseră şi stăteau față în față. Lumina lunii forma un halou în jurul lor.

–Nu voiam să-l sâcâi. Lui Adam nu-i place să vorbească despre adolescența lui. A fost sclav, Harrison. Este tot ceea ce trebuie să ştii.

–Despre ce-i place să discute? întrebă el. Şi perioada pe care a petrecut-o în New York e un subiect închis?

–Nu.

–Dar despre drumul pe care l-a făcut până aici? Discută despre asta sau trebuie să evit şi acest subiect?

–Nu cred că l-ar deranja să vorbească despre drum. Frații mei sunt chiar mândri de ceea ce-au realizat.

Harrison nu se putu abține; o luă în brațe şi o trase mai aproape de el. De data aceasta, nu era o reacție fizică. Nu voia decât s-o țină aproape de el cât mai mult timp. Ea părea să-i înțeleagă dorința pentru că îşi puse mâinile în jurul taliei lui şi îl strânse în brațe cu putere.

–Ai fost foarte singur în copilărie, nu?

–Dacă am fost, n-am băgat de seamă, răspunse el.

Îşi rezemă bărbia de creştetul ei. Închise ochii şi se desfătă cu plăcerea pe care ea i-o oferea.

–Până acum? şopti ea cu gura lipită de gulerul cămăşii lui.

–Da, până acum.

Încerca să-l consoleze. Harrison fu aproape copleşit de cât de bună şi de înțelegătoare era. Avea atât de multă dragoste de oferit. Îl făcea să se simtă complet. Viața lui fusese goală, fără sens, teribil de rece. Mary Rose, dulcea şi iubitoarea Mary Rose. Pentru numele lui Dumnezeu, ce avea să facă cu ea?

Până la urmă, reuşi să-i dea drumul. A o face şi pe ea să-i dea drumul din braţe dură puţin mai mult. Fu nevoit să-i dea mâinile la o parte.

– N-o să-ţi cer să mă săruţi. Nu trebuie să-ţi faci griji pentru asta.

– Trebuie să te duci acasă, Mary Rose. Hai, merg cu tine.

– Dar tocmai te-am condus la tine.

– Atunci noapte bună.

– Noapte bună.

Se întoarse să plece, iar Harrison îşi duse mâinile la spate şi o urmări. Fu luat pe nepregătite când o văzu întorcându-se şi aruncându-i-se în braţe. Îşi puse mâinile pe ceafa lui, se înălţă pe vârfuri şi îl sărută prelung şi deloc cuminte. Nu putu rezista fără să-i răspundă. O cuprinse cu braţele şi apoi îi arătă cum voia să fie sărutat. Gura lui era fierbinte, deschisă, devoratoare. Limba i se mişcă înăuntru căutând să se împerecheze cu a ei şi părea să nu se mai sature. Sărutul deveni pasional. Nu voia să se oprească. Sunetul pe care ea îl scotea din gât îl îmbăta. Totul i se părea magic în privinţa ei, iar când îşi dădu seama că voia mult, mult mai mult, se retrase.

Mary Rose se uită în sus la el cu ochii înceţoşaţi de pasiune, cu buzele roşii şi umflate de la săruturile lui, şi tot ce-şi dori fu s-o ia înapoi în braţe şi s-o ţină strâns.

– Noapte bună.

Vocea ei era doar o şoaptă venită din gât. Nu se mişcă. Harrison se simţea încântat de starea ei de uluire. Înţelese că pasiunea era ceva nou pentru ea şi, pentru că nu avea deloc experienţă, era foarte vulnerabilă tocmai fiindcă avea încredere în el. Mary Rose era o femeie puternică. Nu i-ar fi permis nici unui bărbat să profite de ea. Avea standarde morale deosebite, dar faţă de el era vulnerabilă. De aceea, era de datoria lui să nu permită să fie rănită.

Harrison o urmări până când ajunse la casă şi intră. Dar el rămase în continuare pe loc. Pentru numele lui Dumnezeu, ce o să se facă? Mary Rose se îndrăgostea de el. Putea să oprească totul înainte să devină mai serios. Şi, totuşi, nu făcea nimic pentru a o descuraja. De ce nu? Harrison păli când îşi dădu seama de adevăr. Era în faţa lui de mai bine de o săptămână. Îşi dădu seama brusc de ce n-o descurajase.

Era îndrăgostit de ea.

2 august 1864

Dragă Mamă Rose,

Citim în ziarul din Hammond despre încă o bătălie care s-a dat în zona în care stai cu stăpâna Livonia. Desigur, am început să ne facem griji. Am auzit atât de multe poveşti îngrozitoare despre revoltele din cauza lipsei de mâncare şi de medicamente. La o săptămână după ce am citit ziarul, a ajuns scrisoarea de la tine în care spuneai că eşti bine. Probabil că acum clatini din cap nemulţumită de cât suntem de proşti. Ne tot spui să avem încredere în Dumnezeu şi să-l lăsăm pe El să-şi facă griji, dar, uneori, e greu să lăsăm lucrurile în seama Lui. Încercăm, mamă. Cred că asta ar trebui să conteze cumva.

Ne pare rău să auzim că noul tratament nu a îmbunătăţit vederea stăpânei Livonia. Nu crezi că toate acele bătăi pe care i le-a aplicat soţul ei ar putea fi cauza pentru care acum nu mai vede bine? Îmi amintesc că am văzut-o cu vânătăi şi răni. Te rog, transmite-i că ne gândim la ea şi că ne rugăm să se facă bine îngenunchiaţi în faţa crucifixului pe care ni l-a dat.

Sper că fiii ei vă lasă în pace. Unele dintre lucrurile pe care ei le-au făcut mamei lor îmi fac rău. Cum pot fi atât de cruzi? Cole îşi face griji că băieţii vor încerca să vă facă necazuri cum a făcut-o şi tatăl lor, dar i-am spus să aibă mai multă încredere în tine. Cât timp ţii garda sus şi stai lângă mama lor, n-o să îndrăznească să vină după tine. Mă rog să am dreptate.

A mai fost un discurs de-al lui Lincoln transcris în ziar. L-a ţinut acum câţiva ani, mamă. Ştii că ne-a numit negri în loc de sclavi? Cuvântul „negri" mi se pare mai demn decât orice alt nume pe care l-am auzit. Cole se întreabă de ce oamenii nu pot folosi doar cuvintele bărbaţi şi femei. Nu vede motivul pentru care trebuie să fie aşa de exacţi. Aş vrea să fie aşa de simplu, dar oamenii au noțiuni ciudate despre cei care nu sunt ca ei. De ce faptul de a fi de altă culoare îi face pe oameni să urască?

Într-o noapte, noi, frații, am discutat despre diferențele dintre rase. L-am întrebat pe Travis dacă el crede că acei oameni care au scris „Declarația de independență" pentru noi s-au preocupat de culoarea pielii. În legile noastre scrie că toți oamenii sunt creați egali. Le-am zis fraților mei că eu nu cred că Jefferson se gândea și la oamenii de culoare când a scris regulile lui de bună guvernare, dar Douglas a zis că n-ar trebui să conteze. Egal e egal, nu contează ce culoare are pielea sau ce religie are o persoană și așa mai departe. Am încheiat fiind cu toții de acord asupra unui lucru: mulți dintre cei din Sud nu au citit Constituția.

Lui Mary Rose îi place să ajute acum cu vasele. E atentă la cele două cești de porțelan pe care i le-a adus Travis. El i-a promis că, imediat ce poate face rost de mai multe, o să-i arate cum se dă o petrecere cu ceai ca la carte. Acum încearcă să găsească un ceainic și, pentru că-l cunosc pe Travis, știu că n-o să dea greș. Nu știe nimic despre ce înseamnă „ca la carte", desigur, dar e convins că doamna Morrison va fi fericită să-i arate cum se face și, apoi, el o poate învăța pe surioara noastră.

Cole jură că el nu o să participe la petreceri cu ceai, dar o să se răzgândească. Întotdeauna o face. A început, în sfârșit, să lucreze la casa noastră. Anul trecut a existat mereu câte ceva care l-a împiedicat să se apuce de proiect. Mai întâi a fost șopronul pentru Douglas, apoi a venit iarna înainte să facă pivnița, a urmat primăvara, și-a petrecut tot timpul vânând și prinzând cai pe care să-i poată da la schimb. Am vândut toți mustangii pe care i-a prins. Munții sunt plini de ocazii. Cole nu poate lucra la casă cât timp frații lui muncesc să adune cai. Știe că venitul nostru depinde de prinderea mustangilor și de îmblânzirea lor înainte să o facă alții.

Douglas și-a făcut o reputație în Blue Belle. Oamenii vin la el de la mile întregi să-i ceară părerea despre vreo vacă bolnavă sau despre vreo găină mai pretențioasă. Fratele meu are darul de a ști ce trebuie făcut.

Am început cu toții să muncim din greu să ne cizelăm limbajul pentru că Mary Rose înjură tot timpul acum. Lui Cole i-a venit ideea să scriem în fiecare dimineață câte un cuvânt nou pe tablă. Şi apoi toți trebuie să-l folosim în timpul zilei. El s-a gândit că e bine pentru toți să ne îmbogățim vocabularul şi, desigur, sora noastră va avea de câştigat. Nu-i place să fie exclusă.

Adaug şi notele personale ale fiecăruia. O să-ți scriu foarte curând, mamă.

Dumnezeu să te aibă în pază,
Adam

Capitolul 9

Vineri veni rândul unei noi porții de umilință. Harrison se trezi devreme. Era hotărât să strunească şi să domesticească până la ora prânzului ultimul cal care-i fusese repartizat. Depăşi termenul limită cu câteva ore, dar, după-amiază târziu şi după zece vânătăi, mustangul pătat devenise, în sfârşit, ascultător.

Douglas era impresionat de răbdarea şi de rezistența lui Harrison. Îl strigă pe Cole să vină şi să vadă cu ochii lui ce treabă bună făcuse oaspetele lor.

– Uite cât de cuminte şi de docil e acum calul, remarcă el în fața fratelui lui. Harrison l-a îmblânzit bine.

Douglas stătea cu brațele sprijinite de gard. Îi făcu semn lui Harrison să-l vină cu animalul spre el ca să-l poată lăuda.

– Ai făcut o treabă remarcabilă, spuse el cu mândrie.

– Am fost răbdător şi înțelegător, răspunse Harrison.

Se uită la Cole în timp ce se lăuda.

– Ție ți-ar prinde bine să le înveți pe amândouă.

Cole se încruntă.

– Răbdare şi înțelegere? La dracu', Harrison, ai vorbit şi ai vorbit până când sărmanul animal ar fi făcut orice doar ca să taci.

Harrison refuză să se lase atras într-o ceartă. Avea lucruri mai bune la care să se gândească decât la fratele căpos şi înverşunat al lui Mary Rose.

Descălecă şi luă şaua şi pătura. Calul îl urmă la marginea îngrăditurii. Harrison puse harnaşamentul pe gard, apoi luă animalul de căpăstru şi îl conduse în cel mai mare ţarc, unde erau ţinuţi ceilalţi mustangi. A intra acolo, în zona împrejmuită, alături de cal se dovedi a fi o greşeală. Îi luă mult, mult timp să scoată căpăstrul de pe cal, pentru că ceilalţi mustangi se îngrămădeau în jurul lui Harrison şi se înghionteau unul pe altul în încercarea de a-i capta atenţia. Se pare că fiecare cal dorea să fie băgat în seamă, iar Harrison nu reuşi să plece până nu îi mângâie şi îi lăudă pe fiecare dintre ei.

Ieşi din ţarc pe drumul cel mai lung, ca să nu fie obligat să intre într-o altă dispută cu Cole, luă pătura şi şaua şi traversă curtea spre şopron. Douglas şi Cole se holbau la cai.

– Ai observat? îi şopti Douglas fratelui său.

Cole zâmbi.

– Am observat.

Apoi clătină din cap. Mustangii erau atât de fascinaţi de Harrison încât mergeau pe lângă gard, îngrămădiţi unul în altul şi ţinând pasul cu stăpânul lor, cât timp acesta ocoli ţarcul pe exterior.

– N-am mai văzut animale care să se poarte aşa, zise Douglas. Nici acum nu vrei să recunoşti că ceea ce face Harrison, faptul că vorbeşte cu ei, are un efect magic?

Cole ridică din umeri.

– Recunosc, dar nu în faţa lui Harrison. Mă întreb dacă o să încerce să aducă vitele acasă tot cu vorba dulce.

– Probabil că da, răspunse Douglas. L-ai văzut pe Travis? întrebă el apoi.

– Se ascunde în şopron.

Douglas nu mai trebui să întrebe de ce fratele lor mai mic îşi găsise refugiul tocmai în şopron. Motivul se zărea pe verandă.

Eleanor Border se legăna înainte şi înapoi în balansoarul preferat al lui Adam, în timp ce-şi făcea vânt cu evantaiul-pentru-ocazii-speciale, atât de preţuit de Mary Rose. Douglas şi Cole se încruntară uitându-se oaspetele lor nedorit, chiar în timp ce sora lor ieşi afară în fugă cu un pahar de suc proaspăt pentru Eleanor.

– Femeia aia o scoate din minţi pe Mary Rose, comentă Cole.

Douglas dădu din cap confirmând.

– Crezi c-o s-o lase pe sora noastră să se ducă pe creastă?

– Mă îndoiesc, răspunse Cole. Cel puțin nu azi. Mary Rose încearcă să plece de dimineață și acum e ora trei.

– E vina ei că își pierde timpul așa, remarcă Douglas. Se lasă condusă de Eleanor. Mary Rose i-a dus două tăvi cu mâncare de dimineață. Lui Eleanor nu i-a plăcut cum a fost preparat primul mic dejun, așa că sora noastră i-a făcut altul.

Cole clătină din cap.

– Pe noi nu ne lasă să o luăm de sus, zise el. În plus, n-ar trebui să-i servească nimic. Eleanor nu s-ar purta ca o prințesă mofturoasă, dacă n-ar fi tratată ca atare.

– Cred că trebuie să discutăm cu Adam diseară, sugeră Douglas. Nu gândește rațional când vine vorba de faptul că Eleanor stă aici. Eu, tu și Travis am putea să ne unim. Poate reușim să-i dăm lui Eleanor un șut în fund. Mary Rose și Adam vor dori ca ea să rămână, desigur, dar nu va conta. Majoritatea conduce.

Conștiința lui Cole se interpuse în fața hotărârii sale. Nu putea trece cu vederea că Eleanor era în starea aceea deplorabilă. Sărmana femeie păruse atât de demnă de milă în timp ce plângea la pieptul lui Adam. Deși Cole nu voia să recunoască, amintirea asta îi dădea dureri de cap.

– Eu zic să nu ne grăbim, Douglas. Cred că-i bine să mai așteptăm câteva zile înainte de a vota. Adam trebuie să fi avut motive serioase pentru a o lăsa să stea la noi.

– De ce nu ni le-a spus și nouă?

– Cred că nu-i gata s-o facă, răspunse Cole. Poate că, într-o zi sau două, Eleanor va înceta să se mai plângă. A cam epuizat toate subiectele.

– O s-o ia de la capăt, se arătă sceptic Douglas. Îi place să se audă văitându-se, nu-i așa?

Cole zâmbi. Se uita la Eleanor și nu se putu abține să nu observe ce frumoasă ar fi fost dacă ar fi zâmbit.

– Nuanța roșcată a părului ei e de vină, îi spuse fratelui său. O face să fie cu toane.

– Și Travis e roșcat, iar el nu are toane.

– Se ascunde în şopron, nu? Mie asta-mi pare o toană.

Harrison se apropie de ei. Douglas se întoarse spre el.

– Îți vine să crezi? Cole o apără pe Eleanor.

– N-am zis decât că ar trebui să-i dăm câteva zile înainte de a o da afară, ripostă Cole. Cred că-i speriată şi de-aia se poartă aşa.

Harrison încuviință.

– Şi eu cred că-i speriată. Purtându-se aşa probabil că simte că are puțin control asupra situației actuale.

Douglas clătină sceptic din cap.

– Cred că amândoi v-ați țăcănit. Mă duc cu Travis în Hammond ca să dăm la schimb şi să vindem câțiva dintre cai. Are vreunul dintre voi chef să meargă?

– Te opreşti pe la Pauline? întrebă Cole.

– Cine-i Pauline? întrebă Harrison.

– Are o casă în afara oraşului, zise Douglas. Lângă răscrucea Sneeze.

– E..., începu Harrison.

– Prietenoasă, îl ajută Cole.

Harrison refuză invitația. Cole, Travis şi Douglas plecară mai târziu. Frații se gândiseră că, din cauza orei înaintate, sora lor n-ar mai vrea să meargă pe creastă ca să-i ducă provizii lui Corrie Nebuna. Se înşelaseră. Sarcina însoțirii lui Mary Rose avea să cadă pe umerii lui Adam sau pe cei ai lui Harrison. Adam îl lăsă pe Harrison să hotărască. Îl chemă în bucătărie şi îi explică situația.

– Unul dintre noi trebuie să stea aici şi să-i țină companie lui Eleanor. Celălalt trebuie să se ducă cu Mary Rose.

– Am crezut că tu nu pleci niciodată de la fermă, remarcă Harrison.

– Unde-ai auzit asta?

– În oraş. Dooley şi Fantomă mi-au spus.

– Evit să merg în oraş, Harrison. Munții sunt casa mea. Deseori merg la vânătoare cu Cole, iar pescuitul e modul meu preferat de a-mi petrece timpul, adăugă dând din cap.

– Aş prefera să merg cu Mary Rose, spuse Harrison.

– Ştii să foloseşti un pistol sau doar te-ai lăudat? Nu vreau să te insult, dar trebuie să ştiu dacă poți să-mi aperi sora în cazul în care intervine ceva.

– Da, ştiu să folosesc un pistol, îl asigură Harrison. Dacă te face să te simţi mai bine, o să iau două la mine.

– Pune şi o puşcă în spatele şeii, îi sugeră Adam. Am avut o singură întâlnire cu un urs de când stăm aici, dar, în perioada asta a anului, bântuie după mâncare. Poate dai peste vreunul din întâmplare.

– O să fiu pregătit pentru orice eventualitate.

– Mary Rose va avea pistolul ei, desigur. N-aş vrea să creadă că nu poate să se apere. Cole a învăţat-o să tragă la ţintă. Mulţumesc lui Dumnezeu că n-a fost nevoită să-şi folosească cunoştinţele până acum.

– Ar trebui să plecăm, zise Harrison.

– Încă o secundă, te rog, îi ceru Adam. O să fiu direct şi n-o să ocolesc subiectul, zise el. Mary Rose e atrasă de tine, iar după felul în care te uitai la ea la cină, mi-am dat seama că atracţia e reciprocă. Mă aştept de la tine să te porţi ca un gentleman. Îmi dau seama că te insult, dar Mary Rose este mai importantă decât sentimentele tale acum. Am cuvântul tău de onoare?

Harrison nu se simţi insultat. Adam se purta ca un frate iubitor. Nu s-ar fi aşteptat la nimic altceva din partea lui.

– Ai cuvântul meu. O să am grijă ca Mary Rose să fie în siguranţă sau o să mor încercând să mă asigur de asta. Adam, te rog să fii convins că o să-i protejez onoarea.

Adam dădu mâna cu el şi apoi îl conduse la uşa din faţă.

– Aş fi vrut să aibă răbdare până mâine, dar este căpoasă, Harrison.

– Am observat.

Adam zâmbi.

– Da, evident că ai observat. Sunt curios să aflu părerea ta despre femeia asta, Corrie. Mary Rose tinde să vadă numai partea bună a lucrurilor. Fii atent când vorbeşte cu noua ei prietenă. Nu-mi place ideea că o puşcă ar putea fi îndreptată spre sora mea în tot acest timp.

Eleanor se ridică de pe scaun când cei doi bărbaţi ieşiră pe verandă. Îl salută din cap pe Harrison şi se uită la Adam.

– O laşi să se ducă, Adam? E posibil să vină ploaia. O să-şi strice hainele dacă va călări în timpul furtunii. Mi-aş dori să-i spui să stea acasă.

– Unde-i Mary Rose?

– E în şopron, răspunse Eleanor.

– Hai înăuntru cu mine. Îmi poți ține de urât în timp ce prepar cina.

Eleanor părea mulțumită că va avea companie. Dădu din cap bucuroasă şi îl urmă pe Adam înăuntru.

Le luă două ore să ajungă la căsuța ascunsă sus pe creastă. Urcuşul era greu pentru că poteca era distrusă din loc în loc şi inexistentă în alte părți. Timpul trecu prea repede pentru Harrison. Peisajul îl uimea constant. Se schimba la fiecare curbă, la fel şi culorile, şi miresmele, şi avu nevoie de toată puterea de concentrare ca să fie atent şi la Mary Rose. Privirea lui voia să zăbovească asupra cascadelor din dreapta cărării în zig-zag, şi a dealurilor care se întindeau în stânga, pline de pini înalți şi parfumați şi presărate cu luminişuri ascunse printre ei.

Fauna era bogată în zonă. Animalele coborâseră de la înălțime ca să scape de hainele de iarnă şi să se hrănească cu fructe de pădure şi cu iarbă dulce de primăvară. Erau căprioare şi elani, cerbi, veverițe roşcate şi iepuri. Un pui de căprioară cu coadă albă, mai mult curios decât speriat, nici nu se clinti când trecură la câțiva centimetri de el. Dacă Harrison ar fi întins mâna, i-ar fi putut atinge botul maroniu, ca de catifea.

Mary Rose deveni ghidul lui în sălbăticie. Îi spuse numele tuturor florilor pe care el nu le mai văzuse şi îi arătă câteva plante pe care localnicii le foloseau ca să-şi vindece bolile şi să-şi aline durerile. Când poteca deveni îndeajuns de lată, călăriră unul lângă altul. Ea se opri de mai multe ori ca să-i arate animale şi privelişti despre care credea că l-ar interesa.

Cu cât urcau mai mult, cu atât devenea mai evidentă dragostea ei pentru acele ținuturi. Arătă spre o femelă de elan cu puiul ei, care se adăpau lângă un izvor, şi îi şopti că i se păreau, pur şi simplu, adorabili. Se opri încă o dată lângă creastă şi arătă spre dealul de dedesubt.

–Urşi bruni, şopti ea. În stânga pârâului. Îi vezi, Harrison? Unul tocmai intră în apă. Dacă am fi avut timp, aş fi insistat să-i privim cum pescuiesc. Sunt mult mai buni la asta decât noi.

–De unde ştii că nu sunt grizzly?

Ea nu îl lăsă să înţeleagă că întrebarea lui îi păruse prostească.

–Un grizzly are o cocoaşă evidentă, explică ea. Nu vedem prea mulţi pe aici. Nu fi dezamăgit. Sunt periculoşi.

–Am citit că unor oameni care trăiesc în munţi le place să vâneze grizzly.

Ea îşi dădu ochii peste cap.

–Pun pariu că ai citit asta în cine ştie ce carte de doi bani, nu-i aşa? Poveştile alea sunt inventate. Oameni care vânează grizzly? Poate numai proştii ar face aşa ceva, spuse ea.

Cuta micuţă care îi brăzda fruntea în timp ce dădea explicaţii şi tonul entuziast cu care îl informa îl făcură să zâmbească. Îşi dădu seama brusc că era la fel de uimit de fiinţa ei pe cât era de acel ţinut.

–De ce zâmbeşti? Nu mă crezi? îl întrebă.

–Te cred. Zâmbesc pentru că mă faci fericit.

Mary Rose se simţi foarte de mulţumită de complimentul lui.

–Mulţumesc, îi zise.

–Mary Rose?

–Da?

–De ce vorbim în şoaptă?

Expresia de surpriză de pe chipul ei îl făcu să-şi dea seama că nu realizase asta. Râse încântată.

–Eu şi Adam obişnuim să vorbim în şoaptă când trecem pe aici. Facem asta de când eram mult mai mică.

–Dar de ce în şoaptă? întrebă el.

–O să râzi, spuse ea.

El o asigură că n-o va face. Apoi fu nevoit să promită. Îl obligă.

–Şopteam pentru că credeam că sunt în grădina lui Dumnezeu.

–Ce?

–Nu prea ai avut copii în preajmă, nu-i aşa, Harrison?

–Nu, cred că nu. Chiar credeai că eşti în...

– Da, îl întrerupse ea. Mi se părea că trebuie să şoptesc ca să-mi arăt respectul.

– Şi acum, la maturitate? Tot asta crezi?

Ea se hotărî să fie cât se poate de cinstită cu el.

– Încă mai cred că mă aflu în grădina lui Dumnezeu.

Harrison izbucni în râs. Fu nevoită să aştepte până ce se linişti, apoi vorbi din nou:

– Îmi place când râzi, deşi ai promis că n-o s-o faci. Ori de câte ori zâmbeşti, ceea ce se întâmplă foarte rar, ridurile de expresie de la colțurile ochilor tăi se accentuează. Eşti foarte atrăgător. Îți faci prea multe griji.

– Da?

Era surprins să audă asta. Nu-şi putea imagina că cineva ar fi putut să-şi facă prea multe griji. Ideea îi era străină. Când un om îşi făcea griji era încordat, mereu în alertă, pregătit pentru orice eventualitate.

– O, da, îți faci prea multe griji.

Ea îşi îmblânzi critica şi îi zâmbi. Îi răspunse la fel şi rămaseră pe loc. Nici unul din ei nu voia să se mişte. Momentul devenise, dintr-odată, promițător. Un val de intimitate pluti între ei, în acel interludiu paşnic, unde nimic din exterior nu putea pătrunde. În acel moment, era doar a lui. Nu trebuia s-o împartă cu nimeni altcineva. Un tunet se auzi în depărtare, dar Harrison ignoră avertismentul. La fel şi Mary Rose. Era ocupată să se uite fix la el. El era la fel de mulțumit să facă acelaşi lucru. O rămurică se rupse undeva în spatele lor. Harrison reacționă fulgerător. Se întoarse în şa cu pistolul scos şi cu piedica trasă aşteptând următorul sunet. Un iepure traversă poteca, iar Harrison îşi băgă pistolul înapoi în toc.

Mary Rose se uită la el uimită. Nu văzuse pe nimeni mişcându-se atât de rapid, cu excepția lui Cole, desigur, dar frații ei nu se puneau la socoteală, iar ea nu putea decât să se întrebe unde şi de ce îşi dezvoltase el astfel de abilități. Sau era doar instinctul? O făcea din nou să se simtă neliniştită. Exista la acel bărbat ceva dincolo de stratul de suprafață şi nu ştia ce părere putea să aibă despre acest lucru.

– Acum tu te încrunți. Ce s-a întâmplat? întrebă el.

– Felul în care te-ai mişcat acum. Asta s-a întâmplat. Eşti obişnuit să fii mereu în gardă, nu-i aşa?

Nu-i răspunse. Ea clătină din cap.

– Eşti un om complicat. Te porţi într-un fel, apoi faci ceva care schimbă ceea ce credeam despre tine. Aş vrea să încetezi să mai faci asta.

– Surprizele pot fi plăcute, nu?

– Cum?

– Te pun pe gânduri, răspunse el. Uneori, e bine să surprinzi pe cineva...

Nu-l lăsă să termine explicaţia.

– Sunt deja pe gânduri. Îmi place de tine aşa cum eşti.

– Mă placi pentru ceea ce crezi că sunt.

– Mă înnebuneşti, Harrison.

El râse.

– Şi tu mă înnebuneşti, Mary Rose.

Se întoarse cu spatele la el.

– N-am de gând să intru acum într-o polemică cu tine în ceea ce priveşte defectele tale. Nu avem destul timp. Se face târziu, iar dacă nu ne grăbim, n-o să am vreme să-mi vizitez prietena. Te rog să nu mai tragi de timp.

Harrison nu voia s-o lase să aibă ultimul cuvânt.

– Nu am tras niciodată de timp în viaţa mea.

Riposta ei veni sub forma unui pufnet dispreţuitor complet atipic pentru o domnişoară. El nu fu iritat. De fapt, nu se putea opri din râs. De multă vreme nu se mai simţise atât de bine. Pacea şi liniştea păreau să coboare din munţi. Iar când se uita în ochii lui Mary Rose şi vedea bucuria în ei, se simţea de parcă ar fi putut face orice voia, indiferent cât de multe obstacole îi stăteau în cale. Se simţea un om complet când era cu ea, şi asta numai datorită încrederii şi a acceptării care se puteau citi în privirea ei.

Acceptare. Nu-şi petrecuse întreaga viaţă încercând să obţină aşa ceva? Nu acesta era motivul adevărat pentru care devenise atât de obsedat de găsirea fiicei lordului Elliott, ca acesta să accepte să-l trateze ca pe un egal? Sau era vorba de răsplata pentru bunătatea lui? Harrison nu avea răspunsuri. Ştia că îi era recunoscător lui Elliott pentru că avusese grijă de tatăl lui. Fusese singurul om care nu îi întorsese spatele prietenului său când toți ceilalți din Londra o făcuseră. Le dăduse bani și se ocupase de plata taxelor, iar când o formă de îngrijire permanentă devenise vitală, se ocupase să le asigure cel mai bun personal. Mulțumită generozității lui, nu le lipsise nimic, nici lui, nici tatălui său. Ba, mai mult, Elliott îi finanțase studiile. Îi datora enorm de multe acestui om și, din onoare, își petrecuse întreaga viață răsplătindu-l. Harrison nu se eschivase de responsabilități. Și, în mod cert, nu putuse cere nimic mai mult... nici măcar fericire.

Mary Rose. Doamne, cum îl făcuse să se gândească la lucruri care nu aveau cum să se întâmple! Era îndrăgostit de ea și nu putea da vina pe nimeni altcineva în afară de el însuși. Știa că n-ar fi trebuit să se implice și, totuși, exact asta făcuse.

Elliott își făcuse planuri pentru fata lui din prima lună după nașterea ei. Harrison nu era considerat pe atunci o parte viitorul ei și știa că lucrurile vor rămâne la fel și după ce se vor întoarce în Anglia. Onoarea îl împiedica să-i ceară mâna. Nu era nici destul demn, nici nu avea puterea financiară necesară ca să-i ofere numele lui. Nu voia să se gândească la viitor. Se hotărî că era mai bine să se bucure de timpul pe care îl petrecea cu Mary Rose astfel încât să rămână cu amintiri în nopțile reci ce aveau să urmeze. Fu recunoscător când ajunseră la casa lui Corrie pentru că nu mai avea timp să se cufunde în depresie.

Mary Rose nu-l lăsă să se apropie de luminiș. De fapt, îl obligă să rămână la câteva sute de metri distanță. Îi explică faptul că nu voia s-o enerveze pe Corrie, care ar fi putut să se supere foarte tare când avea să-l vadă. Desigur, se simți insultat.

– Și care anume ar fi problema în ceea ce mă privește?

– Ai barbă de-o zi, iar părul tău trebuia tuns acum două săptămâni.

– Și?

– Trebuie să fiu directă, zise ea. Arăți ca naiba... șleampăt. Eu te găsesc atrăgător. Ei n-o să i se pară la fel.

El pufni, apoi râse de zgomotul pe care tocmai îl scosese. Își dădu seama că începea să se poarte exact ca ea.

– Îmi pare rău dacă ți-am jignit sensibilitățile, spuse ea.

– Nu am sensibilități.

–Mda, mă rog... imediat ce deschizi gura şi vorbeşti, toată lumea îşi dă seama cât de cultivat şi de rafinat eşti.

–Oamenii cultivaţi şi rafinaţi pot fi şi criminali, Mary Rose. O faci să sune de parcă educaţia este un indicator al decenţei.

Ea ridică din umeri. Nu voia să piardă vremea certându-se cu el. În aer se simţea furtuna apropiindu-se şi nu voia să se ude leoarcă înainte să-şi viziteze prietena. Nu-l lăsă pe Harrison nici măcar s-o ajute să ducă proviziile în luminiş. Făcu trei drumuri şi, într-un final, termină de aşezat bunurile într-un morman, în mijlocul pajişti. Mary Rose era încântată că prietena ei, Corrie, o lăsase să se apropie până spre verandă. Considera că era un semn de progres în relaţia lor. N-o deranja că puşca era îndreptată mereu spre ea. Era fericită că Harrison nu era pe-aproape ca să observe acest lucru. Ar fi făcut o scenă dacă i s-ar fi părut că ea se află în pericol.

Însă el nu rămase în locul în care ea îl rugase să stea. Fără să facă zgomot, se duse într-un loc în care era ascuns de frunziş, dar şi destul de aproape ca să vadă partea din faţă a casei. Când zări ţeava care ieşea pe fereastră îi stătu inima în loc. Îi trebui extrem de multă stăpânire de sine ca să nu intervină. Îl trecură toate transpiraţiile, dar, după zece sau cincisprezece minute, îşi dădu seama că puşca nu era decât o modalitate de intimidare. Desigur, nu-şi putea lua ochii de la posibila ameninţare, dar reuşi, în cele din urmă, să respire uşurat. În ora ce urmă, comportamentul lui Mary Rose şi monologul ei fură bizare şi înduioşătoare. Sigur că nu ar fi continuat să facă toate aceste lucruri dacă ar fi ştiut că el o aude, şi nu avea de gând s-o lase să afle.

După ce puse jos ultimul borcan, Mary Rose se ridică şi îşi şterse fruntea cu mâneca. Se scuză că nu îşi ţinuse promisiunea de a o vizita cu o zi în urmă.

–Întotdeauna îmi respect cuvântul dat, Corrie, cu excepţia cazului în care intervine ceva groaznic şi, după ce îţi voi povesti despre nenorocirile prin care am trecut, sper să-mi înţelegi întârzierea, o informă ea pe femeie.

Apoi îi povesti tot ce se întâmplase. Harrison observă că nu menţionă nimic despre motivul pentru care se luase de Bickley. Bănui că nu voia ca femeia să-şi facă griji că justiţiarii puteau veni pe creastă, să-i dea foc. Mary Rose nu spuse decât că fusese vorba de o ceartă şi că încercase să-l convingă pe bărbatul acela să-şi folosească raţiunea. Dintr-una într-alta, înainte să-şi dea seama ce se întâmplă, fusese atacată. Felul în care îşi amintea ea evenimentele îl făcu să zâmbească. Nu insistă asupra rănilor sau a durerii pe care le îndurase şi nici asupra faptului că aproape fusese omorâtă. Nu, povesti tot timpul despre rochia ei frumoasă care fusese ruptă şi despre cât de îngrozitor arăta părul ei.

Nu termină bine istoria necazurilor prin care trecuse, că se lansă într-o explicaţie lungă despre experienţa prin care trecuse aşteptând în salonul lui Catherine Morrison. Astfel, Harrison află că Mary Rose îl considera proprietatea ei exclusivă. Mary Rose îi spuse lui Corrie totul despre dreptul ei de a-l „avea". Ba chiar sublinie motivele pentru care el era al ei.

– L-am dus acasă cu mine înainte să fie omorât. Când mă gândesc ce-ar fi putut să păţească sărăcuţul de el, ei bine, mă doare inima. E vina lui că e incapabil şi stângaci? Nu, sigur că nu. E şi teribil de naiv, Corrie. Omul ăsta poartă pistol în oraş şi nici măcar nu ştie să-l folosească. Îţi imaginezi o asemenea naivitate? Jur că are nevoie de cineva care să aibă grijă de el. Dumnezeu să-l ajute, el nu ştie cât de neajutorat este. Nimeni n-a avut inima să-i spună, cu excepţia lui Cole. Harrison s-a bătut cu bărbaţii aceia după ce mi-au rupt rochia şi mi-au stricat coafura, dar ăia erau mici de înălţime, aşa că a reuşit să le dea câtiva pumni zdraveni. Mi-am făcut griji o vreme, când l-am văzut cum se bătea, şi apoi m-am gândit mai bine şi mi-am dat seama că furia îl făcuse mai puternic şi norocul fusese de partea lui. M-a surprins şi pe drum încoace, dar apoi m-am gândit şi mi-am dat seama din nou că n-ar trebui să fiu mirată. Vezi tu, a crezut că a auzit un zgomot şi şi-a scos pistolul într-o fracţiune de secundă. A fost rapid, da, dar probabil că n-ar fi fost în stare să ţintească. Nu contează că eşti rapid, dacă nu ştii să ţinteşti, nu-i aşa?

Se opri şi oftă din toţi rărunchii. Harrison simţi că i se urcase sângele în obraji. Ar fi vrut să iasă în luminiş şi s-o pună la punct. Pentru Dumnezeu, nu era chiar atât de împiedicat. Însă Mary Rose nu terminase. Continuă să-i facă orgoliul fărâme.

–Ar fi trebuit să-l vezi încercând să îmblânzească nişte cai pentru Douglas. A fost o privelişte demnă de toată mila. M-am ascuns în cameră şi am urmărit de la fereastră ca să nu se simtă şi mai umilit. E o binecuvântare că nu şi-a frânt gâtul, Corrie.

Harrison scrâşni din dinți şi începu să numere până la zece. Fierbea.

–Nu vreau să-ți faci probleme pentru Harrison, continuă Mary Rose. Ți-am povestit despre el pentru că a venit pe creastă cu mine. Ar trebui să mă protejeze. De-aia am luat pistolul la mine, Corrie. Să mă asigur că e în siguranță. Oricum, n-o să te deranjeze. Are o fire blândă şi ar trebui să mă cunoşti îndeajuns de bine după ultimele vizite ca să înțelegi că nu m-aş fi încurcat cu el dacă nu era aşa. Ți-am povestit despre Catherine Morrison, cum s-a dat la el?

Evident, presupuse că nu-i povestise femeii despre acest lucru şi se aventură într-o explicație lungă şi înflorită despre lucrurile rele pe care i le făcuse femeia aceea, de-a lungul anilor. Mary Rose acumulase multe nemulțumiri legate de Catherine şi începu să-i spună lui Corrie despre fiecare dintre ele ajungând până la amintirile din copilărie. Din moment ce Corrie nu voia sau nu putea să-i spună să se oprească, situația se transforma într-un vis împlinit pentru Mary Rose. Un ascultător prins în capcană, fără posibilitate de scăpare.

La început, Harrison îşi făcuse griji ca nu cumva Corrie s-o împuşte pe Mary Rose în cazul în care era nebună, aşa cum zicea toată lumea, dar, când monologul luă sfârşit, îngrijorarea lui luase o altă direcție; acum nu înțelegea de ce Corrie n-o împuşcase ca s-o facă să tacă. Mary Rose continuă să povestească despre Harrison. Orgoliul lui era făcut ferfeniță, iar dacă ea urma să mai rostească o dată „Dumnezeu să-l ajute", jură că avea să facă scandal.

Într-un final, vocea ei cedă. Îi promise prietenei ei că se va întoarce imediat ce putea pentru o altă vizită şi se pregăti să plece. Dintr-odată, îşi aminti că nu-i spusese nimic despre noul ei oaspete şi se opri din drum.

Atât Corrie, cât şi Harrison ascultară o nouă discuție despre Eleanor.

– O să se acomodeze rapid, prevăzu Mary Rose. E posibil chiar să-mi devină o prietenă bună, odată ce trece peste sentimentul de autocompătimire. Ia uite cum zboară timpul. Bagă proviziile înăuntru înainte să înceapă ploaia. Pa, Corrie. Dumnezeu să te aibă în pază!

Harrison rămase pe loc, până ce Mary Rose ieşi din luminiş. Un minut mai târziu, ţeava puştii dispăru de la fereastră. El se întoarse, făcu un ocol mare în jurul lui Mary Rose şi se întoarse în locul în care îi spusese s-o aştepte, înainte ca ea să ajungă.

– A fost o vizită reuşită? întrebă el.

– O, da, răspunse ea.

Era răguşită.

– Este o femeie minunată.

Nu-şi putea imagina de unde avea ea impresia asta.

– A vorbit cu tine? întrebă el.

– Nu, dar mai are puţin şi-o s-o facă, îl asigură Mary Rose. Ar trebui să mergem, Harrison. E târziu.

– De unde ştii c-o să vorbească cu tine? întrebă el, ignorându-i dorinţa de a pleca.

– M-a lăsat să mă apropii mult mai mult de mijlocul luminişului, explică ea. E evident că acum suntem prietene.

– Pentru că nu te-a împuşcat?

– Da, zise mulţumită că el o înţelegea.

Harrison se gândi că avea la fel de multă logică precum un bebeluş de doi ani în mijlocul unei crize de plâns.

– Gândeşti complet ilogic, îi spuse el. Ştii asta, nu-i aşa, Mary Rose?

Ea clătină din cap.

– E ilogic să vezi partea bună a oamenilor? Toată lumea are sentimente, Harrison. „Nici un om nu-i o insulă.“ Îţi aminteşti fragmentul care atât ţie, cât şi lui Adam vă place atât de mult?

– Da, sigur, dar...

– Nu putem exista unii fără alţii. Facem cu toţii parte din aceeaşi familie, Harrison. Corrie are nevoi la fel ca noi. Acum înţelegi?

– Punct ochit, domnişoară Clayborne.

Zâmbetul ei era victorios.

– Cred că e prima ceartă cu tine pe care o câştig.

– Nu ne-am certat, răspunse el.

– Mie aşa mi s-a părut. Trebuie să plecăm.

Se îndreptă spre cal şi îşi ridică ochii către cer.

– O să ne udăm până la piele. Îţi place să te mocăi, nu-i aşa?

O ridică în şa şi îi dădu frâiele. Ea îşi sprijini mâinile pe partea din faţă a şeii. Harrison se întoarse, apoi se răzgândi. Se întinse spre ea şi îşi puse mâinile pe ale ei. Se uită curioasă în ochii lui ca să afle de ce zăbovea. Nu văzu decât zâmbetul lui. Doamne, cât de mult îi plăcea când îl vedea fericit! Ochii lui erau la fel de calzi şi de blânzi ca razele de soare. Simţi că o inundă un val de căldură.

– Ai o inimă bună, Mary Rose.

Se simţi de parcă ar fi strâns-o în braţe. Tocmai voia să-i mulţumească, însă el strică momentul.

– O să încerc să-mi amintesc de asta ori de câte ori mă scoţi din minţi.

Îi dădu drumul şi se întoarse la MacHugh. Se aruncă în şa cu o mişcare firească. Graţia din gestul lui o impresionă. Îşi spuse că învăţase, până la urmă, ceva util după tot timpul pe care îl petrecuse urcându-se înapoi în şaua din care fusese aruncat de atâţia mustangi.

– Ce vrea să însemne asta? întrebă ea.

– Vrea să însemne că ştiu ce-ai de gând să faci. Tu eşti cea care a stat prea mult de vorbă cu Corrie şi, de aceea, vrei să dai vina pe mine dacă o să ne prindă ploaia. Eu mă mocăi? Nu cred.

– Eşti prea deştept pentru mine, Harrison.

Ea ridică frâiele şi întoarse calul, luând direcţia drumului spre casă.

– N-am zis niciodată că-s perfectă, nu-i aşa?

– Nu, n-ai zis, admise el şi râse.

– Nici tu nu eşti perfect. Eşti extrem de bătăios, dar sunt sigură că ştii asta. Eşti şi foarte expus în faţa vrăjilor, dar mă îndoiesc că poţi controla asta.

– Mereu tragi concluzii bazate pe informaţii incomplete. Ştii asta, nu-i aşa? Şi nu mi-a făcut nimeni vrăji, femeie!

– În cea mai mare parte a timpului eşti un gentleman perfect, dar, într-o clipită, te poţi transforma într-un maniac.

Cum altfel putea defini comportamentul lui? Era vrăjit, şi cu asta-basta. N-avea chef să se certe în legătură cu asta. Voia să discute despre altceva, un lucru la fel de important.

– Refuzi să înțelegi că, uneori, cineva trebuie să reacționeze înainte de a aduna sute de documente care să-i susțină teza. Dacă aş fi aşteptat până să am absolut toate informațiile despre tine, înainte de a te duce acasă cu mine, probabil că acum ai fi fost mort. La fel şi eu, adăugă ea. De bătrânețe.

– Cu alte cuvinte, întâi sari şi apoi gândeşti. Aşa-i?

– Cel puțin, îndrăznesc să fac ceva.

– Atitudinea asta este motivul pentru care atât de mulți oameni mor de tineri.

– Acțiunea este de multe ori mai bună decât cuvintele.

– Într-o lume necivilizată, poate. Ține minte, Mary Rose, suntem responsabili pentru acțiunile noastre.

– Nu trăim într-o sală de judecată.

– Ar trebui să ne purtăm ca şi când aşa ar fi.

– Ai muri mai degrabă decât să îmi dai dreptate, nu-i aşa, Harrison?

Izbucni în râs după ce puse întrebarea. El îi răspunse zâmbind:

– Poate. Îmi place să câştig.

– În viață nu contează cine câştigă, ci cine supraviețuieşte.

– În munca mea, supraviețuirea şi victoria sunt unul şi acelaşi lucru.

Trebuia să se gândească la ceea ce spusese înainte de a-i da replica. Era evident că îi plăcea să aibă dispute cu el. Iar el se distra la fel de mult. Comentariile ei i se păreau revigorante şi sinceritatea lor era bine-venită, chiar şi atunci când nu aveau nici un sens. Cum era, de exemplu, faptul că ar fi fost vrăjit.

– Cred că ar trebui să-ți schimbi meseria.

El îi ignoră sugestia.

– Nu trebuie să fii subiectiv când eşti implicat într-o dezbatere.

– Asta facem noi?

– Dezbatem?

– Da. Dezbatem?

– Eu aşa credeam. Tu ce credeai că facem?

– Că suntem subiectivi.

El râse.

– Şi, mai exact, despre ce dezbatem?

Harisson nu avea nici cea mai vagă idee. Însă n-avea de gând să recunoască, aşa că se hotărî să inventeze ceva rezonabil, doar ca să continue să se certe cu ea.

– Dezbatem despre diferenţele dintre filosofiile noastre de viaţă.

– „Noi“ şi „noastre“? Uau, tocmai aceste cuvinte arată tocmai faptul că devii subiectiv cu mine.

– Punct ochit, domnişoară Clayborne.

Dădu din cap spre el într-un gest plin de bunăvoinţă.

– Pot rezuma diferenţele dintre noi în doar două cuvinte.

– Şi eu la fel, îl asigură el.

– Doamnele primele?

– Sigur.

– Experimentare şi observare. Eu experimentez în viaţă. Ţie îţi place să o observi. Pun pariu că voiai să spui acelaşi lucru.

– Atunci ai pierde pariul, ripostă el. Voiam să zic logic versus ilogic, ordine versus haos, raţional versus iraţional.

– Avocaţilor le place să turuie, nu-i aşa?

– Unora.

– Îţi dai seama că tocmai m-ai făcut ilogică, haotică şi iraţională?

– Îţi dai seama că tocmai ai spus că eu nu fac decât să observ viaţa? Nu-i adevărat.

– Plouă. Cred c-ar trebui să ne oprim.

Un fulger lumină cerul.

– O să fie mai rău, prevăzu el.

– Probabil. Sunt nişte peşteri la câteva sute de metri de aici. Trebuie să ne abatem puţin şi repede. Poteca va deveni periculoasă pentru MacHugh şi Millie.

Harrison nu ar fi vrut să se oprească, dar se lăsa întunericul şi ar fi fost o prostie să continue. Sperase să ajungă pe vârful care domina Rosehill înainte să-i prindă noaptea. Poteca era mai lată acolo, mai sigură pentru cai. Aceştia puteau găsi calea înapoi spre şopron cu sau fără lumină. Instinctul şi foamea aveau să-i ghideze. A-şi petrece noaptea cu Mary Rose era, pentru el, la fel de periculos cum era pentru cai mersul pe stâncile ude. Însă, desigur, avea să se poarte ca un gentleman, aşa cum fusese educat. Îi promisese asta lui Adam şi intenţiona să-şi respecte cuvântul dat. Oricum, indiferent de promisiune, s-ar fi purtat onorabil. Nu aceasta era problema. Frustrarea avea, însă, să fie problema, dar se părea că nu era nici o cale de a o evita. Urma să îndure un test al rezistenţei complet inutil. Scrâşni din dinţi la gândul nopţii îngrozitoare care îl aştepta.

–Hai mai repede, Harrison, îl strigă ea. Acum nu-i decât o ploaie măruntă, dar în câteva minute o să toarne cu găleata. Nu vreau să mă ud leoarcă, dacă pot evita asta.

Lui Harrison i se păru că exagerează. La puţin timp, însă, ud până la piele şi tremurând de frig, fu nevoit să recunoască faptul că ea avusese dreptate. Peştera pe care o găsiră era mai degrabă un mic adăpost din piatră. Intrară în ea din două motive. Primul era că aceasta era goală, ceea ce era un noroc ţinând cont de animalele care bântuiau noaptea prin zonă, iar al doilea era că podeaua era uscată. Aerul era umed şi la fel de neprimitor ca ploaia de afară, dar era un loc ferit de vânt, aşa că fură nevoiţi să se declare mulţumiţi.

MacHugh refuză să meargă în spatele peşterii, lângă Millie. Harrison îi dădu jos harnaşamentul şi lăsă armăsarul să stea la intrarea în peşteră. Calul se răzgândi şi se mută în spate, imediat ce Mary Rose făcu focul cu rămurelele şi crengile pe care Harrison le adunase. Harrison încercase timp de zece minute să aprindă lemnul umed. Însă ea avea mai multă experienţă şi ştia cum să aşeze beţele împreună cu frunzele uscate pe care le adunase de pe podeaua peşterii.

Harrison şterse cât de bine putu cei doi cai, apoi adună apă într-o găleată improvizată dintr-o pânză, pe care fusese îndeajuns de deştept s-o ia cu el, şi-i dădu lui Millie să bea. După ce se sătură, îi dădu şi lui MacHugh să-şi potolească setea. Mary Rose se apucă să usuce păturile şi improviză un aşternut pentru noaptea ce urma. Puse păturile una lângă alta. Dorea ca a lui să stea lângă foc, dar nu se plânse pentru că ştia că nu făcea nimic altceva decât să fie raţională. Trebuiau să stea alături, ca să-şi ţină de cald în timpul nopţii.

Mary Rose îşi scoase cizmele, le aşeză departe de foc, apoi îşi scoase şi pistolul pe care el nu observase că îl avea în centura rochiei şi îl băgă sub aşternutul ei. Harrison se aşeză de cealaltă parte a focului şi rămase acolo, încercând să se încălzească.

–Ai făcut multe astfel de popasuri? întrebă el.

–Nu.

–Te porți de parcă ai fi făcut-o.

Ea îngenunche şi mai puse câteva rămurele pe foc.

–Prefer patul meu de acasă, dar trebuie să ne descurcăm cum putem ca să ne încălzim. Nu-i aşa?

–Nu eşti deloc pretențioasă.

–Doamne, sper că nu. Asta ai crezut despre mine?

El dădu din cap. Mary Rose nu cunoştea lumea din care venea el, unde femeile de la casele mari leşinau la cea mai mică lipsă de bună-cuviință. Atât de fragilă era acea societate, încât reputațiile puteau fi distruse doar printr-o bârfă fără temei. Regina Victoria fusese cea care impusese acele standarde şi subliniase importanța prudenței în fiecare demers, a sobrietății şi a grijii. Totuşi, deşi ea demonstrase lumii întregi că era o ființă independentă, femeile din Anglia tot nu reuşeau să se educe suficient de mult ca să-i calce pe urme. El şi prietenul lui cel mai bun, Nicholas, se învârteau în cercuri nepotrivite. Femeile cu care obişnuiau să stea depindeau de alții ca să le asigure toate cele necesare, inclusiv distracțiile. Dacă vreuna dintre ele se plictisea, era vina altcuiva. Doamne, ce viață nefericită şi plină de restricții dusese! Îl deprima chiar şi gândul la asta.

Mary Rose Clayborne. Ce schimbare bine-venită de peisaj! Nu crezuse că ar putea avea grijă singură de ea. Acum, că se gândea mai bine, îşi dădu seama că trăsese mai multe concluzii greşite în ceea ce o privea, din cauza faptului că o compara cu femeile cunoscute în trecut. Ea îi demonstrase contrariul. Era impresionat de felul direct în care aborda situațiile. Începea să creadă că avea mai multă judecată decât i se păruse.

–Ce naiba crezi că faci?

Ecoul furiei lui răsună între pereți peşterii.

–Mă dezbrac. De ce?

–Pune-ți bluza la loc.

Ea îi ignoră solicitarea. Îşi termină de scos bluza şi apoi se aplecă să-şi scoată şi ciorapii. Stătea pe pătură ca să nu se murdărească pe picioare. Se îndreptă din nou, ţinând ciorapii uzi în mână şi îi zâmbi.

Harrison se holba la ea. Ea bănui că se uita la medalion.

– E frumos, nu?

– Ce?

– Medalionul meu. Credeam că la el te uiţi.

– Da, minţi el. De unde-l ai?

– Mi l-a trimis mama. Este darul primit de la ea când am împlinit şaisprezece ani. Nu se deschide, dar nu mă deranjează. Vezi că are un trandafir gravat pe partea din faţă?

Începu să înainteze spre el ca să i-l poată arăta mai bine. El ridică mâna.

– Văd.

– A zis că a ales medalionul în formă de inimă pentru că inimile noastre sunt legate. Nu-i aşa că e drăguţ? Într-o bună zi, o să-l dau fiicei mele.

– Foarte frumos, remarcă el.

Ea dădu din cap.

– Când îl port, mă simt mai aproape de ea, aşa că mi se pare normal să îl port tot timpul, îi explică ea.

Mângâie medalionul, oftă şi începu din nou să-şi scoată hainele şi să se încălzească. Îi dădu ciorapii lui Harrison.

– Ţine-mi ăştia, te rog. Sunt cam uzi. Nu-i lăsa prea aproape de foc.

Era bucuros s-o ajute pentru că bănuise că ar fi avut nevoie de mâini libere ca să-şi pună bluza la loc.

– Nu sta prea aproape, Harrison. Travis va fi furios dacă-i stric.

– Porţi ciorapii fratelui tău?

Nu ştia dacă să râdă sau să clatine din cap. Ea zâmbi în timp ce se chinuia să-şi desfacă panglicile de la gât. Harrison încercă să se uite fix la stânca din spatele urechii ei drepte şi să nu bage de seamă ţesătura albă, dantelată, care rămăsese lipită de pielea ei. De fiecare dată când se mişca, curbura sânilor îi atrăgea atenţia. Îl treceau transpiraţii reci.

–Numai atunci când îi pot şterpeli de pe sfoară până să bage el de seamă.

Despre ce naiba vorbea?

–Ce să şterpeleşti de pe sfoară?

–Ciorapii lui Travis.

–De ce nu-i porţi pe ai tăi? Nu ai?

–Sigur că am ciorapi. Totuşi, prefer să-i port pe-ai fratelui meu. Sunt mai groşi. Nu-mi pasă cum arată. Îi port doar în cizme, aşa că nu-i vede nimeni. În plus, îmi ţin de cald. Nu asta contează până la urmă?

Era practică, dar el tot nu voia să o vadă că poartă ciorapii altui bărbat, nici măcar pe cei ai fraţilor ei. Acel gând îl conduse imediat la altul. Nu l-ar fi deranjat dacă ea ar fi purtat ciorapii lui. De fapt, chiar i-ar fi făcut plăcere. Doamne, o luase razna. „Eşti mulţumită acum?" ar fi vrut s-o întrebe. Era numai vina ei că îi distrăgea atenţia cu fiecare mişcare.

–Pune-ţi bluza la loc, se răsti el.

Îl ignoră din nou. Îşi răsfiră părul pe umeri astfel încât buclele să nu se lipească unele de altele şi să i se usuce mai repede, aruncă funda roz pe pătură şi abia apoi îi acordă întreaga sa atenţie.

–De ce-aş vrea să-mi pun bluza la loc? Abia am scos-o. E udă, îi reaminti. O, pentru numele lui Dumnezeu. Nu te mai uita la mine de parcă mai ai puţin şi mă strângi de gât. Vrei să mor? Ar fi bine să treci şi tu peste ruşine şi să-ţi scoţi hainele. O să faci pneumonie şi apoi va trebui să te îngrijesc. Crezi că am nevoie de aşa ceva? Nu, mersi. N-ai face decât să te plângi tot timpul.

Îşi ţinuse mâinile în şolduri în timpul discursului, dar, odată ce îşi exprimă clar opinia, începu să-şi desfacă centura. El era, pur şi simplu, prea ameţit ca să-şi dea seama la timp ce face. Era preocupat să nu se uite la ea şi îşi întoarse privirea spre foc cu o fracţiune de secundă înainte ca fusta ei să cadă pe jos. Ar fi trebuit să se uite în continuare la perete pentru că, în drumul lor, ochii prinseră o imagine de ansamblu a picioarelor ei. Erau incredibile. Lungi, bine proporţionate, perfecte.

Cât mai trebuia să îndure înainte ca acea noapte îngrozitoare să se termine? Harrison nu ştia, dar era sigur că situaţia nu avea cum să fie mai rea de atât. Această speranţă era tot ce avea, îşi spuse, aşa că se agăță de ea cu hotărârea disperată a unui om în pericol iminent de înec.

Se repezi spre şa ca să vadă dacă nu cumva avea la el ceva cu care să o acopere. În timp ce căuta, se blestemă pentru lipsa lui de prevedere. Încerca să se enerveze ca să nu se gândească la altceva. Ca, de exemplu, la picioarele ei, la talia ei subțire, la pielea albă ca laptele...

– Ruşinea n-are nimic de-a face cu faptul că te dezbraci, scrâşni el doar ca să clarifice lucrurile.

Îi aruncă o cămaşă din flanel şi îi spuse să se îmbrace cu ea.

– N-ai nevoie de ea ca să te încălzeşti?

– Pune-o pe tine.

Tonul lui nu suporta comentarii. Ea îşi puse cămaşa. Fu nevoită să ruleze mânecile de două ori, dar, după ce închise nasturii, se simți din nou bine, încălzită. Cămaşa era imensă, desigur, şi îi acoperea cea mai mare parte a coapselor.

– Mulțumesc.

Harrison îi ignoră manifestarea de recunoştință. Se aşeză în fața ei, cu focul la mijloc, apoi se uită în ochii ei. Stătea cu picioarele sub ea, la fel ca el, acoperită cu pătura; îşi ridică bluza şi o ținu lângă foc ca s-o usuce.

– N-am putut să nu observ că te încruntai la mine. Şi că vocea ta este tăioasă. Am făcut ceva care te-a supărat?

Privirea lui o făcu să-şi strângă stânjenită degetele de la picioare. Arzătoare nu era cuvântul care ar fi descris-o cel mai bine.

– Eu nu sunt unul dintre frații tăi.

– Nici n-am crezut că eşti.

Lui Mary Rose i se părea că era rezonabilă. Lui i se păru că era la fel de greu de înduplecat ca o stâncă.

– N-o să mai pot îndura prea multe.

– Prea multe, ce? Pentru Dumnezeu, n-ai fost nevoit niciodată să dormi afară? N-ai mai fost prins de-o furtună până acum? Nu e vina mea dacă nu te simți bine.

El îşi desfăcu nasturii de la cămaşă, şi-o scoase şi apoi o ținu în dreptul focului.

– Mă simt foarte bine.

– O să-ți scoți şi pantalonii.

–O să-i scot pe naiba!

–Nu trebuie să te enervezi. Nu sunt uzi?

–Nu îndeajuns de uzi.

–Nu cred că sunt obligată să-ți suport proasta dispoziție.

–Nu pricepi, nu? Nu, de fapt, n-am crezut nici un moment că nu pricepi. Ştii al dracului de bine că te vreau, şi mă tentezi cu bună-ştiință. Încetează imediat şi atunci n-o să mai am o stare proastă.

Lumina apusului se stingea încet-încet şi, după ce dispăru, Mary Rose îşi dădu seama că nu se simțise jenată de propria stupiditate. O dorea. Iar ea purtase ciorapii fratelui ei.... Fața i se coloră în roz de ruşine. O, Doamne, era îmbrăcată ca un pădurar necioplit. Catherine Morrison n-ar fi purtat niciodată ciorapii tatălui ei, era sigură de asta. Nici o femeie respectabilă, bună de măritat, n-ar fi făcut-o.

–Ne-am înțeles? îi ceru el.

–Da, ne-am înțeles.

Armistițiul fu urmat de tăcere. Mary Rose aşteptă câteva minute, lăsându-i timp să se liniştească.

–De obicei, port ciorapi din mătase cu dantelă la marginea de sus, izbucni ea.

Harrison nu înțelegea de ce voia să-l informeze de asta. Însă se părea că nu terminase de discutat despre ținuta ei.

–Foarte rar port ciorapii fratelui meu. N-aş vrea să rămâi cu ideea că îmi place să port haine bărbăteşti. Nu-mi place.

–Nici nu m-am gândit la aşa ceva.

–Foarte bine, pentru că nu-mi place.

–Cămaşa aia n-o să se usuce niciodată.

Harrison întoarse cămaşa pe cealaltă parte şi abia atunci se uită la fața ei. Era roşie de la flăcări.

–Te simți bine?

–Da, sigur că da.

–Stai mai departe de foc. Fața ta arată de parcă s-ar fi prăjit.

Era un prost. Îi mulțumi lui Dumnezeu pentru asta. Se îndepărtă de foc şi speră ca roşeața din obraji să dispară la un moment dat, apoi încercă să se gândească la un posibil subiect de conversație. Voia să-l facă să uite problema ciorapilor.

–Va trebui să spăl vasele o săptămână.

–De ce? întrebă el.

–N-am folosit cuvântul zilei.

–Ce cuvânt?

–Cel scris pe tăbliță. Nici măcar nu mai știu care e.

Harrison închise ochii și își proiectă în minte imaginea bucătăriei. Apoi zâmbi.

–Vicisitudine.

–Ești sigur.

–Sunt sigur.

–De unde știi?

–Adam m-a chemat în bucătărie. L-am văzut atunci. Apropo, încă nu l-am zărit pe bucătar. Nici cred că există.

–Nu știu ce vrei să spui.

–Vreau să spun că eu cred că voi l-ați inventat.

–Cuvântul, Harrison. Ce înseamnă vicisitudine?

–Obstacol sau suferință.

Ea zâmbi mulțumită.

–L-am folosit.

–Dar nu în fața fraților tăi, sublinie el.

–Sigur că avem un bucătar. Când va fi pregătit să te cunoască, o să apară. Până atunci, te sfătuiesc să nu-i stai în cale. E cam irascibil. Din cauza faptului că a avut o viață plină de vicisitudini.

Harrison râse.

–Este afectat de vicisitudini, nu?

–În mod clar. Vezi că ești martorul meu. Să depui mărturie în numele meu mâine-seară în timpul cinei.

–Probabil că, până atunci, frații tăi o să încerce să mă omoare.

–De ce?

–Ne petrecem noaptea împreună.

Lui nu-i venea să creadă că era nevoit să-i reamintească circumstanțele din cauza cărora erau acum împreună.

–Dacă aș fi fratele tău, m-aș enerva destul cât să încerc să omor pe cineva.

–Frații mei au încredere în noi, îl contrazise ea. Adam nu te-ar fi lăsat să vii cu mine dacă ar fi crezut că ești un desfrânat.

–Desfrânat n-a fost cuvântul nou de săptămâna trecută?

– De marți, zise ea. Tu nu ești desfrânat.

El clătină neîncrezător din cap.

– Ai fost educat așa cum se cuvine.

Harrison se abținu înainte să adauge cu voce tare că tatăl ei va fi foarte încântat de efortul pe care frații ei îl făcuseră. Își puse cămașa pe șa, în speranța că aerul o va usca în timpul nopții, și se așeză pe pătură. Se rezemă de peretele de stâncă și închise ochii. Piatra îi rănea umerii, dar nu îndeajuns de mult cât să-l facă să se miște.

– Ți-e foame?

– Nu. Ție?

– Nu.

Se întoarse și se uită la el.

– Nu-ți face griji pentru frații mei, nu vor trage concluzii greșite. Cole e singurul care va face caz, dar va trebui să înțeleagă. Probabil c-o să te pocnească. Atâta tot.

– Nu, n-o să mă pocnească.

– Nu?

– N-o să-l las. O dată a fost destul.

– Probabil că el n-o să vadă lucrurile la fel.

– Nu contează. N-o să-l las să mă lovească.

Ea oftă.

– Îmi pare bine să văd că ți-ai păstrat încrederea, remarcă. Faptul că ți-ai petrecut ultima săptămână căzut pe spate, după ce-ai tot fost aruncat din șa, nu ți-a afectat starea de spirit.

– Nu mi-am petrecut săptămâna întins pe spate.

– Dacă zici tu...

– Hai să vorbim despre altceva, vrei? o întrebă el.

– Da, fu ea de acord. Vreau doar să știi că fratele meu, Cole, e cel mai ușor de înduplecat. De fapt, e un om bun.

– N-am zis că nu-i un om bun, ripostă el. Îl joci pe degete, nu-i așa?

– Nu. Doar că nu-i place să mă vadă nefericită. Dacă-mi poate lua apărarea, o va face cu prima ocazie.

Harrison era de părere că interpretarea lui era mult mai aproape de adevăr.

– Ți-a fost greu să crești fără mamă și tată?

–Am o mamă, răspunse ea. Pe Mama Rose.

–De ce nu locuieşte cu tine şi cu fraţii tăi?

–Nu poate. Nu încă. O să vină la noi cât de curând.

–Toţi fraţii tăi îi spun mamă?

–Da. De ce întrebi?

–Întrebam doar. Şi tatăl tău?

–Nu am aşa ceva.

–Nu-i simţi lipsa?

–Cum aş putea să-i simt lipsa dacă n-am avut niciodată aşa ceva?

Mary Rose hotărî că bluza era uscată, aşa că o împături şi o puse pe spate, apoi se ocupă de fustă. Harrison îi urmări fiecare mişcare. I se părea că era o femeie foarte graţioasă, minunat de feminină şi, totuşi, foarte practică. Era o combinaţie fascinantă.

–Eşti la fel de pură ca şi paradisul tău.

–Da?

–Mama Rose e mama lui Adam, nu-i aşa?

–Şi a mea.

–Dar ea l-a născut pe Adam.

–Da. De unde ştii?

–Din simplă deducţie. Trăieşte în Sud. N-ai văzut-o niciodată, nu-i aşa?

–N-a fost o deducţie. Ai ghicit, ripostă ea. Nu ştii de unde vin ceilalţi fraţi ai mei. Şi ei ar putea fi tot din Sud. Nu, n-am văzut-o pe mama, dar o cunosc foarte bine. Îmi scrie cel puţin o dată pe săptămână, uneori chiar mai des. Nu a uitat niciodată să-mi răspundă de când am început să-i scriu. În timpul războiului, când eram prea mică să citesc sau să scriu, scrisorile ei întârziau. Nu-mi aduc aminte, dar fraţii mei erau îngrijoraţi. Ea a supravieţuit, desigur, la fel ca noi. Când va veni vremea, ni se va alătura.

–Dar încă n-a venit vremea.

–Nu.

Graba cu care ea răspunse îi dădu de înţeles că nu era momentul să insiste. Aşa că renunţă. Câteva minute trecură în tăcere. El se gândea, în continuare, la cât de frumoasă era în cămaşa lui. Ea se gândea la ce imagine oribilă îi oferise în ciorapii fratelui ei.

– La ce te gândeşti, Harrison?

– La cât de frumoasă eşti.

Ea izbucni în râs.

– Ai stat prea mult departe de oraş dacă ţi se pare că în seara asta sunt frumoasă. Părul meu este un dezastru şi port cămaşa unui bărbat, pentru Dumnezeu.

„Porţi cămaşa mea", o corectă el în gând. Şi acest lucru însemna totul pentru el. Să o vadă îmbrăcată în cămaşă lui preferată îl făcea să se simtă extrem de posesiv. Totul îl excita la ea. Voia s-o protejeze de orice rău, s-o aline, s-o ţină în braţe, s-o iubească. Iar în inima lui, recunoştea că îşi doreşte acelaşi lucru de la ea.

Harrison încercă să se gândească la viaţa lui din Anglia. Nimic din lucrurile pe care obişnuia să le facă nu-l mai atrăgeau. Cât de rece şi de goală îi fusese existenţa. Până să ajungă în Montana, nu ştiuse ce însemna să se simtă viu. Întotdeauna se simţise de parcă ar fi stat pe margine şi ar fi fost un spectator al existenţei lui. Observa. Nu folosise Mary Rose exact acelaşi cuvânt ca să-l descrie? Se întrebă dacă ea avea idee cât de exactă îi fusese evaluarea.

– Tu la ce te gândeşti? Pari îngrijorată.

– Nu sunt. Mă enervează că am o fustă aşa de groasă. O să-i ia o veşnicie să se usuce. Acum e rândul tău să-mi spui la ce te gândeai. Nu pot decât să sper că gândurile tale nu sunt la fel de plictisitoare.

– Tu te gândeai la lucruri practice. Eu, nu. Eu mă gândeam la viaţa mea din Anglia.

– Adică Scoţia?

– Toată viaţa mea e acum în Anglia. Am o casă în Londra. Rareori am timp ca să mă duc în Scoţia.

– Din cauza muncii?

– Da.

– Însă ţi-e dor de Scoţia, nu?

– Îmi e dor de ce reprezintă.

– Adică?

– De libertate.

Nu îşi dăduse seama că avea să folosească acel cuvânt decât în clipa în care îl rostise.

– Ai lăsat datoria să devină o închisoare pentru tine, nu?

– Un om de onoare trebuie să-și îndeplinească datoria înainte de toate.

– Îi datorezi ceva angajatorului tău? De-aia n-ai avut niciodată timp să-ți urmezi visurile?

– Da și nu, răspunse el. Da, îi sunt dator. Dar e mai complicat decât atât. Visurile mele s-au schimbat. Pe vremuri, iubeam ceea ce făceam. Acum nu. Cred că ai dreptate, Mary Rose. A câștiga nu înseamnă totul.

– Mă bucur să te aud că recunoști asta, zise ea. Îți place paradisul nostru, nu?

– Da.

– Și ești fericit aici.

– Da.

– Atunci nu mai complica lucrurile. Rămâi aici și fii fericit. Vezi cât de simplu e?

– Nu, nu-i simplu deloc.

– Îți mai pun o singură întrebare, promise ea. Dacă ar fi fost simplu, ai fi stat aici?

– Fără să clipesc.

Știa că promisese să nu îi mai pună întrebări, dar nu se putu abține.

– Atunci înseamnă că te-ai hotărât să pleci?

Ținea strâns marginile fustei, rugându-se ca el să-i spună ceea ce voia să audă cu disperare.

– Nu m-am hotărât. Nu ocolesc întrebarea, sunt doar sincer. Încă nu am destule informații ca să îmi dau seama pe ce drum s-o apuc.

– Nu înțeleg.

Mâinile o dureau deja de cât strânsese materialul. Într-un final, renunță și îi dădu drumul. Apoi se trase în spate, își acoperi picioarele și se rezemă de stâncă, lângă Harrison. Stătea atât de aproape de el încât umărul ei se sprijinea de al lui. Se uită în foc și îl lăsă s-o vrăjească. Nu voia să se gândească la posibilitatea ca Harrison să plece, nu când mai avea puțin și se îndrăgostea de el, așa că încercă să își mute gândul la altceva.

–Cred că ți-e foame. Dacă vrei, mă duc să caut ceva de mâncare.

–Unde? întrebă el.

–Afară, răspunse ea şi făcu un gest spre munte.

–Nu-mi e chiar aşa de foame. Dacă ție îți e, aş putea să mă duc eu şi să-ți caut ceva de mâncare.

Ea zâmbi, dar nu se uită la el. Harrison vorbise pe un ton plin de sine.

–Sper că n-ai fost nevoit să-ți petreci prea multe nopți afară, nu-i aşa?

–De fapt, când eram de gardă, da, răspunse el.

–Te referi la armată?

–Da.

–Povesteşte-mi despre Londra. Cum e acolo?

–E frumos. Arhitectura este remarcabilă. Lui Cole i-ar plăcea calitatea şi detaliile meşteşugite ale lucrurilor de acolo. Cred că şi ție ți-ar plăcea la Londra, adăugă el. Odată ce te obişnuieşti cu diferențele.

Nu îşi putea imagina cum e să trăieşti într-un oraş. Paradisul era tot ceea ce avea nevoie sau tot ceea ce voia. De ce nu putea înțelege Harrison acest lucru?

–Ai fost nevoit să stai afară cu o femeie în Scoția sau în Anglia?

Întrebarea îl făcu să râdă.

–Aş fi fost însurat acum dac-aş fi făcut-o.

–De ce?

–Reputația femeii ar fi fost afectată. Căsătoria ar fi fost singura soluție onorabilă.

–Dar dacă nu s-ar fi întâmplat nimic? Dacă circumstanțele ar fi fost obiective, aşa cum e cazul nostru acum, în noaptea asta?

–N-ar fi contat, răspunse el. Ea tot ar fi avut de suferit.

–Dar bărbatul? Cu el ce s-ar fi întâmplat?

–Nu prea multe, recunoscu el după un moment. Nu e foarte sigur, însă. Dacă ea ar fi proveni dintr-o familie cunoscută, sau dacă un prieten cu influență s-ar fi oferit s-o ajute, există varianta ca ea să nu fi avut de suferit. O mică şansă, adăugă el.

Dar, cu toate acestea, o şansă. Înainte să judeci prea aspru, îți reamintesc că în societatea din New York se întâmplă la fel.

– Nu e societatea în care trăiesc eu, ripostă ea. Aici nu avem timp pentru astfel de nimicuri.

Un gând o făcu să zâmbească.

– Dacă ce spui tu e adevărat, atunci ar însemna că ar trebui să te însori cu mine mâine dacă am fi fost acum în Anglia. Şi acolo trebuie să fie un paradis frumos, nu?

– Da, o asigură el. Există şi acolo locuri neatinse de om, la fel de frumoase.

– Pe bune?

– Pe bune.

– Cum rămâne cu întrebarea mea? Te-ai fi însurat cu mine?

Se întoarse şi se uită la el. Se răsuci şi el încet şi o privi. Văzu licărirea din ochii lui şi încă ceva, dar nu-şi dădu seama ce anume.

– Probabil că nu, îi spuse. Angajatorul meu este un om foarte puternic în Anglia. Ar fi venit în ajutorul meu.

Mary Rose păru nemulțumită de răspunsul lui. Harrison izbuni în râs. Ea simți un nod în gât. Se foi din nou, se ridică în genunchi cu fața spre el, apoi se lăsă în spate. Coapsa ei o atinse pe a lui. El mai încercă o dată să nu se gândească la apropierea dintre ei sau la faptul că era dezbrăcată. Îl ajuta dacă se uita fix la fruntea ei... nu prea mult, desigur, dar era disperat. Trebuia să se mulțumească cu ce putea.

– Acum de ce te încrunți? Spune-mi la ce te gândeşti.

– La apropierea de sanctitate.

Ea nu înțelese, şi el nu avea de gând s-o lumineze.

– Eşti un om ciudat, Harrison. Într-o clipă râzi, în alta te încrunți ca un urs.

– Urşii nu se încruntă.

– Vorbeam metaforic.

– Alt cuvânt de pe tablă?

Ea încuviință din cap.

– Îmi place cuvântul. Sună... inteligent.

– Vrei să mă faci să mă duc să stau afară, Mary Rose?

– De ce?

–Ai o atitudine provocatoare.

–Da?

Era mulțumită de observația lui.

–Nu ți-am făcut un compliment. Mă tentezi în mod deliberat. Termină.

Mary Rose nu-şi putu ascunde zâmbetul.

–Acum radiezi de fericire, bombăni el.

Fu nevoită să recunoască. Radia.

–Unei femei îi place să ştie că e atrăgătoare, îi explică ea. Nu o să mai flirtez cu tine imediat ce o să-mi dau seama cum s-o fac mai exact.

–Ai putea începe prin a-ți lua mâna de pe coapsa mea.

Nu-şi dăduse seama unde îşi ținea mâna. O retrase imediat.

–Şi altceva?

–Nu te mai uita la mine aşa.

–Aşa, cum?

–Ca şi cum ai vrea să te sărut.

–Dar vreau să mă săruți.

–N-o să se întâmple, aşa că, opreşte-te, îi ceru din nou.

Mary Rose îşi aşeză pătura în jurul picioarelor, apoi îşi puse mâinile cuminți în poală.

–Ce s-ar întâmpla dacă n-am fi prinşi?

–Unde?

–În Anglia, după ce ne-am petrece noaptea împreună, spuse ea.

Harrison crezuse că terminaseră de discutat pe acel subiect. Evident, era în continuare curioasă despre modul în care stăteau lucrurile în lumea lui, aşa că el îi răspunse:

–Am fi descoperiți. Zvonurile se răspândesc precum molima. Toată lumea ştie ce face toată lumea.

–Atunci, ştii ce-aş face?

–Nu, ce?

–Le-aş da la toți motive despre care să discute. Cred că oamenii sunt teribil de plictisiți dacă îşi fac mereu probleme în legătură cu ceilalți. Aş deveni indiscretă. Dacă l-aş iubi pe acel bărbat, mi-aş petrece noaptea cu el, iar dacă aş şti că vrea să se căsătorească cu mine şi eu aş vrea să mă mărit cu el, atunci, mai mult ca sigur aş face-o.

El îi acoperi gura cu mâna.

– Nu, nu ai face-o. Ai avea o onoare de protejat. Ai fi sinceră cu tine, cu ceea ce eşti.

Îi luă un întreg minut până să recunoască faptul că el avea dreptate.

– Da, aşa e, zise ea. Totuşi, a fi o femeie decăzută moral mi se pare un lucru fascinant, până la un punct. Probabil că m-aş îmbrăca mereu în roşu.

El dădu din cap.

– Gândeşte-te la costuri, îi sugeră.

Mary Rose îşi dădu exasperată ochii peste cap.

– Avocații..., şopti ea. Bine. Zi-mi de costuri. Ai de gând să-mi spui totul, nu-i aşa?

El dădu din cap confirmând.

– Dacă renunți la anumite lucruri din ceea ce eşti, până la urmă vei renunța la tot.

– Da, Harrison.

El nu-şi dădu seama că ea era de acord.

– Dacă pierzi ceea ce eşti, pierzi tot.

– Cu alte cuvinte, n-o să mă săruți?

– Te-ai prins.

– Ai vânătăi pe piept. Şi pe gât. Pun pariu că tot spatele tău e o vânătaie.

– N-o să afli.

Se întinse şi îi atinse vânătaia de lângă umărul stâng. Degetele ei erau calde pe pielea lui. Harrison nu credea că avea nici cea mai vagă idee ce-i face. Se încrunta cu evidentă preocupare fața de rănile pe care corpul lui le suportase. Când atinse vânătaia de lângă buric, îi prinse mâna.

– Ar trebui să începi să ai grijă de tine, spuse ea. Nu cred că ar trebui să pleci cu frații mei ca să luați vitele pe care le-au cumpărat.

– De ce nu?

– Pentru că, probabil, o să-ți frângi gâtul.

– Ai multă încredere în mine, nu?

– Cred în tine.

Vorbele ei erau doar o şoaptă şi, ah, cum îi atingeau inima. Încrederea ei era măgulitoare. Se priviră în ochi pentru un moment care le tăie răsuflarea, apoi îşi feriră privirile. Nici unul nu era dornic sau pregătit să facă pasul următor. Harrison ştia că o iubea, dar nu-şi putea mărturisi dragostea faţă de ea pentru că ştia că vorbele i-ar fi fost goale fără un viitor împreună. Ar fi trebuit, mai întâi, să-i vorbească lordului Elliott despre intenţiile sale şi numai după ce se putea dovedi suficient de stabil financiar ca să-i asigure un viitor fiicei lui, la standardele impuse de Elliott.

Lui Mary Rose îi era frică să se îndrăgostească de Harrison. Încerca să-şi protejeze inima, căci nu voia să îi fie frântă. Fusese foarte deschis şi sincer cu ea în legătură cu posibilitatea de a pleca, şi cine era ea să-l ţină în loc, să nu-l lase să-şi urmeze destinul şi visurile? „Sunt foarte practică", îşi spuse dezgustată.

Nu-şi permitea să se agaţe de vreo posibilitate până ce nu era sigură de deznodământ. Voia cu disperare să se protejeze, totuşi, chiar în acel moment, era foarte aproape să plângă doar la gândul unui viitor fără Harrison.

– La ce te gândeşti?

Ea îşi trase mâna de lângă a lui înainte de a răspunde.

– Azi, aici, mâine în altă parte. Tu la ce te gândeşti?

– Că o să-mi ia ani buni să ajung pe picior de egalitate, din punct de vedere financiar, cu angajatorul meu.

Amândoi păreau deprimaţi.

– Dacă am trăi în Londra amândoi, probabil că aş avea încredere în capacitatea ta de a avea grijă de tine.

El ridică din sprânceană.

– Probabil?

Mary Rose zâmbi. Îi plăcea când părea revoltat. Ştia că se preface, desigur, şi presupuse că el încerca să se îndrepte spre un alt subiect, mai relaxant.

– Nu, nu probabil, spuse ea. Sunt sigură că ai putea să ai grijă de tine.

– Aşa sper.

– Nu te desconsider. Nu, sigur că nu. Cred în tine, Harrison. Vorbim despre experienţa ta acum.

– Ce-i cu experiența mea?

– Nu există.

Ea îl bătu ușor pe geunchi, într-un gest de compătimire.

– Nu ai mai lucrat cu vitele până acum. Mă îndoiesc că știi să arunci cu lasoul. De-aia va fi periculos pentru tine. Ți-am rănit orgoliul din nou?

– Culcă-te.

Ea se hotărî să nu se simtă ofensată de ordinul lui sec.

– Sunt obosită, recunoscu. Am tot alergat de sus în jos pe scări.

– De ce ai alergat pe scări?

– Am avut lucruri de făcut.

– Eleanor, nu-i așa?

Ea nu-i răspunse. Harrison dădu din cap. Înțelegea cât de greu de mulțumit era femeia aceea. O văzuse pe Eleanor în acțiune când se luase de Travis. Îi ceruse să-i aducă ceva și, pentru Dumnezeu, după zece minute de pisălogeală, bărbatul cedase. Îi spusese lui Harrison că ar fi fost în stare de orice ca s-o facă să tacă.

Mary Rose îndreptă păturile și apoi se întinse pe o parte. Rămase cu spatele aproape de coapsa lui Harrison, își puse palmele sub obraz și închise ochii.

– Cât ai de gând s-o lași pe Eleanor să te alerge?

– Pentru Dumnezeu, abia a venit. Nu m-a alergat. Nu fac decât s-o ajut să se acomodeze.

– Când rămâneți singure și nu e nimeni în preajmă, se poartă frumos cu tine?

Mary Rose se gândi la întrebare o vreme îndelungată înainte de a răspunde într-un final.

– Nu.

– Atunci de ce o suporți?

Se rostogoli pe spate și se uită în sus la Harrison, care se încrunta la ea. Bărbatul ăsta se supăra din cele mai ciudate motive.

– Tu de ce îl suporți pe MacHugh?

– De ce? Pentru că e capabil și de încredere.

– La fel și Eleanor. E capabilă și de încredere.

– Nu știi asta sigur.

–Nici tu nu aveai de unde să ştii că MacHugh este capabil şi de încredere. Te-ai luat după instinct, nu?

–Nu. După o singură privire aruncată lui MacHugh am înțeles de ce era aşa dificil. Cicatricile vorbesc pentru el.

–La fel şi cicatricile ei. Eleanor poartă multe şi, poate, pentru că oamenii nu le pot vedea, rănile ei sunt mai grave. Deseori este înțeleasă greşit.

Harrison se întinse pe spate, îşi puse mâinile la ceafă şi se uită la tavanul din stâncă al peşterii în timp ce se gândea la Eleanor.

–Travis mai are puțin şi-o dă afară.

–Nu, n-o va face.

–Nu mai poate sta ascuns în şopron până pleacă, Mary Rose. Douglas – n-am putut să nu observ – vrea să facă acelaşi lucru. Le ceri prea multe fraților tăi. Ar trebui să aibă aceleaşi drepturi ca şi tine.

–Dar au aceleaşi drepturi.

Se întoarse spre el, îşi rezemă cotul pe pătură şi apoi îşi lăsă bărbia în palmă ca să stea confortabil în timp ce se certa cu el.

–Frații mei nu sunt oameni răbdători, începu ea. Totuşi, ştiu că n-o pot da afară. Nu ar fi frumos din partea lor. Sunt oameni onorabili, fiecare dintre ei.

–Există o cale uşoară s-o faci pe Eleanor să se poarte frumos, spuse Harrison.

Îşi luă privirea din tavan, se uită în ochii ei şi îşi permise să se lase vrăjit de culoarea lor intensă, magică. Ea se apropie şi se întinse.

–Cum? întrebă.

–Dacă ceva nu mai merge, încerci altceva, nu?

–Da, fu ea de acord.

–Eleanor se aşteaptă să-i duci micul dejun în pat în fiecare dimineață?

–Ea a zis că da.

–Ce s-ar întâmpla dacă nu i l-ar duce nimeni?

–Ar fi furioasă.

–Şi înfometată, prezise el. Ar fi nevoită să vină jos.

–N-aş vrea să fiu în preajmă când ar face-o. Furia ei e de speriat uneori.

– Fanfaronadă.

– Fanfaronadă?

– Cu alte cuvinte, totul e teatru. Ignoră-i furia. Pur şi simplu, impune-te, impune-i şi ei regulile casei...

– Ce reguli?

– Când mâncaţi, când nu, zise el. Genul ăsta de lucruri.

– Înţeleg. Şi, apoi, ce să fac?

Rânjetul lui era malefic.

– Fugi mâncând pământul. Poţi să te ascunzi în şopron, lângă fraţii tăi.

Ea izbucni în râs.

– Toată lumea o s-o iubească pe Eleanor odată ce-o va înţelege.

– Trebuie să aibă nişte responsabilităţi cât timp stă aici, presupunând, desigur, că Eleanor intenţionează să stea mai multă vreme.

Mary Rose se ridică.

– Dacă-ţi spun ceva, promiţi să nu le spui lui Travis, lui Cole şi lui Douglas?

– Dar lui Adam?

– El ştie deja.

Îşi pusese palma pe pieptul lui. Inima lui păru că o ia la goană. Harrison nu se putu abţine s-o atingă şi îşi puse palma peste a ei.

– Ce nu vrei să ştie ceilalţi fraţi ai tăi?

– Eleanor n-o să plece.

– Vrei să zici că n-o să plece curând?

– Vreau să spun niciodată.

– O, Doamne!

– Exact, şopti ea. Nu are unde să se ducă. Acum înţelegi? Nu mai are familie. Tatăl ei a fugit de ea şi de autorităţi. A făcut lucruri îngrozitoare şi autorităţile l-au prins până la urmă.

– Ce fel de lucruri?

– A luat banii oamenilor. S-a dat drept investitor. Nu era.

– Le-a luat economiile?

– Da.

– Şi mama lui Eleanor?

–Ea a murit cu mult timp în urmă. Eleanor este singurul copil, sărmana.

–Nu are unchi sau mătuşi la care să se ducă?

–Nu, răspunse ea. Majoritatea celor din oraş s-au întors împotriva ei. Nu are prieteni cu care să vorbească.

–Nu mă surprinde.

–Fii puțin mai înțelegător.

–De ce? Eşti cât pentru amândoi, iubito.

Ea făcu ochii mari.

–Mi-ai spus iubito.

–Îmi cer scuze.

–N-ai de ce. Îmi place. Zi-mi din nou.

–Nu. Vorbeam despre Eleanor, îi reaminti el.

–N-ar trebui să vorbim despre alte persoane. Nu e politicos.

–Voiam doar să ştii ce are de gând Travis. E pe cale să supună la vot propunerea ca s-o dea afară. Ai face bine să vorbeşti cu el.

Îşi retrase mâna dintr-a lui şi apoi se întinse şi îi mângâie fața. Simți barba care crescuse şi zâmbi la senzația pe care o simți în buricele degetelor. Harrison nu o opri. Îi plăcea foarte mult. Îi cuprinse ceafa cu mâna şi degetele lui se jucară cu părul ei mătăsos. Apoi o trase deasupra lui. O sărută lung şi apăsat. O forță să-şi deschidă buzele apăsând-o pe bărbie. Era hotărât pentru că dorința de a o gusta încă o dată învinsese toate precauțiile. Nu era nimic rău în a o săruta de noapte bună – sau aşa îşi spuse – şi era îndeajuns de experimentat să ştie când să se oprească.

Mary Rose se supuse imediat ce îşi dădu seama ce dorea Harrison. Limba lui se mişcă în gura ei cu posesivitate. Părea să se topească în el. Gura lui îi înghiți suspinul. Şi, abia atunci, el îşi adânci sărutul. Buzele lui se zdrobiră din nou de ale ei. Erau tari şi fierbinți, iar limba îi era dornică să îi ofere gustul lui. Se împreunară cu gurile, cu limbile, până când ea fu copleşită de pasiune. O străbătu un val de dorință aşa cum nu mai cunoscuse niciodată.

De fiecare dată când limba lui aluneca în gura ei, îl implora în tăcere să-i dea mai mult. Unghiile îi intrară în omoplații lui, iar corpul ei se frecă de-al lui, spunându-i fără cuvinte cât de mult îl dorea. Geamătul pe care ea îl scoase în străfundul gâtului îl făcu să vrea să-i ofere mai mult. Un singur sărut şi totuşi, când el se opri, în cele din urmă, amândoi tremurau de dorinţă.

Îşi lipise faţa pe gâtul ei ca să-şi vină în fire. Trase adânc aer în piept, îi inhală parfumul uşor şi simţi că îşi pierde din nou minţile. Doamne, era perfectă. Părea atât de potrivită, atât de la locul ei în braţele lui...

– Harrison, nu pot să respir. Vrei să te dai puţin la o parte?

Era deasupra ei. Cum Dumnezeu se întâmplase asta? Braţele lui îi cuprindeau talia. Nu-şi mai amintea când ajunseseră acolo. Fu nevoit s-o tragă odată cu el pe o parte, ca să-şi elibereze mâinile. Lipsa lui de autocontrol îl îngrozi. Şi totuşi, încă o ţinea în braţe. Genunchiul lui era între coapsele ei. Nu-i putea simţi pielea prin ţesătura pantalonilor, dar ştia că era mătăsoasă. Îi era din ce în ce mai greu să gândească.

Braţele îi erau încolăcite de gâtul lui. Degetele ei îl mângâiau încă. Ea se întinse în sus şi îl sărută pe bărbie. Mary Rose încercă să-i dea drumul. Era cel mai bun lucru pe care îl putea face, date fiind circumstanţele. Însă nu se putea abţine. Îl simţea atât de minunat lângă ea... Îşi propti capul sub bărbia lui şi închise ochii.

– Putem dormi aşa, te rog? O să ne ţinem de cald, promise ea. Doar un pic...?

El o sărută pe frunte.

– Doar un pic, fu el de acord.

Se trase în spate ca să se uite la el când îi şopti noapte bună. Privi în ochii lui, văzu tandreţea din ei şi simţi că bătăile inimii i se accelerează.

– Ochii tăi s-au întunecat ca noaptea. Eşti un bărbat foarte chipeş.

Îi cuprinse chipul în palme.

– Şi tu eşti o femeie foarte frumoasă.

Îşi trecu degetul mare peste buzele ei. Erau roşii şi umflate de la sărutările lui. Ochii ei erau încă înceţoşaţi de pasiune şi nu se putu abţine să nu o sărute iar.

– Eşti uimitor de moale, şopti el cu o fracţiune de secundă înainte ca gura să se unească cu a ei.

Gura îi era hotărâtă, dornică, incredibil de excitantă. Pasiunea se aprinse în fiecare din ei. Ea era la fel de hotărâtă ca şi el în a-i simți gustul și trupul. Mâinile lui îi mângâiară gâtul și umerii, apoi se mutară mai jos, până ce îi cuprinseră posteriorul. Se mișcă nerăbdătoare lângă el. Pelvisul ei îi apăsa genunchiul. Un val de plăcere o cuprinse. El își lăsă capul într-o parte și o sărută din nou, apoi își schimbă poziția. Își mută genunchiul mai departe și o obligă cu blândețe să-l încalece. Își apăsă vintrele de încheietura coapselor ei, îi sorbi răsuflarea cu buzele și gemu de plăcere. Nu îl interesa decât să-i producă ei plăcere.

Pasiunea curgea între ei în valuri de neoprit. Nu părea să se mai sature de ea. Își strecură mâinile sub cămașa din flanel ca s-o poată mângâia mai bine. Dădu la o parte țesătura subțire a bluzei și prinse cu îndrăzneală un sân plin. Își trecu degetul mare pe sfârc de mai multe ori, până ce acesta se transformă într-un mugure tare, gata să fie devorat de gura lui.

Ei îi plăcea felul în care o mângâia. Gemea și se arcuia în brațele lui, implorându-l în tăcere să-i ofere mai mult. Nu voia să-i mai dea drumul. Tânjea după apropierea lui, după modul tandru în care o ținea lângă el. Cu buricele degetelor îi putea simți forța în mușchii încordați și se bucură să își dea seama că, la fiecare atingere blândă, îi producea la fel de multă plăcere câtă îi oferea și el. Cuvintele lui lipsite de înțeles, dulci, iubitoare, pe care i le șoptea în ureche, îi spuneau toate aceste lucruri.

Era copleșită. Știa că avea îndeajuns de multă putere cât să o zdrobească, totuși știa și că și-ar fi dat viața s-o știe în siguranță. Gustă sarea de pe pielea lui în timp ce îl săruta pe gât, îi inhală parfumul masculin, amestecat acum cu al ei, și îi ascultă inima bătând nebunește, în armonie perfectă cu inima ei care părea că o luase la goană.

Îmbrățișarea lui deveni mai pasională pentru că șoaptele ei de plăcere îl conduceau. Era disperat să se apropie de căldura ei, să atingă și să mângâie ceea ce-și dorea cel mai mult să posede. Mâna lui se îndreptă în jos, între coapsele ei, și îi începu să tremure din cauza încă unui val de pasiune incontrolabilă. Pielea ei era mătăsoasă și dulce, exact așa cum știuse că avea să fie. Își strecură degetele sub lenjeria ei și, în sfârșit, găsi ceea ce căuta. Când o atinse și simți umezeala caldă în buclele moi, uită complet de control. Mângâia focul din interiorul ei și ardea de propriul său foc. Degetele lui atinseră acel punct care ştia că o va înnebuni de plăcere. Aproape că se pierdu cu totul când ea se arcui lângă el şi scoase un ţipăt de extaz. N-avea de gând să se oprească. Începu să-şi desfacă pantalonii. Mâinile îi tremurau atât de tare încât abia reuşi să descheie primul nasture.

Ea îi simţi membrul excitat apăsat pe pielea ei, totuşi nu i se făcu frică şi nici nu se îngrijoră. În inima ei, ştia că nu o va mai atinge în clipa în care i-ar fi cerut să se oprească. Încrederea ei în Harrison era deplină. Era un bărbat demn. Ar fi făcut orice i-ar fi cerut, atâta timp cât era un lucru onorabil. Doamne, ce îi cerea acum? Avea să-şi sacrifice onoarea ca să-i facă ei pe plac. Se simţi cuprinsă de ruşine. Nu ştia dacă avea puterea să-l distrugă, dar ţinea prea mult la el ca să rişte să se ajungă la o astfel de posibilitate. Înţepeni brusc şi strânse din pleoape ca să nu plângă.

– Trebuie să ne oprim acum.

Vocea ei fusese doar o şoaptă înăbuşită, cu buzele lipite de gâtul lui. Cuvintele i se înregistrară în mintea lui aproape imediat. Însă îi luă mult timp până să reacţioneze. Apoi, oftă zgomotos, nesigur, îşi încleştă maxilarul şi se chinui să se îndepărteze de ea, efort care aproape îl dădu gata. Agonia fizică a propriei frustrări şi a prostiei îl înfuria. La ce Dumnezeu se gândise? Dorinţa îl condusese dincolo de raţiune. Nu gândise deloc. Nici o femeie nu mai reuşise să-l înnebunească cum o făcea Mary Rose. Ea era altfel, era adevărat, dar era periculoasă.

Lui Mary Rose îi fu greu să-şi tragă răsuflarea. În secunda în care Harrison se dădu la o parte, se simţi abandonată, singură. Tremură de frig şi de părere de rău. Purtarea ei neruşinată o umilea. Nici un alt bărbat nu o atinsese aşa. Îi mângâiase sânii, abdomenul, fundul şi... O, Doamne, îşi ieşise din minţi. Abia îşi putea reţine lacrimile ce i se adunau în colţul ochilor. Dacă nu i-ar fi spus să se oprească? Ştia răspunsul. S-ar fi însurat cu ea. Gândul nu-i plăcea. Nu, o oripila.

Datorită integrităţii lui morale, ar fi făcut ceea ce se cuvenea. Numai Dumnezeu ştia cât de obişnuit era el să poarte greutatea responsabilităţii. Umerii lui probabil că ar fi trebuit să fie deja obosiţi, pentru că pe ei fuseseră aşezate toate obligaţiile încă din vremea când era doar un băieţel. Responsabilităţile îi furaseră copilăria. Ea nu dorea să-i mai răpească nimic. I se făcu rău fizic de vină. A prinde un bărbat în capcana căsătoriei aruncând momeala pasiunii era mai mult decât ruşinos. Era de neiertat.

Se ridică stând cu spatele la Harrison şi se uită la perete în timp ce netezi păturile. Părul îi cădea pe faţă. Îl dădu nerăbdătoare pe spate şi, abia atunci, îşi dădu seama că mâinile îi tremurau. Ştia că trebuia să facă ceva pentru el, să-i ofere un fel de scuză sau o explicaţie pentru comportamentul ei, dar se părea că nu reuşeşte să-şi găsească vorbele cu care să-i explice ceea ce simţea. Nici unul dintre lucrurile care îi veneau în minte nu părea, nici pe departe, potrivit.

Harrison nu reuşea să-şi revină. Se ridică, se mută mai în spate, apoi se rezemă de peretele din stâncă. Lăsă piatra neprimitoare să-i răcorească umerii. Încă ardea de dorinţă faţă de ea. Îi simţea gustul în gură şi încerca să nu se gândească cât de apetisantă fusese, cât de dulce şi de fierbinte, de umedă şi...

– La dracu'!

Vorbele se transformară într-un geamăt răguşit.

Se întoarse şi îl privi. Şi el o privea. Răceala din ochii lui o făcu să se simtă şi mai vinovată. Continuă s-o privească preţ de un minut până când îşi dădu seama că îl făcea să o dorească din nou. Ochii ei erau încă înceţoşaţi de pasiune, iar buzele ei erau umflate de la sărutările lui. Îi zgâriase faţa cu favoriţii. Şi acele urme i se părură excitante. Ştia că, dacă o lua în braţe, avea să-şi inhaleze propriul miros. La dracu', sărise de-a dreptul pe ea. Sfredeli cu privirea tavanul de parcă ar fi încercat să facă o gaură în stâncă.

– Înţelegi ce era pe cale să se întâmple?

Ea tresări când auzi furia din vocea lui.

– Da, răspunse. Înţeleg. Sugerez să nu ne mai lăsăm... implicaţi. E periculos.

– Al dracului de periculos.

– Îmi pare rău, şopti ea.

Harrison nu mai avea nimic de spus despre asta. Se întoarse să se uite din nou la el. Din nou o buclă îi căzu pe ochiul stâng. O dădu la o parte cu nerăbdare. Părul lui era la fel de ciufulit ca şi al ei. Arăta de parcă abia s-ar fi trezit din somn. I se păru cel mai chipeş bărbat de pe faţa pământului. Se întoarse.

Tăcerea o neliniştea. Se uită la foc, îşi dădu seama că abia mai mocnea şi puse imediat câteva rămurele peste flăcări.

– O să mai stai mult timp supărat?

– Culcă-te, Mary Rose, înainte să uit cu totul de onoarea ta.

Se răsuci spre el.

– De-aia te-ai oprit?

– Nu, răspunse el. M-am oprit pentru că tu mi-ai cerut-o.

Se uită la ea şi aproape instantaneu îi trecu supărarea. În ochii ei erau lacrimi. Îşi dădu seama cu uimire că nu se gândise nici măcar o clipă la sentimentele ei. Era prea ocupat să se gândească numai la el. Doamne, ce mitocan era! Ea nu mai trăise o astfel de pasiune pură – felul în care răspunsese la atingerea lui era dovada acelui adevăr, iar dorința arzătoare din ea probabil că o speriase de moarte.

– Atunci ce-are a face onoarea mea? Ai zis că te-ai oprit pentru că te-am rugat eu să te opreşti.

Mary Rose oftă. Nu-i venea să creadă că trebuia să-i spună aşa ceva.

– Iubita mea, eram cât pe-aci să-ți răpesc virginitatea şi onoarea. Încă vreo câteva minute şi aş fi...

Nu ceea ce spusese, ci modul în care rostise cuvintele o linişti-ră. Tonul lui era mai blând, mai civilizat. Şi aproape iubitor. Ea îşi relaxă instinctiv umerii şi încetă să-şi mai frământe mâinile.

– Deci, de-asta te-ai enervat?

– Da.

Ea trase adânc aer în piept.

– Eu n-aş fi de acord cu tine.

– Nu?

Furia subită din vocea ei îl făcu să zâmbească. Nu era reacția la care ea se aşteptase.

– Eşti foarte plin de tine şi ai o atitudine de mascul tipic, nu?

– Nu cred.

– Atunci să te luminez. Nu erai pe cale să răpeşti nimic. Ți-aş fi oferit virginitatea şi onoarea mea. Am ales să n-o fac. Eu ți-am cerut să te opreşti. Tu erai prea ocupat să te deschei la pantaloni. Îți aminteşti?

Era uimit de vehemența din vocea ei. Simțea că începea din nou să se enerveze și asta numai pentru că îi reamintea de lipsa lui de stăpânire.

– Spune-mi de ce te-ai oprit.

Ea dădu din cap.

– Ești avocat. Ghicește.

– Îți era teamă.

– Nu.

– Uite ce e, știu că mă voiai. Erai la fel de fierbinte ca și mine. Încă simt cum mai zgâriat pe umeri. Îți amintești unde erau mâinile tale, nu?

Ea simți că se îmbujorează când își aminti cum se purtase. Se uită la el în timp ce-și ridică un picior și își puse brațul pe genunchi. Se părea că fiecare mișcare a lui o făcea să-l dorească. Doamne, era vrednică de dispreț. Nu era cu nimic mai bună decât o iepuroaică în călduri.

– Sigur că-mi amintesc. Nu-mi pare rău.

– Nici mie.

Emoția din cuvintele lui o făcu se tremure și, în același timp, să se umple de căldură. Reacția ei i se părea lipsită de sens. Se hotărî că era vina lui. Omul acela încerca intenționat s-o facă să-și iasă din minți.

– Nu te mai uita la mine așa.

– Cum?

– Știi tu.

Harrison știa. Își întoarse privirea spre foc.

– Încă nu mi-ai spus de ce mi-ai cerut să mă opresc.

– Iar tu n-ai de gând s-o lași baltă până nu-ți zic. Așa-i?

– Da, fu el de acord. Dacă nu ți-a fost frică, atunci ce s-a întâmplat? Ți-a plăcut felul în care te-am atins. Nu te preface că nu e așa. Îmi amintesc modul în care a reacționat corpul tău. Erai fierbinte și umedă pentru mine.

Îl sfredeli cu privirea. El se uita din nou fix la ea, lucru care nu o făcu decât să-și dorească să se topească în ochii lui.

– Nu mai vorbi așa, îi răspunse pe un ton slab.

– Spune-mi de ce te-ai oprit, îi ceru el din nou. Apoi o să încetez să-ți mai aduc aminte.

Mary Rose închise ochii. Era singurul lucru pe care-l putea face ca să scape de el.

– Eşti cam greu de cap pentru un avocat. Nu ți-a dat prin minte că poate, doar poate, m-am oprit pentru onoarea ta, nu a mea?

– Onoarea mea?

Ştia că el nu o crede. Îşi spuse că nici nu-i păsa. Oare toți bărbații erau la fel de aroganți ca Harrison şi ca frații ei? Doamne, spera că nu.

– Da, Harrison, pentru integritatea ta, zise ea din nou.

– Eşti serioasă, nu? Onoarea mea...

Vorbele lui erau doar o şoaptă. Ei bine, la dracu', încă nu-şi dădea seama dacă o credea sau nu. Totuşi, când ea deschise ochii şi se uită din nou la el, Harrison observă sinceritatea din ei. Se simți uimit şi măgulit.

– Onoarea ta, şopti ea drept răspuns.

Apoi dădu ochii peste cap exasperată şi se întoarse cu spatele la el. Era evident dezgustată. El nu avea, însă, timp să se gândească la aşa ceva. Era în întregime preocupat încercând să înțeleagă ce simțea despre faptul că ea îl protejase.

– Ai mai multă stăpânire de sine decât mine.

Aproape că îl duru să recunoască. Ei i se păru că era ofensat de acea stare de fapt.

– Tipic pentru voi, bărbații, să credeți că sunteți singurii care vă gândiți la astfel de lucruri nobile ca onoarea şi integritatea! Fie că mă crezi, fie că nu, femeile pot fi şi ele preocupate de acest lucru. Nu este o idee nouă. Asta e realitatea. N-ai auzit de Ioana d'Arc? Şi-a dat viața pentru onoarea ei şi a Franței.

– Ioana d'Arc?

Ar fi râs la auzul comparației, dar nu voia să îl omoare.

– Eu nu cred că ea a făcut ce-am făcut noi, Mary Rose.

– Sigur că nu. Acea femeie a fost un înger, pentru numele lui Dumnezeu! Eu nu sunt. Nu mă comparam cu ea. Doar încercam să spun că ştiam că nu ai mai fi fost împăcat cu tine însuți dacă ai fi devenit intim cu mine.

– Am fost intim cu tine. Îți aminteşti pe unde au fost degetele mele?

– Oh, culcă-te!

Ea se mută la marginea păturii, cât mai departe posibil de el. Îşi trase aşternutul, închise ochii şi încercă să se odihnească.

Ştia că ar fi trebuit s-o fi liniştit, dar reacţia ei fusese atât de incredibil de plăcută încât nu-i putuse rezista. Cel mai frumos roz îi colorase obrajii când se enervase. Se simţi recunoscător că se supărase pe el. Încercase intenţionat s-o înfurie şi ştia că, dacă ar fi continuat să se contrazică, ar fi reuşit. Nu era mitocan. Nu, era nobil; sau, cel puţin, asta încerca să se convingă singur. Dacă ea era supărată, avea să ţină distanţa faţă de el. Nici o femeie nu-şi dorea să sărute un bărbat pe care voia să-l omoare. Totul avea sens.

La dracu', pe cine păcălea? De fapt, încerca să se protejeze pe sine. Ea îi dovedise deja că avea mai multă stăpânire decât el. Lui nu-i lua mult timp să uite cu totul buna-cuviinţă. La cel mai mic semn, ar fi fost din nou călare pe ea. Gustase din fructul oprit şi trebuia să se prefacă acum că nu îi plăcuse.

Nu dormi mult în acea noapte. Îşi ţinu pistolul în mână, stând pe o parte, şi ascultase fiecare zgomot. Aţipise de două ori. Prima oară îl trezise o adiere uşoară. Cineva sau ceva se afla în peşteră lângă ei. Harrison rămase perfect nemişcat. Deschise ochii doar puţin şi atunci o văzu pe femeie. Reacţia lui fu instantanee. Mâna strânse pistolul de sub aşternut. Îi trebui multă stăpânire de sine să n-o împuşte şi îi mulţumi lui Dumnezeu că aceasta nu se uita spre el. Ţinea o pătură în braţe şi stătea în picioare lângă Mary Rose, uitându-se în jos la ea.

Corrie Nebuna. Harrison îi aruncă o singură privire şi nu-şi putu imagină cum de ea nu înnebunise. Era atât de desfigurată încât era greu să o priveşti. N-o făcu, desigur. Nu se mişcă. Aşteptă, pur şi simplu, să vadă ce va face.

Femeia se plictisi să-i privească. Fără să scoată vreun sunet, o acoperi pe Mary Rose cu pătura. Plecă pe nesimţite, la fel cum venise. Vru s-o strige, măcar să-i mulţumească, dar nu scoase nici un sunet. Dacă femeia ar fi vrut să fie văzută, ar fi făcut ceva ca să se asigure că ei s-ar fi trezit. Era evident că nu era pregătită, iar el îi respectă dorinţa. Simţi o vină imensă din cauza repulsiei pe care o avusese la vederea ei. Apoi închise ochii şi aţipi din nou. Mary Rose se trase mai aproape de el, dar el se simţea în continuare în siguranță, știind că nu mai trebuia să-și facă griji cu privire la posibile tentații și la lipsa lui de autocontrol.

Când se trezi, capul lui Mary Rose i se odihnea pe vintre. Crezu că murise și ajunsese în rai, dar imediat ce ceața somnului se risipi, își dădu seama că se ajunsese direct în Purgatoriu. Mary Rose nu încerca să-l seducă. Dormea. Genunchii ei erau trași sub bărbia lui. Ea, pur și simplu, încercase să se încălzească. Îi luă o veșnicie s-o dea la o parte fără s-o trezească. Apoi se ridică cât de încet putu. Păși în picioarele goale afară și rămase în ploaie. Apa rece nu-l ajută absolut deloc.

11 iulie 1865

Dragă Mamă Rose,

Azi este ziua mea. Mi-aș fi dorit să fi fost și tu aici și să petrecem împreună. Acum, că războiul s-a încheiat, o să poți veni la familia ta, iar acesta ar fi cel mai frumos cadou pe care l-ar putea primi un fiu. Ne rugăm în fiecare seară pentru sufletul lui Lincoln. Încerc să nu mă mai întristez din cauza morții lui și mă consolez cu cuvintele din ultimul lui discurs. Uite partea care-mi place cel mai mult: „Fără ură și cu generozitate față de toți, cu încredere în ceea ce-i drept, așa cum Dumnezeu ne ajută să vedem ceea ce este corect, haideți să ne străduim să încheiem ceea ce am început, să vindecăm rănile națiunii, să ne îngrijim de cel care a dus greul luptei, de văduva lui, de orfanul lui, să facem totul pentru a obține și a prețui pacea dreaptă și trainică între noi și între noi și toate națiunile".

Te iubesc,
Travis

Capitolul 10

Un nenorocit trase înspre ei în drum spre casă. Harrison fusese atent. Călărea alături de Mary Rose și, în secunda în care zări licărirea metalului printre pini, direct în fața lor, exact unde poteca făcea o curbă, o împinse pe Mary Rose de pe cal, scoase pistolul şi trase o fracţiune de secundă prea târziu. Glonţul ticălosului trecu prin dreapta lui. Harrison abia reacţionă la durere. Era aplecat pe şaua lui Mary Rose, cu privirea spre pădurea din faţă. Dacă ea ar fi rămas în şa, glonţul pe care îl primise el ar fi omorât-o. Iar simplul fapt că îşi dădu seama de asta îl făcu să înnebunească de furie.

– Lasă-te jos, îi ordonă el.

Nu avu timp să vadă unde aterizase Mary Rose. Îl lovi cu pintenii pe MacHugh să pornească în galop. Singura lui preocupare era să-l găsească pe ticălos şi să-l omoare cu mâna lui. Văzuse destul de bine faţa laşului, dar când ajunse la următoarea curbă, nenorocitul deja dispăruse. Harrison se luă după urme şi fu dezamăgit să vadă că acestea se terminau aproape de stânca de deasupra râului. Evident, laşul sărise. Harrison nu putea decât să spere că se înecase.

Se întoarse pe propriile urme şi o găsi pe Mary Rose stând pe o piatră, cu pistolul în mână. Nu părea deloc supărată pentru ceea ce tocmai se întâmplase.

– Eşti bine?

Vocea lui era aspră şi plină de nervi.

– Da, mulţumesc.

Tonul ei era plat.

– Vrei să mi-o aduci pe Millie?

Harrison dădu din cap şi apoi se duse după iapă. Când se întoarse, Mary Rose stătea în mijlocul potecii. Îşi pusese pistolul deoparte şi încerca să-şi aranjeze părul. El îi dădu frâiele, apoi descălecă pentru a o putea ajuta, dar ea fu mai rapidă. Se urcă în şa, îi zâmbi lui Harrison şi apoi o îndemnă pe Millie să pornească. El putea jura că arăta de parcă era obişnuită cu ambuscade de felul acesta zilnic.

– Chiar eşti bine? întrebă el din nou.

– Da. Spatele meu o să fie la fel de vânat ca al tău. Am aterizat cam rău. M-ai aruncat în tufişuri, Harrison. Îţi sugerez ca, data viitoare, să-mi spui să mă las jos.

Harrison o lăsă să călărească în faţa lui. Nu voia ca ea să observe că încerca să aibă grijă şi de rană. Simţea ceva ud sub cămaşă, iar când se uită în jos, pata de sânge se mărea văzând cu ochii. Nu i se părea cine ştie ce, însă. Sângele ţâşnea din rană şi luă acest lucru ca pe un semn bun. Era recunoscător că glonţul ieşise. Îşi scoase vesta din piele dintr-unul dintre desagi, apoi şi-o puse cât de repede putu. Făcu o grimasă din cauza durerii care îl săgetă când îşi mişcă mâna, apoi se forţă să zâmbească pentru că Mary Rose se întoarse ca să se uite la el. Îl înghionti pe MacHugh astfel încât s-o ajungă din urmă şi să călărească alături.

– Ţi-e frig? Poţi folosi pătura de la Corrie, îi sugeră ea.

– Mi-e bine, răspunse el. Ţie nu ţi-e frig?

– Nu, hainele mele s-au uscat. Sunt boţite, dar calde. L-ai prins pe cel care a încercat să ne omoare?

– Nu.

Se uită lung la ea. Nu putu să nu remarce stăpânirea ei de sine.

– Te porţi de parcă astfel de lucruri se întâmplă tot timpul. Aşa este?

– Nu, sigur că nu.

– Atunci de ce eşti aşa de calmă?

Ea îl aşteptă să o ajungă din urmă înainte de a răspunde.

– Pentru că tu nu eşti.

– Ce nu sunt?

– Calm.

El crezuse că părea şi se purta perfect calm. Bănui că nu era aşa.

– Expresia din privirea ta îţi contrazice tonul vocii.

– Ce-i cu privirea mea?

– E rece... furioasă. Eşti nervos că nu l-ai prins, nu-i aşa?

– A sărit de pe stâncă. Sper că s-a înecat.

– Probabil că asta s-a şi întâmplat.

– Nu ţi-a fost frică deloc?

– Ba da.

– Atunci te felicit. Îţi ascunzi sentimentele mai bine decât mine. Am crezut că eu sunt maestru în acest joc. Se pare că nu.

– E important să fii maestru?

– În sala de judecată, da.

Ea zâmbi şi întinse mâna ca să-l bată uşor pe genunchi.

– Sunt sigură că te descurci foarte bine în sala de judecată.

– Eşti mare figură, Mary Rose. Jur pe Dumnezeu că aşa eşti.

Nu ştia dacă el tocmai o lăudase sau nu. Însă îi zâmbea, aşa că se hotărî să ia remarca lui ca pe un compliment.

– Traiul alături de Cole ne-a învăţat pe toţi să fim pregătiţi pentru surprize. Face parte din viaţa noastră de aici.

– Fraţii tăi probabil că au ajuns acasă.

– Probabil. O să ajungem la fermă într-o jumătate de oră.

– Ce crezi că voia?

– Cine?

– Laşul care a încercat să ne omoare.

– Caii şi banii. Probabil că spera la amândouă.

– La dracu'.

– Nu-ţi mai face probleme în privinţa lui. A dispărut. Hai să discutăm despre altceva. Încă nu pot trece cu vederea amabilitatea lui Corrie. A făcut ceva drum ca să ne aducă pătura. A avut nevoie de ceva curaj, nu crezi?

– A dorit ca tu să primeşti pătura. Nu eu, o corectă el.

– Nu ştii asta sigur, îl contrazise ea.

Harrison zâmbi. Ştia că femeia o acoperise cu pătura pe Mary Rose, dar nu voia să recunoască faptul că o văzuse. Motivul lui era, probabil, prostesc. Corrie îi aparţinea lui Mary Rose. Dorea ca ea să fie prima care îşi vedea prietena... dacă şi când Corrie avea să fie vreodată pregătită să se prezinte.

– Încă pari supărat, Harrison.

Acesta nu se putu abţine.

– La dracu', Mary Rose, era cât p-aci să fii omorâtă. Tu ai tot dreptul să fii supărată. Dacă ţi s-ar fi întâmplat ceva...

Se întoarse şi se uită la el.

– Da?

El oftă.

– Fraţii tăi m-ar fi omorât.

– Ai muri dacă ai recunoaşte că ţi-ar fi fost dor de mine?

– Nu, n-aş muri. Sigur că mi-ar fi dor de tine.

Era extrem de mulţumită. Schimbă din nou subiectul.

– M-am gândit la ce mi-ai spus despre Travis şi m-am hotărât să vorbesc cu el. Nu vreau să se supere foarte tare din cauza lui

Eleanor. O să am o discuție clară și cu ea. Nu poate face pe șefa cu frații mei. Travis o să mă asculte. Eleanor probabil că nu. Totuși, voi încerca. Mai e puțin și vine ziua lui Travis. O să se poarte frumos ca să-i fac un cadou drăguț.

– Când e ziua lui?

– Pe unsprezece iulie, răspunse ea. Aproape am terminat de împletit un pulover pentru el. Cred că o să-i placă. Culoarea îi scoate în evidență ochii. N-o să-i pese de asta, desigur. O să-i placă pentru că o să-i țină de cald. Ziua ta când e?

– Pe șaptesprezece februarie, răspunse el.

Nu o întrebă când era ziua ei. Presupuse că nu știa data exactă și că frații ei inventaseră o dată ca s-o poată sărbători. În plus, deja știa data de naștere a lui Lady Victoria, doi ianuarie.

– Doi ianuarie.

Rosti cuvintele într-o fracțiune de secundă după ce el le gândise. Nu-i venea să creadă că auzise bine. Apoi se gândi că poate le spusese cu voce tare.

– Ai zis... ce-ai zis?

– Doi ianuarie, repetă ea. Ziua mea de naștere. S-a întâmplat ceva pe doi ianuarie? Pari puțin cam uimit. Pe bune.

El nu-i putu răspunde. Vocea îl lăsase. Uimit? Era o afirmație prea blândă. Mintea lui evalua toate posibilitățile până atunci imposibile. Cum Dumnezeu putea să știe în ce zi se născuse?

– Ziua lui Adam e pe douăzeci noiembrie, iar a lui Cole pe cincisprezece aprilie, deși, sinceră să fiu, el nu prea e sigur de dată pentru că nu are nici o dovadă, dar un vecin și-a adus aminte de el și i s-a părut că pe acea dată s-a născut, așa că el s-a hotărât să folosească data pentru aniversare. Iar a lui Douglas este în ultima zi din luna martie. N-am uitat pe nimeni, nu?

El dădu din cap neîncrezător.

– Ai inventat data pentru ziua ta de naștere sau ai dovezi că te-ai născut pe doi ianuarie?

– Am dovezi, răspunse ea. Am avut acte.

Harrison se lăsă pe spate în șa. Cuvintele îi răsunară în minte ca un ecou, fără încetare. Avea acte.

Toată lumea îi aștepta. Eleanor se plimba agitată pe verandă, Adam stătea în prag, iar Douglas și Travis erau amândoi așezați pe balustrada verandei, rezemați de stâlpi. Cole tocmai ieşea din şopronul principal, când Douglas îl strigă şi arătă către ei. Mâna acestuia se duse imediat la pistol; Harrison observă acest lucru. Expresia lui indica faptul că era destul de hotărât să folosească arma.

Harrison oftă. Nu avea timp de astfel de prostii. Se simțea ca dracu'. Rana îl ardea. Ziua, însă, nu urma să fie cu nimic mai bună pentru că se hotărâse, în sfârşit, să nu mai aştepte. Într-un fel sau altul, viitorul lui Mary Rose trebuia decis până ce el avea să se ducă la culcare. Voia să le spună fraților despre sora lor. Mai întâi, dorea să obțină informațiile de care avea nevoie, desigur, iar dacă era nevoit să îi împuşte pe toți ca să afle ceea ce trebuia, atunci jură pe Dumnezeu că aşa avea să facă. Nu voia să mai tragă de timp. Se putea trezi însurat şi cu şase copii dacă nu făcea ceva cât de curând.

– Harrison, nu te încrunta.

– Îmi pare rău. Mă gândeam să-i împuşc pe frații tăi.

– Te rog, nu, şopti ea. Zâmbeşte, pentru numele lui Dumnezeu.

– Arată ca o ceată pe cale să mă linşeze.

Ea se întoarse şi se uită din nou la frații ei. Harrison avea dreptate. Trei din cei patru chiar păreau pe cale să-l atârne pe Harrison de cel mai apropiat copac. Eleanor arăta dornică să țină frânghia. Îşi ținea mâinile în şolduri şi se uita încruntată la ei.

– Adam pare bucuros să ne vadă. Sunt sigură că el va fi rezonabil. Doar trebuie să explici repede, înainte să apuce Cole...

– Iubita mea, n-am făcut nimic rău.

– Atunci de ce am impresia că am făcut?

Zâmbi când îşi dădu seama că şi el se simțea la fel.

– Mă ocup eu de Cole. Tu de ceilalți.

– Tu te ocupi de Cole şi eu de ceilalți patru? Mi se pare echitabil, îl tachină ea.

Se întoarse şi îl urmări îndreptându-se spre şopron. Millie voia să-l urmeze, dar Mary Rose o forță să meargă spre casă.

– Aruncă pistolul, îi sugeră ea lui Harrison şoptind un pic mai tare. De obicei, lui Cole nu-i place să împuşte un om neînarmat.

Harrison clătină din cap spre ea şi continuă drumul. Se dădu jos de pe MacHugh cam la un metru distanță de Cole. Armăsarul continuă să se îndrepte spre şopron. Harrison avea să se ocupe de nevoile lui după ce rezolva problema cu fratele lui Mary Rose. Cole veni în goană spre el.

– Nenorocitule! Dacă...

Ajunse lângă Harrison înainte să apuce să termine amenințarea şi se hotărî să-l lovească. Harrison era pregătit. Prinse pumnul lui Cole în palma mâinii stângi şi îl ținu strâns. Apoi începu să aplice mai multă presiune.

– Dacă ce? îl provocă el pe un ton rece ca gheața.

Expresia lui Cole trecu de la furie la uimire într-o clipită.

– Dacă... La dracu', eşti rapid. Dă-mi drumul. Îmi zdrobeşti degetul cu care trag.

– O să încerci să mă loveşti din nou?

– Nu. Acum mă gândesc să te împuşc. Şi apoi o s-o împuşc pe Mary Rose.

– Te omor înainte.

– La dracu'.

– Nu s-a întâmplat nimic, Cole. Ne-a prins ploaia, atâta tot. Hai cu mine în şopron. Am fost împuşcat. Vreau să văd cât de grav e fără să afle şi Mary Rose.

Harrison îi dădu drumul lui Cole şi intră. Picioarele îi erau nesigure, dar era sigur că o farfurie cu mâncare avea să rezolve acel lucru.

– Ce ți s-a întâmplat? Ai încercat ceva cu Mary Rose? Ea te-a împuşcat?

– Sigur că nu, se răsti el. Se opri lângă lampa cu kerosen şi aşteptă până când Cole o aprinse.

– Unde-ai fost nimerit?

– Într-o parte. Glonțul m-a şters. A trecut pe lângă.

– Lasă-mă să mă uit.

Cole se puse pe treabă. Dădu brațul lui Harrison la o parte şi îi ridică uşor cămaşa. Apoi se aplecă să se uite mai bine la rană. Albi când văzu cât de serioasă era.

– E doar o zgârietură, nu?

Cole se îndreptă. Se întrebă dacă Harrison ştia cât de nesigură îi păruse vocea. Mai avea puţin până să leşine şi avea nevoie de îngrijire imediată.

– Doar o zgârietură, fu el de acord.

Harrison începu să-şi bage la loc cămaşa în pantaloni.

– Un laş a încercat să ne prindă în ambuscadă lângă creastă. M-am dus după el, dar sărise deja în râu.

– Ai apucat să-i vezi faţa?

Harrison dădu din cap confirmând. Apoi se îndreptă spre ieşire.

– Trebuie să discut cu Adam înainte să mă spăl.

Cole veni în stânga lui şi îi puse mâna pe umăr, forţându-l să se sprijine de el. Vocea îi era acum blândă.

– O să-ţi dea ceva să pui pe zgârietura asta. Ai fost un gentleman, nu? Eu sunt sigur că n-aş fi reuşit asta, dacă aş fi fost singur cu o fată drăguţă. Sigur că sora mea e diferită. Te-aş fi omorât dacă ai fi atins-o.

– O să mă asigur că-ţi voi spune dac-o voi face, răspunse Harrison.

Lui Cole i se păru ciudat că Harrison nu părea să observe că îl ţinea de umăr. Îşi făcu şi mai multe griji. Lui Harrison nu îi stătea în fire să fie de acord cu el aşa de uşor.

– Te duc la tine în dormitor. Adam o să vină să aibă grijă de rană. Zgârietura asta mică e, de fapt, mai adâncă decât am crezut. Este micuţă, desigur, dar, pentru că eşti un băiat de la oraş, mă rog, are nevoie de grijă. Eu mă duc s-o salvez pe Mary Rose. Tu ai avut deja o întâlnire cu omul pădurii.

– De la ce vrei s-o salvezi?

– De fraţii mei. De ce crezi că e toată lumea supărată? Ai luat-o pe Mary Rose cu tine şi nouă ne-ai lăsat-o pe zgripţuroaică. Nu ştiu dac-o să te pot ierta pentru asta. L-a împuşcat pe Douglas. A zis că a fost un accident, dar el nu o crede, nu după ce l-a împuşcat „accidental“ şi pe cel care conduce diligenţa. Nici unul dintre noi n-o crede. O s-o dăm afară înainte să apuce să ne omoare pe vreunul.

Harrison reuşi să zâmbească firav.

– Înseamnă că nu v-ați făcut griji pentru virtutea surorii voastre?

Sigur că-și făcuse griji, dar nu voia să recunoască. Îl văzuse pe Harrison cum se holbase la sora lui. Iar Mary Rose făcuse același lucru – nu-l scăpase din priviri.

– Nu, eu nu mi-am făcut griji pentru voi doi. Voiam să-ți spun că, dacă mai pleci o dată cu Mary Rose și ne lași pe noi cu Eleanor, o să te omorâm cu rândul. Asta voiam să-ți zic. În schimb, m-am hotărât să te pocnesc. M-am gândit că un pumn bun ar vorbi mult mai clar.

Harrison se împletici, își recăpătă echilibrul, dar merse mai departe. Crezuse că se împiedicase de o piatră.

– Ah, la naiba, o să mă faci să te duc în brațe, nu?

Harrison nu-i răspunse lui Cole. Nu putu. Deja leșinase în brațele lui. Mary Rose țipă, își ridică poalele fustei și alergă spre ei. Toată lumea o urmă.

– Ce i-ai făcut? Doamne, ce i-ai făcut?

– Nu i-am făcut nimic, țipă Cole.

Ea nu-l crezu.

– Ce i s-a întâmplat?

Se aplecă și se uită la chipul lui Harrison. Văzu cât de palid era și izbucni în lacrimi. Douglas fu următorul care ajunse la ei.

– L-ai omorât, Cole? vru el să știe.

– Nu.

Rana era serioasă, dar nu îi punea viața în pericol, iar pentru Cole, acest lucru însemna că Harrison era încă în joc.

– Ce s-a întâmplat? întrebă Adam.

Cole rânji răutăcios.

– A leșinat.

15 ianuarie 1866

Dragă Mamă Rose,

Fiii tăi sunt răi cu mine. Adam mă pune să stau singură la masă, doar pentru că l-am pocnit pe Travis. Adam e băiat rău. Spune-i că nu trebuie să stau singură. Am făcut un desen pentru tine.

Mary Rose

Capitolul 11

Nu-l slăbeau nici un moment. Nu, domnule, chiar nici o clipă. Se părea că oamenii de la munte nu ştiau ce e acela un leşin şi, de aceea, toţi fraţii, inclusiv Adam, se bucurau nespus să-i reamintească mereu ceea ce păţise. Mereu. Harrison îndurase, dar numai pentru că nu avusese încotro. Era prea slăbit să riposteze.

După ce îşi recăpătase puterile, trei dintre cei patru fraţi plecară. Adam rămase acasă, desigur, iar Harrison îl lăsă în pace. Cel mai mare dintre fraţi trebuia să aibă grijă de nervii lui Eleanor, şi lui Harrison i se părea că aceasta era o pedeapsă îndeajuns de mare pentru orice bărbat.

Fiindcă se hotărâse să le spună fraţilor despre fiica lui Elliott, dorea s-o facă mai repede. Era însă nevoit să aştepte ca toţi fraţii să se întoarcă la fermă pentru că acesta i se părea cel mai recomandabil lucru. N-ar fi fost corect faţă de nici unul dintre ei să afle de la altcineva. Nu, Harrison era hotărât să le spună tuturor, în acelaşi timp.

Aşteptarea îl făcu morocănos. Adam se duse pe creastă cu Mary Rose de două ori, ca ea s-o poată vizita pe femeia pe care o considera acum cea mai dragă prietenă a ei şi, în ambele ocazii cât fuseseră plecaţi, Harrison fusese nevoit s-o întreţină pe Eleanor. Nu era o sarcină dificilă, doar că îl obosea amarnic. Tot ce trebuia să facă era să stea pe verandă şi să pretindă că îi ascultă nemulţumirile.

Îi luă două săptămâni să-şi recapete puterile şi, tocmai când începea să se simtă mai bine, se trezi că era nevoit s-o ducă pe Eleanor în Blue Belle. Cole se întoarse, într-un final, de la vânătoare. În drum spre casă, se oprise şi luase câteva lucruri pe care i le ceruse Harrison în cazul în care avea să treacă prin Hammond. Cole îndeplini sarcina în speranţa că favorul avea să-i fie întors. Voia ca Harrison să-l însoţească în oraş. Travis şi Douglas plecaseră şi ei la vânătoare cu fratele lor şi îi aşteptau deja în oraş pe amândoi. Mai mulţi străini sosiseră în Blue Belle, iar Cole voia ca Harrison să îi vadă. Dacă unul dintre ei era nenorocitul care-l împuşcase, ei bine, atunci Cole avea să se ocupe de el.

Harrison era mai mult decât pregătit să meargă oriunde, atâta timp cât scăpa de Eleanor. Stătea pe verandă cu un picior rezemat de balustradă când Cole îi propuse ieşirea. Eleanor era aşezată lângă Harrison. Îşi făcea vânt cu un ziar vechi de o săptămână şi se plângea de căldură. Cole o ignoră. Se duse în bucătărie să ia ceva de mâncare şi se întoarse câteva minute mai târziu. Se sprijini de stâlp şi îi spuse lui Harrison ce voia de la el. Eleanor ascultă în tăcere. Se hotărî să intervină.

– Cred că merg şi eu cu voi. Trebuie să-i cumpăr mojicului ăluia o pălărie nouă.

– Nu, nu poţi veni cu noi.

Cole o refuză pe un ton calm şi hotărât. Pentru prima oară, în ultimele două săptămâni, vorbea direct cu Eleanor. Ea nu-l băgă în seamă. Se ridică, aruncă ziarul pe podea şi intră furioasă în casă.

– Mai vedem noi, bombăni ea.

– Vezi ce uşor e? jubilă Cole. Eu sunt singurul de pe aici care ştie cum să se poarte cu Eleanor? Am zis nu şi a plecat.

Harrison zâmbi.

– S-a dus înăuntru să-l aducă pe Adam. El o să ne pună s-o luăm cu noi.

Cole izbucni în râs. Era evident că nu-l credea. Un minut mai târziu, Mary Rose veni alergând afară. Văzu ziarul pe podea şi se grăbi să-l ridice.

– Pot să merg şi eu cu Eleanor în oraş? Am nişte treburi.

Harrison şi Cole îi spuseră că nu, în acelaşi timp. Se enervă când le auzi refuzul nemilos. Îi amintea lui Harrison de un înger răvăşit. Era îmbrăcată într-o rochie albastru-închis, cu un şorţ galben. Părul îi era prins în coc. Buclele nu voiau să stea la locul lor şi mai multe şuviţe căzuseră deja şi îi încadrau faţa. Lui Cole i se păru că arăta epuizată şi îi spuse acest lucru. Ea îi ignoră remarca.

– Vă rog să mă lăsaţi să merg cu voi. N-o să vă fac să staţi după mine. Vă promit.

– Două femei sunt deja prea mult pentru ca Harrison şi Cole să poată avea grijă de voi, Mary Rose. Ar trebui să stai acasă azi, îi sugeră Adam din prag.

– Două femei? îl întrebă Cole pe fratele lui.

Se încruntase deja pentru că ştia ce urmează. Harrison zâmbi.

– Ţi-am zis, îl tachină el.

Mary Rose nu voia să renunţe. Era, evident, sigură că încă avea o şansă să fie inclusă pe listă pentru că îşi scosese deja şorţul şi, în acelaşi timp, încerca să-şi aranjeze părul. Era frumoasă. Harrison se strădui să nu se holbeze prea mult la ea. Cole l-ar fi observat. Încercase să-ţi ţină privirea cât mai departe de Mary Rose cât timp se refăcuse după împuşcătură. Singura lui reacţie fusese aceea de a se preface că doarme, ori de câte ori ea venea la el în căsuţă. El se întrebă de ce oare pe ea nu o îngrijora motivul care îl făcea pe el să doarmă zi şi noapte. N-o făcuse totuşi, aşa că luă acest lucru ca pe o binecuvântare.

– Adam, n-o pot lăsa pe Eleanor să intre singură în magazinul lui Morrison. Nici unul dintre noi n-o să mai avem voie acolo dacă face ea vreo criză. Te rog să te mai gândeşti. O să mă ţin departe de necazuri.

Adam se uită la Cole. El ridică din umeri.

– Sunt străini în oraş. Două femei ar putea fi prea mult ca să le putem apăra. Dacă leşină Harrison din nou? Încă mi se parc bolnav.

– O să mergi cu Eleanor în căruţă, îi promise Harrison drept răzbunare.

Cole clătină din cap. Harrison se întoarse spre Adam.

– Mary Rose poate avea grijă de ea şi singură, atât timp cât se gândeşte înainte de a face ceva.

– Nu se gândea atunci când a pornit după Bickley, nu? întrebă Adam şi dădu din cap când îşi aduse aminte de rezultatul faptelor ei. Suntem norocoşi că n-a fost omorâtă.

– Da, suntem, fu de acord Harrison. Este o femeie foarte frumoasă. Bărbaţii sunt predispuşi să facă prostii când văd un chip frumos. Nu avem de unde să ştim cum vor reacţiona străinii. De aceea, concluzionă el, Mary Rose şi Eleanor trebuie să rămână acasă.

Se gândi că prezentase un caz solid. Însă nu câştigă. Adam le lăsă pe femei să plece. Mary Rose se grăbi să se pregătească. Eleanor era deja sus şi îşi schimba rochia. Harrison nu înțelegea de ce trebuie să-şi pună o altă rochie. Doar nu făcuse nimic ca să-şi murdărească rochia cu care era deja îmbrăcată.

Adam aşteptă ca amândouă să plece şi apoi ieşi pe verandă şi se aşeză lângă Harrison.

– Nu ştiu dacă gândesc rațional sau vorbesc din disperare. Câteva ore de linişte şi pace sunt o tentație puternică.

– Şi pe tine te înnebuneşte Eleanor, nu-i aşa? întrebă Cole.

Adam dădu din cap reținut.

– Se poartă frumos cu mine. N-ar trebui să mă plâng, dar...

– A adus haos în casa asta, conchise Harrison.

– Da, fu de acord Adam.

– Nu e proastă, doar că e rea, zise Cole şi apoi se opri ca să zâmbească. Eu apreciez calitatea asta la o femeie, recunoscu el.

– Care? Prostia sau răutatea? îl întrebă Harrison, doar ca să-l necăjească puțin.

– Răutatea, desigur. Eleanor n-o să muşte mâna care o lasă să stea aici.

– Mi-aş dori să nu mai producă atâta deranj, spuse Adam.

Părea epuizat şi tulburat.

– Trebuie să faci ceva în privința ei, îi spuse Cole fratelui său.

– Cum ar fi?

Harrison se ridică.

– Lasă-mă să mă dau puțin la ea. Cole, o să am nevoie de ajutorul tău.

– Nu-mi place să lovesc o femeie. De fapt, n-am făcut-o niciodată. Nu mi se pare corect.

– Am spus-o la modul figurat.

Harrison observă rânjetul lui Cole şi îşi dădu seama că glumeşte.

– Mary Rose zice că lui Eleanor îi e teamă, remarcă Adam. Mi-am petrecut destul de mult timp cu ea şi cred că sunt de acord cu opinia ei.

– Şi de-aia voi doi ați fost atât de răbdători cu ea. Nu merge, zise Harrison.

– Spune-ne ceva ce nu ştim, Băiatule de la Oraş.

– Cole, lasă-l în pace. Încearcă să ajute. Ai un plan, Harrison?

– Da. O mică tactică prin care să producem teroare.

Ţipătul furios al lui Eleanor pluti în jos până pe verandă. Cole închise ochii când îl auzi. Adam îşi încleştă maxilarul.

– Doamne, ce voce are, bombăni Cole. Trebuie să ţipe tot timpul?

Harrison nu credea că întrebarea lui Cole avea nevoie de răspuns. Le spuse fraţilor care era planul lui şi aşteptă să le audă protestele.

– Deci eu voi fi salvatorul, spuse Cole. Şi cu Mary Rose cum rămâne? Ei n-o să-i convină jocul ăsta.

– Aşteptăm până ne întoarcem din oraş. Travis şi Douglas vor merge în faţă cu Mary Rose. Mult în faţă, zise Harrison.

– De ce nu pot fi eu cel care o aruncă peste creastă? întrebă Cole. Sunt mai bun când e vorba să o facă pe durul.

– Pentru că nu vreau să te urască. Pe mine poate să mă urască, explică Harrison.

– Atunci, trebuie să mergi cu ea în căruţă. Mă duc s-o pregătesc, spuse Cole.

Mary Rose veni jos câteva minute mai târziu, dar Eleanor nu coborî în următoarea jumătate de oră. Harrison aştepta în holul din faţă, împreună cu Mary Rose. Adam se retrăsese în bucătărie ca să ajute la prepararea cinei.

Într-un final, Eleanor îşi făcu apariţia. Purta una dintre rochiile lui Mary Rose. Harrison îşi aminti de asta pentru că Mary Rose era foarte frumoasă în acea nuanţă de albastru. Mary Rose păru uimită când văzu ce purta oaspetele lor. Însă nu spuse nimic, iar Harrison se hotărî s-o lase baltă pentru moment.

Eleanor nu arăta deloc rău în rochie. Dacă nu i-ar fi displăcut atât de mult comportamentul ei, poate că şi-ar fi făcut timp să aprecieze faptul că era o femeie frumoasă. Avea păr frumos. Era scurt şi foarte cârlionţat. Nu ştia dacă avea şi un zâmbet frumos pentru că n-o văzuse niciodată zâmbind. Buzele îi erau mereu strânse cu dezgust, de parcă tocmai înghiţise o doză de ulei de ricin.

– Eşti gata de plecare, Eleanor? Cole ne aşteaptă la intrare.

–E vreun restaurant în oraş? Probabil că o să vreau să mă răcoresc puţin cu o cană cu ceai şi cu nişte biscuiţi, înainte de a ne întoarce. Am nevoie de nişte fonduri suplimentare, Mary Rose. Fii, te rog, amabilă şi mai dă-mi nişte bani.

–Singurul loc în care se poate mânca e cârciuma şi acolo nu putem intra.

–Ce necivilizat! De ce nu putem intra?

–Pentru că nu se cuvine. Mergem?

Harrison ţinu deschisă uşa din plasă pentru ca femeile să iasă. Eleanor o luă înainte, dar se opri brusc. Mary Rose se lovi de ea. Eleanor văzu căruţa de la capătul aleii şi clătină supărată din cap. Cole se întorsese în şopron ca să ia caii. Eleanor ţipă la el.

–Tu, de colo. Adu trăsura. Căruţa nu-i bună.

Cole se opri. Apoi se întoarse încet şi se uită la Eleanor. Pe chipul lui se putea citi cât de furios era.

–Nu m-ai auzit, băiete? Adu trăsura.

Harrison putea jura că vede fum ieşind din urechile lui Cole. Acesta fierbea de mânie.

–Căruţa nu e de ajuns, Eleanor? întrebă Mary Rose.

Încerca să prevină scandalul.

–Îl superi pe fratele meu. Încearcă să fii rezonabilă.

Harrison stătea în urma celor două femei, cu mâinile la spate şi cu un rânjet ironic pe chip. Se bucura de mânia lui Cole pentru acesta nu putea face nimic.

–Nu cred că vorbeşti serios, Mary Rose, răspunse Eleanor. O să mă ard în soare dacă merg cu căruţa. Vrei să fac pistrui?

–Eu am pistrui, zise Mary Rose.

–Da, dragă, ştiu.

Mary Rose oftă. Apoi se întoarse spre Cole.

–Te rog să faci cum îţi cere, strigă ea. Te ajut să bagi la loc căruţa.

Cole zise ceva, dar erau prea departe să-l audă. Harrison bănui că fusese vorba de o înjurătură urâtă.

–Îl ajut eu, se oferi Harrison. Voi, doamnelor, aşteptaţi aici. Mary Rose? îi rosti el numele în timp ce cobora scările.

–Da, Harrison.

–Mie-mi plac pistruii tăi.

Harrison călători alături de Eleanor, iar când ajunseră în Blue Belle, perspectiva de a se îmbăta i se păru brusc foarte atrăgătoare. Urechile îi țiuiau de critici. Femeia nu înceta o clipă. Mergea prea repede. Nu mergea suficient de repede. Stătea prea aproape de ea. Era morocănos. Era nepoliticos pentru că nu vorbea cu ea.

Travis și Douglas erau în cârciumă. Ieșiră repede afară când îi văzură pe Cole și pe Mary Rose trecând. Douglas primi responsabilitatea de a avea grijă de sora lor. Fusese de acord înainte de a vedea trăsura și de a-și da seama că trebuia să aibă grijă și de Eleanor, iar când își dădu seama, începu să se plângă. Nimeni nu îi dădu atenție. Travis intră repede înapoi în cârciumă. Voia să stea cu ochii pe trei dintre străini, ca să vadă dacă vreunul dintre ei reacționa când apărea Harrison.

Mary Rose și Eleanor mergeau pe stradă una lângă alta. Douglas rămase mult în urma lor.

– Când intrăm în magazin s-ar putea să observi o tânără care lucrează în spatele tejghelei. Numele ei este Catherine Morrison. Tatăl ei e patronul, spuse Mary Rose.

– E important?

– Cum adică?

– Nu contează, răspunse Eleanor. De ce-mi povestești despre ea dacă e doar o vânzătoare?

– E interesată de Harrison, spuse Mary Rose.

– Sunt sigură că femeia aia ar putea găsi ceva mai bun.

– Și de ce nu-i bun Harrison?

– Din atât de multe cauze, încât nu știu cu ce să încep, zise Eleanor. Să vedem... Nu poate purta o conversație decentă. Bombăne răspunsuri monosilabice și se încruntă mereu. Este și foarte intimidant. Sigur ai observat și tu.

– Am observat că e minunat, bun, grijuliu și iubitor, răspunse Mary Rose. Nu vreau s-o văd pe Catherine flirtând cu el.

– Și? întrebă Eleanor.

– Mi-am zis că, dacă se întâmplă s-o vezi pe Catherine cu Harrison, ai putea... știi tu...

– Întrerupe?

– Da.

– De ce-aș vrea să fac asta?

– Să mă ajuți, țipă Mary Rose evident exasperată. N-o să mori, Eleanor, dacă ajuți din când în când. Oh, nu contează, uită că am zis ceva de Catherine. Ai fi putut să mă întrebi dacă poți purta rochia mea înainte s-o pui pe tine, apropo.

– Oricum, e prea strâmtă pentru mine.

Eleanor nu se scuză, dar Mary Rose nici nu aşteptase s-o facă. Ajunseră la magazin. Mary Rose deschise uşa şi o lăsă pe Eleanor să intre prima. Douglas se asigură că înăuntru nu erau personaje dubioase, apoi ieşi şi rămase lângă intrare. Avea de gând să o facă pe Mary Rose să-i controleze comportamentul lui Eleanor.

Harrison îl zări pe bărbatul care încercase să-i surprindă în ambuscadă imediat ce intră în salon. Ticălosul îşi feri imediat privirea. Harrison se prefăcu a nu-l recunoaşte. Se uită spre ceilalți doi în timp ce o lua spre tejghea. Comandă un pahar de whisky şi îl dădu pe gât. Putea să jure că încă îi auzea vocea lui Eleanor răsunându-i în urechi. Travis se apropie şi se aşeză în stânga lui Harrison, iar Cole în partea dreaptă. Cei doi frați se rezemară cu spatele de tejghea şi se uitau la străini.

– Ei? şopti Cole apoi se întoarse pe jumătate. E aici?

Harrison nu răspunse. Travis se întoarse spre el şi zise:

– Mai sunt câțiva prin preajma casei lui Belle. Ar trebui să te uiți şi la ei. Nu au nici un motiv să se afle acolo. Belle e în Hammond de aproape şase luni. Toată lumea ştie că nu se va întoarce până în iulie. Întotdeauna vine acasă cam în preajma zilei mele de naştere şi rămâne până se face din nou frig. Eşti sigur că-ți aminteşti cum arăta cel care te-a împuşcat?

– Despre ce tot şoptiți acolo, băieți? Nu vreau împuşcături pe-aici, Cole. Ține minte asta, zise Billie încruntat.

– Tocmai voiam să le spui lui Travis şi lui Cole să nu se bage în treburile mele, îi spuse Harrison proprietarului.

– Nu-mi aduc aminte să-i mai fi spus cineva lui Cole Clayborne să nu se bage în ceva.

– Nu mă supăr, zise Cole. Harrison nu s-a simțit bine în ultima vreme.

Billie dădu din cap înțelegător. Se aplecă apoi pe tejghea.

– Am auzit despre leşinurile tale. Ți s-a mai întâmplat?

Harrison se întoarse şi se uită urât la Cole. Acesta încerca să pară nevinovat. Totuşi, dădu greş în încercarea lui.

– Nu i-am spus lui Billie, insistă el.

– I-a spus lui Dooley, adăugă vesel Travis.

– Ştii cine sunt bărbaţii care stau la masa din colţul de lângă fereastră? îl întrebă Harrison pe Billie.

– Nu, de ce întrebi?

– Mă întrebam cine sunt, răspunse Harrison.

– Cineva trebuie să le spună să facă o baie. Îi miros de aici, spuse Cole cu voce tare, ca să se asigure că fusese auzit.

– Nu te băga, Cole, se răsti Harrison.

– Mă distram puţin.

– Vrei să mergem jos până la casa lui Belle? întrebă Travis.

– Mai întâi zi-mi cine-i Belle, spuse Harrison.

– Păi, e curva oraşului, îl informă Billie părând foarte mândru de acel lucru. Belle e o femeie foarte bună. Nu-i aşa, Travis?

– Da, aşa-i.

Cole nu mai era atent la conversaţie. Unul dintre bărbaţi se ridicase şi ieşise afară. Aşteptă să vadă ce făceau ceilalţi.

– Sigur, a mai îmbătrânit, continuă Billie. Dar este încă o femeie delicată şi blândă. Judecătorul Burns se opreşte întotdeauna pe la ea ca s-o salute şi să-şi pună cizmele sub patul ei ori de câte ori trece prin oraş pentru vreo condamnare la spânzurătoare. Avem o părere foarte bună despre ea. Cred că ţi-ai dat deja seama de asta din moment ce ne-am botezat oraşul după ea.

– Numele oraşului vine de la o curvă? întrebă Harrison nevenindu-i să creadă.

Clătină din cap şi izbucni în râs.

– Ce-i aşa amuzant? întrebă Billie.

– Am crezut că aţi botezat oraşul după o floare, recunoscu el.

Billie chicoti.

– Ei, de ce-am face o asemenea prostie? Noi nu suntem băieţi de la oraş, Harrison. Noi n-am boteza niciodată un oraş după o floare. N-are nici un sens. Cred că leşinurile alea ţi-au cauzat la cap şi ai luat-o razna ca Fantomă.

– N-am leşinat decât o dată, anunţă Harrison.

– Sigur că da, zise Billie.

Tonul ironic îi dădu de înțeles lui Harrison că nu-l credea. Cole continua să nu îi slăbească din priviri pe cei doi care stăteau unul lângă altul la masă. Unul din ei vorbea în şoaptă. Celălalt continua să dea din cap. Apoi al doilea se ridică şi ieşi afară. Cole îşi întoarse repede privirea spre stradă, dincolo de fereastră. Era curios să afle ce punea la cale bărbatul.

– Travis, de ce nu te duci afară, îi sugeră Cole în şoaptă. Pe uşa din spate.

– Billie nu are uşă în spate, îi reaminti Travis fratelui său.

– Atunci fă una.

– V-am zis să nu vă băgați, repetă Harrison.

Cole ridică din umeri. Travis ajunsese deja în magazia lui Billie. Harrison aruncă o monedă pe tejghea.

– Mulțam pentru băutură, Billie.

Se întoarse şi se îndreptă spre bărbatul care încercase să-l omoare. Străinul îşi ridică ochii din pahar şi se încruntă la Harrison. Îşi duse mâna dreaptă încet spre poală.

– Ți-am văzut fața, nenorocitule.

– Despre ce vorbeşti?

Harrison îl lămuri. Folosi toate cuvintele urâte pe care le ştia ca să-l insulte, dar cel care îl făcu, într-un final, să riposteze pe străin fu „laş". Dădu să se ridice. Vocea lui Cole îl opri.

– Harrison, vorbeşti cu cel mai urât animal pe care l-am văzut vreodată. Îi simt duhoarea de aici. Dacă-şi mai mişcă mâna o dată, îl împuşc.

– Pentru numele lui Dumnezeu, nu începe aici, Cole, îl rugă Billie, părând că mai avea puțin şi începea să plângă. Abia am agățat noua oglindă pe perete. Mergeți afară, vă rog. Vă implor.

– Stai unde eşti, Cole. E lupta mea, nu a ta. Cum te cheamă, laşule?

– O să te omor. Nimeni nu-i spune lui Fulger că e laş. Iar oamenii îmi spun Fulgeru' pentru că sunt la fel de rapid ca un fulger.

După ce îşi termină amenințarea, ticălosul se ridică şi ieşi afară țanțoş. Avea două pistoale. Harrison doar unul. Cole ieşi în prag ca să vadă mai bine. Billie dădu repede ocol tejghelei şi alergă la fereastră.

– Nu crezi că ar fi bine să te duci acolo şi să-ţi ajuţi prietenul? Toţi cei din oraş ştiu că Harrison nu e în stare să ia ceva la ţintă. O să fie omorât. Aş vrea ca Dooley să fie aici. S-a dus la pescuit azi. O să-i pară rău c-a pierdut asta.

Cole era ocupat să studieze acoperişurile, încercând să îi găsească pe ceilalţi doi. Dispăruseră, dar ştia că se ascundeau undeva în apropiere. Cei care se foloseau de ambuscade ca să atace oamenii aveau s-o facă din nou, cel puţin Cole aşa credea, iar dacă cei trei erau prieteni, gândeau la fel. Laşii trăgeau la laşi, nu?

– Ei, ce face Harrison, stă în mijlocul drumului şi vorbeşte cu Fulger? întrebă Billie.

– Probabil o face pe avocatul, răspunse Cole.

– Oricum, ce îi spune îl înfurie pe Fulger. Îl văd cum îi iese fum pe nări de aici.

Harrison încerca să-l facă pe Fulger să-şi recunoască vina înainte de a-i face vreun rău. Dacă voia să coopereze şi să-şi recunoască greşeala, Harrison s-ar fi străduit să se poarte într-o manieră civilizată. Nu l-ar fi omorât. Nu, până la urmă, l-ar fi lăsat să scape. Dar urma să-l bată măr mai întâi, desigur.

– Glonţul tău ar fi putut-o omorî pe Mary Rose Clayborne, scrâşni el.

Fulger făcu un pas în spate când văzu furia din ochii lui Harrison.

– O să te omor, repetă el bâlbâindu-se. Acum şi aici în faţa martorilor. O să ne duelăm în piaţă.

Harrison dădu din cap. Terminase cu vorba.

– Zi-mi care sunt regulile, îi ceru el.

– Ce?

– Regulile duelului.

Fulger scuipă în ţărână şi hohoti.

– Face fiecare cam zece paşi în spate...

– Poţi număra până la zece?

Fulger se încruntă.

– O să-mi placă să te omor, şopti el înainte de a continua să explice. Când unul dintre noi se opreşte, se opreşte şi celălalt. Apoi ne împuşcăm. O să mori înainte ca mâna ta să atingă pistolul. Nu mi se spune degeaba Fulgeru'.

Chicoti din nou şi începu să meargă cu spatele. Harrison făcu la fel. Cei doi se întoarseră unul spre celălalt când ajunseră la circa cinsprezece paşi distanţă. Dintr-odată, Fulger începu să dea sceptic din cap.

– Nu mă împuşca, ţipă el.

– De ce nu? strigă Harrison.

– Nu mă duelez. Îmi las mâinile uşor în jos. Nu vreau să trag.

Harrison era furios.

– Ce te-a făcut să te răzgândeşti?

– Nu-mi place ce şanse am.

Harrison dorea să-l împuşte oricum. Îşi dădu seama că se purta ca un sălbatic. Nu-i păsa. Nenorocitul ar fi putut s-o omoare pe Mary Rose, iar viaţa fără ea l-ar fi omorât pe el. Trase adânc aer în piept şi încercă să-şi potolească furia.

– În regulă, ridică-ţi mâinile. O să-l las pe judecătorul Burns să te spânzure.

Fulger îşi ridică braţele. Harrison porni spre el. Aruncă o privire spre alee şi o văzu pe Mary Rose trăgând cu ochiul de la fereastra magazinului lui Morrison. Părea extrem de supărată. Nici el nu era mai fericit că văzuse confruntarea. Îşi dorea să fi reuşit măcar să zboare cu un glonte pistolul din mâna lui Fulger. Atunci poate că ea ar fi început să creadă că era la fel de capabil ca şi fraţii ei. Însă era nevoit să se mulţumească cu ceea ce putea obţine. Faptul că îl înfruntase pe Fulger însemna ceva, totuşi.

Doamne, trebuia să plece de acolo, îşi dădu seama brusc. Începea să gândească şi să se poarte precum Cole. Unde era Cole? Harrison află răspunsul înainte de a se întoarce. Acesta se afla la zece paşi în spatele lui, puţin în stânga. Nu era singur. Travis şi Douglas îl flancau.

– De cât timp staţi acolo? strigă Harrison.

– De suficient, răspunse Cole. Eu nu mi-aş întoarce spatele către Fulger dacă aş fi în locul tău. Pare că arde de nerăbdare să te împuşte în ceafă.

– Ţi-am zis...

Harrison îl văzu pe bărbatul care se apleca pe o fereastră de deasupra magaziei goale. Tocmai îşi ridica pistolul când Harrison îl scoase pe al lui din toc şi trase o dată. Fu suficient. Pistolul zbură din mâna ticălosului. Acesta scoase un urlet de durere. Fulger profită de ocazie şi îşi duse mâna către armă. Al treilea bărbat ieşi în fugă dintre două clădiri şi trase chiar în acea clipă. Cole îl împuşcă pe cel care ieşise pe alee, apoi se întoarse spre Fulger. Era prea târziu. Travis i-o luase deja înainte. Îşi puse pistolul înapoi în toc înainte să aibă timp Cole să tragă piedica.

– Ei, asta da rapiditate, spuse Travis cu voce tărăgănată.

Douglas se aşezase deja cu spatele la fraţii lui ca să-i poată proteja de vreo altă surpriză. Lui Harrison îi venea să-i împuşte pentru că erau atât de băgăcioşi. Însă umilirea lui încă nu se terminase. Cole începu să-l certe pentru prostia pe care o făcuse.

– Nu te-ai întrebat unde s-au dus ceilalţi doi? Dacă nu am fi intervenit, acum ai fi zăcut în praf, cu un glonţ înfipt în spate. Foloseşte-ţi capul, Harrison. Cei aprigi la mânie nu rezistă mult timp pe-aici.

Harrison trase adânc aer în piept. Ştia că tot ceea ce spusese Cole era adevărat. Mânia aproape că îi adusese sfârşitul.

– Ai dreptate. Nu m-am gândit.

– Aşa-i, nu te-ai gândit. Nu te gândeai decât la faptul că Fulger putea s-o fi omorât pe Mary Rose. Aşa-i?

Harrison dădu din cap. Începea să se simtă ca un idiot.

– Ascultă, orăşeanule, există o singură regulă ca să supravieţuieşti pe aici. Cineva va fi întotdeauna mai rapid. Întotdeauna. Atât timp cât ţii minte asta, şi eşti convins de asta, o să rămâi în viaţă, zise el şi-l înghionti cu degetul pe Harrison. Pricepi?

Harrison dădu din cap în semn că înţelesese. Cole înjură.

– Nu l-am omorât pe nici unul dintre ei.

– Aş fi vrut s-o fi făcut, recunoscu Harrison. Cred c-o să-i adun şi o să-i închid în depozit.

– N-o să ajute la nimic. O să iasă. Lasă-l pe şerif să se ocupe de ei.

– Nu aveţi şerif, îţi aminteşti?

Cole ridică din umeri.

–Atunci, fă ce vrei. Ai fost aşa de nervos încât n-ai obţinut nimic de la Fulger. Acum n-o să mai zică nimic. Ai grijă. Vine Mary Rose. Pare al naibii de nervoasă.

Harrison nu dori să se întoarcă să se uite. Mary Rose ajunse mai întâi la Douglas.

–Du-te şi adu caii. Mergem acasă. Acum.

–Eşti supărată cumva, Mary Rose?

–Tocmai v-aţi jucat cu pistoalele prin oraş, Douglas.

–Eu n-am împuşcat pe nimeni. Ei au făcut-o. Harrison a început.

–N-am chef de scuze. Şi tu eşti la fel de vinovat ca şi ei.

–De ce n-ai chef? S-a mai întâmplat ceva?

–Eleanor tocmai i-a zis doamnei Morrison că e o vacă grasă. Asta s-a mai întâmplat. Hai să mergem.

Cole se întorsese ca Mary Rose să nu-l vadă râzând. A-i spune doamnei Morrison că era o vacă grasă chiar era un lucru grav. Nu se putea abţine să nu aprecieze tupeul lui Eleanor de a înfrunta o femeie care cântărea de patru ori mai mult decât ea. Era totuşi un lucru prostesc, dar Cole nu voia să se gândească la asta.

Travis, în schimb, nu zâmbea. Era îngrozit că Eleanor o insultase pe mama lui Catherine.

–Recunosc că e o femeie solidă, dar nu i-aş spune vacă, îi zise el lui Mary Rose.

–Mary Rose, vino aici. Mai vreau nişte bani. Am găsit o chestie pe care vreau s-o cumpăr.

Eleanor îşi transmisese ordinul de pe aleea din faţa magazinului. Mary Rose o ignoră şi se duse cu Douglas să aducă bidiviii. Cole îi explică lui Travis planul lui Harrison şi îl rugă pe acesta să-l anunţe pe Douglas când sora lor nu mai era prin preajmă.

Harrison se urcă în trăsură. Renunţase la ideea de a mai aduna răniţii. Singura lui speranţă era că aceştia vor sângera până vor muri. Cei trei fraţi plecară cu sora lor câteva minute mai târziu. Eleanor îşi dădu seama, într-un final, că fusese abandonată şi alergă la trăsură. Harrison n-o ajută să se urce.

– Ai mai văzut atâta impolitețe în viața ta? bombăni ea. Cum îndrăzneşte Mary Rose să plece fără mine? Sunt oaspetele ei, țin să-ți aduc aminte.

Harrison scrâşni din dinți şi nu spuse nimic până când nu ajunseseră la jumătatea drumului spre casă. Apoi trase trăsura pe marginea drumului.

– Nu eşti oaspete. Eşti un caz umanitar.

Eleanor încercă să-l pălmuiască. El îi prinse mâna şi apoi îi dădu drumul.

– Sau, cel puțin, erai un caz umanitar.

– Cum îndrăzneşti să vorbeşti aşa cu mine?

– Dă-te jos, Eleanor.

Ea icni. Îşi duse mâna la gât.

– Ce-ai spus?

– M-ai auzit. Dă-te jos.

– Nu.

– Bine. Atunci o să te dau eu jos.

– Nu poți vorbi serios.

Se întinse s-o apuce. Ea scoate un țipăt ca din gură de şarpe, apoi coborî din trăsură.

– Ți-ai ieşit din minți. Când o să-i spun lui Mary Rose...

Nu o lăsă să-şi termine amenințarea.

– Nu cred că o să reuşeşti să te întorci, aşa că n-am de ce să-mi fac griji, nu?

– Nu mă poți amenința astfel.

Izbucni în lacrimi şi îşi acoperi fața cu palmele.

– Frații lui Mary Rose o să mă laude. Le fac sarcina mai uşoară. Voiau să te dea afară mâine.

Eleanor era remarcabilă. Se opri din plâns în mijlocul unui suspin.

– Ce vrei să spui?

– Vor să te dea afară.

– Mary Rose n-o să-i lase.

– Toată lumea a fost de acord, zise el.

Nu îi părea deloc rău că o supăra. Era timpul s-o scuture cineva puțin. Se purtase ca o prințesă răsfățată şi nu-i mai ajungeai cu prăjina la nas. Tânăra avea nevoie să afle care erau consecințele acțiunilor ei.

– Adam ar vrea ca eu să rămân, țipă ea.

– Așa ar face, dacă ar putea, fu de acord Harrison. Dar el e capul familiei, așa că se abține întotdeauna. Cole, Travis și Douglas au fost împotriva ta. Și eu aș fi făcut-o, dar nu sunt membru al familiei, așa că nu mă lasă să îmi dau cu părerea. În familia Clayborne majoritatea conduce, Eleanor. Ai primit mai multe șanse. Mary Rose urma să te ajute să împachetezi diseară. Tocmai am scutit-o de această sarcină.

– N-o să plec.

– Dacă găsești cumva drumul înapoi spre fermă, unul dintre frați te va duce înapoi în oraș și te va lăsa acolo.

Harrison era necruțător. I se făcu puțin rușine când își dădu seama cât de mult îl distrează această situație. Eleanor deveni isterică. Harrison luă frâiele și porni spre fermă. Țipetele ei îl urmăriră pe drum. Începu să fluiere în încercarea de a nu o mai auzi. Dintr-odată, își dădu seama că țipetele nu încetau. Se auzeau mai aproape. Se întoarse și o văzu alergând spre el. Eleanor se putea mișca repede dacă voia. Ciudat, dimineața se părea că nu găsea puterea necesară ca să coboare de la etaj și să mănânce cu familia, dar putea urca pe munte la fel de repede ca și el.

Îl făcea cu ou și cu oțet. Harrison mână caii pe drum și mări viteza. După cum era planul, Cole ar fi trebuit să se afle la următoarea curbă. Probabil că exact în acel moment o urmărea pe Eleanor, să se asigure că nu se rănea și nu intra în vreun necaz. Cole avea să fie salvatorul lui Eleanor. El o va face să promită să se poarte frumos și apoi s-o aducă acasă. Restul drumului fu minunat de liniștit pentru Harrison. Uită de comportamentul lui Eleanor și se concentră asupra modului în care se purtase el. Îi era greu să accepte faptul că provocase intenționat un schimb de focuri. Nu fusese un comportament de om civilizat. Nu mai era nici o îndoială – cu cât stătea mai mult la fermă, cu atât devenea mai sălbatic.

Gândurile lui se îndreptară spre confruntarea care urma. Acum, că toți frații erau acasă, avea să le vorbească. Nu îi plăcea că trebuia să facă aşa ceva şi se gândi că, poate, sentimentele lui pentru fraţi fuseseră încă un motiv pentru care amânase discuţia. Erau cu toţii oameni buni, la locul lor. La dracu', aproape îşi dorea să nu fi fost aşa. Harrison refuză să se gândească la reacţia lui Mary Rose când va afla că acţionase sub false pretexte, încă din momentul în care se întâlniseră.

Porni în jos pe deal, văzu ferma la distanţă şi se simţi brusc de parcă ar fi venit acasă. Trei dintre cei patru fraţi stăteau pe verandă. Adam era călare în ţarc pe un cal negru. Harrison nu-l mai văzuse înainte. Animalul încerca să-l arunce pe călăreţ. Adam nu avea probleme în a-şi ţine echilibrul, ceea ce era un lucru remarcabil ţinând cont de faptul că acesta călărea fără şa. Părea lipit de spinarea animalului. Mişcările lui Adam erau fluide şi graţioase. Însă nu era aşa de uşor pe cum părea. Adam îşi scosese cămaşa, iar Harrison îi putea observa umerii transpiraţi din cauza efortului istovitor.

Harrison îi făcu cu mâna când trecu pe lângă el şi îşi continuă drumul spre şopron. Travis îl strigă. Arătă spre o sticlă pe care o ţinea în mână. Harrison dădu din cap încuviinţând. Duse trăsura înăuntru, deshămă caii, îi lăsă pe păşunea din spate ca să se răcorească, îl scoase pe MacHugh afară, într-un ţarc gol, ca să facă puţină mişcare, apoi se îndreptă spre casă. Era gata pentru un pahar de băutură rece şi zâmbi nerăbdător.

– Unde-i Mary Rose? strigă el.

– Înăuntru, îi răspunse Douglas cu voce tare.

Adam descălecase şi tocmai deschidea poarta ţarcului, când Harrison trecu pe lângă el. Se opri să îi vorbească.

– Diseară, după cină, aş vrea să vorbesc cu tine şi cu fraţii tăi.

– În regulă, fu de acord Adam. Despre ce vrei să vorbim?

– O să explic mai târziu, se eschivă Harrison. Nu vreau ca Mary Rose să audă.

Adam dădu din cap. Îşi scoase cămaşa şi şi-o puse pe el. Cei doi merseră unul lângă altul. Adam părea gânditor. Harrison fu puţin luat prin surprindere că nu îi punea mai multe întrebări.

– Este groaznic de cald, nu-i aşa, Harrison? remarcă brusc Cole.

– Chiar e, răspunse Harrison înainte să-şi dea seama cu cine vorbea.

Harrison grăbi pasul până ce se trezi că aproape aleargă.

– Ce faci aici? întrebă el aproape țipând.

– Aici stau, răspunse Cole.

– Unde-i Eleanor? întrebă Harrison.

– Nu-i cu tine? întrebă Adam din spate.

– Trebuia să fie cu Cole, răspunse Harrison. Ce s-a întâmplat? Ai dus-o înapoi în oraş şi ai lăsat-o acolo?

Chiar în clipa în care puse întrebarea, îşi dădu seama că aşa ceva nu ar fi fost posibil. Cole n-ar fi avut destul timp s-o ducă pe Eleanor înapoi în Blue Belle şi apoi să ajungă acasă înaintea lui Harrison. Numai dacă n-o luase pe scurtătură. Harrison îşi încercă norocul.

– E în casă, nu-i aşa?

Douglas zâmbi. Cole îşi împinse scaunul în spate, îşi rezemă cizma de balustradă, coborî borul pălăriei şi închise ochii. Harrison se întoarse spre Adam. Cel mai mare dintre frați părea speriat.

– Nu e în casă, anunță Adam apoi îşi îndreptă atenția spre Cole. Îți jur că te jupoi de viu dacă pățeşte ceva. Tu trebuia s-o aduci acasă?

– Da, recunoscu Cole fără să deschidă ochii.

Adam ajunse la prima treaptă şi se opri. Harrison se aşeză pe treapta de sus. Se hotărî să-l lase pe Adam să se ocupe de problemă. Avea mai multe şanse să obțină răspunsuri de la Cole.

– Ce s-a întâmplat? întrebă Adam.

– Nimic, spuse Cole.

– Nu îți dai seama ce pericole sunt pe aici? Ți-ai ieşit din minți? Pentru numele lui Dumnezeu, bântuie animale sălbatice prin preajmă. La ce te-ai gândit?

– N-o să le facă rău animalelor. Nu te mai ambala aşa, Adam.

– Nu e amuzant, se răsti Adam.

Harrison începu să zâmbească, dar Adam se uită urât la el şi de aceea se prefăcu încruntat. Ştia că Eleanor trebuia să fie în siguranță. Cole n-ar fi lăsat-o să fie nevoită să se apere de una singură şi, după ce îşi reveni din surpriza inițială, Harrison îşi dădu seama de acest lucru. Şi Adam şi-ar fi dat seama de asta dacă s-ar fi calmat. Cole se amuza pe seama lor. Dacă ar fi fost în locul lui Adam, Harrison l-ar fi lăsat să se distreze şi apoi ar fi încercat să afle unde o ascunsese pe Eleanor.

– Animalele n-o vor deranja pe Eleanor, îi asigură Cole. Relaxaţi-vă, da? Mă bucur de o pauză. Adam, ţi-a zis Travis că a văzut sus pe culme cele cinci vite care lipseau? Mă gândesc să mă duc după ele. Travis poate merge cu mine.

– Merg eu cu tine, se oferi Harrison.

Voia să îşi ocupe cât mai mult timp, ca să nu fie nevoit să se gândească la discuţia din acea seară.

– De ce? Tu nu mă poţi ajuta, îi zise Cole.

– Sigur că te pot ajuta, îl contrazise Harrison. Arată-mi ce vrei să fac, şi fac.

– Unde-am mai auzit asta? zise Cole sec.

– Ce-ai făcut cu Eleanor? insistă Adam să ştie.

Urcase treptele şi se aşezase lângă Harrison. Însă cel mai mare dintre fraţi nu mai era aşa de preocupat de soarta oaspetelui lor. Privirea lui era aţintită asupra lui MacHugh. Armăsarul mergea la trap în ţarc.

– Harrison, te deranjează dacă-l călăresc pe MacHugh? întrebă el.

– Nu mă deranjează. Poate pe MacHugh să-l deranjeze. Eşti liber să încerci.

– Cole, ai de gând să-mi explic? întrebă Adam.

Îşi concentrase toată atenţia asupra lui MacHugh, în timp ce aştepta ca fratele lui să-i răspundă.

– Dooley are grijă de ea. M-am întâlnit cu el în drumul spre pârâu. I-am dat un dolar să stea cu ochii pe ea până când am chef să mă duc înapoi.

Harrison rânji.

– Şi când exact o să ai chef să te duci după ea? întrebă el.

– Imediat, promise Cole. E foarte linişte acum, nu-i aşa?

Travis ieşi afară cu câte o sticlă de bere pentru fiecare. Îi dădu una lui Douglas şi apoi una lui Harrison.

– Nu e Dooley ăla care coboară dealul? întrebă Douglas.

Se uită chiorâş în lumina soarelui încercând să vadă mai bine.

–Da, cred că-i Dooley.

Adam se apleacă în față.

–Doamne, e Dooley. Şi e singur. Cole, dacă Eleanor pățeşte ceva, tu eşti responsabil.

–Adam, vrei o bere? întrebă Travis.

Grija pentru Eleanor fu lăsată deoparte pentru moment. Adam luă sticla şi o dădu peste cap.

–Merge ca unsă, nu?

Travis aprobă dând din cap.

–M-am târguit pentru o duzină de sticle. Chiar e bună.

–Sper că Mary Rose n-o să iasă afară. O să observe că Eleanor lipseşte, zise Douglas.

–Dacă întreabă ceva, nu-i spunem nimic, zise Travis care se rezemă de stâlp şi căscă. Ea crede că Eleanor este în camera ei. Haideți s-o lăsăm să creadă asta.

–Eu nu cred c-o să vrea să discute cu Eleanor pentru o vreme, prezise Douglas.

–De ce nu? întrebă Adam.

–Încă-i supărată pe ea, răspunse Douglas. Eleanor a făcut-o pe doamna Morrison vacă grasă.

–Sper că doamna Morrison n-a auzit-o, spuse Adam.

Se cutremură numai la gândul că s-ar fi putut întâmpla aşa ceva.

–Nu văd cum n-ar fi auzit-o, zise Douglas. Vorbea cu femeia şi i-a zis-o în față.

Adam dădu cu putere din cap.

–Se pare că va trebui să mergem la Hammond să ne luăm proviziile, de acum încolo.

–Eleanor o să-şi ceară scuze, zise Cole. Pun pariu că e gata să-şi schimbe comportamentul.

–Ce făcea când ai plecat? întrebă Travis.

–Arunca cu pietre şi țipa. Femeia aia are un vocabular tare colorat.

–Bună ziua, Dooley, strigă Douglas. Vrei o bere?

–Mi-ar prinde bine una, răspunse Dooley.

Descălecă şi urcă țanțoş treptele. Harrison nu observase până atunci cât de crăcănat era bărbatul. Dooley mergea de parcă avea un butoi cu murături între picioare. Bătrânul se aşeză pe una din trepte între Adam şi Harrison. Îşi scoase pălăria, îşi şterse fruntea cu dosul mâinii şi apoi zise:

– E foarte cald pentru perioada asta, aşa-i?

– E iunie, Dooley, îl informă Cole.

Harrison aşteptă răbdător ca unul dintre fraţi să întrebe ce se întâmplase cu Eleanor. Nimeni nu spuse nimic. Erau încă prea ocupaţi să se bucure de bere. Harrison presupuse că băutura era o raritate pentru ei, fiind greu de procurat.

Dooley se linse pe buze aşteptând cu nerăbdare să-i fie oferită trataţia. Într-un final, Harrison cedă şi puse întrebarea în locul celorlalţi.

– Dooley, nu trebuia să stai cu ochii pe Eleanor?

– Da, domnule, chiar aşa trebuia.

– Atunci, de ce eşti aici?

– N-am mai suportat. Făcea atât de multă gălăgie, încât a început să mă doară capul. Da' nu m-a văzut că o urmăream. Pot să mă ascund foarte bine când vreau. Dar nu m-am putut feri de ţipete, nici când mi-am acoperit urechile cu palmele. Apoi, s-a întâmplat să treacă Fantomă pe acolo şi i-am dat doi dolari ca să mai stea puţin şi să aibă grijă de ea.

– Fantomă băuse din poşirca aia a lui? întrebă Cole.

– A terminat-o acum trei zile. Acum e destul de treaz, îl asigură Dooley.

Harrison se întoarse spre Cole.

– Eu nu mă duc după ea.

– Nu ţi-am zis s-o faci.

– Tot eu voi fi vinovat pentru asta, nu-i aşa?

– Da, domnule, sigur că da, răspunse Cole imitându-l pe Dooley şi apoi izbucni în râs. Dacă Mary Rose află înainte de a o aduce pe Eleanor înapoi, o să fie vina ta.

– De unde ştii asta? întrebă Harrison.

– A fost planul tău.

– Mary Rose ar putea să nu afle, sugeră Travis din pragul uşii.

– Am avut intenţii bune, se apără Harrison.

– O să afle ea, prezise Douglas. O să devină foarte suspicioasă după câteva zile, dacă Eleanor nu coboară. Cred că Mary Rose va fi supărată pe ea până spre vineri. Apoi va începe să pună întrebări.

– Ai de gând s-o laşi pe Eleanor în munți atât de mult timp? îl întrebă Harrison pe Cole.

– Nu cred că Fantomă poate rezista atâta timp. Probabil că va trebui să plusez cu încă un dolar ca să mă asigur că nu dă bir cu fugiții. Îmi mai dai unul, Cole?

– Sigur, Dooley, fu de acord Cole.

– Uite-ți berea, Dooley, zise Travis, care îi dădu sticla bărbatului. Ia uite, ăla nu-i Fantomă care vine în jos pe potecă?

Harrison se ridică. Acceptă inevitabilul. Va trebui să se ducă s-o aducă pe Eleanor. Mary Rose apăru în prag.

– Bună, Dooley, strigă.

– Ziua bună, domnişoară Mary, strigă el drept răspuns.

Mary Rose ieşi pe verandă şi se uită în jur.

– A văzut-o cineva pe Eleanor? Vreau să discut cu ea.

Toată lumea se uită la Harrison. Acesta nu spuse nimic. Se aşeză din nou şi se uită în zare. Travis se hotărî să mintă pentru el.

– E sus în cameră. Las-o să fiarbă o perioadă.

– De ce-ar fierbe?

Travis nu se putu gândi la vreun motiv. Douglas veni în ajutorul lui.

– Probabil ştie că eşti supărată pe ea, Mary Rose. E rea, nu proastă. A făcut-o pe doamna Morrison vacă grasă şi acum ştie că eşti supărată din cauza asta, zise el.

Harrison se întoarse ca să se uite la Mary Rose. Aceasta se uita urât la el.

– Adam, ai discutat cu Harrison? întrebă ea.

– Încă nu, Mary Rose.

– Te rog s-o faci. Cu cât mai repede, cu atât mai bine.

– Despre ce să discutăm? o întrebă Harrison.

Ea nu îi răspunse. Se întoarse şi intră în casă, lăsând uşa din plasă să se închidă în spatele ei. Harrison se întoarse spre Adam.

– Ce-a fost asta?

– Te-a pârât, zise Cole.

– Ce?

– I-a zis lui Adam despre schimbul de focuri din oraş, explică el.

– Nu te supăra, Harrison. Încearcă să aibă grijă de tine, spuse Douglas.

Cole se ridică. Îşi îndreptă spatele, lăsă sticla de bere pe balustradă şi coborî câteva trepte.

– Cred că mă duc s-o aduc pe Eleanor. Fantomă, de ce nu ai avut grijă de Eleanor? strigă el.

Bărbatul cu părul alb ajunse pe aleea din fața casei şi scutură hotărât din cap.

– N-am mai suportat. Nu merită banii. Henry a auzit toată zarva şi a venit să vadă. I-am dat trei dolari ca să stea să vadă de ea o vreme. Nu mai fac nimic pentru tine, Dooley.

Cole se îndrepta spre şopron.

– Harrison, ai mai folosit până acum un lasou? strigă el peste umăr.

– I-am arătat eu cum se face, răspunse Douglas la rândul lui. A exersat.

– O să mergem să prindem vitele alea imediat ce mă întorc cu Eleanor, strigă Cole.

Harrison se ridică.

– Douglas, nu e nevoie să minți pentru mine.

– Du-te şi pregăteşte-te acum, îi sugeră acesta. Aşa n-o să mai fie o minciună. Haide. Îți arăt cum se face.

– Harrison ar fi bine să mănânci ceva mai înainte, îi propuse Adam.

Fu de acord. În timp ce Douglas se duse să aducă nişte lațuri, intră cu Adam în bucătărie. Mâncară la masa din bucătărie şi vorbiră despre tot felul de nimicuri. Mary Rose îi văzu pe cei doi la masă şi se grăbi să iasă.

– Nu mă întrebi despre schimbul de focuri? întrebă Harrison. Am înțeles că Mary Rose m-a turnat.

Se uită spre uşă şi zâmbi.

– Da, recunoscu Adam. Sora mea crede că e posibil ca tu să-l fi provocat intenționat pe acel bărbat la duel.

– Asta am şi făcut, admise Harrison.

Aştepta predica lui Adam. Acesta nu mai spuse nimic. După câteva minute de tăcere, Harrison nu se mai puți abține.

– Şi?

– Şi ce?

– Nu mă întrebi nimic despre asta?

– Tocmai am făcut-o.

Harrison râse.

Cole, pe de altă parte, nu râdea. Eleanor nu era deloc cooperantă şi îi strica planul. În secunda în care îl văzuse venind, ridicase o piatră destul de mare şi o aruncase spre el. Cole nu credea că aşa se cuvine să-ți întâmpini salvatorul. Ar fi trebuit să fie recunoscătoare, nu furioasă.

Înfățişarea ei îl intimida. Obrajii îi erau aprinşi, iar ochii aruncau flăcări de mânie.

– Nu ai învățat nimic până acum? o întrebă el. Nu mai arunca în oameni cu pietre, la dracu'!

Se feri din calea unei alte pietre şi dădu pinteni calului ca să se apropie. Eleanor stătea în mijlocul potecii. Mersese ceva drum. Se uită spre pantofii ei şi bănui că avea băşici. Dar ei nu părea să-i pese. Şchiopătă pe lângă el şi continuă să se îndrepte spre culme.

– Unde te duci?

– Înapoi la fermă, să-mi împachetez lucrurile, să-l împuşc pe Harrison pentru că m-a abandonat aici, şi apoi să plec. O să merg pe jos până în oraş.

– Mary Rose n-o să te lase să-l împuşti pe Harrison. Îi place de el.

– Nu-mi pasă.

– Nu, cred că nu-ți pasă. Ție nu-ți pasă de nimeni în afară de tine.

Cole părea resemnat. Ea se întoarse şi se uită în sus spre chipul lui ca să vadă dacă încerca s-o enerveze sau dacă chiar credea ceea ce tocmai îi spusese. Părea sincer. Eleanor se îndreptă de spate.

– Nu-i adevărat. Mary Rose are patru frați puternici care pot să aibă grijă de ea. Eu nu am pe nimeni. Trebuie să am grijă de mine.

– Ești cea mai egoistă ființă pe care am întâlnit-o în viața mea.

Eleanor izbucni în lacrimi. Erau lacrimi sincere. O durea tot corpul, iar acum el o lovea intenționat în mândrie. Era tot ce îi rămăsese. Nu mai avea de ce să se agațe.

– Am avut o viață grea, țipă ea.

– Cine n-a avut?

– Harrison m-a abandonat aici singură.

– N-ai fost nici o clipă singură.

Umerii ei se prăbușiră.

– Știu.

Se întoarse spre tufișuri.

– Poți pleca acum, Henry. Cole e aici.

– Mulțumesc, domnișoară Eleanor, strigă Henry drept răspuns.

Ea trase adânc aer în piept.

– Eu... îți mulțumesc pentru companie.

– Și mie mi-a plăcut compania dumneavoastră, cu excepția momentelor în care ați țipat. Mi-ați dat o durere de cap, domnișoară Eleanor.

– Îmi pare rău.

Ea se întoarse înapoi spre drum și începu din nou să meargă. Cole călărea alături.

– N-a fost așa greu, nu?

– Ce n-a fost greu?

Era atentă să nu calce pe vreo piatră ascuțită. Picioarele îi erau transpirate și o ardeau. Se simțea mizerabil și știa că arăta și mai rău de atât. Își trecu degetele prin păr în încercarea de a-și pune buclele în ordine și continuă să meargă. Nu-i păsa cum credea Cole că arăta. Nu, sigur că nu. Își dădu seama că nasturii îi erau desfăcuți la gât și îi încheie repede.

– N-a fost greu să fii drăguță, zise el.

– Ba a fost.

El zâmbi pentru că așa i se păruse și lui.

– De ce a fost greu?

– N-ai înțelege.

– Încearcă.

– Mă face să mă simt vulnerabilă.

Fu de acord şi aproape dădu din cap ca să-i confirme lucrul acesta. Semănau mai mult decât crezuse.

– Ar trebui să-i tratezi pe ceilalţi exact aşa cum ai vrea să fii şi tu tratată, recită el din memorie.

Doamne, de câte ori îi spusese Adam regula de aur?

– Aşa, de ce-aş vrea să fac asta?

Aici chiar că nu mai avea nici o idee. Eleanor îşi prezentă propria teorie.

– Crezi că apoi se vor purta şi ei frumos cu mine?

– Unii da.

– Şi cu cei care n-o vor face cum rămâne?

Izbucni în lacrimi. Era uimită de faptul că găsea bucurie chiar şi în cel mai mic lucru, date fiind circumstanţele. Cuvintele lui aveau sens, dar nu era pregătită să recunoască asta. Se hotărî să încerce să mai obţină puţină compasiune.

– Toată lumea mă părăseşte, spuse ea. Chiar şi tata a fugit de mine. Am fost abandonată.

– Şi?

– M-am speriat.

– Cine nu se sperie din când în când?

Eleanor făcu o ultimă încercare.

– Am rămas fără nici un ban.

– Păcat. Încearcă să câştigi câţiva.

– Cum? Nu ştiu să fac nimic. Poate ar trebui să găsesc un bărbat cu care să mă mărit.

– Nici un bărbat nu te-ar lua, nici măcar unul disperat, care n-a mai văzut o femeie aşa frumoasă ca tine de ani de zile.

Făcu ochii mari când auzi complimentul. Oare chiar credea că era o femeie frumoasă?

– Mary Rose nu mă place. Îi e milă de mine, atât.

– Aşa că te porţi cu ea de parcă...

– Nu vreau mila ei, strigă ea.

– Atunci spune-i cum te simţi, dar fii drăguţă. Mary Rose poate fi o bună prietenă, dacă n-o alungi de lângă tine.

– Este prea târziu. Am stricat tot. Toată lumea a fost de acord. Trebuie să plec. Aşa mi-a zis Harrison. Chiar crezi că sunt o femeie frumoasă?

– Sigur. Pun pariu că eşti şi mai drăguță când zâmbeşti.

– Travis mă urăşte. Zâmbetul meu n-o să schimbe asta.

– Ai putea înceta să-i mai zici „băiete".

– Am uitat numele lui.

– Nu, nu l-ai uitat. Ai vrut să-l enervezi. Ai reuşit. Acum termină.

Ea dădu din cap. Însă Cole nu terminase de dat sfaturi.

– Zi-mi cum mă cheamă, îi ceru el.

– Cole.

– Aşa-i. Numele meu e Cole, nu „tu de colo" sau „băiete".

– Trebuie să fiu drăguță cu toată lumea?

Numai Eleanor putea pune o astfel de întrebare.

– Da.

Ea râse din nou.

– Te tachinam.

– Am avut dreptate.

– Dreptate cu ce?

– Eşti foarte frumoasă când zâmbeşti.

Îşi feri chipul de el.

– Mulțumesc. Am fost drăguță cu Adam. Harrison a zis că el nu a votat împotriva mea. Dar că oricum nu ar fi putut.

– De ce nu ar fi putut?

– Pentru că e capul familiei. El trebuie să se abțină. Nu-i aşa?

– Uitasem.

– Crezi Adam ar fi dorit să plec?

– Nu.

– Nici eu nu cred. Este un om foarte bun. Poate tolera aproape orice; chiar şi pe mine.

– Şi eu sunt bun.

– Nu, nu eşti.

Cole zâmbi. Eleanor avea dreptate. Nu era bun.

– O să continui să mergi pe jos?

– Ce altă opțiune am?

Cole se aplecă, o luă de după mijloc şi o ridică în şa. Era la fel de uşoară ca un fulg. Era fierbinte şi transpirată şi totuşi, încă mirosea ca şi cum tocmai ar fi făcut baie. Eleanor era epuizată de la mersul istovitor. Aerul de munte o ameţise. Se bucura că putea călări alături de Cole şi ştia că trebuia să-i mulţumească. Încercă să găsească cele mai potrivite cuvinte. N-ar fi trebuit să fie dificil, dar era. Doamne, chiar se purtase ca un mic tiran în ultimii ani, făcând pe stăpâna cu toată lumea, fără să arate vreun semn de recunoştinţă cuiva.

Călăriră câteva minute în tăcere. Lui Cole îi plăcea liniştea. Lui Eleanor, nu. Se zvârcolea în poala lui lovindu-l cu fundul de fiecare dată când se mişca. Scrâşni din dinţi ca să nu ţipe la ea. Într-un final, nu mai rezistă unui asemenea tratament.

– Nu te mai fâţâi aşa!

– Nu mă fâţâi. Mulţumesc!

Gata, spusese cuvântul. Se relaxă imediat. La urma urmelor, nu fusese aşa de greu. Numai dacă nu cumva avea să râdă de ea. Aşteptă încordată.

– De ce i-ai spui doamnei Morrison că e o vacă grasă?

– Încercam s-o ajut pe Mary Rose.

– Cum?

– Doamna Morrison a avut tupeul să-mi spună că Harrison are de gând să-i curteze fiica. Am informat-o că se înşela. A continuat să se contrazică cu mine şi discuţia a degenerat.

El schimbă subiectul.

– N-ai învăţat nimic util la şcoală?

– Ştiu să predau.

– De ce n-o faci?

– Copiii nu mă plac.

Cole nu era deloc surprins.

– Îţi plac copiii?

– Nu ştiu. Nu prea am avut copii prin preajmă.

– Atunci de unde ştii dacă te plac sau nu?

– Nimeni nu mă place.

El oftă.

– Poţi să ne ajuţi la fermă?

– Să fac ce?

– Nu ştiu. Cred că n-ai fi bună să prinzi vitele în laţ sau să îmblânzeşti cai. Eşti prea sensibilă.

– Da?

Încercă să se întoarcă ca să se uite la el. El o prinse mai strâns ca să nu se poată mişca.

– Ce zici de spălat vase, de gătit sau de cusut?

– Cusut! Asta pot să fac.

– Vezi?

– Dar e prea târziu. Am fost dată afară, îţi aminteşti?

– Dacă promiţi că o să te porţi frumos, o să stau eu de vorbă cu ceilalţi. O să-i conving să mai stăm câteva zile şi apoi să hotărâm din nou. Dacă o să te faci plăcută, n-o să mai vrea să te dea afară.

– De ce eşti aşa de bun cu mine acum?

– Pentru că eşti cea mai drăguţă, rea şi dulce femeie pe care am cunoscut-o vreodată.

– Nimeni nu poate fi şi rău, şi dulce, în acelaşi timp.

Cole ridică din umeri.

– Tu ai votat împotriva mea, Cole? întrebă ea.

– Ce-a fost a fost.

– Regula asta se aplică şi în cazul meu?

– Sigur că da. O să ne bucurăm de un nou început.

Se întoarse să-i mulţumească pentru sfat. Se uită în ochii lui şi, într-o clipă, nu mai ştiu ce voia să spună. Cole era fascinat de gura ei. Nu se putea stăpâni să nu se uite la ea. Era recunoscător că armăsarul ştia drumul spre casă pentru că, oricum, era prea preocupat ca să-l mai şi conducă. Cole ştiu ce avea să se întâmple înainte ca ea să-şi dea seama.

– Îmi pare rău, îşi ceru scuze anticipat pentru gestul pe care urma să-l facă.

Oare ce-i venise? Şi de ce se scuza? Eleanor observase căldura şi tandreţea din ochii lui şi fu uimită. Nici un bărbat nu se mai uitase la ea în felul în care o privea Cole în acel moment. Dacă n-ar fi ştiut cum stau lucrurile, ar fi zis că el voia s-o sărute.

Şi chiar asta făcu. Gura lui se lipi şi puse stăpânire pe a ei. Buzele lui erau moi şi calde. O mângâia cu atingerea lui blândă. Nu era sigură dacă ar fi trebuit să-i răspundă sau nu. Era primul bărbat pe care-l săruta, iar lipsa de experienţă o făcu să se simtă timidă şi nesigură pe ea.

Tot ce ştia era că nu voia ca el să se oprească, iar când Cole începu să se retragă, se aplecă spre el şi îşi puse braţele pe după gâtul lui. Cole gemu, o strânse mai tare şi o sărută din nou. Se opri doar ca să-i spună să-şi deschidă gura. Nu îl întrebă de ce. Îl lăsă pe el să-i arate. Inima ei mai avea puţin şi-i ieşea din piept, atât de nebuneşte bătea. Limba lui se frecă de a ei într-un joc erotic de împerechere de care se bucură întru totul.

Învăţa repede. Lipsa de experienţă o făcea să nu aibă reţineri sau inhibiţii. Propria curiozitate o făcea să fie îndrăzneaţă. Imită fiecare gest al lui şi nu voia decât să-i facă pe plac aşa cum îi făcea şi el.

Tremurau amândoi când Cole se retrase. El avu îndeajuns de multă judecată să ştie când să se oprească. Eleanor, în schimb, nu. Cel puţin, el nu credea asta. Altfel n-ar fi încercat să-l tragă înapoi spre ea. El o făcu să se întoarcă. Apoi dădu pinteni calului pentru că era dintr-odată grăbit să ajungă acasă... şi departe de ea.

– Ţi-a plăcut să mă săruţi?

– Ei, de ce femeile vor mereu să vorbească despre astfel de lucruri?

Ea ridică din umeri. Nu se supără când îi auzi tonul morocănos.

– Nu ştiu de ce. Aşa facem noi. Eşti primul bărbat care mă sărută. Normal că sunt curioasă să ştiu dacă ţi-a plăcut.

Cole se îmbună imediat.

– N-ai mai fost sărutată până acum?

Ea îi observă tonul amuzat.

– Nu ţi-am spus ca să te distrezi.

– Nu râd de tine. Ai făcut o treabă foarte bună când mi-ai răspuns la sărut.

– Mulţumesc. De ce te-ai oprit?

– O, pentru Dumnezeu. Chiar trebuie să discutăm acum despre motive?

Îl lovi uşor peste bărbie când clătină din cap. El oftă.

– Nu ademeni un urs grizzly decât dacă vrei să fii mâncată.

Nu era complet ignorantă. Auzise poveşti despre ce se întâmpla în dormitorul nupţial. Multe dintre lucrurile pe care le auzise i se păreau posibile. Altele îi păreau imposibile. Totuşi, auzise destule ca să-şi dea seama despre ce vorbea Cole. El nu dorise să se oprească. Eleanor îşi păstră zâmbetul pe buze tot drumul spre casă.

–Uite-i pe Adam şi pe Harrison în ţarc, împreună cu calul ăla urât.

–Adam vrea să încerce să-l călărească pe MacHugh, zise Cole. Salută-i, Eleanor.

Adam se întoarse când ea îl strigă. O salută înapoi zâmbind.

–Se pare că planul tău merge. Eleanor pare aproape fericită, spuse Adam întorcându-se spre Harrison.

Acesta dădu din cap mulţumit de sine. Cât timp Eleanor se purta frumos, viaţa avea să fie mai plăcută pentru întreaga familie. Desigur, Mary Rose urma să-l omoare dacă afla ce făcuse. Îl va considera un nenorocit fără inimă. La dracu', ce mai conta asta? Avea să-l dispreţuiască imediat ce va afla care îi erau intenţiile.

Prinderea vitelor părea o metodă bună de a-şi ocupa gândurile cu ceva, credea Harrison. Dacă reuşea să fie prea ocupat ca să gândească, nu avea timp să-şi facă griji. Deveni, dintr-odată, nerăbdător să plece. Voia să facă efort, să asude. Ce primi, însă, fu o lecţie de umilinţă. Şi al naibii de multă durere.

Până să se aşeze la masa de seară, fiecare muşchi îl durea. Se simţea de parcă el fusese cel legat şi târât prin noroi. Îşi simţea mâna stângă în flăcări. Mary Rose era plină de compasiune. Imediat ce terminară rugăciunea, făcu schimb de locuri cu Eleanor ca să poată sta mai aproape de el. Îl ajută să-şi taie carnea din farfurie.

–Te-a ajutat alifia? îl întrebă Adam din celălalt capăt al mesei.

–Da, mulţumesc.

–De ce ţi-ai scos mănuşile? întrebă Douglas.

Travis încercă să ghicească înainte ca Harrison să răspundă.

–Poate că-l mânca în palmă.

Adam se întoarse spre Cole. Îl văzu zâmbind şi clătină din cap spre el.

–Tu trebuia să ai grijă de el, remarcă Adam.

–N-a fost vina mea. Ar fi trebuit să aibă destulă minte cât să dea drumul frânghiei.

Adam tresări vizibil când îşi imagină scena. Curiozitatea lui era la fel de mare ca a unui om care trece pe lângă o clădire în flăcări şi se opreşte să se uite.

– Ai fost târât mult de vite?

„Îndeajuns de mult“, îşi spuse Harrison în gând.

– Nu contează, zise el. Cole are dreptate. N-a fost vina lui. Am crezut că ştiu ce fac. N-a fost aşa. Azi am învățat o lecție prețioasă.

Mary Rose vântura furculița prin fața lui. Harrison îşi pierdu răbdarea. Înşfăcă instrumentul din mâna ei şi îi spuse să înceteze să-l mai dădăcească. Iritarea lui n-o afectă.

– N-ai luat nici o înghițitură, spuse ea.

– Nu sunt handicapat. Pot să mănânc şi singur.

– Nu-ți mai face griji pentru el, zise Douglas. Pun pariu că rana pe care i-a făcut-o frânghia doare aşa de tare încât nici nu se mai gândeşte la mâncare. Ai noroc că e doar mâna dreaptă.

– Spune-mi ce-ai învățat, sugeră Adam.

– Să nu-şi dea jos mănuşile, răspunse Travis rânjind.

– Să dea drumul frânghiei, se oferi Cole să răspundă.

Îi făcu cu ochiul lui Eleanor care stătea vizavi. Aceasta roşi. Adam observă ce se întâmpla între ei doi şi îşi dădu ochii peste cap.

– Am învățat că sunt complet incapabil, zise Harrison.

Se întoarse spre Mary Rose.

– Mulțumită acum?

Ea avea suficient de mult bun-simț să nu recunoască faptul că aşa şi era. Harrison părea s-o caute cu lumânarea şi nu avea de gând să-i facă pe plac. Dacă ar fi fost într-o pasă mai bună, i-ar fi spus că era extrem de mulțumită de el. În sfârşit, se hotărâse să-şi învingă aroganța şi să se apuce să învețe. Şansele de a avea o viață lungă tocmai i se îmbunătățiseră considerabil. Era mulțumită? Evident că da.

Discuția de la masă se îndreptă spre un subiect mai puțin sensibil. Harrison era curios să afle de ce familia Clayborne se decisese să investească în vite. Travis explică:

– Am mai avut vite, dar, după două ierni grele la rând, a trebuit să le vindem pentru că aveam nevoie de bani. Acum suntem într-o situație mai bună. Cred că poți spune că o luăm de la capăt. Am luat un preț bun pe carne.

–Am avut probleme când am pierdut taurul. Douglas n-a putut să-l vindece. Dar, deocamdată, am făcut un profit frumos ca să merite din nou efortul.

–Am început cu două şi ne apropiasem de patru sute când le-am vândut, adăugă Adam. Vitele se hrănesc în libertate. Travis protestează pentru că vrea să le țină închise. Însă nu poți pune gard în jurul unui teren public. Toți fermierii se întâlnesc primăvara pentru adunarea anuală. Ai pierdut toată distracția. Travis şi Cole s-au dus până în Salt Lake. Abia se întorseseră acasă când ai apărut tu.

Harrison era de părere că frații îşi folosiseră răbdarea şi chibzuința ca să obțină ceea ce doriseră. Era evident că deja erau oameni bogați. Totuşi, nici unul dintre ei nu părea să-şi dea seama de acest lucru. Toți insistau că abia începeau să-şi construiască un cămin. Travis era cel mai preocupat de bani. Obsesia lui Cole era siguranța. Dacă ar fi fost posibil, ar fi construit un zid de zece metri înălțime în jurul întregii ferme, ca toată lumea să se simtă protejată.

Continuară să discute despre situația financiară până când Mary Rose şi Eleanor se ridicară, în sfârşit, de la masă.

–Adam a zis că vrei să ne vorbeşti despre ceva, zise Douglas. Ce s-a întâmplat?

Mary Rose tocmai ieşea pe uşă. Când îl auzi pe fratele ei, se întoarse şi intră grăbită înapoi în cameră.

–Sora noastră nu trebuia să afle despre discuție, îi reaminti Cole fratelui său.

–Am uitat, rescunoscu Douglas. Îmi pare rău, Harrison.

–De ce nu trebuia să ştiu?

Devenise îngrijorată. Harrison avea de gând să le spună fraților ei că se hotărâse să plece? Până la urmă, munca la fermă fusese prea grea pentru el? Renunța? Panica aproape că o copleşi. Se chinui să se calmeze. Harrison nu era un laş; n-ar fi renunțat aşa uşor. Dacă pleca, era pentru că nu-şi mai găsea liniştea şi voia să meargă mai departe. Totuşi, dacă era adevărat, de ce era exclusă de la anunțul public al acestui lucru?

–Despre ce-o să discutați?

Se aşeză şi aşteptă să audă răspunsul lui. Harrison se întinse şi îşi puse mâna peste a ei.

– Trebuie să ai răbdare.

Ea dădu din cap. Se uită în ochii lui şi încercă să-i interpreteze expresia, dar Harrison nu îi oferi nici un indiciu. Era la fel de greu de citit ca o carte cu hieroglife.

– Nu e rândul tău să speli vasele, Mary Rose? întrebă Douglas.

– Da, desigur, răspunse ea.

Cole îi atinse piciorul lui Eleanor pe sub masă. Când se uită spre el, îi făcu semn spre sora lui şi aşteptă. Eleanor înţelese şi se ridică imediat.

– Pot să te ajut la vase?

Travis rămase perplex. Era sigur că nu auzise bine. Eleanor se oferea s-o ajute? Nu era posibil. Încercă să spună ceva, surprinse privirea lui Cole şi închise din nou gura. Adam aşteptă ca Mary Rose să-i răspundă lui Eleanor. Însă aceasta părea năucită, aşa că se decise să răspundă în locul ei.

– Sunt sigur că îţi va fi recunoscătoare pentru ajutor. E frumos că te-ai oferit.

Masa era eliberată câteva minute mai târziu. De fiecare dată când Mary Rose se întorsese înapoi în sufragerie, zăbovise cât de mult putuse. Voia să afle despre ce urmau să discute, dar nimeni nu-i dădu nici un indiciu. Îi dădea raportul lui Eleanor după fiecare drum. Musafira ei stătea în faţa ligheanului şi curăţa farfuriile. Mary Rose luă un prosop şi începu să şteargă tacâmurile pe care Eleanor le spălase deja.

– Mary Rose, am ceva important să-ţi spun.

– Nu poate aştepta, Eleanor?

– Nu.

– Bine, atunci. Ce-i?

– Nu trebuie să pari aşa nerăbdătoare.

– Îmi pare rău. Îmi făceam griji pentru Harrison. Ce voiai să-mi spui?

– Vreau să-ţi spun cât de rău îmi pare pentru modul în care m-am purtat. Ştiu că nu ţi-am făcut viaţa uşoară. Eşti singura prietenă pe care o am pe lume. Te rog să mă ierţi.

Mary Rose zâmbi.

–Am avut aceeaşi discuţie acum aproape o oră. Nu m-am răzgândit între timp. Sigur că te iert.

–Am simţit nevoia s-o zic din nou. Vreau să înţelegi cât de sinceră sunt. Vreau să-ţi placă de mine.

–Îmi place de tine.

–Nu-i aşa că sunt drăguţă că te ajut cu vasele?

–Da, eşti, o asigură Mary Rose. Sunt foarte norocoasă că te am drept prietenă.

Eleanor dădu din cap.

–Da, cred că eşti norocoasă. Nu sunt arogantă. Doar sinceră. Am urât cu pasiune, nu-i aşa? Acum, că înţeleg valoarea prieteniei, o să devin la fel de sinceră în ceea ce priveşte loialitatea. Nu crezi că aşa o să fie?

–Ba da.

–Bine. Acum spune-mi de ce-ţi faci griji pentru Harrison. Ce-a mai făcut?

–Ce-a mai făcut? Ce vrei să spui cu asta?

Eleanor îşi aduse aminte de promisiunea de a nu-i spune lui Mary Rose ce-i făcuse Harrison, aşa că nu lăsă să-i scape nimic despre faptul că o lăsase pe munte.

–M-a enervat, zise Eleanor. Şi mereu se bagă în necazuri. Uită-te la vânătăile de pe el, Mary Rose. Mă întreb ce-a făcut de eşti aşa de îngrijorată.

–Îmi fac griji pentru ce o să facă. Cred că se pregăteşte să plece. Probabil, chiar în acest moment, îşi ia rămas-bun de la fraţii mei.

–Vrei să spui c-o să fii supărată dacă pleacă?

Lui Mary Rose îi venea să ţipe.

–Da, şopti ea în schimb.

–Eşti drăguţă cu el.

–Da.

–Eu nu cred că vorbeşte cu fraţii tăi despre plecare. Nu ai mai fi exclusă de la discuţie. Ţi-ar spune şi ţie la revedere.

–Atunci, ce...

–Poate, doar poate, le cere permisiunea oficială de a te curta. Te-ai gândit la posibilitatea asta?

–Crezi?

–Ar fi logic, nu? Ştiu că Harrison ţine la tine. Adam mi-a spus că i-a urmărit pe oamenii aceia care te-au rănit. Şi îţi zâmbeşte. Am observat. Da, cred că e foarte posibil să le ceară permisiunea. În cazul ăsta, ai fi exclusă de la discuţie. Nu poate face asta de faţă cu tine.

Starea de spirit a lui Mary Rose se îmbunătăţi. Voia cu disperare să creadă că Eleanor avea dreptate cu speculaţiile ei.

–N-ar trebui să-mi fac speranţe, şopti ea.

Se hotărî să se ducă la uşă şi să încerce să tragă cu urechea la conversaţie. Dădu peste Adam care era în bibliotecă.

–Unde te duci? Ai terminat cu vasele aşa de repede? întrebă Adam.

–Mă duceam să iau şervetele, minţi ea. Tu unde te duci?

–Suntem prea obosiţi să discutăm în seara asta. Harrison s-a hotărât să aştepte până mâine.

Mary Rose nu reuşi să-şi ascundă dezamăgirea.

–Atunci va trebui să îmi satisfac curiozitatea abia mâine, spuse ea.

–Nu cred că trebuie să îţi pierzi timpul făcându-şi griji, o sfătui Adam. Termină vasele şi du-te în pat. Pari epuizată.

Îi urmă sfatul şi se duse direct în dormitor imediat după ce treaba din bucătărie fu terminată. Era sigură că nu va putea dormi din cauza grijilor. Oricum, fusese o zi obositoare şi adormi în doar câteva secunde după ce puse capul pe pernă.

Harrison îşi petrecu ora următoare plimbându-se nervos în dormitorul lui. Însă nu se gândea la discuţia pe care urma s-o aibă cu fraţii. Gândul îi stătea la schimbările pe care urma să le facă în viaţa lui... din cauza lui Mary Rose. Nu mai putea lupta cu inevitabilul.

Îşi verifică încă o dată ceasul de buzunar şi, după fix o oră, se duse înapoi în casă. Fu primul care intră în sufragerie. Travis apăru cu o sticlă plină cu coniac. Cole îl urmă. Travis puse sticla pe masă şi se aşeză. Cole luă păhărelele din dulap, le puse pe masă şi apoi luă şi el loc. Adam fu următorul. Douglas intră ultimul. Acesta închise uşa.

–M-am dus să văd ce face Mary Rose. Doarme dusă. Dacă vorbim încet, nu o să se trezească.

Douglas făcu ultima remarcă uitându-se la Cole. Toată lumea stătea ca pe ghimpi. Cole părea să se pregătească pentru un duel. În încăpere, atmosfera era încordată. Cole întinse mâna spre sticlă, îşi turnă un pahar şi îi dădu coniacul lui Adam. Harrison fu singurul care refuză băutura. Adam aşteptă până ce se aşezară toţi.

– În regulă, Harrison, ia spune-ne de ce te afli, de fapt, aici.

– Aţi ştiut că am avut un alt motiv pentru...

– Sigur.

– De ce nu mi-aţi spus nimic dacă...

– Eu m-am gândit că o să ne spui ce anume vrei când vei fi pregătit. Un bărbat nu trebuie zorit. Atât timp cât am stat cu ochii pe tine, nu ne-am făcut griji. Păreai că încerci să afli ceva. Poate o să ne spui ce te roade.

Harrison fusese luat prin surprindere.

– Vă apreciez răbdarea, zise el. Încercam să aflu ceva. Vă sunt recunoscător că mi-aţi oferit timpul s-o fac.

– Hai să lămurim lucrurile, Harrison, spuse Cole. Ne place de tine, dar n-o să te lăsăm să-l iei. Pricepi? Mai bine te omorâm decât să te lăsăm să faci asta.

– Sau poţi rămâne şi să îmbătrâneşti aici, îi sugeră Travis.

– Nu încerc să-l iau pe Adam. Nu el e motivul pentru care am venit aici.

– Stai puţin. De unde ştii că vorbeam despre Adam? întrebă Travis.

Harrison nu pierdu vremea cu explicaţii inutile.

– L-aţi protejat pe Adam din clipa aţi aflat că sunt avocat. Fiecare dintre voi mi-a dat de înţeles că el e cel vulnerabil. Poate aţi crezut că sunteţi subtili. N-aţi fost.

– Am fost cam la fel de subtili ca tine când ai încercat să afli mai multe despre noi?

– Da, recunoscu Harrison. Cred că am fost la fel de transparent ca voi.

– Cu toţii avem un trecut, zise Cole. Adevărul e că puteai veni să ne iei pe oricare dintre noi. Nu ne pare rău pentru nimic. Am făcut ce-a fost necesar ca să supravieţuim. Nu ne aşteptăm să înţelegi. Suntem ceea ce suntem.

– Nu ne scuzăm față de nimeni, spuse Adam încet.

– Şi nimeni nu v-a ajutat niciodată, aşa-i? întrebă Harrison.

– Chiar aşa, nu ne-a ajutat nimeni. N-am cerut nimic şi, oricum, n-am fi acceptat ajutorul nimănui.

Harrison dădu din cap. Acum înțelegea. Ar fi trebuit să-şi dea seama de lucrul acela cu mult timp în urmă.

– Vreau să vă spun o poveste. V-aş fi recunoscător dacă veți fi răbdători şi veți asculta ce am de zis.

Aşteptă până când toată lumea confirmă dând din cap apoi se lăsă pe spătar şi începu.

– Omul pentru care lucrez acum a fost un prieten foarte apropiat al tatălui meu. Probabil că v-am mai povestit despre relația lor, nu-mi aduc aminte. Numele lui e Lord Elliott. Numele soției lui era Agatha. A fost o femeie bună, cu inimă bună. Elliott n-ar fi putut fi mai norocos. A iubit-o cu la fel de multă pasiune cum l-a iubit şi ea. Au avut o căsnicie fericită, solidă.

– Ce treabă are asta cu noi? întrebă Travis.

– Lasă-l să explice, spuse Adam.

– Elliott era, şi încă este, un om genial. A strâns repede avere. A construit mai multe fabrici în Anglia şi apoi s-a decis să se extindă în America. A venit la New York cu soția sa pentru deschiderea unei fabrici lângă oraş. Nu i-ar fi permis soției lui să-l însoțească dacă ar fi ştiut că aceasta era însărcinată. Sănătatea soției era mai importantă pentru el decât orice altă chestiune financiară. Marea deschidere a fost amânată pentru că una dintre clădiri nu se ridicase la standardele lui Elliott. A luat în calcul pericolul unui incendiu şi a ordonat schimbări. El şi soția sa au rămas prin urmare în America, el ocupându-se personal de muncitori. Agatha a dat naştere singurului lor copil, câteva luni mai târziu. Au botezat-o Victoria, după numele mamei lui Elliott.

Harrison se opri ca să-şi adune gândurile. Se uită la frați ca să vadă dacă vreunul dintre ei începuse să bănuiască unde se îndrepta. Însă nu văzu decât curiozitate moderată.

– Se aflau în New York de aproape un an când i-a lovit dezastrul. Fabrica era, în sfârşit, gata pentru marea inaugurare. Atât Elliott, cât şi soția sa au participat la sărbătoare. Agatha a vrut să ia copilul cu ea, dar Elliott nu i-a permis. I-a spus că bebelușul nu avea decât patru luni și, prin urmare, era prea firav ca să fie ținut în aerul rece de primăvară. Au lăsat-o pe Victoria cu bona ei și cu întreg personalul. Nu au fost plecați decât două zile, dar, când s-au întors în oraș, au găsit poliția care îi aștepta pe treptele de la intrare. Bona dispăruse cu bebelușul. Biletul prin care li se cereau bani a sosit abia după-amiaza următoare. Secretarul personal al lui Elliott, George MacPherson, a pus mâna pe mesager înainte ca acesta să scape și l-a târât înăuntru pentru a fi luat la întrebări. Băiatul nu le-a putut spune nimic important. Elliott a adunat repede banii și apoi a așteptat instrucțiuni prin care să i se spună unde să-i ducă. Însă nu mai sosit nici un alt mesaj. Elliott s-a agățat de speranța că fiica lui avea să-i fie înapoiată, teafără și sănătoasă.

– Ce s-a întâmplat cu ea? întrebă Travis.

– A dispărut.

Se lăsă tăcerea. Harrison își dădu seama că ținea un pahar cu băutură și nu-și putut aminti când întinsese mâna după el. Îl puse la loc pe masă.

– Lady Agatha nu și-a revenit niciodată din șoc. S-a îmbolnăvit și, după șase luni de căutări frenetice, Elliott a fost nevoit să-și ducă soția înapoi în Anglia. L-a lăsat pe MacPherson să coordoneze investigația. S-a urmărit fiecare fir, însă nici detectivii angajați de Elliott, nici autoritățile nu au ajuns la nici un rezultat. Apoi, exact șase luni mai târziu, a fost găsită bona.

– Copilul era cu ea? întrebă Cole.

– Nu. În încăperea pe care o închiriase nu era nici o dovadă care să ofere vreun indiciu despre Victoria. S-a presupus că femeia ascunsese bebelușul în afara orașului, apoi se întorsese din anumite motive. Numai Dumnezeu știe de ce. Era moartă când autoritățile au găsit-o. Fusese strangulată. Elliott și soția lui nu au renunțat la căutări. Însă Agatha nu și-a putut recăpăta puterile. A murit cam un an mai târziu. Doctorii au zis că fusese vorba de tuberculoză, dar Elliott a înțeles motivul real. Mi-a spus că ea încetase să mai trăiască din ziua în care copilul dispăruse. A murit de inimă rea.

–A dat vina pe soţul ei pentru că a convins-o să lase copilul acasă? întrebă Travis.

–Nu, nu cred c-a făcut-o. Elliott se simţea vinovat, desigur.

–Câţi ani aveai când s-au întâmplat toate astea?

–Eram doar un băieţel, aveam în jur de zece ani, răspunse Harrison. Când tata a murit, Elliott m-a luat la el. A luat locul tatălui meu, s-a asigurat că primesc o educaţie bună şi a încercat să-şi vadă mai departe de viaţă. Toţi cei din Anglia ştiau ce se întâmplase. Elliott fusese o voce importantă în Parlament. S-a retras când a ajuns din nou acasă, şi-a vândut fabricile şi nu a renunţat niciodată la căutări. Îmi aduc aminte că de fiecare dată când veneam înapoi de la universitate, el îmi povestea despre un posibil fir.

–Indiciu?

–Despre vreo persoană arăta ca Victoria, explică el.

–Mie-mi pare că se agăţa de orice, spuse Cole.

–Era disperat, zise Adam.

–Da, fu de acord Harrison. Era disperat. Nu a renunţat decât abia acum câţiva ani. Atunci am preluat eu căutările în locul lui. Să o găsesc pe Victoria a devenit obsesia mea.

–Şi acum? întrebă Adam.

Harrison trase adânc aer în piept.

–Am găsit-o.

23 august 1866

Dragă Mamă Rose,

M-am jucat cu pistolul lui Cole. Nu făceam decât să mă distrez, şi totuşi el a ţipat rău la mine. A zis că o să mă bată la fund. Apoi am plâns tare şi s-a răzgândit. Pistoalele sunt periculoase, mamă. Adam aşa a zis. Nu mă mai joc cu pistoalele niciodată. Niciodată. Îi spui tu lui Cole să nu mai ţipe la mine? Sunt fată cuminte. Adam aşa a zis.

Te iubesc,
Fata ta cuminte,
Mary Rose

Capitolul 12

Nu le venea a crede. Cole negă cu vehemenţă. Mary Rose nu era Victoria. Nu putea fi. Adam fu mai rezonabil. Puse întrebări în încercarea de a găsi un cusur în toată demonstraţia. Travis respinse toate explicaţiile pe care Harrison le oferise. Douglas rămase neobişnuit de tăcut. Se uita fix la pahar şi clătina din cap din când în când. Părea atât de şocat, încât nu mai putea vorbi.

– Coincidenţă, spuse Cole şi bătu cu pumnul în masă ca să-şi sublinieze punctul de vedere.

– Când s-a născut Victoria? întrebă Adam cu vocea tremurând de emoţie.

Harrison mai răspunsese la acea întrebare de trei ori. Rosti încă o dată data, cu răbdare.

– 2 ianuarie 1860.

– Doamne Dumnezeule, şopti Adam.

– Mulţi oameni s-au născut pe 2 ianuarie, ripostă Travis.

– Fii rezonabil, îi ceru Harrison.

– Explică modul în care ai ajuns la concluzia că Mary Rose a noastră este femeia pe care o cauţi.

– Travis, am explicat deja.

– Puţin îmi pasă, Harrison. Explică-ne din nou.

– Bine, fu el de acord. Femeia care a văzut-o pe Mary Rose la internat le-a spus oamenilor lui Elliott. Se întâmpla să fiu în Chicago la vremea aceea, cu afaceri. Femeia locuia la mică distanţă de mers cu trenul, aşa că m-am dus la ea acasă, ca să vorbim.

– Cum ai aflat dspre femeie? Elliott are oameni care lucrează pentru el în America? întrebă Travis.

– Da, dar nu aşa am aflat. Am primit un pont de la Londra. Cerusem să fiu informat. Elliott renunţase.

– Dar tu nu, remarcă Travis.

Părea enervat de încăpăţânarea lui Harrison.

– Nu, nu renunțasem și nici angajații lui nu o făcuseră. Ei m-au anunțat. Am angajat un avocat din St. Louis ca să vorbească cu Mary Rose.

– Corb la corb nu-și scoate ochii, nu-i așa? zise Cole.

Harrison nu răspunse insultei.

– Ce-a aflat avocatul m-a făcut și mai curios.

– Ea nu i-a zis nimic, îl contrazise Cole. N-ar fi făcut-o.

– Ai dreptate. Nu i-a zis nimic. Tocmai ceea ce n-a putut afla avocatul m-a intrigat. Directoarea i-a zis că mama lui Mary Rose trăiește în Sud. M-am întrebat de ce, desigur, dar nu mi s-a părut îndeajuns de ciudat cât să urmăresc acest fir. Surorile se laudă sau se plâng când vine vorba de frații lor. Cel puțin așa am crezut, dar Mary Rose n-a spus nimic de nici unul dintre voi. Avocatul mi-a spus că fusese foarte atentă și că păruse speriată și, într-un fel, agitată.

– Nu are încredere în avocați, la fel ca și noi, îi spuse Travis.

– Da, înțeleg, spuse Harrison. Reacția voastră când ați aflat cu ce mă ocup a fost un alt indiciu că unul dintre voi ar putea avea necazuri.

– I-am spus lui Mary Rose să nu vorbească despre noi. Nu voiam ca oamenii să-și bage nasul în lucruri care nu-i privesc.

– După cum am mai spus, acum înțeleg. Atunci nu am înțeles.

– Ce n-ai înțeles? întrebă Cole.

– Că ați încălcat cu toții legea în trecut. Oricum, reticența lui Mary Rose m-a făcut și mai curios.

– Și apoi? întrebă Travis.

Harrison își păstră răbdarea. Știa de ce-l făceau să le explice din nou. Vânau posibile slăbiciuni în demonstrația lui. Nu-i putea învinovăți. Ar fi făcut același lucru dacă ar fi fost în locul lor.

– Au fost sute de informații, de-a lungul anilor, despre femei care semănau cu mama Victoriei, cu mătușa, cu verișoara sau cu vreo altă rudă îndepărtată. Deși femeia care o văzuse pe Mary Rose era sigură de asemănare, tot n-aș fi bătut atâta drum până în Montana doar pentru o simplă bănuială. Nu, am venit aici din cauza raportului pe care l-am citit despre întrebările puse lui Mary Rose. Harrison întinse mâna spre pahar și bău. Nu voia coniac, dar avea gâtul uscat. Există un portret în biblioteca lui Elliott, începu el.

– Ce? N-ai zis nimic de portret până acum, spuse Travis.

Bănuia că n-o făcuse.

– Imediat după ce Elliott s-a însurat cu Agatha, el a angajat un artist ca să-i facă portretul soției sale. Când am văzut-o pe Mary Rose intrând pe culoarul din magazinul lui Morrison, pentru un moment, am crezut că Agatha a ieşit din portretul în ulei şi a venit să mă salute. Asemănarea dintre sora voastră şi Agatha este uluitoare. Restul îl cunoaşteți. Nici unul dintre voi nu mi-a făcut misiunea mai uşoară.

– Mă bucur să aflu că am făcut ceva bine, interveni Cole.

– Fiecare dintre voi mi-a dat răspunsuri ciudate, ilogice. Rezistența voastră mi-a hrănit curiozitatea. Numai oamenii care au un secret ar avea un asemenea comportament. Mi-ați repetat mereu că era periculos să pun întrebări aici şi, totuşi, voi mi-ați pus sute. A mai fost şi neîncrederea voastră în oricine ar fi avut legătură cu legea. Mă credeți sau nu, avocații au un rol, unul al naibii de important. Nu suntem inamicii voştri, dar vă purtați de parcă asta am fi. A fost mai mult decât evident pentru mine că aveați ceva de ascuns. Greşeala mea a fost să cred că încercați să mă împiedicați să aflu adevărul despre răpire. Nu am crezut că ați plănuit aşa ceva, dar m-am gândit că îl protejați pe bărbatul sau pe femeia care a făcut-o. Acum, că am ajuns să vă cunosc, mi-am dat seama că ați ajuns aici pe cont propriu. Nu v-ați avut decât unul pe altul şi aşa v-ați descurcat.

Harrison făcu o pauză ca să-şi adune gândurile. Frații îl aşteptară răbdători să continue.

– Ați hotărât să vă uniți şi să formați o familie. Apoi ați luat bebeluşul şi v-ați îndreptat spre Vest. Mary Rose este Lady Victoria, nu-i aşa?

Adam închise ochii. Părea afectat.

– Doamne, aşa pare.

Travis se întinse spre sticlă. Harrison observă că mâna îi tremura. Paharul lui era deja plin, dar Travis nu părea să observe. Cole se holba la Harrison. Părea epuizat. Harrison îşi întoarse privirea spre Adam.

– În numele fraților tăi, în numele surorii tale și în numele tău, dă-mi un dolar.

Cererea nu avea sens pentru nici unul dintre ei. Adam nu se mișcă. Harrison îi ceru din nou, pe un ton mai autoritar. Adam se întinse spre buzunarul vestei, scoase o monedă de argint și i-o aruncă lui Harrison. Acesta o prinse din aer.

– Pentru ce-i asta? întrebă Travis.

– Un avans. Puțin îmi pasă dacă vă plac avocații sau nu, acum vă reprezint. Toată lumea înțelege și e de acord?

Îi făcu pe fiecare dintre ei să-și dea consimțământul cu voce tare, înainte de a continua. Apoi își schimbă locul, își privi audiența și zise:

– Cine începe să explice?

– Crezi că am răpit-o? întrebă Cole.

– N-am făcut-o, zise Travis. Altcineva a făcut-o. Oricine a fost, probabil că i s-a făcut frică.

– Am găsit-o, spuse Cole.

– Unde? întrebă Harrison.

– La gunoi, răspunse Cole.

– Unde?

Nu intenționase să ridice vocea, dar surpriza îl făcuse să reacționeze așa.

– M-ai auzit. Am găsit-o pe un morman de gunoi de pe aleea noastră. Noi patru formam o gașcă. Doamne, eram tineri și proști pe vremea aceea.

– Erați copii, răspunse Harrison. Mai mulți înseamnă mai puternici.

– Da, fu de acord Cole.

Era epuizat. Se întoarse spre Adam.

– Spune-i tu ce s-a întâmplat.

Adam dădu din cap.

– Ne făcuserăm un gen de gașcă. Trăiam cu toții pe străzi. Eu reușisem să ajung în New York cu ajutorul unei mișcări clandestine de eliberare a sclavilor, dar nu voiam să rămân. Îi promisesem mamei că aveam să mă îndrept spre Vest. Ea s-a gândit că urma să fiu mai în siguranță acolo, până ce lucrurile se schimbau.

–Ce lucruri? întrebă Harrison.

–Mama ne ţinea la curent cu ştirile. Lincoln vorbea despre sfârşitul sclaviei. Mişcarea din Nord lua amploare şi se ştia că urma o confruntare. Dacă era câştigată, aveam să fim liberi. Era o speranţă, aşa că m-am agăţat de ea. Eu şi fraţii mei trăiam pe străzi. Dormeam unul lângă altul ca să ne încălzim. Era aproape luna mai, dar nopţile erau încă reci în acel an şi nu aveam multe pături.

–În 1860?

–Da, 1860, spuse Adam. Mai erau şi alte găşti de copii care bântuiau pe străzi în căutare de mâncare sau de necazuri. Străduţa era casa noastră şi eram hotărâţi s-o apărăm. Făceam cu rândul de pază la intrare. Fusese rândul lui Douglas în acea noapte. Travis, Cole şi cu mine dormeam duşi. El ne-a trezit şi ne-a arătat grămada de gunoi. Apoi a plecat. Mi-a stârnit curiozitatea şi am vrut să investighez. Am auzit un zgomot, continuă Adam. Douglas mi-a zis, mai târziu, că era o pisică înăuntru. Travis, din câte-mi amintesc, era îngrijorat că ar fi putut fi un şarpe.

–În ce? întrebă Harrison.

–În coş, răspunse Adam. Mă rog, şi eu am crezut că era un animal înăuntru. M-am dus să mă uit mai bine. Atunci am văzut şobolanii.

–O, Doamne!

–Erau călare pe coş. A trebuit să aprind torţa ca să-i gonesc. Unul se urcase deasupra şi rodea capacul. Dacă aş mai fi stat un minut, şobolanul ar fi ajuns la ea.

Harrison îşi imagină ce s-ar fi putut întâmpla cu Mary Rose şi se albi la faţă.

–Am ajuns la ea la timp şi asta-i tot ce contează. Am crezut că e băieţel. I-am dat numele de Sidney.

–Ea ştie totul, nu-i aşa? întrebă Harrison.

–O, da, ştie cum am găsit-o. Nu am ţinut nici un secret faţă de ea. Ştie şi despre noi toţi.

Harrison zâmbi.

–Acum înţeleg de ce a fost aşa de supărată când Cole i-a zis Sidney.

– Da, spuse Cole. Îi reaminteşte faptul că nu e cu nimic mai bună decât alţii. Este puternică. Are o inimă pură, nobilă şi...

Vocea lui Cole îi contrazicea expresia împietrită. Adam îşi drese glasul şi continuă:

– Am încheiat un pact în acea noapte – să facem tot ce putem pentru ea. N-am crezut că va reuşi să supravieţuiască dacă o duceam la unul dintre orfelinatele din oraş. Travis era singurul care ştia din sursă sigură că nimeni nu avea grijă de bebeluşi acolo. Am devenit familia Clayborne şi ne-am îndreptat spre Vest. Ne-a luat mult, mult timp să ajungem aici şi să construim o casă.

– Dar am făcut-o, zise Cole. Acum, că mă gândesc mai bine, cred că poate tatăl lui Mary Rose ne-a ajutat.

– Cum? întrebă Harrison.

– Douglas a furat bani de la femeia care a aruncat coşul. Era bun la furat din buzunare. Banii ne-au ajutat mult timp. Cine a răpit bebeluşul probabil că a furat şi banii.

– Câţi ani aveaţi?

Travis îi răspunse.

– Eu aveam doar nouă, mergeam spre zece, dar le-am zis tuturor că am aproape unsprezece. Îmi era teamă că nu mă vor lua cu ei pentru că eram prea mic. Am vrut să creadă că pot să am grijă de mine. Eu şi Douglas ştiam cum e să trăieşti într-un orfelinat. Nu voiam să ne întoarcem. Cred că am fost îndeajuns de deştept să îmi dau seama că aveam nevoie de protecţie. Adam era mare şi avea o înfăţişare intimidantă pentru mine, aşa că am hotărât să mă ţin de capul lui zi şi noapte până când, într-un final, m-a lăsat să stau cu el. El avea treisprezece ani. Douglas şi Cole aveau unsprezece ani.

– Eraţi copii, spuse Harrison. Şi totuşi, nu v-a dat prin cap că bebeluşul fusese răpit?

– De ce să ne dea prin cap aşa ceva? întrebă Cole. Ne-am gândit că mama sau tatăl ei nu au mai vrut-o.

– Aţi crezut că au aruncat-o? Cum puteau face aşa ceva?

Cole şi Douglas se uitară unul la altul şi apoi se întoarseră spre Harrison.

– De ce nu? întrebă Douglas. Noi aşa am păţit.

Cole nu înţelegea uimirea lui Harrison.

-Cum crezi că s-a umplut oraşul de copii? Chiar crezi că toți erau răpiți? Autoritățile ştiau adevărul. Din când în când, adunau cât de mulți puteau, îi urcau în trenuri şi îi trimiteau departe. Nici unul dintre ei nu ştia unde mergeau trenurile.

Douglas oftă.

-Nimeni nu-i voia, zise el. Şi nimeni nu ne-a vrut nici pe noi trei. Adam era altfel. Mama lui l-a trimis departe ca să-l ştie în siguranță. Ea nu l-a abandonat.

-Nici eu nu ştiu dacă mama m-a părăsit, remarcă Cole cu vocea golită de emoție. Am auzit că era o femeie bună. A murit când m-a născut. Numele ei era Mary şi m-am gândit că îi puteam mulțumi dând numele ei lui Mary Rose. Adam a avut aceeaşi idee în privința mamei Rose. Douglas a hotărât să combinăm numele.

-Şi tatăl tău, Cole? Ştii ceva despre el? întrebă Harrison.

-A avut grijă de mine o vreme. Până la urmă, a început să prefere whisky-ul şi ginul. A încercat să mă vândă. L-am auzit negociind pentru două sticle de băutură, aşa că am fugit.

Harrison era prea şocat ca să mai poată vorbi. Nu-şi putea imagina o asemenea viață. Apoi începu să înțeleagă miracolul. Îi vedea pe frați într-o lumină diferită. Admirația şi respectul i se citeau pe chip. Ei făcuseră imposibilul şi se descurcaseră în ciuda sorților.

-Sunteți cu toții nişte bărbați curajoşi.

Douglas nu acceptă afirmația lui Harrison. Clătină din cap.

-Nu, am fost doar nişte bărbați care au făcut tot ce-au putut. Eram nişte băieței speriați pe atunci, care voiau doar să se asigure că Mary Rose avea să fie îngrijită cum se cuvine. Nici unul dintre noi nu a crezut cu adevărat că ea va reuşi. Cred că nici unul dintre noi n-ar fi reuşit. Totuşi, merita o şansă, nu?

-Sigur n-a fost uşor.

-Schimbatul scutecelor a fost un calvar, zise Cole şi zâmbi.

-De unde ați ştiut data ei de naştere? Mary Rose mi-a spus că are acte. Ce sunt acestea, de fapt?

-Am găsit două hârtii în plicul cu bani, explică Douglas. Adam le păstrează în bibliotecă. Una din coli are multe numere scrijelite pe ea. Cealaltă arată ca o foaie dintr-o carte. În partea de sus erau trecute data de naştere, greutatea şi dimensiunile ei.

– Pagina e luată din Biblia familiei.

– Da?

– Da, spuse Harrison. Două pagini au fost rupte. Una a fost returnată odată cu biletul pentru răscumpărare. Era dovada că o aveau pe Victoria. Numele ei complet era scris în partea de jos.

– Le-am spus despre hârtii, dar am fost mai curioşi despre bani. Adam era singurul dintre noi care ştia să citească. S-a uitat pe hârtii şi ne-a spus ce scria. Am păstrat colile în coş ani la rând. Le-am păstrat ca Mary Rose să aibă ceva din trecutul ei.

– Cine v-a învățat să citiți? îl întrebă Harrison pe Douglas.

– Adam ne-a învățat pe toți.

– Ştii cine a omorât-o pe bonă? întrebă Cole.

– Nu, spuse Harrison. Dar Elliott n-a crezut nici o clipă că acționase singură. Nu era îndeajuns de deşteaptă ca să plănuiască o răpire. Era şi foarte timidă. Femeia trebuia să fi avut un complice.

– Poate că el e mort acum, zise Douglas.

– Putea să fi fost vorba de o femeie, se gândi Harrison.

– A fost un bărbat.

– De unde ştii?

– L-am văzut.

Harrison era cât pe ce să scape paharul. Nici măcar nu observă ce se întâmplase.

– L-ai văzut?

Vocea îi tremura de emoție. Douglas dădu din cap confirmând.

– Cred că e rândul meu să explic, nu-i aşa? Un bărbat a coborît dintr-o trăsură scumpă. Avea un blazon pictat pe uşă. Purta o mantie neagră ca acelea îmbrăcate de bărbații bogați când se duc la operă. Avea şi o pălărie cu borul tras în jos pe frunte. Dar tot i-am văzut fața. Stătea sub felinarul de pe stradă şi s-a întors spre mine. Însă nu m-a zărit. Probabil a crezut că auzise un zgomot şi de-aia se întorsese. Mă rog, m-am uitat bine la el. Vrei să ți-l descriu?

–Cum e posibil să-ți amintești? Aveai doisprezece ani atunci, Douglas. Amintirile pălesc și devin confuze de-a lungul anilor. A fost acum multă vreme.

–Spune-i despre tăietura ta, Cole, sugeră Douglas.

Acesta zâmbi.

–Aveam în jur de cincisprezece ani, nu-i așa, Douglas? Eram încă prost atunci. M-am băgat în treburile altcuiva, crezând că pot șterpeli niște piei. Aveam nevoie de haine pentru iarnă. M-am gândit să fac rost de câteva. Am fost foarte discret, nu-i așa, Douglas?

–Nu îndeajuns, Cole.

–Cred că erau cam douăzeci de indieni fugari în locul acela. Jefuiseră zona, furaseră, omorâseră și arseseră tot de ceva vreme. Tuturor le era frică de ei. Și mie îmi era, dar am vrut pieile, așa că m-am gândit să le iau indiferent cât de frică mi-ar fi fost. Nenorociții ăia s-au luat după mine. Am fost tăiat pe burtă. Durea de parcă ardeam în focurile iadului. Îmi amintesc durerea. Adam a fost nevoit să mă coasă. Mary Rose a plâns când el m-a cusut.

–Te-a ținut de mână, îți aduci aminte? zise Travis.

Cole zâmbi. Își aducea aminte.

–S-a gândit că mă ajută dacă mă țin de ea. Avea cam trei-patru ani atunci și era atât de dulce și de curajoasă.

–Cum ai scăpat de indieni? întrebă Harrison.

–N-am reușit singur. Eram așa de preocupat să fug și să mă lupt pentru viața mea încât n-am apucat să mă uit bine la cel care m-a înjunghiat. Însă Douglas a reușit. El venea călare spre mine cu pușca pregătită. A văzut fețele celor doi care m-au ținut și a celui care m-a tăiat. Nenorocitul voia să-mi scoată mațele. Douglas a început să tragă la timp și ăia au fugit să-și ia puștile.

Cole făcu o pauză să se gândească la incident înainte de a continua. Harrison era fascinat de poveste, dar nu-și imagina ce legătură avea incidentul cu discuția despre răpitorii lui Mary Rose. Aștepta să afle mai multe.

–Ne-am întors. A venit iarna și a trebuit să rămânem pe loc. Nu am uitat și, imediat ce zăpada s-a topit, ne-am dus după ei.

–I-am obligat să recunoască faptul că ei fuseseră.

–Cum? Vorbeau engleză?

–Unul da, puțin. Nu conta, totuşi. Douglas nu uită niciodată o figură.

–S-au lăudat că te-au rănit, nu, Cole?

–Au crezut că prietenii lor ne vor prinde.

–Ne-am asigurat că nu se va întâmpla asta, spuse Travis.

Harrison nu întrebă ce se întâmplase cu indienii. Ştia deja.

–Tribul care i-a alungat pe renegați a aflat despre asta. Ne-au primit cu brațele deschise, explică Cole. Acum vrei să auzi descrierea lui Douglas?

Harrison dădu din cap nerăbdător.

–Da.

–Bărbatul pe care l-am văzut în New York avea o mustață deschisă la culoare. Nu i-am văzut culoarea ochilor. Avea cam un metru optzeci şi era foarte slab. Obrajii, supți. Nasul era puțin cam ascuțit, iar buzele subțiri. Purta pantofi negri, lucioşi, nu cizme. Am observat pantofii pentru că m-am gândit la o modalitate să-i fur. Bărbatul era îmbrăcat în haine negre, de seară, elegante. Femeia n-a vrut să ia coşul de la el. Scutura întruna din cap. Nu eram îndeajuns de aproape să aud ce-şi spuneau. El a scos plicul din buzunar şi i l-a dat. Ea l-a înşfăcat foarte repede şi apoi a luat şi coşul.

–Bărbatul s-a dat jos din trăsură cu tot cu coş?

–Da.

–Ea era deja la colț şi îl aştepta?

–Da.

–Şi vizitiul? Pe el l-ai văzut?

–Nu. Imediat ce-am văzut plicul, nu l-am mai scăpat din ochi. Ea l-a pus în buzunarul hainei. Bărbatul s-a urcat înapoi în trăsură şi a plecat. Femeia a aşteptat până ce a dispărut şi apoi a început să se uite în jur după un loc în care să o lase pe Mary Rose. A ales străduța noastră. A intrat în fugă, a aruncat coşul şi apoi a plecat. Am aşteptat până a ajuns din nou la colț, am fluierat ca să-l fac atent pe Adam, să vadă coşul, şi apoi m-am luat după ea. I-am luat plicul din buzunar chiar în momentul în care se urca în trenul de noapte.

Harrison se lăsă pe spătarul scaunului. Privirea îi devenise rece de furie. Cole îl urmări cu atenție.

– Știi cine era bărbatul?

Harrison dădu din cap încet.

– Cred că da. Mai întâi trebuie să mă asigur.

– Mai trăiește? întrebă Douglas.

– Da, dacă el e, da, mai trăiește.

– Te duci după indianul tău așa cum am făcut și noi? întrebă Cole.

Harrison înțelese la ce se referea Cole. Voia să știe cât de departe ar fi mers Harrison ca să se răzbune. Va riposta în același mod în care o făcuseră cei patru frați împotriva dușmanului lor? Răspunsul lui veni imediat.

– Da.

– Ai uitat că ești avocat? întrebă Adam.

– N-am uitat. Într-un fel sau altul, se va face dreptate. Douglas, spune-mi încă o dată ce s-a întâmplat. Ia-o de la capăt.

Douglas fu de acord. Harrison așteptă ca acesta să termine, apoi îi mai puse niște întrebări. Era, în sfârșit, mulțumit că aflase tot ce îi putuseră spune ei.

– Și acum? întrebă Travis. Când ai de gând să-i spui?

– N-o să-i spun, răspunse Harrison. Cred că...

Travis nu-l lăsă să continue.

– De ce te-am crede? N-ai făcut altceva decât să ne minți de la început. N-ai vrut niciodată să fii fermier, nu?

– Ba da, am vrut să învăț, răspunse el. M-am gândit să mă întorc, la un moment dat, în Scoția, dar acum știu exact unde o să mă stabilesc pentru restul vieții. Poate o să-mi fac o fermă a mea. Meseria de avocat o să mă ajute în vremurile grele. Toate planurile mele s-au schimbat, adăugă el. Când am venit aici, nici măcar nu eram sigur dacă Mary Rose e Victoria. Da, am văzut asemănarea, dar nu era de ajuns. Seamănă și cu tine, Cole. Ochi albaștri, păr blond... E mult mai drăguță, însă. Cu cât am aflat mai multe, cu atât am fost mai nelămurit. Nu ar fi avut motive să fie așa de reticentă cu mine. Cu toții mi-ați lămurit misterul. După cum am mai spus, felul în care ați reacționat când ați aflat că sunt avocat mi s-a părut foarte ciudat. Într-o seară, Mary Rose m-a întrebat de ce îmi petrec serile vorbind cu Adam. Părea îngrijorată, iar când m-a întrebat dacă îi pun întrebări despre trecutul lui mi-am dat seama că nu voia ca eu să aflu ceva despre el. Dacă mi-aş fi petrecut serile cu Travis sau cu Cole ori cu Douglas, ar fi fost la fel de îngrijorată, nu-i aşa?

– Probabil, răspunse Cole. I-am spus tot ce-am făcut. Ne cunoaşte toate păcatele.

– Da, se declară de acord Harrison. Mi-aţi spus. Nu mi-a luat mult timp să-mi dau seama că v-aţi unit şi v-aţi format o familie, dar nu puteam accepta faptul că aţi ajuns în Montana prin forţe proprii. Nu aveam motive să am încredere în nici unul dintre voi, aşa cum nici voi nu aveaţi motiv să vă încredeţi în mine. Cu toţii am avut motivele noastre. Am făcut câteva greşeli în tot acest timp. Două m-au surprins din cale-afară.

– Care au fost greşelile tale? întrebă Douglas.

– Unu: am amânat. Aş fi putut să aflu ce doream mult mai rapid, dar nu m-am grăbit. Nu am profitat de ocaziile ivite şi asta, vedeţi voi, nu mă caracterizează deloc. Nu am fost niciodată genul care să amâne ceva.

– Nu eşti aici de atât de multă vreme. Au trecut abia şase sau şapte săptămâni, îi reaminti Cole.

– Mie mi se pare că a trecut mai mult. Nu mi-am dat seama decât de puţină vreme că trăgeam de timp. Am crescut aproape pe cont propriu şi niciodată n-am ştiut ce înseamnă să ai cu adevărat o familie. Fiecare dintre voi şi-ar da viaţa pentru siguranţa celuilalt. O astfel de dragoste şi de loialitate au fost idei străine de mine. Mi-am iubit tatăl şi i-am fost loial lui şi am fost loial şi ţării mele. Loialitatea mea s-a manifestat şi în cazul lui Elliott. Între noi există o legătură creată de greutăţile prin care am trecut, dar nu e deloc la fel.

– La fel cu ce? întrebă Cole încercând să înţeleagă.

– Cu legătura dintre fraţi şi surori, explică Harrison. Mă uimiţi în permanenţă. Vă insultaţi. Sunteţi gălăgioşi şi agitaţi. Vă contraziceţi tot timpul, vă înghiontiţi şi vă împingeţi şi, jur pe Dumnezeu, vă invidiez! În toţi aceşti ani, mi-am imaginat-o pe Lady Victoria ca pe o victimă. Dumnezeu, în mod sigur, a avut grijă de ea. El i-a oferit patru fraţi.

Harrison se opri ca să tragă aer în piept.

– Cole, de fiecare dată când m-ai înghiontit, aşa cum te-am văzut că faci cu Travis şi cu Douglas, şi de fiecare dată când m-ai amenințat sau ai râs de mine, am simțit că fac parte din familia ta.

Frații erau impresionați de sinceritatea lui Harrison. Însă Cole înțelese ceea ce voia să spună Harrison mai bine decât ceilalți. Încă îşi mai amintea de singurătatea şi de dezolarea în care trăise înainte ca Adam să-l ia sub aripa lui protectoare.

– Care a fost cealaltă mare greşeală? întrebă Adam. Ai spus că ai făcut mai multe de-a lungul drumului, dar numai două te-au luat prin surprindere.

Harrison confirmă dând uşor din cap. Îşi amintea ce spusese.

– M-am îndrăgostit de sora voastră.

Cole dădu din cap.

– O să te urască pentru că ai mințit-o.

– O vreme, da, aşa cred şi eu, fu de acord Harrison. Însă nu contează. Vreau ca voi toți să-mi înțelegeți intențiile de acum înainte. O să fie a mea.

Forța din cuvintele lui le atrase atenția. Nimeni nu-şi dădu seama ce puteau înțelege din declarația lui vehementă.

– Ce anume vrei să spui? întrebă Cole.

– Sunt un om de onoare, începu Harrison. Cel puțin aşa-mi place să cred că sunt.

– Şi? insistă Cole.

– Vă spun intențiile mele.

– Dar ce ne spui mai exact? întrebă Travis.

– V-am protejat sora şi am şi am lăsat-o în pace. O să continui s-o protejez, dar, din acest moment, vă asigur că nu mai am nici o intenție s-o las în pace. Mi-am prezentat toate motivele pentru care n-o merit şi nici unul dintre ele nu mai contează acum. Niciodată n-o să am destui bani. Travis, într-o bună zi, cred că şi tu o să înțelegi acest adevăr. Elliott ar mărita-o cu cineva mult mai demn de standardele societății, dar nu şi de ale mele. Nimeni n-o va iubi aşa cum o iubesc eu. O să fie a mea.

Cole rămase cu gura căscată. Nu-l mai văzuse niciodată pe Harrison atât de pasional. Douglas era la fel de şocat.

– Vrei să spui c-o s-o curtezi pe sora noastră?

– Da.

– Nu cred că vorbeşti serios, începu Travis.

– Am fost serios la fiecare cuvânt pe care l-am zis. O să fie a mea. Pentru totdeauna. O să-mi poarte numele şi o să-mi poarte copiii.

Travis scutură din cap.

– Nu-mi vine să cred că ai tupeul să ne spui nouă ce intenții ai.

– Crezi c-o să te lăsăm să încerci să pui mâna pe ea? întrebă Cole.

Harrison îşi pierdu răbdarea.

– Să încerc? Eu nu încerc niciodată. Eu fac exact ceea ce vreau să fac.

Douglas zâmbi.

– Nu crezi că Mary Rose ar trebui să aibă un cuvânt de spus? Toți ştim că nu ai forța-o să facă ceva.

– Nu, nu aş forța-o niciodată să facă ceva ce nu vrea să facă. Mă iubeşte, dar încă nu şi-a dat seama de asta. Însă o s-o facă. Este o femeie foarte inteligentă. O să-mi ofere acceptul ei înainte de a mă culca cu ea.

– Aşa zici tu, se răsti Cole. Adam, ce părere ai despre asta?

– Îl iubeşte, răspunse Adam. Harrison are dreptate în această privință.

– Harrison, sper că nu ai făcut-o deja...

Travis voia să întrebe dacă o sedusese deja pe Mary Rose, dar se opri. Privirea pe care Harrison i-o aruncă îi făcu părul să i se zburlească pe ceafă.

Cole râse.

– La dracu', Travis, n-ar fi într-o pasă aşa de proastă dacă s-ar fi culcat deja cu ea.

– Vorbim despre sora noastră, țin să vă amintesc, bombăni Travis.

– Cum rămâne cu lordul Elliott? întrebă Adam. Zici că ar mărita-o cu cineva mai demn de ea. Asta înseamnă că plănuieşti să-i spui că i-ai găsit fiica sau că ai să laşi lucrurile aşa cum sunt?

–Sigur că o să-i spun, răspunse Harrison. Are dreptul să ştie, Adam. Suferința lui va lua sfârşit. Omul s-a chinuit îndeajuns de mult.

Nimeni nu mai scoase nici un cuvânt timp de un minut. Frații se gândeau la tatăl lui Mary Rose şi încercau să-şi imagineze prin ce trecuse după ce îşi pierduse fiica. Adam rupse, într-un final, tăcerea.

–Da, a suferit destul. Nici eu nu aş fi încetat să-mi caut fiica. Sunt sigur că aş fi fost la fel de hotărât s-o găsesc. Doamne, prin ce au trecut el şi soția lui! Mă doare inima numai când mă gândesc la asta. Nenorocirea lui a devenit binecuvântarea noastră, adăugă el şi dădu din cap. Mă întreb dacă va înțelege asta.

–O să-l fac să înțeleagă, îl asigură Harrison. N-o să dea vina pe voi şi nici n-o să trimită pe cineva după voi. Mary Rose are o familie în Anglia. Are mătuşi, unchi şi nenumărați veri. Sora voastră are un titlu şi o avere. Elliott nu va veni aici s-o vadă. Nu va fi nevoie s-o facă. Va merge ea la el.

–Ce te face să fii sigur de asta? întrebă Douglas. Ai zis acum câteva minute că nu-i vei spune. Te-ai răzgândit?

–Nu, nu m-am răzgândit.

–Şi atunci? întrebă Cole.

–Eu n-o să-i spun. Voi o să-i spuneți.

Nimeni nu mai zise nimic pentru o vreme. Harrison se gândi că frații se luptau cu propriile conştiințe. Până la urmă, aveau să facă ceea ce trebuia. Locuise cu ei îndeajuns de mult ca să nu aibă nici o îndoială că urmau să dea dovadă de onoare până la capăt. Adam luă decizia în numele tuturor.

–Da, o să-i spunem.

–N-o să vrea să plece, zise Cole.

–Nu trebuie să fie pentru totdeauna, ripostă Adam. Însă are o obligație.

–N-o să vadă lucrurile aşa, zise Travis.

–Vă cunoaşteți sora la fel de bine ca şi mine. Chiar credeți că o să-l mai lase pe Elliott să sufere?

–La dracu', nici măcar nu-l cunoaşte, spuse Douglas.

–Va trebui să se ducă să-l cunoască. O să vrea să-l liniştească. Cu puțin ajutor, Mary Rose va face ceea ce trebuie. O să tragă de timp, probabil, dar noi n-o s-o lăsăm. Ştii că am dreptate, Douglas. Nici mie nu-mi place asta.

Harrison dădea dovadă de înțelegere.

–Nu aveți pe cine da vina în afară de voi, zise el. Ați educat-o să fie onorabilă.

–Când pleci? întrebă Douglas.

–Curând, răspunse Harrison. Am stat şi-aşa prea mult, adăugă el. Elliott depinde de mine să conduc negocierile pentru o fuziune pe care o pregăteşte.

–Cu cât mai repede, cu atât mai bine, din punctul meu de vedere, zise Travis. Nu erai obligat să ne spui despre Elliott, să ştii. E bătrân, nu? Şi deja a renunțat. De ce-ai preluat căutările în locul lui?

–Pentru că am simțit că e de datoria mea să am grijă de el. Dacă l-ați cunoaşte, ați înțelege ce vreau să spun.

–Cred că trebuie să pleci înainte să-i spunem lui Mary Rose, spuse Adam.

–De ce?

–Va fi mai uşor pentru toată lumea, răspunse Adam.

–Cum anume va fi mai uşor? întrebă Harrison.

Adam refuză să explice. Expresia fermă de pe chipul său îi spuse lui Harrison că nu avea rost să insiste.

–Când intenționați să-i spuneți? întrebă el.

–Când suntem pregătiți. Mai întâi o să discutăm situația. O să decidem ce trebuie făcut şi când. Însă nu vreau să pleci imediat. Sunt sigur că voi mai avea întrebări pentru tine. Vreau răspunsul la ele înainte ca Mary Rose să afle ceva.

Harrison îşi dădu scaunul în spate şi se ridică.

–Ştiu că ați avut un şoc. Dac-aş fi putut schimba lucrurile aş fi făcut-o. La naiba, n-a fost vina lui Elliott că a trecut prin acest purgatoriu. V-ați bucurat de ea destul timp. Ați văzut-o crescând. Tatăl ei nu a trăit această bucurie. Lăsați-l măcar s-o cunoască. Are nevoie s-o vadă, să ştie că e bine.

–Ți-am explicat deja că Mary Rose va dori să facă măcar atât, răspunse Adam.

–Nu amânați, insistă Harrison. Vă dau o săptămână, două, dacă pot aştepta atât de mult. Mă rog la Dumnezeu să vă hotărâți să-i spuneți curând. Cred că nu e bine dacă vreți să plec înainte de a discuta cu ea, dar decizia este a voastră și o respect. O să aștept paisprezece zile. Dacă nu veți avea răspunsuri la toate întrebările voastre până atunci, o să fie prea târziu. Nu îndrăzni să mă întrebi din nou, Cole, adăugă el când văzu expresia de pe fața acestuia. Ți-am dat cuvântul meu de onoare. N-o să-i povestesc lui Mary Rose despre tatăl ei acum și n-o să-i spun nici peste două săptămâni. O să plec, pur și simplu. Mă voi întoarce la Londra și o să-i spun totul lui Elliott imediat ce am să-l văd.

Harrison dădu să iasă din încăpere.

– Aveți multe de discutat. Vă las.

– Stai un minut, strigă Cole. Ai de gând să ne seduci sora înainte sau după ce-i spunem adevărul despre tatăl ei?

– Ar trebui să aștept, dar n-o s-o fac.

– Nenoro..., șopti Cole.

Harrison îl întrerupse înainte de a-l lăsa să-și termine înjurătura.

– V-am spus intențiile și condițiile mele. Vă sugerez să le acceptați. Închise ușa în spatele lui.

Se întoarseră cu toții spre Adam. Cole întrebă:

– Ce ne facem?

– Nu trebuie să facem nimic, ripostă Douglas. L-ați auzit pe Harrison. A zis că Elliott n-o să vină aici.

– Dar a mai zis și că Elliott nu va fi nevoit să facă asta, interveni Travis. Mary Rose se va duce la el.

– Vreau să-l urăsc, șopti Cole cu vocea răgușită de îngrijorare.

– De ce vrei să-l urăști pe Elliott? întrebă Adam.

– Vorbeam despre Harrison, spuse Cole. Încearcă să ne distrugă familia.

– Nu încearcă. A făcut-o deja, zise Travis.

– Trebuie să facem ceea ce se cuvine să facem, șopti Douglas.

O, cât ura faptul că trebuia să recunoască acest lucru.

– Mary Rose trebuie să meargă să-l cunoască, adăugă el.

Travis și Cole schimbară priviri îngrijorate. Dintre cei patru frați, ei erau cei mai vulnerabili și cei mai temători. Viitorul era plin de incertitudini, și fiecare se gândea că va fi nevoit să-l înfrunte de unul singur. Mary Rose fusese motivul pentru care se uniseră și deveniseră o familie. Ea era forța care îi ținea împreună. Dacă ea avea să plece, nu cumva familia lor avea să se destrame?

Cole știuse dintotdeauna că va veni ziua în care ea se va mărita și va pleca din casa lor. Refuzase cu încăpățânare să se gândească la asta. Însă Anglia era la un ocean distanță, iar posibilitatea de a nu-și mai vedea vreodată sora nu-i dădea pace.

– Sora noastră a crescut, zise el. S-a întâmplat peste noapte, nu-i așa? Știam că va pleca într-o zi, dar nu m-am...

Lăsă propoziția neterminată.

– E vremea să mergem mai departe?

– E prea devreme să ne gândim la astfel de planuri, spuse Douglas. Cole, ai vrut să cumperi bucata aia de pământ de lângă creastă, care se învecinează cu pământul nostru. Nu te gândeai cumva să te muți acolo?

– Știi bine că da, spuse Cole.

– Nu văd nici o schimbare. Travis e plecat mare parte din timp, nu prea stă pe acasă. Chiar dacă familia se destramă, o să fim tot împreună.

Adam îi lăsă o vreme pe frații lui să-și facă griji. Într-un final, se sătură de atitudinea lor de autocompătimire și îi obligă să se întoarcă la problema cea mai urgentă.

– Discuția despre planurile noastre de viitor mai poate aștepta. Acum Mary Rose este preocuparea noastră. O să se supere din cauza asta. Nu cred că va avea timp să-și facă griji. O să se obișnuiască în drum spre Anglia cu ideea că are un tată.

– Vrei să spui că ar trebui să plece cât de curând? întrebă Travis.

Adam încuviință din cap.

– Da.

Cole fu de acord cu el, deși mult mai reținut.

– Cu cât pleacă mai curând, cu atât mai curând se va întoarce.

– *Dacă* se va întoarce, concluzionă Travis.

Cu toții începură din nou să își facă griji față de această posibilitate. Apoi, Adam le spuse:

–Ați auzit ce-a spus Harrison, că Elliott e un om foarte bogat. Mary Rose a dus o viață modestă și izolată aici.

–A fost la școală în St. Louis, interveni Douglas. A văzut o parte din lume.

–Internatul era izolat de oraș. Și acolo a trăit izolată, spuse Adam.

–De ce-ți faci griji? întrebă Cole. Crezi că tot luxul de acolo o să-i sucească mințile?

–Nu, răspunse Adam. Doar că nu știu cum va face față la atâtea schimbări. Nu vreau să se simtă... vulnerabilă.

–Își face ușor prieteni, zise Douglas.

–Nu-mi place ideea că îi pot fi rănite sentimentele. Nu vreau să creadă că nu e locul ei acolo, spuse Adam.

–Cine va merge cu ea? întrebă Travis.

–Toți, răspunse Cole.

–Fii rezonabil, zise Douglas. Nu putem pleca. Avem responsabilități aici.

–Noi suntem trecutul ei, spuse Adam. Oricât de mult mă doare s-o spun, nici unul dintre noi nu poate merge cu ea.

–Vrei să spui că o trimitem singură? întrebă Travis.

Era uluit.

–Harrison o poate însoți, adăugă el.

Nici unul dintre frați nu agrea această idee. Într-un final, Adam veni cu o alta, care li se păru mai acceptabilă.

–Eleanor poate merge cu ea. Pot avea grijă una de alta. Acum se înțeleg bine, nu? Mary Rose are o inimă bună. O să facă ceea ce trebuie. N-am nici o îndoială în privința asta.

–S-a întors din St. Louis singură, spuse Cole. Știe cum să se poarte printre străini. M-am asigurat că știe să folosească pistolul. Adam are dreptate. O să fie bine.

–Familia Cohen merge în Est pentru un eveniment în familie. Trebuie să mă duc la Hammond din nou să vând caii ăia doi. O să trec pe la ei ca să aflu detalii. Poate iese ceva, și Eleanor și Mary Rose vor putea călători cu ei.

–Ar fi bine să putem aranja ceva cu ei. Am încredere în John Cohen, spuse Cole.

–Trebuie să dăm banii înapoi.

Douglas fu cel care făcuse anunțul. Toată lumea se întoarse spre el.

– Ce bani? întrebă Cole.

– Banii lui Elliott, explică Douglas. Cine a răpit-o pe Mary Rose a luat și banii. Am folosit fiecare bănuț din plic așa că acum va trebui să dăm suma înapoi. Adam, avem destui bani puși deoparte?

– Da, zise Adam. Și sunt de acord. Probabil că banii au fost furați de la Elliott, așa că ar trebui să-i dăm înapoi. O să fim puțin cam strâmtorați o vreme. Acum îmi pare rău că am cumpărat vitele, dar am dat deja banii și este prea târziu să le dăm înapoi.

Frații continuară să discute despre problemele lor până târziu în noapte. Adam se hotărî, într-un final, să meargă la culcare.

– O să-i spunem când o să fim cu toții împreună, zise el.

– Când? întrebă Cole care se ridicase și se întindea obosit.

– Hai se ne gândim mâine la asta, sugeră Adam.

Travis și Cole se purtau de parcă tocmai primiseră o amânare a execuției prin spânzurare. Aveau cel puțin douăzeci și patru de ore la dispoziție ca să pretindă că totul era în regulă.

– Ce ne facem cu Harrison? De ce n-ai vrut să rămână până ce-i spunem lui Mary Rose? îl întrebă Douglas pe Adam.

– Trebuie să-l mai întreb mai multe despre Elliott, explică Adam. Trebuie să aflu în ce o băgăm pe Mary Rose. Vreau să știu totul despre Elliott și despre viața pe care o duce. Trebuie s-o pregătesc pe Mary Rose. Harrison e singurul care-mi poate da informațiile de care am nevoie.

– Trebuie să ne asigurăm că stă departe de sora noastră, insistă Travis.

Cole dădu din cap gânditor.

– La dracu', un bărbat trebuie mai întâi să-și spună jurămintele și apoi să pună stăpânire pe femeia lui.

Adam se lăsă pe spătarul scaunului.

– Cred că Harrison tocmai asta a făcut.

7 februarie 1867

Dragă Mamă Rose,

Avem o surpriză pentru tine. Eu și frații mei am pus câțiva bănuți deoparte pentru această zi minunată. Credem că avem îndeajuns pentru ca Douglas şi Cole să vină să te ia. Ascultă-mă, mamă, înainte de a refuza. În primul rând, dacă-ţi faci griji pentru costuri, atunci n-o mai face. Am rezolvat totul şi, odată ce ai să te muţi aici, o să vezi că ne descurcăm. E încă iarnă, desigur, iar fraţii mei nu vor putea pleca până la primăvară. Trebuie să-ţi povestesc despre cireada noastră. Am început cu două vaci de prăsilă, iar acum avem zece. O să mai avem încă cinci după fătări. N-o să ne ia mult timp să le adunăm pe ale noastre, dar vecinii se ajută între ei, aşa că o să dăm o mână de ajutor şi familiei Pearlman. Ei au în jur de optzeci de vite acum. Au fost foarte generoşi cu noi. Nu ne iau nici un ban când le folosim taurul. Am promis că ne luăm şi noi unul, iar când o vom face, o să le întoarcem serviciul. Îţi faci griji pentru Livonia, nu-i aşa? Ştiu că e oarbă, mamă, şi depinde de tine pentru fiecare lucru, dar şi noi avem nevoie de tine. Dacă înveţi pe altcineva care să preia sarcinile tale, Livonia se va descurca foarte bine. Are doi fii care pot avea grijă de ea. Ştiu că sunt răi, dar sunt fiii ei şi, prin urmare, sunt responsabili pentru ea. Livonia va înţelege. Te rog să nu ne contrazici. Am aşteptat prea mult, la fel şi tu. Ne-am hotărât. În cazul în care nu primim nici o veste de la tine, Cole şi Douglas o să-ţi bată la uşă pe 1 iunie.

Cu dragoste,
John Quincy Adam Clayborne

Capitolul 13

N-o lăsau să le scape din ochi. Travis, Douglas şi Cole probabil că-şi făcuseră un gen de program, astfel încât fiecare din ei să ştie când îi venea rândul să îi supravegheze pe Mary Rose şi pe Harrison. Comportamentul era revoltător, mai ales dacă ţineai cont de faptul că Harrison era mereu ocupat de dimineaţa până noaptea şi rareori o vedea pe sora lor. Îi ignoră şi îşi văzu mai departe de treburi.

Adam era de părere că fraţii lui se purtau ca nişte copii. Le spusese deja că îşi protejau sora de bărbatul care, de fapt, deja îşi luase un angajament faţă de ea. Harrison jurase în faţa a patru martori s-o iubească şi s-o protejeze. Spusese „pentru totdeauna", iar Adam tradusese acest lucru în „până când moartea ne va despărţi". În ceea ce-l privea, considera că jurământul fusese făcut. Travis îi spusese că era nebun pentru că Mary Rose nu făcuse nici un jurământ.

– Asta numai pentru că nu i-aţi dat ocazia să stea singură cu Harrison, răspunse Adam. Nu sunt preoţi pe aici. O să vă duceţi până în Salt Lake după unul? Mama Rose s-a măritat cu tata în faţa familiei, fără ca tata să fie prezent. El şi-a rostit jurămintele o lună mai târziu.

– A avut un pistol înfipt în spate? întrebă Travis.

– Nu, n-a avut. A vrut să îşi ia angajamentul faţă de ea. Lăsaţi-i în pace pe Harrison şi pe Mary Rose.

Raţionamentul lui Adam ar fi avut mai mult sens pentru Travis dacă Mary Rose nu ar fi fost surioara lui. Însă şi acest fapt schimba totul. Nu-i păsa cine anume şi ce anume promisese. Nu se putea obişnui cu gândul că sora lui era intimă cu un bărbat. Nici măcar nu se putea gândi la aşa ceva fără să i se facă greaţă.

Mary Rose îşi dădu seama că ceva nu era în regulă, dar nimeni nu îi spunea nimic. Tensiunea se simţea în aer. Trei dintre fraţii ei se purtau ciudat. Deşi era încântată să se bucure de compania lor, nu-şi putea da seama de ce simţeau nevoia să fie în preajma ei tot timpul. N-o lăsau să petreacă nici o clipă singură cu Harrison. Îl rugă pe Cole să-i spună de ce toată lumea stătea ca pe ghimpi. Acesta bombănise ceva despre probleme financiare. Ea îi spusese atunci să aibă mai multă încredere în Dumnezeu şi în propria persoană. Se descurcaseră în vremuri grele şi aveau să o facă şi acum.

În era greu să treacă peste dezamăgirea legată de discuţia pe care Harrison intenţionase s-o aibă cu fraţii ei. Presupunerea lui Eleanor că el voia să le ceară permisiunea de a o curta se dovedise greşită. Travis îi spusese că discutaseră chestiuni financiare. Nu îi oferi nici un motiv pentru care ea fusese exclusă de la întâlnire, dar bănuia că Harrison era singurul care îi putea spune de ce nu dorise ca ea să fie prezentă.

Acesta părea s-o evite. Îi făcea cu ochiul când trecea pe lângă ea din când în când, dar nu îi adresase mai mult de zece cuvinte în aproape o săptămână. Își făcea griji pentru el, și într-un final se hotărî să caute o modalitate să rămână singură cu el. Eleanor trebuia s-o ajute. Se transformase într-o prietenă bună după ce-și schimbase atitudinea față de familia ei și își deschisese sufletul.

Mary Rose se ducea la Corrie de trei ori pe săptămână. Făcea drumul mai des decât ar fi fost necesar, dar spera că frații ei aveau să fie prea ocupați s-o însoțească și că Harrison se va oferi în locul lor. Până în acel moment, planul nu funcționase. Însă nu avea de gând să se dea bătută.

De fiecare dată când se întorcea din vizită, avea vești minunate pe care le împărtășea familiei. Luni, când ajunsese la casa lui Corrie, observase un balansoar așezat în mijlocul curții. I se păruse extrem de frumos din partea lui Corrie că se preocupase de confortul ei. Miercuri, găsise balansoarul în dreptul ferestrei, aproape de scară. Corrie o lăsa să se apropie din ce în ce mai mult. Acum nu mai era nevoită să țipe ca să se facă auzită.

Vineri fusese cea mai frumoasă vizită dintre toate. Balansoarul era pe verandă, chiar lângă fereastră. Scaunul era așezat cu fața spre curte. Mary Rose recunoscu la cină că fusese puțin cam emoționată când urcase treptele. Însă, pușca nu se zărea prin fereastra deschisă, iar ea se gândise că, probabil, Corrie o testa să vadă dacă avea destul curaj să stea cu spatele la ea.

Atitudinea rezervată a lui Harrison dispăru ca prin minune când le povestise ce se întâmplase. Inima aproape încetă să-i bată. Se ridică în picioare și începu să țipe:

– Ți-ai ieșit din minți? Travis, ai fost cu ea, nu-i așa? Cum ai putut s-o lași pe sora ta așa de aproape de...

– Calmează-te, zise Travis. Aveam pistolul pregătit. Aș fi ajuns imediat pe verandă.

– Până atunci, putea fi deja moartă, urlă Harrison.

Furia lui părea fără limite. Înainte ca Travis să-și dea seama ce era pe cale să se întâmple, Harrison întinse o mână, îl apucă şi îl ridică din scaun. Scaunul căzu în spate. Cole aruncă o privire în jos, văzu că picioarele lui Travis nu mai atingeau podeaua, şi apoi se uită din spre Harrison. În privirea lui Cole se putea citi admiraţia faţă de puterea pe care o demonstra acesta. Travis nu era nicidecum uşor ca un fulg, dar Harrison nu părea să facă vreun efort.

– Ei, Harrison, aşa te porţi la masă? întrebă Cole.

Harrison nu-l băgă în seamă. Îşi ţinea privirea aţintită asupra lui Travis.

– Corrie putea să-i fi înfipt un cuţit în spate sau să-i taie beregata sau Dumnezeu ştie ce altceva. Te-ai gândit la vreuna dintre aceste posibilităţi în timp ce stăteai cu nenorocitul ăla de pistol pregătit, Travis?

– Dă-i drumul, Harrison, îi ordonă Adam.

Într-un final, Harrison îşi dădu seama ce face şi îi dădu imediat drumul lui Travis. Acesta nu făcu nimic. Părea încă prea surprins de reacţia violentă a lui Harrison ca să se mai enerveze. Cole îi ridică scaunul. Aşteptă până ce Travis se pregăti să se aşeze, apoi încercă să-i tragă scaunul de sub el. Travis era obişnuit cu vechiul truc. Îl împise tare cu umărul pe Cole şi se aşeză la loc.

– Pentru că erai preocupat de siguranţa lui Mary Rose n-o să te pocnesc. Ai noroc că nu mi-ai rupt cămaşa, bombăni el. Atunci chiar te-aş fi lovit.

– Aş fi fost bucuroasă s-o cos pentru tine dacă ţi-o rupea Harrison, izbucni Eleanor. Nu-i aşa, Mary Rose?

Aceasta se uită fix la Harrison când îi răspunse lui Eleanor.

– Da, sigur că da.

Harrison o făcuse lată din nou. Mary Rose nu mai ştia ce să mai creadă. Bărbatul drăguţ şi blând pe care îi plăcea să-l aibă prin preajmă se transformase din nou într-un sălbatic. Se întâmpla mai des în ultima vreme, îşi dădu seama imediat. Ar fi trebuit să fie deja obişnuită cu toanele lui. Însă nu o făcuse. Cel puţin, n-o speria. Doar o uimea peste măsură. Îşi dădu seama că nu-i plăcea deloc modul lui imprevizibil de a se purta. Devenea din ce în ce mai agresiv. Care fusese cauza schimbării? Se uită în jurul mesei căutând un vinovat. Privirea i se opri asupra lui Cole. Acest îi făcu cu ochiul.

– Harrison ți-a atras toată atenția, zise el. Pari uimită.

Nu îi aprecie umorul. Se încruntă supărată și îl arătă cu degetul.

– E numai vina ta, Cole Clayborne. Ai avut o influență proastă asupra lui Harrison încă din ziua în care a ajuns aici. Era un gentleman perfect. Acum, uită-te la el. Dacă l-ai stricat definitiv, n-o să te iert niciodată.

– Mary Rose, nu-i frumos să arăți cu degetul, o certă Adam.

Încercarea lui de a-i corecta manierele era făcută cu jumătate de gură. Încerca să nu râdă de sora lui pentru că nu voia să-i rănească sentimentele. Dacă ea credea că tocmai Cole îl stricase pe Harrison, Adam n-avea de gând s-o facă să-și schimbe opinia. Cole nu era la fel de atent sau de sensibil la sentimentele surorii lui. Izbucni în râs.

– Doar s-a prefăcut că ar fi un gentleman. De fapt, e la fel ca noi, Mary Rose.

– Poate că e ca Adam, dar, cu siguranță, nu e ca Douglas sau ca Travis.

– Ce-i cu noi? vru Douglas să știe.

Ea îi ignoră întrebarea. Se întoarse spre Harrison. Încă stătea la celălalt cap al mesei.

– Cred că ar trebui să stai deoparte de Cole de acum înainte. E contagios, Harrison. Te-ai molipsit de niște obiceiuri rele.

– Cum ar fi? întrebă Harrison.

– Cum ar fi lipsa de politețe, răspunse ea.

– Vino aici, Mary Rose.

Ea oftă. Privirea lui îi spuse că ar fi fost în zadar să încerce să se certe cu el. Își lăsă șervetul jos, se ridică de pe scaun și se duse la el. Își puse mâna pe brațul lui.

– A fost urât din partea ta să-l ridici pe Travis din scaun.

– Da, admise el. A fost urât.

Era mulțumită că el își dăduse seama de acest lucru.

– Și îți pare rău, zise, încercând să-l ajute să-și ceară scuze.

– Nu, nu-mi pare rău deloc.

– O, pentru numele lui Dumnezeu, Harrison. Mi-aş dori să încetezi cu toanele astea. Sunt îngrijorătoare.

– Nu face decât să se poarte ca un bărbat normal, Mary Rose, spuse Douglas. Mie mi se pare reconfortant.

– Eu îl ajut să scape de obiceiurile de la oraş, adăugă Cole. Ar trebui să-mi mulţumeşti, surioară.

– În legătură cu Corrie..., începu Harrison, ignorând discuţia despre comportamentul lui nepotrivit.

Mary Rose îl strânse de mână.

– Aş vrea să-mi urmezi sfatul, Harrison. O să-ţi prindă bine aici.

– Asta ar trebui să fie interesant, şopti Travis destul de tare cât să audă toată lumea.

– Vezi-ţi de treaba ta, Travis, replică Mary Rose.

– Poţi să-mi dai sfaturi după ce discutăm despre Corrie, insistă Harrison.

Mary Rose oftă din nou.

– Ştiu ce vrei. Vrei să-mi cer scuze pentru că am urcat treptele alea, nu-i aşa?

– Vreau să-ţi foloseşti capul pe care ţi l-a dat Dumnezeu. Să nu-ţi mai asumi vreodată astfel de riscuri.

Ea nu-l contrazise.

– O să am grijă.

Tensiunea din glasul lui se risipi.

– Mulţumesc.

Se aplecă uşor şi o sărută. Fu un sărut dulce, tandru, aproape cast, care se termină înainte ca ea să aibă timp să reacţioneze.

– Să n-o mai săruţi cumva pe sora noastră, ordonă Douglas, deşi tonul lui era potolit.

Harrison răspunse sărutând-o din nou pe Mary Rose. Apoi o luă pe după umeri şi o trase lângă el. Afişa ostentativ faptul că era posesiv. Îşi îndreptă atenţia spre Travis.

– Dacă nu pot avea încredere în tine că o poţi apăra...

– Dacă nu poţi avea încredere în mine? Serios!

– Las-o moartă, Travis, sugeră Adam. Harrison, stai jos. Mary Rose, treci înapoi pe scaunul tău.

Ea se întoarse la locul ei ca în transă și se așeză. Oare ce îi venise lui Harrison? Niciodată nu își afișase astfel afecțiunea în fața fraților ei.

– Cine a făcut biscuiții? întrebă Travis.

– Eu, răspunse Eleanor. De ce? Nu-ți plac?

– Ba îmi plac. Sunt foarte buni.

Ea zâmbi încântată.

– Îmi pare foarte bine că-ți plac. O să mai fac și mâine dacă vreți. Aș putea chiar să fac un tort. Pot fi de folos. Nu-i așa, Mary Rose?

– Da, sigur, răspunse ea.

– În mod cert, ai toată bunăvoința, spuse Douglas.

– Încerc, răspunse Eleanor.

– Spune-mi, te rog, ce sfat voiai să-i dai lui Harrison? o întrebă Cole pe Mary Rose.

– Ce-ai întrebat? Sfatul? O, da, îmi amintesc acum.

Era încă zăpăcită de sărutul lui Harrison și încerca să-și vină în fire.

– Voiam să-i sugerez lui Harrison să-mi urmeze sfatul.

– Păi și care dracu' este? întrebă Cole.

– Ai grijă la limbaj, Cole, îi spuse Mary Rose. Mai întâi cu mintea, apoi cu inima. Ar trebui să gândească înainte să acționeze.

Cole se întoarse spre Harrison.

– Unde am mai auzit asta?

Harrison arăta de parcă voia să intre în pământ.

– Probabil la sora ta, spuse el sec. Mary Rose?

– Da?

– Mă scoți din minți.

Adam începu să râdă.

– Nu te supăra, surioară. Harrison n-a vrut să te jignească. L-a lovit iar o toană de-a lui.

Eleanor o bătu ușor cu palma pe Mary Rose.

– E nepoliticos în continuare, nu-i așa?

Mary Rose nu-i răspunse. Îi lăsă pe frați ei să se distreze, apoi se hotărî să schimbe subiectul.

– Vreți să auzi restul poveștii despre vizita mea la Corrie? întrebă ea.

– Eu nu cred că Harrison are îndeajuns de multă tărie să mai asculte, zise Cole.

– Continuă, surioară, spune mai departe, o încurajă Adam.

– Corrie m-a atins. Îi spuneam ce mai e nou, mă aşezasem în balansoar şi apoi am simţit dintr-odată mâna ei pe umăr. Era la fel de uşoară ca aripile unui fluture. Ba chiar m-a bătut uşor cu palma. M-a şi ciupit, doar o dată.

Douglas râse.

– De ce-a făcut asta?

– De unde să ştie? întrebă Travis. Femeia nu vorbeşte cu ea încă.

– O, cred că ştiu de ce m-a ciupit, dar nu vreau să vă plictisesc cu detaliile. Eleanor, dă-mi, te rog, biscuiţii. Par delicioşi.

– Şi gustul e delicios. Aşa a zis Travis, spuse Eleanor.

Îi dădu farfuria lui Mary Rose şi îi sugeră să ia doi.

– Nu ne plictiseşti, zise Cole. Spune-ne de ce te-a ciupit.

– O, bine, fu ea de acord.

Ştia că fratele ei nu va continua să pună întrebări până ce nu îi va explica.

– Mă plângeam de diverse şi cred că s-a plictisit să asculte. Am încetat să mă mai plâng imediat ce m-a ciupit.

– Ar fi trebuit să începem să te ciupim cu ani în urmă, o tachină Adam. Dacă am fi ştiut cât de eficientă e metoda.

– Chiar n-ar trebui să te plângi, Mary Rose, o dăscăli Eleanor. Oamenilor nu le place.

– Când ţi-ai dat seama de asta? o întrebă ea.

– Cred că ai observat că eu am încetat să mă mai plâng.

– Da, am observat, o asigură Mary Rose pe prietena ei.

– Mi-am dat seama cât de obositor era modul în care mă purtam când am venit acasă pe jos din oraş. Mai ţii minte ce băşici aveam la picioare? Ei bine, fiind singură, am avut tot timpul să mă gândesc la atitudinea mea.

– În mod sigur, mie mi-a făcut plăcere să te aud râzând, Eleanor. Eşti o prezenţă plăcută şi ne ajuţi aşa de mult, încât încep să mă întreb ce ne-am face fără tine.

– Mulţumesc, Adam.

– Când ai rămas singură? întrebă Mary Rose.

În acel moment, se uită la Cole și observă că acesta se chinuia din răsputeri să nu râdă.

–Am spus eu că am rămas singură? N-am rămas, zise repede Eleanor. Uită c-am adus vorba despre asta, Mary Rose.

Mary Rose nu avea de gând să facă așa ceva. Ceva se petrecuse pe drumul de întoarcere din Blue Belle și era hotărâtă să afle ce.

–Eleanor, mă ajuți să strâng masa și să aduc cafeaua?

–Desigur, răspunse Eleanor. Încerc să fiu de ajutor. Sper să țineți cont de asta.

Mary Rose luă câteva farfurii și se duse în bucătărie. Eleanor o urmă un minut mai târziu cu resturile de mâncare. Puse farfuriile pe bufet, apoi se întoarse să ia cana de cafea. Mary Rose nu voia s-o lase să iasă din bucătărie. Se grăbi spre ușă, se întoarse brusc, își încrucișă brațele pe piept și zise:

–Vorbește, Eleanor. Ce s-a întâmplat pe drumul spre casă? Ceva s-a întâmplat.

–Nu, serios, protestă Eleanor. N-am rămas deloc singură. Pe cuvânt. Te rog, nu face nimic nechibzuit.

–Cum ar fi?

–Nu mă face să plec. Te rog, nu vota împotriva mea.

–Pentru numele lui Dumnezeu, despre ce vorbești?

Eleanor începu să-i povestească tot. Mary Rose se înfurie. Fusese crud și lipsit de suflet din partea lui Harrison și a lui Cole s-o sperie pe Eleanor. Își petrecu zece minute liniștindu-și prietena. Furia ei se risipi în tot acest răstimp. Eleanor era bucuroasă să primească înțelegere și compasiune din partea prietenei ei și îi repovesti experiența oribilă prin care trecuse înflorind detaliile pe parcurs. Până ce termină, Mary Rose înțelesese totul.

Douglas era bucuros că sora lui ieșise din sufragerie pentru că voia să discute despre Corrie fără să fie întrerupt.

–M-am gândit la ce-a spus Harrison, spuse în șoaptă, ca Mary Rose să nu audă. Corrie Nebuna putea să-i facă rău lui Mary Rose. N-ar fi trebuit s-o lași să meargă pe verandă, Travis.

–Nu era în pericol. Lui Corrie îi place de Mary Rose. A lăsat pătura în peșteră pentru ea, nu?

–De unde știi că era pătura lui Corrie Nebuna? întrebă Douglas.

– O, pentru Dumnezeu. Dacă vrei să te iei de mine, nu ai decât. Nu folosi argumente stupide.

– E nebună, interveni Cole.

– Cum de ți-ai dat seama de asta? întrebă Travis.

– Oamenii normali nu își întâmpină oaspeții cu pușca scoasă pe fereastră. Sunt de acord cu Douglas. Are dreptate.

– Nu, eu am greșit, anunță Harrison.

Se întoarseră cu toții spre el. Acesta oftă.

– Am reacționat exagerat. Tot nu aș lăsa-o să meargă pe verandă, dar nu ar fi trebuit să-mi sară muștarul în halul ăsta.

– Atunci de ce ai făcut-o?

Harrison ridică din umeri.

– Am fost cam tensionat în ultima vreme.

Adam se lăsă pe spătar.

– Mi se pare ciudat, remarcă el fără a se adresa cuiva anume.

– Ce e ciudat? întrebă Cole.

– Voi, băieți, puteți să nu faceți nici un zgomot atunci când vreți, și totuși Harrison a știut când v-ați dus în dormitorul lui să-i scotociți prin lucruri. V-a făcut să credeți că dormea.

– Și? Cole îl provocă să continue.

– Mi se pare curios. Corrie a putut intra în peșteră, a acoperit-o pe Mary Rose și apoi a plecat în timp ce Harrison dormea dus. Da, domnule, adăugă el zâmbind. Sunt foarte curios cum s-a întâmplat asta.

Cole se întoarse spre Harrison.

– Ai văzut-o, nu-i așa?

– Da, am văzut-o.

– De ce nu ne-ai spus? întrebă Travis.

– N-am zis nimic, pentru că n-am vrut ca Mary Rose să știe. Dormea. În noaptea aceea, Corrie nu părea nebună. A urmărit-o pe Mary Rose cu o privire tandră. Nu știu dacă are o fire nestatornică, însă, sau dacă poate deveni periculoasă. Din moment ce am văzut-o numai câteva minute, n-aș fi dispus să pun viața lui Mary Rose în mâinile ei. Cred, în continuare, că sora voastră trebuie să fie precaută.

– Cum arată? întrebă Douglas.

– Ca o femeie care a fost atacată cu securea.

Travis se cutremură.

– Sărmana, şopti el.

– De ce nu vorbeşte? întrebă Cole.

– Nu sunt sigur că poate.

– Vrei să spui că gâtul ei...

Travis nu putu continua. Era năucit de imaginea pe care şi-o construia în minte. Cole era singurul dintre fraţi care părea să nu fie afectat.

– De ce nu i-ai spui lui Mary Rose că ai văzut-o pe Corrie?

– Am simţit că aş fi intervenit, într-un fel, între ele două. Corrie e a ei. Ea ar trebui să fie prima care o vede.

– Crezi că o va lăsa?

– Mă îndoiesc, dar e posibil, concluzionă Harrison.

– Probabil că Mary Rose o să leşine sau o să ţipe speriată, zise Travis. La dracu', eu aşa aş face.

Harrison clătină din cap.

– Nu, sora voastră nu va avea nici o reacţie.

Adam îl aprobă.

– O cunoşti bine, Harrison.

– Vine furtuna, remarcă Douglas.

– Ai auzit vreun tunet? întrebă Cole.

– La dracu'. MacHugh urăşte tunetele.

Fraţii izbucniră în râs.

– Calul ăsta urăşte totul, spuse Travis.

– Pe Adam îl place, remarcă Douglas. Ce-ai făcut de te-a urmat ca un căţeluş după ce l-ai călărit astăzi?

– Am urmat sfatul lui Harrison şi l-am lăudat. Îi place când îi spui cât de frumos e. Suntem compatibili, Douglas.

– O să ai grijă de el după ce plec? îl întrebă Harrison pe Adam.

– Nu-l iei cu tine? întrebă Douglas.

– Călătoria peste ocean ar fi prea mult pentru el.

– Lasă-mă să ghicesc, interveni Cole. MacHugh urăşte apa, nu-i aşa?

Expresia lui Harrison redeveni serioasă.

– Promite-mi ceva, Adam. Indiferent ce se întâmplă, nu-l vinde. Dacă nu mă pot întoarce aici, păstrează-l.

Adam fu de acord.

– Crezi că te întorci?

Înainte ca Harrison să poată răspunde, Travis îi puse încă o întrebare:

– Ai de gând să pleci peste două săptămâni?

– Nu, răspunse Harrison. M-am hotărât să plec poimâine.

– Ce te-a făcut să te răzgândeşti? întrebă Cole.

– Mary Rose.

Nu credea că avea de ce să spună mai multe, dar Douglas nu voia să-i dea pace. Dorea detalii.

– Încerci să ne faci să-i spunem adevărul mai repede? E decizia noastră, Harrison, nu a ta. De ce nu mai poţi aştepta?

– Eu cred că ar trebui să plece mai repede, interveni Travis. M-am săturat să alerg după Mary Rose. O să fie mai în siguranţă după ce el pleacă.

– Lăsaţi-l să ne zică de ce s-a răzgândit, insistă Douglas.

Harrison se hotărî să fie direct.

– E, pur şi simplu, o decizie de gentleman. Am ajuns la capătul puterilor. Nu pot sta în aceeaşi încăpere cu ea şi să nu...

– Nu trebuie să intri în detalii, zise repede Cole. Am prins ideea.

– Şi e una dezgustătoare, bombăni Travis, pentru că era vorba de sora lui.

– I-auziţi, din nou, spuse Douglas.

– Ce? întrebă Travis.

– Un tunet, răspunse Douglas. Vine din bucătărie.

– Despre ce naiba vorbeşti? întrebă Cole.

Douglas nu mai fu nevoit să explice. Harrison era chemat de urgenţă în bucătărie. Mary Rose îl strigase. Eleanor îl strigă pe Cole. Cei doi bărbaţi se uitară nedumeriţi unul spre altul.

– Cred că s-au prins, spuse Cole.

– Crezi? răspunse Harrison pe un ton sec.

Cole ezita. Harrison îşi puse şervetul jos cu o privire resemnată şi se ridică.

– Te duci la ele? întrebă Travis.

– Sigur, răspunse Harrison.

– De ce?

–Ca să înfrunt iadul, zise Harrison. Hopa sus, Cole. Mergi cu mine.

Cole își aruncă șervetul spre Travis și îl urmă pe Harrison în bucătărie. Mary Rose începu reproșurile.

–Cum ați putut să fiți atât de cruzi? A fost cât se poate de urât și de cinic din partea voastră s-o speriați pe Eleanor așa cum ați făcut-o. Nu-mi vine să cred că ați părăsit-o în mijlocul pustietății. La ce v-a stat capul?

Harrison nu avu timp să se apere. Eleanor se grăbi și se așeză lângă Mary Rose. Îi imită postura milităroasă și își încrucișă brațele la piept.

–Am făcut bășici. Mi-au sângerat picioarele, pentru numele lui Dumnezeu! Cole a fost și el implicat în asta? A fost, nu?

Se întoarse și se uită urât la fratele lui Mary Rose.

–N-o să te iert niciodată.

–Voi doi ați lăsat-o singură. Sunt animale sălbatice acolo în munți. Ați uitat de ele? Eleanor putea să... ai avut pistolul la tine? își întrebă ea prietena.

Eleanor dădu din cap.

–Nu, nu l-am avut. Dacă aș fi avut pistolul, Mary Rose, l-aș fi împușcat pe Harrison. Cum te-ai fi simțit dacă mi s-ar fi întâmplat ceva îngrozitor? îl întrebă Eleanor pe Cole.

El se îndreptă spre masa din bucătărie și se aplecă peste ea.

–Nu ți s-a întâmplat nimic, zise el pe un ton extrem de calm și de înțelegător.

–Nu luaserăți nici o decizie în ceea ce mă privește, țipă Eleanor. Am fost drăguță degeaba. Am făcut chiar și biscuiți, la dracu'!

Cole ridică din umeri.

–Sunt buni, zise el. Nu te-a omorât faptul că ai fost drăguță, Eleanor, așa că încetează să te porți de parcă ar fi un capăt de țară.

–A fost mereu cineva cu ochii pe ea, interveni Harrison, la fel de calm

–Cine avea grijă de ea? întrebă Mary Rose.

–Dooley, apoi l-a înlocuit Fantomă și apoi, la final, Henry, îi explică Cole.

–Fantomă? O, Doamne, nu Fantomă! Băuse?

–Da, răspunse Eleanor. Omul era clar ameţit.

–Cum era? întrebă Cole.

–Beat, zise ea. Nu mi-ar fi putut sări în ajutor, dacă aş fi avut nevoie de el.

–N-ai de unde să ştii asta, ripostă Cole.

–A crezut că sunt un înger, pentru Dumnezeu!

–Clar că era beat, spuse Cole şi izbucni în râs.

Harrison era mai reţinut. Zâmbi doar. Eleanor voia cu disperare să-l facă pe Cole să recunoască faptul că ar fi plâns după ea dacă ar fi murit. Ştia că era melodramatică; nu-i păsa. Până la urmă, o sărutase. Trebuia să simtă ceva pentru ea, nu? Se gândi că ar fi fost minunat dacă el ar recunoaşte.

–Ce-ai fi făcut dacă aş fi murit acolo?

–Nu s-a întâmplat asta. E interesant când obrajii ţi se aprind ca acum.

–Răspunde la întrebare, insistă Eleanor.

–Bine, răspund. Cred că te-aş fi îngropat.

–M-ai îngropa...

Nu părea prea mulţumită de el. Cole îşi dădu seama că acela nu era răspunsul pe care ea îl aştepta.

–Aş alege un loc frumos.

Harrison o luă în braţe pe Mary Rose.

–Şi eu aş face acelaşi lucru pentru tine, îi promise el.

Mary Rose observă sclipirea amuzată din privirea lui.

–Ce drăguţ din partea ta, şopti ea.

Eleanor se apropie de Cole.

–Şi, apoi, ce-ai face?

–Chiar trebuie să vorbeşti aşa de tare? Mă doare capul.

Ea se scuză înainte să-şi dea seama ce face.

–Îmi pare rău. Te rog, spune-mi ce-ai face după ce m-ai îngropa într-un loc frumos.

Cole părea căzut pe gânduri.

–Păi, ar trebui să sap adânc când te îngrop, ca animalele să nu te găsească. Şi, în perioada asta a anului, e foarte cald, zise el.

–Da, fu ea de acord. E cald.

–Cred că aş veni acasă şi i-aş spune lui Mary Rose ce s-a întâmplat. Ea s-ar simţi foarte afectată, nu-i aşa, Harrison?

– Da, aşa e, îl aprobă Harrison.

Nici Eleanor, nici Mary Rose nu reuşiră să mai pară supărate. Felul în care Cole vorbea, cu tonul lui tărăgănat, de cowboy, le făcea să râdă pe amândouă.

– Şi, apoi, ce-ai face? întrebă Eleanor.

– Cred că mi-aş lua o bere.

Ea se întoarse şi ieşi din bucătărie. Ştia că nu va mai putea să se abţină să nu zâmbească. Nu voia s-o vadă Cole. Acesta o prinse din urmă pe hol tocmai când voia să deschidă uşa, ca să intre în sufragerie. O prinse de talie şi o obligă să se întoarcă spre el.

– Ce te aşteptai să zic?

– Mă aşteptam să spui că ţi-ar părea rău după moartea mea. Ar fi prea mult dacă i-aş cere unui bărbat ca tine să mă plângă?

– Sigur că te-aş plânge.

– Nu-ţi pare rău deloc că m-ai minţit?

– Nu.

– De ce nu?

– Pentru că te-ai comportat ca o pacoste, Eleanor. Acum îmi place mai mult de tine. Eşti mult mai dulce când nu ţipi tot timpul. În plus, trebuia să te sărut. N-aş fi reuşit dacă Harrison nu te-ar fi abandonat pe drum. Apropo, planul a fost în întregime al lui. Vrei să te sărut din nou?

– Da, te rog.

Cole îşi puse mâna pe ceafa ei şi o trase spre el mai hotărât.

– E un foc în tine, Ellie. Poţi face un bărbat să vrea să se apropie şi mai mult de căldura lui. Mult mai mult. M-am gândit toată săptămâna că ar trebui să te sărut din nou.

– Cole? zise ea pe o voce visătoare.

– Da?

– Vrei, te rog, s-o faci?

El zâmbea când îşi lipi gura de a ei. Un singur sărut nu era de ajuns. Voia mai mult. Se simţea atât de bine, încât uită cu desăvârşire că o lăsase pe Mary Rose în bucătărie, cu bărbatul care era hotărât s-o seducă. Sora lui era mulţumită că beneficia de un moment de intimitate. Voia să discute cu Harrison şi să afle de ce o evitase. Ceva nu era în regulă şi nu mai voia să-şi facă atâtea griji.

Când Cole ieşi din încăpere, Harrison se duse la uşa din spate şi se uită afară, în noapte. Un vânt rece pătrundea prin uşa din plasă.

– La ce te uiţi? întrebă ea.

– La paradis.

Se întoarse şi o găsi stând la doar o jumătate de metru de el. Nu-i spuse nici un cuvânt. O luă de mână, se întoarse şi ieşi. Îl urmă supusă. Se aşteptase ca el să se oprească pe veranda din spate, dar Harrison continuă să coboare treptele şi apoi, traversă curtea.

Mersul lui era hotărât. Voia să mărească distanţa între ea şi fraţii ei ca să poată discuta în linişte. Îi lăsă mâna la jumătatea drumului şi continuă să se îndrepte către ţarc. Acolo se întoarse spre ea, îşi încrucişă braţele pe piept şi se rezemă de balustrada din lemn.

Mary Rose stătea la cel puţin trei metri de el. Ar fi vrut să alerge spre el, să-l ia în braţe şi să-l ţină strâns. În schimb, rămase pe loc şi aşteptă un semn că ar fi vrut ca ea să-l atingă. Harrison părea mulţumit s-o privească. Mary Rose nu se simţea bine să fie astfel studiată. Ochii lui erau plini de căldură. Avea atât de multă tandreţe în privire încât se simţea de parcă ar fi mângâiat-o. Se apropie instinctiv, cu privirea aţintită asupra lui, neîncercând să lupte cu reacţia pe care o avea faţă de el.

Nu o atinsese, totuşi simţea că o lasă fără suflare, caldă, neliniştită şi dornică. Îi era dor să fie ţinută în braţe. Se trezi întrebându-se dacă el îşi dădea seama cât de mult se schimbase de când ajunsese în Montana. Avea ceva sălbatic acum, o forţă pe care nu o observase în ziua în care îl cunoscuse. Întotdeauna fusese musculos şi înalt, dar, în acel moment, i se părea herculean. Soarele îi bronzase uşor pielea. Deşi nu era posibil, şi ochii lui păreau mai închişi la culoare, iar părul îi era mai lung; îi ajungea până aproape de umeri. Era în continuare închis la culoare, dar lumina lunii îl făcea să pară presărat cu aur. Cu cât se uita mai mult la el, cu atât mai greu îi era să respire normal.

Harrison îi observă schimbarea subtilă de atitudine. Ochii deveniseră albastru-închis, iar privirea îi era rătăcită. Îl excita profund. Cunoştea acea expresie. Ochii ei căpătau culoarea aceea de fiecare dată când o săruta. Pasiunea era cea care îi provoca reacția. Oare care era motivul în acel moment? Deși îl bănuia, voia s-o facă să-i mărturisească.

– La ce te gândești?

Vocea lui era profundă, cu accentul specific scoțienilor.

– La cât de frumos ești, șopti ea. Ești, să știi. Mi s-a părut că ești chipeș încă din clipa în care te-am cunoscut, dar, acum, numai faptul că mă uit la tine îmi taie respirația.

Nu-i venea să creadă că avusese curajul să-i spună adevărul, mai ales că el o evitase toată săptămâna.

– Și mă mai gândeam că m-ai evitat. Te-ai plictisit de mine?

Întrebarea îl uimi. Nu-și putea imagina de ce și-ar fi putut ea face griji pentru un lucru în sine imposibil.

– Nu m-aș putea plictisi de tine. Mă gândesc la tine din clipa în care mă trezesc până în secunda în care adorm. La naiba, te mai și visez.

– Da? întrebă ea și oftă.

– Da.

Mângâierile se simțeau acum în vocea lui. Mai făcu un pas spre el.

– Pun pariu că ne gândim la aceleași lucruri.

Ca, de exemplu, la sărutări, la îmbrățișări și la împărtășirea tuturor secretelor și a visurilor. Harrison râse batjocoritor.

– Mă îndoiesc. Nu știi prea multe lucruri despre bărbați.

– Credeam că știu. Am patru frați. De obicei, știu la ce se gândesc.

– Da? Chiar vrei să știi la ce mă gândeam?

Ea dădu din cap încet. Apoi se mai apropie cu un pas.

– Da, te rog. M-ai făcut foarte curioasă.

– Mă gândeam cât de fierbinte o să fii când o să fac dragoste cu tine. Mi te imaginam întinsă pe patul meu, mă gândeam la pielea ta moale și aurie, la părul răvășit și greu de îmblânzit, la gura ta plină și rozalie pe care am s-o devorez. La ochii tăi care vor avea aceeași nuanță ca acum. La sunetul slab pe care-l scoți din fundul gâtului și care mă înnebunește și mă chinuie încât aș da orice să te pătrund. Mă gândesc la cât de dezlănțuit și de sălbatic va fi modul în care vom face dragoste și la cum îți vei înfige unghiile în umerii mei când vom fi unul şi cum voi pulsa în tine şi la cât de strâmtă şi de umedă vei fi. Cam la asta mă gândesc.

Ea părea să nu-şi mai poată controla respiraţia. Era uimită că mai putea sta în picioare. Scenele erotice pe care i le descrisese îi înmuiaseră genunchii.

Harrison nu terminase. Îşi desfăcu uşor braţele şi zise:

– N-o să fiu blând. Tu n-o să vrei să fiu blând. Înţelege, Mary Rose. O să fii a mea, o dată şi încă o dată. Vrei să continui?

Mary Rose nu reuşi să-i răspundă. Se simţea de parcă tocmai izbucnise în flăcări. Simţea că îi ardea faţa şi îşi dori dintr-odată să fi avut evantaiul la ea sau un pahar cu apă rece ca gheaţa. Îşi plecă privirea ca el să nu vadă cât de tare se înroşise. Avea să creadă că era jenată. Nu era deloc jenată, însă, iar acest lucru o surprinse mai mult decât orice.

Bărbatul ăsta se pricepea, în mod cert, să se joace cu cuvintele. Fusese extrem de direct şi de sincer cu ea. Merita să-i răspundă cu sinceritate. Nu avea de gând să pretindă că nu îi plăcuse ceea ce îi spusese el. Îşi spuse că o domnişoară bine educată probabil s-ar întoarce cu spatele şi ar da bir cu fugiţii înapoi în casă, unde s-ar simţi în siguranţă. Poate acesta era motivul pentru care nu o ţinea lângă el. Îi oferise libertatea de a decide dacă era bine educată sau nu. Cuvintele lui fuseseră cele ale unui iubit şi nu trebuiau batjocorite, ci acceptate, aşa că făcu exact acest lucru. Se uită în sus la el, îl privi fix în ochi şi şopti:

– Cam la asta mă gândeam şi eu.

Părea mulţumit de ea. Se apropie repede de el. Rămase lângă el, cu mâinile în jurul taliei lui şi se aplecă uşor.

– Însă, în visele mele, port haine. Cu ce sunt îmbrăcată în visele tale? întrebă ea.

– Cu mine.

Cele două cuvinte îi inundară gândurile cu tot felul de imagini. Ei i se tăie răsuflarea doar când se gândea la ei doi împreună, în pat, fără nici un petic de îmbrăcăminte între ei.

– Harrison, când spui astfel de lucruri, mă faci să mă simt...

– Fierbinte peste tot?

–Da, şopti ea. Fierbinte peste tot. Sunt necuviincioasă dacă recunosc asta, nu? Nu cred că m-aş purta aşa dacă vreun alt bărbat ar vorbi cu mine aşa cum ai făcut-o tu.

–La dracu', sper că nu.

–Mă faci să mă simt frumoasă, şopti ea pe un ton în care se putea citi uimirea.

–Eşti frumoasă, zise el. Nu eşti necuviincioasă, iubito. Eşti sinceră cu mine. Însă nu mi-ai spus adevărul când ai zis că te gândeai şi visai la aceleaşi lucruri ca şi mine.

–De unde ştii că nu?

Doamne, cât iubea asprimea vocii lui! O făcea să tremure de dorinţă.

–Nu ai experienţa necesară din care să ajungi la astfel de gânduri. N-ai de unde să ştii cât de bine o să fie.

Ea se lăsă pe spate ca să-l poată privi în ochi.

–Şi tu cam câtă experienţă ai?

–Destulă.

Harrison n-avea de gând să intre în amănunte, iar ea se hotărî să nu insiste. Cuceririle lui din trecut nu erau mai mult decât atât. Adică trecut. Prezentul îi aparţinea ei. În plus, nici măcar nu se putea gândi la Harrison făcând dragoste cu altă femeie, fără să simtă durerea ascuţită a pumnalului geloziei.

–Mă doare să mi te imaginez cu altă femeie.

–Nu pot schimba trecutul, nici măcar pentru tine. N-am iubit-o pe nici una dintre femeile cu care m-am culcat şi, în mod evident, ele nu m-au iubit pe mine. Ne-am folosit reciproc pentru că am vrut acelaşi lucru.

–Ce?

–Satisfacţie fizică, răspunse el. Nu sunt mândru de comportamentul meu. A folosi pe cineva aşa cum am făcut-o eu este un lucru greşit. A trebuit să mă maturizez înainte să-mi dau seama de asta.

Dădu din cap lăsându-l să înţeleagă că pricepuse.

–Cole, Travis şi Douglas nu s-au maturizat încă.

–De unde ştii că nu?

–Din cauza frecvenţei cu care fac vizite la Hammond.

Harrison zâmbi.

–Ştii de casa din afara oraşului?

–Cu femei? Sigur. Ştiu de multă vreme. Adam mi-a explicat totul. Acum, că mi-ai explicat cum ar putea fi în pat cu tine, cred că pot avea aceleaşi gânduri şi vise pe care le ai şi tu. Însă n-o să-i spun lui Adam despre ele.

–Nu cum ar putea fi în patul meu, ci cum va fi. Te vreau, Mary Rose.

–Da?

–Te iubesc, draga mea.

Se simțea copleşită de bucurie. Lacrimile i se adunară în ochi şi tot ce voia era să se arunce în brațele lui şi să-l țină aproape de ea pentru tot restul vieții. Nu îşi dăduse seama cât de mult îşi dorise să audă acele cuvinte.

Harrison nu o putea lăsa să-l îmbrățişeze. O ținu de umeri şi o strânse uşor, făcând-o atentă la ce voia să-i explice.

–Vreau să mă asculți cu atenție. Te iubesc şi o să continui să te iubesc până în ziua în care o să mor. Vreau să-mi petrec restul vieții protejându-te şi bucurându-mă de tine. Am incredibil de multă încredere în tine. Ştiu că, după ce o să treci de furie, o să îți dai seama că suntem meniți să fim împreună. Este inevitabil. Nici un bărbat nu te poate iubi cum te iubesc eu. Vreau să încerci să-ți aduci aminte asta când mă vei urî. Şi să ții minte că niciodată nu am vrut să-ți fac rău.

–Nu înțeleg ce încerci să-mi spui. N-aş putea vreodată să te urăsc.

–Ah, iubire, o să mă urăşti, îi promise el. Îți jur pe Dumnezeu că îmi doresc să şterg durerea pe care va trebui s-o înduri, dar nu pot. Nu mai depinde de mine acum.

Nu era deloc speriată de previziunea lui sumbră. O iubea. Nimic altceva nu mai conta acum.

–Îmi spui că ai încredere în mine, dar te contrazici sugerând faptul că aş putea să te urăsc. Am mult mai multă încredere în tine decât ai tu în mine, Harrison. Nimic din din ce-ai făcut sau vei face nu mă poate determina să te urăsc. Te iubesc mai mult decât mi-am imaginat că e posibil. Odată cu dragostea mea vine şi încrederea mea deplină. Nu mă ofer uşor. Când o să vin în patul tău, voi veni cu o inimă iubitoare. Nu sunt atât de vulnerabilă încât într-un minut să iubesc şi în altul să urăsc. Nu-mi pasă ce durere mă aşteaptă. Dacă eşti lângă mine, o să îndur orice.

El o strânse de umeri.

– Gândeşte-te bine înainte să-mi promiţi iubirea. Înţelege şi aminteşte-ţi fiecare cuvânt pe care mi l-ai spus. Apoi du-te şi vorbeşte cu fraţii tăi. Ascultă ce au să-ţi zică înainte să-mi spui că mă iubeşti din nou.

Mary Rose clătină din cap.

– Nu trebuie să vorbesc cu ei. Ştiu deja ce-i în inima mea. Nimic din ce ei îmi vor spune nu poate schimba ceea ce simt pentru tine.

Se simţi cuprins de un tremur uşor simţind încrederea pe care o avea în el.

– Mă faci să nu mă mai gândesc la consecinţe. Am nevoie de tine, Mary Rose, şi ştiu că nu pot continua să aştept multă vreme. N-o să te oblig la nimic niciodată. O să mi te oferi de bunăvoie. Nu îmi mai spune că mă iubeşti, pentru că, dacă o faci, din acel moment îmi vei aparţine. N-o să te las să te răzgândeşti.

Palmele lui îi cuprinseră faţa. Bătăturile lui aspre îi mângâiau pielea. Mary Rose se scălda în puterea care radia dinspre el, în forţa mâinilor lui, în tăria corpului lui, în chiar modul în care statura lui o domina. Nu se simţea mai slabă pentru că el era mai puternic. O uimeau toate contrastele surprinzătoare dintre ei. Îi era egală în toate privinţele care contau cu adevărat pentru amândoi. În mintea ei şi în inima ei.

– Te iubesc, Mary Rose.

Tandreţea din vocea lui era dovada faptului că vorbea din inimă. Îşi trecu degetul peste buza ei de jos. Mary Rose îi simţi căldura mângâierii până în vârful degetelor de la picioare.

– Tu eşti tot ce mi-aş putea dori de la o parteneră de viaţă şi mult mai mult. Am fost atras de bunătatea, de puterea şi de inima ta pură. Du-te în casă acum, înainte să uit de promisiunea dată.

Mâinile îi căzură pe lângă corp. Înţelese ce dorea de la ea. Îi dăduse o cale de ieşire pentru că voia să fie sigur. Nu mai exista nici o cale de scăpare odată ce făcea legământul faţă de el.

O, da, înțelegea. El era cel care nu înțelegea. Era deja prea târziu pentru că inima ei îi fusese deja dăruită.

– Te iubesc, Harrison.

El îngheță. Mary Rose se destăinui din nou.

– Doamne, Mary Rose. Înțelegi că eu...

– Te iubesc.

O luă în brațe. Mâinile lui îi cuprinseră fundul, o ridică și o ținu strâns lângă el până când simți că pelvisul ei îi apăsă vintrele. Își petrecu brațele pe după gâtul lui. Începu să tremure de nerăbdare, învăluită în căldura și forța lui. Iubea mirosul și atingerea lui și, Doamne, dacă n-o săruta rapid simțea că avea să înnebunească. Harrison așteptă până ce foamea îl consumă. Apoi se aplecă și începu să facă dragoste cu gura ei. Limba lui îi mângâie buzele, apoi se adânci înăuntru pentru a se uni cu a ei. Gustul ei îl amețea. Gura lui deveni și mai flămândă și o devoră pe a ei o dată și încă o dată până ce se transformă într-un sălbatic, cuprins de nevoia ce pulsa în interiorul său. Era doar Mary Rose, pasiunea vieții lui, dragostea pentru eternitate. Îi cuprinse trupul moale și i se păru că atinse raiul.

Săruturile fierbinți, umede, deveniră și mai flămânde pentru că răspunsul ei lipsit de inhibiții îl conducea mai departe. Părea să nu se mai sature de el. Voia să-l atingă și să-l mângâie peste tot. Se simțea dezmierdat de buzele ei. Îi simțea tăria lipindu-se de ea și începu instinctiv să se frece de el.

Tentația de a merge mai departe începu să-i copleșească toate celelalte gânduri. Harrison realiză brusc pericolul în care se afla. Și în care era și ea. Dacă nu se oprea, avea să-i răpească virginitatea în curtea din spate. Nu că l-ar fi deranjat.

Se rupse brusc din îmbrățișarea ei. Respirația îi era întretăiată și precipitată. Fiecare nerv din corp îi cerea să meargă mai departe. Tremură ca reacție la nevoia intensă pe care o simțea și își încleștă maxilarul în timp ce încerca cu disperare să ia distanță față de ea măcar mental. Mary Rose se simți de parcă îi fusese smulsă ancora. Puterea o părăsi și se prăbuși pe el, tremurând de propria dorință. Ar fi vrut s-o ia din nou în brațe și s-o țină aproape.

– Du-te în casă.

Duritatea vorbelor lui tăie tentaculele dorinței. Încercă să înțeleagă.

– În casă? Nu vreau să plec. Te rog, sărută-mă din nou. Te iubesc, Harrison. Vreau să mă ții în brațe.

– Du-te înapoi în casă.

N-o ruga să plece, îi impunea. Trase adânc aer în piept și își luă încet mâinile de pe el. Nu știa ce să creadă despre schimbarea bruscă de atitudine. Făcuse ceva rău? Și dacă da, ce? Nu era în stare nici măcar să încerce să înțeleagă ceva în acel moment. Era nevoită să aștepte până mai târziu, până când inima înceta să-i bată atât de tare, până când putea respira fără să gâfâie; atunci se va putea gândi la toate. Însă nu trebuia să-i mai spună încă o dată să plece.

Oricât de tulburată era, înțelegea ce însemna un „nu", chiar dacă fusese mascat sub forma unei rugăminți. Se întoarse și începu să se îndrepte spre casă. Iritarea și frustrarea nu o ajunseră din urmă decât la jumătatea drumului. Fusese al naibii de nepoliticos din partea lui să încheie lucrurile atât de abrupt. L-ar fi omorât dacă i-ar fi spus femeii pe care o iubește de ce se grăbea atât de tare să o îndepărteze? I se păru că îl simțea în spatele ei.

– Ai la fel de multe toane ca și calul tău, bombăni destul de tare ca el s-o audă.

Harrison nu răspunse la remarca ei sarcastică. Ea se întoarse ca să repete insulta și își dădu seama atunci că nu o auzise. Mergea în direcția opusă.

– Unde te duci? strigă ea.

– În pat.

Era târziu, dar nu chiar așa de târziu.

– Nu vii înapoi în casă?

– Nu.

– Noapte bună, atunci.

Nu-i întoarse urarea. Mai așteptă un minut, iar când Harrison se apropie de intrarea în căsuță și deschise ușa își pierdu răbdarea.

– Noapte bună, strigă.

„La dracu'!", adăugă în gând.

Într-un final, se întoarse și se uită la ea.

– Mary Rose?

Vocea îi era îndeajuns de puternică cât să-i trimită fiori pe şira spinării. Ideea o făcu să zâmbească.

– Da?

– Nu mă lăsa să aştept.

14 mai 1867

Dragă Mamă Rose,

Am fost mâhniţi după ce ţi-am citit scrisoarea. Avem o sută de întrebări pentru tine. De ce nu ne-ai spus mai devreme ce are de gând Livonia? N-ar fi trebuit să duci atâtea griji de una singură. Suntem familia ta acum şi n-ar trebui să ne ascunzi asemenea lucruri. De când te şantajează Livonia ca să rămâi cu ea? Da, ştim şi înţelegem cât de frică îi este bătrânei. Să fii orb e un lucru groaznic, sigur că da, şi să ai şi doi fii egoişti care încearcă să vândă tot, trebuie să fie înspăimântător, dar, Mamă Rose, nici unul dintre necazurile ei nu poate justifica ce-ţi face. Chiar crezi că o să le spună fiilor ei că Adam le-a omorât tatăl sau e doar o ameninţare? A uitat că el a încercat să vă apere pe tine şi pe Livonia de furia stăpânului tău? Îţi aduci aminte cum o bătea? Livonia a suferit mult, dar nimic din ce i s-a întâmplat nu poate face ca păcatul ei împotriva ta să fie mai uşor de suportat. Lincoln a vrut să trăieşti în libertate şi toate miile de tineri care şi-au dat viaţa în luptă au făcut-o ca să-ţi asigure libertatea. Acum doamna Livonia te-a legat din nou în sclavie.

Dumnezeu să ne ajute pe toţi
Fiul tău iubitor,
Douglas

Capitolul 14

Cole şi Eleanor rămaseră mult timp în hol sărutându-se, îmbrăţişându-se şi şoptindu-şi dulci nimicuri. Într-un final, Cole puse punct jocului amoros atunci când simți că îi era greu să se controleze. Era obișnuit să obțină ceea ce voia, dar Eleanor nu era precum celelalte femei pe care le sărutase și cu care se culcase. Trebuia să existe un angajament înainte să se culce cu ea și, la dracu', nu avea de gând să ajungă atât de departe.

În timp ce o urma spre sufragerie se hotărî să n-o mai sărute niciodată. Îi ținu scaunul ca să se așeze, apoi înconjură masa și luă și el loc. Nu părea să observe că frații lui se uitau la el. Era în totalitate preocupat de motivele pe care și le enumera în minte, pentru care trebuia să stea departe de virgina îmbujorată din fața lui.

– N-ai uitat ceva? îl întrebă Douglas.

– Adică? răspunse Cole.

– Cum ar fi sora ta... E în bucătărie cu Harrison.

Cole dădu să se ridice, dar se răzgândi.

– Mary Rose e matură. Poate avea grijă de ea chiar și în preajma lui Harrison. Dacă el vrea să renunțe la libertatea pe care o are, e problema lui, nu a mea.

– Libertatea lui? întrebă Douglas încercând să se abțină să nu râdă.

Observase că fratele lui se uitase fix la Eleanor când făcuse comentariul despre Harrison.

– Da, la libertatea lui, bombăni Cole.

Maxilarul lui încleștat arăta faptul că nu voia să continue discuția.

– Nu cred că Harrison privește lucrurile la fel ca tine, interveni Travis.

Eleanor nu băgă de seamă schimbarea de atitudine a lui Cole. Îi zâmbi și zise:

– Mary Rose e foarte capabilă să aibă grijă de ea. Toți profesorii noștri au spus asta. Ea m-a ajutat să trec cu bine de orele acelea oribile de matematică. Altfel, n-aș fi avut nici o șansă.

Travis se uită fix la Cole preț de încă un minut, apoi se ridică și intră în bucătărie ca s-o ia pe Mary Rose. Nu-i păsa cât de capabilă era sora lui. Îl cunoștea pe Harrison și știa exact care erau intențiile lui. Poate Cole adoptase atitudinea aceea delăsătoare, dar el n-avea de gând să facă la fel.

O găsi pe sora lui stând la masa din bucătărie şi uitându-se în gol. Chipul ei i se păru îmbujorat.

– Ce-i cu tine?

– Nimic.

– Ceva este. Eşti aşa roşie la faţă numai când eşti bolnavă sau supărată. Despre care din posibilităţi este vorba?

– Despre nici una.

– Unde-i Harrison?

– S-a dus să se culce.

Nu avea de gând să-i dea fratelui ei mai multe detalii. De aceea nu menţionă faptul că Harrison se aştepta ca ea să i se alăture. „Nu mă face să aştept." Nu acestea fuseseră cuvintele pe care i le spusese la doar câteva minute după ce aproape o alungase cât mai departe de el?

– Eşti supărată, nu?

– Nu sunt supărată.

– Nu trebuie să te răsteşti la mine. Spune-mi ce te deranjează. Poate te pot ajuta cu ceva.

Ştia că Travis nu-i va da pace până când nu-i va satisface curiozitatea. Trebuia să-i spună ceva, chiar dacă era numai jumătate de adevăr.

– Bărbaţii aroganţi. Mă poţi ajuta cu asta?

Travis rânji.

– Harrison te-a supărat, nu-i aşa?

– Te rog să mă laşi în pace. Am nevoie de timp să mă gândesc.

Fratele ei traversă bucătăria ca să ia cana de cafea.

– Te-a...

Nu ştia exact cum să-i pună o întrebare atât de delicată.

– M-a... ce?

Ridică din umeri stânjenit.

– Te-a forţat să faci ceva ce nu doreai să faci?

– El nu m-ar forţa niciodată să fac ceva ce nu vreau să fac.

Travis dădu din cap.

– Aşa credeam şi eu, dar am vrut să aud asta de la tine. Mai răspunde-mi la o întrebare şi promit că te las în pace să fierbi în continuare.

– Nu fierb.

– Îl iubeşti?

– O, da, îl iubesc.

– Eşti sigură?

Mary Rose zâmbi.

– Sunt sigură. Este nepoliticos, arogant, face pe şeful şi este încăpăţânat...

– O fată nu poate cere mai mult de-atât de la un bărbat.

– Dar e şi bun, blând şi iubitor.

Lacrimile i se adunară în ochi. Travis le văzu numaidecât.

– Ai de gând să plângi din cauza asta, Mary Rose?

– Nu, sigur că nu.

Înţelese, în sfârşit, miracolul angajamentului lui Harrison. Avea s-o iubească până când va muri. Nu spusese el oare exact aceste cuvinte când îi mărturisise faptul că era în inima lui? Oftă. O lacrimă i se prelinse pe obraz exact când Travis se întoarse s-o privească.

– Îl iubesc pe Harrison de multă vreme, Travis.

Vocea ei îi părea puţin visătoare. Travis era dezgustat.

– Jur pe Dumnezeu, începi să te porţi ca o femeie. O, ştiam că aşa o să se întâmple, dar încă nu eram pregătit. Aş vrea să încetezi cu chestiile astea, Mary Rose.

– Şi, mai exact, cum se poartă o femeie?

– Supărată într-o clipă, cu surâsul pe buze în cealaltă, îmbufnată şi râzând în acelaşi timp, cam aşa cum te porţi tu acum. Înainte nu erai aşa de sentimentală, surioară. Nu-mi place.

Nu era sigură dacă era cazul să se scuze sau nu.

Travis se uita fix la ea şi, dintr-odată, o văzu într-o altă lumină. Nu mai era o fetişcană cu genunchii zdreliţi. Era o femeie frumoasă.

– Ai crescut cât am stat eu cu spatele, nu-i aşa? şopti el.

Nu era atentă la ce îi spunea fratele ei. Avea alte lucruri la care să se gândească.

– Vrei să ştii când m-am îndrăgostit de el? Eu ştiu exact minutul în care m-am...

Travis o întrerupse grăbit.

– Nu, nu vreau să ştiu, bombăni el. Bărbaţilor nu le pasă de astfel de lucruri. Sunt încă fratele tău, pentru numele lui Dumnezeu. Nu vreau să aud detalii despre asemenea lucruri.

– Nu s-a întâmplat nimic între noi despre care nu ţi-aş putea povesti.

– Mulţumesc lui Dumnezeu pentru asta. Nu vreau să aud nici dacă se întâmplă. Ai înţeles, Mary Rose?

Dacă se întâmplă ceva? Se rezemă de spătar şi se uită lung la fratele ei.

– Eşti cam grosolan, zise ea.

– Nu, nu sunt. Sunt doar direct.

– Da, şi asta, se răsti ea. Şi arogant, la fel ca Harrison.

Ignoră remarca pentru că nu credea că a fi arogant era ceva rău, chiar dacă sora lui părea să gândească altfel. Luă cafeaua şi se îndreptă spre sufragerie. Brusc, se opri şi se întoarse spre ea.

– Dacă-ţi face vreodată ceva rău, vreau să fiu primul care află. O să-mi spui, nu-i aşa?

– Da, o să-ţi spun.

Dădu din cap satisfăcut.

– Te iubesc, ştrengăriţo.

– Şi eu te iubesc. Îţi place de Harrison, nu-i aşa?

– E greu să nu-l placi. Nu-mi place motivul pentru care a venit aici. Nici ţie n-o să-ţi placă după ce o să ţi-l spunem.

– O, da, discuţia, şopti ea.

– Ţi-a spus despre...

Ea îl întrerupse:

– Mi-a zis că vreţi să-mi spuneţi ceva. Nu mi-a zis ce anume. Acum îmi puteţi spune.

El dădu din cap.

– Aşteaptă până mâine-seară. Nu te supăra. Da?

– Travis, indiferent ce-o să-mi spuneţi, eu tot n-o să-l urăsc. Tu crezi că o să-l urăsc?

Nu credea că ar fi fost capabilă să urască pe cineva. Însă urma să i se frângă inima. Travis era sigur de asta. Toată lumea ei va fi dată peste cap, iar lui Travis i se păru rezonabil faptul că Mary Rose va da vina pe Harrison. El aşa ar fi făcut.

– Nu, n-o să-l urăşti, spuse el. Ia tu ceştile, Mary Rose.

Încerca astfel să o ajute să nu se mai gândească la subiectul discuţiei. Voia să fie la fel de veselă şi de lipsită de griji pentru cât mai multă vreme. Se hotărî să-i dea un alt motiv de preocupare şi îi povesti despre Cole şi Eleanor.

– Începe să-şi dea seama că nu se poate încurca cu ea. Ea este genul care vrea măritiş. Cole, nu.

– Ba da, zise ea. Doar că nu-şi dă încă seama de asta. Şi tu eşti la fel, Travis. Când vei întâlni femeia potrivită, n-o să te gândeşti de două ori înainte să te însori. O să fii un soţ şi un tată minunat.

– Şi să renunţ la libertatea mea? Ţi-ai ieşit din minţi?

Ea izbucni în râs. Era exact reacţia pe care el o căutase.

– Vorbeşti şi tu ca Adam. De ce bărbaţii cred că o căsătorie pune capăt libertăţii?

– Pentru că aşa se întâmplă, răspunse Travis.

Dădu să iasă din nou din bucătărie, dar ea îl strigă:

– Travis?

– Acum ce mai...

– A fost MacHugh.

– Ce?

– Din cauza lui m-am îndrăgostit de Harrison.

El îşi dădu ochii peste cap.

– Am înţeles. Te-ai îndrăgostit de calul lui şi te-ai gândit că Harrison vine la pachet.

Ieşi din bucătărie înainte ca ea să aibă timp să-i explice. N-o deranja. Era fericită să rămână din nou singură ca să se poată gândi la toate lucrurile frumoase pe care i le spusese iubirea vieţii ei. Dorea să-şi petreacă restul vieţii cu ea. Nu-şi putea imagina ceva mai frumos.

Rămase la masă încă vreo câteva minute, până când Travis o strigă. Duse ceştile în sufragerie, le dădu câte o cafea şi apoi se scuză ieşind din încăpere. Se duse în camera ei şi se aşeză pe marginea patului ca să se gândească. Încerca să uite faptul că Harrison o aştepta. Nu putea, desigur. Simţi un gol în stomac ori de câte ori se uita pe fereastră şi vedea lumina de la fereastra căsuţei.

Harrison o aştepta să vină la el. Îi spusese ce îşi dorea, îi oferise o frântură de pasiune, iar ea nu se putea preface că nu se petrecuse nimic sau că nu dorea ca el să-i ofere mai mult. Îl dorea pentru că îl iubea. Deşi continua să fie îngrozitor de arogant.

Mary Rose se ridică şi începu să se plimbe prin cameră, gândindu-se la modul în care el îi poruncise. Nu se sinchisise s-o întrebe. Nu, îi poruncise. Oare toți bărbații erau ca Harrison? Clătină din cap şi alungă această posibilitate. Nimeni nu fusese atât de posesiv sau de dominator cu ea. Era încăpățânat, hotărât, neascultător, dar dulce, generos şi minunat. Nu, nu mai era nimeni ca Harrison Stanford MacDonald. Şi tocmai de aceea se îndrăgostise de el.

Nu o ceruse în căsătorie. Încercă să şi-l imagineze stând într-un genunchi, cerându-i mâna, şi se surprinse zâmbind. Nu o va cere aşa. Îi va porunci. Era foarte sigur pe el, dar pe ea n-o deranja asta. Era şi cât se poate de practic în legătură cu relația lor.

Nu era cu putință să se căsătorească oficial. Blue Belle nici măcar nu avea biserică, iar preoții erau la fel de rari în zonă ca şi conservele cu complot de piersici. Judecătorul Burns putea conduce ceremonia, dar nu era disponibil decât de trei-patru ori pe an deoarece, în restul timpului, gloata celor care trebuiau spânzurați îi solicita întreaga atenție.

Harrison îşi luase angajamentul, în acea seară, în fața lui Dumnezeu. Iar ea făcuse la fel. Acum totul avea să se schimbe. Nu ştia de cât timp se plimba prin dormitor, cu gândurile la viitor, dar casa era deja cufundată în întuneric şi în linişte când, în sfârşit, încetă să-şi mai facă griji legate de toate schimbările prin care urma să treacă.

Îşi spălă cu meticulozitate fiecare centimetru de piele cu săpun cu parfum de trandafiri, apoi îşi puse cămaşa albă de noapte. Îmbrăcă halatul roz, cu margini din dantelă, pe care i-l făcuse cadou Douglas de Crăciun, apoi căută prin dulap papucii frumoşi, însă deloc comozi, din satin.

Era încă emoționată şi întru câtva temătoare gândindu-se la ce urma să se întâmplă, totuşi ştia că nu putea să schimbe nimic dacă îşi făcea griji. Nu o speria faptul că îl iubea pe Harrison.

Actul în sine, însă, era altceva. Bărbaților le plăcea, știa sigur; îi văzuse pe frații dând o fugă până la Hammond, o dată la două săptămâni, iar când veneau de acolo aveau rânjete prostești pe chip și hainele le miroseau a parfum ieftin. Poate că și femeilor le plăcea. Din moment ce nu vorbise cu nici una, nu-și putea forma o opinie. Nu putea decât să spere că ghicea corect. Blue Belle avea experiență, dar întotdeauna se purtase ca o mătușă cu toane cu Mary Rose și niciodată nu vorbise cu ea despre meseria ei.

Se așeză la măsuța de toaletă, luă peria și își petrecu vreme îndelungată pieptănându-se pentru că spera ca gestul în sine s-o calmeze. Într-un final, se gândi că amânase deja prea mult. Puse peria jos, își strânse cordonul halatului și coborî.

Până ajunse la ușa lui, tremura deja din cap până în picioare. Nu știa de cât timp stătea acolo, cu mâna pe clanța ușii, dar bănui că trecuseră cel puțin cinci minute până să găsească îndeajuns de mult curaj ca să intre. Probabil că Harrison lăsase deoparte o grămadă de detalii când îi descrisese modul în care își imaginase că va arăta ea în patul lui. Avea cel puțin o sută de întrebări pe care voia să i le pună, dar, într-un final, se opri la una, la care voia neapărat răspuns înainte să-l lase s-o atingă.

Trase adânc aer în piept, își îndreptă umerii și deschise ușa. Când se hotăra să facă ceva, o făcea cu toată hotărârea. Ușa se lovi de perete și reculul acesteia aproape o dădu jos. O împinse din nou, deși nu cu la fel de multă forță.

Douăsprezece minute. Durase exact douăsprezece minute ca să se hotărască dacă să-i deschidă sau nu ușa. Lui Harrison îi venea să râdă, dar nici măcar nu zâmbi pentru că orice urmă de zâmbet că o putea face să alerge înapoi în casă. Dragostea vieții lui părea gata să înflorească. O auzise în fața ușii, șoptind ceva, și apoi își dădu repede seama că încă nu era hotărâtă. Nu se sculase din pat ca să se ducă s-o întâmpine. Voia să ia decizia singură. Se uitase la ceasul de buzunar, memoră ora exactă și apoi se uită din nou la ceas, cu câteva secunde înainte ca ea să încerce să scoată ușa din țâțâni.

Imediat ce văzu cu ce era îmbrăcată, își dădu seama că frații nu-i spuseseră încă nimic despre tatăl ei. Dacă ar fi făcut-o, tot ar fi venit la el, dar nu şi-ar fi schimbat hainele. I-ar fi cerut răspunsuri. Ar fi părut afectată, nervoasă şi nedumerită din cauza complicităţii lui. Pentru o perioadă, ar fi crezut că o înşelase şi o trădase, însă nu putea face absolut nimic pentru ca ea să nu sufere aşa de mult. Avea o imensă încredere în ea, însă, şi ştia că va înţelege în cele din urmă. Era datoria lui s-o protejeze şi, fie că-i plăcea, fie că nu, când va ajunge în Anglia, va avea nevoie de el.

El înţelegea ceea ce urmă să i se întâmple pentru că îi cunoştea prea bine pe cei din familia lui Elliott. Cu cele mai bune intenţii, vor încerca să-i smulgă propria identitate şi s-o transforme în una de-a lor. Harrison nu putea lăsa aşa ceva să se întâmple. Voia ca Mary Rose să ştie, în orice mod posibil, că o iubea pentru ceea ce era, nu pentru ceea ce ar fi trebuit să fie. De aceea îşi rostise deja angajamentul faţă de ea.

Inima lui Mary Rose bătea cu frenezie, genunchii îi tremurau şi încerca cu disperare să-şi reamintească să respire. Se uită la Harrison, dar acest lucru nu o linişti. El stătea în pat, cu spatele rezemat de tăblie şi cu picioarele lungi întinse pe cuvertură. Nu era îmbrăcat de noapte. Avea pieptul gol şi era desculţ, dar era încă în pantaloni, deşi aceştia erau descheiaţi. Părul cârlionţat care îi acoperea bustul se îngusta în jos, spre şliţul pantalonilor.

Când îl văzu, inima începu să-i bubuie în piept. Îşi dădu seama brusc unde se uita aşa că îşi ridică privirea dintre picioarele lui. Observă cartea deschisă pe care o ţinea în mână abia în clipa în care el o închise. Făcu ochii mari. Citise cât timp o aşteptase să vină la el. Pentru numele lui Dumnezeu, nu ştia cum ar fi trebuit să se simtă. În timp ce ea patrulase în dormitor, nehotărâtă, făcându-şi griji şi tremurând de teamă, el citise calm. După ce-şi reveni din uimire, îşi dădu seama că mai avea puţin şi îl lua la palme.

Harrison nu se mişcă din pat. Observase frica din ochii ei de când intrase şi ştia că trebuia să găsească o cale de a o linişti înainte de a o atinge. Vorbise serios când îi spusese că nu o va forţa. Dacă se răzgândea subit şi pleca înapoi în casă, nu voia s-o oprească. L-ar fi afectat nespus s-o vadă îndepărtându-se de el, dar prefera să moară decât să intervină în decizia care trebuia să fie numai a ei. Îşi dădu seama că era atât de nobil pentru că, în adâncul sufletului, ştia deja că ea avea să rămână. Avusese mult curaj să vină până aici. Nu se aşteptase la nimic altceva din partea ei.

– Citeai.

Afirmaţia ei sunase ca o acuzaţie. El nu spuse nimic. Dădu din cap confirmând şi continuă să se uite la ea, aşteptând să-l facă să înţeleagă că era pregătită să fie ţinută în braţe. Observă că teama din ochii ei dispărea. Părea morocănoasă. Nu-şi putea imagina de ce.

– Vrei să închizi uşa?

– Nu.

Nu se răstise, deşi în vocea ei se simţea o urmă de panică. Harrison puse cartea pe noptieră, îşi lăsă picioarele jos şi dădu să se ridice. Presupuse că voia ca el să închidă uşa. Îl opri printr-un gest scurt din mână prin care îi spunea că dorea ca el să stea pe loc.

– Vreau să-ţi pun o întrebare înainte de orice. De ce nu eşti în pijama? Nu asta era întrebarea, adăugă ea repede.

Vorbea ca o neghioabă. Ridică din umeri într-un gest grăbit.

– Eram doar curioasă.

– Nu port nimic când dorm.

Mary Rose simţi că o lasă din nou genunchii. Nu se putea abţine să nu şi-l imagineze dezbrăcat.

– Probabil că n-ar fi trebuit să menţionezi... asta.

– Aveai să afli oricum, cât de curând. Stai cu mine în noaptea asta?

Nu-i venea să creadă cât de rezonabil şi de calm îi vorbea Harrison.

– Încă nu m-am hotărât.

Reuşi să mintă fără să tresară. Se hotărâse încă din dormitor, dar nu era pregătită să o recunoască în faţa lui. Era încăpăţânată, dar nu-i păsa pentru că încă se simţea deranjată de faptul că el se bucurase de o carte în timp ce ea se pârjolise în flăcările purgatoriului. Felul în care fiecare din ei îşi petrecuse seara sublinia tocmai acele minunate lucruri care îi diferențiau. Ea agonizase. El citise.

– Ești cel mai hotărât și metodic bărbat pe care l-am cunoscut vreodată și ești cam tot ce cred că am detestat vreodată la un potențial partener. Mi-am dorit un bărbat drăguț și vulnerabil, pentru că am crezut că va avea întotdeauna nevoie de mine. Cum Dumnezeu de m-am procopsit cu tine?

Uimirea din vocea ei îl făcu să zâmbească.

– Pentru că am nevoie de tine mai mult decât ceilalți bărbați. Și tu ai nevoie de mine, Mary Rose. Mi-ar plăcea să te aud că recunoști asta.

– Da, am nevoie de tine. Însă nu-mi plac bărbații aroganți și, mai ales, îmi displace să mi se dea ordine. Dacă aș fi în locul tău, aș ține minte chestia asta.

– Iubita mea, cât o să-ți trebuiască să te hotărăști? Trebuie să te ating.

Tremurul din vocea lui o liniști. Îl privi ridicându-se și, apoi, îl opri din nou din drum.

– Stai unde ești, Harrison. Încă nu ți-am pus întrebarea. Dacă nu-mi place răspunsul, plec.

Licărirea din ochii ei îi spuse că nu trebuia să-și facă griji.

– Se face al dracului de frig aici. Ce vrei să mă întrebi?

Făcu un pas spre el și lăsă nerăbdarea să îi crească în suflet. Tremura de dorința de a-l săruta. O, cât de mult îl iubea! I se părea de-a dreptul tulburător, cu părul căzut pe frunte și cu zâmbetul acela diavolesc. Era foarte puternic, dominator, arogant și mândru, solid și de încredere, și avea să-și petreacă restul zilelor adorându-l. Nu mai putea aștepta nici un minut, dorea să-l țină în brațe.

– Când mi-ai spus la ce te gândeai și m-ai descris în patul tău... cum făceam dragoste...

– Da?

– Zâmbeam?

Râdea când o trase spre el și o strânse în brațe. Își puse bărbia pe creștetul ei și o asigură, cu voce tandră și iubitoare, că, în toate visele și fanteziile lui erotice, ea fusese foarte fericită, chiar extrem de fericită, satisfăcută, mulțumită, supusă, recunoscătoare şi în totalitate copleşită de măreţia lui, şi, dacă stătea bine şi se gândea, chiar de priceperea lui în ale sexului.

– Nu mai ştiai cum să-mi mulţumeşti, încheie el.

Ea îşi lăsă capul pe spate şi se uită în ochii lui.

– Ţi-am mulţumit pentru că făceai dragoste cu mine?

– A fost visul meu, iubito, nu al tău.

Ea îşi lipi din nou capul de pieptul lui, îi cuprinse mijlocul şi îşi răsfiră degetele pe spatele lui cald.

– O, Doamne, eşti foarte arogant şi când visezi. Ce mă fac eu cu tine?

În minte îi veniră mai multe idei, dar Harrison se hotărî că nu era momentul să i le spună. Oricum, totul avea legătură cu gura, limba şi mâinile ei.

– Ai mâinile gheaţă, spuse el în schimb.

– Ai lăsat uşa deschisă. Probabil că ar fi bine s-o închizi. E foarte frigi aici.

Harrison se întinse, împinse uşa ca s-o închidă şi îi dădu mâinile la o parte. O trase lângă marginea patului. Rămaseră faţă în faţă, la o jumătate de metru distanţă, uitându-se fix unul în ochii celuilalt vreme de un moment, cu sufletul la gură, lăsând senzaţiile de nerăbdare şi de dorinţă să se accentueze.

În lumina difuză a felinarului ea îi părea ca un înger, cu părul care îi curgea pe umeri şi cu halatul delicat care îi mângâia picioarele. Cu cât se uita mai mult în ochii ei albaştri, cu atât mai convins devenea că era cu adevărat cea mai frumoasă dintre fiinţe.

Ea se mişcă prima. Îşi coborî privirea spre bărbia lui, îşi descheie nodul de la cordonul halatului şi apoi şi-l scoase. În tot acest timp, mâinile îi tremurau destul de vizibil. Îi dădu lui halatul. Harrison nu-şi luă privirea de la ea, aşa că îl aruncă în spatele ei. O opri în timp ce-şi descheia cămaşa de noapte.

– Lasă-mă pe mine, şopti cu o voce profund excitată.

Îşi lăsă braţele să cadă. El o simţi tremurând când îşi strecură degetele sub ţesătura subţire, de-a lungul liniei gâtului, şi îi atinse pielea mătăsoasă. Se purta de parcă ar fi avut la dispoziţie tot timpul din lume s-o dezbrace, străduindu-se ca ea să nu se simtă grăbită, şi trebuia să dea dovadă de foarte multă stăpânire de sine.

Ar fi vrut să rupă hainele de pe ea, dar nu avea de gând să se lase pradă nerăbdării. Voia ca acea noapte să fie perfectă.

Coborî încet spre talia ei, oprindu-se să-i mângâie pielea ce apărea la vedere după fiecare nasture descheiat, iar când termină, îi dădu jos cămaşa de noapte. Priveliştea îi tăie răsuflarea. Era atât de frumoasă. Pielea ei era netedă şi albă ca laptele, sânii erau plini, sfârcurile rozalii, iar formele moi şi feminine erau desăvârşit proporţionate.

Mâinile lui tremurau din cauza dorinţei de a o lua în braţe, de a o simţi lipită de el, dar rezistă încă un minut şi lăsă cămaşa de noapte mai jos, până când ţesătura se odihni pe curbele şoldurilor ei. Îşi puse palmele pe talia îngustă şi îi mângâie încet pielea, în jos, spre coapse. Senzaţia pe care i-o dădea pielea ei, aşa de rece, de netedă şi de perfectă, îl făcu să tremure de dorinţă. Cămaşa de noapte căzu pe podea într-o grămadă la picioarele ei. Făcu un pas în spate şi o privi.

– Eşti mai frumoasă decât mi-am imaginat vreodată.

Ruşinea ei dispăru odată cu aceste cuvinte rostite cu înflăcărare. Plăcerea din ochii lui o făcu să uite de timiditate. El credea că e frumoasă, iar iubirea pentru el o făcea să îl creadă. Nu mai putea să stea nemişcată. Îşi scoase papucii şi se întinse spre el.

– Vrei să te dezbrac?

– Încă nu, răspunse el. Vreau să dureze. Dacă-mi dau pantalonii jos acum, o să se întâmple prea repede. Nu-mi doresc asta. Pentru tine totul trebuie să fie perfect.

– Dacă se întâmplă repede e rău?

El scutură din cap.

– Nimic din ce facem împreună nu e rău.

Nu i lăsă timp să se gândească la ceea ce tocmai îi spusese, ci o trase în braţele lui şi o ţinu lipită de el. Mâinile i se odihneau pe pieptul lui, iar degetele îi mângâiau părul cârlionţat. Simţea gâdilături în palme şi ştia că, dacă îşi mişca braţele, sânii ei aveau să perceapă aceeaşi senzaţie.

Se mişcă înainte ca el s-o ghideze. El îşi îngropă faţa în umărul ei, îi inhală parfumul şi se lăsă consumat de atingerea sânilor ei moi. Respiraţia ei întretăiată îi spuse că se simţea la fel ca el.

– Ştiam că va fi atât de plăcut.

Ei i se părea mai mult decât plăcut, dar nu reuşea să găsească vorbele potrivite ca să descrie toate senzaţiile care îi cuprindeau corpul. Observă că respiraţia lui devenise întretăiată şi abia atunci îşi dădu seama că şi a ei era la fel. De fiecare dată când se freca de el, senzaţiile se intensificau până când fiecare nerv îi părea întins la maximum. I se părea minunat.

El îi acoperi gâtul cu sărutări umede, se jucă uşor cu gura şi cu limba pe lobul urechii şi, în tot acel timp, şopti promisiuni fierbinţi despre toate lucrurile pe care voia să i le facă. Cuvintele lui erau la fel de excitante ca şi atingerea. Ar fi vrut să-l mângâie peste tot. Îi mângâie pieptul, umerii, gâtul... îi plăcea felul în care muşchii lui tresăreau sub buricele degetelor ei... apoi se mişcă nerăbdătoare, lipită de el, încercând să se apropie cât mai mult de focul acela incredibil.

Felul neinhibat în care ea îi răspundea îl înnebunea. Tot ce făcea ea îi excita pasiunea febrilă din interior. Iubea senzaţia pe care o simţea la atingerea părului ei care i se prelingea printre degete precum firele de mătase, sunetele erotice pe care le scotea din gât când o atingea într-un anume fel şi când nu-şi mai putea reţine plăcerea şi, o, cât de mult adora momentele când trupul ei se freca de al lui...

O cuprinse cu un braţ de talie şi se aplecă s-o sărute. Gura lui deveni lacomă pentru că plăcerea care se acumulase în el îl făcea preocupat de nevoia de a-i produce plăcere ei. Limba lui se mişcă în interior, apoi se retrase, dar numai ca să pătrundă din nou şi din nou, în ritualul erotic de împerechere. Îi mângâie gâtul şi trasă cu degetele o linie imaginară între sâni şi apoi, în final, când era deja sigură că o să moară dacă el mai continua această dulce tortură, îi luă unul dintre sâni în palmă şi începu să se joace şi mai mult cu ea. Degetul lui mare trecu uşor peste sfârc. Ea se arcui instinctiv ca să-i arate cât de mult îi plăcea senzaţia, şi când el repetă gestul, închise ochii şi scoase un geamăt de plăcere.

– Mă înnebuneşti, îi şopti la ureche.

– Şi nu am terminat încă, promise el.

Ea nu credea că mai avea puterea să simtă mai mult de-atât. Presiunea care creştea în interior devenea mai intensă şi, precum căldura lichidă, i se infiltra în pântec. Gura lui o acoperi pe a ei în clipa în care își duse mâna între coapse și începu să facă dragoste cu ea cu degetele. Limba intră în gura ei ca să imite jocul erotic ce se desfășura mai jos.

Mary Rose avea senzația că o să moară din cauza extazului pur pe care i-l provoca atingerea lui. Șoldurile începură să i se miște conduse de mâna lui până când senzația deveni mult prea greu de suportat. Încercă să-i dea mâna la o parte.

Harrison tremura de dorință. Căldura umedă care îi înconjura degetele îi risipise și ultima fărâmă de control. Îi oferi încă un sărut prelung, fierbinte, umed, iar când se desprinse, în sfârșit, de ea, își dădu seama că mâna ei îl apucase de încheietură, încercând să-l îndepărteze de fierbințeala pe care el își dorea atât de mult s-o posede.

O ridică în brațe, dădu cuvertura la o parte și o așeză pe pat. Apoi își scoase pantalonii. Încerca cu disperare să pretindă că se mai putea abține. Era copleșit de nevoia de a o pătrunde și de a lăsa pereții strâmți să-l înconjoare, să-l strângă, să-l iubească, dar știa că trebuia să-i recâștige încrederea. Începea să aibă îndoieli. Știa ce provocase schimbarea. Știa exact și la ce se gândea. Iubirea vieții lui nu-și putea lua ochii de la erecția lui.

– O să fie bine, îi promise el cu voce răgușită de pasiune. Am fost făcuți unul pentru altul, iubito.

Ea clătină din cap și dădu să se ridice. Respirația îi era întretăiată de pasiune, dar frica o făcea să dea înapoi. El nu îi mai dădu timp să-și hrănească teama. Îi țintui trupul lângă al lui. Îi apucă mâinile, i le puse după gâtul lui astfel încât să nu poată scăpa, și apoi se aplecă s-o sărute. Fu nevoit să îi caute gura. Ea își întoarse capul spre pernă, dar cuvintele lui liniștitoare o calmară într-un final îndeajuns cât să se uite din nou la el. Ochii ei erau încă încețoșați de pasiune și știa că nu avea să mai dureze mult până să reaprindă focul din ea.

– Ai încredere în mine, iubito? Lasă-mă să te mai sărut o dată. Dacă vrei să ne oprim, îți promit c-o vom face.

El nu mai adăugă faptul că nu avea de gând să se oprească până ce nu se va afla adânc în ea. Doar dacă nu începea să se zbată ca să-l dea la o parte. Atunci se va opri, chiar dacă acest lucru îl va omorî, şi se surprinse rugându-se să nu fie nevoit să facă asta.

Mary Rose se gândi la oferta lui înainte de a fi de acord. Dacă nu ar fi trecut printr-un asemenea chin, i s-ar fi părut amuzantă expresia ei morocănoasă. Însă pulsa de dorinţă şi nu se putea concentra decât la faptul că îşi dorea s-o penetreze.

– Un sărut, şopti ea.

– Un sărut, îi promise el din nou. O să-ţi placă, iubita mea. Îţi jur pe Dumnezeu c-o să-ţi placă.

Ea nu părea să-l creadă. Nu fu dezamăgit de atitudinea ei.

– Deschide-ţi buzele pentru mine, iubito, şopti el răguşit.

În secunda următoare, punea stăpânire absolută asupra gurii ei. Ea îl strânse mai puternic în braţe şi îl trase mai aproape de ea, apoi începu să-l sărute cu la fel de multă pasiune încât el îşi dădu seama că uitase complet de teamă.

Se jucă cu ea minute lungi, folosindu-şi gura şi mâinile, până ce se mişcă din nou lângă el, nerăbdătoare, iar el simţi tensiunea ce i se acumula în interior. Îşi duse mâna între coapsele ei ca s-o ajute să fie pregătită pentru el. Un fior de pasiune îl făcu să tremure când simţi umezeala pe buricele degetelor. Îi mângâie pliurile mătăsoase, apoi pătrunse uşor înăuntru. Ştia exact unde s-o atingă astfel încât ea să se deschidă pentru el.

Nu mai putea lupta cu senzaţiile pe care i le provoca. Începu să se frece de el, dar continua să o chinuie. Unghiile ei îi pătrunseră în umeri, şi Harrison gemu uşor. Nu mai putea aştepta nici o secundă. O ţintui în continuare cu gura în timp ce îi desfăcu picioarele şi se mută între coapsele ei. Îi ridică şoldurile şi o penetră. Se opri când simţi stratul subţire care opunea rezistenţă, închise ochii fericit şi apoi împinse cu putere. Avea senzaţia că murise şi ajunsese în rai.

Ea se simţea de parcă o sfâşiase ceva. O durere ascuţită puse stăpânire pe ea. Ţipă în faţa invaziei nedorite şi încercă să se ferească. Însă el nu se mişcă. O ţintuia intenţionat sub greutatea lui.

– Încearcă să nu te mişti, iubito. Ţine-mă în braţe până când dispare durerea. Imediat, iubito, imediat. O să te simţi mai bine. Te iubesc, Mary Rose. O, Doamne, iubito, nu plânge.

Părea distrus de faptul că o rănise şi, când Mary Rose îşi dădu seama de acest lucru, se simţi mai bine. Nu era de nesuportat, dar tot nu-i plăcea acea durere pulsândă. Pasiunea se risipise din cauza disconfortului. Nu părea să mai înţeleagă nimic în acel moment. Se presupunea că ar fi trebuit să-i placă?

El nu îi înţelegea suferinţa. Încerca cu disperare să-i ofere timp ca să-l accepte, dar se simţea consumat de nevoia de a se mişca în ea, iar senzaţia devenea greu de suportat. Să se abţină i se părea un chin. Simţea că se strânge în jurul lui, vlăguindu-l de puteri. Era cel mai frumos şi puternic sentiment, dar, dacă nu se mişca în curând, avea să fie prea târziu. Îşi va împrăştia sămânţa în ea într-un gest primitiv de abandon.

Se revoltă împotriva propriului egoism. Ea trebuia să trăiască aceeaşi senzaţie de împlinire, indiferent cât de mult avea să dureze. Fruntea îi era acoperită de transpiraţie, maxilarul era încordat, iar inima i se zbătea în piept. Îşi îngropă faţa lângă gâtul ei şi începu să îi tachineze lobul urechii.

– E mai bine, iubito?

Mary Rose percepu îngrijorarea din vocea lui. Simţi instinctiv nevoia de a-l consola, de a-i spune că nu murise, că avea să fie bine.

– Mă simt bine acum, şopti ea pe un ton care acoperea minciuna pe care tocmai o rostise.

Ca să-i arate că vorbeşte serios, îl cuprinse din nou în braţe şi începu să-l mângâie pe spate. El tremură lângă ea şi scoase un geamăt. Aşa că îl mângâie din nou. Simţea tensiunea din trupul lui şi ştia că era nevoie de un autocontrol deosebit ca să rămână în ea. Grija pe care i-o arăta făcea ca durerea şi disconfortul simţite să fie nesemnificative.

– Nu vreau să te dezamăgesc.

El se rezemă în mâini şi se ridică privind-o.

– N-ai putea vreodată să mă dezamăgeşti. Te iubesc mult, iubita mea.

Se simţea copleşită de tandreţea lui.

– E mai bine acum. Pot îndura. Nu trebuie să mai aştepţi.

O surprinse cu zâmbetul lui.

– Poţi îndura? o întrebă. Mai vedem noi, iubito.

Îl trase mai aproape ca să-l sărute, iar când își ridică din nou capul fu extrem de mulțumit să vadă că pasiunea revenise în privirea ei. Știa că trecuse foarte puțin timp de când o penetrase, dar dorința sfâșietoare îl făcea să simtă că trecuse o eternitate.

Intensitatea din ochii lui stârnea pasiunea care fierbea în ea.

– Spune-mi ce să fac. Vreau să-ți ofer plăcere.

– Îmi oferi plăcere. Ridică-ți picioarele ușor, iubito, ca să...

Nu mai reuși să vorbească, nici măcar să geamă. Plăcerea pe care o simți când ea începu să se miște îi spulberă stăpânirea de sine.

Mary Rose se așteptase să o doară, dar, când își ridică picioarele, simți o altfel de senzație. Intensitatea acesteia o făcu să-și dorească mai mult. Se mișcă din nou și simți încă o undă de plăcere așa că îl strânse mai puternic. Chiar se simțea mai bine.

– E bine, nu? Și, de data asta, spune-mi adevărul.

Părea suferind.

– Da, șopti ea. Totuși, încă nu simt că-mi vine să-ți mulțumesc.

Doamne, cât o iubea!

Îi spuse să-și încolăcească picioarele în jurul lui, apoi își schimbă poziția și se adânci în ea. Nici unul din ei nu mai putu vorbi. El se retrase și apoi se năpusti din nou în ea. Voia să se miște încet și ușor, s-o înnebunească de plăcere, dar era incredibil de strâmtă și de fierbinte, și era atât de bine să fie în ea încât nevoia îl mâna înainte și preluă controlul asupra acțiunilor lui, astfel că deveni imposibil să se mai gândească să încetinească ritmul sau să fie blând. La dracu', nu mai putea gândi. Nu mai putea decât să simtă.

Rugămințile ei șoptite și gemetele îl îndemnară să continue. De fiecare dată când se retrăgea parțial, ea își ridica șoldurile ca să-l cheme înapoi. Unghiile ei îi intrară în carne în timp ce nici ea nu se mai stăpânea. Mângâierile și țipetele ei arătau că era din ce în ce mai dornică. Presiunea care se aduna în ea o făcea să creadă că va muri din cauza acelei dulci agonii. Nu știa exact ce vrea. Știa doar că vrea în acel moment.

Pasiunea se dezlănțui între ei și nu mai dură mult până ce ea nu mai suportă nici o secundă intensitatea actului. Își dădu drumul atunci, se lăsă pradă fericirii supreme şi ţipă numele lui în timp ce val după val de plăcere o lovi înecând-o. Îl strânse cu putere, iar când el îi simţi orgasmul îşi permise să se predea. Îşi vărsă sământa în ea cu un geamăt de satisfacţie. Trăise un orgasm incredibil, aşa cum nu mai trăise vreodată. Şi totul numai pentru că o iubea.

Se prăbuşi peste trupul ei. Îl secătuise şi avea să mai treacă o vreme până să-şi recapete forţa. Îşi dorea să adoarmă cu ea în braţe şi când se va trezi, să se piardă din nou în dragostea ei.

Mary Rose avu nevoie de multe minute ca să-şi revină. Era copleşită de ceea ce tocmai i se întâmplase. Se simţise de parcă inima, mintea şi chiar sufletul se uniseră cu ale lui, în acel moment de beatitudine şi de abandon, când fusese înconjurată de căldura iubirii lui. A face dragoste cu Harrison fusese cea mai înălţătoare şi mai minunată experienţă din viaţa ei. El făcuse ca totul să fie minunat.

Din clipa în care îi oferise inima ei, întreaga lume se schimbase. Zilele existenţei ei deveniseră magice pentru că le împărtăşea cu el. Nu-şi putea imagina viaţa fără el. Era iubitor, blând, bun şi plin de compasiune. Era erotic şi senzual, îndrăzneţ şi arogant. Era perfect. Şi toate astea pentru că îl iubea.

– Te simţi binc, Mary Rose?

Se ridică deasupra ei ca să vadă ce se întâmpla cu ea şi o privi în ochi. Aceştia erau încă înceţoşaţi de intensitatea experienţei prin care trecuse. Buzele ei era umflate. Pe faţă avea câteva urme roşii de la favoriţii lui. Să vadă urmele lăsate pe trupul ei îi oferi o senzaţie de mare satisfacţie. Era a lui, şi iubea s-o vadă aşa.

– Te-a durut, nu-i aşa?

Întrebarea părea sinceră, dar zâmbetul firav care îi apăru pe chip o făcu să se simtă confuză.

– Da, m-a durut, dar durerea nu a ţinut mult. Am ţipat doar o secundă.

– Prima oară.

– De ce zâmbeşti? Nu-ţi pasă că mi-ai făcut rău?

– Sigur că-mi pasă. Te iubesc, Mary Rose. Zâmbesc pentru că văd cum arăţi.

Vocea lui căpătă acel ton aspru, senzual, care ei îi plăcea atât de mult.

– Cum arăt?

Părea că îşi pierde suflul.

– De parcă tocmai am fost în tine, te-am iubit şi te-am satisfăcut. Acum mă simt foarte posesiv.

Se simțea bine, caldă, iubită, în siguranță.

– Întotdeauna eşti posesiv.

– Acum este altceva, iubita mea. De mult te doream în patul meu.

Ea întinse mâna şi îl mângâie pe obraz.

– Şi acum, că sunt aici?

Zâmbetul de pe fața lui pieri.

– Eşti a mea.

Nu îl putea contrazice.

– Da, sunt a ta.

El dădu din cap satisfăcut. Apoi se aplecă şi o sărută. Îşi frecă degetele de la picioare de picioarele lui şi oftă când limba lui începu să se joace cu a ei. El simți din nou pulsațiile dorinței şi ştiu că trebuia să se oprească înainte ca pasiunea să-l facă să uite de starea ei delicată. Avea nevoie de timp ca să-şi revină, înainte de a face din nou dragoste.

El se retrase, se rostogoli pe spate şi o trase lângă el.

– Trebuie să vorbim, Mary Rose.

Tonul lui serios o îngrijoră. Ştia că nu era bine să încerce să ghicească, dar propria vulnerabilitate o făcu să creadă că tocmai voia să-i spună ceva ce ea nu dorea să audă. Ba chiar avu impresia că ştia exact ce voia să-i spună.

Petrecură câteva minute în tăcere. El se uita la tavan în timp ce se gândea la modurile în care să abordeze cu ea discuția despre viitor.

În acest timp, ea îşi făcu griji. Nu mai suportă tăcerea.

– O să-ți uşurez misiunea, Harrison. O s-o spun în locul tău. O să...

N-o lăsă să termine. O strânse mai tare de mijloc şi zise:

– Nu ai de unde să ştii ce vreau să-ți spun. Nu citeşti gândurile, iubita mea.

– Nu, nu citesc gândurile, fu ea de acord. Însă pot trage unele concluzii. După tonul tău grav, mi-am dat seama că e foarte serios ceea ce vrei să-mi spui. Ezitarea ta mi-a spus că îți este greu să găsești cuvintele potrivite. Până acum am dreptate?

– Da, răspunse el. Ceea ce vreau să-ți spun e un lucru serios și, da, tocmai căutam cuvintele potrivite.

– Pentru că ești avocat.

– Nu, pentru că vreau să mă asigur că înțelegi. Vreau să te pregătesc.

– Harrison, te puteam scuti de efort.

Începu să-l mângâie pe piept neștiind că îi distrage atenția. El își dori dintr-odată să facă din nou dragoste cu ea. Însă trebuia mai întâi să-i vorbească. O luă de mână și o ținu strâns. Ea se întinse și îl sărută pe gât.

– Nu mă mai tenta.

Îi făcu solicitarea pe un ton hotărât. Ea îl ignoră și îl sărută din nou.

– Nu te tentez. Te consolez. E o diferență.

– Ești dezbrăcată în brațele mele, Mary Rose. De aceea...

– Te tentez.

– Da.

Ea oftă și își lipi obrazul de pielea lui caldă.

– Înțeleg ce se întâmplă cu tine. Acum regreți. Înțeleg, Harrison, și de aia încercam să te consolez. Nu trebuie să te mai simți vinovat.

El încremeni.

– Ce anume regret?

– Indiscreția noastră...

– Ce?

Tonul lui calm îi ascundea furia. Refuza să creadă ceea ce tocmai auzise. Ea trebui să repete, doar ca să-l convingă.

– Indiscreția noastră.

Îl simți trăgând ușor aer în piept. Reacția ar fi trebuit să fie un semnal de alarmă pentru furia care se acumula în el. Simți că o strânge mai puternic de mijloc. Nu era pregătită pentru ceea ce urmă.

–Cum Dumnezeu funcționează mintea aia a ta? Știu că ești la fel de inteligentă ca ceilalți. La dracu', ești mai deșteaptă decât ceilalți. Mintea ta și-a luat vacanță? Cum ai putut să crezi că ceea ce s-a întâmplat în noaptea asta a fost o indiscreție? Răspunde-mi!

Însă nu îi dădu timp să răspundă.

–Ne-am luat un angajament unul față de celălalt. Ai înțeles?

Mary Rose era uimită de mânia lui. Dar nu îi era teamă. Zâmbi când își dădu seama de acest lucru. Harrison părea un urs rănit, iar ea se simțea departe de pericol, ca întotdeauna. Însă nu îi înțelegea reacția. Se purta de parcă tocmai îl insultase grav. Și pe mama lui. Și chiar și pe câinele lui, dacă avea vreunul. Încercă să își păstreze zâmbetul când spuse în cele din urmă:

–N-am spus că aș crede că am fost indiscreți. Am crezut că tu...

El o întrerupse din nou:

–Ascultă, tot cred că nu ai priceput încă.

–Să pricep? Ce înseamnă asta?

–Înseamnă că e evident că nu m-ai înțeles când ți-am spus că ești a mea acum. Nu am spus că ești a mea în noaptea asta. Ci pentru totdeauna.

–Mi-aș dori să aibă sens ceea ce spui. Dacă...

–Vrei să aibă sens?

Ea se gândi că, poate, nu alesese cuvântul corect. Era mulțumită că nu îi vedea fața pentru că știa că mușchii maxilarului lui încordat probabil pulsau nervoși; mereu se întâmpla așa când era nervos. Era un indiciu clar că furtuna era aproape.

–Se pare că nu pot spune nimic ca să te liniștesc.

Harrison dădu să-i spună ce credea despre remarca ei, apoi se opri. Știa că, dacă ar fi continuat astfel, s-ar fi enervat din nou. Indiscreție? Încă nu-i venea să creadă că folosise acel cuvânt ca să descrie ceea ce se întâmplase în acea noapte. Avea să-i ia o săptămână întreagă să-și revină.

Tăcerea lui îi arăta că era pregătit să asculte glasul rațiunii.

–Pentru mine e ceva nou. Ai putea încerca să fii mai răbdător cu mine. N-ai muri dacă ai face-o, așa că nu mai respira așa agitat.

N-am mai fost aşa intimă cu cineva până acum. Nu mă pot simţi altfel decât vulnerabilă.

Era sigură că explicaţia ei îi va câştiga compasiunea şi înţelegerea. Se înşelă, însă, în ambele privinţe.

– E ridicol din partea ta să te simţi vulnerabilă. Este şi insultător faţă de mine, femeie.

Mary Rose începea să-şi piardă răbdarea. Se lua de fiecare cuvânt pe care îl rostea. Era la fel de nărăvaş precum calul lui. Se gândi să-i spună asta, apoi se răzgândi. Comparaţia, probabil, l-ar fi enervat din nou.

– Nu erai aşa irascibil până acum.

– Nu eram îndrăgostit de tine.

Începu să bată darabana cu degetele pe pieptul lui.

– Cole devine irascibil atunci când se simte vinovat pentru ceva.

– Eu nu mă simt vinovat pentru nimic. Tu aşa te simţi?

El îi luă mâna şi i-o strânse. Îi spunea fără cuvinte că răspunsul ei ar fi bine să fie cel pe care voia să-l audă.

– Nu, nu mă simt vinovată. Eşti fericit acum?

Harrison nu-i răspunse. Îşi relaxă strânsoarea, însă, aşa că Mary Rose presupuse că dăduse răspunsul corect.

– Cred că ar trebui să încheiem discuţia asta. Dacă vom continua aşa, o să ne certăm. Apoi va trebui să te scuzi. Vrei să-ţi iroseşti timpul cerându-mi iertare, când am putea face alte lucruri, mult mai plăcute?

El zâmbi în ciuda iritării.

– Ce te face să crezi că m-aş scuza?

– Faptul că eu rezist mai mult decât tine. Cu siguranţă, vei ceda înaintea mea.

– Cu alte cuvinte, porţi pică. Fraţii tăi mi-au spus că ai defectul ăsta.

– Uneori, da.

El începu să râdă.

– Mary Rose, mă faci să-mi vină să te bat şi să te sărut, în acelaşi timp. Îţi jur pe Dumnezeu, o să mă scoţi din minţi într-una din zilele astea.

Ea începu din nou să-l mângâie pe piept. Iubea senzația pe care i-o dădeau firele de păr cârlionțat răsucit în jurul degetelor ei. Își dorea ca el s-o sărute din nou. Numai gândul la asta o tulbura. Scoase un oftat și își puse piciorul peste el. El gemu. Mary Rose își dădu seama unde îi era piciorul, însă căldura care radia dintre picioarele lui era prea ademenitoare ca să se miște. Dacă nu-i plăcea, n-avea decât s-o dea la o parte. Însă n-o făcu. Își puse mâna pe genunchiul ei și începu s-o mângâie.

– Harrison?

– Da?

– Noaptea asta a fost la fel de plăcută ca și în visul tău?

– A fost mult, mult mai bine. Visele mele n-au fost niciodată plăcute. Doar chinuitoare. În noaptea asta tu m-ai făcut să ard. Înțelegi?

– Ai fost satisfăcut?

Observă amuzamentul din vocea ei și știu că punea ceva la cale. Zâmbi nerăbdător să vadă ce va urma. Numai Dumnezeu putea ști ce voia să-i spună.

– Da, am fost satisfăcut.

– Acum pari mulțumit. Ești?

Degetele îi descriau mici cercuri în jurul sfârcului lui. Gestul îi distrăgea evident atenția.

– Da, răspunse el răgușit.

– Cred că te-am făcut fericit.

– Da. M-ai făcut fericit.

Ea zâmbi și se lipi de pieptul lui. Era ușor surprins că Mary Rose simțea nevoia unei asemenea confirmări. Felul în care îi răspunsese în timp ce făceau dragoste ar fi trebuit să-i spună cât de bună fusese. Poate chiar se simțea vulnerabilă deoarece trecuse printr-o experiență nouă. Doamne, oare chiar începea să gândească și să acționeze logic?

– Și acum, nu-mi poți mulțumi îndeajuns de mult.

Cuvintele ei rostite în șoaptă îi rămaseră în minte. Îi arunca în față cuvintele pe care el i le spusese. Harrison râse din nou.

– Cred că nu ți-a plăcut partea aceea din visul meu, nu-i așa, iubita mea?

Era prea încântată ca să-i răspundă. Un gând îi trecu brusc prin minte.

– Ce-ai vrut să spui când ai zis că nu am țipat decât o secundă prima oară? Am țipat din nou?

– Da. Ceva mai mult.

– Când?

– Când ți-ai dat drumul.

Amintirea o făcu să se îmbujoreze. Chiar își dăduse drumul în timpul orgasmului. Însă nu-și amintea să fi țipat. Probabil că senzația de împlinire îi solicitase întreaga atenție.

– Acum vrei să asculți ce am să-ți spun?

– Dacă o să-mi spui că o să te urăsc, atunci nu, nu vreau să ascult.

– Vreau să discut cu tine despre viitorul nostru.

– Bine.

– Următoarele șase luni o să fie dificile pentru tine.

– Ai de gând să mi le faci tu dificile?

– Nu, nu asta am vrut să spun.

– Te iubesc, Harrison.

– Și eu te iubesc. Trebuie să mă întorc în Anglia, iubita mea. Vreau să vii și tu acolo.

– Da?

– Da.

– De ce trebuie să te întorci?

– Trebuie să termin ce am început.

– O să stai mult?

– Asta depinde de tine.

Nu înțelegea.

– Tânjești după Scoția?

– Tânjesc după tine. Nu e important unde stau.

– Era important, la un moment dat.

Zâmbi. Mary Rose avea dreptate. Gândul la întoarcerea în Scoția îl obsedase. Planurile lui se schimbaseră, desigur, datorită lui Mary Rose. Putea fi fericit în orice colț al lumii, cât timp o avea alături.

– Când vrei să pleci?

– M-am gândit să plec poimâine. Vreau să vii la mine cât mai curând posibil.

O copleşise cu toate schimbările pe care voia să le facă. Oare cum îşi putea părăsi fraţii? Anglia era la un ocean depărtare. O, Doamne, de ce trebuia să fie atât de departe? Vor locui în oraş? Cum ar putea ea să trăiască acolo? Se va sufoca. Aglomeraţia o va înnebuni. Se va uita pe fereastră şi va vedea trotuare şi clădiri? Cum ar putea părăsi paradisul ei? Şi cum l-ar putea lăsa pe Harrison s-o părăsească? Viaţa fără el ar fi fost imposibilă. O durea capul de atâtea întrebări.

– Ştiu că trebuie să te gândeşti la asta, iubita mea.

– Da, răspunse ea. Mi-aş dori... Harrison, ţi-ar plăcea să trăieşti aici?

– Dacă ar fi posibil.

– Este?

– Încă nu ştiu, răspunse el.

– Dacă nu pot veni la tine?

– M-aş putea întoarce să te iau.

– Nu vreau să mă gândesc acum la viitor. Mâine o să ne facem griji pentru planuri şi decizii. Te rog, sărută-mă. Vreau să faci dragoste cu mine acum.

Se ridică în cot şi se uită în ochii lui.

– Vreau să te simt din nou în mine, şopti ea.

– Nu putem, spuse el încet. E prea devreme, draga mea. Te-ar durea.

Se aplecă şi îl sărută. Nu-i păsa dacă o durea sau nu. Avea nevoie de el.

– Te rog, şopti şi îi atinse din nou buzele cu ale ei. Un sărut, iubirea mea. Lasă-mă să te sărut doar o dată şi dacă vrei să mă opresc atunci îţi promit că mă opresc.

– Îmi place cum îmi întorci cuvintele, zise el.

O cuprinse în braţe şi o ridică aşezând-o deasupra lui.

– Ai de gând să mă săruţi până am să intru din nou în tine?

– O, da.

Fuseră ultimele vorbe coerente pe care avea să şi le spună pentru multă vreme de atunci încolo. Adormiră într-o mare de trupuri îngemănate. Şi de iubire.

5 aprilie 1868

Dragă Mamă Rose,

Adam s-a bătut ieri. A fost numai vina mea, pentru că indienilor le place părul meu. Mai pun puțin din el în plic, să vezi și tu cât de drăguț este. E galben, mamă, iar indienilor le place așa de mult încât au încercat să mi-l ia de pe cap. Apoi unul dintre ei mi-a spus că mai bine mă ia și pe mine, și atunci s-a supărat Adam. Cole și Douglas erau plecați și, până ce Travis a apucat să iasă din hambar, Adam i-a bătut bine. Fiul tău are nasul însângerat, dar indienii pe care s-a supărat dormeau în grădina noastră după ce a terminat cu ei. Bătaia nu e bună, mamă. Chiar și Adam zice asta, dar acum crede că indienii o să-mi lase părul în pace. Sper din tot sufletul!

Fiica ta,
Mary Rose

Capitolul 15

Mary Rose se întoarse în camera ei cu puțin înainte să se crape de ziuă. Era oarecum surprinsă că Harrison continuase să doarmă. Avea somnul ușor, dar abia se mișcase când se ridicase ea din pat, se îmbrăcase și părăsise căsuța în care stătea el. Se gândi că-l istovise. Această posibilitate îi provocă o plăcere neobișnuită.

Totuși, nu era încă pregătită să întâmpine acea zi. Adormi imediat ce puse capul pe pernă și nu se mai trezi decât pe la zece.

Nu-l mai văzu pe Harrison până la cină. Travis îi spuse că Dooley venise călare dimineață ca să aducă o telegramă.

Fratele ei ieșise deja pe ușa din spate când pomeni de telegramă. Mary Rose se duse după el să-l descoasă.

– Pentru cine era telegrama?

–Pentru Harrison, bineînțeles. Dacă era pentru vreunul din noi, ai fi văzut-o pe masa din bucătărie.

–Cine a trimis-o?

–Nu ştiu.

–Travis, te rog, mai încet. Ți-a spus Harrisson ceva despre ea? Ți-a citit-o?

Travis se întoarse cu fața spre ea.

–Nu, nu mi-a spus şi nici nu l-am întrebat. Însă nu părea prea încântat de veştile primite. Adevărul e că era cam supărat.

–O, Doamne, să nu fi murit cineva!

–Şi de ce-ai crede că a murit cineva?

–Telegramele aduc întotdeauna veşti proaste, Travis. Toată lumea ştie asta. Ce-a făcut Harrison după ce a citit mesajul?

Travis suspină.

–Şi-a pus hârtia în buzunar şi s-a dus să-şi facă bagajele. Avea de gând să meargă în oraş să-şi cumpere un cufăr ca să-şi trimită lucrurile înapoi în Anglia, dar Adam i-a împrumutat unul vechi. I-am promis că am să-l expediez.

–Harrison pleacă. Ştiam că pleacă, zise ea. Mi-a spus.

–Nu te necăji până nu vorbeşti cu el.

–Nu sunt necăjită.

–Atunci, dă-mi drumul. Mă ciupeşti de braț.

Nu-şi dăduse seama când îşi apucase fratele de braț. Îşi retrase imediat mâna.

–Nu vreau să plece.

Expresia lui Travis se îmblânzi.

–Ştiu că nu vrei. Să iubeşti pe cineva nu e tot timpul plăcut, nu? Te-a făcut vulnerabilă.

Nu putea să-l contrazică. Se simțea prea nefericită acum.

–Nu, nu e întotdeauna plăcut. Când pleacă Harrison?

–N-a spus.

–Unde e acum?

–A ieşit cu Adam acum o oră. Nu mi-au spus unde se duc. Dar ştiu că Adam voia să stea de vorbă cu el între patru ochi. Poate că s-au dus la pescuit acolo sus, lângă casa lui Cowan. Sunt mulți păstrăvi la cotul râului. Nu-ți strica ziua făcându-ți griji, Mary Rose. Sunt sigur că Harrison ne va spune diseară ce planuri are.

Ea intră înapoi în casă. Trebuia să găsească un mod de a-şi petrece restul zilei şi, Doamne, cum îşi mai dorea să poată avea răbdare. Detesta să aştepte, chiar şi veşti proaste.

Eleanor nu era astăzi o companie prea plăcută. Se învârtea prin casă şi nu avea chef de nimic. Mary Rose hotărî să facă o curățenie ca lumea în salon. Dacă era ocupată, ziua avea să treacă mai repede sau, cel puțin, aşa credea.

Nu se limită la salon. Frecă podelele, schimbă aşternuturile, spălă geamurile, iar apoi ieşi afară să muncească în grădină. Pe seară, era frântă de oboseală. Se duse în bucătărie să pregătească cina, dar bucătarul îi flutură prin față satârul şi îi spuse să se care naibii de acolo. Samuel sau Față-zbârcită, aşa cum îi spuneau Douglas şi Cole, era o corcitură de indian Crow cu irlandez. Era o combinație interesantă în ceea ce priveşte temperamentul, cel puțin aşa credea Adam. Samuel avea, aşa cum te aşteptai, temperament de irlandez, însă îşi păstrase un dram de demnitate.

Mary îl socotea de-a dreptul adorabil. Însă nu îndrăznea să-i împărtăşească lui Samuel părerea ei, pentru că acesta nu punea mare preț pe nici un fel de complimente.

– Samuel, eşti tot aşa de țâfnos ca în ziua în care ai venit aici, îi spuse ea.

Felul în care o priveau ochii lui căprui, aproape negri, îi dădu de înțeles că îi făcea plăcere să o audă. Îi flutură din nou cuțitul prin față, o amenință că îi va pune otravă în mâncare şi îi mai zise o dată să-şi ia tălpăşița.

Ea pufni în râs. Samuel se întoarse cu spatele, dar nu înainte de a-i zări zâmbetul.

Deoarece Adam nu scrisese cuvântul zilei pe tăbliță, ea luă creta şi scrise unul în locul lui. Cu litere mari şi îngroşate.

– Uite, Samuel, ți-am scris numele, îl tachină ea.

Îl mai necăji pe bucătar câteva minute, apoi puse masa căci se apropia ora cinei. Când termină treaba, se duse la etaj să-şi ia haine curate, săpun şi prosoape. O târî pe Eleanor la un cot al râului, să se spele.

De-abia aştepta să-l vadă din nou pe Harrison, totuşi evită intenţionat să se uite la el cât timp stătură la masă. Îi era teamă să nu roşească la amintirea celor petrecute cu o noapte în urmă. De fiecare dată când se gândea la noaptea lor de dragoste, se îmbujora şi i se tăia respiraţia.

Fraţii ei ar fi observat şi, din acest motiv, rămase cu ochii în farfurie. Fireşte că nu-i era ruşine de ceea ce făcuse, dar nu era pregătită să discute intimităţi cu fraţii săi.

Nici ei nu păreau prea dornici să vorbească despre asta, cu toate că Mary Rose ştia că cel puţin doi din ei o auziseră plecând noaptea din casă. Adam trebuia s-o fi auzit coborând scările şi Cole se trezise, probabil, în clipa în care ea deschisese uşa iatacului.

Dar nici unul din ei nu scosese o vorbă despre comportamentul ei, şi poate că de aceea nu reuşise să se uite în ochii lor în timpul cinei.

Ştia că ei ştiu, dar, Doamne, oare de ce nu se simţea câtuşi de puţin vinovată? Hotărî că avea nevoie de timp ca să înţeleagă totul.

Nu credea că lui Harrison îi era greu să se adapteze la noul lor aranjament. Ştia perfect că el nu credea că ar trebui să aibă ceva de regretat. După el, îşi luaseră un angajament – el faţă de ea şi ea faţă de el –, iar acum se gândea, probabil, că ar trebui să înceapă să se poarte ca un cuplu căsătorit de multă vreme.

Dar nu erau căsătoriţi, cel puţin nu legal, şi, până când uniunea lor nu era binecuvântată de un preot, nu avea să se preocupe de faptul că rănea sentimentele fraţilor ei.

Nu se prea făcea conversaţie în jurul ei. Toţi păreau preocupaţi, iar atmosfera prea liniştită o îngrijora şi mai mult pe Mary Rose.

Chiar şi Eleanor se purta ciudat. Lua câte o gură de apă din pahar, dar nu se atingea de mâncare. Nici măcar n-o plimba prin farfurie aşa cum făcea Mary Rose ca să-şi păcălească fraţii că, de fapt, mănâncă.

Douglas observă primul că Eleanor nu e bine.

– Nu te simţi bine, Eleanor? o întrebă el.

– Sunt doar puţin obosită în seara asta. Nu-mi pot închipui de ce. N-am făcut nimic ca să obosesc. E frig aici, nu?

Douglas se uită la Adam.

–Are febră. Doar vezi cât de roşie e în obraji.

Mary Rose scăpă furculiţa şi se întoarse spre prietena ei.

–Eşti bolnavă? o întrebă în şoaptă.

Douglas se ridică de pe scaun şi înconjură masa. Îşi puse dosul palmei pe fruntea lui Eleanor să se asigure dacă are febră.

–Da, are febră mare. Vino cu mine, Eleanor. Te bag în pat. Ajutând-o pe Eleanor să se ridice de la masă, ea se sprijini de el.

Mary se îngrozi de starea în care se afla prietena ei şi de propria atitudine egoistă. Ar fi trebuit să-şi dea seama că Eleanor era bolnavă şi ar fi făcut-o, dacă nu ar fi fost prea ocupată să se gândească la propria ei persoană.

Fusese groaznic de nepăsătoare.

–Vai, Eleanor, ce rău îmi pare că nu te simţi bine! De ce nu mi-ai spus mai devreme?

–N-am vrut să mă plâng.

Cole clătină din cap.

–Nu trebuie să faci pe martira, Ellie. Spune-mi, de cât timp eşti bolnavă?

–De dimineaţă, îi răspunse ea. Mary Rose m-a dus la râu să mă spăl azi după-amiază. Apa era foarte rece, dar nu m-am plâns nici de asta. Adam, am făcut bine că nu m-am plâns, nu?

Adam îi văzu lacrimile din ochi şi se simţi, dintr-odată, foarte vinovat. Biata femeie îşi făcea în continuare griji să nu fie dată afară. Se întinse spre ea şi o bătu uşurel pe mână.

–Trebuia să te plângi, îi spuse. Faci parte din familie acum, Eleanor. Trebuie să ştim când eşti bolnavă, ca să putem avea grijă de tine.

–Serios? Părea încântată de vorbele lui.

Adam zâmbi.

–Da, serios, insistă el. Douglas te va pune imediat pe picioare. Du-te sus. Vin şi eu cu nişte ceai în câteva minute. Mary Rose, nu vrei s-o ajuţi să se bage în pat?

Cole aşteptă până când Douglas şi Mary Rose o luară pe Eleanor din sufragerie, apoi vorbi din nou.

–Acum suntem băgaţi cu toţii în asta.

–Ce vrei să spui? întrebă Adam.

– N-ai văzut cum se uita la tine când i-ai spus că trebuia să se plângă? Am senzația că i-a plăcut un pic prea mult să audă asta.

– Nu fi ridicol! îi răspunse Adam. E bolnavă. Vezi şi tu asta.

– Lasă asta, spuse Travis. Mă interesează foarte mult un alt lucru pe care l-am auzit pe Adam spunându-i-l lui Eleanor. La ce te-ai referit când i-ai zis că face parte din familie acum?

Cole dădu din cap.

– Da, Adam, la ce te-ai referit?

– N-am vrut decât să o fac să se simtă bine. E ceva rău în asta?

– Tocmai când se gândeşte să plece? întrebă Travis.

Adam se prefăcea preocupat să scoată un os din păstrăvul său.

– Păi, cred că depinde de ea, nu-i aşa?

Travis şi Cole se uitară unul la altul. Apoi Travis mormăi:

– La naiba, nu mai pleacă nicăieri, nu?

Cole se încruntă.

– Îmi doresc să-mi fi spus înainte să apuc s-o sărut pe femeia asta. Nu i-aş fi făcut niciodată avansuri dacă aş fi ştiut că nu are de gând să mai plece de aici. La naiba! mormăi. Acum va trebui să vorbesc cu ea despre intențiile mele.

Douglas se întoarse în sufragerie la timp ca să audă ultimele cuvinte ale lui Cole.

– Vrei să spui lipsa ta de intenții?

Fratele lui dădu din cap confirmându-i spusele. Douglas păru nedumerit.

– Ar trebui să-ți fie ruşine să te joci aşa cu Eleanor. Adam, nu-i duce sus ceaiul până nu aduc praful meu special. Vreau să pun o linguriță în ceaşcă mai întîi. Aş fi vrut să nu-i fi spus că are dreptul să se plângă. Acum e sus, recuperează din greu. Mary Rose e tare necăjită. Se învinovățeşte pentru febra lui Eleanor şi o tot roagă s-o ierte că a fost aşa de egoistă. Sora noastră a devenit al naibii de sensibilă în ultimul timp, adăugă el, aruncând o privire cu subînțeles în direcția lui Harrison. Cred că s-ar putea îmbolnăvi şi ea de ceva. N-a pus nimic în gură la cină şi nu s-a uitat deloc la Harrison. Să nu credeți că nu am observat.

– Şi eu am observat, se băgă Cole.

–Poate c-ar trebui să amânăm discuția până se simte Mary Rose mai bine, sugeră Travis.

–Nu! izbucni Harrison ferm.

Adam încuviință dând din cap.

–Amânăm lucruri care ne îngrozesc, îi spuse el fratelui său. Asta n-o putem amâna. Trebuie să-i spunem cât mai curând posibil. I-am pus toată ziua întrebări lui Harrison despre familia Elliott. M-a asigurat că o să aibă grijă de ea. Totuşi, nu sunt convins c-ar trebui să plece cu Harrison. Poate e mai bine s-o lăsăm să mai stea aici un timp, până se obişnuieşte cu gândul că are o familie acolo, în Anglia.

Harrison ar fi vrut să-l contrazică pe Adam, dar hotărî să nu mai spună nimic pentru moment. Se scuză că se ridică de la masă şi ieşi afară pe verandă.

Adam veni după el. Se aşeză pe scaunul de lângă Harrison şi îşi întinse picioarele în față.

–Nu vrei să-mi auzi părerea, nu?

–Nu, n-aş vrea, ripostă Harrison. Vrei să amâni inevitabilul. Se poate obişnui pe drumul spre Anglia, Adam.

–Îmi displace total ideea să-i spun ceva atât de neaşteptat şi apoi s-o oblig să-mi facă pe plac. Nu, are nevoie de un răgaz. Mary Rose, de cât timp stai acolo?

–Nu de multă vreme, îi răspunse ea. Deschise uşa cu plasă şi ieşi afară.

–Pot să stau cu tine?

–Nu, răspunse Adam. Nu-şi explică refuzul.

–Las-o să stea, îi sugeră Harrison. Trebuie să vorbesc cu ea.

Adam încuviință cu un gest din cap. Mary Rose se sprijini de balustradă, îşi împreună mâinile ca în rugăciuune şi îşi fixă fratele cu privirea.

–Îmi spune vreunul din voi şi mie ce se întâmplă? De ce sunteți amândoi aşa prost dispuşi?

–Nu suntem prost dispuşi, ripostă Adam.

–Vă încruntați. Nu consideră că e necesar să spună mai mult.

–Discutam lucruri serioase, Mary Rose. Nu te privesc pe tine.

–Cum să nu o privească pe ea! Fii rezonabil, Adam, îi ceru Harrison.

– O să fiu rezonabil la timpul potrivit. Cred c-o să merg acum să-i fac ceaiul lui Eleanor. Nu sta afară până târziu, Mary Rose.

Mary Rose își urmă fratele spre ușă.

– Ce-ai să-mi spui așa neașteptat și de ce nu vrei să mă obligi să-ți fac pe plac?

– Ai ascultat ce vorbeam, nu?

Ea dădu din cap confirmând.

– Vrei să-mi explici?

– Mâine, îi promise Adam. O să-ți explic totul mâine.

Mary Rose așteptă până fratele ei intră în casă și apoi se îndreptă spre Harrison. Se așeză între picioarele lui întinse, cu mâinile pe lângă corp, și încercă să pară calmă. Nu voia să o vadă panicată. Toată ziua încercase din răsputeri să-și păstreze calmul, dar, din clipa în care Travis îi spusese că Harrison își face bagajele, fusese cuprinsă de neliniște.

El vorbi primul:

– Ești supărată pe mine?

Se uită fix la bărbia lui. Apoi îl privi în ochi.

– Nu, nu sunt supărată.

– Nu te-ai uitat la mine în timpul cinei și nici nu mi-ai vorbit. Am crezut că ești supărată pe mine pentru...

Nu-l lăsă să termine:

– Pleci în curând. Travis mi-a spus.

– Da.

Mary Rose așteptă să-i spună din ce motiv pleca așa de brusc, dar el nu mai scoase o vorbă. O avertizase. Își aminti din nou de asta, dar nu o ajută cu nimic. Nu-și putea lua ochii de la el. Lumina lunii îi îndulcea trăsăturile aspre. Ar fi vrut s-o ia în brațe și s-o liniștească. Era atât de nefericită acum și știa că, în doar câteva minute, avea să izbucnească în lacrimi, dar, Doamne, o durea prea mult ca să-și mai facă griji din pricina lacrimilor.

– Ai încercat să mă pregătești, nu? Mi-ai spus că trebuie să pleci. Speram doar să nu fie așa curând. Mă părăsești din cauza telegramei pe care ai primit-o?

El scutură hotărât din cap.

– Nu, telegrama e despre o chestiune financiară. Mary Rose, vino mai aproape.

Întinse mâna după ea chiar pe când rostea aceste cuvinte. O trase în poala lui şi o luă de după mijloc.

– Eşti bine? Vocea îi era o şoaptă răguşită.

Ea nu răspunse imediat. Cum putea să-i fie bine? El pleca, pentru numele lui Dumnezeu. Nu-şi dădea seama că îi lua inima cu el?

– Ştiu că ţi-am făcut rău ieri-noapte.

– Azi nu mă mai doare aşa tare, îi şopti ea. Îţi pare rău că te-ai culcat cu mine?

Întrebarea ei îl enervă. Îi ridică bărbia şi o forţă să-l privească.

– Nu, iubito, nu-mi pare rău deloc. Dacă aş putea, aş face dragoste cu tine chiar acum. Numai Dumnezeu ştie cât te doresc.

Ochi i se umplură de lacrimi.

– Şi eu te doresc, îi şopti ea. Aş vrea să fiu mai relaxată în privinţa asta. Nu-mi pare rău de ce s-a întâmplat. Doar că nu-mi place să mă simt vulnerabilă, Harrison. „Sau să mă simt abandonată", adăugă în sinea ei.

– De ce te simţi vulnerabilă?

– Pentru că pleci, ce Dumnezeu!

– Ai să vii în Anglia, Mary Rose. Va fi doar o despărţire de scurtă durată. N-ai ascultat ce ţi-am spus ieri-noapte? N-o să-ţi dau drumul niciodată. Eşti a mea acum.

Apoi se aplecă şi îi ceru gura pentru un sărut lung, arzător. Ea îl apucă de gât şi îl sărută la rândul ei cu toată dragostea şi disperarea din ea.

Când sărutul se sfârşi, în cele din urmă, abia mai putea să respire. Îşi puse capul sub bărbia lui şi îi ascultă respiraţia precipitată.

– Te iubesc, Harrison.

– Ştiu, iubito. Se lipi de spatele ei, plăcându-i nespus senzaţia de a o şti aproape.

– Avem noaptea asta la dispoziţie. Să facem dragoste, te rog.

– O să te rănesc.

Chiar în momentul în care îi oferea acest motiv pentru a nu se atinge de ea, el se ridică, o luă în braţe, şi porni spre căsuţă.

Mary Rose încerca să-i deschidă nasturii de la cămaşă şi să-l sărute în acelaşi timp.

Până să ajungă la destinație, erau amândoi prea înfierbântați ca să se mai opună.

Ei îi tremurau mâinile prea tare ca să-şi scoată fusta. Harrison o făcu în locul ei, mormăind câteva înjurături, căci copcile micuțe erau aproape imposibil de desfăcut cu mâinile lui mari.

Hainele sfârşiră într-o grămadă pe jos. Se prăbuşiră împreună în pat. Harrison încercă să-ți sprijine greutatea în mâini când se aşeză peste ea, apoi scoase un geamăt puternic de plăcere când îi simți pielea caldă lipită de a lui.

Furnicătura dureroasă din pântece începu să se răspândească prin tot corpul. Îi luă fața în mâini şi i-o trase în jos, oferindu-i un sărut lung, pasional, cu gura deschisă.

El îşi schimbă poziția şi începu să întețească focul dinlăuntrul ei. Mâna lui dreaptă ajunsese mai jos, pe pântecele ei. Ea trase adânc aer în piept, anticipând plăcerea ce urma să i-o dăruiască, dar, când degetele lui îi pătrunseră între coapse şi începură să dezmierde, o străbătu un junghi sfâşietor.

Îl apucă de mână şi încercă să-l oprească.

– Mă doare mai tare decât credeam. Ar trebui să ne oprim, Harrison. O, Doamne! Nu vreau să mă opresc. Eu...

Gura lui îi puse capăt protestului. O strânse în brațe şi o devoră cu sărutări arzătoare şi cu cuvintele pătimaşe pe care i le şoptea.

În scurt timp, o făcu să-l dorească şi mai mult şi să uite de durere. Tremura de dorința de a fi una cu el când Harrison încetă s-o sărute pe gură şi începu să-i pună stăpânire pe gât. Îi simțea răsuflarea fierbinte în ureche când îi şoptea ce voia să-i facă şi era atât de erotic şi de excitant.

Apoi se mută şi mai jos şi începu să-i sărute sânii, pe urmă pântecele şi, dintr-o mişcare, îi sărută miezul fierbinte; ea icni surd şi încercă să-l oprească.

Dar el nu mai voia să se oprească, îi găsea gustul prea minunat ca să se retragă. Gura lui îi dezmierda pliurile de carne moale şi se împingea în deschizătura caldă, primitoare.

Se agăță de el şi îl imploră, cu gemete slabe, să-i ofere mai mult, şi mai mult. Îşi înfipse unghiile în umerii lui şi, când simți primele spasme ale orgasmului, îi strigă numele şi începu să plângă încetişor din cauza intensității pure şi zdrobitoare a plăcerii pe care o trăia.

Harrison o simți topindu-se sub el şi ştiu că nu mai poate aştepta. Ar fi înnebunit dacă nu intra imediat în ea. Îşi schimbă din nou poziția, aflându-se iar în genunchi între coapsele ei. O ridică şi se cufundă în ea cu toată puterea.

Durerea se împleti cu împlinirea. Pasiune pe care o ințetise în ea cu atâta dibăcie părea să explodeze în mii de cioburi. Ea se abandonă cu totul plăcerii mistuitoare, căci se simțea ocrotită şi apărată în brațele bărbatului pe care îl iubea.

Harrison îşi găsi împlinirea după mai puțin de un minut. Scoase un strigăt puternic de plăcere când îşi vărsă sămânța în ea. Încercase să se abțină, să îi mai ofere un orgasm, să termine odată cu el, dar toate mărețele lui planuri fură date uitării când se trezi în ea, între pereții ei strâmți care îl strângeau. Pulsau în jurul lui şi îl făcu să piardă controlul. De fiecare dată când se retrăgea, ea se arcuia, lipindu-se de el, grăbindu-l spre împlinire. Îşi ridică genunchii pentru ca el să poată intra mai adânc, iar atunci, Dumnezeu îi era martor, nu-şi mai putu stăvili orgasmul.

Se auzi de nenumărate ori murmurându-i că o iubeşte, iar undeva, într-un ungher al minții sale, îşi dădu seama că Mary Rose plânge încetişor. Spera din tot sufletul să n-o fi rănit din nou, dar, chiar şi după ce îi dăruise sămânța lui, tot nu reuşea să o părăsească.

Încremenise în ea şi îşi lăsă capul pe umărul ei.

Nu dorise să se întoarcă la realitate, iar, când o făcu, îl cuprinse îngrijorarea. Se purtase ca o brută. O rănise oare din nou?

– Eşti bine? îi şopti ea. El încercă să înțeleagă întrebarea. Harrison, respiră, te rog. Începi să mă îngrijorezi. Se foi sub el. Doamne Dumnezeule, te-am omorât, oare? El izbucni în râs. Nu ştia de unde are atâta energie. Plăcerea moleşise mişcările şi abia putea să închege o propoziție coerentă.

– Eşti bine? Mă temeam că te-am rănit, spuse Harrison. Pe ea o trecu un fior când îi auzi vocea răguşită. Dumnezeule mare, ar putea şi să citească ziarul cu voce tare şi tot ar excita-o, se gândi ea. Datorită accentului său, desigur. Avea cea mai senzuală voce pe care o auzise vreodată.

– Mai trăiesc încă, îi şopti ea. Spune-mi încă o dată că mă iubeşti.

– Te iubesc.

– Asta o să mă ajute dacă şi când, şopti ea. El făcu un efort să se mişte. Se rostogoli pe o parte şi o trase în braţele lui.

– Dacă şi când ce, iubito?

– Dacă rămân grea şi când vei pleca.

Ea crezuse că se va grăbi să îi risipească temerile. Dar el nu o făcu.

– Sper din tot sufletul că eşti. Vreau cel puţin douăzeci de copii.

– Doamne fereşte! şopti ea.

El îi puse mâna pe pântece. Era un gest posesiv care îi trimise fiori până la tălpi.

– O să fiu grasă.

– Îmi plac femeile grase.

– Nu pleca!

– Trebuie să plec. O să vii la mine, iubito. Nu vom fi despărţiţi mult timp.

– Şi dacă se întâmplă ceva şi nu pot să vin la tine?

– Ţi-am mai spus că mă întorc şi te iau.

– Şi pe urmă?

– Te voi târî după mine în Anglia dacă trebuie, îi promise el. Dooley mi-a spus că judecătorul Barnes este în drum spre Blue Belle. O însoţeşte pe Belle înapoi acasă. Se pare că e nebun după ea.

– Nebun?

– Dooley a zis, nu eu, îi spuse el, căscând. Cred că ar trebui să ne oficializăm relaţia înainte să plec. Vrei să ne căsătorim mâine, iubito?

– Aş prefera să aştept să fiu cununată de un preot sau de un rabin. Nu e prea romantic să fii căsătorită de un judecător care spânzură oameni.

– Nu vreau să aştept.

– Te îngrijorează că aş putea să mă răzgândesc cât eşti plecat?

– E prea târziu să te mai răzgândeşti. Ţi-ai luat un angajament faţă de mine când mi-ai trecut pragul ieri-noapte. De ce te-ai întors în camera ta după ce am făcut dragoste?

– Din cauza fraţilor mei. Îşi plimbă degetele pe pieptul lui. Nu vreau să fac nimic care să le aducă şi mai multă ruşine.

– Să le aducă şi mai multă ruşine?

Nu dorise să ridice tonul, dar cuvintele ei îl înfuriaseră şi nu se putuse controla.

– Aşa simţi tu, fir-ar să fie? Crezi că te-ai făcut de ruşine culcându-te cu mine?

Ea încercă să-l liniştească.

– Te rog să mă înţelegi, Harrison. Ştiu că nu e posibil să ne căsătorim acum şi, cum nu suntem căsătoriţi încă, trebuie să mă gândesc la sentimentele fraţilor mei. Dacă ne găsesc împreună în pat, o să fie foarte necăjiţi.

Harrison nu înţelegea. Cât ai clipi, se ridică din pat şi se întinse după pantaloni.

– Îmbracă-te!

Îi porunci pe un ton tăios, care nu admitea replică. Ea îl ignoră.

– Vino înapoi în pat! Lasă-mă să-ţi explic.

– Îmbracă-te, Mary Rose, sau jur pe Dumnezeu că te duc înapoi în casă într-o pătură. Vrei să te vadă fraţii tăi aşa?

Nu mai trebui să continue. Sări din pat şi începu să se îmbrace.

Era gata înaintea ei. O ajută să-şi pună bluza şi îi întinse căzut pe gânduri fusta.

– Nu vrei să-mi spui de ce eşti aşa grăbit? îl întrebă ea. Credea că pusese o întrebare rezonabilă. Totuşi, el reacţionă de parcă l-ar fi insultat.

– Cuvântul „ruşine“ nu-mi place deloc, izbucni el. Vom avea o mică discuţie cu fraţii tăi. Grăbeşte-te, fir-ar!

Se întoarse cu spatele să-şi caute pantofii. Observă aşternutul de pe pat şi icni puternic. Chiar şi din partea opusă a camerei, se vedea că e mânjit de sânge.

Se făcu roşie ca racul într-o clipită. Uită cu totul de pantofi şi se duse repede să scoată cearşafurile.

El stătea cu mâinile în şolduri şi avea o expresie din care nu putea decât să deducă faptul că era convins că îşi pierduse minţile.

– M-ai făcut să sângerez.

– Trebuia să sângerezi.

– Nu trebuie să vorbeşti aşa urât despre asta. Dacă veneau fraţii mei aici? Te-ar fi împuşcat înainte să asculte orice explicaţie.

– Ştiau care îmi sunt intenţiile. Lasă naibii cearşafurile în pace, Mary Rose. Vreau să vorbesc cu Adam înainte să se ducă la culcare.

Ea făcu cearşafurile ghem şi se întoarse încruntată spre Harrison.

– N-o să vorbim cu Adam. Mă duc acasă singură. Dacă te gândeşti să-i spui fratelui meu ce am făcut adineauri, ia-ţi gândul de la asta. Nu vreau să fiu ruşinată sau umilită, Harrison. Pricepi?

Lăsă cearşafurile jos, apoi îşi puse pantofii. Nu-i venea să creadă că seara se sfârşise aşa. Harrison fusese un amant atent, blând. Acum se purta ca o brută arogantă.

Nu ştia ce-l apucase, dar nu era în dispoziţia potrivită pentru a-l linişti. Doar gândul de a-i spune lui Adam că i se dăruise lui Harrison îi întorcea stomacul pe dos. Nu va îngădui nimănui s-o facă de ruşine într-un asemenea hal, nici măcar bărbatului îngrozitor pe care, întâmplător, îl iubea.

Încercă să treacă pe lângă el, dar Harrison o apucă de mână şi nu îi mai dădu drumul. Apoi o târî după el prin curte, în sus pe scări şi în casă.

Trecură de Cole în antreu. Fratele ei se uită la Mary Rose, apoi spuse:

– Ce naiba e cu tine?

Îşi opri privirea spre părul ei. Ea încerca să-şi aranjeze buclele cu mâna liberă.

– Nimic! îi strigă, dar Harrison o trase după el.

Nu bătu la uşa bibliotecii. O deschise şi o împinse încet pe Mary Rose înăuntru. Se aşeză chiar în spatele ei, aşa că, atunci când aceasta încercă să facă un pas înapoi, îi blocă drumul cu statura lui masivă.

Adam era uimit. Închise cartea pe care o citea şi dădu să se ridice.

Harrison îi spuse să stea jos. Cum Adam se uita la ei, Mary Rose se trezi împinsă în celălalt fotoliu, ordonându-i-se să rămână acolo.

Ea clătină din cap.

– E revoltător, Harrison, şopti. Dacă spui un singur cuvânt, jur că fac o nebunie.

El o luă de după umeri şi rămase cu privirea aţintită la fratele ei.

– Adam, eu şi Mary Rose trebuie să ne căsătorim cât mai repede. Judecătorul Burns va ajunge mâine în Blue Belle. Cred că ar trebui să mergem cu toţii la oraş şi...

– Nu o să mă căsătorească un judecător care spânzură oameni. E împotriva principiilor mele, interveni ea.

– Harrison, închide uşa, îi sugeră Adam. Şi vă rog pe amândoi să coborâţi tonul. Ce-i toată discuţia asta şi graba să vă căsătoriţi?

– Harrison are o idee fixă, îl anunţă Mary Rose. Îşi încrucişă braţele pe piept şi privi fix peste umărul lui Adam. Nu reuşea să se uite în ochii lui. Nu-l băga în seamă. Nu se simte bine pentru că trebuie să plece.

El o luă iar de după umeri. Braţul lui părea mai greu. Se gândi că o apasă înadins, aşa că tăcu. Încercă să-l ignore.

– Se pare că avem o problemă. Trebuie s-o rezolvăm împreună, fără să te implicăm pe tine, Adam. Scuză-ne acum.

Era o ieşire potrivită din scenă, dar nu-i reuşi deloc, pentru că Harrison n-o lăsa să plece.

– Adam, am crezut că Mary Rose a înţeles, dar acum îmi dau seama că nu. Pare să creadă că şi-a făcut fraţii de ruşine culcându-se cu mine. Fiindcă se simte vinovată, mă gândesc să ne căsătorim cât mai repede cu putinţă. Să fiu al naibii dacă o las să-i fie ruşine de ce s-a întâmplat între noi. Mi-am înşirat toate motivele pentru care ar trebui să aştept până îi explici tu totul, dar nu am reuşit să fac ce-aş fi vrut şi, la naiba, faptul că ar părea că ne grăbim nu mai contează pentru mine acum. O iubesc şi mă iubeşte.

Adam dădu din cap aprobator, lăsându-l pe Harisson să-şi dea seama că-l înțelege, dar privirea îi era ațintită asupra surorii lui mai mici. Nu arăta câtuşi de puțin ca o femeie îndrăgostită. De fapt, arăta de parcă ar fi vrut să-l omoare pe viitorul ei mire.

– Judecătorul Burns ar fi încântat să oficieze mâine căsătoria.

– Adam, nu vreau.

– Te simți vinovată, Mary Rose?

Ea tăcu brusc. Ştia că, indiferent că ar fi fost de acord sau nu să se mărite mâine, oricum şi-ar fi mințit fratele.

– Mi-a spus că ar vrea să fie la fel de relaxată ca mine în privința lucrurilor de genul ăsta, remarcă Harrison. Nu mi-am dat seama la ce se referea până acum câteva minute. Să mă duc să-l aduc mâine pe judecător?

– Ar fi frumos să facem nunta aici la fermă şi cred că judecătorul ar accepta să vină. Invit-o neapărat şi pe Belle. Ne-a ajutat cu Mary Rose când era mică. Ar vrea s-o vadă măritată. Totuşi, cred că nu e nevoie să le spui că te-ai culcat deja cu mireasa. Faptul că trebuie să pleci ar fi un motiv suficient pentru graba cu care se încheie această căsătorie.

– Vreau să vină cu mine.

– Asta depinde de ea. Ea va trebui să ia o decizie după discuția noastră.

– Cred c-ar trebui să discutăm acum.

Cole rosti aceste cuvinte din prag. Travis stătea în spatele lui.

Mary Rose nu-şi mai dorea decât să intre în pământ de ruşine. Dacă aflau şi ei că se culcase cu Harrison, sigur avea să moară de umilință.

– Toate pe rând, sugeră Adam. Ce-i făcut e bun făcut. Mâine facem nunta. Ne-am înțeles?

Cole şi Travis aprobară dând din cap.

– E uşor să divorțezi, îi spuse Cole lui Mary Rose. Poți să te agăți de acest gând în timpul ceremoniei.

Pe Harrison nu-l amuza umorul negru al viitorului său cumnat.

– Nu e adevărat. Te căsătoreşti pentru totdeauna. Ai priceput, Mary Rose?

Ea îi dădu mâna la o parte şi se întoarse.

– Ce fel de cerere în căsătorie mai e şi asta? Trebuie, oare, să înţeleg prin „Ai priceput?“ un „Vrei să te măriţi cu mine?“ Ai un fel ciudat de a vorbi, Harrison MacDonald şi, dacă nu te-aş iubi aşa mult, sigur te-aş împuşca. Noapte bună.

Avusese ultimul cuvânt. N-o opri nimeni să iasă din bibliotecă. O luă la fugă până în dormitorul ei şi începu să plângă abia după ce închise uşa după ea.

Să-l iubească pe Harrison ajunsese o pacoste. Făcută de ruşine sau nu, tot nu va accepta să fie căsătorită de un judecător care spânzura oameni. Nu, domnule, pentru nimic în lume, se gândi ea, folosind una din replicile preferate, dar absurde ale lui Cole.

Se simţea mai bine acum, că se hotărâse. Adormi în ecoul cuvintelor rostite de fratele ei în urechi.

Nu, domnule, pentru nimic în lume.

18 august 1869

Dragă Mamă Rose,

Eu, Travis, Douglas şi Cole ne-am bucurat că l-ai certat în scrisoarea ta pe Adam. Nici unul dintre noi nu te-am mai văzut aşa supărată, dar fiul tău mai mare trebuia să te audă spunându-i să stea potolit. Ideea lui nebunească de a pleca în locuri necunoscute pentru ca Livonia să nu te mai poată şantaja să rămâi cu ea a fost o nesăbuinţă, exact aşa cum ai spus.

Cole tot crede că există vreo cale de ieşire din încurcătura asta şi e clar că nu înţelege compasiunea ta pentru Livonia. Se întreabă de ce nu o urăşti, dar Adam spune că nu eşti în stare să urăşti pe nimeni. De ce nu ne laşi pe nici unul din noi să venim pe la tine? Fiii Livoniei nu ne pot face nici un rău, mamă.

Tare aş vrea să te îmbrăţişez,

Fiica ta,

Mary Rose

Capitolul 16

Veni înarmată la propria nuntă. Judecătorul Burns nu accepta arme în sala lui de judecată sau în salonul în care oficia căsătoriile, prin urmare insistă să-şi scoată pistolul din buzunar. Ar fi fost mai dur cu ea dacă Adam l-ar fi lăsat.

Judecătorul nu era un om chiar antipatic. Era tânăr pentru un judecător sau aşa credea Mary Rose, căci nu avea încă 50 de ani şi condamnase deja mulţi criminali la spânzurătoare în cei aproape cincisprezece ani de când deţinea această funcţie.

Era un om arătos. Înalt, doar un pic gârbovit de vârstă, avea ochi verzi strălucitori, despre care condamnaţii credeau că seamănă cu ochii Satanei. Totuşi, judecătorul nu avea coarne. În schimb, avea o claie de păr arămiu-închis. Fusese dăruit cu un temperament irlandez şi un simţ practic cât se poate de englezesc.

El şi Harrison se înţeleseseră foarte bine din momentul în care se întâlniseră. Burns avea rude îndepărtate pe lângă Canterbury, aşa că simţea că are şi altceva în comun cu Harrison, în afară de domeniul în care lucrau.

Şi felul în care se purta viitorul mire cu Belle îl mişcase pe judecător, căci Harrison o trata pe femeie cu tot respectul datorat oamenilor de stat. Şi nu era nimic prefăcut. Belle contribuise la educaţia lui Mary Rose, iar Harrison îi era la fel de îndatorat ca şi ceilalţi. Nu-i păsa care era ocupaţia ei. Avea o inimă bună, asta era tot ce conta pentru el. Dragostea femeii mai în vârstă pentru Mary Rose era foarte evidentă şi când Belle fusese rugată să-i fie domnişoară de onoare şi martoră, izbucnise în lacrimi.

Belle era îmbrăcată în albastru. Judecătorul îi spuse lui Harrison că n-o văzuse niciodată purtând altă culoare în toţi acei ani de când o cunoştea. „Pe bune, până şi lenjeria ei de dantelă e albastră", îi şopti el lui Harrison în timp ce o aşteptau pe Mary Rose să-şi facă apariţia.

Belle se dusese sus s-o ajute pe mireasă. Vârsta şi ocupaţia nu-i înăspriseră trăsăturile. Era foarte drăguţă, cu părul ei castaniu înspicat cu fire albe şi ochii căprui care răspândeau căldură.

Şi, când reveni în salon cu Mary Rose la braţ, mândria şi bucuria oraşului părea mai radioasă decât mireasa.

Mary Rose avea un aer nefericit. Dar era frumoasă, se gândi Harrison.

– Eleanor nu va fi alături de noi, îmi pare rău s-o spun, explică Adam. Are încă febră mare, deşi Douglas m-a asigurat că se simte un pic mai bine astăzi.

– Belle, ştii să cânţi la pian? întrebă judecătorul.

– Nu, iubitule, nu ştiu, îi răspunse ea.

– Voi cânta eu, le propuse Mary Rose.

– Nu, este absurd, copilă, îi spuse Belle, râzând. Tu trebui să-ţi rosteşti jurămintele. John, de ce nu ne aranjezi unde vrei tu să stăm şi nu oficiezi odată căsătoria? Este prea cald aici. Băieţi, voi aşezaţi-vă în şir, în spatele surorii voastre. Care dintre voi o conduce la altar?

Belle îi dădu lui Mary Rose un buchetel de flori de câmp. Apoi îi luă mâna şi i-o puse pe braţul lui Harrison.

– O conducem cu toţii la altar, îi spuse Adam judecătorului.

– Păi, ce să zic? Cred că e în regulă.

– Aşteptaţi. Domnule Burns, aţi spânzurat pe cineva săptămâna asta?

– Din câte îmi amintesc, nu, Mary Rose.

Ea suspină din greu.

– E-n regulă atunci. Harrison, încă nu m-ai cerut de nevastă. N-a făcut-o, domnule judecător. Doar mi-a spus că ne vom căsători. Nu m-a cerut niciodată.

Propria voce i se părea străină. Spera că nu avea să observe nimeni. Florile îi tremurau în mână. Le prinse mai bine şi încercă să pară stăpână pe ea.

– Scumpule, ar trebui s-o ceri cum se cuvine, insistă Belle.

Harrison se întoarse spre mireasa lui.

– Vrei să te măriţi cu mine, Mary Rose?

– Nu.

– Vrea să spună da, îi zise judecătorului.

Harrison se mai uită o dată la Mary Rose.

– Mă iubeşti?

– Da.

–Vrei să-ți petreci restul vieții cu mine?

–Ai să încerci să-ți scoți din cap ideile fixe dacă spun că vreau?

–Da.

–Atunci, da. Vreau să-mi petrec restul vieții cu tine.

–Mie mi se pare că acceptă, John, iubitule, spuse Belle.

Judecătorul își drese glasul, deschise cartea și începu să citească.

Harrison și Mary Rose deveniră soț și soție după doar cinci minute.

El părea ușurat când se terminase totul cu bine. Ea, în schimb, părea uluită. Harrison o trase încet în brațele lui și o sărută. Își strânse florile la piept și îl sărută la rândul ei.

–Acum poți să pleci, îi șopti ea. Nu mai sunt un motiv de rușine pentru frații mei.

–Asta nu-i deloc amuzant, îi șopti el cu gura lipită de a ei. O sărută din nou, mai apăsat, apoi o luă de după umeri și o strânse la piept.

Doi dintre frați, Douglas și Travis, aveau lacrimi în ochi. Cole părea, totuși, satisfăcut, lucru care îl surprinse pe Harrison.

–Ești mulțumit acum? îl întrebă.

–Dacă e cumva gravidă, este deja femeie măritată. Poate vrea să rămână aici, Harrison. Ar trebui să te gândești la asta în drum spre Anglia.

–Vine cu mine.

Cole se încruntă. Harrison părea al naibii de sigur pe el.

Restul după-amiezii și-l petrecură sărbătorind evenimentul, iar Mary Rose nu fu lăsată nici o clipă singură cu soțul ei. Merse sus cu o felie din tortul pregătit de Samuel, dar Eleanor nu putea să mănânce nimic deocamdată. Plânse un minut sau două pentru că lipsise de la nuntă, dar adormi aproape imediat. Mary Rose lăsă tortul pe dulap, apoi se întoarse jos să le mulțumească judecătorului și lui Belle.

Harrison o aștepta pe trepte. O luă în brațe și o strânse.

–Promit că vom avea, cât mai curând cu putință, un preot care să ne binecuvânteze. Asta o să te facă să te simți mai bine, nu?

– Da, mulțumesc.

– Te iubesc, draga mea.

– Şi eu te iubesc.

– Îmi dau seama că doreşti să-ți petreci noaptea cu mireasa ta, Harrison, dar mai e o chestiune în care aş vrea să-ți cer părerea, dat fiind că eşti avocat şi ai pregătire juridică. Poți să-mi acorzi câteva minute şi să vii cu mine în bibliotecă?

Judecătorul Burns îi adresă această rugăminte după ce coborâse scările. Harrison nu putea să-l refuze, bineînțeles, deşi, cu toată sinceritatea, ultimul lucru pe care şi-l dorea acum era să discute chestiuni juridice. Voia s-o vadă din nou pe Mary Rose goală în patul lui.

Dar trebuia să aştepte. Îi făcu cu ochiul miresei lui şi îl urmă pe judecător în bibliotecă.

Judecătorul era fumător de pipă. Îi luă mult timp să şi-o aprindă cum trebuie, apoi se rezemă de spătarul fotoliului lui Adam şi îi zâmbi lui Harrison, căruia îi făcu apoi semn să ia loc în celălalt fotoliu.

– E cea mai ciudată familie pe care am întâlnit-o vreodată. Acum că te-ai căsătorit cu una dintre ei, cred că şi tu trebuie să fii un ciudat. Aşa e, Harrison?

– Cred că da, încuviință Harrison. Sunt toți oameni de treabă, domnule judecător, şi formează, cu siguranță, o familie unită. Frații au făcut totul pentru sora lor.

– Şi drăguța de Belle a avut contribuția ei. I-a cusut rochii lui Mary Rose. Nu-mi amintesc multe despre copilăria ei. Când treceam pe la Belle, de obicei, după căderea nopții, copila era, desigur, la ea acasă. Îmi aduc totuşi aminte că avea o claie de bucle. Le mai are încă? O iubeşti la nebunie, aşa cum ar trebui?

– Da, domnule.

– Am zi de judecată poimâine în Hammond. Îşi schimbă poziția în fotoliu, se aşeză picior peste picior şi apoi continuă: E un proces cu jurați şi toți cei din oraş sunt porniți împotriva acuzatului. Nu va avea parte de o judecată corectă. Am senzația că e trimis la închisoare din prea mult zel. Totul a pornit de la un tip pe nume Bickley. Ai auzit de el?

–N-o să-l uit niciodată pe ticălos, spuse Harrison. Îi explică judecătorului cum îl întâlnise pe individ şi ce-i făcuse acesta.

Judecătorul nu păru surprins de povestea lui.

–Ai vrut să-l omori pentru că i-a făcut rău lui Mary Rose, dar nu l-ai omorât. Asta-i diferența dintre un om civilizat şi un animal. Eşti, oare, un avocat din ăia de nu ştiu nimic sau ştii foarte bine cum funcționează legea?

–Ştiu cum funcționează legea.

–Aş vrea să mi-o dovedeşti. Vrei să vii mâine la Hammond şi să vorbeşti cu George Madden? El e omul pe care au de gând să-l condamne.

–Care e acuzația?

–Că a furat un cal. Aici oamenii iau în serios furturile, dar, când e vorba de calul unuia dintre ei, atunci cred că pedeapsa cu moartea e singura variantă. Nu vei avea multe de făcut în acest caz, îmi pare rău s-o spun, dar am presentimentul că, după ce vorbeşti cu Madden, vei afla cine a furat calul. N-o să-ți mai spun nimic ca să nu te influențez, dar omul merită o judecată dreaptă şi dacă nu vii la Hammond, n-are să aibă parte de una. Nu poți să-ți iei mireasa cu tine, tot oraşul e scandalizat de treaba asta. Comitetul de cetățeni se ia de oricine şi este gata de linşaj, iar şeriful nu mai e în stare să păstreze ordinea. Nu mai poate amâna data procesului, aşa că nu e cazul să-i ceri favoruri. Şeriful ar fi în stare să vină pe furiş în camera mea şi să mă împuşte în somn dacă aş hotărî să întârzii lucrurile. Mi-a impus un termen de 24 de ore din momentul de față, iar puşcăria lui geme de oameni pe care tot eu trebuie să-i judec.

–Ți se spune judecătorul care spânzură oameni.

–Frumos!

Harrison izbucni în râs.

–Eşti un om corect, nu?

–Îmi place să cred că da. Dacă un om trebuie spânzurat, nu mă dau în lături să mă ocup de asta. Dar nu contează întotdeauna ce e drept, mai ales când un om e judecat de o curte cu juri. Semenii lui sunt, în cea mai mare parte, nişte ignoranți.

–Când vrei să plecăm?

Judecătorul zâmbi satisfăcut.

– Ce-ar fi la amiază? O să-mi ia ceva timp să găsesc forța de a părăsi patul lui Belle. Ne vedem mâine în fața casei lui Belle, dacă vrei.

– Da, domnule, spuse Harrison şi se ridică. Acum, te rog să mă scuzi, am o mireasă care aşteaptă să fie sărutată.

Judecătorul îl opri în prag.

– Te deranjează dacă-mi spui de ce avea un pistol la ea la cununie? Sunt foarte curios să aflu ce motiv avea.

– Nu sunt prea sigur, dar cred că a vrut să mă avertizeze că face un lucru pe care nu-l voia. Cred că s-ar putea spune că încerca să ofere şanse egale tuturor. Eu şi frații ei ne coalizăm împotriva ei. De asemenea, spera să fie cununată de un preot. Voia să fim binecuvântați de biserică, aşa presupun.

– Ei bine, fiule, adu-o naibii aici, voi fi încântat să o binecuvântez. Ce contează că nu sunt preot?

– Mă tem că pentru ea contează, domnule judecător.

Îl lăsă pe judecător râzând în hohote. Mary Rose era la etaj împreună cu Belle. Cele două femei aveau grijă de Eleanor. Mireasa lui nu coborî până spre ora trei. Harrison stătea pe verandă, bând bere cu frații ei. Când Mary Rose veni pe verandă, Harrison îi spuse de procesul din Hammond.

După o oră, judecătorul plecă însoțit de Belle, iar Mary Rose se duse la bucătărie să ajute la pregătirea cinei.

Toți cei patru frați păreau sincer fericiți pentru ea, dar, oricât s-ar fi străduit, Harrison tot nu înțelegea de ce. Schimbarea lor de atitudine îl nedumerea. Ştia că aveau un motiv să dorească această căsătorie, dar nu-şi putea închipui despre ce anume era vorba.

Cole stătea pe scaunul de lângă Harrison. Se întoarse primul spre el.

– Cum se face că ai fost de acord cu nunta?

– După cum a spus şi Douglas, zise el. N-are nici un rost să încui hambarul după ce a ieşit calul. Te iubeşte şi o iubeşti.

– Şi?

– Ai s-o aduci înapoi la casa ei.

– Vrei să spui aici? La ferma voastră?

–În zonă măcar. Ea aparține Montanei. Acest ținut face parte din ea. Nu poți să i-l iei.

–Ea va hotărî unde ne stabilim, spuse Harrison. Poate se răzgândește după ce îl cunoaște pe Elliott.

Cole schimbă o privire cu Douglas. Harrison nu reuşi să îşi dea seama despre ce era vorba.

–Şi? insistă el, hotărât să ajungă la o concluzie şi să afle care era adevăratul lor motiv.

–Nu poate s-o rețină, nu-i aşa? întrebă Cole în şoaptă.

Harrison se îndreptă în scaun.

–Asta ce înseamnă, Cole?

Douglas îi răspunse:

–Elliott nu poate s-o rețină în Anglia, s-o mărite cu vreun lord bătrân şi bogat şi s-o facă să rămână acolo tot restul zilelor ei, nu? E deja măritată cu tine. Ne gândim la tine ca la un fel de poliță de asigurare.

–Ai întâlnit-o aici, îi aminti Cole. Îți place sau nu, şi tu faci parte din trecutul ei. Ştii totul despre noi, dar Elliott nu. Mary Rose va avea nevoie de un sprijin, de puterea şi de onoarea ta, şi credem că ai s-o aduci, cel mai probabil, înapoi acasă. Da, domnule, aşa credem.

–Elliott nu e duşmanul vostru. Dacă l-ați cunoaşte cum îl cunosc eu, v-ați da seama că n-ar obliga-o niciodată pe Mary Rose să stea unde nu vrea.

–Aşa zici tu, îi răspunse Douglas. Dar noi tot dorim să-i oferim protecție.

–Aşa că ați măritat-o cu mine. Ați folosit o logică un pic sucită. Nu v-ați gândit la posibilitatea ca eu să vreau s-o țin în Scoția?

Cole zâmbi.

–Ştii care-i problema ta, Harrison? Eşti prea al naibii de corect ca să-ți fie bine. Dacă ea vrea să se întoarcă în Montana, ai s-o aduci aici. N-o să fii împăcat cu tine însuți dacă ea nu e fericită. E păcat, pe bune că e. Dragostea are şi ea un preț. Să-i faci pe plac lui Mary Rose va fi un lucru greu, dar vei încerca.

–Stai cu ochii pe ea, îi porunci Douglas. Nu ne face să venim după voi. Ştiu că-l crezi pe Elliott un om bun, dar noi nu îl cunoaştem, nu?

Mary Rose le întrerupse discuția. Harrison se ridică de pe scaun când o văzu venind pe verandă. Își schimbase rochia. Purtase una ivorie la cununie, dar acum avea pe ea o rochie roz-pal, cu margini albe. Avea părul strâns la spate. I se păru foarte frumoasă, dar tot ce dorea era să-i scoată clamele din păr, s-o dezbrace și să facă dragoste cu ea.

Dar ea avea alte idei. Ținea în mână un șorț alb pe care îl despături și și-l legă în talie.

– Cred că Harrison va vedea, în sfârșit, al doilea etaj al casei, remarcă ironic Cole.

– Nu, i-o întoarse Mary Rose. Desigur că ar putea dacă ar vrea, dar m-am gândit că ar fi frumos din partea lui să stea la noapte în căsuță. Te deranjează, Harrison?

– Nu, răspunse el, întrebându-se de ce roșise ea atât de brusc. Nu-și putea închipui de ce era jenată, dar hotărî să aștepte până afla ce anume o supăra.

– De ce îți pui șorțul? o întrebă.

– Voiam să ajut la pregătirea cinei.

Atunci observă și el că îi tremurau mâinile. Și frații ei remarcaseră. Douglas se încruntă, îngrijorat.

– Te simți bine, Mary Rose? Sper că nu te-ai îmbolnăvit ca Eleanor, nu?

– Nu, mă simt foarte bine.

Harrison hotărî să nu mai aștepte să afle ce nu era în regulă. Își luă dc mână mireasa și o târî aproape în cealaltă parte a verandei.

– Ce-i cu tine?

– Nimic, șopti ea. Sunt un pic emoționată.

– De ce?

– Abia ce m-am măritat. Avea un ton extrem de plângăcios.

Harrison încercă s-o ia în brațe. Ea se uită peste umărul lui spre frații ei, apoi se trase de lângă el.

Era clar că îi era rușine de asistență. Harrison se strădui să fie răbdător.

– Și eu abia m-am căsătorit.

– Sigur că da, încuviință ea. S-a întâmplat cât ai bate din palme, nu?

– De ce nu vrei să dormim în camera ta diseară?

Ea părea îngrozită. Cu o şoaptă slabă, îi spuse:

– Vor auzi, Harrison. Fraţii mei aud şi cel mai mic zgomot.

El dădu din cap aprobator. Înţelesese, în sfârşit.

– Avem nevoie de o lună de miere ca lumea.

Mary Rose îi aruncă o privire exasperată.

– Trebuie să pleci mâine la Hammond.

El dădu din cap că da. Nu uitase.

– Ştii ce cred c-ar trebui să facem?

Se aplecă spre ea. Mary Rose se retrase puţin şi îşi dădu capul pe spate.

– Ce crezi c-ar trebui să facem?

– Să-i spunem lui Corrie.

– Ce să-i spunem?

– Că eşti femeie măritată acum, îi explică el. Că ne vom petrece noaptea în peşteră. Crezi c-o mai poţi găsi?

– Da, bineînţeles c-o pot găsi. Harrison, chiar vrei să dormi pe un pat de piatră la noapte?

– Vreau să fiu singur cu tine, Mary Rose. Ai vreo idee mai bună? Vedea după expresia de pe chipul ei că-i surâdea ideea. M-am gândit mult la peşteră, îi şopti el. Vreau să mă întorc acolo, dar, de data asta, când vei începe să-ţi scoţi hainele de pe tine, n-o să te opresc.

Ea se îmbujoră şi mai tare şi se mai uită o dată peste umăr, să se asigure că fraţii ei nu auziseră.

– Du-te să-ţi împachetezi câteva lucruri, îi şopti. O să-i spun lui Adam unde ne ducem.

– Samuel va fi încântat să ne pregătească un coş cu de-ale gurii, răspuse ea. Lasă-l pe Adam să-l roage, te rog. De tine se va ascunde.

Harrison tot nu credea că au, într-adevăr, bucătar, dar nu o contrazise.

Au plecat spre coama dealului după o oră. Mary Rose insistă să-i ducă lui Corrie un alt coş cu daruri, iar Adam o lăsă să pună şi o carte scrisă de un autor de succes, pe nume Mark Twain, cu condiţia ca aceasta să o dea înapoi după ce o citea. Doar atunci avea să-i mai împrumute alta dintre comorile lui.

Mireasa lui stătu de vorbă mai puțin de o oră cu prietena ei și ajunseră la peșteră chiar înainte să se însereze.

Luaseră cu ei o pilotă călduroasă, pe care o folosiră drept saltea. Nu mai aveau nevoie de pături în acea noapte, căci căldura corpurilor lor le era de ajuns.

A fost cea mai romantică noapte pe care o petrecuseră vreodată. Era și un fel de lecție pentru Mary Rose. Nu aveau nici un fel de inhibiții și, pentru că erau departe de restul lumii, se simțea liberă să facă tot ce-i trecea prin cap. Harrison o învăță cum să-l mulțumească, iar ea era dornică să învețe. Fusese stângace și timidă, însă numai la început. Când văzu cum reacționează la atingerile ei, deveni mai îndrăzneață și mai sigură pe ea.

Când se lumină de ziuă, erau deja prea istoviți ca să mai facă vreo mișcare. Dormiră unul în brațele celuilalt până la opt, făcură dragoste o dată și se întoarseră apoi la fermă, cu părere de rău.

Un pic mai târziu, Harrison plecă spre Blue Belle să-l întâlnească pe judecător. Mary Rose îl sărută la despărțire și apoi urcă în camera ei și dormi toată dimineața.

Își petrecu tot restul zilei într-o stare de euforie. Eleanor iar se plângea de toate fleacurile, dar Mary Rose era prea fericită ca să se lase enervată de prietena ei cea țâfnoasă.

Cole o duse în brațe pe Eleanor jos la cină. Îi trecuse, în sfârșit, febra și, cu toate că era un pic palidă, își recăpătase pofta de mâncare.

Îl făcu pe Cole s-o poarte iar în brațe până în odaia ei după ce mâncă, iar acesta poposi la ea în cameră un pic mai mult decât era necesar. Îi spusese lui Douglas că avea de gând să stea de vorbă cu Eleanor despre lipsa lui de intenții matrimoniale.

Eleanor nu primi bine vestea că Cole nu era făcut pentru însurătoare. Nu îi plăcu nici să audă că îi făcuse avansuri doar pentru că se gândea că, oricum, avea să plece în curând, și, până să iasă el din odaie, țipa și înjura ca la ușa cortului. Când fu aproape să iasă pe ușă, aruncă în el cu un vas de porțelan și un ciob îl tăie la umăr.

Mary Rose hotărî să-i dea lui Eleanor timp să se calmeze înainte să meargă la ea şi să încerce s-o consoleze. Îl ajută pe Douglas să spele vasele. Se gândi că era ciudat că toţi ceilalţi fraţi rămăseseră la masă şi, după ce îşi termină treaba în bucătărie, aceştia o invitară să se aşeze lângă ei.

Adam îi spuse că aveau ceva important de discutat.

Stătea pe scaunul lui Harrison, în faţa fratelui ei mai mare. Îşi ţinea mâinile în poală. Se rezemă şi zâmbi, acum relaxată, convinsă că era vorba despre finanţele familiei. Fraţii ei aveau nişte expresii atât de sumbre doar când erau îngrijoraţi în privinţa banilor.

Cole începu discuţia.

–Harrison a venit aici cu două gânduri, Mary Rose. Voia să înveţe câte ceva despre munca de la o fermă, căci vrea să se retragă, până la urmă, din avocatură şi să-şi cumpere o fermă a lui, în Scoţia sau poate chiar pe aici.

–Ştiam ce gânduri are, spuse ea. Dar care era celălalt scop?

–Căuta pe cineva, îi explică Douglas. Asta era celălalt scop şi cred că putem spune că e scopul principal pentru care a venit în Montana.

Ea aşteptă un minut ca fratele ei să continue, dar, când îşi dădu seama că nu mai avea să spună nimic, se întoarse spre Travis.

–Pe cine căuta? întrebă ea.

–Pe tine, i-o trânti Travis.

Nu mai putea sau nu mai voia să spună altceva.

Sarcina de a-i explica îi reveni lui Adam. Îşi drese glasul, iar apoi începu să-i vorbească despre o fetiţă pe nume Victoria.

Ea nu scoase nici o vorbă până ce Adam nu-şi termină povestea. Doar dădu vehementă din cap de mai multe ori, negând posibilitatea ca ea să fie acea Lady Victoria sau orice altă persoană din Anglia, din oricare alt loc din lume, dar ascultă totul cu mintea deschisă şi încercând să înţeleagă ce auzea.

Lui Adam îi luă mai bine de douăzeci de minute să-i spună întreaga poveste, iar, când termină, în cele din urmă, fraţii ei îi aşteptară emoţionaţi reacţia.

Cole se aştepta să se înfurie. Cu surprindere, văzu că e doar puţin curioasă.

Douglas era mai intuitiv. Trase concluzia că nu era convinsă că era fiica demult pierdută a lui Elliott.

– Nu ne crezi? o întrebă el.

– Voi credeți că sunt Victoria? replică ea.

Toți cei patru frați încuviințară dând în tăcere din cap.

– Avem dovezi concludente, îi spuse Adam. Apoi îi înşiră din nou faptele.

– Ce-ai zice să-ți cunoşti tatăl?

– Nu am tată. Am patru frați.

– Nu fi încăpățânată, Mary Rose, zise Adam. Gândeşte-te bine. Ştiu că te-am luat prin surprindere. Sigur că da. Ai o întreagă familie acolo în Anglia. Tatăl tău a răscolit toată lumea în căutarea ta.

– Nu vrei să te duci să-l vezi? o întrebă Travis.

Ea îşi lăsă ochii în jos. Avea multe lucruri la care să se gândească, nu ştia cu ce să înceapă.

– Simt multă compasiune pentru omul acela. Nici nu pot să-mi închipui ce a fost în sufletul lui şi al soției sale când şi-au pierdut fiica aflată încă în leagăn.

– Tu erai acel copil, îi aminti Douglas, cu blândețe.

– Da, aşa ziceți voi, şopti ea. Îşi încleştă mâinile şi se strădui să-şi păstreze calmul. Dar nu-l cunosc, Douglas. Îmi pare rău, dar nu simt nimic pentru el. Nu face parte din familia mea. Tu faci. E prea târziu s-o mai iau de la capăt.

– Nu eşti curioasă să afli cum arată? o întrebă Travis.

Ea ridică din umeri indiferentă.

– Nu prea, recunoscu. Nu înțeleg de ce s-a amestecat Harrison în toate astea. Lucrează pentru Elliott, nu-i aşa?

– Da, spuse Adam.

Adevărul îşi făcea cu greu drum în mintea ei, dar, când îl pricepu, simți că i se întoarce stomacul pe dos.

– Şi îmi spuneți că a venit în Montana din cauza interogatoriului la care m-a supus avocatul acela din St. Louis? Şi totul a început pentru că o femeie a crezut că semăn cu soția lui Elliott?

– Da.

–Atunci... O, Doamne, atunci tot ce mi-a spus Harrison a fost o minciună. De la bun început, n-a avut decât asta în minte. Nu mi-a spus niciodată nici o vorbă despre asta. Nici un singur cuvințel. Dacă sunt Victoria, aşa cum credeți cu toții, de ce nu mi-a spus Harrison nimic?

Cole făcu o grimasă când simți durerea din vocea ei.

–N-a avut mult timp încredere în nici unul dintre noi, îi explică el.

–Nu, n-a avut niciodată încredere în vreunul dintre noi, încuviință ea.

Părea să se ofilească sub ochii lor. Dezamăgirea care i se citea pe față îi durea teribil.

–Mary Rose, ascultă-mă, o rugă Adam. Ai fost răpită. Harrison nu ştia dacă nu am fost şi noi printre cei ce au plănuit să te fure. Cum eram puşti pe atunci, a respins ideea că am fi pus la cale răpirea, dar a trebuit să păstreze tăcerea până afla cine plănuise totul. A fost prudent.

–M-a trădat, nu? Sunt soția lui acum şi totuşi mi-a ascuns aşa ceva?

Ceilalți frați se uitară la Adam, sperând că el era în stare să-şi liniştească sora.

–Tu şi Harrison trebuie să rezolvați asta împreună, o sfătui Adam. Vreau să ştiu ce-ai zice dacă ai merge în Anglia ca să-ți cunoşti tatăl. Harrison trebuie să plece în curând, dar m-am gândit să-ți dau mai mult timp să te obişnuieşti cu gândul că ai o familie în Anglia înainte de a te trimite acolo. Ar putea şi Eleanor să vină cu voi. Mary Rose, nu da din cap în fața mea. Încearcă să fii rezonabilă. Îi datorezi acelui om măcar o vizită. A suferit o viață întreagă. Lasă-l să te vadă şi să se încredințeze că eşti bine.

–Cred c-ar trebui să-i dăm un timp de gândire, sugeră Travis. Pare şocată.

Lui Cole i se părea că e furioasă. Ştia că purtarea lui Harrison era motivul supărării ei. Îl cunoştea şi îl iubea. Pe de altă parte, tatăl ei era un străin pentru ea şi va trebui să se deprindă cu el, înainte să hotărască ce să facă în privința asta.

–Gândeşte-te bine, Mary Rose, spuse Cole. Nu trebuie să faci nimic până nu te simţi pregătită.

Ea se simţi brusc prea obosită ca să se mai gândească la ceva. Avea arsuri groaznice la stomac şi tot ce îşi dorea era să urce la ea în odaie, să se bage în pat şi să pretindă că nimic din ce aflase adineauri nu era adevărat. Precum struţul despre care citise odată, voia să-şi îngroape capul în nisip şi să lase întreaga lume să se agite fără ca ei să-i pese.

Lacrimile i se scurgeau pe faţă. Cole îi dădu batista înainte să i-o ceară. Numai Dumnezeu ştia de câte ori o văzuseră fraţii ei plângând astfel. Nu avea nimic de ascuns faţă de ei şi nici nu trebuia să pretindă că era altfel decât o cunoşteau ei.

Se ridică, se sprijini cu mâinile de masă şi întrebă:

–Oare trebuie să mă duc la Londra şi să intru într-o familie străină? Ce vreţi de la mine? Spuneţi-mi ce trebuie să fac ca să vă fiu pe plac?

–Mai vorbim şi mâine despre asta, după ce dormi bine la noapte, îi sugeră Adam.

–Harrison e familia ta acum, Mary Rose. Te-ai măritat cu el, nu uita! Nu-l urăşti, aşa-i? o întrebă Douglas.

Fu nevoită să se gândească la întrebarea lui mai mult de un minut, înainte să-i răspundă.

–Nu, nu-l urăsc. Cum aş putea? Se pare că nici măcar nu-l cunosc. O, Doamne, Douglas, m-am măritat cu un străin! Nu ştiu ce e adevărat şi ce nu e adevărat în ceea ce-l priveşte. Dacă e totul doar o prefăcătorie?

–Categoric, Harrison a avut şi un scop ascuns, spuse Douglas, dar, când te vei gândi mai bine, sunt sigur că-ţi vei da seama.

Ea îl întrerupse:

–Îmi dau seama că n-a avut niciodată încredere în mine şi sunt al naibii de sigură că nu pot avea încredere în el. M-a înşelat. A pretins că e altfel decât este, de fapt.

Brusc, se înfurie atât de tare, că nu mai reuşi să continue. Înşfăcă batista lui Cole şi începu să-şi şteargă lacrimile care îi curgeau pe obraji.

Se prefăcuse că o iubeşte? O, Doamne, şi asta fusese tot o prefăcătorie?

– Harrison nu s-a prefăcut întotdeauna, insistă Cole.

– S-a dovedit a fi cu adevărat idiot, nu?

– Încearcă să nu exagerezi, Mary Rose, o sfătui Travis.

– De ce-l apărați cu toții? întrebă ea.

– Am avut timp să ne gândim la motivele pe care le-a avut pentru a proceda astfel, îi explică Adam.

Travis încercă să găsească o comparație care s-o lămurească pe sora lui. Aşteptă să apară un moment de pauză în discuție şi apoi spuse:

– Îți aminteşti toate poveştile alea pe care ți le citeam când erai mică, despre cavalerii din Evul Mediu? Baronul îi omora, uneori, pe mesagerii care aduceau veşti proaste. Ei bine, Harrison este un asemenea mesager. Nimic din ce s-a întâmplat nu a fost din vina lui. Nu el te-a răpit din leagăn şi nu el te-a aruncat la gunoi. Cred că n-ar trebui să uiți asta.

Cole fu mulțumit de comparația lui Travis. Se repezi asupra ei cu hotărârea unui copil care îşi doreşte o acadea.

– Dacă ai fi trăit în Evul Mediu, crezi că l-ai fi omorât pe mesager?

Se uită chiorâş la fratele ei. Considera întrebarea lui cel puțin stupidă.

– Nu, nu l-aş fi omorât pe mesager, dar sunt al naibii de sigură că nici nu m-aş fi culcat cu el.

Nici unul dintre frații ei nu simți nevoia să-i corecteze limbajul nedemn de o doamnă. Înțelegeau cât de mâhnită era. Dacă înjurând se simțea mai bine, ei n-aveau s-o oprească. Surioara lor părea profund rănită, chiar distrusă.

– Dar tatăl tău? o întrebă Adam din nou.

– Ai zis că vorbim mâine despre el, îi aminti ea fratelui ei. Dacă hotărăsc cumva să mă duc în Anglia, mă va însoți vreunul dintre voi?

Frații mai mici îl lăsară pe Adam să răspundă în locul lor. El se rezemă de spătar şi dădu din cap. Se simți brusc la fel de obosit ca un bătrân de 80 de ani.

– Nu putem să venim cu tine. Suntem parte din trecutul tău.

– Voi sunteți familia mea! izbucni ea.

–Da, desigur, se grăbi Adam să încuviințeze. Asta nu se va schimba niciodată.

–Nu te obligăm să te duci, zise Cole. Te iubim, Mary Rose. N-am putea niciodată să te dăm afară.

–Atunci, de ce mă simt de parcă asta faceți? Toți credeți c-ar trebui să plec în Anglia, nu?

–Trebuie să-ți dăm timp să te obișnuiești cu ideea că ai altă familie, spuse Travis.

Ea îl aprobă. O, da, avea nevoie de timp. Se ridică de pe scaun, îngăimă o scuză și fugi la ea în dormitor. În următoarea jumătate de oră, stătu pe marginea patului, încercând să înțeleagă ce se întâmplase în viața ei.

Se tot gândea la Harrison. Îi mulțumea Cerului că nu era acum aici, pentru că nu voia să se confrunte cu el în acest moment. Nu știa ce ar fi putut să-i zică.

O avertizase că îl va urî. Se gândi la avertismentul lui, apoi se înfurie din nou.

Ce avea să facă, pentru numele lui Dumnezeu?

Se ridică în cele din urmă, își puse halatul și papucii și coborî în bibliotecă.

Adam o aștepta. Chiar dacă viața lor fusese întoarsă pe dos, unele lucruri rămâneau la fel de previzibile.

Cum ar fi surorile care aveau nevoie să fie consolate.

Asta însemna să faci parte dintr-o familie.

Mary Rose nu se simți mai bine nici în dimineața următoare. Ba chiar mai rău. Pentru că o durea așa de tare sufletul, se duse la Douglas. El îi oblojea întotdeauna rănile, tăieturile și vânătăile, chiar și bolile sufletești.

Douglas înțelese că sora lui avea nevoie să plece undeva, pentru un timp. Nu o socotea lașă pentru că nu voia să-l vadă pe Harrison, așa că o duse la familia Cohen, în Hammond. Eleanor insistă să meargă cu prietena ei și, deoarece era acum complet vindecată, Douglas o lăsă s-o însoțească pe Mary Rose.

Eleanor îl surprinse plăcut pe Douglas. Părea sincer îngrijorată de starea în care se afla Mary Rose. Tânăra femeie își lăsase deoparte propriile griji, care erau mereu pe primul plan, după părerea lui Douglas, şi se străduia din răsputeri să-i consoleze sora. O ţinea de mână şi îi promitea că toate se vor rezolva.

Când se întoarse Harrison la fermă, întrebă de mireasa lui. Adam, Cole şi Travis îi puteau spune cu toată sinceritatea că nu ştiau. Douglas îi dădu câteva informaţii când îl văzu atât de mâhnit şi de îngrijorat. Îi spuse că Mary Rose avea nevoie de timp să-şi pună în ordine gândurile, insistă asupra faptului că era în siguranţă şi bine îngrijită, iar apoi îi sugeră lui Harrison să-şi respecte planul şi să plece în Anglia.

Nu putea să-i promită că Mary Rose îl va urma. Harrison se aşteptase ca ea să reacţioneze exact cum o făcuse, dar tot era cutremurat de durerea pe care i-o provocase. Dorea din tot sufletul să-l înţeleagă, dar ştia că nu putea face nimic pentru moment.

Avea, totuşi, să vină în Anglia. De asta era sigur. Îi spuse lui Douglas să-i trimită o telegramă de îndată ce Mary Rose şi Eleanor porneau la drum. Apoi îşi luă rămas-bun, amintindu-i lui Adam să aibă multă grijă de MacHugh, şi îşi începu călătoria de întoarcere în Anglia.

Să plece de lângă femeia iubită era cel mai greu lucru pe care îl făcuse vreodată şi, chiar dacă despărţirea avea să fie de scurtă durată, tot suferea cumplit. Se simţea de parcă îi smulsese cineva inima din piept.

Ea avea să-l urmeze. Îşi repetă acest gând până şi-l întipări în minte.

Şi nu se îndoi de ea nici o clipă. Încrederea pe care o avea în ea era la fel de neclintită ca şi iubirea ce i-o purta. Va face ce trebuie. Avea o inimă nobilă şi bună şi îi păsa de ceilalţi.

Şi îl iubea.

Nu, nu se îndoia nici o clipă de asta.

Mary Rose era mai împăcată, dar îşi simţea inima frântă de plecarea lui Harrison. Ştia că nu era raţională, dar suferinţa era prea mare ca să mai gândească limpede.

Refuză să discute despre tatăl ei mult timp. Dar se gândea la omul acela şi, odată ce încetă să-şi plângă de milă, începu să se simtă vinovată că se dovedea atât de lipsită de inimă faţă de el.

Îi mai trebui o săptămână să ajungă la concluzia că va trebui să se ducă să-l vadă. Era singurul lucru decent care îi rămânea de făcut şi, când îşi anunţă fraţii de decizia luată, adăugă că nu avea intenţia de a sta mult în Anglia. Avea de gând să-i facă doar o vizită tatălui ei, să-şi întâlnească rudele şi apoi să se întoarcă la fermă, unde era casa ei.

N-avea ce să discute cu Harrison despre planurile ei de viitor, iar fraţii ei hotărâră să n-o grăbească să ia vreo decizie în privinţa soţului ei, decizie pe care ar fi putut s-o regrete mai târziu.

Mary Rose insistă să-şi ia rămas-bun de la Corrie. Îl rugă pe Travis s-o însoţească şi îi smulse promisiunea că tot el îi va duce provizii lui Corrie o dată pe săptămână, până la întoarcerea ei.

Avea să i-l prezinte femeii pe fratele ei după o vizită, pentru ca ea să ştie cum arată Travis şi să nu încerce să-l împuşte.

Fiind mijlocul săptămânii, Corrie o aştepta. Mary Rose o strigă din poiană, apoi înaintă încet. Balansoarul era pe verandă, iar Mary Rose se bucură văzând că, apropiindu-se de trepte, puşca fu coborâtă de la fereastra deschisă.

Puse coşul cu daruri pe pervaz şi se aşeză la locul ei. Corrie o atinse pe umăr, apoi lăsă în poala lui Mary Rose cartea pe care i-o împrumutase Adam.

Mary Rose nu era încă sigură că femeia ştie să citească sau nu, dar nu voia s-o jignească întrebând-o aşa ceva.

Coşul dispăru de la fereastră. Mary Rose aşteptă un minut, apoi spuse:

– E şi o carte în coş, Corrie. Dacă nu vrei s-o citeşti, dă-mi-o înapoi pe fereastră.

Corrie o bătu uşurel pe umăr încă o dată. Mary Rose ajunse la concluzia că ştia să citească şi că voia să păstreze cartea.

Îi trebui mult timp să-şi ia inima în dinţi şi să-i spună prietenei sale că pleacă în Anglia.

– N-ai vrea să ştii cum am ajuns în Montana? începu ea.

Nu aştepta un răspuns, aşa că îi spuse prietenei sale cum o găsiseră fraţii ei într-un coş în New York. Nu intră în amănunte inutile, dar, când începu să-i vorbească despre tatăl ei şi despre faptul că trebuia să plece în Anglia să-l cunoască, izbucni în lacrimi.

În timp ce Corrie o mângâia cu blândeţe pe umeri, Mary Rose îi destăinui femeii toate temerile sale.

– De ce mă simt vinovată pentru că nu simt decât compasiune pentru omul acela? Nu vreau să merg să-l cunosc, dar ştiu că trebuie, Corrie. Sunt egoistă, dar îmi place viaţa pe care o am acum. Nu vreau să văd că e destrămată. Pe lângă asta, am deja o familie. N-am nevoie de alta. Ştiu că greşesc gândind astfel şi, în adâncul sufletului meu, mi-e teamă. Şi dacă nici unul din ei nu mă place? Dacă îmi dezamăgesc tatăl? Nu ştiu să mă port ca o lady. Se spune că adevăratul meu nume e Victoria. Dar eu nu sunt Victoria, ci Mary Rose. Şi cum o să fiu în stare să continui cu Harrison? Ce fel de căsnicie vom avea dacă nu avem încredere unul în altul? Vai, Corrie, ce mult aş vrea să rămân aici! Nu vreau să plec.

Mary Rose plânse minute în şir, apoi îşi şterse lacrimile de pe obraji. Se gândi ce suferinţe cumplite îndurase Corrie şi cât de prosteşti şi de neînsemnate erau problemele ei. Corrie îşi văzuse fiul şi soţul murind. Şi, totuşi, îndurase fără să se plângă.

– Tu îmi dai putere, Corrie, îi şopti ea.

Nu era o vorbă în vânt; cu cât se gândea mai mult la suferinţa atroce a bietei femei, cu atât mai simplă devenea viaţa ei. Mary Rose ştia că va face tot ce trebuia şi că, indiferent de rezultat, avea să îndure şi ea ce îi era sortit.

– Sunt foarte norocoasă că am o prietenă ca tine, Corrie.

Travis fluieră sonor. O anunţa astfel pe Mary Rose că era timpul să plece.

– Eu şi Eleanor vom pleca poimâine la familia Cohen, în Hammond, îi spuse prietenei sale. Se duc la Boston la o reuniune de familie şi vom călători împreună. Domnul Cohen va avea grijă să ne îmbarcăm pe vaporul care ne va duce în Anglia şi, dacă totul merge bine, o să mă întorc acasă înainte să cadă prima zăpadă. Travis o să-ţi aducă provizii cât sunt eu plecată. Ţi-am vorbit de fratele meu, ţi-aminteşti? Nu se va apropia niciodată mai mult de mijlocul poienii, se grăbi ea să adauge, când prietena ei îi strânse mâna. Pot să-l strig acum? Va sta lângă copaci, ca să-l vezi mai bine. Nu vreau să te sperii când va veni el aici, iar Travis mi-a promis că te va striga de fiecare dată, ca să ştii că a venit.

În cele din urmă, Corrie slăbi strânsoarea. Mary Rose îşi strigă fratele. Travis apăru la marginea poienii şi îi făcu semn.

Perdeaua nu-l lăsa s-o vadă pe Corrie, dar observă că Mary Rose o ținea de mână.

– Vine furtuna, Mary Rose. Ar trebui să plecăm, îi strigă el. Bună ziua, Corrie, adăugă el înainte să plece.

Într-un final, Mary Rose își luă rămas-bun de la prietena ei. Se întoarse și sărută mâna lui Corrie, apoi se ridică în picioare.

– O să-mi fie dor de tine, șopti ea. Dumnezeu și Travis o să-ți poarte de grijă, Corrie. Să ai încredere în amândoi.

Mary Rose strânse cartea în brațe și se ridică. Șuieratul vântului care începuse să bată, dar și strigătele fratelui ei, devenit deja nerăbdător, acoperiră plânsul încetișor al femeii rămase în casă.

2 ianuarie 1870

Dragă Mamă Rose,

Azi împlinesc zece ani. Îți amintești că Adam ți-a scris să-ți spună că au găsit niște hârtii în coșul în care eram și eu și că toți frații mei cred că, deoarece era scris pe acea pagină că fetița s-a născut pe 2 ianuarie, iar eu fiind singura fetiță din acel coș, aceasta trebuie să fie ziua mea de naștere.

Sunt foarte norocoasă că am o asemenea familie. Travis îmi pregătește un tort pentru cină și toți frații mei mi-au făcut cadouri. Adam spune că, anul viitor, îmi vor cumpăra din timp ceva de la magazin.

N-ar fi frumos?

De ce, oare, tata și mama au vrut să scape de mine? Mă întreb cu ce am greșit.

Fiica ta,
Mary Rose

Capitolul 17

Harrison ajunsese în Londra într-o vineri după-amiază, dar fusese nevoit să aștepte până în seara următoare ca să discute cu patronul său. Lordul Elliott era la moşia de la ţară, la două ore de mers călare de oraş, şi urma să te întoarcă abia miercuri dimineaţă.

Harrison a trimis un mesager să-i anunţe întoarcerea. Îi cerea o întrevedere particulară, căci avea de discutat cu el o problemă personală. Sugeră intenţionat că era vorba de o chestiune juridică în care se implicase lordul, pentru ca Elliott să nu-l aducă şi pe secretarul său, George MacPherson.

Murphy, majordomul lui Elliott de când îşi putea aminti Harrison, îi deschise uşa din faţă. Ochii credinciosului servitor sclipiră de bucurie la vederea lui Harrison.

– Ce bine că vă avem din nou printre noi, milord! spuse Murphy.

– E bine când te întorci acasă, răspunse Harrison. Cum te mai împaci cu lordul Elliott?

– Ne-au lipsit certurile pe care le iscaţi cu cazurile dumneavoastră, milord. Nu ne-am mai certat ca lumea de când aţi plecat. Lordul Elliott mă îngrijorează în continuare, recunosc. Lucrează prea mult şi ştiţi cât de încăpăţânat şi neînţelegător poate fi. Nu vrea s-o lase mai moale, indiferent cât îl bat eu la cap. Mă tem c-o s-o ţină tot aşa până o să i se oprească inima într-o zi. Trebuie să-l mai înveseliţi. Trebuie să vă spun că v-a dus dorul.

– E sus?

– Da, milord, în bibliotecă.

– E singur?

– Da, şi abia aşteaptă să vă revadă. De ce nu vă duceţi de îndată la el?

Harrison începu să urce scările, apoi se opri.

– Murphy, o să aibă nevoie de nişte brandy.

– Aşadar, aduceţi veşti proaste? întrebă majordomul.

Harrison zâmbi.

– Dimpotrivă. Dar tot va avea nevoie de o gură de brandy. E vreo sticlă prin bibliotecă?

– Da, milord, dar o să aduc încă una, să fie. Să vă puteţi îmbăta.

Harrison izbucni în râs. În toţi anii în care trăise alături de Elliott, nu-l văzuse niciodată nici măcar ameţit. Nu şi-l putea imagina beat. Elliott era prea bine-crescut ca să se gândească măcar să facă un lucru care i-ar fi afectat stăpânirea de sine sau demnitatea. Dacă s-ar fi îmbătat, le-ar fi pierdut pe amândouă.

Harrison o luă la fugă pe scări şi intră în bibliotecă. Elliott stătea în fața şemineului. Îl văzu imediat pe avocat şi îl îmbrățişă.

–Ai ajuns, în sfârşit, acasă! îi spuse lordul în chip de salut. Îl îmbrățişă din nou pe Harrison şi îl bătu pe spate cu multă afecțiune. Ce mult îmi bucuri ochii ăştia bătrâni! îi şopti apoi. Ia loc acum şi spune-mi totul despre aventura ta americană. Vreau să aud şi cele mai mici amănunte.

Harrison aşteptă să se aşeze Elliott înainte să-şi tragă şi el un scaun. Observă ce obosit era Elliott şi se întristă. Aerul curat de la țară nu-i făcuse prea mult bine bătrânului, căci era pământiu la față şi avea, ca de obicei, cearcăne negre sub ochi. Suferința i se citea pe față.

Elliott nu se mai recăsătorise, dar multe doamne din înalta societate londoneză şi-l mai disputau încă. Nu numai pentru că era putred de bogat, dar era considerat şi un bărbat arătos. Avea părul înspicat cu fire albe, trăsături nobile şi o ținută demnă de un om de stat, ceea ce şi era. Elliott se născuse şi crescuse într-o familie bogată, aşa că educația, comportamentul şi manierele lui erau impecabile. Dar, mult mai important era faptul că avea o inimă bună. Ca şi fiica lui, se gândi Harrison. Poate că fata moştenise de la el simțul decenței, iar această nobilă însuşire îi fusese cultivată de frații ei.

Elliott avea şi o voință puternică. Un om mai slab ar fi fost distrus de răpirea unicului copil, dar Elliott se lupta cu suferința lui în singurătate, iar în fața restului lumii părea un om curajos. Deşi se retrăsese din funcția ocupată în guvern, continua să lucreze departe de ochii publicului pentru a aduce schimbările atât de necesare. De asemenea, era un apărător al celor defavorizați de soartă, ca şi Harrison, şi îşi închinase viața principiului că toți oamenii aveau drepturi egale şi că erau îndreptățiți la o reprezentare egală. Îl sprijinise din toată inima pe Harrison când pledase în cazuri considerate controversate, cum ar fi apărarea oamenilor simpli.

–America pare să-ți fi priit. Asta este noua modă, fără jiletcă, fiule?

Harrison zâmbi.

–Nu mă mai încape nici una. Se pare că m-am lățit în umeri. Trebuie să chem un croitor înainte să apar din nou în public.

–Şi eu cred că eşti mai masiv, spuse Elliott. Dar mai e ceva diferit la tine.

Elliott îl măsură cu privirea pe Harrison încă un minut sau două, apoi dădu din cap.

–Sunt foarte fericit că te-ai întors acasă. Vorbise pe un ton calm. Acum promite-mi, Harrison, că nu vei mai continua căutările. Dă-mi cuvântul tău înainte să vorbim despre problemele noastre juridice.

–Nu mai fac cercetări, încuviință Harrison.

Elliott dădu din cap cu satisfacție. Se rezemă în fotoliu, se aşeză picior peste picior şi spuse:

–Poți începe acum. Spune-mi totul. Orice problemă juridică ar fi, o vom rezolva împreună.

–De fapt, domnule, nu sunt probleme de natură juridică. Voiam doar să mă asigur că avem o discuție între patru ochi şi că nu aude secretarul ce am să vă spun.

Elliott ridică o sprânceană.

–Nu voiai să fie George aici? De ce, pentru numele lui Dumnezeu? Doar îl simpatizezi pe MacPherson, nu? Ce naiba, lucrează cu mine de ani buni, aproape de tot atâta vreme ca şi tine. Spune-mi ce te supără.

–Are să vă dea veşti bune, milord.

Murphy rostise aceste cuvinte din prag şi, apoi, intră cu o sticlă nedesfăcută de brandy. O puse pe masă şi se întoarse spre stăpânul lui.

–Domnu' zice că veți avea nevoie de o băutură tare când veți auzi ce are să vă spună, explică Murphy.

–Dacă Harrison spune că am nevoie, atunci toarnă-mi, Murphy.

Harrison se bucură de această întrerupere. Rămăsese brusc fără glas. Nu credea că e o idee bună să-i dea veştile lui Elliott aşa, pe nepregătite. Putea să-i provoace un şoc, dar Harrison nu ştia cum să procedeze.

Murphy plecă din bibliotecă un moment mai târziu. Elliott luă o gură din paharul lui şi se întoarse din nou spre Harrison.

– M-am însurat.

Elliott aproape scăpă paharul din mână.

– Ce ai zis?

– M-am însurat.

Dumnezeule din ceruri, de ce începuse cu asta? Harrison era aproape la fel de surprins ca şi Elliott.

– Doamne sfinte! murmură Elliott. Când te-ai căsătorit?

– Acum câteva săptămâni, răspunse Harrison. N-am vrut să încep cu acest anunț. Am alte veşti mai importante să vă dau. Înțelegeți, am mers la...

Elliott îl întrerupse:

– Nimic nu poate fi mai important decât că te-ai însurat, fiule. Nu îmi vine a crede. Să presupun că domnişoara cu care te-ai căsătorit e din America?

– Da, domnule, dar...

– Cum o cheamă?

– Mary Rose.

– Mary Rose, repetă Elliott. Ai venit cumva cu mireasa ta? Trebuie să mărturisesc că îmi pare rău că n-am fost şi eu prezent la biserică, la cununia voastră. Ar fi vrut să fiu lângă voi când v-ați rostit jurămintele.

– De fapt, domnule, nu ne-am căsătorit la biserică.

– Nu? Atunci cine v-a cununat?

– Judecătorul Burns, cel care condamnă oameni la spânzurătoare.

Lui Elliott părea că-i vine greu să urmărească explicația.

Harrison oftă.

– Îmi dau seama că sună ciudat.

– Te-a cununat „un judecător care spânzură oameni". De ce mi s-ar părea ciudat, Harrison?

Harrison zâmbi.

– V-ar plăcea Burns, dacă l-ați cunoaşte. Este un om care vorbeşte răspicat, cu convingeri ferme despre ce e drept şi ce nu.

Dragostea lui pentru lege este de admirat. Am pledat într-un caz pe care îl judeca el şi nu m-a lăsat să scap uşor. Nu e un om cu care să te poţi tocmi.

– Ai câştigat procesul pentru clientul tău?

– Da, domnule.

Elliott dădu din cap mulţumit.

– Nici nu mă aşteptam la mai puţin de la tine. A fost o căsătorie din obligaţie?

– Da, domnule. Eu am obligat-o să se mărite cu mine. Am încercat din răsputeri să lupt cu ispita, domnule. Simţeam că nu am dreptul să mă ţin după ea, dar, până la urmă, n-am mai rezistat tentaţiei.

– Păi, bineînţeles că aveai dreptul să te ţii după ea. Are noroc că s-a măritat cu tine, Harrison. Vrei să-mi spui că familia miresei nu te socoteşte demn de ea? Asta-i prostie curată, termină el, bombănind.

– Nu, domnule, nu asta vreau să vă spun. Vedeţi...

– De unde e? Nu prea înţeleg. Mi-amintesc că te-am auzit spunând de nenumărate ori că nu te vei însura niciodată, iar acum se pare că sunt pe cale să-ţi cunosc mireasa. Credeam că logodna eşuată cu Edwina ţi-a tăiat cheful de însurătoare. Mă bucur că m-am îngrijorat degeaba. Femeia potrivită schimbă modul de a gândi al unui bărbat.

– Domnule, Mary Rose nu e cu mine. E încă în America.

– N-a venit acasă cu tine? De ce?

– Au existat nişte probleme care au împiedicat-o.

– Ce anume?

– Familia ei.

– Şi unde e familia ei?

– Locuieşte cu cei patru fraţi ai ei la o fermă de lângă Blue Belle, în Montana.

Elliott zâmbi. Numele oraşului îi aprinse imaginaţia.

– Am citit câte ceva despre oraşele din vestul Statelor Unite, dar trebuie să recunosc că n-am auzit niciodată de unul cu nume de floare.

– De fapt, domnule, este vorba de numele unei prostituate. O cheamă Belle.

Elliott pufni în râs.

– Vorbeşti serios?

– Da, domnule. Belle a ajutat-o pe Mary Rose să se pregătească de nuntă.

– Chiar aşa? Elliott abia se abţinu să nu izbucnească din nou în râs. Şi atunci de ce a fost numit orăşelul Blue Belle, în loc să i se zică, pur şi simplu, Belle?

– Lui Belle îi place să se îmbrace în albastru.

Elliott nu se mai putu stăpâni. Râse până îi dădură lacrimile. Îşi scoase batista din buzunar şi se şterse la ochi, în timp ce încerca să-ţi recapete stăpânirea de sine.

– În ce te-ai băgat, fiule? Parcă n-ai fi tu. Mi-ai dat de gândit, adăugă el. De-abia aştept să-ţi întâlnesc mireasa.

– Credeţi că mi-am pierdut minţile?

Elliott zâmbi.

– Cred că te-ai schimbat, recunoscu el. Ştiam că eşti altfel decât alţii, dar n-aş fi crezut niciodată c-o să iei de nevastă o fată de la ţară. M-am gândit că, dacă te vei însura, vei alege o fiinţă mai rafinată.

– Mary Rose e foarte rafinată, spuse Harrison. Este tot ce mi-am dorit vreodată.

– N-am vrut să spun că ar lăsa de dorit, fiule. Dacă n-ai uitat, şi eu m-am căsătorit cu o fată de la ţară. Agatha mea era din Scoţia. Întotdeauna am crezut că tocmai faptul că fusese crescută la o fermă era motivul pentru care nu era deloc răsfăţată. Desigur, părinţii ei erau de neam bun, adăugă el, dând din cap.

– Domnule, m-am dus în Montana să vă caut fiica. De data asta, nu fără rezultate.

– Nu. Sigur că nu. Categoric, a fost altă pistă falsă, dar una cu final fericit, pentru că ai întâlnit-o pe Mary Rose şi te-ai căsătorit cu ea. Ce nume frumos are mireasa ta! O iubeşti mult, nu?

– O, da, domnule. O iubesc foarte mult. Şi dumneavoastră aţi iubi-o.

– Sigur că da.

Harrison se aplecă în faţă.

– Aşa cum am spus adineauri, nu a fost o pistă falsă, de data asta. Există un lucru şi mai important pe care trebuie să-l ştiţi.

– Da?
– M-am căsătorit cu fiica dumneavoastră.

Mary Rose şi Eleanor sosiră în Anglia pe 21 iulie. Era cald, umezeală şi stătea să plouă.

Harrison îşi pusese la bătaie toată răbdarea de care era în stare aşteptând să-i treacă furia miresei lui şi să vină la el, şi tocmai ce se hotărâse să-şi ia bilet de întoarcere în Statele Unite, când primi o telegramă de la un domn pe nume John Cohen, care îl informa că Mary Rose plecase din Boston şi în care îi dădea data sosirii ei în Anglia.

Harrison îi zări părul auriu chiar în clipa când coborî de pe puntea vaporului. Îşi croi drum prin mulţime, îşi înşfăcă nevasta şi o trase în braţele lui. Imediat ce o atinse, se simţi profund uşurat. Mary era, în sfârşit, acasă.

O salută într-un mod foarte original:

– De ce naiba ţi-a luat aşa mult timp?

Ea nu reuşi să-i răspundă. Harrison nu-i dăduse timp nici să se încrunte. Se aplecă şi o sărută pe gură lacom.

Nu-i opuse rezistenţă. Îl luă de gât, se ridică pe vârfuri şi îl sărută cu aceeaşi pasiune.

– Pentru numele lui Dumnezeu, Mary Rose! Se uită lumea la noi. Încetează. Atragi atenţia trecătorilor.

Eleanor protesta în şoaptă în spatele lui Mary Rose. Îşi împinse prietena şi făcu un pas mai departe de ei. Dacă cei doi nu încetau să se giugiulească, avea să pretindă, pur şi simplu, că nu e cu ei. Sincer, ce se întâmplase cu bunul-simţ al lui Mary Rose?

Harrison era, oricum, o cauză pierdută, hotărî ea. N-avea nici un rost să încerce să-l aducă pe calea raţiunii. Văzuse iubirea şi pofta din ochii lui când întinsese mâna după Mary Rose. Nu, nu mai era în toate minţile.

– Mi-a fost dor de tine, iubito, îi şopti el.

– Şi mie de tine, îi răspunse ea tot în şoaptă. Totuşi, avem multe de discutat şi cât mai repede cu putinţă. Lucrurile se vor schimba între noi. Va trebui să luăm totul de la capăt. Eu o să încerc să trec peste tot ce s-a întâmplat, dar trebuie să-ţi zic că mi-e greu.

Harrison nu dorea să discute chiar în acel moment.

– Vom vorbi mai târziu de problemele noastre, îi promise cu o secundă înainte ca gura lui s-o astupe pe a ei.

– Vai, pentru numele lui Dumnezeu!

Protestele lui Eleanor atraseră, până la urmă, atenția lui Harrison. Nu putea să-și lase nevasta din brațe după ce o sărutase, așa că o ținu la pieptul lui, confruntându-se, în acest timp, cu privirea iritată a prietenei sale.

– Cum a fost călătoria, Eleanor?

– Minunată, mulțumesc. Mary Rose nu mai poate să respire, Harrison, o înăbuși. Dă-i drumul, te rog, să ne continuăm drumul. Stă să plouă, pentru numele lui Dumnezeu! Suntem amândouă foarte obosite după drumul ăsta și vrem să avem asigurat un acoperiș deasupra capului înainte de căderea nopții. Ne ducem direct acasă la tatăl ei?

Mary Rose se desprinse de Harrison.

– Aș prefera să-l întâlnesc mâine. Așteaptă să mă vadă în seara asta? E aproape întuneric și aș vrea să am mai mult timp să mă pregătesc.

– Ai avut două luni încheiate să te pregătești, Mary Rose, îi spuse Harrison.

– Mai am nevoie de o noapte, insistă ea.

– Tatăl tău te așteaptă mâine, așa că poți să te liniștești. Știa că ai să fii obosită după călătorie. Atât tu, cât și Eleanor veți sta la mine în noaptea asta.

– Sunt foarte liniștită. De ce crezi că n-aș fi?

– Pentru că țipi, îi spuse Eleanor.

– Nu voiam decât să-mi fac auzită părerea.

– Sper că ai o locuință spațioasă, Harrison, spuse Eleanor. Mary Rose mi-a zis că va insista să aibă odaia ei. Cred că e încă supărată pe tine.

– Sinceră să fiu, Eleanor, pot să vorbesc și singură, zise Mary Rose. Se întoarse din nou spre Harrison. Sunt supărată pe tine și, așa cum am spus, lucrurile se vor schimba acum. Va trebui s-o luăm de la capăt.

Harrison își privi cu asprime nevasta, apoi o înșfăcă de braț și o luă spre drumul principal, unde se aliniau trăsurile.

–Dormi cu mine, în patul meu, îi şopti el tăios. Două luni de aşteptare au fost prea mult. La naiba, nu mai am de gând să aştept nici o clipă.

–Dar bagajele noastre? insistă Eleanor.

–Se ocupă cineva de ele, răspunse Harrison. Nu mai da din cap, Mary Rose. Am vorbit serios.

N-avea de gând să se certe cu el în public. Avea să aştepte până rămâneau singuri ca să-i spună ce decizii luase. Harrison era un tip inteligent. Va înțelege cum se simte.

–N-au fost două luni, anunță Eleanor. Părea hotărâtă să-l pună la punct pe Harrison. Ați fost despărțiți doar cinci săptămâni. Mary Rose voia să aştepte până la sfârşitul lui septembrie ca să plecăm în călătorie, dar Adam n-a lăsat-o să amâne aşa mult.

Harrison se opri brusc.

–Voiai să aştepți până la sfârşitul lui septembrie?

–Acum uite ce-ai făcut, Eleanor. L-ai supărat. Sincer, Harrison, o să ne udăm până la piele dacă nu ne grăbim. Vom vorbi despre asta după ce ajungem acasă.

Nici Mary Rose, nici Harrison nu mai scoaseră o vorbă. Ploaia îi prinse în colț şi, până să se instaleze în trăsură, erau toți uzi leoarcă.

Ajunseră la casa din oraş a lui Harrison după treizeci de minute. Era o clădire impresionantă cu două etaje şi fațada din cărămidă.

Uşa le-a deschis-o un tânăr într-o haină neagră şi pantaloni asortați. Îl chema Edward şi îi fusese cedat lui Harrison de către lordul Elliott pentru a-i servi drept majordom.

Eleanor era încântată să aibă un servitor la dispoziție. Se grăbi să intre în salon. Edward îi zâmbi în chip de bun venit, dar, când se întoarse s-o salute pe Mary Rose, i se citea uimirea pe față.

–Arată exact ca portretul mamei, îi şopti el lui Harrison. Sir Elliott nu o să mai aibă nici un dubiu de îndată ce o va vedea. E leită Lady Agatha.

Mary auzi fără să vrea ce spunea Edward.

–Lordul Elliott nu crede că sunt fiica lui.

Edward păru jenat.

–Vrea să creadă, milady, dar a fost de atâtea ori dezamăgit în viață, că îi e frică să spere că sunteți fiica lui, Victoria.

Harrison îşi scoase haina udă şi i-o dădu tânărului. Nu mai avea nimic de adăugat la remarcile lui Edward.

– Trebuie neapărat să fac o baie fierbinte, insistă Eleanor. Edward, eşti aşa drăguț să mă conduci în odaia mea? O să răcesc dacă nu-mi schimb rochia asta udă.

– Nu poți să răceşti în iulie, îi spuse Mary Rose prietenei sale. E prea cald.

– N-ai auzit niciodată de răcelile din timpul verii? îi replică Eleanor. Apoi începu să-i înşire durerile şi suferințele de care suferise în timp ce urcau scările. Mary Rose era încântată de această mică diversiune. De câte ori se uita la Harrison, i se strângea inima. Ar fi vrut să țipe la el pentru că o rănise aşa de mult, dar şi să-l sărute pentru că îi fusese atât de dor de el.

Edward urcă în grabă scările să se ocupe de Eleanor. Harrison o luă de mână pe Mary Rose şi o duse în camera lui aflată în capătul celălalt al coridorului.

Încăperea era enormă. Culorile erau calde, nuanțe de ocru, maro, auriu şi ruginiu. Erau culorile în care se îmbrăca Montana în lunile de toamnă, se gândi ea.

Îi era imposibil să nu observe patul. Era de-a dreptul regesc, cu stâlpi în colțuri şi era destul de mare să doarmă comod în el patru oameni. Nu credea să fi văzut vreodată ceva atât de măreț.

Se înfioră. Nu-şi putea alunga gândul că Harrison dormea în acest pat şi, cum ştia că nu poartă nimic pe el când doarme, imaginile erau cu atât mai provocatoare.

Simți cum roşeşte. Ştia că trebuie să discute cu Harrison acum, înainte să-şi piardă curajul. Uitându-se la pat, simți că i se înmoaie genunchii şi că îi slăbeşte voința.

– Harrison, trebuie să stăm de vorbă. Acum, te rog.

– A ieşit din cameră, milady. Să-i spun lui Caroline să vă pregătească baia?

Se întoarse şi îl văzu pe Edward în prag.

– Unde s-a dus Harrison?

– A coborât la parter. Vreți să mă duc să îl chem?

Ea dădu din cap.

– Aş vrea să fac o baie, mulțumesc. De ce îmi tot spui milady?

– Pentru că sunteţi Lady Victoria. Asta e formula de adresare cuvenită, milady.

Ea nu-l mai contrazise. Edward o întrebă şi dacă nu voia ca bucătarul să-i pregătească o tavă cu de-ale gurii. Îi spuse că Eleanor ceruse să i se aducă de mâncare în camera ei după ce făcea baie.

Mary Rose refuză mâncarea. Era prea emoţionată şi să se gândească la asta.

În următoarea oră, continuă să fie răsfăţată de cameristă. Respectul pe care i-l arăta tânăra o stânjenea. Se simţea ca o prinţesă moştenitoare de fiecare dată când Caroline îi spunea milady şi, cu toate că ar fi trebuit să-i placă să fie răsfăţată în acest fel, îşi dădu seama că femeia mai degrabă o enerva.

Baia fierbinte o mai calmă şi, după ce îşi scoase clamele din păr, se simţea deja cu mult mai bine. Stătu multă vreme în cada de porţelan, până se răci apa, iar apoi se înfăşură într-un halat şi se întoarse în odaia lui Harrison.

Caroline aproape că nu ştia engleză. Se folosea de gesturi şi de tot felul de expresii greu de priceput ca să-i explice lui Mary Rose că vrea să-i perie părul. Bruneta părea la fel de emoţionată ca şi Mary Rose, căci îi tremurau mâinile şi gesturile îi erau stângace pe când încerca să se facă înţeleasă.

Avea un accent franţuzesc foarte pronunţat, aşa că Mary Rose îi spuse în franceză că îşi va peria singură părul. Însă Caroline nu voia să-şi lase stăpâna să-i refuze ajutorul. Era chiar mai hotărâtă decât Mary Rose.

Camerista trăncăni cât timp o conduse pe Mary Rose spre un scaun cu spătar drept. Mary Rose se aşeză şi îşi ţinu halatul strâns la piept cât se ocupa Caroline de părul ei.

Îi mai periase altcineva părul, dar trecuse ceva timp de atunci, era copil şi avea bucăţele de bomboane de mentă lipite în bucle. Cole trebuise să-şi dea multă osteneală să i le dezlipească. Mary Rose învăţase câteva înjurături noi în acea zi.

De atunci, nimeni nu îi mai periase părul. Se simţea atât de ciudat stând ca o prinţesă, în timp ce o altă femeie se ocupa de toaleta ei personală.

Scaunul era aşezat în faţa patului. Mary Rose observă că una din cămăşile ei de noapte era întinsă pe aşternut. Cuvertura fusese deja dată deoparte şi, pe una din perne, era un trandafir roşu cu coadă lungă.

– De ce e un trandafir pe pat? o întrebă pe Caroline.

– Soțul dumneavoastră ne-a poruncit să-l punem acolo, milady. N-a fost drăguț din partea lui?

Drăguț şi destul de surprinzător, după părerea lui Mary Rose. Era un gest atât de romantic. Nu-i stătea în fire lui Harrison să fie aşa de atent şi de delicat. Nu prea era genul de bărbat romantic. Când îşi dorea ceva, îl lua singur. Semăna mult cu frații ei în această privință. Harrison nu părea tipul care să facă un gest galant, dar, oare, îl cunoştea cu adevărat?

– Ştiți ce i-a spus soțul dumneavoastră lui Edward când a comandat trandafirul? A zis că o să vă amintească de ceva.

– Să-mi amintească de ce?

Caroline râse.

– Că vă iubeşte, sugeră ea. Ce altă semnificație poate avea floarea, milady?

Mary Rose ridică din umeri. Întinse mâna şi luă peria. Se săturase de atâta răsfăț.

Îi mulțumi cameristei pentru ajutor şi îi spuse că nu mai avea nevoie de ea în acea noapte. Caroline făcu o plecăciune perfectă înainte să plece din cameră. Mary Rose nu mai ştia ce să înțeleagă din asta.

Se duse spre pat să-şi ia cămaşa de noapte, dar se opri când auzi uşa deschizându-se. Se întoarse exact în momentul în care intra Harrison.

Şi soțul ei făcuse baie. Părul îi era încă ud. Era în picioarele goale şi purta doar o pereche de pantaloni de culoare închisă.

Mary Rose se întrebă dacă el avea cumva vreun halat mai acătării. Îi plăcea să umble pe jumătate gol şi, dacă în Montana nu aveai ce spune, la Londra nu era un gest prea cuviincios. Erau servitoare prin casă, iar lui Mary Rose nu-i plăcea gândul că vreuna dintre acele femei i-ar putea vedea soțul cu pieptul gol.

Se gândi să-i spună că nu era cuviincios, dar se abținu. Avea să-i zică mai târziu. Acum avea o chestiune mult mai importantă de discutat cu el.

Harrison închise uşa după el, o încuie şi se îndreptă spre soţia lui.

Pe faţă i se citea hotărârea. Ea începu să dea înapoi.

– Trebuie să vorbim, tu şi cu mine, începu ea. Întinse mâna să-l oprească. Rămâi acolo unde eşti!

El îi ignoră porunca. Mary Rose continuă să se dea înapoi până ajunse la marginea patului.

– Bine, încuviinţă el. Întinse mâna spre cordonul de la halat şi începu să i-l desfacă. Vorbeşte.

Ea încercă să-i dea mâna la o parte. Dar nu putea fi împiedicat. Îi scoase cordonul într-o clipă.

– Mi-e tare greu să nu mă supăr pe tine, Mary Rose.

Ochii ei se măriră, nevenindu-i a crede.

– Dar ce motiv ai de supărare?

– Septembrie, răspunse el aproape ţipând. Aveai de gând să aştepţi până la sfârşitul lui septembrie ca să vii în Anglia?

Nu voia să fie pusă în situaţia de a intra în defensivă.

– M-ai minţit cu bună-ştiinţă. Lasă-mi naibii halatul!

– Scoate-l naibii, atunci!

– Ai impresia că am să dorm cu tine?

– Nu am impresia că ai să dormi prea mult. Am de gând să te ţin trează toată noaptea, ca să fac dragoste cu tine. Te doresc şi ştiu al naibii de bine că asta simţi şi tu.

Lui Rose Mary i se umplură ochii de lacrimi.

– Nu am încredere în tine.

– Ba da.

Îşi deschise brusc braţele într-un gest de exasperare. Îi era imposibil să vorbească serios cu el. Refuza cu bună-ştiinţă să gândească logic. Nu putea să îi ofere argumente solide unui bărbat care era pe punctul de a-şi scoate pantalonii.

– M-am gândit mut timp la situaţia în care suntem, începu ea. Suntem căsătoriţi şi, pentru că mi-am luat un angajament faţă de tine, nu cred c-ar fi corect să te părăsesc. Va trebui să luăm totul de la capăt, Harrison.

– Şi cum propui să facem asta?

–Ai putea să-mi faci curte şi, cu timpul, sper să încep să am din nou încredere în tine. Simt că nu te cunosc deloc, Harrison. Omul pe care îl iubesc mi-a frânt inima.

Doamne, ce talent avea să dramatizeze! Auzise cea mai mare parte din lucrurile pe care i le spusese. Fusese atent până ajunsese la chestia cu curtea. Pe naiba, se gândi el. Trecuseră de mult de faza aceea.

Era excitat şi pulsa de dorinţă când îşi dădu jos pantalonii şi se întinse să pună mâna pe ea.

–Trebuie să uit cum a fost când mă mişcam în tine? Ai fost a mea, ai uitat? Am simţit cum îţi dai drumul în braţele mele, Mary Rose. Te-am auzit strigându-mi numele, te-am simţit strângându-mă tare... Dacă tu crezi că aş putea să uit toate astea şi s-o iau de la capăt, ţi-ai pierdut minţile.

Abia se mai putea ţine pe picioare când termină să-i povestească cum se iubiseră. Hotărârea din tonul lui o făcu să tremure de dorinţa de a se simţi din nou aşa cum spusese el.

–Ce sugerezi să facem?

–Vino aici şi o să-ţi arăt.

Ea dădu din cap. Ştia ce avea să se întâmple dacă se ducea în braţele lui. Voia să ajungă la un fel de înţelegere înainte să-i cedeze.

Îşi aţinti privirea asupra chipului lui.

–Spune-mi, mai întâi... El o luă de umeri. Nu, mai întâi spune-mi ceva. Mă mai iubeşti?

Îşi coborî privirea spre pieptul lui. Nu voia să înceapă să-l mintă, chiar dacă ştia foarte bine că, spunând adevărul, va pierde în faţa lui.

–Mi-ai frânt inima, îi mai spuse o dată.

–Te-am avertizat, nu-ţi aminteşti?

–Ar fi trebuit să-mi spui de tatăl meu.

–Nu, fraţii tăi aveau datoria asta. Ar fi fost o greşeală să-ţi spun eu.

–Atunci, de ce nu ai fost cu ei când mi-au spus? Ar fi fost mai uşor pentru mine.

–Eram în Hammond, apărând un om într-un proces, când s-au hotărât, în sfârşit, fraţii tăi să-ţi spună, iar, când m-am întors la fermă, tu plecaseşi. La naiba, Mary Rose, n-ar fi trebuit să fugi aşa de mine. Sunt soţul tău.

Având în vedere faptul că se gândise să-l omoare, credea acum că a fugi de el nu era o încălcare prea gravă a regulilor unei căsnicii.

– Eram foarte furioasă pe tine.

El ridică din umeri. Nu era reacţia pe care o sperase s-o obţină.

– Unde ai fost?

– Douglas m-a dus la soţii Cohen. Am rămas la ei două săptămâni. Regreţi că mi-ai făcut rău?

Mary Rose spera ca el să-şi ceară iertare. Nu ştia dacă asta ar fi ajutat-o să treacă peste durerea ei, dar credea că ar fi fost posibil.

– Am făcut ce era necesar în acea împrejurare. Cu timpul, ai să-ţi dai seama de asta.

– Mă iubeşti?

– Da, te iubesc.

O trase la pieptul său şi o strânse cu putere.

– Nu putem doar să ne ţinem în braţe, te rog!?

O luă cu braţele şi se aplecă, îi sărută fruntea, nasul, şoptindu-i tot timpul cât de dor îi fusese de ea.

Apoi se dădu un pas înapoi, îi scoase halatul, o ridică în braţe şi o duse în pat.

Avu grijă să n-o strivească cu greutatea lui, aşa că, atunci când se aşeză peste ea, se sprijini în coate în aşa fel încât să se uite în ochii ei.

Lui Mary Rose îi curgeau lacrimile pe obraji.

– Vrei să te las în pace acum, Mary Rose?

O văzu dând din cap şi el răsuflă uşurat. Apoi, ea se ridică puţin şi-l îl sărută. Gura lui se apăsă hotărâtă pe a ei, dar limba ei intră prima să-l exploreze. Gestul ei îndrăzneţ îl stârni la fel de mult ca şi atingerea mătăsoasă a corpului ei. Îi mângâia spatele şi umerii şi îl făcu, într-o clipă, să tremure de dorinţă.

Îi lăsă gura în pace şi îşi lăsă capul între sânii ei. Începu să-i mângâie şi să-i necăjească sfârcurile cu limba. Ea scoase un suspin de plăcere, grăbindu-l acum, şi, când îi luă un sfârc în gură şi începu să-l sugă, suspinele i se transformară în gemete. Se arcui înspre el, îşi mişcă agitată picioarele, încolăcindu-l, şi încercă să se tragă şi mai aproape de el.

Mângâierile lui deveniră mai brutale, mai puţin stăpânite. Mâna îi dezmierdă pântecele şi coborî mai mult, până găsi ce dorea cel mai mult să posede. Simţi căldura umedă dintre coapsele ei şi îşi pierdu complet controlul. Degetele îi pătrunseră înlăuntrul ei.

Mary Rose îl zgâria cu unghiile pe umeri, cerându-i să pună capăt chinului şi să se împreuneze pe de-a-ntregul.

Nu se mişca destul de repede pentru ea. Ea întinse mâna în jos şi îi apucă erecţia şi, când îl strânse cu degetele, el scoase un geamăt de plăcere.

Nu mai puteau aştepta. Îi apucă mâinile şi i le aşeză pe după gâtul lui în timp ce se mişca să-şi găsească poziţia cea mai bună. Şi apoi intră în ea, înfigându-se blând.

Strângea din dinţi, căci extazul era prea mare pentru el.

– Doamne, ce bine e! şopti el. Nu te mai mişca aşa, nu încă. Lasă-mă pe mine, iubito, mă faci să te doresc prea mult.

Nu mai reuşi să continue. Îi furase şi puterea de a vorbi. Nici nu mai putea să gândească, ci doar să se bucure de senzaţia incredibilă pe care i-o ofereau şoldurile ei care se frecau de ale lui. Îşi ridică picioarele să-l simtă mai adânc şi îl luă de gât. Tânjea acum după împlinire, căci, de fiecare dată, când se înfigea mai adânc, o străbăteau fiori de plăcere nemăsurată. Penetrările lui lente îi aprinseră dorinţa din ce în ce mai mult, până când uită de toate, în afară de faptul că el pătrundea înlăuntrul ei. Îl trase de păr şi îl zgârie cu unghiile pe ceafă. Gemetele ei deveniră mai insistente, iar el nu mai rezistă. Se înfipse în ea mai tare, mai adânc, şi, când simţi primele spasme ale orgasmului ei, când se lipi de el şi îl strânse mai tare în ea, îşi dădu şi el drumul. Îi strigă numele, pe când îl treceau val după val de plăcere sfâşietoare.

Simţi explodând în ea acea senzaţie minunată. După o secundă sau două, se lăsă învăluită şi mistuită. Se agăţă de soţul ei, ştiind prea bine că o va ocroti.

Îi trebuiră mai multe minute ca să-şi revină. Harrison o ţinea strâns în braţe şi o mângâia. Îi şoptea la ureche vorbe de iubire, fără sens, dar pe care ea le găsea perfect logice, căci îi dădeau de înţeles cât de dor îi fusese de ea.

Adormi în timp ce soțul ei îi dezmierda lobul urechii și se trezi mai târziu tot cu mângâierea lui. Mai făcură dragoste o dată în timpul nopții și din nou, când soarele își începea drumul său zilnic pe bolta cerească.

De fiecare dată, i se dărui de bunăvoie, iar, când începea să se topească în brațele lui, avea impresia că se întâmplă o minune, pentru că se simțea în perfectă siguranță cu el.

Îl iubea pe Harrison din toată inima. Avea să fie o soție înțelegătoare și să învețe să-l ierte pentru că o amăgise. Cu timpul, va putea să aibă din nou încredere în el.

Adormi rugându-se ca totul să fie după cum dorea.

24 februarie 1871

Dragă mamă,

Azi am aflat totul despre cum se fac copiii. Adam mi-a spus exact ce se întâmplă între un bărbat și o femeie. A zis că nu trebuie să mă strâmb sau să fac o mutră așa de dezgustată, dar e greu să nu-mi fie scârbă, mamă. Îmi vine să vărs când mă gândesc la un bărbat care încearcă să se suie pe mine.

Travis și Douglas sunt și ei de părere că e dezgustător să faci copii. Nu au spus-o, dar nu s-au putut uita la mine când mi-au explicat ce se întâmplă. Și au roșit amândoi. Nu cred că vor dori vreodată să se suie pe o femeie. Dar nu știu ce crede Cole despre asta. S-a înfuriat pe mine când l-am rugat să-mi explice, iar apoi m-a trimis la Adam.

Fiul tău mi-a spus că împreunarea dintre un bărbat și o femeie e ceva frumos. Cred că își bătea joc de mine. Tu ce crezi despre cum se fac copiii, mamă? Îl ai pe Adam, așa că tatăl lui trebuie să se fi suit o dată pe tine. Nu ți-a fost silă?

Cole face ultimele retușuri la tavanul bibliotecii din frumoasa noastră casă. E foarte pretențios la stucatură. Lucrează aproape în fiecare noapte, iar eu știu că ar dori să lucreze la casă și în timpul zilei, dar nu poate, pentru că Douglas are nevoie de el la îmblânzirea cailor.

A trebuit să le dau din nou indienilor o șuviță din părul meu. Sunt foarte drăguți cu mine acum și nu mai încearcă să mă fure de la Adam. Le este încă frică de el. Adam le dă de-ale gurii şi încearcă să fie politicos, dar nu cred că are încredere în ei. Încă n-a uitat ce era să se întâmple când au încercat să mă răpească trădătorii ăia.

Indienii cred că le aduc noroc. Nu-i aşa că este o prostie, mamă?

De ce n-o urăşti pe Livonia? Uneori cred c-ar trebui. Ştiu că îi e frică şi că depinde de tine, dar mă gândeam că, poate dacă eşti rea cu ea, te va lăsa să pleci.

Mi-e tare dor de tine,
Mary Rose

Capitolul 18

Mary Rose era emoţionată că avea să îşi cunoască tatăl. Nu-şi înţelegea propria reacţie. Nu avea de ce să se teamă de acel om. Era un străin pentru ea şi avea să fie politicoasă, drăguţă şi compătimitoare cu el. Lordul Elliott suferise o pierdere groaznică, îşi aminti din nou, şi, aşa cum îi sugeraseră şi fraţii ei, era de datoria ei să-l consoleze.

Harrison o trezise dându-i vestea că Elliott dorea să vină şi ei la moşia de la ţară, pentru o perioadă neprecizată.

Mary Rose începu să-şi facă din nou griji. Se gândi că, poate, o parte din temerile ei se datorau faptului că nu ştia absolut nimic despre el. Harrison îi spusese că era bogat şi inteligent. Nici unul din aceste atribute nu-i spunea cum era, de fapt, tatăl ei. Bogăţia însemna foarte puţin pentru ea şi, cu toate că îi plăcea să audă că tatăl ei era inteligent, era, totuşi, ceva prea abstract pentru gustul ei. Nu ştia nimic despre valorile sau convingerile lui.

Îl zăpăci pe soţul ei cu întrebările pe drumul spre moşia lui Elliott.

– Mi-ai explicat că aceia care îşi permit, pleacă din oraş pe timpul verii, dar nu mi-ai spus şi de ce, începu ea.

– Este prea cald în oraş. Cam toate activităţile se suspendă până în septembrie.

Ea îşi lăsă mâinile în poală.

–Nu înţeleg de ce n-am putut s-o aşteptăm pe Eleanor. N-ai vrut să ne însoţească azi?

–Iubito, n-a putut să se scoale din pat, ai uitat? Va veni după noi mâine, cu Edward şi cu restul personalului.

–Cât timp se aşteaptă lordul Elliott să stăm la el?

–Cât de mult vrei tu.

Harrison îşi întinse picioarele lungi în faţă şi încercă să pară relaxat. Ştia că soţia lui e emoţionată. Îşi frângea mâinile acum, dar se îndoia că îşi dădea seama exact ce face.

Îi fusese greu să aleagă şi rochia pe care s-o poarte, iar un asemenea comportament nu o caracteriza. Nu era femeia care să-şi facă griji pentru felul în care arăta, dar azi-dimineaţă îşi făcuse, şi Harrison credea că înţelege de ce.

Nu voia să-şi dezamăgească tatăl.

–O să te iubească, draga mea.

Ea ridică din umeri.

–Mie o să-mi placă? întrebă ea.

Harrison păru surprins de întrebare. Se aplecă brusc în faţă şi îi luă mâinile.

–Da, o să-ţi placă. Va trebui.

Ea se aşteptă să continue, dar, când văzu că nu o face, îl îmboldi:

–Va trebui ce?

El oftă.

–Voiam să-ţi spun să ai încredere în mine, dar tocmai ăsta e punctul tău sensibil, nu?

Mary Rose îşi privi mâinile.

–Nu vreau să vorbesc despre încredere acum. Mi-ai frânt inima, Harrison.

–Aşa zici tu, spuse el sec.

Ea îşi ridică privirea ca să-i vadă expresia supărată. Harrison dădu din cap.

–Îmi porţi pică, nu-i aşa? Dacă ţi-ai folosi logica aia cu care te lauzi, ţi-ai da seama.

–Mi-aş da seama că ai fi vrut să-mi spui, dar ai hotărât să n-o faci, de asta mi-am dat seama, şopti ea. Îşi trase mâinile din ale lui. Nu trebuia să-mi pun rochia asta. Mă face mai palidă decât sunt.

–Arăți minunat.

–Nu vreau să arăt minunat.

–Anglia e frumoasă, nu? remarcă el, sperând să schimbe subiectul.

–Da, aşa e, îl aprobă ea. E foarte frumos la țară. Dar nu e ca acasă la mine.

–Acordă-ți un timp să te obişnuieşti cu schimbarea.

–Mi-e dor de frații mei.

–De mine ți-a fost dor după ce am plecat?

Nu-i răspunse. El se rezemă la loc de spătarul banchetei şi se întoarse să se uite pe fereastră. Ploua când plecaseră din oraş, dar soarele ieşise iar din nori şi ziua promitea să fie superbă.

–Ajungem prea devreme, spuse el. Tatăl tău nu ne aşteaptă până pe la patru după-amiaza. Vom fi la moşie înainte de prânz.

–E adevărat că toată lumea din casă stă trează cea mai mare parte a nopții?

Harrison încuviință din cap.

–E adevărat. Eşti obosită astăzi? Te-am ținut trează cea mai mare parte din noapte.

Ea se îmbujoră imediat.

–Nu, nu sunt obosită.

Îi zâmbi.

–Eu sunt. Trupul tău m-a iertat.

–Vorbim fără rost, Harrison.

Părea tulburată. El se gândi că era o reacție care spunea multe.

–Nu poți ascunde modul în care reacționezi la mine, nu-i aşa? Îți aminteşti cum...

–Eram acolo, izbucni ea. Nu trebuie să-mi aminteşti ce s-a întâmplat între noi. Te rog, spune-mi mai bine cum a reacționat lordul Elliott când a auzit de mine. Sunt foarte curioasă.

–Schimbi subiectul cu bună-ştiință. Mai degrabă îți spun cum te-ai simțit în brațele mele azi-noapte.

–Pentru numele lui Dumnezeu, nu vrei să-mi răspunzi la întrebare şi să încetezi discuția asta despre dragoste?

– Nu m-a crezut.

– Cine?

Harrison pufni în râs. Era zăpăcită deja, şi acest lucru îi producea o imensă plăcere.

– Tatăl tău, o lămuri el.

Mary Rose suspină. Apoi îşi luă evantaiul, îl desfăcu şi începu să-şi facă vânt.

– Mi-au trebuit câteva ore să-l conving, îi spuse Harrison. Îi este teamă să creadă, Mary Rose. Nu vrei să stai în poala mea?

– Nu, nu vreau să stau în poala ta.

– Vreau să te sărut.

– Nu se poate. Mi-ai deranjat coafura.

Harrison nu o băgă în seamă. Înainte să apuce ea să-l împingă, o ridică şi o aşeză în braţele lui. Ca să stea mai bine, ea îl luă de după umeri cu braţul, tocmai când se uita chiorâş la el pentru că nu-i luase în seamă dorinţa de a fi lăsată în pace.

– Nu-mi place cum îţi stă cu părul ridicat şi prins în coc.

– Ştii de ce mă bucur că nu ţi-ai tuns părul?

– De ce?

Ea începu să-l mângâie pe ceafă, trecându-şi degetele prin părul lui mătăsos.

– Arăţi mai mult ca un om de la munte decât ca un englez rafinat.

O sărută pe gât. Simţi cum o trec fiori prin tot corpul. Scoase un suspin uşor şi îşi dădu capul pe spate ca să-l ajute să ajungă mai uşor la gâtul ei.

Credea că ştie de ce devenise brusc aşa de iubăreţ. Ghicise că era îngrijorată şi încerca să-i abată gândurile de la tatăl ei.

Planul lui funcţiona în mod evident. Răsuflarea lui caldă în urechea ei o stârnea şi tot ce îşi dorea era să o sărute ca lumea.

Totuşi, nu-i plăcea să fie manipulată şi se gândi să i-o spună după ce termina cu sărutatul.

– Cum de miroşi întotdeauna aşa frumos, iubito?

– Fac des baie, răspunse ea.

Râse când îi luă faţa în mâini şi o întoarse spre el.

Şi, apoi, o sărută ca lumea. Gura lui era fierbinte şi dornică când şi-o apăsă posesiv pe a ei. Limba lui intră să guste şi s-o necăjească şi, în scurt timp, Mary Rose nu-şi mai făcu griji pentru nimic, ocupată fiind doar să-i răspundă la sărut.

El nu reuşi să continue acel joc plăcut al iubirii. Un sărut îl făcea să dorească totul. În doar o clipă, era pregătit şi dornic să intre în ea.

Se trase de lângă ea şi îşi lăsă fruntea să se odihnească pe creştetul ei.

–Îți jur pe Dumnezeu, Mary Rose, nu pot să te sărut fără să doresc să smulg hainele de pe tine şi să facem dragoste. Nu mă provoca.

Mary Rose îl săruta acum pe gât şi se simți incredibil de puternică datorită reacției pe care o avea la mângâierile ei. Respirația lui era neregulată, iar el era vizibil înfiorat.

Ea suspină din nou de plăcere. Se ridică puțin şi îl sărută pe bărbie. Îi spuse din nou să fie cuminte. Mary Rose îi ignoră îndemnul şi îi mângâie buza de jos cu limba.

El scoase un geamăt profund şi o strânse mai tare de mijloc. Nu mai încerca să se poarte ca un gentleman. O sărută pătimaş, apoi din nou şi din nou. Mary Rose uită repede unde erau. Tot încerca să se lipească de soțul ei, să-i simtă mai bine căldura, iar mişcările ei agitate în brațele lui îl făcură să-şi piardă controlul.

Să facă dragoste cu nevasta lui i se părea o idee bună şi nu-i păsa că erau într-o trăsură în mişcare. O dorea şi îl dorea. Nimic altceva nu mai conta.

În cele din urmă, ea îşi veni în fire când îi simți mâna pe coapsă. Îi era imposibil să înțeleagă cum reuşise să se strecoare sub fustele ei.

–Ce Dumnezeule facem? şopti ea cu o voce tremurând de dorință. Suntem într-o trăsură, Harrison. Cum poți să te gândeşti la aşa ceva?

–Suntem căsătoriți. E-n regulă. Putem face dragoste oriunde avem chef.

Lui i se părea logic. Mary Rose îi dădu mâinile deoparte şi se mută pe locul de vizavi. Mâna îi tremura când se strădui să-şi fixeze mai bine acele din păr, şi doar atunci îşi dădu seama că buclele îi cădeau acum pe umeri.

Harrison era de vină pentru halul în care arăta. Se încruntă la el în timp ce își trecea degetele prin păr și încerca să-și aranjeze buclele.

– Ești frumoasă.

Felul în care o privea îi spuse că o socotea, într-adevăr, frumoasă. Și nu mai făcu nici un efort să se aranjeze.

– Patima te-a orbit, îi spuse ea.

– Am ajuns. Poarta de care tocmai am trecut se află la intrarea pe moșia tatălui tău. Are peste o sută de acri.

Ea oftă adânc.

– S-a bucurat că te-ai însurat cu mine?

– Da, răspunse Harrison. Dar i-a părut rău că nu a fost la cununie. Mai vrea să facem una.

Mary Rose făcu ochii mari.

– Nu cred că e necesar.

– Dar el crede că da, îi spuse Harrison. Putem să discutăm cu el despre asta după ce-l cunoști mai bine. Iubito, nu-ți mai frânge mâinile. Are să fie bine. Sprijină-te de mine dacă ți-e frică.

– Sunt perfect capabilă să mă țin pe propriile picioare. Tatăl meu nu mă sperie.

Era doar lăudăroșenie din partea ei. Dar Harrison nu avea de gând să-și mai contrazică nevasta. Dacă voia ca el să creadă că nu e speriată, o s-o lase să creadă asta.

– Vor fi acolo și rudele lui? Vai, Harrison, ce casă enormă! Câte dormitoare crezi că are?

– Douăsprezece, cred, dar nu sunt sigur. Rudele urmează să vină tot azi, dar mai târziu.

– Cât e ceasul acum?

– Nu e încă unsprezece, răspunse el, după ce se uită la ceasul lui de buzunar.

Trăsura coti, apoi începu să urce pe o alee circulară, în fața marii clădiri albe despre care Mary Rose credea că seamănă cu un castel. Erau flori peste tot și peluze bine îngrijite, cu tufe tăiate în forme perfecte.

De o parte și de alta a scării de la intrare străjuiau doi lei de piatră. Treptele erau din cărămidă roșie. Ea se gândi că probabil costase o avere transportul lor în Anglia, dar apoi își dădu seama că erau făcute undeva, prin jurul capitalei. În Blue Belle, trebuia să aduci totul cu trenul şi apoi cu căruța, dar casa tatălui ei era la doar o aruncătură de băț de un oraş important. Era cu totul altfel aici. Va trebui să țină minte asta, se gândi ea.

Harrison o ajută să coboare din trăsură. Urcară împreună treptele. Uşa din față era neagră, cu un inel oval auriu în mijloc. Două ghivece mari şi albe pentru plante se aflau de fiecare parte a intrării, şi erau pline cu flori de primăvară în toate culorile curcubeului, iar, pe lateralele lor, atârna iederă de un verde crud.

Mary Rose veni mai aproape de Harrison când acesta bătu la uşă. Le deschise după cinci secunde un om lat în umeri, pe nume Russell. Se plecă adânc în fața lor, apoi se dădu repede în lături să le facă loc.

Reacția lui când o văzu fusese asemănătoare celei pe care o avusese Edward.

– Da, Russell, soția mea seamănă mult cu Lady Agatha, spuse Harrison înainte ca servitorul să se adune şi să facă vreo remarcă.

Ochii bătrânului se luminară într-un zâmbet.

– Am avut un şoc, nu glumă, recunoscu el în şoaptă.

Mary Rose nu era prea atentă la conversație. Stătea în mijlocul holului de la intrare şi se uita uimită în jurul ei. Intrarea era la fel de impresionantă ca şi exteriorul clădirii. Era pardosită cu plăci pătrate albe şi negre, iar suprafața ei o egala pe aceea a casei din Montana. În fața ei se profila măreață scară în spirală. Din tavan atârna un superb candelabru de cristal. Avea peste cincizeci de lumânări în monturi scânteietoare, iar Mary Rose nu-şi putea închipui cum ajungea cineva aşa de sus ca să le aprindă.

– Unde e lordul Elliott? întrebă Harrison. A coborât azi sau lucrează în bibliotecă?

– Nu ştiu sigur unde e în momentul de față, milord. Nu vă aştepta decât mai târziu, în după-amiaza asta. N-ați vrea să urcați şi să aşteptați în bibliotecă până mă duc eu să-l caut?

Harrison dădu din cap refuzând oferta.

– E o zi prea frumoasă să stai în casă. Ne vom duce în spatele casei şi-l vom aştepta în grădină.

O trase pe Mary Rose după el. Trecură prin altă încăpere enormă despre care ea crezu că e un salon. Se vedeau acolo două mari zone cu sofale puse una în fața celeilalte, un şemineu imens de marmură, mai multe scaune cu spătar rotunjit şi măsuțe de lemn cu blat de sticlă.

Toată mobila era tapițată cu brocart de culoarea fildeşului. Mary Rose se opri să admire încăperea. Nu credea că mai văzuse ceva atât de frumos şi de costisitor.

Harrison se uită la ea.

– La ce te gândeşti? Pari nedumerită de ceva, remarcă el.

– Nu e practic, şopti ea, ca nu cumva s-o audă vreun servitor. Dacă ar intra praful pe ferestre o zi întreagă, ar strica materialul. Cine şi-ar tapița scaunele cu material alb?

– Îți place?

– O, da, dar n-aş îndrăzni să mă aşez pe nişte scaune atât de curate. Mi-ar fi frică să nu murdăresc vreunul.

Lui Harrison îi veni s-o ia în brațe şi s-o sărute. Era atât de naturală.

– Ieşim afară? O luă iar de mână şi o duse pe lângă nişte uşi care se ridicau până-n tavan. Dincolo de ele, se vedea o curte interioară de piatră, înconjurată cu un zid din cărămidă, înalt de aproape doi metri. Din curte, se zărea o grădină care rivaliza cu grădinile regilor, aşa cum le văzuse Mary Rose în poze.

Harrison deschise uşile şi o urmă afară.

– Tatălui tău îi plac florile, remarcă el. Mi-a spus odată că, atunci când are un caz greu de descâlcit, se duce afară şi grădinăreşte. A găsit soluții la multe cazuri când stătea în genunchi îngrijiind florile. Tatăl tău se înconjoară de bogății, dar se bucură cel mai mult de lucrurile simple pe care ți le oferă viața.

Mary Rose încuviință uşor din cap, dar nu comentă afirmația lui Harrison. Se îndreptă spre nişte scaune cu pernițe galbene şi el îi sugeră să rămână acolo în timp ce avea să îl ajute pe Russell să dea de tatăl ei.

– N-ar trebui să ne ducem sus bagajele şi să le desfacem? Rochiile mele se vor şifona dacă nu le pun imediat pe umeraşe.

– Servitorii se vor ocupa de bagaje.

Ea se aşeză şi îşi puse mâinile în poală.

– Da, desigur, încuviință ea.

Uitase de toți servitorii angajați ai lordului Elliott. Harrison îi înșirase cel puțin o duzină de oameni care aveau să se ocupe de persoana ei. Era obișnuită să se descurce singură și nu era deloc sigură că se va obișnui cu această schimbare.

Harrison se aplecă și o sărută pe frunte înainte să se întoarcă în casă. Era prea emoționată să poată sta locului mult timp. Odată ce se va trezi, în sfârșit, cu el față-n față, nu ar fi avut nici cea mai vagă idee despre ce ar fi putut vorbi cu tatăl ei și era foarte important să găsească cuvintele potrivite. Nu voia să-l dezamăgească. O căutase mare parte din viața lui și un simplu „încântată de cunoștință" nu părea o idee bună.

Mary Rose hotărî s-o ia pe aleea pietruită din grădină, sperând că o plimbare liniștită o va ajuta să-și potolească bătăile puternice ale inimii și să-și adune gândurile.

După primul colț, se pomeni înconjurată de toate miresmele verii. Erau flori peste tot. Amestecul de parfumuri îi aminti de valea de acasă și, cu toate că nu prea înțelegea de ce, simți că începe să se relaxeze puțin. Trase adânc aer în piept, își puse mâinile la spate și își continuă plimbarea. Se opri de mai multe ori să examineze îndeaproape câte o floare pe care nu o cunoștea. Una dintre ele i se păru cât se poate de ciudată. Avea petale roz și roșii, care îi aminteau de un trandafir, dar, când se aplecă s-o miroasă, rămase surprinsă de mireasma ei puternică de liliac.

Faptul că era singură în grădina aceea atât de frumoasă o liniștea. Se bucurase să audă că lordului Elliott îi plăcea viața în aer liber și se gândi că, la urma urmei, tot aveau un subiect comun de conversație. Putea să-i vorbească despre grădina de acasă, iar el să-i spună numele florilor din paradisul pe care și-l crease singur în spatele casei.

Ea se îndreptă de spate și își continuă drumul pe alee, și, după colțul următor, zări un bătrân stând într-un genunchi, examinând cu atenție o floare. Omul nu era îmbrăcat ca un grădinar, ci purta pantalonii de duminică și o cămașă de un alb strălucitor. Își suflecase mânecile până la coate. Mary Rose nu-i vedea fața, pentru că avea pe cap o pălărie de paie cu boruri mari, trasă în jos pe frunte.

Se gândi că ar putea să fie tatăl ei, dar nu era sigură, bineînțeles, şi nu ştiu cum să procedeze. Tocmai o luase repede spre curte, când se răzgândi şi porni, totuşi, înainte.

Elliott auzi foşnet de fuste în spatele lui şi presupuse că era una din servitoare, care ieşise în grădină să vadă dacă nu putea fi de ajutor. Întinse mâna după coşul pe care îl umpluse cu flori şi îl ridică să i-l dea servitoarei.

– Fiicei mele cred că i-ar plăcea să aibă mai multe vaze cu flori în odaia ei, îi explică. Încă nu îşi ridicase privirea.

Mary Rose luă mânerul coşului cu mâna stângă, şi-l puse pe braț şi rămase acolo, neştiind ce să facă şi pierindu-i brusc graiul.

Elliott nu păru să observe că fata nu dusese imediat florile în casă. Aştepta cu răbdare ca el să-şi ridice privirea. Se gândea să înceapă conversația prezentându-se şi, Doamne, cum se mai ruga ca vocea să nu-i trădeze emoția!

– Mă întreb dacă Victoriei mele îi plac florile, remarcă el.

Ea trase o gură de aer.

– Îmi plac foarte mult, tată.

Elliott rămase tăcut pentru ceea ce păru o veşnicie, apoi întoarse încet capul spre ea.

Simți că rămâne fără aer şi că inima avea să-i explodeze în mii de fărâme. O vedea pentru prima oară pe Victoria lui şi era prea mult pentru el. Soarele îi strălucea în părul de aur, dându-i o înfățişare divină, aşa că, pentru o clipă, crezu că preaiubita lui Agatha se pogorâse din ceruri să fie iar cu el.

Era fiica mamei sale. Victoria venise, în sfârşit, acasă. Elliott nu era în stare să-şi recapete sufletul sau echilibrul. Simți că se înclină într-o parte şi s-ar fi prăbuşit dacă ea nu i-ar fi întins mâna.

El i-o prinse de parcă ar fi fost un colac de salvare şi o ținu strâns. Şi se uită mai departe la ea, ca la un miracol.

Ea îi zâmbi dulce şi binevoitor, la fel ca mama ei, apoi imaginea se încețoşă şi îşi dădu seama că plânge în tăcere.

Mary Rose îl ajută să se ridice. Ar fi vrut să-l apuce de mijloc ca să-l sprijine mai bine, dar el nu-i dădu drumul mâinii destul de repede ca să-l poată ajuta.

Pălăria lui de paie căzuse pe jos. Se uită lung la tatăl ei, gândindu-se că era un bărbat cu adevărat arătos, dată fiind vârsta lui înaintată. În lumina soarelui, argintul din părul lui scânteia. Avea pomeții înalți și un nas drept și frumos. Felul în care se ținea, atât de nobil și de mândru, ca un om de stat sau ca un orator, îi amintea de fratele ei Adam, și se gândi că, dacă ar avea pielea de aceeași culoare, lumea ar zice că sunt rude. Fratelui ei îi curgea prin vine sângele strămoșilor săi, căpetenii de triburi, de aceea avea o ținută atât de mândră. Oare și strămoșii lordului Elliott fuseseră la fel? Trebuia să-l întrebe într-o zi. Acum se părea că se străduiau să nu se mai uite lung unul la altul. Elliott se chinuiua din răsputeri să se adune. Își scoase o batistă din buzunar și își șterse lacrimile de pe față.

Și, apoi, dădu repede din cap, o strânse tare de mână și mai clătină o dată din cap.

Cei doi se întoarseră și o porniră, mână în mână, spre casă. Vocea lui era răgușită de emoție când i se adresă, în cele din urmă.

– Sunt foarte fericit că te-ai întors la mine.

Ea dădu din cap în semn că înțelesese și apoi se gândi ce să-i spună.

Voia să fie foarte sinceră cu el, așa că îi spuse din toată inima:

– Tată?

– Da, Victoria?

– Sunt mulțumită să știu că nu m-ai părăsit.

Sora mai mică a lordului Elliott, Lillian, fusese prima dintre membrii familiei care veni s-o vadă pe Lady Victoria.

Din toate rudele, Lillian fusese cel mai greu de convins că fiica fratelui ei fusese găsită cu adevărat. Suferise prea multe dezamăgiri împreună cu fratele ei, văzuse chinul provocat de fiecare dintre cei care pretinseseră că dăduseră de ea și își făcea griji că, și de această dată, vor avea parte de o decepție amară.

Dovada era, bineînțeles, indiscutabilă, dar Lillian tot se îndoia. Avea să hotărască singură dacă Mary Rose Clayborne era Victoria sau doar o escroacă pornită pe câștig.

– William, ce faci aici, pe căldura asta? întrebă ea, intrând repede în casă. Ai să te îmbolnăveşti dacă nu ai mai multă grijă de tine.

Harrison, lordul Elliott şi Mary Rose se ridicară în picioare când Lillian veni spre ei. Mătuşa ei îşi aţinti privirea asupra lui Mary Rose.

– Seamănă cu Agatha, aşa e, recunoscu ea. E aproape bucăţică ruptă.

Elliott îşi prezentă ceremonios fiica surorii lui. Mary Rose îi zâmbi. Nu ştia dacă trebuia să facă o plecăciune sau o reverenţă, sau să-i strângă mâna, aşa că stătu acolo, pur şi simplu, aşteptând ca Lillian să-i dea vreun indiciu în privinţa salutului potrivit.

Lillian nu semăna cu fratele ei. Abia îi ajungea la umăr. Era o femeie slabă, cu nas acvilin şi păr castaniu-închis. Însă avea aceiaşi pometi. Lillian ar fi fost o femeie mai atrăgătoare dacă n-ar fi purtat nişte culori atât de sumbre. Era îmbrăcată într-o rochie cenuşie, care o făcea să pară extrem de palidă. Dacă s-ar fi ciupit de obraji cu toată puterea, poate ar fi căpătat culoare.

De asemenea, ar fi trebuit să nu se mai încrunte aşa. Era clar că o privea chiorâş pe Mary Rose.

– Cum te cheamă, fetiţo? o întrebă ea.

Îşi uni mâinile ca pentru rugăciune, aşteptând răspunsul ei.

– Mă cheamă Mary Rose Clayborne.

– Nu-şi spune Lady Victoria, remarcă Lillian, adresându-se fratelui ei. Mă întreb de ce nu.

Mary Rose îi răspunse:

– Mi s-a spus mereu Mary Rose, doamnă. Numele de Victoria nu înseamnă nimic pentru mine.

Pe Lillian o luă prin surprindere franchețea tinerei. Se încruntă şi mai tare.

– Semeni mult cu soţia fratelui meu, dar încă nu sunt convinsă pe deplin că eşti fiica ei. Nu vrei să mă convingi tu, fetiţo?

Mary Rose se hotărî să fie cât se poate de sinceră, oricât de nepoliticoasă ar fi părut.

– Nu, doamnă, nu vreau să vă conving. În schimb, aş dori să nu-mi mai spuneţi „fetiţo". Ştiţi bine că nu sunt o fetiţă.

– Doamne, ce impertinentă e, William!

Mary Rose nu ştia ce să-i răspundă. Tatăl ei îi veni în ajutor.

– A fost sinceră, nu impertinentă.

Lillian dădu din cap.

– Şi ce planuri ai? o întrebă ea.

– Pentru numele lui Dumnezeu, Lillian, fiica mea abia a venit. Este prea devreme să vorbim de planuri. Ia loc şi n-o mai bate la cap.

– Nu voiam decât să aflu cât mai repede cum stă treaba.

– Cum să stea treaba, doamnă? o întrebă Mary Rose.

Lillian făcu un pas spre ea.

– Să aflu dacă eşti într-adevăr Lady Victoria. Lasă-mă să vorbesc, William, şi apoi o să tac, indiferent ce faci. Eşti Lady Victoria? insistă ea.

– Se spune că sunt, răspunse Mary Rose. De dragul tatălui meu, aş vrea să fie adevărat. S-ar linişti, în sfârşit, căci înţeleg că m-a căutat multă vreme.

– Şi de dragul tău?

Mary Rose nu înţelese întrebarea. Se uită la Harrison, apoi la Lillian.

– Aş vrea să stau câteva săptămâni cu tatăl meu, iar apoi să mă întorc acasă.

– E mult prea devreme să-ţi faci planuri, interveni tatăl ei. O bătu uşurel pe mână. Poate vei dori să rămâi aici cu mine.

Mary Rose nu dorea să-i dea speranţe deşarte.

– Am patru fraţi acasă. Trebuie să mă întorc, tată.

– Vom discuta mai târziu despre asta, hotărî el. Mai întâi, ai nevoie de timp să ne cunoşti pe toţi. Lillian este cel mai dificil membru al familiei, draga mea. Şi vezi c-ai lăsat-o fără grai. Mărturisesc că nu credeam că poate cineva să o pună la punct pe sora mea, dar tu ai reuşit cu siguranţă.

Mary Rose era cât se poate de nedumerită.

– N-am vrut să vă pun la punct, doamnă.

– Harrison, ea nu înţelege cât de nobil e tatăl ei, nu? întrebă Lillian.

– Nu, răspunse el. Ea înţelege faptul de a fi nobil altfel decât tinerele femei din Anglia.

– Mergem în salon? propuse lordul Elliott. Sora mea pare să aibă nevoie de ceva răcoritor.

– Tu şi Harrison luaţi-o înainte. Vreau să vorbesc ceva între patru ochi cu nepoata mea.

– Nu-ţi dau voie s-o terorizezi, Lillian.

– Nu mă va teroriza, tată.

Nici Harrison nu voia să-şi lase soţia cu Lillian. Ştia cât de dură era uneori sora lui Elliott. Nu voia să o supere pe Mary Rose şi, dar ar fi avut timp, i-ar fi explicat că Lillian era un câine care latră, dar nu muşcă. Avea o inimă bună. Dar nu voia s-o arate nimănui.

– Eu şi fiica mea am fost despărţiţi prea mult timp. Regret, Lillian, dar trebuie să insist să intrăm cu toţii în casă.

– Venim şi noi într-un minut, tată, spuse Mary Rose. Şi eu vreau să vorbesc între patru ochi cu mătuşa mea.

Nu mai aşteptă să i se dea voie. Se aşeză şi îi sugeră lui Lillian să ia şi ea loc.

Ambele femei aşteptară să rămână singure.

– Să încep eu sau dumneata, mătuşă Lillian?

– O să încep eu, insistă mătuşa ei. Vârsta îşi are avantajele sale, adăugă ea cu un zâmbet. Aş vrea să cred că ai intenţii bune, draga mea, dar nu mi-e aşa uşor. Da, am auzit de toate dovezile pe care le-a strâns soţul tău şi, cu toate că se pare că eşti într-adevăr Victoria noastră, eu am încă îndoieli. Înţeleg perfect de ce ai dori să fii moştenitoarea fratelui meu.

– Chiar? Vreţi să-mi spuneţi de ce credeţi c-aş dori să fiu Victoria?

– Păi, poziţia socială, averea...

Lillian era încă atât de surprinsă de întrebare, că abia îşi putea aduna gândurile.

– Pot să vă dau tot atâtea motive pentru care n-aş vrea să vă fiu nepoată. Lucrul ăsta mi-ar complica viaţa, cu siguranţă, doamnă. Am o familie în Montana. E, oare, egoist din partea mea să-mi fie dor de cei de acasă?

– Provii dintr-o familie bogată?

– Da, cred că da. Am tot ce mi-aş putea dori.

– Sunt membrii familiei tale la fel de bogaţi ca tatăl tău?

– Nu sunt sigură, răspunse Mary Rose. E un stil de viață diferit și e alt gen de bogăție, încercă ea să-i explice. De ce nu vreți să fiu eu Victoria?

Lillian se uită lung la Mary Rose și apoi spuse în șoaptă:

– Ai ochii bunicii tale.

– Bunica mea?

Lillian încuviință din cap. Un zâmbet îi îmblânzi trăsăturile.

– N-am auzit-o niciodată pe Agatha spunând ceva nepoliticos despre cineva, cu atât mai puțin despre mama ei. Bunica ta era o babornită rea, dar avea ochi albaștri foarte frumoși. Agatha se răsucește probabil în mormânt pentru că o vorbesc de rău pe mama ei, dar spun adevărul. Era o femeie greu de suportat.

Mary Rose pufni în râs. Lillian părea foarte demnă, dar remarcile ei nu erau deloc potrivite.

– Nu vreau ca fratele meu să mai sufere.

– Voi încerca să nu-i aduc suferință, promise Mary Rose. Nu vreau decât să-l cunosc mai bine și apoi să mă întorc acasă. Desigur, voi purta corespondență cu el și să sperăm că, într-o zi, va dori să vină la mine. Mi-ar plăcea să-mi cunoască frații.

Lillian nu știa ce să mai înțeleagă.

– Îți dai seama ce ți-ar putea da tatăl tău?

– Da, știu exact ce mi-ar putea da. Iubirea unui tată. Voi încerca să fiu bună cu el. Și să-l iubesc așa cum trebuie să-și iubească o fiică tatăl. Nu știu cum vine asta, dar voi învăța.

– Draga mea, acum ești femeie măritată și depinzi de soțul tău. Căminul lui Harrison este în Anglia. Probabil că-ți dai seama că trebuie să rămâi aici cu el.

Nu-și dăduse seama. Dar nu avea de gând să-i împărtășească mătușii Lillian care erau convingerile ei.

– Ești măritată, mătușă Lillian?

– Am fost. Scumpul meu Kenneth s-a prăpădit acum cinci ani. Nu am fost binecuvântați cu copii.

– Îmi pare rău pentru dumneata, spuse Mary Rose.

– Sunt mereu ocupată. Am activitățile mele de caritate și, desigur, familia îmi solicită mult timp și atenție. Robert are șapte copii. Au mereu probleme. Barbara e o femeie minunată, dar nu-şi poate ţine în frâu odraslele. Au şase fete şi un băiat, adăugă ea, clătinând din cap. Ai să-i cunoşti pe toţi peste o oră sau două.

– Cine sunt Robert şi Barbara?

– Sunt unchiul şi mătuşa ta. William, tatăl tău, e primul născut, apoi vin eu, pe urmă Daniel şi ultimul e Robert. Barbara e soţia lui. N-ai o rochie mai potrivită pentru cină, draga mea?

Mary Rose se uită la fustele ei. Nu zări nici o pată sau vreo cută.

– E ceva în neregulă cu rochia asta?

– E groaznic de demodată.

– Am dat o avere pe afurisitul ăsta de material, ripostă ea.

Lillian oftă din greu. Îşi duse mâna la gât.

– Nu trebuie să vorbeşti aşa, Victoria. Nobilii nu folosesc cuvântul „afurisit", doar oamenii de rând o fac. Trebuie să ne ocupăm imediat de manierele tale. Avem atâtea de făcut înainte să te prezentăm în societate. Nu trebuie să uiţi cine e tatăl tău.

Nu era sigură la ce se referea mătuşa ei, dar, din felul în care o privea, deduse că era ceva important.

– Nu, nu voi uita cine e tatăl meu, încuviinţă ea. De ce nu te-ai recăsătorit, mătuşă Lillian? Eşti o femeie aşa drăguţă. Dacă trăiai în Montana, ţi-ar fi făcut curte cel puţin zece bărbaţi, chiar înainte să-ţi îngropi soţul.

– Ferească Dumnezeu, fetiţo. Nu fi impertinentă.

– Nu sunt impertinentă, o contrazise Mary Rose. Doar sinceră.

Lillian îşi controlă coafura, să se asigure că nu îi ieşise nici un fir de păr din coc, apoi se ridică.

– Să nu uiţi că trebuie să-ţi ţii părerile pentru tine, Victoria. Ai să şochezi lumea dacă spui ce gândeşti.

Lui Mary Rose îi trecu brusc prin minte că Lillian tocmai o recunoscuse drept fiică a fratelui ei.

– Nu se poate să vă fi răzgândit aşa de repede, doamnă, remarcă ea.

– Dovezile sunt greu de contestat, dar am rezerve. Îţi acord încrederea mea, draga mea.

– De ce?

– Nu e politicos să pui aşa multe întrebări, Victoria. Hai, vino în casă. Soţul şi tatăl tău te-au aşteptat destul.

–Vreau, mai întâi, să îți cer o favoare.

Lillian se întoarse din nou spre nepoata ei.

–Da?

–Te rog să-mi spui Mary Rose.

–Dar nu mai ești Mary Rose acum, nu? Ești Victoria. Va trebui să te obișnuiești cu numele ăsta.

O luă pe Mary Rose de braț și o trase după ea.

–Înțeleg că prietena ta vine mâine. Cum o cheamă?

–Eleanor, îi spuse Mary Rose. Cred c-o să-ți placă, mătușă Lillian. Manierele ei sunt mai distinse decât ale mele.

–Vom vedea, îi răspunse Lillian.

Mary Rose își urmă mătușa în salon. Nici tatăl ei, nici Harrison nu o observară. Erau în toiul unei discuții aprinse.

–Vor să luați dumneavoastră banii aceia, domnule. Cred c-ar trebui să-i luați, spuse Harrison.

Stătea în fața șemineului, cu spatele la mireasa lui. Mary Rose se duse la soțul ei și se așeză lângă el.

–N-o să-i iau, anunță lordul Elliott pentru a treia oară. Trimite-i înapoi, Harrison.

Harrison dădu din cap. Mary Rose îl atinse cu brațul. El o luă imediat de mână.

–Vorbiți despre banii trimiși de frații mei? întrebă ea.

–Da, răspunse Harrison. Tatăl tău nu-i vrea înapoi.

Lordul Elliott stătea într-un fotoliu, lângă șemineu. Mary Rose se întoarse spre el.

–Fraților mei le-ar face plăcere dacă ai accepta banii, tată.

Expresia de pe fața lui Elliott sugera că era de neclintit în această privință. Dădu să-i spună ceva fiicei sale, apoi se răzgândi și se întoarse spre sora lui să-i ceară ajutorul.

Lillian se grăbi să intervină:

–N-ar trebui să te bagi în discuția asta, Victoria. Lasă-i pe bărbați să rezolve lucrurile. Ce-ar fi să ne ducem sus și să ne uităm prin rochiile tale? Sunt sigură că vom găsi ceva cât de cât mai potrivit pentru seara asta.

Mary Rose îl auzi pe Harrison oftând. O strânse de mână și se uită la ea.

–Du-te, iubito. Vorbim mai târziu.

Fusese concediată în mod politicos. Dacă ar fi fost la ea acasă, s-ar fi opus cu îndârjire să fie exclusă din „discuția bărbaților“, dar nu era acolo, ci în Anglia. Regulile nu era aceleaşi aici, aşa că se simți brusc foarte nesigură pe ea. Le promisese fraților ei că va încerca să se înțeleagă bine cu rudele proaspăt regăsite, aşa că o urmă supusă pe mătuşa ei. Se opri înainte să iasă din încăpere şi se încruntă la Harrison pentru a-i da de înțeles ce credea despre faptul că fusese exclusă, dar reacția lui nu a fost deloc compătimitoare. De fapt, îi aruncă o ocheadă care o înfurie şi mai tare. Atunci, oftă şi începu să urce scările. Va trebui să aştepte până când Harrison avea să afle pe pielea lui cum se simte.

În următoarea jumătate de oră, se contrazise cu mătuşa Lillian în privința garderobei sale. Femeia părea obsedată de haine. Mary Rose îi considera comportamentul de neînțeles. După ea, era ridicol că Lillian nu găsea nimic potrivit să pună pe ea la cină. Păi, îi arătase cele opt rochii, toate superbe, fără nici un cusur. Lillian le examină, apoi dădu din cap. Pe un ton semeț, le dădu la o parte cu tărie pe toate.

Mary Rose încercă să nu se simtă jignită. Lucrurile stăteau altfel aici, îşi aminti ea.

Totuşi, alesese personal materialul şi modelul celor două rochii pe care mătuşa ei le găsise atât de urâte. Îi era imposibil să nu se simtă un pic stânjenită.

Sfârşi prin a rămâne în rochia ei albastră. Lillian se întoarse la parter să trimită pe cineva la croitoreasă. Se opri pe drum.

– Mâine, după ce te consultă doctorii pe care i-a chemat fratele meu, vom vedea materialele şi vom începe să-ți facem o garderobă.

– N-am nevoie să mă consulte nici un doctor, protestă Mary Rose. Mă simt foarte bine.

– Nu-ți face probleme, Victoria. E pentru binele tău. O să mă asigur că stai lângă mine la cină ca să te pot ajuta cu manierele la masă. Acum te poți odihni un ceas până cobori. Robert şi familia lui trebuie să apară între timp.

– Mătuşă Lillian? Ai mai pomenit de un frate, Daniel. El nu vine în vizită?

– Daniel și soția lui sunt în sudul Franței. Se întorc acasă într-o săptămână sau două. Ai să-i cunoști atunci. Pe soția lui o cheamă Johanna. Au trei copii, toți băieți strașnici. Dormi un pic, Victoria. O s-o trimit pe Ann Marie să te ajute.

Mary Rose nu întrebă de ce ar fi avut nevoie de o cameristă s-o ajute să se odihnească. Lillian i-ar fi spus din nou că este impertinentă. Nici nu comentă în privința somnului, deși nu-și putea închipui de ce ar dori cineva să doarmă în timpul zilei. Nu era deloc obosită, ci doar plictisită. Erau prea multe nume de ținut minte și prea multe reguli de respectat.

Cum Dumnezeu avea să se ridice la așteptările lor? Mary Rose nu refuzase niciodată o provocare și n-avea de gând să o facă acum. Hotărî să facă tot ce era nevoie ca să-și mulțumească rudele.

Ann Marie veni în odaie s-o ajute să-și scoată rochia și apoi trase cuvertura de pe pat. Toți se așteptau ca ea să doarmă, bănui Mary Rose, când tânăra cameristă întinse așternutul.

Încăperea era spațioasă și zugrăvită în tonuri de auriu. O găsi foarte odihnitoare. Se întinse pe pat doar în cămășuță și își puse mâinile sub cap. Se uită fix în tavan în timp ce încerca să-și facă ordine în sentimente.

Se gândi la tatăl ei: ce fel de om era? Îi plăcea modul în care zâmbea. Îi plăcea și vocea lui. Era blândă, dar și poruncitoare. Când le va scrie fraților ei, le va spune că lordul Elliott era un om foarte simpatic.

Harrison intră în odaie după câteva minute.

– Tatăl tău e un încăpățânat, îi spuse soției sale. Pare să creadă că banii trimiși de frații tăi trebuie să se întoarcă la ei. Îi consideră un fel de plată pentru faptul că te-au crescut. Evident că nu înțelege.

Mary Rose se întoarse pe o parte ca să se uite la soțul ei.

– Nu i-a plăcut când i-am pomenit de frații mei. Mi-am dat seama după felul în care mă privea. Părea dezamăgit.

– Dă-i timp să accepte faptul că ai și altă familie, îi sugeră Harrison.

– Ai știut că mâine vin să mă consulte doi doctori?

Harrison îşi scoase haina, o aruncă pe un scaun din apropiere, apoi se aşeză pe marginea patului. Se apleca să-şi scoată pantofii şi ciorapii.

– Tatăl tău mi-a zis ceva, spuse el.

– De ce trebuie să fiu consultată? Mă simt foarte bine.

– Doctorii îi vor da tatălui tău asigurarea de care pare să aibă nevoie. N-are ce să-ți facă rău, nu? Am să-i opresc, dacă nu vrei să fi consultată.

Ea se gândi la asta cam un minut şi apoi hotărî să-i facă pe plac tatălui ei. Soțul ei avea dreptate, aşa presupunea. Nu avea ce să-i facă rău o consultație.

– E o risipă de bani, spuse ea, protestând cu jumătate de gură. Dar voi accepta să-i fac pe plac. Nu m-ai întrebat ce cred despre tatăl meu. Nu eşti curios?

El se întoarse şi-i zâmbi.

– Ştiu deja ce gândeşti. Eşti curioasă în privința lui, bineînțeles. Am văzut cum te uiți lung la el când crezi că nu te priveşte. Îți este deja simpatic şi cred că ai să-l iubeşti.

Mary Rose dădu din cap confirmându-i spusele. Lui Harrison nu-i scăpa nimic, ca de obicei.

– Sunt fiica lui. Ar trebui să-l iubesc, nu?

– Da.

– Pot să am încredere în el?

Pe el îl surprinse întrebarea.

– Da, îi răspunse. Poți să ai încredere în el. Şi în mine, să ştii.

Ea nu voia să vorbească despre asta. Încercă să schimbe subiectul, dar Harrison nu o lăsă.

– Îmi dau seama că n-ar fi trebuit să-ți cer să ai încredere în mine. A fost probabil cam mult.

– Probabil?

– Nu ți-ai dat încă seama, nu?

– De ce să-mi dau seama?

– Că dragostea şi încrederea merg mână în mână. N-ai putea să mă iubeşti dacă n-aveai încredere în mine. Şi mă iubeşti, nu?

Ea nu-i răspunse. Problema încrederii era încă prea delicată. Harrison îi rănise sentimentele, amăgind-o cu bună ştiință. Înțelegea de ce păstrase tăcerea în privința motivului pentru care venise la fermă. Da, îi înțelegea motivele, dar, după ce își juraseră iubire, el continuase să tacă. Îi explicase că era datoria fraților săi să-i spună despre tatăl ei. Înțelegea și asta.

Dar îi ascunsese adevărul și, cu toate că îi era frică să dea glas temerilor ei, nu putea fi sigură că n-o va face din nou.

Încrederea dintre ei trebuia reclădită, piatră cu piatră, iar Harrison trebuia să aibă răbdare în acest tot răstimp.

– Nu sunt pregătită să vorbesc despre asta cu tine, îi spuse. Fie că-ți place sau nu, vei fi nevoit să-mi dai un timp ca să-mi pun gândurile în ordine. Da, te iubesc din toată inima, adăugă ea, când îl văzu încruntându-se furios la ea. Și, în timpul ăsta, poate te gândești să înveți să ai încredere în mine.

– Mă superi rău, Mary Rose. Dar mă iubești, nu-i așa?

– Da, te iubesc.

Nu părea mulțumit cu asta. Nu era mâhnită de atitudinea lui. Lui Harrison îi plăcea ca toate să fie la locul lor și să aștepte era împotriva firii lui. Fusese înțelegător cu ea, și se aștepta de la soția lui să se poarte și să gândească la fel.

– Sper să-mi amintesc numele tuturor diseară.

Schimbase intenționat subiectul. Harrison începu să-și scoată pantalonii.

– Te ajut eu să ți le amintești. Trebuie să vorbim despre George MacPherson, iubito. Este secretarul tatălui tău. Nu va fi aici diseară, pentru că nu s-a întors încă din vacanță. Nu vreau să afle că Douglas a văzut un bărbat și o femeie cu un coș, în colțul străzii. Poartă-te de parcă n-ai ști nimic despre noaptea aceea.

– El e cel care m-a răpit?

– Cred că da, dar nu am încă dovezi. M-am uitat prin registrele vechi. MacPherson n-avea de unde să-i dea complicelui său mii de dolari, așa că trebuie să fi luat banii din conturile lui Elliott. N-am găsit încă nici o dovadă. Dar o voi găsi.

– MacPherson n-a fost anchetat când a avut loc răpirea?

– Ba da, a fost. Dar nu cred că autoritățile s-au uitat prin registre cu atâta atenție cât ar fi trebuit.

– N-aș putea să te ajut?

La început o refuză, apoi se răzgândi. Era acum soția lui şi, cu toate că era obişnuit să lucreze singur, dorea să o implice şi pe ea. Să lucreze împreună ar fi fost ceva nou.

– Da, mă poți ajuta.

– Îți dai seama că, dacă i-am cere lui Douglas să vină în Anglia, l-ar arăta imediat cu degetul pe MacPherson ca pe singurul vinovat?

– Memoria te poate înşela după atâta timp, răspunse Harrison. Apărarea l-ar desființa pe Douglas. N-ar fi credibil fără probe.

– I-ai spus tatălui meu de MacPherson?

– Nu încă, îi spuse Harrison. Nu cred că va fi în stare să lucreze cu omul ăsta dacă ar şti, dar o să-i spun totul despre el, desigur, după ce găsesc dovezi. Vrei să-i spun acum?

– Ai face-o dacă aş vrea?

– Da.

Ea era mulțumită că Harrison era dispus să-i facă pe plac. Se mai gândi la chestiunea aceea şi apoi hotărî că era mai bine să aştepte.

– Ar fi greu pentru el să nu-şi arate mânia, iar atunci MacPherson ar intra la bănuieli. Păi, ar putea să dispară, şi nu ne permitem asta, nu? Nu, cred c-ar trebui să aşteptăm şi apoi să-i spunem. Va înțelege.

– Aşa cum ai înțeles şi tu de ce am aşteptat să-ți spun despre adevăratul motiv al călătoriei mele în Montana?

– Asta-i altceva, ripostă ea. Nu-mi cunosc prea bine tatăl, dar nu cred că are apucături de jucător de pocher.

Harrison ridică o sprânceană.

– Apucături de jucător de pocher?

– Ar lăsa să i se citească sentimentele. Un bun jucător de pocher nu-i lasă niciodată pe alții să ştie ce gândeşte. Pariez că tu câştigi mult la jocurile de noroc. Rareori laşi pe cineva să afle ce gândeşti. Toată lumea se odihneşte după-amiaza?

Schimbarea rapidă a subiectului nu-l surprinse. Începea să înțeleagă cum funcționa mintea lui Mary Rose.

– Majoritatea femeilor se odihnesc.

– Dar bărbații?

Harrison îşi scoase restul hainelor înainte să-i răspundă:

– Unii se odihnesc, dar eu n-am de gând. Te doresc prea mult. Ai terminat de vorbit, iubito?

Se întoarse pe spate când se aşeză peste ea. Îl luă de gât şi se uită în ochii lui. Degetele ei îl mângâiau pe ceafă.

– Îți plac hainele mele?

– La naiba, nu. Îmi placi goală.

Asta nu-i oferea asigurarea de care avea nevoie. Hotărî să nu-şi mai facă griji în privința unui lucru atât de stupid cum era garderoba ei. Avea ceva mult mai important de făcut acum. Urma să facă dragoste cu soțul ei şi era hotărâtă să-l scoată din minți mai întâi.

– Cât timp ți se permite să stai în cameră să te odihneşti?

El o sărută pe gât şi îi răspunse:

– Vreo două ore. De ce?

– Ar trebui să ne ajungă. Te rog, dă-te jos de pe mine.

El îşi ridică fața.

– Doar nu vrei să...

– Ba da, răspunse ea respirând precipitat. Vreau să fii tu primul.

– Nu-mi închipui ce naiba vrei să faci.

– Să-ți explic sau mai bine îți arăt?

Harrison se întoarse imediat pe spate.

– Arată-mi.

Se îmbujora ca o fecioară, dar se purta ca o desfrânată. Harrison îşi puse mâinile sub cap şi aşteptă să vadă ce va face.

Mary Rose se ridică în capul oaselor şi se aplecă în față, stând în genunchi. Expresia de pe fața soțului ei o ajută să uite de sfială. Îşi desfăcu încet funda care îi ținea cămăşuța peste sâni, iar apoi îşi dădu jos bretelele.

Se dezbrăcă pe îndelete şi descoperi cu încântare că respirația lui Harrison devenise sacadată.

După ce îşi scoase complet cămăşuța, se aplecă în față şi îşi frecă sânii de pieptul lui. Părul i se revărsa pe umeri.

– Te gâdili? şopti întrebarea plimbându-şi degetele pe abdomenul lui tare.

– Nu, spuse el, trăgând aer în piept.

Atunci se lăsă în jos pe corpul lui, Harrison aşteptând cu nerăbdare ca ea să descopere singură dacă îi spusese adevărul, sărutându-l pe abdomen.

Apoi, îi sărută erecţia. El aproape că-şi dădu drumul în pat. Strânse tare din dinţi şi închise ochii. Îl mângâia cu vârfurile degetelor, cu limba şi, Doamne Dumnezeule, nu mai putea îndura mult timp chinul ăsta. Când îl luă cu totul în gură şi începu să-l sugă, scoase un strigăt puternic şi o forţă să se dea jos de pe el.

Nu se purtă deloc cu blândeţe. Era aproape să se elibereze şi era hotărât să-i dăruiască ei mai întâi plăcerea. O ridică, îi desfăcu brutal coapsele şi o obligă să-l încalece.

– Ia-mă în tine, îi porunci el, cu o voce care îl făcea să pară în chinuri.

Ea dădu din cap refuzându-l.

– Nu încă, murmură ea. Se aplecă în faţă şi-i puse o palmă pe umăr. Şi apoi începu să-l chinuie cu sărutări dulci. Vârful limbii ei i se freca de buze. Harrison o luă de ceafă şi o forţă să-l sărute mai adânc. Limba ei se mişcă apoi înăuntru, mângâindu-i cerul gurii.

Harrison nu mai putea să rămână pasiv. Îi frământă sânii cu mâinile. Ea se mişca excitată, lipindu-se de el, dându-i de înţeles ce mult îi plăceau atingerile lui. O mângâie apoi pe abdomen, iar mâna îi ajunse apoi mai jos, între coapsele ei, şi începu s-o pregătească folosindu-şi degetele. Când îi simţi căldura umedă, mâinile îi alunecară pe şoldurile ei. O ridică până ce vârful erecţiei lui o penetră, forţând-o încet să-l primească adânc în ea. Ea ştia sigur de ce i se cerea acum, dar nevoia de a se mişca o făcu să-şi unduiască şoldurile.

El scoase un geamăt slab şi o apucă bine de şolduri. Era încurajarea de care avea nevoie. Se concentră total să-i dăruiască plăcere şi să-şi găsească propria satisfacţie. Mişcările ei erau instinctive acum, deşi cu siguranţă stângace, dar lui Harrison nu părea să-i pese. Rămase stăpână pe sine până nu îi puse el mâna acolo jos şi începu s-o mângâie ca să ajungă la orgasm, iar, când nu se mai putu reţine, se înfipse cu putere în ea şi îşi vărsă sămânţa, pereţii mătăsoşi din jurul lui intrând în spasme. Ea îi strigă numele când îşi găsi împlinirea.

După câteva momente, se prăbuşi peste el, cu obrazul lipit de pieptul lui. Îi auzea inima bătând la fel de tare şi de neregulat ca şi a ei.

Îi luă mult până să revină la realitate. O ţinea în braţe şi nu putea să nu o mângâie în timp ce îşi recăpăta puterile şi judecata.

Când fu, în sfârşit, în stare să vorbească, o întrebă:

– Ce a fost asta?

Se simţi brusc ruşinată de tot ce îi făcuse.

– Nu ţi-a plăcut? îi şopti ea.

Îi simţi îngrijorarea din voce şi începu să râdă. Să nu-i placă? Doar gândul la gura ei dulce, umedă, îi stârni pofta de a face iar dragoste cu ea. La naiba, simţea deja primii fiori de excitaţie.

Se jucă cu părul ei, o forţă să-şi ridice capul şi să-l privească, apoi îi zâmbi.

– Da, mi-a plăcut. Nu ţi-ai dat seama?

Ea zâmbi de plăcere.

– M-am gândit eu că ţi-a plăcut. Îmi place gustul tău.

Harrison scoase un geamăt slab. Apoi o trase lângă el şi o sărută îndelung. Unul nu era de ajuns, aşa că o sărută din nou şi din nou, şi, peste puţin timp, doreau amândoi mai mult.

Au făcut dragoste şi a doua oară, dar mult mai încet. Harrison n-o mai lăsă să aibă controlul. Era hotărât s-o chinuie exact în acelaşi fel în care îl torturase şi ea. Amândoi fură pe deplin satisfăcuţi.

Când veni şi timpul să se îmbrace, Mary Rose căsca deja. Harrison părea la fel de obosit ca ea, se bucură ea să constate.

Ann Marie insistă să-i strângă buclele la spate. Mary Rose cedă când camerista îi spuse că urma instrucţiunile lui Lady Lillian.

Harrison îi zise că arăta minunat. După cele trei ore în care rudele ei bine intenţionate se zgâiseră la ea şi îi puseseră o groază de întrebări, nu mai era prea sigură de cum arăta. Fiecare părea să aibă propria părere despre felul în care mergea sau vorbea. Seara fusese un calvar pentru ea, căci nu era obişnuită să fie în centrul atenţiei, dar nu încetase să zâmbească şi să încerce să le înţeleagă curiozitatea.

Mătuşa Barbara era o forţă de care trebuia să ţii seama. Femeia era înaltă şi foarte bine făcută. O acceptă imediat pe Mary Rose ca nepoată din clipa în care o văzu. O luă în brațe, aproape că îi strivi fața de sânii ei, și începu s-o bată pe spate de parcă era un copil care plânge și trebuie să fie consolat.

– Biata mea copilă, repetă ea de mai multe ori. E în regulă acum. Ești acasă cu familia ta. Totul va fi bine. Suntem aici să te iubim și să avem grijă de tine.

Mătușa Barbara nu-i mai dădea drumul. În cele din urmă, unchiul Robert îi veni în ajutor.

– O înăbuși, Barbara, spuse el cu o fracțiune de secundă înainte s-o tragă pe Mary Rose în brațele lui și s-o strângă de să-i iasă sufletul.

Se uită la Harrison cerându-i din priviri ajutorul și văzu că el era doar amuzat. Stătea în partea cealaltă a salonului cu tatăl ei, urmărind cum trăgeau de ea în trei direcții concomitent.

Ea îi zâmbi și apoi își îndreptă din nou atenția spre mătușa și unchiul atât de drăgăstoși. Faptul că o acceptaseră era măgulitor, deși comentariile lor erau cât se poate de uimitoare. Mătușa Barbara părea să creadă că Mary Rose suferise o tragedie teribilă. Nu era o victimă, pentru numele lui Dumnezeu, dar, până la sfârșitul serii, își dădu seama că toate rudele ei așa credeau.

Încercă să nu se supere pe ele. Nu înțelegeau ce viață plină și fericită avusese cu frații ei, se gândi ea, de aceea credeau cu toții că fusese lipsită de cele necesare.

A fost prezentată verișoarelor și vărului ei, pe care îi consideră încântători. Cea mai mare nu avea decât 14 ani și se pregătea să-și facă intrarea în societate. Cele cinci surori mai mici erau aproape identice, doar că de înălțimi diferite. Cel mai mic era un băiat botezat Robert, după tatăl său. Avea șapte ani și nu era prea dornic să-și cunoască verișoara. Din clipa în care intrase alergând în salon, și îl văzuse pe Harrison, nu se mai dezlipise de el. Copilul îl adora evident pe soțul lui Mary Rose.

Copiilor nu li se permise să ia cina cu adulții și fură trimiși la etaj când se servi masa.

Mary Rose se gândi că era ciudat să-i excluzi pe copii, dar nu-și exprimă opinia, căci mătușa Lillian o și avertizase să fie atentă ce spune.

Era aşezată între mătuşa Barbara şi mătuşa Lillian. Harrison era în capătul opus al mesei.

Cina, îşi dădu ea repede seama, era un act solemn. Toţi vorbeau în şoaptă, iar servitorii pluteau în jurul lor, servind mâncarea din platouri frumoase de argint.

Mary Rose făcu prima greşeală înainte de a începe să mănânce. O întrebă pe mătuşa ei dacă vor spune rugăciunea. Tatăl ei auzi întrebarea şi sugeră să le arate ea cum să aducă mulţumiri Domnului.

Aşa şi făcu, dar nu apucă să termine. Oricum, n-ar fi auzit-o nimeni, căci mătuşa Lillian ţipa ca un indian pornit la atac.

– Doamne Dumnezeule, au crescut-o în religia catolică. Ce o să facem?

– Biată copilă, interveni şi Barbara. Biată, biată copilă!

– Încă nu sunt catolică, spuse Mary Rose. Nu m-am hotărât ce religie să îmbrăţişez.

– Nu te-ai hotărât? Victoria, membrii familiei Elliott aparţin de Biserica Anglicană de secole. Eşti o Elliott acum, draga mea, adăugă Lillian.

– Nu pot fi o Elliott şi catolică în acelaşi timp? Sau evreică şi...

Icnetul dezaprobator al lui Lillian o opri pe Mary Rose să continue. O deranjase pe mătuşa ei cu opiniile ei religioase, trase ea concluzia, când femeia îşi răsturnă şocată paharul cu apă.

– N-am vrut să te supăr, spuse Mary Rose. Împreună cu fraţii mei am luat hotărârea să studiem toate religiile înainte de a ne alege una.

– Parcă e croită pentru noi, Lillian, spuse Barbara.

Lillian încuviinţă din cap.

– E greu să aflăm de unde trebuie să începem. Sunt multe de făcut. Se întoarse spre nepoata ei. Dacă mama sau bunica ta te-ar auzi vorbind despre alte religii, ar muri amândouă de spaimă.

– Sunt deja moarte, izbucni Elliott. Găsesc admirabilă dorinţa Victoriei de a cunoaşte şi alte religii. Chiar o admir. Dar sunt sigur că, până la urmă, se va hotărî să aleagă Biserica Anglicană.

Mary Rose nu-l contrazise. Nu era sigură că aceasta avea să fie alegerea ei, dar nu voia să intre într-o discuţie lungă când stăteau la masă.

Harrison era vădit iritat de vorbele lui Elliott.

– Decizia e a ei, nu-i aşa, domnule?

Elliott ridică din umeri. Hotărî să schimbe subiectul cu unul mai puţin deranjant. Lillian era roşie la faţă ca sfecla. Avusese destule surprize pentru o singură seară.

– Victoria, ştii că ai fost botezată după bunica ta?

Ea făcu ochii mari. Se aplecă spre mătuşa Lillian şi îi şopti:

– M-au botezat după babornița aia?

Lordul Elliott îşi auzi fiica. Se strădui din răsputeri să îşi ascundă un zâmbet. Lillian scoase un geamăt puternic şi îşi duse din nou mâna la gât. Mary Rose îşi dădu seama că spusese ceva necugetat şi se gândi cum să dreagă busuiocul.

Tatăl ei părea să ia totul în glumă. În voce i se citea amuzamentul când îi spuse:

– Nu, Victoria, nu după babornița aia, ci după cealaltă bunică.

Apoi îi zâmbi fiicei sale şi îi îndemnă pe toţi să mănânce.

Restul mesei decurse în linişte. Lui Mary Rose îi fusese foame când se aşezase la masă, dar acum stomacul i se strânsese într-un nod, că îi făcea rău şi gândul de a mânca. Îşi plimbă mâncarea prin farfurie şi se prefăcu încântată.

Nu-i păsa de convenienţe. Cinele trebuiau să fie gălăgioase şi vesele. Erau singurele momente când toţi fraţii ei erau împreună şi fiecare din ei abia aştepta să le spună celorlalţi ce făcuse în acea zi. Se contraziceau şi se tachinau, găsind mereu ceva de care să râdă.

Acum se simţea ca la înmormântare. Voia ca lumea să meargă la culcare. Nu îndrăznea totuşi să se scuze, aşa că urmă ascultătoare instrucţiunile mătuşii Lillian pe tot parcursul chinului aceluia interminabil.

Lordul Elliott ţinu un toast emoţionant în cinstea întoarcerii ei şi a căsătoriei cu Harrison. Barbara veni cu ideea că o recepţie, la sfârşitul lui septembrie, ar fi un mod minunat de a sărbători uniunea celor doi tineri. Lillian îmbrăţişă imediat propunerea.

Cele două femei începură să facă planuri în şoaptă. Mary Rose aproape că aţipi în murmurul lor.

Nu i se dădu voie să se ducă la culcare vreme de încă o oră, iar, până atunci, era atât de extenuată, că abia reuşi să urce scările.

Ann Marie o aştepta. Dar şi trandafirul. Floarea roşie cu coadă lungă fusese din nou pusă pe perna ei. Zâmbi văzându-l.

Dormea profund când veni şi Harrison în dormitor. El se aplecă s-o sărute de noapte bună şi îi făcu mare plăcere faptul că văzu cum ține floarea în mână. Îi luă trandafirul, se băgă în pat şi o lăsă să-l ia pe el în brațe.

Seara asta fusese grea pentru ea. Văzuse ce încurcată fusese şi, câteodată, copleşită de câtă atenție primea.

Nu mâncase nimic la cină. Observase şi asta, desigur, şi credea că toate criticile pe care le primise mereu fuseseră motivul lipsei sale de poftă de mâncare. I-o stricaseră şi pe a lui.

Mary Rose se descurcase bine. Reacționase mult mai bine decât el la toată agitația din jurul ei. Harrison tremurase de furie la auzul remarcilor nepoliticoase ale rudelor ei, dar ea fusese foarte drăguță cu toată lumea.

Harrison adormi chinuit de griji pentru soția lui. Da, fusese o seară grea.

Şi avea să fie şi mai greu.

3 octombrie 1872

Dragă Mamă Rose,

Nu vrei să nu mă mai bați la cap cu însurătoarea? Ştii bine că nu sunt în situația de a mă căsători. Pot să fiu aruncat în închisoare sau spânzurat de un copac, şi nu vreau să las în urma mea o văduvă care să trăiască aşa cum am fost eu nevoit să o fac.

Pe lângă asta, sunt foarte mulțumit de cum stau lucrurile acum. Duc o viață retrasă şi nu trebuie să răspund în fața nimănui. Ultimul lucru de care am nevoie e o femeie care să mă bată la cap.

Scrisoarea în care îmi vorbeai despre problemele acelea femeieşti a sosit exact la timp. Mary Rose a avut dureri groaznice de şale şi n-a ieşit din camera ei două zile întregi. Încă nu vrea să vorbească despre faptul că a devenit femeie, dar ştiu că scrisoarea ta, în care îi spuneai la ce să se aştepte, a ajutat-o mult. Nu-i place să fie femeie, mamă, dar amândoi ştim că se va răzgândi curând. Va trebui să înceteze să îi mai pocnească pe băieţii care se ţin după ea.

Încă nu-şi dă seama ce frumoasă este. Nici unul dintre noi nu crede că va fi vreodată înfumurată. Cu patru fraţi care stau mereu pe capul ei, e imposibil să-şi dea aere. Evident că bărbaţii din oraş întorc capul după ea. Aşteaptă şi ai să vezi, mamă. E grozavă. E impertinentă şi deşteaptă, iar ochii ei albaştri au să frângă multe inimi.

Doamne, nu-mi place s-o văd crescând!

Cu afecţiune,

Adam

Capitolul 19

Mary Rose îşi petrecu următoarea zi fiind consultată, palpată şi înţepată. Doctorul Thomas Wells şi doctorul Harold Kendleton sosiră la ora 11 dimineaţă şi stătură două ore întregi cu ea. Consultul nu le luă mult timp, dar petrecură o perioadă considerabilă punându-i întrebări despre trecutul ei.

Ea le răspunse bucuroasă la întrebări, căci îi făcea plăcere să vorbească despre familia şi despre viaţa ei din Montana. Era mândră de fraţii ei şi voia să ştie toată lumea cât de minunaţi erau.

De îndată ce plecară doctorii, intrară în camera ei croitoreasa şi trei ajutoare, care începură să lucreze grăbite la noua ei garderobă.

Doctorii îl căutară pe lordul Elliott să-i comunice opiniile lor de specialişti. Tatăl lui Mary Rose îşi chemă toate surorile şi pe soţii lor să asiste la discuţie, iar, mai târziu, îl convocă şi pe Harrison.

Doctorul Wells era un bărbat corpolent cu favoriţi mari, cărunţi. Şi-i mângâia mereu în timp ce îşi debita părerile. Harrison îl găsi pe tip un pic prea pompos. Şi opiniile lui de om care le ştia pe toate erau complet greşite.

„Şedința“ avu loc în biblioteca de la etajul doi. Harrison intră tocmai când Wells spunea ce important era s-o ajute pe Victoria să se adapteze la noua ei viață. Harrison închise ușa după el, apoi se rezemă de toc, cu brațele încrucișate pe piept.

– Nu trebuie să i se permită să se mai gândească la trecut, decretă el. Atât Kendleton, cât şi eu am observat cât de loială le este celor cu care a stat. Îi consideră frații ei, adăugă el, clătinând din cap. Ne-a fost imposibil s-o convingem că, de fapt, nu sunt rude cu ea.

Doctorul dădu din cap aprobator. Îşi miji ochii privind asistența peste ochelarii cu lentile groase.

– Nu cred că e o idee bună s-o lăsăm să vorbească despre ce i s-a întâmplat. Trebuie s-o ajutați să uite. Cu timpul, va uita, după ce se va obişnui cu noua ei viață de aici. Fiica dumneavoastră e foarte inteligentă, Lord Elliott. Nu va avea nici o dificultate în a-şi găsi locul aici şi, odată ce va trece peste loialitatea asta ciudată față de acei oameni, adaptarea ei va fi desăvârşită.

Harrison îi asculta pe specialişti şi dezaproba cu vehemență orice sugestie a lor. Elliott, observă el, le sorbea fiecare cuvânt. Căuta un sfat, dar, în opinia lui Harrison, asculta de cine nu trebuie. Nu mai putu să păstreze tăcerea.

– Domnule, de ce nu vorbiți cu fiica dumneavoastră despre grijile pe care vi le faceți? Dacă credeți că va avea probleme să se adapteze la noua ei viață, întrebați-o cum ați putea-o ajuta.

– Tocmai am fost sfătuit să nu-i scormonesc trecutul, Harrison. Cu toții vrem s-o ajutăm să-l uite. Ai auzit-o ieri-seară? Are impresia că va sta aici doar puțin timp şi că apoi se va întoarce în America. Se simte foarte loială față de cei patru bărbați. Ultima lui remarcă îi fusese adresată doctorului Wells: Ați avut dreptate în această privință.

– Nu puteți da timpul înapoi, spuse doctorul Kendleton. Dar cu efort şi răbdare, fiica dumneavoastră va duce o viață frumoasă, plină de satisfacții.

Harrison se strădui din răsputeri să-şi stăpânească furia.

– De ce credeți cu toții că Mary Rose a trecut printr-un calvar? N-a fost prizonieră cât a stat acolo. A dus o viață bună. I s-a oferit tot ce avea nevoie şi a fost sigur iubită. Faceți o mare greşeală nelăsând-o să vorbească despre fraţii ei. Sunt familia ei. Bineînţeles că le este loială.

– Trebuie să-i ascultăm pe specialişti, insistă lordul Elliott. Ei ştiu mai bine decât tine sau decât mine cum trebuie ajutată Victoria.

Harrison rămase fără cuvinte. Era uimit de atitudinea lordului. Elliott nu era, de obicei, nesigur pe el. Era un om care preţuia disciplina şi metoda, fiind extrem de rezonabil. Dacă ar fi gândit mai bine, ar fi înţeles că trebuie s-o ia pe Mary Rose aşa cum era.

Dacă ar fi rămas singuri, i-ar fi cerut să-i spună de ce îi era teamă. Elliott probabil ghicise la ce se gândea Harrison, căci spuse brusc:

– Nu vreau s-o pierd, fiule. Voi face tot ceea ce trebuie ca s-o văd fericită.

– Cu toţii vrem tot ce e mai bun pentru ea, interveni Lillian.

Harrison oftă.

– Iar eu vreau să vă daţi seama ce femeie minunată este soţia mea. Nu trebuie să o forţaţi să se schimbe. Nu puteţi să-i ştergeţi trecutul cu buretele şi, dacă aţi auzi-o vorbind de anii petrecuţi în America, v-aţi da seama ce greşeală ar fi să pretindeţi că aceştia nu au existat.

– Nu vrem s-o schimbăm, spuse Barbara. Nu vrem decât să-i dăm o educaţie mai bună şi să-i lărgim orizontul.

Doctorul Kendleton luă din nou cuvântul ca să ofere alte sugestii de „transformare“ a Victoriei. Harrison nu mai putea asculta toate aiurelile acelea. Fără să scoată o vorbă, părăsi biblioteca. Îi venea să-şi ia nevasta şi s-o ducă înapoi în America. Gândul că unii voiau să perfecţioneze perfecţiunea îl îngrozea.

Hotărî să aştepte câteva zile înainte să aibă o discuţie cu lordul Elliott. Avea să-i ofere omului timpul necesar să se obişnuiască s-o aibă pe fiica lui lângă el, apoi îl va lua deoparte şi îi va aminti lucrul pe care era evident că-l uitase. Dragostea unui tată trebuie să fie necondiţionată. Mary Rose nu trebuie să se schimbe. Avea nevoie să fie iubită şi acceptată aşa cum era. Harrison spera din tot sufletul că Elliott îşi va veni în fire şi că se va purta din nou rezonabil.

Se uită la soția lui, doar pentru a se încredința că era bine. Mary Rose stătea în picioare pe un scăunel, în mijlocul camerei, cu brațele pe lângă corp, în timp ce două femei îi luau măsurile. Se uita fix în tavan și părea plictisită de toată zarva care se făcea în jurul ei. El fluieră ca să-i atragă atenția. Lillian trecu repede pe lângă el exact în acel moment.

– Dragul meu, nu e frumos să fluieri ca să te faci observat. Unde îți sunt manierele?

– Harrison are maniere, strigă Mary Rose. Pot să cobor acum de pe scăunel? Aș vrea să vorbesc cu soțul meu.

– Nu, dragă, stai unde ești, îi porunci Lillian. Poți să vorbești cu Harrison și mai târziu. Avem o treabă de terminat acum.

– Iubito, trebuie să plec la Londra să iau niște acte. Mă întorc diseară.

Ar fi vrut să meargă cu el, dar nu o lăsă mătușa Lillian.

– Aș vrea să-l sărut pe Harrison la despărțire.

– Nu, dragă, îi răspunse Lillian.

Harrison nu o băgă în seamă pe mătușă. Traversă camera, își luă soția de bărbie și o sărută. Zăbovi ceva cu gura lipită de a ei, dar pe Mary Rose nu o deranjă. Spre consternarea mătușii ei, îl luă de gât și îl sărută la rândul ei.

El plecă după câteva minute. Avea pe birou un morman de hârtii și știa că-l aștepta cel puțin o lună de muncă. În timp ce sorta corespondența și dosarele vechi din cutii, intră la el secretarul cu o listă de probleme mai urgente.

Harrison nu se întoarse la moșia lui Elliott decât după ce soarele asfințise de mult. Casa era arhiplină de rude și de prieteni apropiați.

Soția lui păru ușurată să-l vadă. Ședea între tatăl ei și Eleanor pe niște canapele lungi, dar se ridică imediat ce îl văzu intrând în salon.

Chiar dacă nu era considerat acceptabil să-ți arăți afecțiunea în fața oaspeților, nici lui Harrison, care o știa prea bine, nici lui Mary Rose nu le mai păsă de această conveniență. Își făcură drum printre rude și prieteni să ajungă unul la celălalt. Tocmai întindea mâna spre ea, când Mary Rose i se aruncă în brațe și îl strânse tare.

– Mi-a fost dor de tine, îi şopti ea.

El se apleca şi o sărută pe frunte.

– Ce-ai făcut în după-amiaza asta, iubito?

– A fost o nebunie aici, răspunse ea. Lillian se încruntă la noi. Mă întreb cu ce am mai greşit acum.

– Nu trebuie să arătăm nimănui ce mult ne place să ne atingem, îi explică el.

– E o regulă strictă?

El ridică din umeri. O lăsă din brațe, în cele din urmă, dar o luă de după umeri cu un braț şi o trase lângă el.

Lordul Elliott se uită uimit la el. Harrison bănuia că va mai auzi încă o dată cât de mult se schimbase.

Cei doi soți merseră spre tatăl ei. Lillian se încruntă, nemulțumită.

– Nu te da în spectacol, Harrison. Lasă-ți soția în pace.

– Lasă-l, Lillian. Nu mai e un băiețel căruia să-i dai indicații. Vino la noi, fiule. Eleanor tocmai ne spunea ce mult îi place în Anglia.

Mary Rose şi Harrison se aşezară pe canapeaua din fața prietenei şi a tatălui ei. Lillian stătea pe un scaun cu spătarul rotunjit, lângă sofale.

– Iubesc locul ăsta, anunță Eleanor cu mult entuziasm. Am propria mea cameristă şi toată lumea e drăguță cu mine.

– Îi place să fie răsfățată, îi şopti Mary Rose soțului ei.

– Victoria, o lady nu şuşoteşte secrete de față cu alții, îi spuse mătuşa Lillian pe un ton sever.

– Da, mătuşă Lillian.

Dar aceasta nu terminase cu observațiile.

– Nu mai sta aşa tolănită, dragă. Îndreaptă-ți spatele. Eşti o Elliott, de ce trebuie să ți-o amintesc mereu?

– E o MacDonald, se băgă în vorbă Harrison, doar ca s-o pună la punct pe Lillian.

– Dar şi o Elliott, insistă aceasta.

Mary Rose încercă să adopte postura mătuşii sale, dar i se păru chinuitoare şi incomodă. Lillian îi amintea de un general. Îşi ținea spatele drept ca un băț. Coloana parcă îi stătea să se rupă în orice clipă. Mâinile îi erau împreunate în poală. Mary Rose îi imită poziția și primi de la ea un zâmbet drept răsplată.

– E greu să-ți dai seama cum trebuie să se poarte o lady aici, afirmă Eleanor. Regulile de comportament sunt diferite de cele din America. Lady Barbara mi-a spus că o adevărată doamnă nu-și mijește niciodată ochii. Ai auzit de regula asta, Mary Rose?

– Nu.

– Numele ei e Victoria. Te rog ca așa să i te adresezi de acum încolo, o instrui Lillian. Regulile n-ar trebui să fie diferite, continuă ea. Nu uita, o lady este o lady, indiferent unde locuiește. Jane Carlyle definește o lady ca fiind doamna care nu a mai pus piciorul în propria bucătărie de peste șapte ani. Cred că are dreptate.

Mary simți nevoia să-și strige exasperarea. Nu mai auzise niciodată o asemenea aiureală. Observă că Eleanor părea profund impresionată de ideile mătușii Lillian. Era clar că definiția îi mersese la inimă. Prietena ei își deschisese evantaiul și făcea vânt în direcția lui Mary Rose.

– Eram și eu o lady și aș mai fi încă dacă Mary Rose, Victoria vreau să spun, nu m-ar fi obligat să intru în bucătăria ei din America. Am fost nevoită și să gătesc, Lady Lillian. Acum trebuie să aștept șapte ani înainte să fiu considerată din nou o lady, nu?

Lillian părea șocată de mărturisirea lui Eleanor.

– Ai gătit?

Mary Rose se uită la tatăl ei. Acesta părea uimit de turnura pe care o luase conversația.

Ea se hotărî să schimbe subiectul.

– Aș vrea să-l însoțesc pe Harrison acasă, zise. Mi s-a lăudat că Scoția lui e la fel de frumoasă ca și valea mea de acasă, din America, și tare aș vrea să o văd cu ochii mei.

Expresia de pe fața tatălui ei o făcu să se oprească. Părea mânios. Acum cu ce mai greșise?

– Te-am supărat, tată?

– Nu, sigur că nu, îi răspunse el. Mă gândeam la altceva, draga mea, adăugă el. Scoția e frumoasă. Harrison are dreptate.

– Aș vrea să-i văd țara înainte să mă întorc în Montana. O să avem suficient timp?

Pusese ultima întrebare soțului ei. El dădu din cap că da.

– Ne facem noi timp.

– Ce-i cu aiureala asta despre plecare? Abia ai sosit, bâigui mătuşa Lillian. Victoria, aici eşti la tine acasă.

– N-o mai bate la cap, Lillian. Fiica mea are nevoie de timp să se obişnuiască aici.

Elliott se uită urât la sora lui. Aceasta tăcu imediat.

Mary Rose simţea tensiunea din atmosferă, dar habar n-avea cărui lucru i se datora. Pe cei doi, pe tatăl şi pe mătuşa ei, părea să-i supere ceva.

Mary Rose simţea nevoia să-şi ceară scuze. Ar fi trebuit să ştie mai întâi cu ce greşise, aşa credea. Ştia că ea era de vină într-un fel sau altul pentru tăcerea care se aşternuse în cameră şi pentru feţele lor încruntate. Îi veni să ofteze frustrată, dar se stăpâni la timp. Nu mai voia să fie criticată de mătuşa ei, aşa că rămase tăcută.

Harrison se întinse către ea şi îi luă mâna. Atunci îşi dădu seama că-şi încleştase degetele. Atingerea lui o linişti.

Îşi ţinu soţul de mână şi veni mai aproape de el. Conversaţia se învârtea acum în jurul ultimei mode feminine. Mary Rose ar fi preferat să vorbească despre activitatea tatălui ei. Harrison îi spusese că lordul Elliott fusese membru al parlamentului, dar se retrăsese din această demnitate când îi murise soţia. Era încă activ şi contribuise la o seamă de schimbări importante pentru ţară. Mary Rose era curioasă să afle despre ce schimbări era vorba.

Îi era teamă să întrebe, ca nu cumva să fie iar mustrată pentru că spusese ceva nepotrivit. Aşa că îşi ascultă mătuşa plângându-se că trena sau mai degrabă valul de material care forma „coada“ din spatele rochiei ieşea din modă. Lui Lillian nu prea îi plăceau taioarele strâmte şi scurte care erau în vogă acum, căci scoteau în evidenţă şoldurile unei femei, lucru cu totul de ruşine. Se potriveau de minune unei tinere lady cu şolduri de domnişoară, dar nu erau recomandabile pentru o femeie mai în vârstă, care trebuia să-şi păstreze demnitatea.

Barbara şi soţul ei, Robert, se alăturară discuţiei. Mai era cel puţin o oră până se servea cina, ceea ce însemna mai mult de şaizeci de minute de trăncăneală despre haine. Oare bărbaţii nu se plictiseau? Mary Rose se uită la Harrison ca să-şi dea seama. Dar nu i se citea nimic pe faţă şi atunci îşi dădu seama că el se uita dincolo de ea, peste umărul mătuşii Lillian. Ghici că soţul ei se gândea la altceva şi se prefăcea doar că ascultă discuţia celorlalţi. Se hotărî să-i urmeze exemplul, apoi îşi dădu seama de greşeală, căci gândurile îi zburară imediat la familia ei din America. Se gândea la ceea ce făceau fraţii ei în momentul de faţă şi o cuprinse melancolia şi dorul de casa ei.

– Joci, Victoria? o întrebă Eleanor.

Vocea stridentă a prietenei sale o trezi brusc la realitate.

– Să joc ce?

– Tenis, îi explică Eleanor. Nu ai auzit?

Nu, nu auzise.

– Nu, nu joc tenis.

– Atunci va trebui să te învăţăm, draga mea, insistă unchiul Robert. E foarte la modă acum.

– Cântă la pian, le spuse Harrison celor din grup. În tonul lui se simţea cât de mândru era.

Mary Rose îl strânse tare de mână.

– Nu, nu ştiu să cânt, spuse.

Harrison ridică o sprânceană şi se aplecă spre ea.

– Nu?

– Nu, nu cânt la pian, îi explică Mary Rose. Îi strânse din nou mâna, rugându-l fără cuvinte să fie de acord cu ea.

Harrison nu-şi închipuia ce o apucase. Vedea că e supărată, dar habar n-avea de ce. Ar fi trebuit să fie mândră de talentele ei, nu să le ascundă. Hotărî să aştepte până mai târziu pentru a afla despre ce era vorba.

– Bine, încuviinţă el. Nu cânţi la pian.

Ea îşi slăbi strânsoarea. Ştia că va trebui să-i explice mai târziu ce motive avea, când rămâneau singuri, şi era sigură că o va înţelege.

Îşi aminti cum stătea cu Adam pe scaunul din faţa pianului, unul lângă altul, şi cum cântau la două mâini. Râdeau când unul din ei greşea vreo notă, iar uneori ea grăbea ritmul şi încerca să termine piesa înaintea lui. Erau vremuri fericite şi căuta doar să-şi ocrotească amintirile. Dacă vreuna din rudele ei din Anglia îşi bătea joc de stilul sau tehnica ei, ar fi fost de parcă ar fi râs şi de Adam, nu numai de ea. N-avea să permită să se întâmple aşa ceva. Până acum, mătuşa Lillian găsise cusururi la aproape tot ce făcea ea. Mary Rose încercase să fie drăguță şi să-i accepte criticile, pentru că voia să-i vadă mulțumiți pe unchiul şi pe mătuşa ei. Dacă n-o auzeau cântând la pian, nu aveau cum să găsească vreun cusur în interpretarea ei, nu?

În mai puțin de o săptămână, propriul ei comportament se schimbase radical. După ce sosise aici, dorise să-i spună tatălui ei totul despre frații ei. Acum nu mai voia ca vreuna dintre rudele ei să afle ceva despre familia ei. Dorea doar să-i ferească pe cei dragi de comentariile acide al căror obiect era ea.

Ştia că nu prea avea sens. Frații ei nu vor şti, oricum, niciodată ce se spunea pe seama lor. Dar asta nu conta. Ar fi groaznic pentru ea să audă remarci negative la adresa oamenilor pe care îi iubea atât de mult.

Simți, deodată, nevoia să urce în fugă scările şi să le scrie o scrisoare lungă fraților ei. Însă ştia foarte bine că nu putea să plece acum din salon. Va trebui să aştepte până se termina cina.

Mary Rose nu se prea obişnuise cu schimbările din programul ei zilnic. Era obişnuită să se trezească la răsăritul soarelui, în fiecare zi, şi să se ducă la culcare la ora zece seara.

Dar nimeni de aici nu părea să cineze înainte de ora ei de culcare. Era nouă şi jumătate când servitorul sună, în sfârşit, clopotul pentru cină. Mary Rose aproape că adormi la masă. Inutil de zis câte avu de zis mătuşa Lillian despre un asemenea comportament. O înghiontise cu cotul de atâtea ori, că Mary Rose era sigură că avea vânătăi pe respectiva parte a corpului.

Domnii mai zăboviră în sufragerie ca să-şi bea cafeaua, iar doamnele se retraseră în salon pentru ceaiul de după cină. Mary Rose era atât de somnoroasă, încât nu mai ştia cu precizie ce face. Când se ridică mătuşa Lillian, îi urmă exemplul, apoi îşi luă farfuria s-o ducă în bucătărie. Tocmai voia să ia tacâmurile mătuşii Barbara când se dumiri.

Lillian părea îngrozită. Mary Rose se simți ca un copil care făcuse o poznă. Puse repede jos farfuria, se îndreptă de spate şi o luă încet pe lângă masă.

Se înroşise ca racul. Eleanor îi aruncă o privire compătimitoare. O luă de braţ pe Mary Rose şi îi şopti:

– Nu trebuie să te simţi stânjenită. Te descurci de minune. Zâmbeşte, Mary Rose. Vreau să spun Victoria. Toată lumea se uită la tine. Nu-i aşa că mătuşa Lillian e o femeie minunată? O trase pe Mary Rose după ea în timp ce-i lăuda ruda. Nu-ţi vrea decât binele, Victoria. Sunt sigură că-ţi dai seama.

– Dar de ce crezi că e aşa minunată? o întrebă Mary Rose.

Eleanor dădea pe din afară de atâta entuziasm.

– Scumpa ta mătuşă a hotărât că am şi eu nevoie de o nouă garderobă. Mi-a spus că nu pot să te însoţesc prin oraş în zdrenţe. O să mi se ia acum măsurile.

Mary Rose se uită după soţul ei şi-l zări ieşind din cameră. El îi zâmbi, prefăcându-se că totul era în regulă, dar, imediat ce servitorul închise uşile de la sufragerie, i se aşternu pe faţă o expresie sumbră.

Lordul Elliott îl întrerupse înainte să zică vreo vorbă.

– Nu te mai uita urât al mine, Harrison. Ştiu că nu-ţi place cum o bat la cap surorile mele pe Victoria. Nu încearcă decât s-o ajute. Sunt sigur că-ţi dai seama ce intenţii bune au. Doar nu vrei ca soţia ta să se simtă stânjenită când va îşi va face intrarea în societate, nu?

Nu-i dădu lui Harrison timp să-i răspundă la întrebare, ci continuă să vorbească.

– Până acum ţi-am cerut să colaborezi, dar acum te implor.

Robert, unchiul prin alianţă al lui Harrison, le întrerupse discuţia când se întoarse în sufragerie. Urcase pentru a treia oară la etaj, să-şi potolească fiul şi să-l adoarmă. Băieţelul era dificil, explică el după ce luă loc.

– Ce am pierdut? întrebă apoi.

– Lordul Elliott îmi cerea să colaborez, îi răspunse Harrison.

– Da, încuviinţă Elliott. Îşi coborî privirea spre faţa de masă şi începu, distrat, s-o netezească, deşi nu avea nici o cută, în timp ce-şi aduna gândurile.

– O să fiu încăpăţânat în privinţa asta, anunţă lordul Elliott. E în joc fericirea fiicei mele, iar, în cazul ăsta, cred că scopul scuză mijloacele. Ai făcut un lucru minunat, fiule. Ai găsit-o pe Victoria şi mi-ai adus-o acasă. Acum, lasă-mă să-i fiu tată. Permite-mi să cred că ştiu ce e mai bine pentru ea. Vreau s-o ajut în noua ei viaţă. Nu te certa cu familia. Toţi avem nevoie acum de sprijinul tău. Victoria îţi caută aprobarea şi, dacă o încurajezi şi tu să-şi uite trecutul, cred că se va adapta foarte repede. Ea încă nu vrea să-mi accepte adevărata identitate. Când sunteţi împreună, îi spui Mary Rose?

– Da.

– Numele ei e Victoria, îi aminti Robert. Ar trebui să se obişnuiască să i se spună aşa.

– Nu e copil, ripostă Harrison. Ştie foarte bine cine este.

– N-ai auzit ce a spus în seara asta? întrebă Robert. Vrea să se întoarcă în America.

Elliott încuviinţă dând din cap.

– Fiica mea nici n-a venit bine aici şi se gândeşte deja să plece înapoi în Statele Unite. Nu vreau s-o pierd din nou. Te rog, ajută-mă!

Harrison era profund mişcat de mărturisirea lui Elliott. Îi venea greu să-l refuze. Vedea bine că era înţelept să-l ajute pe tatăl soţiei lui şi, dacă se gândea la faptul că Elliott îi dorea fiicei sale tot binele din lume, totul căpăta sens. Totuşi, îi venea greu să accepte, pentru că i se părea că toate rudele ei erau hotărâte s-o transforme pe Mary Rose.

– O să fac tot ce pot să-mi văd nevasta fericită, promise el. Dar, v-aş mai ruga o dată s-o lăsaţi să vorbească despre fraţii ei. Are nevoie de ei, domnule. Sunt sigur că înţelegeţi cum se simte.

Elliott, însă, nu înţelegea.

– De ce te îndoieşti de sfaturile specialiştilor? Nu îţi stă în fire să fii aşa nerezonabil. Kendleton şi Wells sunt oameni cu experienţă în domeniul lor. Amândoi ne-au recomandat cu tărie s-o ajutăm pe Victoria să-şi lase trecutul în urmă. Nu mai vreau să aud nici un fel de obiecţii şi aş aprecia dacă ai încerca şi tu să-mi încurajezi fiica să se gândească la viaţa ei de aici.

Harrison se simţea prins între ciocan şi nicovală. Instinctele îi spuneau că metoda aleasă de Elliott era greşită, dar cum putea să-i contrazică pe specialişti? N-aveau, oare, dreptate, până la urmă, în recomandările lor?

Recunoscu, într-un final, adevărul. Îi plăcea Mary Rose exact aşa cum era. Nu voia să se schimbe, iar acest lucru îl plasa în conflict deschis cu tatăl ei. Fir-ar să fie, complicat mai era! Iar Harrison nici nu-şi putea închipui cam ce confuzie era în sufletul lui Mary Rose.

Se simţea prinsă între două lumi şi lui, ca soţ al ei, nu-i revenea oare responsabilitatea s-o ajute în această perioadă de tranziţie?

Conversaţia de la masă se îndreptă spre alte subiecte, iar bărbaţii nu li se alăturară mult timp doamnelor.

Mary Rose nu se putea opri din căscat, spre consternarea mătuşii ei. Într-un final, o lăsară să se ducă la culcare, cu puţin timp înainte de miezul nopţii.

Dar nu voia să se culce înainte să stătea de vorbă despre toate astea cu fraţii ei şi mama Rose, aşa că, după ce se schimbă cu ajutorul cameristei, se aşeză la biroul elegant şi scrise două scrisori lungi. Puse în plic şi un bilet pe care fratele ei să i-l citească lui Corrie.

Acum găsise alt trandafir cu coadă lungă pe perna ei. O impresionă gestul soţului ei, chiar dacă nu-i înţelegea încă motivele. Nu-l întrebă de ce devenise brusc atât de romantic, pentru că ştia că el ar fi insistat asupra faptului că fusese întotdeauna atent şi delicat.

Soţul ei avea un motiv pentru orice lucru, oricât de mic, pe care îl făcea. Cu timpul, avea să înţeleagă ce avea în cap, dar recunoştea că îi plăcea misterul care învăluia acest joc. Ce îi spusese camerista că zisese Harrison când comandase floarea? O, da, îşi aminti ea. Voia să-i aducă minte de ceva important. Mary Rose căscă obosită, fără să ducă mâna la gură, un lucru total nedemn de o lady, şi se băgă în pat. Adormi în câteva clipe ţinând în mână două lucruri atât de preţioase pentru ea: într-una medalionul pe care i-l dăruise Mama Rose şi floarea de la Harrison, în cealaltă.

Soţul ei veni la culcare după un ceas. Puse medalionul şi floarea pe noptieră şi apoi îşi luă nevasta în braţe şi adormi. Încercă s-o scoale în timpul nopţii, dar dulcea lui soţie dormea buştean şi era imposibil de trezit. Renunţă, până la urmă, şi adormi. În zori, ea îl trezi cu o sărutare şi îi oferi exact ceea ce avea nevoie şi dorea cu înfocare atât de mult. Se simți atât de satisfăcut încât adormi la loc.

Mary Rose se dădu jos din pat fără să facă zgomot, ca să nu-l deranjeze pe Harrison. Se spălă, se îmbrăcă și apoi se duse jos să ia micul dejun.

Personalul nu era obișnuit ca locatarii casei să se trezească atât de dimineață, și, când Victoria intră în bucătărie, se stârni ceva agitație. Edward o trimise repede în sufragerie, îi trase un scaun și o rugă să se așeze.

Ea refuză ce îi oferi el, adică rinichi de miel cu sos și ouă cu o pâine alături, și ceru două felii de pâine prăjită și o ceașcă de ceai. După ce își termină repede micul dejun frugal, îl întrebă pe majordom dacă poate să meargă în biblioteca tatălui ei. El îi spuse că e o idee minunată.

– N-ați văzut încă portretul mamei dumneavoastră, Lady Victoria, așa-i? Lordul Elliott l-a primit de la reședința din Londra ieri după-amiază. E o adevărată mângâiere pentru el să-l aibă aproape. Să vă arăt drumul?

Îl urmă pe majordom în sus pe scări, apoi, pe al doilea coridor. Casa era cufundată în tăcere, căci toată lumea încă dormea dusă.

– La ce oră se trezește tata, de obicei? întrebă ea șoptind slab, ca să nu deranjeze pe nimeni.

– Aproape la fel de devreme ca mine, milady, îi spuse el când ajunseră la bibliotecă. Îi deschise ușa și apoi se înclină în fața ei.

– Mai doriți ceva?

Ea dădu din cap, îi mulțumi pentru ajutor și intră în încăpere. Biblioteca era învăluită în întuneric. Mirosul de cărți vechi și de piele nouă o înconjură când se îndreptă spre ferestrele duble. Trase draperiile grele și se întoarse la șemineu.

Portretul mamei sale era superb. Se uită mult timp la femeia din tablou și încercă să-și închipuie cum fusese.

– Doamne Dumnezeule, Victoria! Ce faci aici așa devreme?

Tatăl ei era în prag. Părea șocat că o vede acolo. Ea îi zâmbi. Observă că avea părul răvășit. Era de-abia sculat din pat. Nu se îmbrăcase încă așa cum se cuvine, ci purta doar un halat negru lung și niște papuci de piele maro.

–Sunt obişnuită să mă trezesc devreme, tată. Te deranjează că am intrat în sanctuarul tău?

–Nu, nu, sigur că nu.

Se duse repede la birou şi se aşeză în spatele lui. Apoi începu să aranjeze şi să rearanjeze o grămadă de hârtii.

Era agitat pentru că se afla aici singur cu ea. Mary Rose nu ştia cum să-i interpreteze reacţia. Ar fi vrut să-l liniştească, dar nu ştia cum. Îşi îndreptă din nou atenţia către portret.

–Cum era?

Elliott încetă să-şi mai facă ordine în hârtii şi se rezemă de spătar. Faţa i se însenină.

–Era o femeie remarcabilă. N-ai vrea să ştii cum ne-am întâlnit?

–Ba da, spune-mi, te rog.

Ea se aşeză pe un scaun şi îşi puse mâinile în poală. În următoarea oră, îl ascultă pe tatăl ei vorbind despre Agatha. Bineînţeles că Mary Rose era curioasă în privinţa femeii şi voia să afle tot ce se putea despre ea, însă, când tatăl ei termină de vorbit, tot nu simţea că ar fi avut o legătură cu Agatha. Se mai uită o dată la portret.

–Îmi pare rău că n-am cunoscut-o. Ai făcut o sfântă din ea, tată. Trebuie să fi avut şi nişte cusururi. Spune-mi care erau.

Lordul Elliott începu să-i vorbească despre încăpăţânarea mamei ei.

Mary Rose îl întrerupea din când în când să-l întrebe câte ceva, iar, după încă o oră de conversaţie relaxată, se încredinţă că tatălui ei îi trecuse nervozitatea şi că se simţea mai bine cu ea. Mama pe care nu o cunoscuse vreodată îi apropiase.

Din acea dimineaţă îşi formă un fel de ritual din a se duce în bibliotecă şi a citi până venea şi tatăl ei. Îşi luau micul dejun împreună, de pe tăvile de argint aduse de servitori, şi îşi petreceau cele mai multe dimineţi împreună. Mary Rose nu vorbea niciodată de trecutul ei, pentru că mătuşile îi spuseseră deja de mai multe ori cât îl mâhnea pe tatăl său s-o audă vorbind despre fraţii ei, aşa că-l încuraja pe el să-i povestească mai multe despre familie. Mary Rose privea timpul petrecut împreună ca pe o lecţie de istorie, una foarte plăcută.

Încetul cu încetul, începu să fie mai relaxată, iar, după câteva săptămâni, cunoscându-l deja mai bine, își dădu seama cât de mult îl plăcea. Într-o dimineață, când se făcu timpul să se despartă de el și să meargă la mătușa Lillian să afle care era programul zilei, își surprinse tatăl sărutându-l pe frunte, înainte să iasă din cameră.

Elliott fu copleșit de acea dovadă spontană de afecțiune. O bătu stângaci pe umăr și îi spuse, cu o voce tremurândă să nu-și lase mătușa să aștepte.

În acea seară, își informă surorile că Victoria se acomodase bine la ei.

Dar situația era cu totul alta. Mary Rose începuse să joace teatru ca o actriță profesionistă și nimeni, nici măcar Harrison, nu-și dădea seama cât de nefericită era. Îi era foarte dor de frații ei, plângea până adormea în fiecare noapte, strângând în mână medalionul.

Harrison nu era acolo s-o consoleze. I se dăduseră o groază de treburi de terminat în numele lordului Elliott și era, prin urmare, nevoit să stea la Londra în timpul săptămânii. Îl vedea numai în weekenduri, iar conacul de la țară era mereu plin de rude și de prieteni, așa că erau rareori singuri.

Pe Harrison îl obseda acum ideea că trebuia să găsească probe care să-l condamne pe George MacPherson. De câte ori avea un ceas liber, se ducea în dormitorul lor și cerceta registrele vechi în căutarea unei neconcordanțe. Douglas furase banii de la doică, iar ea îi primise de la MacPherson. De unde naiba făcuse el rost de banii ăia? mormăia Harrison printre dinți. Îl înnebunea faptul că nu reușea să afle.

Mary Rose nu-l cunoscuse încă pe secretarul tatălui ei. I se spusese că MacPherson plecase în vacanță exact când ajunsese ea în Anglia. Telegrafiase să i se mai dea câteva zile de concediu și nu se întorsese încă la serviciu.

Îi spuse lui Harrison de bănuiala ei că nu avea să-l întâlnescă niciodată pe omul acela, pentru că se aștepta să ajungă înapoi în Montana înainte de primul viscol, iar MacPherson nu părea că se va întoarce curând în Anglia. Harrison nu-i confirmă și nici nu-i infirmă bănuiala.

Pe măsură ce trecea timpul, Mary Rose devenea tot mai retrasă. Le scrisese fraților ei de cel puțin zece ori, dar nu primise nici un răspuns. Nu voia să-l împovăreze pe Harrison cu temerile ei că se întâmplase ceva şi că frații ei încercau s-o ferească de veştile proaste, aşa că se frământa în tăcere. Nici de la mama Rose nu-i mai venise nici o veste, deşi ştia că fratele ei Cole îi dăduse adresa ei. Oare pățise ceva?

Doamne Dumnezeule, ce s-ar fi făcut dacă mama ei avea nevoie de ajutor şi nu s-ar fi putut duce la ea?

Îngrijorarea pentru familia ei o făcea foarte iritabilă, desigur. Relația ei cu mătuşa Lillian devenea din ce în ce mai încordată. Eleanor era acum preferata mătuşii, iar Lady Lillian le compara mereu pe cele două tinere. Eleanor era cooperantă; Mary Rose nu. Eleanor aprecia tot ce făcea familia pentru ea. Îi plăceau la nebunie hainele noi şi îşi dăduse seama ce important e să fii elegantă tot timpul. Mary Rose ar fi făcut bine să urmeze exemplul prietenei sale. Nimeni nu o vedea pe Eleanor cu o pată pe rochie sau cu părul în dezordine. Ea nu alerga niciodată nicăieri. Oare, când va începe sezonul de baluri, Eleanor va fi pregătită, iar fiica lordului Elliott nu? Vor putea suporta gândul că avea să-i facă de râs?

Mary Rose nu înțelegea obsesia mătuşii ei pentru chestiuni superficiale. Comportamentul din înalta societate o consterna. Se părea că femeile îşi petreceau majoritatea timpului schimbându-şi hainele. Mary Rose trebuia să poarte dimineața un costum de călărie, apoi să se schimbe într-o rochie de zi, apoi într-una pentru ceai, şi, în sfârşit, să-şi pună o rochie elegantă de seară la cină. I se părea că alerga mereu pe scări ca să se schimbe în altceva.

Femeile nu trebuiau să se amestece în discuțiile bărbaților despre politică. Nu era considerat demn de o lady să dea dovadă de inteligență. Voia, oare, să-l pună în situații penibile pe Harrison, purtându-se ca egala lui? Nu, nu, sigur că nu, decretă mătuşa ei. Mary Rose trebuia să învețe să vorbească despre gospodărie şi despre familie. Trebuia să zâmbească tuturor şi, dacă voia să contrazică pe cineva sau să-l critice, putea să se ia de servitori. Era recomandabil să găseşti cusururi servitorilor.

Mary Rose nu-i spuse mătuşii ei ce credea despre ideile ei. Ştia că îşi frustra rudele. Voia să le facă pe plac tatălui şi mătuşilor ei, aşa că, în fiecare dimineaţă, jura să se străduiască şi mai mult să corespundă aşteptărilor fiecăruia dintre ei. Mătuşa ei Barbara îi sugerase să se considere o pânză albă şi să-i lase pe ei să creeze o capodoperă.

Toată luna august şi mare parte din septembrie au pregătit-o cu scopul de a-şi ocupa locul cuvenit în înalta societate. Mary Rose învăţă totul despre ierarhia existentă printre gentlemenii şi doamnele cu titluri nobile, ce pasiuni avea fiecare, pe cine trebuia să evite şi cu cine trebuia să fie foarte drăguţă, şi aşa mai departe, până îşi umplu memoria cu tot felul de detalii neînsemnate, pe care Doamne fereşte să le uite.

Îşi petrecea după-amiezile cu verişoarele ei în seră, învăţând să brodeze.

Lordul Elliott continua să-l împovăreze cu tot felul de treburi pe Harrison. Îl trimitea dintr-un capăt în altul al Angliei cu diverse afaceri, iar, în rarele ocazii în care se întorcea la soţia lui, ea deschidea subiectul întoarcerii acasă. Harrison o tot amâna, spunându-i să mai aştepte puţin până să ia o decizie.

O şi lăuda mereu, atât de mult, încât ea începu să se întrebe dacă nu cumva îi plăcea cum fusese transformată.

Ultima izbucnire de revoltă se produse cu o zi înainte să meargă la primul ei bal. O găsi pe mătuşa Lillian în odaia ei, umblându-i prin garderobă.

– Ce faci aici, mătuşă Lillian?

– Ann Marie mi-a spus că mai porţi crinoline. Nu mai sunt la modă acum. Ai uitat, dragă? Se poartă fuste mai strâmte. N-ar trebui, oare, să te gândeşti să le arunci?

Mary Rose era îngrozită de această idee. Să arunce lucruri în perfectă stare cu siguranţă că era un păcat.

Se opuse cu vehemenţă mătuşii sale.

Totul se termină cu o luptă. Crinolina pe care mătuşa voia să i-o ia şi Mary voia s-o păstreze se rupse în două, în cele din urmă. În focul disputei, căzură zăngănind pe podea nişte alice.

– Ce-s astea, pentru numele lui Dumnezeu? vru să ştie mătuşa ei.

– Sunt alice, mătuşă Lillian. Prietena mea, Blue Belle, mi-a sugerat să cos câteva în tivurile crinolinelor ca să le ţină în jos. În Vest, vântul bate uneori cu atâta putere, că-i poate ridica unei femei fusta în cap.

Lillian era atât de îngrozită de explicaţia ei, încât trebui să se aşeze. Îi porunci lui Ann Marie să-i aducă săruri, iar apoi bătu uşurel cu palma locul de lângă ea şi îi sugeră lui Mary Rose să poarte încă o discuţie lungă şi „plăcută".

Mary Rose ştia ce va urma. Mătuşa ei avea s-o asigure, pentru a suta oară, că ea şi familia ei nu-i voiau decât binele. Îi va spune şi să nu mai pomenească vreodată de alicele cusute în tiv.

Familia se mută în reşedinţa de la Londra mai târziu, în aceeaşi după-amiază, iar, în seara următoare, Mary Rose era prezentată cum se cuvine prietenilor şi asociaţilor tatălui ei la un bal oficial dat în cinstea căsătoriei sale. Purta o rochie de seară superbă de culoarea fildeşului, cu mănuşi asortate. Părul îi era strâns într-un coc de bucle, prins în clame cu safire. Rochia era periculos de adânc decoltată, după ultima modă, iar camerista trebui s-o asigure, de mai multe ori, că nu-i vor ieşi sânii din corsaj.

– Arătaţi exact ca Lady Victoria, îi şopti ea după ce termină de aranjat buclele stăpânei sale.

Harrison fusese cât pe ce să nu ajungă la balul dat în cinstea lui şi a soţiei sale. Se întorsese în capitală cu doar două ceasuri înainte. Ei i se păru extenuat. Harrison stătea la intrare împreună cu tatăl ei o priveau coborând scara. Elliott era cu totul copleşit de apariţia fiicei sale. Îl apucă pe Harrison de braţ ca să nu-şi piardă echilibrul şi îi şopti:

– Parcă o văd pe Agatha a mea când mă uit la Victoria.

Mary Rose vedea ce fericit era tatăl ei. Ajunse la baza scărilor şi făcu o reverenţă perfectă. Mătuşile şi unchii ei stăteau mai încolo şi o urmăreau cu privirea. Lacrimi umplură ochii mătuşii Lillian când îşi văzu nepoata.

– Bravo, Victoria! o lăudă ea. Bravo!

Harrison era singurul căruia nu-i plăcea ce vedea. Ar fi vrut ca soţia lui să urce înapoi şi să-şi pună pe ea ceva mai decent.

– O să răcească, ripostă el.

– Aiurea! îl sfidă mătuşa Lillian. O să-şi pună capa cea nouă şi totul va fi perfect.

Eleanor îi făcu să aştepte încă un sfert de oră. Coborî, în cele din urmă, purtând o rochie de seară verde-pal. Căută din ochi aprobarea mătuşii Lillian, iar, când femeia înclină din cap şi îi zâmbi, Eleanor începu să radieze de plăcere.

Harrison tocmai o ajuta pe Mary Rose să-şi pună capa de blană când mătuşa Lillian îi observă lanţul de aur.

– Unde-ţi sunt safirele? o întrebă ea.

– Sus, răspunse Mary Rose. Am vrut să port medalionul, iar Ann Marie mi-a zis că nu merg amândouă.

– Aşa e, dragă. Vai, lanţul e pătat. Scoate-l imediat. Edward, du-te repede sus şi adu safirele.

– Soţia mea vrea să poarte medalionul, spuse Harrison. Are o semnificaţie deosebită pentru ea, dar şi pentru mine.

Tatăl ei se hotărî s-o susţină şi el, căci doi bărbaţi împotriva unei femei ar fi trebuit să aibă câştig de cauză. Totuşi, n-avea să fie aşa. Ca de obicei, mătuşa Lillian era o forţă de temut. Ar fi urmat o luptă, dacă Mary Rose n-ar fi cedat, împăciuitoare. Îl rugă pe majordom să-i ducă sus medalionul şi să-l pună pe masa de scris. Adăugă faptul că trebuia să aibă grijă deosebită cu bijuteria.

Mătuşa Lillian se însenină la faţă când colierul cu safire ajunse la gâtul lui Mary Rose.

– Nu câştigi niciodată în faţa ei? o întrebă Harrison în drum spre ieşire.

– Nu, dar n-are importanţă, îi răspunse ea. Mătuşa îmi vrea binele.

Harrison nu era deloc sigur ce motive avea Lillian, dar, pentru că Mary Rose nu părea supărată de pisălogeala continuă a mătuşii ei, se hotărî să nu mai insiste asupra subiectului.

Mary Rose era foarte entuziasmată. Se simţea ca o prinţesă. Era hotărâtă să-şi facă tatăl să fie mândru de ea şi spuse în grabă câteva rugăciuni, promiţându-i lui Dumnezeu că nu-şi va pune rudele în situaţii penibile.

Balul avea loc la Palatul Montrouse. Mary Rose stătea între soţul şi tatăl ei şi era prezentată tuturor celor ce-i făceau urări de fericire. Îi întâlni pe ducele şi ducesa de Tremont, pe care îi găsi absolut încântători. Ducele era foarte bătrân, şi ramolit pe deasupra, pentru că îi tot spunea Lady Agatha şi îi şoptea mereu ce miracol se întâmplase.

Nimeni nu-l corecta pe bătrân. Ea se uită la Harrison să vadă ce gândea despre greşeala ducelui. Dar Harrison îi făcu cu ochiul.

Nu credea că făcuse prea multe greşeli. Tatăl şi mătuşile ei păreau mulţumiţi de felul în care evoluase. Era, totuşi, un efort să suporţi curiozitatea fiecăruia. Un baron cu favoriţi, care aproape îi ajungeau în gură, o rugă să danseze cu el şi, pe când se învârteau împreună pe podea, o întrebă dacă îi văzuse vreodată pe indienii sălbatici despre care citise atâtea. Nu îi lăsă timp să formuleze un răspuns, ci adăugă că nu credea să fi văzut, din moment ce fusese crescută de oameni cu frica lui Dumnezeu din St. Louis.

Mary Rose nu-l puse la punct pe baron. Când se termină dansul, se duse să-şi caute soţul. Îl văzu în faţa uşilor înalte care dădeau spre terasă. Era cufundat într-o discuţie cu un bărbat pe care ea nu-l cunoştea. Oricare era subiectul conversaţiei, era evident că-l enerva pe Harrison, căci acesta strângea din dinţi şi avea o privire de gheaţă.

O găsi, în schimb, mătuşa Lillian.

– Tocmai au sosit unchiul Daniel şi mătuşa Johanna. Vino să-i saluţi, dragă.

– Da, desigur, îi spuse ea. Mătuşă Lillian? I-ai spus cumva baronului cu care am dansat adineauri că am locuit în St. Louis?

Mătuşa ei nu-i răspunse imediat. O luă de braţ şi o conduse printre perechile de dansatori. Mary Rose era prea curioasă ca să renunţe la dorinţa de a primi un răspuns. Presupunea că mătuşa ei era de vină şi insistă să-i spună de ce minţise.

– N-a fost o minciună, draga mea, ci doar o mică invenţie, ca să te accepte lumea mai uşor. St. Louis nu e un loc aşa primitiv şi nu trăiesc acolo prea mulţi barbari. Ştiu de la persoane cu autoritate că sunt oameni destul de civilizaţi în oraşul acela. Nu vreau să-şi bată joc nimeni de tine, Victoria. După noaptea asta, nimeni nu va îndrăzni, sunt sigură. Eşti cea mai rafinată lady de aici. Sunt atât de mândră de tine. Cu toţii suntem. Mama ta îţi zâmbeşte, cu siguranţă, din ceruri, mândră de tine. Iată-l pe Daniel! Nu seamănă deloc cu tatăl tău, nu?

Mary Rose renunță să mai înțeleagă motivele complicate ale mătuşii ei. Nu-i era ruşine de locul în care crescuse, dar mătuşii Lillian părea să-i fie în locul ei. Femeia mai în vârstă nu înțelegea, evident, ce viață minunată dusese acolo. Cum ar fi putut? Lui Mary Rose nu i se îngăduia să vorbească niciodată despre asta.

Fratele tatălui ei părea sincer încântat să o cunoască. Soția lui se afla lângă el şi, după ce îi trecu uimirea şi observă, ca toți ceilalți, că Mary Rose semăna leit cu mama ei, îşi îmbrățişă nepoata şi îi ură bun venit în familie.

Lui Mary Rose îi plăcea de Daniel, dar hotărî să mai aştepte înainte de a-şi face o părere despre Lady Johanna. Dacă mătuşa ei se alătura celorlalte şi începea s-o bată la cap, era sigură că nu avea s-o placă prea mult.

Cum îi era obiceiul, când simțea că se enervează, îşi ducea mâna la gât să-şi atingă medalionul. Legătura cu familia ei o liniştea. Intră o clipă în panică când atinse colierul cu pietre prețioase, apoi trase adânc aer în piept, îşi spuse că se purta prosteşte şi încercă să fie atentă la ce-i spunea Daniel despre vacanța familiei sale. Privirea i se tot îndrepta spre Harrison. În cele din urmă, reuşi să se scuze şi să se meargă la soțul ei. Ar fi vrut să-i spună să nu se mai încrunte, dar celălalt gentleman continua să vorbească cu el şi nu voia să-l critice de față cu altcineva.

Prietenul lui Harrison, Nicholas, veni spre ea. Se prezentă, făcu o plecăciune adâncă şi îi zâmbi. Era un bărbat foarte chipeş, cu părul şi ochii negri. Era aproape la fel de înalt ca Harrison, foarte zvelt şi emana farmec prin toți porii.

– Felicitări, Lady Victoria. Vă doresc numai fericire.

– Mulțumesc, domnule, îi răspunse ea.

– Mergem să-l salvăm pe soțul dumitale de cel mai mare bârfitor din Londra?

Ea îl luă de braț şi făcură câțiva paşi împreună.

– Cum îl cheamă?

– Plicticosul, veni răspunsul lui Nicholas.

Mary Rose izbucni în râs. Mai multe capete se întoarseră la auzul izbucnirii de veselie. Ea deveni repede serioasă.

– Harrison nu-i plicticos.

– Nu, încuviință Nicholas. Soțul dumitale încearcă să-și țină firea.

Mary Rose îi fu prezentată lui Sidney Madison un pic mai târziu. Hotărî imediat că nu-i plăcea de el pentru că era un clevetitor, iar manierele lui îi confirmară părerea. Adam ar fi zis că este un filfizon; oricum Sidney Madison n-ar fi rezistat nici cinci minute în Blue Belle. Era un bărbat efeminat, cu unghii mult prea lungi, pe care Mary Rose le consideră dezgustătoare. Şi manierele lui erau foarte afectate.

Îi puse mâna pe braț lui Harrison şi stătu lângă el în timp ce Madison îşi termina povestea recentei sale vizite la New York. Nicholas stătea de cealaltă parte, cu mâinile la spate. Părea la fel de nefericit ca şi Harrison. Soțul ei strângea paharul din mâna dreaptă, iar pe cealaltă şi-o făcuse pumn pe lângă corp.

Până acum fusese o seară perfectă, iar Mary Rose nu voia să fie stricată. Harrison era oaspete de onoare, la urma urmei, nu mai trebuia să suporte prezența plicticosului nici un minut în plus.

Se hotărî să-i despartă pe cei doi.

– Pot să-ți spun ceva între patru ochi? îşi întrebă soțul.

– I-am răpit prea mult timp soțului dumitale, nu-i aşa? întrebă Madison. Se întoarse din nou spre Harrison. Felicitările mele. A fost inteligent din partea ta să te însori cu Victoria în America, înainte ca aceasta să descopere tot adevărul. Foarte inteligent, într-adevăr. Mă înclin în fața ta.

Harrison ştia că ticălosul acela încerca să-l atragă într-o cursă. Numără în tăcere până la zece şi jură să nu scoată o vorbă.

Nicholas se aplecă spre Madison.

– Înainte ca soția lui să descopere ce?

– Păi, cât valorează, desigur. Zâmbi după ce rosti insulta.

Mary Rose îl auzi pe Nicholas ținându-şi respirația cu o fracțiune de secundă înainte ca Harrison să cadă pradă uneia dintre stările lui de transă. Privea țintă mulțimea din fața lui, dar ea zări sclipirea dură din ochii lui. Îi amintea de Cole. Fratele ei avea mereu sclipirea aceea ciudată în ochi înainte să-şi iasă din fire.

– Pentru Dumnezeu, nu, îi şopti ea lui Harrison.

Era deja prea târziu. Dacă nu l-ar fi urmărit îndeaproape, n-ar fi zărit atacul. Cu viteza fulgerului, pumnul lui Harrison îl pocni în față pe Madison. Omul zbură în spate, lovindu-se de uși, își duse ambele mâini la nas și scoase un țipăt.

Harrison nici nu clipi. În schimb, zâmbi și se purtă de parcă nu s-ar fi întâmplat nimic. Nici nu se osteni să se uite la Madison ca să vadă ce îi făcuse. Nicholas rămase cu gura căscată. Tocmai când Madison își recăpăta echilibrul, prietenul lui Harrison șopti:

– Ce-ai făcut?

– Asta.

Și apoi îl mai lovi o dată pe Madison. Englezul se clătină din nou, făcând câțiva pași împleticiți înapoi. Mary Rose era îngrozită. Harrison se întoarse și îi zâmbi.

– Dansăm, iubito?

Asta și făcură. Râsul lui Nicholas îi urmări pe ringul de dans.

– Ai avut una din stările alea de transă, nu, Harrison?

El o luă în brațe și începură să se miște în ritmul muzicii.

– Era și timpul, nu? Cum reziști? Mi-era dor să vorbesc cu tine. Ești bine?

– Mă simt foarte bine, îi răspunse ea. Tata a văzut ce-ai făcut?

– Dacă expresia de pe fața lui e vreun indiciu, cred că da. Tocmai și-a scăpat paharul din mână.

– O, Doamne! șopti ea. Dacă le-ai stricat seara tatălui și mătușilor mele, vei plăti al naibii de scump.

Harrison o trase mai aproape de el.

– Să stric ce?

– Seara, desigur.

– Seara asta e a ta, iubito, nu a rudelor tale. Te-am pus într-o situație penibilă?

Ea se gândi mai bine de un minut până să recunoască adevărul.

– Nu, nu m-ai pus în nici o situație penibilă. Nu te mai umfla în pene, Harrison, și încearcă să te porți de parcă ți-ar părea rău. Tata vine spre noi.

Elliott nu-i lăsă să se retragă.

– Ce-ai făcut, fiule, pentru numele lui Dumnezeu?

Mary Rose își luă soțul de mână.

– Nu-l întreba. Va dori să-ți arate. E într-o stare de transă, tată. Cred că trebuie să-l scot la aer curat.

Voia să fie singură cu el ca să-i poată spune să se poarte frumos. Nu mai trăia în Vestul sălbatic acum. Era la Londra, ce Dumnezeu!

Mary Rose nu avu, însă, ocazia de a rămâne singură cu soțul ei până nu se întoarseră noaptea la reşedința tatălui ei din Londra.

Ann Marie o ajută să se pregătească de culcare şi tocmai se băga sub plapumă când intră Harrison.

Se repezi la el.

– I-ai rupt tipului nasul?

– Probabil.

– Nu-ți pare rău?

– Nu. M-a insultat. Cum ar fi trebuit să reacționez?

– Trebuia să te gândeşti înainte să reacționezi, îl certă ea.

El ridică din umeri, neacordând importanță incidentului.

– Trebuie să plec în Germania poimâine.

– De ce?

– Cu afaceri de-ale tatălui tău. Încerc să aranjez totul pentru el. Ştiu că ți-e greu. Aş vrea să stau aici să te ajut.

– Nu pot să vin cu tine?

– Nu, tatăl tău nu te va lăsa în călătoria asta. Ți-a şi făcut programul pentru următoarele patru luni. Vrea să se laude cu tine peste tot. Încerc să-l las să se bucure de tine şi să nu-şi facă griji pentru afaceri. Am nişte cazuri urgente de rezolvat. Încearcă să înțelegi.

– De asta ne-am mutat în casa tatălui meu şi nu într-a ta?

– Tatăl tău nu vrea să fii singură cât sunt eu plecat.

Nu putea să-i spună exact cât timp va lipsi. Ea încercă să nu se simtă părăsită. Ca soție, înțelegea că datoria ei era să-l sprijine şi să-l încurajeze.

– O să fiu înțelegătoare, îi promise.

Harrison se aşeză pe marginea patului şi o trase în brațele lui.

– Tare aş vrea.

– Ce ai vrea? Se lipise de el.

– Să stăm mai mult împreună. Când o să văd Scoția ta iubită?

–Curând, îi promise el. Încearcă să ai răbdare cu tatăl tău, bine? Încă nu şi-a revenit din şocul revederii. Are nevoie de timp să te cunoască mai bine.

Mary Rose nu-l contrazise pe Harrison. Încerca să-şi lase propriile dorinţe deoparte. Tatăl ei suferise ani de zile şi era de datoria ei să-i ofere cât de multă pace şi linişte îi stătea în putinţă. Adam îi spusese că era responsabilitatea ei să-l consoleze. Sigur că mai putea să îndure dorul de familia ei rămasă departe, nu?

Nu avea cum să ajungă acasă până primăvara viitoare. Zăpada va bloca, în curând, trecătorile, care vor fi imposibil de traversat. Îşi aminti că era o femeie puternică. Putea să mai suporte câteva luni de singurătate de dragul tatălui ei.

Şi al lui Harrison.

–Mi-ai spus, odată, că îţi place să trăieşti în Montana, că ai putea fi mulţumit şi fericit acolo. Exagerai, oare, de dragul meu?

De fapt, îl întreba dacă o minţise sau îi spusese adevărul. Harrison făcu un efort să nu se enerveze. Nu se putea învinovăţi decât pe el însuşi pentru nesiguranţa soţiei sale.

–Ascultă-mă cu atenţie, te rog. Ce s-a întâmplat aparţine trecutului. Ştiu că am greşit cerându-ţi să ai încredere în mine, dar îţi promit, din nou, că nu te voi mai minţi niciodată. Mă crezi?

–Te cred.

O lăsă din braţe şi începu s-o mângâie pe spate.

–Mai stai un timp cu rudele tale şi nu te gândi să faci nici o schimbare acum. Abia ai venit acasă.

El încerca să fie logic şi raţional. Cum să-l facă să înţeleagă? Acasă era acolo unde se aflau fraţii ei. Se simţea izolată printre rudele ei din Anglia şi mereu vinovată pentru că nu se ridica la înălţimea aşteptărilor lor. Toţi îi doreau binele şi, de câte ori o apuca dorul de casă, încerca să-şi amintească de acest fapt.

Harrison era extrem de obosit. Cu toate acestea, găsi puterea să facă dragoste cu soţia lui. Adormi cu trupul lipit de al ei.

Era iubită şi preţuită. Şi speriată.

28 aprilie 1873

Dragă mamă,

Trebuie să stau tot restul după-amiezii în camera mea, ca pedeapsă pentru că i-am tras una în burtă lui Peter Jenkins. Ți-aminteşti: ți-am spus că nu-mi dă pace. Ei bine, azi a îndrăznit să mă sărute. Mi-a fost aşa de scârbă, am scuipat şi m-am şters la gură. Ştiu că nu m-am purtat ca o doamnă, dar să scuipi e mai bine decât să vomiți, nu?

I-am auzit pe frații mei vorbind să mă trimită la un pension. Vrei, te rog, să le scrii imediat să mă lase să stau acasă? N-am nevoie să fiu o domnişoară rafinată. Sincer, nu. Voi fi o fată minunată. Tu mi-ai spus-o, ai uitat?

Te iubesc,
Mary Rose

P.S. Încep să-mi crească sânii. Sunt o pacoste, mamă, şi nu cred că-mi place să fiu fată.

Capitolul 20

George MacPherson îi amintea lui Mary Rose de un dihor. Era un bărbat slab, înalt, cu nasul cârn şi ochi spălăciți. Se simți un pic vinovată de gândul că îi amintea de acel animal scârbos, deoarece MacPherson se dovedea extrem de politicos şi de binevoitor cu ea. Părea să fie sincer încântat să o întâlnească şi ar fi putut jura că văzuse lacrimi în ochii lui când o zărise intrând în salon.

Douglas l-ar fi considerat pe MacPherson prea spilcuit şi ar fi făcut această remarcă pe un ton batjocoritor.

Secretarul tatălui ei era îmbrăcat la patru ace, într-un costum maroniu, cu lanțul unui ceas de buzunar din aur frumos aranjat şi cu pantofii care luceau ca oglinda de lustruiți ce erau, reflectându-i chipul în piele. Avea o servietă plină cu documente într-o mână şi o umbrelă neagră pe celălalt braț.

Elliott o prezentă, apoi îi propuse să rămână cu el şi cu MacPherson cât timp se uitau pe actele din acea lună.

– Tatăl dumitale e un om foarte generos, Lady Victoria. Varsă fonduri din conturile lui pentru instituţii de caritate din Anglia. Facem plăţile o dată pe lună.

Mary Rose dădu din cap aprobator ca să-i dea omului de înţeles că pricepea, apoi se hotărî să înceapă cu el o discuţie despre trecut.

– Domnule MacPherson, ai zis că eşti încântat să faci cunoştinţă cu mine, dar ne-am mai întâlnit, nu-i aşa? Eram doar un bebeluş pe atunci.

– Spune-mi, te rog, George, insistă el. Se aşeză pe sofaua din faţa ei, îşi netezi haina până nu mai rămase nici o cută, iar apoi spuse: Da, sigur că ne-am mai întâlnit. Erai un copilaş de toată frumuseţea.

– Eram cheală.

MacPherson zâmbi.

– Da, erai cheală.

– Tată, te-ar deranja să vorbim despre ce s-a întâmplat în noaptea în care am fost răpită? Sunt foarte curioasă.

– Ce-ai vrea să ştii? o întrebă Elliott. Deja începea să se încrunte.

Ea se întoarse din nou spre MacPherson.

– Mi s-a spus că doica m-a luat din camera mea.

MacPherson dădu din cap aprobator.

– Părinţii tăi se duseseră la inaugurarea unei fabrici. Urmau să se întoarcă abia a doua zi. Încă nu ştim cum a reuşit Lydia să se descurce. Casa era plină de servitori. Cred că te-a scos pe scara de serviciu şi apoi pe uşa din spate.

– Lydia o chema pe doică?

– Da, răspunse tatăl ei. George a fost însărcinat, până la urmă, cu investigaţiile. Mama ta se îmbolnăvise şi voiam s-o aduc înapoi în Anglia, să o vadă medicul ei personal. Avea încredere în el, înţelegi.

– Autorităţile au renunţat la anchetă după şase luni de investigaţii intense, dar tatăl tău angajase deja o echipă de detectivi. Eu doar îi coordonam.

–Cât timp au lucrat detectivii pentru tine, tată?

–Până acum patru sau cinci ani. În cele din urmă, am lăsat totul în mâinile lui Dumnezeu şi am încercat să accept faptul că erai pierdută pentru mine. Dar Harrison nu m-a lăsat să renunţ. S-a ocupat el de toate. A urmat fiecare pistă pe care o descopeream.

Se întinse şi îi luă mâna într-a lui.

–E o minune că te-am găsit.

–Înţeleg de la tatăl dumitale că ai fost găsită în stradă de nişte golani, Lady Victoria, spuse MacPherson.

Se simţi extrem de jignită de cuvântul folosit de secretar.

–Nu erau golani, zise ea pe un ton mult mai aspru.

–Da, ai dreptate, o aprobă tatăl ei. O bătu uşurel pe mână, apoi îi dădu drumul. Dar nu trebuie să vorbim acum de oamenii aceia, nu? Eşti din nou acasă, cu noi. Asta-i tot ce contează.

Mary Rose nu voia să renunţe la subiect. Se întoarse din nou spre MacPherson şi-l întrebă:

–Doica a pus la cale răpirea?

George se uită la patronul lui înainte să-i răspundă. Îşi dăduse seama că lordul Elliott se tulburase. Era evident că voia să-l scutească de suferinţă.

–Domnule, vă deranjează dacă-i răspund eu?

–Nu. Este curioasă. E firesc.

–La început, am crezut că mai erau implicaţi unul sau doi oameni, dar, cu timpul, ne-am convins că acţionase singură. Aş vrea să vă pot spune mai mult, Lady Victoria, dar, după atâta amar de vreme, nu dispunem de mai multe informaţii. Cred c-o să rămână un mister. Dacă Lydia ar fi trăit, poate am fi convins-o să ne spună.

–Femeia avea recomandări excepţionale, interveni tatăl ei. Se încruntă şi mai tare, gândindu-se cum îl trădase femeia aceea.

–Acum ştim cum s-a descotorosit de dumneata, milady. Trebuie să i se fi făcut frică în ultima clipă. Nu avea bani să se întreţină şi nici o slujbă. Autorităţile au găsit-o într-o clădire cu camere de închiriat. Fusese strangulată. Au ajuns la concluzia că surprinsese nişte hoţi la sosirea acasă.

Elliott se ridică brusc în picioare.

– Am vorbit destul despre trecut, George, semnez actele astea mâine.

Mary Rose îşi dădu seama cât de tulburat era tatăl ei.

– Vrei să facem astăzi o plimbare călare, tată? îl întrebă ea, încercând să-i distragă atenția.

El îi răspunse că e o idee minunată. Mary Rose se scuză şi urcă în odaia ei să se schimbe în costumul de călărie. Îl găsi pe Harrison la birou, studiind iar documente vechi.

– L-am cunoscut pe MacPherson, îi spuse ea după ce închise uşa în urma ei. Eşti sigur că el a pus la cale răpirea? Pare prea rafinat şi prea timid să facă ceva atât de îndrăzneț.

El îşi masă gâtul înțepenit, îşi mişcă umerii, apoi se ridică de pe scaun.

– Fir-ar să fie de treabă, nu mai ştiu nimic. Douglas mi-a spus că omul pe care l-a văzut era îmbrăcat elegant, iar MacPherson trebuia să meargă la teatru cu prietenii.

– Toată lumea se îmbracă elegant.

– Nu şi servitorii.

Ea oftă.

– Cauți o neconcordanță într-una dintre donații, nu? Ai găsit ceva până acum?

– Sunt aproape o duzină de instituții de care n-am auzit niciodată, răspunse el. O să le verific să mă încredințez că într-adevăr există.

– Şi dacă sunt toate reale?

– Voi începe să caut în altă parte.

– De ce e aşa important pentru tine să afli ce a fost?

– Vorbeşti serios?

– Pari să fii obsedat de asta, Harrison. S-a întâmplat cu mulți ani în urmă şi, dacă autoritățile n-au fost în stare să stabilească o legătură între MacPherson şi doică, de ce crezi că tu vei putea?

– Nici unul dintre detectivi n-a vorbit cu Douglas, răspunse el. Descrierea făcută de Douglas omului pe care l-a văzut pare a fi a lui MacPherson, nu?

– La fel de bine putea să fi descris o mie de alți bărbați. Te-ai mai uitat în oglindă în ultimul timp? Eşti epuizat. Nu mai poți să continui în ritmul ăsta mult timp. Fiecare clipă liberă pe care o ai ţi-o petreci studiind documentele astea vechi. De ce e aşa important pentru tine?

Harrison nu ştia cum ar fi putut s-o facă să înţeleagă.

– Trebuie să termin, se răsti el.

Se strădui să nu pară jignită de vorbele lui tăioase. Epuizarea era de vină pentru purtarea lui.

– Trebuie să pleci mâine? îl întrebă ea.

– Da.

– Unde te duci acum? îl întrebă ea când îşi luă haina.

– La birou, iubito. Nu-ţi mai face griji pentru mine.

– Voiam să vorbesc cu tine despre viitorul nostru. Diseară crezi că vei avea timp?

– Îmi fac eu timp, îi promise el. Şi acum, gata cu grijile!

Devenise tot aşa de taciturn şi de agitat cum fusese şi tatăl ei când îl întrebase despre noaptea aceea fatidică din trecut.

O sărută şi ieşi din cameră. Demonii lui îl urmară. Simţea că are o datorie de plătit, de care era obsedat, numai pentru că îi datora salvatorului său să curețe mizeria făcută de şacalii aceia. Harrison nu putea să aibă linişte până nu era sigur dacă MacPherson era creierul din spatele răpirii. Trebuia să încerce măcar să descifreze misterul pentru bunătatea pe care i-o arătase Elliott propriului lui tată.

Datoria asta trebuia plătită.

În după-amiaza următoare, Mary Rose se afla din întâmplare în holul de la intrare când veni poşta. Era atât de dornică să afle dacă venise vreo scrisoare de la fraţii ei, încât i le smulse pe toate majordomului din mână.

Observă imediat scrisul lui Adam şi scoase un ţipăt de bucurie. Apoi urcă în fugă scările să citească scrisoarea în camera ei. Ştia că avea să plângă şi nu voia s-o vadă nimeni.

Adam se mira de ce nu-i mai scrisese. Îi spunea că îşi dădea seama cât de ocupată era, dar ştia că nu-i stătea în fire să-i desconsidere pe alţii şi trebuia să ştie câte griji îşi făceau fraţii ei pentru ea. Nu găsea câteva minute, să le scrie măcar un bilet?

Era îngrozită de suferinţele pe care le provocase fraţilor ei. Şi se simţea descurajată.

Oare de ce nu-i primiseră scrisorile?

Fuseseră, oare, interceptate înainte să părăsească locuința? Nu, sigur că nu. Rudele ei nu puteau să fie așa crude, și le-ar fi insultat grav dacă le-ar fi întrebat.

Le răspunse imediat fraților ei, lipi plicul și îl vârî în buzunarul hainei.

Chiar atunci intră Ann Marie în cameră.

– Unde vă duceți, milady? Ați uitat de lecții?

Mary Rose zâmbi.

– Dacă lipsesc într-o după-amiază de la o lecție de gospodărie, nu cred că mătușa mea o să se supere, nu? Vrei s-o trimiți pe Eleanor la mine?

– O ajută pe mătușa voastră cu invitațiile. Vreți să le deranjez?

– Nu, replică Mary Rose.

Și așa va avea de îndurat mânia mătușii Lillian pentru că avea să lipsească de la o lecție. Dacă o priva de mândria și de bucuria de a o învăța tainele gospodăriei, avea să clocotească de furie. Eleanor îi devenise indispensabilă mătușii. Mary Rose se bucura că cele două femei se plăceau așa mult, pentru că, atunci când îi dădea ordine lui Eleanor, Lillian o lăsa în pace pe Mary Rose.

– Am chef de o plimbare. N-ai vrea să vii cu mine?

Camerista acceptă bucuroasă și se duse să-și ia haina. Mary Rose mai avea și un motiv ascuns pentru care îi cerea s-o însoțească. Voia să le trimită fraților ei o telegramă în care să-i anunțe că era bine, așa că avea nevoie de Ann Marie s-o ajute să găsească oficiul telegrafic.

Mai avea o favoare în plus să-i ceară.

– Ai liber în fiecare seară de miercuri, nu-i așa?

– Da, milady. Și o sâmbătă dimineață, o dată la două săptămâni.

– N-ai vrea să fii drăguță să-mi pui scrisorile la poștă când ieși din casă? Aș aprecia foarte mult ajutorul tău, Ann Marie.

Camerista părea surprinsă de solicitare, dar nu spuse nimic. Se declară, totuși, de acord să facă întocmai cum îi ceruse stăpâna ei și promise să nu spună nimic de acest serviciu nimănui din familie.

– Te rog să nu spui nici că trimit o telegramă, îi ceru Mary Rose.

–Aveți vreun motiv să nu vă încredeți în servitori, milady?

–Nu, sigur că nu. Pur şi simplu, nu vreau să mi se piardă scrisorile. Tatăl meu se supără pe mine când vorbesc despre familia mea din Montana. S-ar necăji să-mi vadă scrisorile pe măsuța de la intrare.

–Şi mătuşile dumneavoastră s-ar necăji, adăugă Ann Marie, clătinând din cap.

Mary Rose se simțea mult mai bine acum, că avea un plan. Scrisoarea lui Adam o făcu fericită pentru tot restul zilei.

Zilele şi nopțile i se scurgeau la fel de greu iarna. Stătea în holul de la intrare până venea poşta, pentru a se asigura că scrisorile ei nu ajungeau în altă parte, iar, de două ori pe săptămână, îi dădea scrisori lui Ann Marie să i le pună la poştă.

Şi obiceiurile de somn i se schimbaseră mult. Nu mai putea să danseze jumătate de noapte şi să se mai trezească la revărsatul zorilor.

Erau şi alte schimbări evidente. Devenise extrem de tăcută şi de iritabilă, tresărea la cel mai mic zgomot şi nu făcea niciodată o remarcă fără să-şi cântărească fiecare cuvânt.

Rudele ei erau cât se poate de mulțumite de ea. Evident că nu observaseră tensiunea în care trăia. Credeau că se adapta perfect la noua ei viață ca lady Victoria. Făcea senzație în societatea londoneză. Cercul ei de cunoştințe se lărgea şi, în unele zile, primea câte trei invitații la petreceri care aveau loc în aceeaşi seară. Era mereu pe picior de plecare şi, bineînțeles, îşi schimba hainele. Câteodată, nu avea timp nici să se gândească. Îi plăceau acele zile mai mult ca toate, pentru că era atât de ocupată încât n-avea timp să se îngrijoreze pentru lucrurile care i se petreceau.

Avea multe lucruri minunate, obiecte luxoase de care să se bucure şi aprecia, desigur, viața fără griji pe care o ducea acum. Începu să aibă şi o atitudine mai blândă față de mătuşa Lillian. Când apriga femeie era într-una din dispozițiile ei autoritare, care nu admiteau replică, îi era chiar simpatică. Avea şi un ciudat simț al umorului. Îi spunea nepoatei sale tot felul de istorioare cu poznele pe care le făcuse în copilărie şi unele dintre acestea o făceau să râdă pe Mary Rose.

Ea, în schimb, nu-i spunea povestea mătuşii sale despre copilăria ei, căci ar fi încălcat regula nescrisă care îi interzicea să vorbească despre trecutul ei.

Mătuşa ei o iubea. Toate rudele ţineau la ea, mai ales tatăl ei. Încerca să-şi amintească asta de câte ori se accentua senzaţia de gol din sufletul ei şi simţea că nu mai suportă nici un moment.

Da, toţi o iubeau. Şi, totuşi, nici unul din ei nu o cunoştea câtuşi de puţin. Harrison nu-i făcea viaţa mai uşoară. Era rareori acasă s-o încurajeze sau s-o asigure că făcea ce trebuia şi că totul va fi bine, până la urmă. Doamne, câtă nevoie avea să stea de vorbă cu el! Tatăl ei îl trimitea dintr-un oraş în altul, iar el ţopăi ca un purice de pe un câine pe altul. În nopţile când nu era acasă s-o ţină în braţe, îşi strângea medalionul în mână. Legătura cu mama şi fraţii ei o linişte a aşa cum o păturică groasă calmează un bebeluş.

I-ar fi fost uşor să-l învinovăţească pe Harrison pentru nefericirea ei. Dar nu era numai vina lui că viaţa îi era întoarsă pe dos, nu? Venise în Montana şi o găsise, fir-ar să fie. Dar şi ea îl găsise pe el. Nu-şi mai putea închipui viaţa fără Harrison şi, vai, cum îi mai lipsea bărbatul de care se îndrăgostise! Şi soţul ei trăia într-o tensiune extraordinară. O vedea în ochii lui şi în felul în care o privea. O soţie bună ar fi fost mai înţelegătoare, îşi spunea ea de multe ori. Harrison îi ceruse să aibă răbdare, să-şi lase timp pentru a-şi cunoaşte rudele, şi invoca mereu acelaşi motiv. Trebuia să-şi termine treaba. Alte explicaţii nu-i mai oferea. Parcă nu avea niciodată destul timp.

Primise luni o scrisoare de la mama ei, iar biletul lui Travis sosise în ziua următoare. Fraţii ei, îi spunea el, se pregăteau de strângerea vitelor din primăvară, pentru că zăpada se topise devreme în acel an şi se eliberaseră şi trecătorile. Adăugase, în post-scriptum, că avea convingerea că şi Corrie se simte bine. Coşul cu alimente pe care îl lăsa în poiană era întotdeauna gol şi îl aştepta la întoarcere. Femeia nu-l lăsa, totuşi, să se apropie prea mult de casa ei, iar el se simţea prost că trebuia să strige când îi citea scrisorile de la Mary Rose.

În timp ce fraţii ei se pregăteau pentru strângerea vitelor din fiecare an, rudele ei făceau pregătiri pentru mutarea în conacul de la țară al tatălui ei, unde urmau să stea restul primăverii și toată vara. Mătușa Lillian și Eleanor, meritoasa ei elevă, fuseseră și ele invitate la conac. Mary Rose habar n-avea dacă și când va putea Harrison să vină la ea.

Era din ce în ce mai speriată de ce i se întâmpla. Își amintea ce îi spusese Harrison în noaptea pe care o petrecuseră în peștera de lângă cabana lui Corrie. Vorbiseră despre onoare și integritate și își aducea aminte exact vorbele lui, dacă începi să oferi părți din tine, vei sfârși prin a oferi totul. Și, odată ce te pierzi pe tine însuți, oare nu pierzi totul?

Acele cuvinte o obsedau.

Îi era imposibil să se prefacă mereu. Două incidente o făcură să reconsidere lumea în care trăia. Primul avu loc cu totul întâmplător. Se învârtea prin holul de la intrare, așteptând să vină poșta, când Eleanor coborî în fugă scările.

– Am vești minunate, Victoria! exclamă ea. Lady Lillian vrea să-i fiu secretară. Mă place cu adevărat și crede că aptitudinile mele organizatorice sunt exact ceea ce îi trebuie. Duce o viață atât de agitată. Are nevoie de o persoană care s-o ajute pe termen lung. Știi ce mi-a mai spus? C-o să mă ajute să-mi găsesc un soț. E hotărâtă. Mătușa ta Lillian reușește în tot ce-și propune. Mi-a zis că îi sunt ca o fiică. Da, așa mi-a spus. Nu e minunat?

Mary Rose nu era surprinsă de aceste vești. Dorea ca prietena ei să fie fericită. Eleanor avusese greutăți în trecut. Nu-și cunoscuse niciodată mama, iar mătușa Lillian nu avusese copii. Erau două femei singure care se puteau ajuta una pe cealaltă.

– Sunt vești într-adevăr minunate, îi spuse prietenei sale. Asta înseamnă că n-o să mai vrei să te întorci în... America? Aproape că îi venise s-o întrebe dacă hotărâse să nu se mai întoarcă în Montana, dar n-o făcuse.

– În America nu am nimic, Victoria.

– Dar Cole? Nu ții la el?

Eleanor îi luă mâna lui Mary Rose și zâmbi.

– Nu-l voi uita niciodată. Cum aș putea? A fost primul bărbat care m-a sărutat. Dar nu se va căsători cu mine și mă bucur că am aflat asta înainte să-i dau inima mea. Pe lângă asta, nu avem chiar nimic în comun. Mi se potriveşte mult mai bine viața de aici, Victoria. Şi ție, adăugă ea, dând din cap.

Mary Rose îi ignoră ultimele cuvinte.

– O să-mi fie dor de tine.

Eleanor se încruntă.

– Dor de mine? Doar nu pleci nicăieri şi vom rămâne întotdeauna prietene bune. Ştii că prietenii tăi mă acceptă pentru că tu eşti cine eşti? Eşti Lady Victoria, pentru numele lui Dumnezeu. Păi, uită-te la tine. Ai devenit cu adevărat fiica tatălui tău. Nimeni nu şi-ar da seama că nu ai crescut aici. Sunt aşa mândră de tine. Şi mătuşa ta se mândreşte cu tine. Te iubeşte din toată inima. Nu mint, aşa este. Trebuie să fug acum. Sunt atâtea de făcut cu mutarea asta.

Mary Rose îşi urmări prietena urcând din nou scările. Edward intră în sala cea mare. Era mulțumită că tânărul majordom era de serviciu azi şi că nu era vorba de celălalt „om" al tatălui ei, aşa cum i se spunea. Russell, cel mai în vârstă membru din personalul casei, era în slujba lui Elliott de foarte multă vreme, iar Mary Rose ştia că nu avea să fie uşor să obțină informații de la el.

– Edward, pot să vorbesc ceva cu tine? Dar să rămână între noi, adăugă ea, pentru ca el să ştie că nu trebuia să spună nimănui ce discutaseră. Trebuie să ştiu ceva. Mi-a interceptat cumva mătuşa Lillian scrisorile primite de acasă?

Edward păli vizibil.

– Nu, Lady Victoria.

Trebuia să ia de bun ce îi spunea el, aşa presupunea. Dădu din cap aprobator, apoi se întoarse şi urcă scările. Se opri brusc când Edward izbucni:

– Toți vă doresc numai binele, milady, mai ales lordul Elliott.

Se întoarse încet cu fața spre el.

– Tata mi-a luat scrisorile, nu-i aşa?

Edward nu-i răspunse, dar îşi lăsă ochii în pământ. Tăcerea lui i se părea vinovată.

– M-am gândit că a fost mătuşă-mea, şopti ea. În voce i se citea uimirea. Nu ştiu de ce, dar nu l-am crezut niciodată pe tatăl meu în stare de aşa ceva. De cât timp se întâmplă asta?

– De la bun început, răspunse el în şoaptă.

– Şi scrisorile pentru fraţii mei, pe care le-am lăsat pe masă în hol să fie trimise? Le-a luat şi pe alea?

Edward se uită prin salon să se asigure că nu-i asculta nimeni, apoi îi răspunse:

– Da, dar bănuiaţi deja totul, nu? Nu îmi trădez stăpânul dacă vă confirm suspiciunile, nu?

– Nu, nu îl trădezi.

– Tatăl dumneavoastră n-a făcut decât să urmeze sfaturile doctorilor, milady. A fost fericit să vadă că nu le mai scrieţi oamenilor ălora. L-am auzit spunându-i cumnatului său că sfatul doctorilor se dovedise bun. Nu vă mai gândeaţi la trecut.

– Doctorii l-au sfătuit?

– Aşa cred, Lady Victoria.

Servitorii ştiau mult mai bine ce se întâmpla în familie. Va trebui să mai vorbească cu Edward şi cu altă ocazie. De la el avea să afle adevărul.

Se simţea prea descurajată ca să mai continue discuţia acum. Îi mulţumi încă o dată majordomului şi urcă la ea în odaie.

Tatăl ei credea că lăsase trecutul în urmă – şi pe fraţii ei, se gândi ea. Dar Mary Rose nu uitase nimic şi nici nu încetase să le scrie. Ştiuse că îi luase cineva scrisorile după ce o întrebase Adam de ce nu-i mai scrisese. Îi mulţumea cerului pentru Ann Marie. Drăguţa de ea avea grijă să trimită scrisorile.

Era atât de furioasă, încât nu mai putea gândi limpede. Ştia că trebuie să se calmeze înainte să discute cu tatăl ei pentru a afla de ce făcuse un lucru atât de plin de cruzime. După o oră în care se învârtise prin cameră şi se gândise la situaţia în care se afla, decise, totuşi, să nu discute cu el. Nu avea ce să-i spună decât că făcuse ce era bine pentru ea şi, dacă mai auzea o dată aceste cuvinte, avea să ţipe şi să nu se mai oprească.

Furia nu-i trecea. Îşi ceru voie să nu meargă la teatru cu familia în acea seară, scuzându-se că era obosită.

O baie fierbinte avea să-i calmeze nervii. Îşi puse pe ea cămaşa de noapte şi halatul şi întinse mâna după medalion.

Îşi ţinea comoara pe comodă, într-o casetă orientală frumos sculptată. Voia să-şi pună medalionul înainte să se culce. Un somn bun o va ajuta să vadă lucrurile din altă perspectivă şi îi va oferi destulă putere să fie înţelegătoare.

Cutia era goală. Mary Rose nu intră în panică, cel puţin pentru moment. Îşi aminti ce făcuse, pas cu pas. Îşi scosese medalionul de dimineaţă, după ce se dăduse jos din pat. Da, era sigură că asta făcuse. Îl lăsa întotdeauna în casetă în timpul zilei.

Medalionul dispăruse. O oră mai târziu, scotocea prin cameră pentru a doua oară. Când veni acasă, Harrison o găsi în genunchi, uitându-se sub pat. Se trânti pe cel mai apropiat scaun, întinzându-şi picioarele, gândindu-se că, dacă nu adoarme cât mai curând, are să leşine.

Era încă sub impresia informaţiei pe care o găsise despre nenorocitul ăla de MacPherson. Simţea cum clocoteşte de mânie, iar acum, că trebuia să pună lucrurile cap la cap şi să se adreseze, în sfârşit, autorităţilor, simţea că trăieşte într-o tensiune insuportabilă. Era la fel de nervos ca un leu în cuşcă. Lipsa somnului trebuia să fie cauza, ştia, căci se îndoia că dormise mai mult de trei ore pe noapte în ultima săptămână.

MacPherson îi stăpânea gândurile. Furia îl cuprindea de câte ori se gândea la ticălosul care lucrase nestingherit cu Elliott în toţi aceşti ani. Elliott avusese încredere deplină în el şi, în tot acest timp, MacPherson îi văzuse suferinţa. Iar ticălosul ştia tot adevărul.

Harrison făcu un efort să-şi alunge gândurile. Era prea agitat să adoarmă imediat, aşa că se hotărî să-i spună soţiei sale ce descoperise.

Ea nu-l observase încă.

–Am găsit, iubito, strigă el.

Mary Rose sări în picioare.

–Unde e? L-am căutat peste tot. O, mulţumescu-Ţi Ţie, Doamne! Credeam că s-a pierdut.

Harrison sesiză panica din vocea ei şi doar atunci se uită atent la ea. Lacrimile îi curgeau pe obraji.

–Nu cred că vorbim despre acelaşi lucru. Încercam să-ţi spun că am găsit neconcordanţa pe care o căutam. Tu ce-ai pierdut?

–Medalionul, strigă ea. A intrat în pământ.

– O să-l găsim. Te ajut eu să-l cauți. Lasă-mă doar să respir un pic. Căscă zgomotos după ce îi făcu această promisiune.

– Şi dacă a fost aruncat la gunoi?

El închise ochii şi începu să-şi maseze fruntea.

– Sunt sigur că nu. Vino şi sărută-mă.

Lui Mary Rose nu-i venea a crede ce atitudine de adevărat cavaler avea soțul ei.

– Ştii ce important e pentru mine medalionul mamei. Cred că mi l-au luat. N-am să-i iert niciodată dacă e aşa. Niciodată.

Soția lui țipa deja. Harrison se îndreptă în scaun, apoi îşi sprijini coatele pe genunchi şi se încruntă la ea. Nu voia să-şi piardă răbdarea din cauza oboselii.

– După un somn bun…

– Trebuie să găsim medalionul înainte să ne culcăm.

El hotărî să o facă să se răzgândească. Medalionul era important pentru ea, într-adevăr, dar îl puteau găsi mai târziu.

– Nu vrei să te potoleşti? Nu ți-a luat nimeni medalionul. Probabil că l-ai pus în altă parte. Asta trebuie să fie explicația.

– N-ai cum să ştii dacă mi l-au luat sau nu. Nu eşti niciodată aici ca să ştii tot ce se întâmplă.

– Am fost ocupat, țipă el. Tocmai încercam să-ți spun… Se opri înainte să-i zică de MacPherson. Acum nu era momentul potrivit. Era prea agitată ca să-l asculte.

Îi scăpă o înjurătură.

– Ai putea să fii un pic mai înțelegătoare, spuse el.

Mary Rose se clătina pe picioare. Era atât de furioasă încât îşi ținea pumnii strânşi pe lângă corp. Nu se mai putea stăpâni, era prea mult pentru ea. Toate acele luni în care încercase să fie altcineva îşi cereau acum tributul.

– Înțelegătoare? Te aştepți să le înțeleg furtul? Tatăl meu îmi ia scrisorile înainte să le pot trimite şi eu trebuie să fiu înțelegătoare, Harrison? Tot timpul? Tu lucrezi zi şi noapte să termini nu ştiu ce Dumnezeu vrei să faci, te tot zbați să găseşti probe pentru a-l înfunda pe MacPherson. Te scarpini unde nu te mănâncă şi asta de atâtea luni. Vai, ruşine să-mi fie! Iar am folosit o expresie pe care rudele mele o găsesc dezgustătoare.

– Despre ce naiba vorbeşti? Ce anume e dezgustător?

Nu-i răspunse. Oricum, nu ar fi înțeles. Îi întoarse spatele soțului ei și se uită pe fereastră, în noapte.

– Toți te iubesc, o asigură el pe un ton mai calm.

Se întoarse din nou cu fața la el.

– Nu, nu mă iubesc pe mine, ci pe femeia pe care vor să o creeze. Știi ce mi-a spus mătușa Barbara? C-ar trebui să mă gândesc la mine ca la o pânză albă și să-i las pe ei să creeze capodopera. Nu mă iubesc. Cum ar putea? Nici nu mă cunosc. Iubesc ideea de a o avea înapoi pe Victoria, iar acum încearcă cu toții să pretindă că am trăit aici toată viața mea. Dar tu, Harrison? Mă iubești pe mine sau le iubești opera?

Întrebarea ei directă îl făcu să se ridice în picioare. Dacă avea chef de ceartă, atunci o să-i facă pe plac, la naiba!

– Te iubesc! răcni el.

Cearta nu se termină aici; dimpotrivă, deveni și mai aprinsă. Ea era nefericită și îngrozită de ce i se întâmpla, iar el era mult prea obosit ca să gândească rațional. Combinația perfectă.

Ce naiba voia să spună cu pânza albă? Mary Rose începu să țipe iar când îi ceru să-i explice. Își spuseră lucruri neplăcute, dar nimic care să nu poată fi iertat, iar, când Mary Rose își dădu seama că avea să plângă din nou, îi arătă ușa și îi porunci să plece.

Și asta făcu. Ea se băgă în pat și plânse până adormi. Se trezi în sunetul rugăminților soțului ei.

– Îmi pare rău, iubito, îmi pare nespus de rău, îi repeta el.

Era convinsă că poate să-i ierte orice. Îl iubea și ar fi făcut orice să-l apere pe el și căsnicia lor.

Făcură dragoste. Fiecare căutând disperat consolare în celălalt și, înainte de a adormi, Harrison o auzi spunându-i în șoaptă:

– Te iubesc.

– Și eu te iubesc, Victoria.

Doamne Dumnezeule, îi spusese Victoria.

Mary Rose se întoarse acasă după doar două zile.

14 august 1874

Dragă Mamă Rose,

A trebuit să stau în camera mea tot restul după-amiezii, fiind pedepsită pentru că nu m-am purtat ca o doamnă.

L-am pocnit pe Tommy Bonnersmith în nas de i-a dat borşul. O merita, mamă. Cole m-a dus în Blue Belle, iar eu tocmai ieşeam din magazinul universal când m-a înşfăcat Tommy şi şi-a pus buzele scârboase peste ale mele.

Nu i-am spus lui Cole ce îmi făcuse Tommy. A ieşit din magazin şi l-a zărit pe Tommy pe jos, ţinându-se cu mâinile de nas şi plângând ca un laş ce este. Fratele meu l-ar fi împuşcat pe Tommy dacă ar fi ştiut ce se întâmplase şi nu vreau să mai împuşte pe nimeni. Are şi aşa o reputaţie proastă. Nu am deloc remuşcări pentru felul în care m-am comportat. Adam şi Cole îmi tot spun că nu trebuie să las niciodată un bărbat să-şi permită asemenea libertăţi cu mine. Iar Tommy tocmai asta a făcut, nu?

Te-am dezamăgit cumva?

Fiica ta iubitoare,

Mary Rose

Capitolul 21

Harrison se întorsese la conacul lordului Elliott tocmai când vaporul lui Mary Rose era în drum spre America. Desigur, nu ştia că soţia lui plecase. Nimeni nu ştia.

Se duse în seră, unde se afla lordul Elliott împreună cu secretarul lui, care studiau nişte tranzacţii.

– Unde-i soţia mea?

Elliott îşi ridică ochii la Harrison şi zâmbi.

– S-a dus la cumpărături cu servitoarea ei, îi răspunse.

– Ne scuzi, MacPherson? întrebă Harrison.

Îşi duse mâinile la spate şi se strădui să se stăpânească. Îi venea să-l ia de guler pe MacPherson şi să-l arunce în iad pentru ce făcuse, aşa că avu nevoie de fiecare strop de voinţă rămasă ca să-şi înfrâneze impulsul.

– Ce-ar fi să ceri să ni se aducă nişte ceai cât timp discut eu cu ginerele meu?

MacPherson făcu o plecăciune în fața șefului său și părăsi încăperea. Harrison închise ușile după el.

– Mă îndoiesc că ne poate auzi cineva, Harrison. Toată lumea a ieșit astăzi, iar personalul e ocupat cu împachetatul. E de rău, nu? Ai expresia aceea pe față.

– Avem companie, domnule. Autoritățile așteaptă în hol ca să-l aresteze pe MacPherson. Cu ajutorul lui Dumnezeu, o să scoată totul de la el. Dar sunt suficiente probe să fie condamnat pentru delapidare și, într-un fel sau altul, ticălosul tot va ajunge în spatele gratiilor. El e tipul care a pus la cale răpirea.

Lui Elliott îi scăpară hârtiile pe care le ținea în mână. Mintea lui încerca să înțeleagă informația pe care tocmai i-o dăduse Harrison.

Nu părea să priceapă despre ce e vorba.

– George... George a luat-o pe Victoria de lângă mine? Nu, nu, nu se poate. A fost anchetat cu atenție și nimeni n-a găsit nici o dovadă care să-l lege de dispariția fiicei mele. Și, acum, tu insinuezi...

– Douglas l-a văzut coborând din trăsură și dând un coș unei femei.

– Douglas? Ăsta cine mai e?

Harrison a fost surprins de întrebare. Doamne sfinte, Elliott nu știa nici cum îi cheamă pe frații ei!

– Unul din oamenii care au crescut-o, îi răspunse. Douglas este unul din frații ei, în orice afurisit de mod care ar avea vreo importanță. Mai bine vă împăcați cu realitatea, până nu este prea târziu.

Elliott era atât de uluit de ce-i spusese Harrison despre MacPherson, încât nu se mai putea gândi la nimic altceva. Nici nu observă cât de tare se înfuriase ginerele lui.

– A fost delapidare?

– Făceați donații către un orfelinat fictiv. Locul acela exista, bineînțeles, în momentul răpirii Victoriei, dar s-a închis vreo doi ani mai târziu. Foarte probabil banii au intrat direct în buzunarele lui MacPherson.

– Dar delapidarea și răpirea sunt două infracțiuni diferite.

– MacPherson a plănuit-o, domnule. Nu mai încape nici o îndoială.

Elliott se frânse de la mijloc, de parcă l-ar fi lovit în stomac. Îi făcea atât de mult rău adevărul, că îi venea să vomite. Încercă din răsputeri să se abțină.

– Dă-mi un minut, doar un minut, fiule, șopti el.

Harrison se așeză lângă Elliott și îi puse o mână pe umăr. Nu mai scoase o vorbă, ci așteptă cu răbdare ca bărbatul să-și pună gândurile în ordine.

Lui Elliott nu-i luă mult să se calmeze cât să vrea să afle totul.

– Începe cu începutul și nu te opri până nu-mi spui tot.

– Știm că MacPherson a luat o sumă mare de bani dintr-unul dintre conturile dumneavoastră cu o zi înainte să vă fie răpită fiica. A luat-o pe Victoria a doua zi, noaptea târziu, și i-a dat-o doicii. Presupun că furase banii pentru femeie, să se întrețină pe ea și fetiță, până obținea o recompensă cât mai mare de la dumneavoastră. Foile pe care le luase din Biblie probabil urmau să vă fie trimise înapoi ca dovadă că o avea pe fiica dumneavoastră.

– Dar, ce s-a întâmplat? N-am primit nici o cerere de răscumpărare. Doar acel prim bilet.

– Totul a mers prost pentru MacPherson, spuse Harrison. Asta s-a întâmplat, domnule. Douglas mi-a zis că femeia nu voia să ia coșul. A văzut-o refuzându-l pe MacPherson, dar s-a răzgândit când omul a scos un plic plin cu bani și i l-a fluturat în fața ochilor.

– Și, pe urmă?

– Doica s-a speriat și, după ce a plecat MacPherson, a aruncat-o pe Victoria într-o grămadă de gunoi de pe aleea cea mai apropiată. Apoi a fugit.

– Poți să dovedești toate astea, Harrison?

– Pot să dovedesc că a delapidat niște sume de bani, domnule. E de ajuns să fie trimis la închisoare pentru tot restul vieții lui. Nu sunt foarte sigur, dar cred că autoritățile îl vor face pe secretarul dumitale să mărturisească, totuși.

– Dacă doica nu s-ar fi gândit mai bine, oare mi-aș fi primit fiica înapoi? Nu, nu, sigur că nu. El ar fi omorât-o, nu?

– Probabil, încuviință Harrison.

Elliott începu să tremure de furie.

– În toți aceşti ani, monstrul a stat lângă mine, foarte calm...

Nu reuşi să continue. Harrison dădu din cap.

– Domnule, a fost al naibii de inteligent din partea lui. Trebuie să fi intrat în panică atunci când au dispărut doica şi fetița. Dar nu a fugit. A rămas unde era. Cum să păstreze mai bine controlul asupra anchetei decât fiind în centrul ei? Cât timp continua să lucreze pentru dumneavoastră, vedea înainte toată corespondența.

Elliott sări brusc în picioare şi se repezi la uşă.

– Mă duc la el şi o să...

Harrison îl opri, apucându-l de braț.

– Nu, nu mergeți nicăieri. E deja arestat. Ştiu ce vreți să faceți, dar nu vă las să-l omorâți.

Îl duse cu blândețe înapoi la canapea şi îl ajută să se aşeze. Nu plecă de lângă el până nu se convinse că lordul Elliott îşi recăpătase stăpânirea de sine şi nu avea să facă nici un gest pripit.

Harrison ar fi dorit să-i vorbească despre planurile sale de viitor, dar îşi dădu seama că acum nu era momentul să-l împovăreze şi cu alte gânduri. Trebuia să aştepte un timp până să-i înmâneze demisia.

Urcă în dormitor pentru a sta un timp singur şi a se gândi ce să-i spună soției sale. Cuvintele trebuiau să fie cele potrivite şi, dacă ar fi fost nevoie să îngenuncheze în fața ei şi să-i implore iertarea pentru durerea pe care i-o provocase fără să vrea, avea să o facă.

Elliott nu cunoştea numele fraților ei. Acest lucru îl consternă. În numele iubirii de tată, îi ştersese intenționat trecutul cu buretele şi o transformase în fiica pe care şi-o dorea. Cum trebuia să se simtă acum Mary Rose şi cum suportase tot cursul lor de „reeducare"?

Biletul îl aştepta pe birou. Îl cuprinse groaza imediat ce îl văzu şi îi fu aproape frică să-l atingă.

Citi rândurile ei de rămas-bun de trei ori înainte să reacționeze. Apoi o durere cum nu mai simțise niciodată îi sfâşie inima.

Îşi lăsă capul în jos şi căzu pradă durerii, o primi din plin, pentru că numai el era de vină, iar acum era prea târziu.

O pierduse.

Harrison nu ştia de cât timp stătea acolo, cu biletul în mână, dar camera era învăluită în întuneric când mişcă în cele din urmă. Edward bătea cu putere la uşă şi îi striga să coboare. Lordul Elliott avea nevoie de el.

Nu vru să răspundă chemării până nu-şi dădu seama că avea multe să-i spună socrului său. Nu mai dădea nici doi bani pe ce înțelegea sau nu acesta. Harrison trebuia să discute cu el despre fiica lui.

Elliott stătea în picioare în fața şemineului. Se uita la biletul pe care îl ținea în mână.

– Şi-a luat soția mea rămas-bun şi de la dumneavoastră?

Elliott dădu încet din cap că da.

– Avea totul, şopti el. De ce nu era fericită? Ştiai că voia să plece? Harrison, nu înțeleg. Spune aici... să-ți citesc... Pe ultimul rând, da, l-am găsit. Te iubesc, tată, şi cred că, dacă vei ajunge să mă cunoşti, m-ai putea iubi şi tu.

Elliott îşi ridică din nou capul.

– Dar o iubesc.

– Da, o iubiți, dar, din clipa în care ați strâns-o în brațe şi ați primit-o în casa dumneavoastră, ați încercat s-o schimbați. N-aveți idee ce ați pierdut, nu? Vă propun să luați loc, să vă fac cunoştință cu fiica dumneavoastră. Cred c-o să încep cu Corrie, adăugă el. Corrie Nebuna. N-ați mai auzit de ea, nu-i aşa, domnule? Nu, sigur că nu. Nici n-ați fi ascultat. Dar o veți face acum. Sunt hotărât să vă fac să înțelegeți.

Elliott se duse către sofa şi se aşeză. Nu putea să se despartă de biletul de adio al fiicei sale, aşa că îl ținea în continuare în mână.

Harrison îi vorbi despre prietenia dintre cele două femei. Elliott păli când auzi cum arăta nefericita. Îi veniră chiar lacrimi în ochi după o vreme, când Harrison îi povesti cum întinsese Corrie mâna prin fereastra deschisă ca s-o mângâie pe umăr pe fiica lui.

– Compasiunea ei pentru cei în suferință mă face să mă simt umil, adăugă Harrison. Cred că de asta ne-a suportat atâta vreme. Doamne, iar eu îi tot spuneam să fie mai înțelegătoare, să vă acorde timp s-o acceptați. Însă n-ați avut niciodată de gând s-o acceptați așa cum e cu adevărat, nu-i așa? Nu poți să ștergi trecutul cu buretele, domnule. Nu a fost un vis. Oamenii aceia sunt familia ei. Fiica dumneavoastră cântă la pian și vorbește bine franceza. Ar trebui să fiți al naibii de mândru de ea.

Se făcuse prea târziu ca Harrison să-și pună propriile planuri în aplicare, așa că stătu cu Elliott până în noapte și îi spuse tot ce știa despre trecutul lui Mary Rose.

Nici nu fură deranjați. Lillian dorise să intre, dar fratele ei o dăduse afară pe un ton care nu admitea replică.

– Iubirea unui tată ar trebui să fie necondiționată, murmură Elliott. Dar eu...

Nu reuși să continue. Începu să plângă încetișor și își îngropă fața în mâini. Harrison îi dădu batista lui.

– Stătea cu mine, în fiecare dimineață, și mă asculta vorbind despre familie. Nu vorbea niciodată despre prietenii ei.

– N-ați fi lăsat-o.

Elliott își lăsă iar capul în mâini.

– Nu, n-aș fi lăsat-o. Doamne sfinte, ce-am făcut? Ce-am făcut?

Harrison se simțea stors de puteri atât din punct de vedere fizic, cât și emoțional. Nu putea să-i ofere lui Elliott compasiunea de care avea, probabil, nevoie acum.

– Îmi dau demisia.

– Ce?

– Îmi dau demisia, domnule. Am terminat toate treburile pe care mi le-ați dat de făcut. Ați făcut-o cu bună știință, nu-i așa? Voiați să fiți singur cu fiica dumneavoastră, de aceea m-ați pus să străbat țara în lung și-n lat. Nu vă condamn. Am fost atât de al naibii de ocupat, încercând să-mi achit datoria față de dumneavoastră, că am lăsat lucrurile în voia lor. De asta am fost atât de obsedat de MacPherson, adăugă el, dând din cap. Dar s-a terminat, murmură el. Mă scuzați, m-aș duce acum sus să-mi fac bagajele.

– Unde pleci?

Harrison nu-i răspunse până să ajungă la ușă.

– Mă duc acasă.

*

Adam Clayborne urma să fie judecat pentru crimă. Harrison aflase de cumplita veste când ajunse la grajdurile municipale. Voia să închirieze o căruță şi doi cai pentru a-şi duce lucrurile în Blue Belle, dar, odată ce bătrânul care conducea grajdurile începu să-i spună ce se întâmpla, de fapt, Harrison îşi schimbă complet planurile.

– Da, domnule, vom avea o condamnare prin spânzurare. Cei doi băieți din sud, înțoliți la patru ace, şi-au adus avocatul cu ei. Am auzit că se aşteptă ca judecătorul Burns, cel care spânzură oameni, să li-l predea pe Adam direct din boxa acuzaților ca să-l poată duce unde i-e locul, dar lumea de pe-aici nu crede că judecătorul va îngădui asta. Are să vrea să-l judece sau să-l spânzure el însuşi, spre dezamăgirea tuturor. D-aia e aproape pustiu aici astăzi. Vino mâine să vezi, totul va fi închis şi baricadat. Va fi sărbătoare în Blue Belle. Unii o să ia masa la iarbă verde, uitându-se cum e spânzurat, alții vor izbucni în urale. Majoritatea femeilor o să plângă, aşa socot. Oricum, dansul nu va începe decât după ce apune soarele. Va fi mare bairam şi ar fi mare păcat să-l pierzi.

Harrison auzise tot ce-l interesa. Închirie repede un cal, îi aruncă bătrânului douăzeci de dolari şi îi ceru să angajeze un om care să-i ducă lucrurile.

Tocmai dădea să încalece pe armăsarul negru când bătrânul îi spuse:

– Văd că te grăbeşti să nu pierzi petrecerea. Ai timp, îl asigură el. Io nu plec decât în vreo două ceasuri. Îți aduc şi lucrurile. Poate mai fac rost de douăzeci de dolari.

– Adam Clayborne este nevinovat. După ce spuse acestea, Harrison se sui repede în şa.

– N-are importanță. Este negru şi ăi doi care-l acuză îs albi. Clayborne are să fie spânzurat, cum mă vezi şi cum te văd.

Bătrânul se întoarse şi îşi dădu seama că vorbise singur. Harrison plecase deja.

Goni spre Blue Belle cât putu de repede, căci îi era groază de ce s-ar fi putut întâmpla. Trebuia să oprească mulțimea înainte să nu mai poată fi stăpânită. Nu văzuse niciodată o gloată înfuriată, gata să linşeze pe cineva, dar citise destule descrieri elocvente cât să-l treacă fiori reci pe şira spinării. Habar n-avea ce ar fi putut face pentru a-l salva pe Adam, dar, cu ajutorul lui Dumnezeu, găsea el ceva. În limitele legii sau dincolo de ele.

Harrison nu-şi îngădui să se gândească la Mary Rose şi la calvarul prin care trecea probabil ea. Făcu un efort să se concentreze asupra lui Adam. Ştiuse că îl pândea o primejdie, ceva din trecut, dar nimeni nu-i spusese despre ce era vorba.

Crimă? Nu şi-l închipuia pe bărbatul domol la vorbă omorând pe cineva fără un motiv întemeiat.

Deşi nu era prea credincios, Harrison se rugă lui Dumnezeu să-l îndrume. Îi era al naibii de frică.

„Să nu fie prea târziu! Să nu fie prea târziu!"

Procesul era în plină desfăşurare în magazinul gol aflat în faţa celui al lui Morrison. Încăperea era ticsită de lume. Mary Rose stătea la o masă, alături de fratele ei. Travis şedea în faţa lor. Douglas şi Cole erau afară. Nu fuseseră lăsaţi înăuntru, pentru că judecătorul era îngrijorat să nu se agite spiritele.

Acuzatorii lui Adam stăteau la o masă aflată vizavi de cea a familiei Clayborne. Erau trei cu totul. Un avocat şi cei doi ticăloşi care îşi spuneau fiii Livoniei. Mary Rose nu suporta nici măcar să se uite la vreunul dintre ei.

Judecătorul Burns bătu cu ciocănelul ca să se facă linişte, altminteri avea să evacueze sala. Mary Rose era atât de confuză şi de neîncrezătoare, că abia înţelegea o vorbă din ce spunea acesta.

În afara locuitorilor din Blue Belle, se întorseseră cu toţii împotriva fratelui ei. Toţi. Cât ai clipi se transformaseră din cunoştinţe zâmbitoare într-un grup de cetăţeni furioşi. Adam îi ajutase pe majoritatea celor din sala de judecată. Bunătatea şi generozitatea lui nu mai însemnau acum nimic pentru nici unul dintre ei. Era negru, iar omul pe care, chipurile, îl omorâse era alb. Nimeni nu avea nevoie de mai mult. Adam era vinovat, indiferent de împrejurări. Dacă mulţimea l-ar fi putut târî afară şi răstigni, Mary Rose credea că ar fi făcut-o.

Nu ştia cum să-i oprească. Adam avea o atitudine stoică şi demnă. Chiar dacă ştia ce avea să i se întâmple, expresia de pe faţa lui era doar de vagă curiozitate. Clocotea, oare, de furie în sufletul său? Se întinse spre fratele ei şi îl mângâie repede pe mână. Cum putea să-l ajute? Cum putea să-l apere?

Judecătorul bătu încă o dată cu ciocănelul. Era gata să-şi comunice decizia de a-l trimite înapoi pe Adam în sud.

– M-am uitat pe actele tale şi par să fie în regulă.

Avocatul adus de fiii Livoniei se ridică imediat. Îl chema Floyd Manning, iar, când i se prezentase judecătorului, adăugase faptul că familia sa trăise în Carolina de Sud de peste o sută de ani. Părea să creadă că asta îi conferea mai multă autoritate.

– Sigur că sunt în regulă, spuse Manning. Îl putem lua acum pe Clayborne cu noi? Nu aveţi altă cale decât să aplicaţi legea.

Un vuiet de îngrijorare se auzi în sală. Coioţii îşi voiau prada.

– Nu-i lăsaţi să-l ia, domnule judecător! strigă cineva din spate. Nu-i drept. Mă aşteaptă familia afară. Le-am promis.

– Taci naibii din gură! îi porunci judecătorul nemulţumitului. Ce spuneam înainte de a mă întrerupe, Floyd Manning, este că am o mică problemă cu legalitatea acestei hârtii. Legea e lege, dar, să-mi spuneţi că n-am nici o cale, ei bine, e cam îndrăzneţ din partea unui străin. Să lămurim lucrurile. Eu sunt legea aici. Ce spun eu se face, iar acum zic că Adam Clayborne n-o să vă fie predat. Dacă vreţi să-l vedeţi spânzurat, atunci va trebui să mai aşteptaţi să fie declarat vinovat sau nu.

– Nu, domnule judecător, în Carolina de Sud, începu Manning.

– Aici nu suntem în Carolina de Sud, se auzi un strigăt din spate. Dă-i înainte şi judecă-l acum, domnule judecător. Se apropie prânzul.

Judecătorul arăta ca şi cum ar fi vrut să împuşte pe cineva. Deoarece era singurul înarmat din sala de judecată, îşi închipui că ar fi putut să o facă dacă publicul nu se liniştea curând. Se uită chiorâş la mulţime înainte să se întoarcă din nou spre avocatul cel spilcuit, cu un arbore genealogic vechi de peste o sută de ani.

– Suntem într-un teritoriu, nu într-un stat şi, aşa cum ţi-am spus adineauri, ce zic eu, aia se face.

Mary Rose îşi lăsă capul în jos. Se străduia din răsputeri să nu plângă. Tremura atât de tare de furie, că i se făcuse pielea de găină pe braţe. Se va sfârşi, oare, coşmarul ăsta vreodată?

Fraţii ei sperau ca judecătorul Burns să-l predea pe Adam sudiştilor. Plănuiau să-l multă din mâinile lor în afara oraşului şi să-l ascundă în munţi, până găseau altceva.

Publicul parcă înnebunise, aşteptându-l pe judecător să spună că se opune în continuare şi încercând să-l judece pe loc. Burns nu avea de gând să piardă controlul asupra sălii. Îşi băgă mâna în robă şi scoase un pistol cu şase gloanţe. Ideea era să tragă câteva focuri în tavan ca să atragă atenţia tuturor.

Această tactică se dovedi inutilă. Tocmai când apăsa pe trăgaci, mulţimea se linişti. Burns îşi ridică privirea şi îl zări pe Harrison croindu-şi drum printre oamenii furioşi.

Mary Rose observă că se făcuse tăcere şi îşi strânse mâinile şi mai tare. Ce se mai întâmplase? Îi aduceau înăuntru pe Douglas şi pe Cole? Îi era frică să se uite.

Harrison trecu chiar pe lângă ea. Nu le aruncă nici o privire ei sau fraţilor săi în timp ce se îndrepta spre masa la care stătea judecătorul Burns.

– Am o treabă cu această curte.

Ea îşi ridică brusc capul. Clipi. Imaginea nu dispăru. Harrison? Harrison era în Blue Belle. Nu mai putea să respire, nu putea să rostească o vorbă.

– Spune ce treabă, îi porunci judecătorul.

– Numele meu e Harrison Stanford MacDonald.

Burns nu-l lăsă să continue.

– De ce îmi spui cum te cheamă? Ştiu cine eşti.

– Ca să se treacă în registru, domnule judecător.

– Care registru? Nu ţinem registre aici, cel puţin nu prea des. Suntem mai puţin oficiali în teritoriu. Spune ce treabă ai, repetă el.

– Îl reprezint pe Adam Clayborne.

Un licăr se ivi în ochii judecătorului. Se rezemă de spătar şi îşi frecă bărbia.

– Chiar aşa?

– Da, domnule judecător.

– Atunci poţi să începi să-l reprezinţi. Încercam să-l judec pentru crimă.

–Acest om are dreptul la o judecată corectă în teritoriul Montana? întrebă Harrison.

Judecătorul îl cunoştea destul de bine ca să-şi dea seama că nu încerca să-i întindă o capcană sau să-l insulte.

–Da, sigur că are dreptul.

–Atunci vă cer timp suficient să discut cu clientul meu.

–Cât timp?

–O lună.

Se auzi un urlet general de nemulţumire. Judecătorul îşi îndreptă pistolul spre tavan cu mult calm.

–Nu pot să aştept o lună, Harrison.

–Domnule judecător, trebuie să am suficient timp la dispoziţie să-mi construiesc cazul.

–Şi unde să-l ţinem până te gândeşti tu ce să faci?

–Ar trebui să fie în custodia mea, spuse Harrison.

–O să fugă, domnu' judecător. Negroteiul o să fugă. Aşteptaţi numai şi o să vedeţi.

Judecătorul Harrison se aplecă într-o parte ca să vadă dincolo de Harrison.

–Tu eşti ăla, Bickley, care îmi deranjezi sala? Îţi jur pe Dumnezeu că îţi bag un glonţ în fund dacă nu-ţi ţii fleanca! Ai două săptămâni să te pregăteşti, Harrison. Eşti de acord să plăteşti cauţiune în caz că Adam fuge?

–Tot ce am.

–O sută de dolari va fi de ajuns, pentru moment. Poţi da restul în două săptămâni, bineînţeles dacă nu fuge.

–Da, domnule judecător.

Judecătorul bătu cu ciocănelul încă o dată.

–Adam va sta în arest la domiciliu până la judecată. Cui nu-i convine asta, poate sta cu ochii pe el să nu treacă de hotarele proprietăţii Clayborne. Aţi auzit toţi ce am spus? Dacă nu aveţi altceva mai bun de făcut, staţi de pază în pădure. Aţi priceput? Declar acum şi aici că, dacă oricare din voi pune piciorul pe pământul familiei Clayborne, aceştia au dreptul perfect legal să vă împuşte. Procesul va avea loc în două săptămâni. Curtea se retrage.

Judecătorul bătu din nou în masă cu ciocănelul, pentru ultima dată.

– O treabă parcă făcută pentru tine, Harrison, remarcă el, coborând tonul. Am un dosar plin cu probe împotriva lui Adam. Uită-te peste ele cât merg eu la pescuit. Voi fi la Belle acasă până duminica viitoare. Adu acolo cei o sută de dolari.

Floyd Manning se duse la Harrison.

– Iubitor de ciori! șuieră el.

Judecătorul îl auzi.

– Nu mai ai treabă pe aici, Manning. Du-te acasă. Eu mă ocup de acuzare aici. Va fi judecat de jurați, iar eu îi voi alege pe cei doisprezece.

Sprâncenele stufoase ale lui Manning se îmbinară într-o încruntătură urâtă.

– Băiatul ăsta nu merită o judecată corectă. Toți cei ca el ar trebui târâți afară din oraș și spânzurați.

Chipul avocatului se făcuse roșu ca sfecla. Era furios că lucrurile nu mergeau așa cum voia el.

Judecătorul Burns se uită la Harrison.

– Pe cine crede el că ar trebui să spânzurăm? Tot orașul sau doar pe membrii familiei Clayborne?

Manning era încântat să-i răspundă.

– Pe cei din familia Clayborne, desigur. Mai ales pe fata aia albă care trăiește sub același acoperiș cu cioroiul. E o târâtură.

– Ai ceva de spus la asta, Harrison? întrebă judecătorul.

Avocatul scoțian numără până la zece înainte să-i răspundă judecătorului. Totuși pauza nu-l calmă prea mult.

– Care-i amenda pentru molestare, domnule judecător?

Ochii lui Burns scânteiau amuzați.

– Cinci dolari, dat fiind împrejurările deosebite.

Harrison se căută în buzunar, scoase cinci dolari și îi puse pe masă.

Ce se întâmplă pe urmă îl surprinse atât de mult pe avocatul sudist, încât acesta nu avu timp să se apere. Harrison îi trase un pumn direct în figură.

Avocatul își pierdu cunoștința și se prăbuși leșinat pe podea. Judecătorul se aplecă peste masă să se uite la el, apoi se întoarse spre Harrison. Făcea un efort să nu zâmbească.

– Păi, a fost cu premeditare. Te costă un dolar în plus.

Harrison îi dădu banii și se duse la soția lui și la frații ei.

Se uita, totuși, cu atenție la public. Oamenii nu se grăbeau să plece, așa că avu timp să le studieze chipurile. Nu recunoscu pe nici unul dintre ei.

Travis începu să se ridice. Harrison îi porunci să rămână la locul lui.

– Mary Rose, scoală-te și vino la mine. Prefă-te fericită că mă vezi.

Ea nu ezită deloc. Se ridică repede de pe locul ei și înconjură masa. El o trase în brațele lui, se aplecă și o sărută pe frunte, apoi o strânse la piept.

– Bine ai venit, Harrison, murmură Adam.

– Când naiba s-au întâmplat toate astea? întrebă Harrison.

– M-au trezit ieri, răspunse Adam. Și, iată-mă aici. Ai ajuns exact la timp. Peste o oră ar fi fost prea târziu. Ar fi așteptat până mâine să mă spânzure, dar, odată ce se dă o sentință, nimeni nu mai poate face nimic.

Ultimul om din public ieșise deja în fața magazinului. Douglas și Cole se repeziră înăuntru.

– Închideți ușa, le strigă Harrison.

– Să plecăm naibii de aici, mormăi Cole. Îi azvârli pistolul lui Travis, care îi venea în întâmpinare repede pe coridor. Adam, ești bine?

– Da, răspunse fratele lui.

Harrison o lăsă, în sfârșit, din brațe pe Mary Rose. Dar ea nu se îndepărtă, ci continuă să se sprijine de el. Tremura destul de tare acum. Avusese o zi îngrozitoare și știa că nu urma să fie cu nimic mai bună.

Avea atâtea să-i spună, dar acum nu era nici timpul, nici locul. Pentru a-l aduce la fermă pe Adam teafăr, aveau nevoie de toată concentrarea posibilă.

– Eu zic să fugim acum, spuse Cole.

– Ne vor împușca din spate dacă încercăm, ripostă Travis.

–Are dreptate, încuviință Douglas. Nu e timpul s-o ștergem, adăugă el.

–Nu mă duc în alt loc, decât acasă, anunță Adam. Își împinse scaunul în spate și se ridică, în cele din urmă. Harrison, nu știu dacă trebuie să-ți mulțumesc sau să-ți trag un pumn. Mi-ai dat încă două săptămâni să mă gândesc cum voi atârna în ștreang.

–Nu prea ai încredere în avocatul tău, remarcă Harrison pe un ton sec.

–Am toată încrederea în tine. Cu restul lumii am probleme. Ești un om de onoare, Harrison, iar asta pare să fie o calitate rară în zilele noastre. I-am spus lui Mary Rose că te vei întoarce. Nu m-a crezut. Cred că acum și-a schimbat părerea, nu?

Harrison era uluit. Soția lui credea că va rămâne în Anglia și se va ocupa de afaceri? Nu-și dădea seama că îi luase inima cu ea?

–Harrison, vii cu noi acasă sau te duci la Belle să studiezi probele? îl întrebă Travis.

–Acasă, răspunse el. Vreau să vorbesc cu Adam înainte de toate.

În fața magazinului, oamenii se adunaseră într-o procesiune solemnă. Localnicii veniseră să-l salute pe Adam și să-l încurajeze. Îi făcea bine să vadă că locuitorii din Blue Belle nu se întorseseră împotriva lui.

Lui Harrison i se dădu misiunea să le apere spatele pe drumul spre casă. Mergea cu mult în urma familiei și, când coborâră ultimul deal, se opri și așteptă până ajunseră în afara razei de acțiune a puștilor. Atunci, făcu un mic ocol, găsi ce căuta și apoi își continuă drumul.

Mary Rose stătea cu frații ei la masa din sufragerie. Toți șușoteau sau își exprimau cu voce tare îngrijorarea pentru răgazul de două săptămâni pe care îl primiseră.

Ea se gândea la Harrison. Reîntâlnirea reaprinsese în ea un dor nebun. De ce se întorsese? Nu putuse fi femeia pe care și-o doreau rudele ei din Anglia. Nu înțelegea asta? O, Doamne, ce avea să se facă? Fusese atât de nefericită din momentul în care îl părăsise și până astăzi. Se simțise de parcă i-ar fi murit sufletul, dar când îl văzuse intrând calm în sala de judecată, un strop de rațiune în mijlocul acelei nebunii începuse să trăiască din nou.

Îl auzi pe Harrison intrând în casă şi urcând la etaj. Uşile scârţâiră când se deschiseră şi apoi se închiseră din nou. Îi căuta camera, se gândi ea, iar asta însemna că se aştepta să stea cu ea, nu?

În cele din urmă, veni la ei.

– Adam, vreau să vorbesc cu tine în bibliotecă.

Nici nu se uită la ea.

– Fraţii şi sora mea ştiu totul, îi spuse Adam.

– Numai cu tine, repetă Harrison.

Fără să fie deranjaţi de nimeni, stătură acolo peste două ore. Harrison insistase ca Adam să-i spună tot ce-şi amintea despre programul său zilnic cât timp trăise pe plantaţie şi tot ce ştia despre familia proprietarului său.

– Stăpâna Livonia era căsătorită cu Walter Adderley. Aveau doi fii. I-ai văzut pe amândoi azi, în sala de judecată. Reginald e mezinul. E cu vreo doi ani mai mic ca mine. Lionel e fratele mai mare. Seamănă leit cu tatăl lui. Walter era un beţivan. În fiecare zi, începea să bea pe la amiază, iar seara trebuia cărat în pat. Era foarte rău când se îmbăta, oricum, era un ticălos în majoritatea timpului. Se certa mereu cu nevastă-sa. Cred că se întâmplase ceva între ei, căci, atunci când era beat, nu putea s-o vadă în ochi.

– O bătea?

– O, da, cu pumnii. Nu se potrivea cu el. El avea peste 1,80 metri, iar ea era o mână de om. O lovea şi pe mama. Era servitoarea ei personală, aşa că-şi primea şi ea porţia. Într-o vineri seară, pe la ora cinei, treceam pe lângă conac când mă întorceam de la plantaţie şi am auzit-o pe doamna Livonia ţipând. Adderley le bătea pe amândouă. M-am pus între Livonia şi stăpânul meu, pentru că dădea cu pumnii în ea. Îmi amintesc că m-am gândit să-i atrag atenţia asupra mea, căci atunci ar fi scăpat şi mama, şi Livonia de el. Mamei îi curgea sânge din nas şi avea un ochi închis şi umflat. Livonia era şi mai rău. A încercat să se ridice de pe jos, şi, când a reuşit, el a lovit-o din nou. S-a prăbuşit pe podea. L-a implorat să se oprească. Atunci a început să dea cu picioarele în ea. Îl ruga să-i fie milă şi spunea rugăciuni. M-a implorat s-o ajut şi asta am şi făcut. Adam făcu o pauză să ia o gură bună de aer, apoi continuă: Am prins-o de mijloc şi l-am împins în spate pe soţul ei, în timp ce mama a venit şi ea s-o ajute pe Livonia să se ridice. Adderley parcă a înnebunit atunci. I-a spus Livoniei că o omoară, m-a dat la o parte şi a atacat-o din nou. Atunci l-am lovit şi eu. S-a împleticit înapoi vreo trei metri, apoi s-a năpustit la mine. Şi-a pierdut echilibrul şi s-a izbit cu capul de muchia şemineului. Cred c-a murit înainte să cadă la pământ.

– Unde l-ai lovit?

– I-am tras un pumn în falcă.

– Nu din spate? Ai zis că plecase de lângă tine.

– Da, dar am fost mai iute decât el. M-am aşezat din nou în fața doamnei Livonia pentru a încerca s-o apăr şi să-l lovesc dacă încerca să mai dea cu piciorul în ea.

– Şi, pe urmă, ce s-a întâmplat?

– Doamna Livonia mi-a dat nişte bani şi mi-a spus să fug. Ea şi mama aveau să le zică autorităților că fusesem vândut. Când au venit autoritățile, Livonia le-a spus că fusese vorba de un accident. Nici una din femei n-a pomenit de mine. Nu lăsasem urme pe chipul lui Adderley cu pumnul meu. Aveam doar 13 ani şi nu ştiam să mă bat. Toată lumea din stat ştia ce bețiv era Adderley. Nimeni n-a pus la îndoială cuvântul Livoniei. Le-a povestit cum se împiedicase soțul ei şi cum se lovise de şemineu. A fost considerată o moarte accidentală.

– A văzut cineva ce s-a întâmplat?

– Nu.

– De ce vin fiii ei după tine acum? Ce dovezi au?

– Scrisorile pe care i le-am trimis mamei. Le-a păstrat pe toate. Fiii lui Adderley trebuie să le fi găsit. Pomenisem de întâmplarea asta din trecut în câteva dintre ele şi îi spusesem mamei ce frică mi-era pentru ea.

Harrison scoase un oftat obosit.

– Nu eşti vinovat de crimă, Adam.

– Eram sclav şi am îndrăznit să ridic mâna asupra stăpânului meu. L-am atins. Fiii lui cred că ar trebui să fiu omorât doar pentru asta.

– Crezi că băieții lui Adderley s-au dus la mama lor şi au forțat-o să le spună exact ce s-a întâmplat?

–O, da! Lionel e la fel ca tatăl lui. Scrisorile mamei sunt pline de grijă pentru doamna Livonia. Nu contează, nu-i aşa? Dacă doi oameni albi mă acuză de crimă, ştim amândoi că voi fi condamnat.

–Dar nu fără luptă, promise Harrison. Mai am să te întreb ceva. Vrei să stai aici şi să te lupţi sau vrei să fugi?

–M-ai lăsa să fug, dacă aş vrea? Ai dat tot ce aveai ca să te asiguri că rămân aici.

–Nu am dat ce am mai de preţ, răspunse el. O am încă pe Mary Rose, dacă mă lasă să stau aici.

–Tu ce zici?

–Pentru mine, tu eşti fratele meu din ziua în care m-am însurat cu sora ta. Nu vreau să păţeşti ceva rău. Ca avocat al tău, te sfătuiesc să rămâi şi să lupţi.

–Aşadar, fratele din tine ar vrea să fug, iar avocatul să-mi înfrunt soarta.

–Cam aşa ceva, aprobă Harrison. Observă citatele pe care le copiase Adam, le înrămase şi le atârnase pe pereţi. Acum înţelegea de ce îi plăcea lui Adam pasajul respectiv.

–Promite-mi ceva, Adam.

–Ce?

–Când se va termina asta şi câştigăm procesul, vei da jos acest citat şi îl vei pune deoparte.

Adam se ridică, îndreptându-se de spate.

–Mi-am trăit întreaga viaţă ascunzându-mă şi aşteptând. Nu mai vreau să trăiesc aşa. Am ştiut întotdeauna că va veni ziua asta, iar acum, că a venit, am de gând să stau şi să lupt. Pentru cine bat clopotele, adăugă el în şoaptă. Bat pentru tine.

–La naiba, da' trist mai sună.

–Şi eu sunt trist. Am şi dreptul să fiu în seara asta. Mai avem ceva de vorbit?

Harrison zâmbi.

–Abia am început. Vom vorbi despre ce vei spune când ai să fii în boxa acuzaţilor şi despre ce nu cred că e o idee bună să spui. Stai jos, Adam. Va fi o noapte lungă.

Harrison începu să facă însemnări. Cole le aduse o tavă cu biscuiţi şi bere. Cum nu i se ceruse să plece, rămase în bibliotecă şi se apleca peste birou, ascultând întrebările pe care i le punea Harrison fratelui său.

Travis şi Douglas veniră şi ei după un ceas, iar Mary Rose se aşeză în spatele lor. Se gândea că Adam va fi mai nestingherit dacă nu trebuia să-şi facă griji din cauza ei.

Nu putuse să mănânce nimic, stomacul îi era strâns într-un nod şi, după ce stătu singură la masă, gândindu-se la Adam, se ridică, în cele din urmă, şi se duse în odaia ei.

Se gândea mereu la Harrison. Ce avea să facă, pentru numele lui Dumnezeu? Îi spusese Victoria. Pe cine iubea? Ştia, oare, că îi frânsese inima când folosise acel nume? De ce n-o putea iubi aşa cum era?

Pe perna ei găsi o floare. Nu era un trandafir, ci un fir de gura-leului, de un roşu strălucitor.

Înțelese, în sfârşit, că el voia să-i amintească de prima noapte în Anglia şi de acel trandafir cu coadă lungă. Ştiuse ce avea să îndure în Anglia, cât de dificilă avea să fie pentru ea adaptarea, aşa că, în timp ce toți ceilalți încercau s-o transforme în Lady Victoria, Harrison îi amintise fără cuvinte că o iubea exact aşa cum era. O accepta cu toate defectele şi calitățile ei.

Ea era Mary Rose a lui.

Se simțea copleşită de soțul ei. Cum putuse să se îndoiască de el? Cum avea el s-o ierte vreodată că nu avusese destulă încredere în el?

Se aşeză pe marginea patului şi, în timp ce îşi apăsa uşor floarea pe inimă, îşi lăsă capul în jos şi izbucni în plâns.

– Floarea trebuia să te învesele ască, nu să te întristeze.

Harrison stătea în prag. Îi sări inima din piept. Părea atât de îngrijorat, de obosit şi de vulnerabil.

– Mă iubeşti.

– Da.

– Mulțumesc, murmură ea.

– Pentru că te iubesc?

Ea dădu din cap.

– Pentru că mi-ai suportat nesiguranța. Te iubesc atât de mult şi mi-a fost aşa de frică. Aşteaptă, adăugă când îl văzu că se îndreaptă spre ea. Trebuie să-ți cer iertare mai întâi. Începu să-i zâmbească, ceea ce o surprinse. N-ar fi trebuit să zâmbească acum. Ar fi trebuit să fie serioasă pentru ca Harrison s-o creadă când îi va promite că nu se va mai îndoi niciodată de el.

– Ai răbdarea proprie meseriei tale, începu ea. În tot acest timp, ai aşteptat să înţeleg, nu?

– Nu, ai înţeles întotdeauna, eu doar ţi-am amintit.

– Mi-ai zis Victoria.

– Serios?

Părea uimit.

– Mi-ai frânt inima.

Harrison închise uşa şi veni spre ea. Se opri la un pas distanţă.

– Te iubesc, Mary Rose MacDonald. Nu-mi pasă ce nume porţi. Dacă vrei să ţi-l schimbi în fiecare săptămână, nu mă opun. Vei fi întotdeauna Mary Rose a mea.

Nu mai voia floarea, ci îl dorea pe soţul ei. Puse floarea pe noptieră şi se ridică.

– Şi eu te iubesc, spuse ea. Îmi pare rău că m-am îndoit de tine. Ai să mă poţi ierta vreodată?

– Ar fi trebuit să-ţi stau alături. Ştiu prin ce ai trecut, trebuia să renunţ să mai lucrez pentru tatăl tău cu mult timp în urmă. Nu trebuia să-mi fi dorit să termin cu toate mai întâi. Mă vei putea ierta vreodată?

– Ţi-ai dat demisia? murmură ea.

– Tu n-ai făcut nici o nebunie de când te-ai întors aici, iubito?

– Ce nebunie?

– Cum ar fi să ceri divorţul, de care am citit că-l obţii uşor aici.

– Nu-ţi răspund până nu mă săruţi. Sărută-mă, te rog.

– Mă voi căsători din nou cu tine dacă obţii divorţul. Pentru totdeauna, Mary Rose. Vorbesc serios.

Apoi o luă în braţe şi o sărută cu toată iubirea şi tandreţea din lume. Chinul îndurat cât fuseseră despărţiţi pieri fără urmă, acum se simţea din nou om întreg.

Ea îi acoperi faţa cu sărutări.

– De ce ai aşteptat atâta timp să te întorci la mine?

– Iubito, dacă te-ai fi uitat în urma ta când erai pe vapor, m-ai fi văzut făcându-ţi semn, exageră el. Am venit aici cât de repede am putut. Lasă-mă să te mai sărut.

Tremurau amândoi de dorință când se dezlipiră unul de celălalt. Mary Rose rămase cu obrazul pe pieptul lui. Îi plăcea să-i audă inima bătându-i nebunește, iubea totul la el. Îl iubea chiar și atunci când o scotea din minți cu încăpățânarea și cu aroganța lui.

Se întreba dacă știa ce bărbat perfect era.

–Nu-i așa ușor să obții divorțul aici. Ai citit prea multe romane de doi bani, Harrison. Și nu, n-am cerut divorțul. Este pentru totdeauna, ai uitat?

El își lăsă bărbia pe creștetul ei. Doamne, ce fericit era! Se simțea din nou întreg, complet, și totul datorită iubirii ei magice.

–Te mai întorci în Anglia? Aș merge cu tine oriunde în lume. Cât timp suntem împreună, voi fi mulțumită.

Era copleșit. Ar fi renunțat la paradis pentru el și ar fi făcut-o cu dragă inimă, pentru că îl iubea.

–Nu, nu ne întoarcem. O să trăim aici. Voi cumpăra niște pământ undeva pe aproape și voi construi o casă.

Mary Rose începu să plângă din nou. Îl asigură că erau lacrimi de bucurie. Și apoi se îndepărtă de lângă el și îi spuse că nu mai putea vorbi coerent până nu-și scotea hainele de pe ea.

Era fericit să-i facă pe plac. Era convins că bătuse un record dezbrăcându-se și scoțându-i și ei hainele fără să rupă nimic. Dădură la o parte păturile și se prăbușiră în pat împreună.

O acoperi complet cu trupul lui și o sărută până simți că-și deschide gura sub a lui. Vârful limbii lui se frecă de a ei apoi se strecură treptat înăuntru. Era hotărât să o ia încet și să nu cedeze poftei pe moment, dar ea îi făcea dorința imposibilă. Mâinile ei îl mângâiau peste tot și, când începu să-i dezmierde erecția, el uită de toate bunele sale intenții.

Își răsuci pe deget buclele ei lungi și își schimbă poziția. Îi vârî limba adânc în gură și, dintr-o singură mișcare, se înfipse în ea. Plăcerea de a o simți strângându-l îl făcu să închidă ochii în extaz.

Își ridică genunchii să-l aducă mai adânc în ea și gemu ușor când o năpădi un val de plăcere. Intensitatea actului o făcu să-și piardă controlul. N-o mai interesa nimic acum decât să-și găsească împlinirea.

Harrison avea mai multă stăpânire de sine decât ea. Atunci când ea ajunse în Țara Făgăduinței și el îi simți spasmele eliberatoare, grăbi ritmul și își dădu și el drumul.

Și fusese la fel de minunat după cum își amintea.

Mult timp, nu găsi puterea să se miște de lângă ea. Spera din tot sufletul să n-o strivească și, imediat ce își veni în fire, își dădu seama că nu fusese așa.

Mary Rose nu plânse de această dată, ci râse. Râsul ei îl molipsi și îl făcu să zâmbească.

În cele din urmă, se ridică să se uite în ochii ei frumoși.

–A fost bine, nu?

Ea dădu din cap în semn că da.

–Mai mult decât bine.

–M-am purtat ca un animal în călduri.

Ea râse din nou.

–Și eu. Dar nu-mi aduc prea bine aminte ce s-a întâmplat. Crezi că-mi mai poți aminti o dată?

–Mă omori, Mary Rose.

Era aproape de adevăr. Harrison adormi după un ceas, cu gândul că murise fericit.

2 ianuarie 1876

Dragă mamă,

Azi împlinesc 16 ani și sunt lăsată să port medalionul pentru prima oară. Așteptam clipa asta de atât de multă vreme. Îți mulțumesc, mamă, că mi-ai dăruit o astfel de comoară pe care o s-o prețuiesc întotdeauna. Sunt așa norocoasă să am o mamă ca tine. Adam spune că Domnul veghează asupra noastră, din ziua în care m-au găsit pe străduța aceia. Are dreptate, mamă. Mi-a dăruit patru frați care mă iubesc și mă protejează, mi te-a dat pe tine.

Am strâns jumătate din banii de care am nevoie pentru drumul până în Carolina. Dacă totul merge bine, voi putea să vin și să stau cu tine la anul. Ăsta e visul meu, mamă. Lasă-mă s-o fac, te rog. Simt nevoia să te îmbrățișez.

Fiica ta,
Mary Rose

Capitolul 22

Mary Rose îl trezi pe Harrison pe la unu noaptea, când încercă să se dea jos din pat.

– Unde te duci? o întrebă el, somnoros.

– Jos. Mor de foame. N-am vrut să te trezesc. Culcă-te la loc.

Harrison hotărî că şi lui îi era foame. Îşi trase pantalonii pe el, se lovi la un deget de la picior între timp şi ţopăi prin odaie, înjurând de mama focului.

– Taci, îi şopti ea râzând. Nu vreau să-mi deranjez fraţii.

Era deja prea târziu. Harrison făcuse atâta zarvă, încât trezise pe toată lumea.

Cole a fost primul care li s-a alăturat la masa din bucătărie. Mary Rose tăia nişte felii de brânză, stând în braţele lui Harrison. Se aşeză pe scaunul ei imediat ce fratele său intră.

– N-am putut să dorm, îi lămuri acesta.

Se aşeză pe scaunul din faţa lui Harrison şi se uită urât la el.

– O să poţi rezolva situaţia?

– Cole, dacă vrei să te asigur, nu o pot face.

– Atunci, trebuie să mă ajuţi să-l convingem pe Adam să-şi ia tălpăşiţa.

– Nu pot face asta. Decizia trebuie să fie a lui şi numai a lui. Cole, trebuie să-l sprijini. Şi el ar face la fel pentru tine.

Cole dădu din cap.

– N-ar sta să vadă cum mor. Îţi spun asta verde în faţă. Dacă e condamnat, îl scot de aici.

Lui Mary Rose începea să-i piară pofta de mâncare. Teama îi strângea stomacul.

– Cole, cred că trebuie să avem încredere în Harrison. Să fii încredinţat că va face orice să-l scape pe Adam.

– La naiba cu încrederea asta, mormăi Cole.

Douglas veni la timp să audă remarca fratelui său. Îşi pusese pantalonii şi o cămaşă din flanelă cu mâneci lungi. Nu se încheiase cum trebuie. Mary Rose zâmbi când observă asta.

– Te-ai gândit deja la un plan? îl întrebă pe Harrison.

– Voi trimite mâine o telegramă avocatului din St. Louis. Face parte dintr-o firmă cu renume. S-ar putea să știe un avocat în sudul Californiei. Găsesc unul și, dacă trebuie, mă duc eu însumi să-l caut.

– Pentru ce?

– Ca să obțin o declarație sub jurământ de la Livonia și de la Rose. Timpul ne presează, însă totul se va rezolva. O să mă ocup eu.

– Și la ce o să ne ajute declarațiile lor? întrebă Douglas.

– O să confirme ce mi-a spus Adam. Acum sunt doi împotriva unuia. Eu voi egala șansele. Sper din tot sufletul ca Livonia să coopereze. E posibil să-i fie prea teamă.

Frații dădură din cap aprobator.

– N-o să-i convină lui Adam. Știe ce o să i se întâmple femeii când fiii ei se vor întoarce acasă. Nu cred că o să te lase să te duci după ea ca să obții o declarație sub jurământ.

Harrison evită să se certe cu cei doi. Avea să facă tot ce îi stătea în puteri ca să se asigure că Adam urma să aibă parte de un proces corect.

– Să schimbăm subiectul. O întristăm pe Mary Rose.

– Ba nu.

– N-ai mâncat nimic.

Ea ridică din umeri.

– Și despre ce ai vrea să vorbim?

Travis intră în odaie și răspunse în locul lui Harrison.

– Ce s-a întâmplat după ce a părăsit Londra? S-a dezlănțuit iadul? Mătușa ei a spus că e nerecunoscătoare. Mary Rose avea o bănuială că așa va fi.

Mary Rose își lăsă ochii în farfurie.

– Mi-am jignit tatăl, nu-i așa?

Harrison nu ocoli răspunsul.

– Da.

– Aș vrea să înțeleagă, șopti ea.

– Scumpo, a avut suficient timp pentru asta. Nu ți-a dat nici o șansă. Credeam că i-am oferit un argument solid. A părut să înțeleagă după ce am discutat. Încă nu sunt sigur. N-am vrut să rămân ca să aflu.

–De ce nu le-a plăcut de ea? întrebă Cole.

–O voiau pe Victoria înapoi. Nici unul dintre ei n-a putut să accepte faptul că Mary Rose nu a fost o victimă în toţi aceşti ani. În mintea lor, credeau că i-au lipsit multe pentru că nu a fost înconjurată de bogăţii. Nici unul dintre ei n-a vrut să o cunoască în adevăratul sens al cuvântului. Erau prea ocupaţi să facă din ea o altă persoană. A fost o nebunie. Îşi construiseră o imagine şi încercau cu toţii să o transforme în ceea ce-şi doreau ei să devină.

–Capodopera lor, spuse Mary Rose.

–De ce nu i-ai dat una mătuşii când ţi-a spus să te gândeşti la tine ca la o pânză albă? o întrebă Harrison.

I se păru absurd un gest atât de strigător la cer. Izbucni în râs doar la acest gând.

–Barbara, mătuşa mea, mi-a sugerat asta. Nu puteam să o jignesc. A făcut tot ce credea că e mai bine pentru mine.

–Ai s-o duci înapoi în Anglia şi o să încercaţi din nou să intraţi în familia lor, Harrison? întrebă Douglas.

–Nu.

Fraţii zâmbiră. Nu voiau să-i afle planul în detaliu chiar în acea seară.

Mai stătură o jumătate de oră la masă şi sporovăiră. Începură să discute din nou despre Adam, dar Mary Rose terminase deja de mâncat.

–Cum putem să te ajutăm?

–Puteţi face destule, le răspunse Harrison. Am să vă dau mai multe detalii pe măsură ce avansăm. Când suntem la tribunal, nu vreau ca Mary Rose să stea lângă Adam. Cole, tu vei sta în dreapta lui Adam, iar eu în stânga. Travis şi Douglas o vor încadra pe Mary Rose, în primul rând din spatele mesei. Dacă se cere pauză, să vă aşezaţi după aceea pe aceleaşi locuri.

–De ce nu pot să stau lângă Adam? îl întrebă ea.

–Vreau să staţi cât mai departe unul de altul, îi răspunse.

Aceste cuvinte îi luară pe toţi prin surprindere. Însă nu păreau furioşi. Erau doar curioşi să afle de ce.

–Dacă-l iei de mână, dacă îl îmbrăţişezi sau dacă îl baţi uşor pe umăr, toţi vor vedea o albă atingând un negru. Oamenii ştiu totul despre familia ta şi acum îl acceptă într-o oarecare măsură pe Adam. Nu le pune răbdarea la încercare, Mary Rose. Nu vreau să uite nimeni din sală că e fratele tău. Nu ne luptăm acum doar cu o acuzaţie de omor. Asta ar fi uşor, ce naiba! Ne luptăm şi cu prejudecăţile. Nu vreau să mai aud nimic pe acest subiect, adăugă el, când ea păru că doreşte să-l contrazică. Îl veţi sprijini cu toţii pe Adam ca o familie, nu individual.

– De ce l-ai ales pe Cole să stea lângă Adam şi nu pe Travis sau pe mine? îl întrebă Douglas.

– Ca să intimideze. Îi va face pe oameni să se simtă stingheri.

Cole zâmbi.

– Aşa e, nu?

– Da, aşa e. Juriul va auzi toate dovezile, iar Cole se va uita fix la toţi cei doisprezece şi se va comporta de parcă ar înregistra fiecare reacţie a lor.

– N-ar putea să eşueze planul ăsta? întrebă Douglas.

– Ar putea, într-o sală de judecată mai scuturată, dar aici nu. Mary Rose mi-a spus odată că oamenii sunt prea ocupaţi să supravieţuiască, aşa că nu le pasă ce fac alţii. Vreau ca juriul să-şi închipuie cum ar putea scăpa de furia lui Cole, dacă se lasă conduşi de prejudecăţi în decizia lor.

– Joci murdar, spuse Cole. Îmi place.

– Vă reamintesc tuturor că tot ce vă spun acum e confidenţial. Aţi priceput?

Mary Rose căscă. Harrison o duse imediat în dormitor.

– Am o surpriză pentru tine. Aşază-te în pat şi închide ochii.

Făcu întocmai. Se uită cu coada ochiului şi îl văzu cum scoate nişte haine din geantă.

– Sunt închişi? o întrebă el.

Ea îşi strânse mai tare pleoapele. Simţi cum îi dădea la o parte părul, apoi cum i se strecoară ceva rece în jurul gâtului.

Ştia despre ce era vorba înainte să deschidă ochii.

– Medalionul mamei, strigă ea. De unde...

Nu mai putu să continue. Începuse iar să plângă.

– Era prins între salteaua şi speteaza patului.

Se aruncă în brațele lui și îi mulțumi iar și iar. Cât ai clipi, Harrison simți că o dorește. Se trântiră pe pături și făcură dragoste cu o pasiune dezlănțuită.

El știa că acest interludiu minunat va trebui să le ajungă pentru multă vreme.

Furtuna era pe cale să se dezlănțuie.

Mary Rose nu-l prea văzu pe Harrison în timpul săptămânii. Își petrecea zilele la Belle acasă, citind scrisorile pe care le i trimiseseră mamei Rose și pe care le luaseră cei doi băieți ai lui Adderley. Noaptea stătea în bibliotecă și parcurgea scrisorile pe care le scrisese Rose. Lua notițe după notițe și, când nu muncea, stătea pe verandă să se gândească la un plan.

Nici nu trebuia să-l întrebe dacă făcea progrese. Figura lui posomorâtă era mai mult decât elocventă. Se simțea inutilă și lipsită de orice putere. Îl întreba în fiecare dimineață dacă putea cumva să-l ajute. El îi răspundea mereu la fel. Dacă găsea ceva, îi spunea.

Cu cât se apropia procesul, cu atât era mai îngrijorat. Mary Rose nu se simțea deloc neglijată, nici măcar când soțul ei se ducea la culcare fără să-i spună noapte bună. Se gândea la caz, iar Mary Rose exact asta voia de la el.

Cina de duminică era singurul moment în care li se reunea familia. Ea își promisese că, orice ar fi, aveau să mănânce în tihnă, așa că, de fiecare dată când cineva aducea vorba de proces, schimba repede subiectul.

Îi ghiciseră cu toții strategia. Îi cântară în strună și Travis chiar reuși să zâmbească la o remarcă de a ei.

– Cole, nu m-ai întrebat niciodată de Eleanor. Nu ești curios să afli ce s-a întâmplat cu ea?

El ridică din umeri.

– E fericită?

– Da, îi răspunse Mary Rose. Lucrează pentru Lillian, mătușa mea.

– Pentru generăleasă? Eleanor este mult mai curajoasă decât am crezut. Bravo ei!

Harrison zâmbi.

–Îi spui generăleasă mătuşii tale?

–Aşa se poartă, recunoscu Mary Rose. Corrie mi-a lăsat ieri un bilet. Vreţi să vi-l citesc?

–Nu. Toţi patru fraţii răspunseseră în cor. Izbucniră în râs.

Ea nu se simţi jignită de reacţia lor.

–Harrison, o să-mi facă plăcere să-ţi citesc.

–Scumpo, ar fi a patra oară când aud acelaşi lucru. Corrie vrea să-i aduci altă carte.

–Şi?

–Este foarte încântată că eşti acasă. Tare drăguţă eşti când te îmbujorezi.

–Nu m-am îmbujorat. Nu mă deranjează că fraţii mei mă iau peste picior. Aşa se poartă ei la masă. Te rog să nu-i bagi în seamă.

–Când eram în Anglia, cel mai dor mi-a fost să mă port aşa.

–O, Doamne! M-am măritat cu un bărbat care seamănă cu fraţii mei?

–Sper că da. Ar fi cel mai măgulitor compliment pe care mi l-ai putea face.

–Ţi-am spus eu că ne place, îi zise Cole, ruşinat că reacţiona astfel la aprecierile lui Harrison.

–Vine cineva spre casă, le zise Douglas. Poartă costum şi conduce o brişcă.

Harrison se ridică în picioare.

–E Alfred Mitchell, intui el. E avocatul pe care l-am angajat să ne ajute. Aşteptaţi aici, le ceru el fraţilor când îi văzu ridicându-se. Mai întâi vreau să vorbesc cu el între patru ochi. Voi puteţi discuta cu el mai târziu.

Părăsi odaia până să-l întrebe Adam de ce făcea Mitchell asta pentru ei. În schimb, îi puse întrebarea lui Cole.

–Harrison vrea să afle mai multe despre fiii Livoniei. I-a trimis o telegramă unui avocat din St. Louis, cerând o recomandare, iar acesta i l-a propus pe Mitchell. Cu siguranţă că omul a călătorit zi şi noapte ca să ajungă aici aşa repede. Nu-mi pot închipui cum a reuşit.

–Să tragem cu urechea? întrebă Travis.

– Nici să nu-ți treacă prin cap, îi zise Adam. Îl lăsăm în pace pe Harrison.

Auziră cu toții ușa cu plasă deschizându-se. Câteva secunde mai târziu, Harrison intra din nou în camera de zi.

Părea mirat.

Motivul era chiar în fața lui.

Mary Rose se clătină pe picioare.

– Tată?

Frații ei se ridicară. Se uitau cu atenție la lordul Elliott.

Harrison se uită la soția lui, care era acum albă ca varul la față, crezând că avea să leșine.

Veni într-un suflet la ea și o luă de braț.

Elliott stătea acolo în prag, uitându-se la ei. Tot nu știa ce să le spună. Se tot gândise la asta. Cum putea să le zică fraților ei că îi acceptase și că spera ca și ei să facă același lucru?

Harrison văzu îngrijorarea din ochii lui și se hotărî să grăbească lucrurile. Se aplecă și îi șopti la ureche soției sale:

– Tatăl tău e foarte tulburat.

Știa că nu mai trebuie să spună nimic. Lui Mary Rose i se frânse inima de mila tatălui ei. Se duse într-un suflet lângă el, se ridică pe vârfuri și îl sărută pe obraji.

– Cât mă bucur să te văd din nou!

El tresări. O luă de mâini.

– Fiica mea, mă vei putea ierta vreodată? Îmi cer iertare pentru toată durerea pe care ți-am provocat-o.

Lui Mary Rose i se umplură ochii de lacrimi. Elliott vorbise cu atâta înflăcărare, încât era convinsă că totul îi venea din inimă.

– Tată, te iubesc. Bineînțeles că te iert. Îl iubesc pe Harrison și trebuie să-l iert tot timpul. Și el mă iartă. Asta înseamnă să fii o familie. Iartă-mă că te-am supărat plecând pe ascuns.

– Nu, nu, m-ai făcut să-mi vin în fire. Ai făcut ce trebuia.

Frații ei auziră fiecare cuvânt rostit de Elliott. Nici unul nu părea să reacționeze.

Harrison le văzu expresiile împietrite.

– Tată, aici mi se spune Mary Rose.

– În regulă, atunci.

– Ești sigur?

Se aruncă în brațele lui și îl îmbrățișă.

– Când vii în Anglia să-mi faci o vizită, s-ar putea să uit și să-ți zic Victoria. Te superi?

– Nu, nu, chiar deloc.

Elliott o bătu ușurel pe umăr, zâmbindu-i. Îngrijorarea i se risipise. Făcuse ceea ce trebuia să facă.

Mary Rose își aminti că trebuie să se comporte ca o gazdă. Făcu un pas în spate și îi zâmbi tatălui ei.

– Tată, ți-i prezint pe frații mei, îl anunță ea, cu mândrie în glas.

Elliott îi cercetă pe toți cu privirea. Harrison se dusese să stea lângă cei patru frați, iar Elliott își dădu seama de ce făcuse asta. Îl ajuta să-și aducă aminte la cine ținea Mary Rose cel mai mult. Soțul ei era pe primul loc, apoi frații și, pe urmă, tatăl ei. Nu îl deranja să fie ultimul pe listă, pentru că acum știa că fiica lui avea destulă iubire pentru toți.

Venise vremea să accepte că și frații ei făceau parte din familie. Nu se grăbea. Se uită la tinerii vânjoși și se simți deodată în compania unor uriași. Se simțea mic pe lângă ei și îi admira din tot sufletul.

Erau răspunsul lui Dumnezeu la rugăciunile sale. În toți acei ani de suferință și de groază, în toiul nopții, când singurătatea amenința să-i sufoce sufletul, se rugase pentru un miracol.

Iar Dumnezeu îi dăruise patru.

Fusese, cu adevărat, binecuvântat. Avea o fiică minunată, un ginere nobil și acum:

– Se pare că am și patru fii.

28 noiembrie 1877

Dragă Mamă Rose,

S-a tras la sorți și mi-a venit mie rândul să te implor să încetezi. Mamă, nu ni se pare normal să ne tot bați la cap să ne căsătorim. Ești de părere că Adam ar trebui să se însoare primul pentru că e cel mai mare, dar n-o va face și cu asta basta. Lui Adam îi place cum stau lucrurile acum, și nouă la fel, așa că, te rog, să nu mai speri că vei avea nepoți prea curând.

Cu toții ne așteptăm ca Mary Rose să se mărite într-o zi. Acum, că e la școală, răsuflăm și noi mai ușurați. Bărbații de prin partea locului tot încearcă să-i intre în grații. Nici unuia nu-i pasă că are gura bogată. Dar ne e dor de ea mai mult decât am fi crezut. Nu trebuie să-ți faci deloc griji în privința ei. Am învățat-o cum să aibă grijă de ea dacă bărbații din St. Louis sunt prea insistenți. Și-a luat pistolul și două cartușe. Eu zic că e suficient.

Sper că nu te-ai supărat pe mine că am fost așa de direct. Te iubim cu toții și ne-am dori să vii aici și să locuiești cu noi.

Cole

Capitolul 23

Dumnezeu are, cu siguranță, simțul umorului. Elliott ajunse la această concluzie după ce văzu, timp de o oră, cum se poartă frații. Îngerii păzitori ai lui Mary Rose erau neciopliți și zgomotoși, băgăreți și prudenți, în același timp. Dar, Doamne, câtă gălăgie făceau. Aveau obiceiul ciudat de a vorbi toți în același timp, dar, cu toate acestea, se înțelegeau. Elliott se simți de parcă ar fi fost în mijlocul unei adunări populare.

Se distra de minune.

După ce vorbise cu cei patru, aceștia veniseră să-i strângă mâna. Evident că erau reticenți, dar Elliott nu se simțea descurajat. Cu timpul, își vor da seama că nu prea aveau de ales. Dumnezeu îi strânsese pe toți laolaltă și împreună aveau să rămână.

Îl cunoscu mai întâi pe Adam.

–Ție îți place să te contrazici, nu? remarcă el în timp ce îi strângea mâna.

Adam se întoarse imediat spre Harrison.

–I-ai spus tu asta?

–I-am spus că îți place să polemizezi, îi explică el.

Elliott dădu din cap.

–Același lucru, le zise el. Și mie-mi place să mă contrazic, fiule. O să vezi că eu câștig mereu.

Ochii lui Adam începură să strălucească.

–Aşa e?

–Te-ai înşelat cu privire la motivele grecilor. Trebuie să te pun la punct.

–De-abia aştept, îi răspunse Adam.

Elliott îl cunoscu apoi pe Travis.

–Tu o să fii avocat, îi zise el?

–Serios?

–Da. Harrison îmi spune că te pricepi să ieşi din orice încurcătură.

Travis zâmbi larg.

–Tocmai aţi folosit cuvântul zilei de ieri, domnule. Mereu am vrut să împuşc avocaţi, nu să devin unul.

Douglas fusese următorul.

–Ce v-a spus Harrison despre mine? îl întrebă el.

–Că te pricepi de minune să îmblânzeşti cai. Ai putea face o avere în Anglia dacă ai lucra cu armăsari pur-sânge. Animalele au încredere în tine şi asta îmi spune că eşti milos. Mă întrebam cum de a ajuns fiica mea aşa. Acum ştiu.

Cole îşi aştepta rândul. Se hotărâse deja că nu va ceda la fel de uşor ca fraţii lui. Elliott o făcuse pe Mary Rose să sufere. Ar fi trebuit să plătească înainte să se poarte frumos cu el.

–Unde e şi cel rău? întrebă Elliott.

–Aici, domnule, îi răspunse Cole înainte să se poată abţine. Apoi zâmbi. Harrison v-a spus că sunt rău?

–Era foarte mândru când a spus asta, îl asigură pe Cole. Am auzit multe despre tine. Unele remarci au fost făcute de o tânără domniţă pe nume Eleanor. Credea că ai să mă împuşti şi mi-a spus să am grijă în preajma ta. Cât despre Eleanor, continuă el, mă întrebam...

Cole ridică din sprâncene.

–Ce anume, domnule?

–V-aţi supăra dacă ar veni înapoi?

Cei patru fraţi spuseră „nu" în cor. Elliott râse, la fel şi Cole.

–Domnule, vreţi să scăpaţi de ea, îi zise atunci.

–E fericită acolo, insistă Mary Rose. Tată, sigur eşti lihnit. Am luat deja cina, dar stăm cu tine cât mănânci. Ia loc. Trebuie să fii istovit după atâta drum.

Nu aşteptă aprobarea lui şi se duse glonț în bucătărie. Nu putea să nu zâmbească. Trebuia să se aşeze în genunchi şi să-i mulțumească lui Dumnezeu că îi ajutase tatăl.

Harrison o prinse de mijloc şi o trase spre el în hol. Se aplecă şi o sărută pe ureche.

–Mă bucur să te văd din nou fericită, îi şopti el. Întoarce-te şi fă-mă şi pe mine fericit. Vreau să te sărut.

Se dedică cu totul îndeplinirii acestei rugăminți. Îl luă de gât pe soțul ei şi îl sărută lung şi pasional.

O dată nu fusese suficient şi, în curând, îşi dădură seama că, dacă nu se opreau imediat, n-o să o mai poată face.

Rămăsese fără suflare şi se îmbujorase toată, dar se smulse din îmbrățişarea lui. Era exact cum şi-o dorea el.

–L-ai făcut să înțeleagă, nu? Mulțumesc, Harrison.

–Nu, tu l-ai făcut să priceapă când ai plecat. Ai renunțat la tot şi, când şi-a dat seama ce consideri tu a fi important, a început să priceapă. Şi eu mă bucur că e aici, iubita mea. Căutam demult o provocare.

–Pentru Adam?

Harrison dădu din cap confirmând.

–Cu Elliott n-o să pierd niciodată. El este provocarea de care am nevoie.

–Lasă-l să mănânce acum şi apoi spune-i de Adam. După aceea, nu cred că o să mai aibă poftă de mâncare.

Harrison ştia că bărbații nu-i vor spune nimic lui Elliott despre problema lor. Se duse înapoi la masă şi se aşeză lângă Cole. Adam stătea lângă tatăl lui Mary Rose. Discutau despre unde anume aveau să doarmă.

Cole îi zâmbi larg. Harrison îşi dădu seama că se întâmpla ceva. Presimțea că nu avea să-i placă, căci Cole zâmbea doar când avea veşti proaste.

–Harrison, am hotărât deja. Va dormi în dormitorul lui Mary Rose. Voi doi o să dormiți în căsuța cowboy-ilor. O să aveți mai multă intimitate acolo.

– Când ai fost plecat, am supus la vot, îi zise Travis.

Harrison nu dorea să doarmă pe o saltea de paie cu soția lui. Începu să se certe cu ei, dar se opri când Mary Rose intră în sufragerie. Nu părea prea încântată.

– Cole, iar îmi flutură Samuel prin față cuțitul de tranșat. Nu mă lasă să-i dau de mâncare tatei. Fă ceva, pentru numele lui Dumnezeu!

– Mă ocup eu, strigă Harrison. Începu să se ridice. Cole îl împinse la loc.

– Harrison, o să te rănească dacă te duci acolo. Încă nu este dispus să te tolereze. Mă duc eu.

Elliott părea șocat.

– E cineva în bucătărie cu un cuțit. Îmi amenință cumva fiica?

– Da, domnule, îi răspunse Cole în drum spre ușă. Se opri să scoată pistolul, să-i ridice piedica, iar apoi deschise larg ușa.

– Samuel, chiar că-mi pui răbdarea la încercare, răcni el.

– Doamne sfinte!

Elliott nu mai știa ce să spună.

Harrison se destinse. Se întoarse spre Elliott și îi zâmbi. Bărbatul era total nedumerit.

– Îl mai și plătesc. Îți vine să te dai cu capul de pereți, nu-i așa, domnule?

Elliott dădu din cap în semn că da. Harrison izbucni în râs. Lăudat fie Domnul, nu te plictiseai la fermă. Adam dădu din cap încurcat. Celor din afară trebuie să li se pară o nebunie să îl suporte pe Samuel.

– Samuel e bucătarul nostru, îl lămuri el.

Mary Rose bătu cu piciorul în podea cât timp așteptă. Cole o chemă, în cele din urmă.

Ea oftă și intră din nou în bucătărie.

Câteva minute mai târziu, tatăl ei își primi cina cuvenită. Bărbații își băură cafeaua cât îl așteptară să termine de mâncat. Mary Rose îi duse farfuria goală la bucătărie.

– O să lipsesc câteva momente. Trebuie să mă împac cu Samuel, care o să mă facă să-l implor. Sunt sigură de asta.

– O să-i spui? îl întrebă Cole pe Harrison dând din cap spre Elliott.

–Da. Domnule, cu toții suntem țâfnoşi zilele astea. Vedeți dumneavoastră, vinerea viitoare...

Adam îl întrerupse.

–O să fiu judecat pentru crimă.

Elliott clipi, însă fusese singura reacție pe care a avut-o la auzul acestor veşti.

–Ai făcut-o?

–Da, domnule.

–Adam, asta trebuie să fie ultima dată când recunoşti, fir-ar să fie, izbucni Harrison.

–Nu înjura, fiule.

–Da, domnule.

–Au fost circumstanțe atenuante?

Adam dădu din cap, apoi se apucă să-i dea explicații. Elliott îl ascultă cu atenție, fără să-l întrerupă nici măcar o dată.

–Harrison, eşti gata să-l aperi?

–Nu încă, domnule, dar sunt în pregătiri. Mai am multă treabă de făcut.

Elliott îl țintui cu privirea.

–Ai un plan de bătaie?

–Da.

–O să-mi placă abordarea ta? îl chestionă el.

Harrison se uită drept în ochii lui când îi răspunse:

–Nu, domnule, n-o să vă placă deloc.

Elliott încuviință dând din cap.

–Am nevoie de hârtie, stilou şi cerneală. O luăm de la capăt, Adam. Harrison, aş vrea să-ți văd însemnările.

–Spuneți-ne ce simțiți, îi ceru Cole. Ce credeți.

Elliott lovi în masă cu mâna.

–Nu am să accept aşa ceva. Asta cred.

Se rezemă în scaun şi aşteptă până când Harrison aduse cele necesare pentru scris, dar şi notițele lui.

Nimeni nu scoase o vorbă. Cu toții ştiau că Elliott se gândeşte la caz şi nu voiau să-l deranjeze. Mary Rose se întoarse în cameră şi li se alătură aşezându-se la masă.

Tăcerea se prelungi. În aer se simțea încordarea. Stăteau pe marginea scaunelor aşteptând să audă părerea lui Elliott. Simțeau că e pe cale să se întâmple ceva, dar nu-şi dădeau seama ce anume. Doar simţeau asta.

Când Elliott vorbi, în cele din urmă, i se adresă lui Adam. Vorbea în şoaptă, de te treceau fiori reci.

– E cel mai bun din câţi ştiu. Mi-e milă de acuzatorii voştri. Nu va avea nici o milă în sala de judecată, după suprema jignire, pe care au adus-o familiei sale. O, da, chiar îmi pare rău de ei.

Lui Mary Rose i se făcu pielea de găină.

– Nu l-ai pregătit tu, tată? întrebă ea.

– L-am învăţat dreptul. El are propriul stil. Da, e genial, dar e şi crud. Când intră în sala de judecată, devine o pasăre de pradă. L-am văzut, l-am auzit şi vă spun sincer că, de câteva ori, mi-a fost teamă de el. Nu mi-aş măsura forţele cu el. Vedeţi voi, tocmai mi-am dat seama ce are de gând să facă şi, când va termina, s-ar putea ca acuzatorii să nu mai iasă teferi din oraş.

Harrison se întoarse în sufragerie după câteva minute, cu notiţele şi cele necesare scrisului. Îşi dădu imediat seama cât de tăcuţi erau cu toţii. Se uitau fix la el, şi îşi dădu seama că se întâmplase ceva important. Aşteptă să-i spună cineva ceva.

Nimeni nu scoase o vorbă. Apoi observă un alt lucru. În privirea lui Adam.

Speranţă.

Mary Rose nu-l prea văzu săptămâna următoare pe Harrison. El şi Douglas merseră luni în oraş şi nu se mai întoarseră până în amurg. Douglas avea cu el cei cinci cai închiriaţi. Nici soţul, nici fratele ei nu îi explicară de ce luaseră caii.

Marţi, Travis îl însoţi pe Harrison până în Blue Belle. Amândoi păreau supăraţi la întoarcerea acasă. Harrison făcu dragoste cu ea în acea noapte. Se dovedi mult mai posesiv decât de obicei. Îi făcu lucruri la care nu se gândise niciodată şi ajunse la orgasm de trei ori până să-şi potolească el dorinţa.

Miercuri, Harrison îşi parcursese toată ziua notiţele. În dimineaţa următoare, Dooley veni călare la fermă să le dea de veste că judecătorul Burn se săturase de pescuit şi se întorsese la Belle. Elliott era nerăbdător să afle care erau probele care-l incriminau pe Adam, dar Harrison îl duse în oraş abia la ora unsprezece. Era foarte îngrijorat de starea soției sale.

Mary Rose vomita încă de la ora zece. Ea încercă să-l convingă să plece, insistând că era mai bine, dar apoi i se făcu iar rău, îngrijorându-l şi mai mult pe Harrison.

O oră mai târziu, se simțea mai bine. Mary Rose ştia că arată ca naiba. Era întinsă în pat pe burtă, cu părul atârnându-i într-o parte. Harrison se aşeză lângă ea şi îi tamponă fruntea cu o cârpă umedă şi rece.

– E numai vina mea, iubito. Te-am rănit noaptea trecută şi acum...

– Nu m-ai rănit... ei bine, ai făcut-o, dar a fost o durere plăcută. De câteva zile mi-e greață. Nu-i vina ta, e din cauza procesului. Îmi tot fac griji.

Douglas intră în căsuță ca să vadă ce mai face sora lui.

– Pe unde naiba ai fost? îl întrebă Harrison. Nu se simte bine de o oră. Fă ceva, pentru numele lui Dumnezeu!

Douglas era un pic speriat de furia care răzbătea din tonul lui Harrison.

– Te-a speriat, nu? Nu se îmbolnăveşte prea des. O să am grijă de ea. I-a mai revenit culoarea în obraji. Cred că îşi revine. Dooley e pe cale să plece. Nu voiai să vorbeşti cu el?

– Sora ta va trebui să-mi promită că, atunci când mă întorc după-amiază, o s-o găsesc în pat. Mary Rose, promite-mi sau nu plec nicăieri.

Ea scoase un oftat dramatic.

– Bine, o să rămân în pat.

Îi dădu părul la o parte ca să o sărute. Apoi îl lăsă să cadă la loc.

Douglas aşteptă să plece ca să abordeze un subiect delicat.

– Ştii ce ai? o întrebă el.

– Sunt bolnavă. Asta am.

Se aşeză pe marginea patului.

– Cum adică, bolnavă? Ai mâncat ceva ce nu ți-a priit?

– Nu. Douglas, sunt îngrijorată în privința procesului.

– Nu eşti, oare, însărcinată?

Întrebarea o nedumeri. Trebui să se gândească multă vreme.

–Ți-a venit problema aceea lunară?

Ea se făcu roșie ca sfecla în mai puțin de un minut.

–Mi-e rușine. Ești fratele meu, ce Dumnezeu! N-ar trebui să mă întrebi ceva atât de intim.

–Păi, spune-mi! Da sau nu?

–Da.

–Când?

–Acum două luni. Nu, trei.

Mary Rose își ridică fruntea de pe pernă.

–Crezi că...

Nu mai putu să continue. Conștientiza minunea. Un bebeluș. Se părea că urma să aibă un copil. Dintr-odată, se simți cuprinsă de o mare bucurie.

–Cred c-o să fiu unchi, spuse Douglas. O bătu pe umeri și îi zâmbi.

–Nu putem să-i spunem lui Harrison. Douglas, să nu spui nimănui până nu sunt sigură. Soțul meu are și așa destule pe cap. O să fie încântat de veste, dar s-ar putea să-i distragă atenția. Nu putem să permitem asta.

Douglas se declară de acord cu ea. Harrison plecă o oră mai târziu, să-l ducă pe tatăl ei acasă la Belle ca să treacă în revistă probele strânse împotriva lui Adam. Apoi se duse în oraș. Își petrecu acolo ziua și nu se întoarse la fermă până la ora cinei.

Se duse glonț în căsuță pentru a se asigura că Mary Rose era unde o lăsase. Îi aruncă o privire și observă că se dăduse jos din pat.

Ea nu dorea să recunoască.

–Scumpo, te-ai odihnit toată ziua?

–Da, dragul meu.

El zâmbi.

–Ai stat în pat.

Îi zâmbi și ea.

–Ar trebui să fii mândru de mine, îi răspunse ea, încercând să schimbe subiectul. Nu credeai că o să mă găsești în pat, nu? Mi-am dat seama că ești surprins. Cum a fost ziua ta?

Se hotărî s-o forțeze să mintă. Încă nu o făcuse. Doar îi evitase întrebările. Părea al naibii de mândră de ea.

–Ai stat în pat toată ziua?

Ea îi răspunse imediat.

–De ce mă întrebi din nou? Nu mă crezi, Harrison? Bănuiesc că va trebui să ai încredere în mine.

Dădu din cap. Scumpa lui soție îi nesocotise întru totul rugămințile. Nu ştia ce să facă. Oftă zgomotos. Nu putea să facă nimic, fir-ar al naibii! Era încăpățânată şi îndărătnică şi, dacă nu o lega de pat, avea să facă numai cum o tăia capul.

–Promite-mi că, atunci când ți-e rău, o să te odihneşti. În regulă?

Se ridicase în capul oaselor în pat.

–De ce nu mă crezi?

Nu-i răspunse.

–Mă duc sus, în casă. Iubita mea, poate vrei să te dai cu ceva pe față înainte să vii şi tu.

Ştia că îl va întreba de ce şi abia aştepta să-i spună. Începu să numere până la zece în timp ce deschidea uşa să iasă.

–Stai aşa, îi strigă ea. Ce-i cu fața mea?

–E arsă de soare.

Mary Rose nu avea remuşcări, dar căzu pe gânduri. Îi dăduse a înțelege că ştia că îl mințise. Mary Rose aşteptă până când el închise uşa şi izbucni în râs.

Oare mai era un mister de ce o iubea?

Toată lumea terminase deja cina când Alfred Mitchell se zări coborând călare povârnişul.

–Străinul e aici. Uitați-vă, domnule. E una dintre cunoştințele dumneavoastră?

Elliott se uită pe fereastră.

–Nu-mi dau seama de la distanță, dar nu cred că îl cunosc.

–E Alfred Mitchell. Harrison, vrei să aşteptăm înăuntru cât discuți cu el?

–Da.

–Dă-i ceva de băut, îi strigă Mary Rose.

Nu era sigură dacă Harrison o auzise sau nu. Ieşise deja afară. Harrison nu-l aşteptă pe avocat pe verandă. Coborâse treptele şi continuă să înainteze. Cei doi bărbaţi se întâlniră la jumătatea drumului, lângă pajişte.

Mitchell scoase un geamăt puternic când descălecă. Cei doi bărbaţi îşi strânseră mâinile şi se prezentară.

– Pari istovit, remarcă Harrison.

Mitchell dădu din cap. Se uită în sus la Harrison, căci Mitchell era un pic mai scund. Părea să fie şi cu câţiva ani mai tânăr.

– Sunt istovit, spuse el, cu un puternic accent sudist. Ţi-am adus ce mi-ai cerut, dar am şi nişte veşti proaste. N-am putea să mergem în timp ce vorbim? Vreau să scap de durerea de spate înainte să mă întorc în locul unde mi-am ridicat tabăra.

– Alfred, eşti binevenit să înnoptezi aici.

– Mi-e teamă că nu voi putea ascunde ce se poate întâmpla dacă rămân. Mi-am ridicat tabăra aproape de oraş. Cred că o să stau acolo în noaptea asta, dacă nu te supără firea mea prea puţin sociabilă.

– Va trebui să depui mărturie mâine, îi aminti Harrison.

– Da, ştiu. De abia aştept, domnule. De abia aştept să spun cum s-au petrecut lucrurile.

Harrison şi Alfred se îndreptară spre munţi. Mary Rose îi urmărea din spatele uşii cu plasă.

Harrison merse cu mâinile la spate preţ de câteva minute, apoi se întoarse brusc spre Mitchell.

– Nu auzi nimic de aici, şopti Douglas din spate.

Ea tresări.

– Lui Harrison nu-i place ce-i spune Mitchell. Uită-te ce ţepeni sunt amândoi. Nu cred că-s veşti bune, Douglas.

– Mary Rose, singura problemă ar fi dacă Mitchell nu a primit hârtiile semnate, iar eu văd că Harrison are ceva în mână. Cred că Mitchell n-a reuşit să o convingă pe Livonia să mintă.

Harrison şi Alfred mai discutară alte douăzeci de minute. Mary Rose crezu că terminaseră de vorbit când îi văzu întorcându-se şi îndreptându-se spre ei. Ieşi afară şi îi aşteptă pe verandă.

Alfred îi strânse mâna lui Harrison şi se sui în şa. Mary Rose aproape că strigă la el ca să-l invite să rămână peste noapte. Harrison se întoarse spre ea şi, când văzu ce expresie are pe chip, îşi dădu seama că nu mai poate spune nimic. Soţul ei părea distrus. Veni mai aproape, apoi se opri şi rămase pe loc, uitându-se fix la ea.

Voia ca ea să vină la el. Mary Rose nu se gândi de două ori. Se duse într-un suflet la el.

Harrison nu scoase o vorbă, dar o luă de mână şi începu să meargă.

Trecuseră de pajişte când el se opri.

– Mâine o să mint.

Mary Rose făcu ochii mari.

– O să minţi în sala de judecată?

El nu-i răspunse.

– Nu voi minţi dacă nu-mi dai tu voie.

Ea nu ştia ce să spună. Începură să meargă din nou, cu capetele plecate, în timp ce fiecare din ei se gândea la ziua de mâine.

Lui Mary Rose îi luă câteva minute să priceapă.

– N-ai minţi niciodată sub jurământ. Nu, n-ai face aşa ceva, e imoral... dar îi vei minţi pe fraţii mei. Ai vrea să mă minţi şi pe mine, dar...

– Ţi-am promis că nu te voi mai minţi niciodată. N-o să-mi calc niciodată cuvântul.

– Doar dacă te las eu.

– Da.

– Prea bine.

Se întoarse şi îi zâmbi.

– Am încredere în tine, ai să faci ceea ce trebuie. Acum, nu-ţi mai face griji pentru mine.

Se simţea umil în faţa ei. Închise ochii şi dădu încetişor din cap.

– Mulţumesc.

– Pentru că am încredere în tine?

– Şi că mă iubeşti... şi pentru că eşti aşa cum eşti.

– Sărută-mă ca să ştiu că ai vorbit serios.

El făcu întocmai.

Porniră spre casă în tăcere.

– Mă duc să călăresc. Vrei să vii cu mine?

– Trebuie să te gândeşti la anumite lucruri. Cred că ai nevoie să fii singur acum.

O sărută din nou şi se duse spre grajd. Mary Rose se sprijini de balustrada de la verandă, uitându-se la el.

Harrison ieşi un minut mai târziu. MacHugh venea cu el. Armăsarul nu avea şa sau căpăstru, dar rămase pe lângă Harrison în timp ce traversară pajiştea.

Harrison se întoarse brusc spre animal, îl înşfăcă de coamă şi se sui în spinarea lui.

MacHugh o luă la galop spre primul povârniş.

– Călăreşte ca un indian, remarcă Travis. Unde se duce?

– Să se gândească.

– Tatăl tău ar vrea să-i cânţi la pian. Te simţi în stare?

– Sunt bine, spuse ea, deşi nu era adevărat.

Cântatul avea s-o facă să uite de griji, aşa că intră şi se aşeză pe scăunelul din faţa pianului.

Tatăl ei îi stătea alături, aşteptând cu nerăbdare.

– Ce o să cânţi, fata mea?

Fraţii ei văzuseră cum arăta când intrase în salon. Ştiau exact ce va cânta.

– Simfonia a V-a, îi spuseră toţi în cor.

Şi exact asta cântă.

Era o dimineaţă de vineri însorită şi senină. Mary Rose era dezamăgită când a văzut cerul albastru. Voia o furtună cu tunete şi fulgere, căci avea impresia că vremea rea avea să-i ţină pe curioşi în casele lor, unde le era şi locul.

Merse cu tatăl ei în trăsura acoperită. Nici unul din ei nu avea chef de vorbă. Îşi petrecu timpul rugându-se şi făcându-şi griji în privinţa lui Adam şi a lui Harrison. Coşmarul fratelui ei avea să se transforme în realitate, iar ea nu-l putea ocroti în nici un fel.

Totul depindea de Harrison. Dumnezeu să-l aibă în pază. Păruse negru de supărare când se băgase în pat. O ţinuse în braţe toată noaptea.

Încercase să discute el înainte să se îmbrace, dar o întrerupse înainte să înceapă. Dorise să-i spună că îl iubeşte şi are încredere în el, şi că, indiferent ce s-ar fi întâmplat în acea zi, avea să-l iubească în continuare şi să aibă încredere în el. Harrison nu dorea să asculte. Era taciturn şi distant. Ea se speriase pe moment, dar, când ieşise, se întorsese şi dăduse cel mai răutăcios şi mai minunat ordin pe care-l auzise vreodată.

Îi spusese că-i va pune un căluş în gură dacă ar fi spus sau ar fi făcut ceva ca să se simtă el mai bine. Şi, dacă-i spunea că-l iubeşte, o închidea în dulap şi o lăsa acolo toată ziua.

– Cu alte cuvinte, nu vrei să-ţi fie distrasă atenţia.

El dăduse din cap că da.

O oră mai târziu porniră spre Blue Belle. Harrison mergea în faţa convoiului, iar Travis călărea cu arma în mână.

Harrison opri procesiunea în afara oraşului.

– Mary Rose? Te simţi bine? Nu vreau să vomiţi în sala de judecată.

– N-am s-o fac, îi promise ea.

– Adam, am citit undeva că sclavii nu aveau voie să se uite la stăpânii lor dacă nu li se dădea voie. E adevărat?

– Da. Altfel erau consideraţi obraznici, trufaşi. De ce mă întrebi asta?

– Pentru că am uitat să te întreb noaptea trecută, izbucni el. Când te aşezi în boxa acuzaţilor, vreau să te uiţi fix la fiii Livoniei. Priveşte-i fără nici o expresie pe chip. Uită-te la fiecare din ei atunci când depun mărturie. Adam, să te uiţi fix în ochii lor. Să faci la fel cu fiecare. Când îţi fac semn, să ţi se citească dispreţul pe faţă.

– O să le displacă profund, îl preveni Adam.

Harrison dădu din cap aprobator.

– Sper că da. Îşi mai aduce aminte cineva ce v-am spus?

Aşteptă până când confirmară cu toţii, apoi le mai zise un lucru:

– Să nu credeţi nimic din ce auziţi cât timp sunteţi în sala de judecată.

– Nici măcar din ceea ce spui tu? îl întrebă Mary Rose.

El repetă ce le zisese cu puţin timp în urmă. Nu voia să le spună că intenţiona să mintă. Nu voia ca ei să afle veştile proaste decât după ce judecătorul Burns le spunea juraţilor să se retragă.

– Indiferent ce fac sau spun, să nu păreţi surprinşi sau furioşi. Ai înţeles, Cole?

– Da.

–Hai să isprăvim odată cu povestea asta!

Harrison îi conduse pe ultimul deal şi apoi pe teren plat, spre oraş. Se mişcară încet pe drumul principal, pe care se strânseseră mulţi oameni. Nici unul din acei gură-cască nu urma să fie lăsat înăuntru până când judecătorul Burns nu avea să le deschidă uşa.

Aşteptau tot felul de oameni. Unii strigau încurajări, iar alţii încercau să-i acopere cu tot felul de obscenităţi. Mary Rose încerca să pretindă că nu-i aude, dar era prea dificil.

Mulţimea se dădu la o parte ca să-i lase să înainteze. Mary Rose se ţinea de braţul tatălui ei, pe care îl lăsă să o conducă înăuntru.

Judecătorul Burns era deja aşezat în spatele mesei, în capătul sălii. Era cu faţa la uşă. Le făcu semn să vină în faţă. Oamenii aduseseră tot felul de scaune, pe care le puseseră în rânduri ordonate, cu faţa spre judecător. Un culoar lung se croia pe mijloc. La vreo cinci metri de judecător, în partea dreaptă a magazinului, se zăreau două rânduri de câte şase scaune, pentru juraţi.

–Vă puteţi aşeza. Bună, William, îi strigă el tatălui lui Mary Rose. Nu te-am văzut în spatele băieţilor tăi. O zi al naibii de tristă, nu?

–Da, domnule judecător. Cu siguranţă că este.

–Harrison, mai ţii minte ce mi-ai sugerat ieri şi cum ai încercat să mă faci să cred că a fost ideea mea? Ei bine, m-am decis să fac exact aşa, pentru că are sens. Nu vreau să mişune străini pe aici. O să-mi distragă atenţia şi atunci o să trebuiască să-i împuşc, pe cinstea mea. Nu pot tolera haosul în sala de judecată. Cole, ridică-te şi dă-mi armele. Am eu grijă de ele. Şi voi să faceţi la fel, băieţi! Mary Rose, ai cumva vreun pistol la tine?

–Nu, domnule judecător.

–Prea bine atunci.

Judecătorul aşteptă până când toate armele fură puse pe masă.

–Harrison, Morrison a fost de acord să-mi dea o listă cu locuitorii din Blue Belle şi de pe o rază de zece mile faţă de oraş. Nimeni nu intră, mai ales gaşca aia de justiţiari neisprăviţi din Hammond. Ies şi eu afară un minut. Mai întâi, vreau să te întreb dacă ai obiecţii cu privire la vreun membru al juriului.

Te deranjează dacă sunt şi femei, şi bărbaţi, în caz că hotărăsc aşa? Cred că-s suficient de leneş s-o fac.

Harrison zâmbi.

– Nu mă deranjează dacă sunt femei în juriu, domnule judecător. Sunt de acord cu orice hotărâţi.

– Ce bine. Mai sunt şi alte probleme?

– Nu, domnule judecător. Am făcut o listă cu oamenii care trăiesc în oraşul Blue Belle şi în împrejurimi. Mi-am permis să fac un semn în dreptul celor care vin din sud.

Judecătorul zâmbi larg.

– Sunt şi cowboy pe lista aia?

– Nu înţeleg, domnule judecător.

– Nu contează. A vorbit gura fără mine. Ştiu cum lucrezi, acum că te-am văzut în sala mea de judecată din Hammond. Nu te-ai înjosi să cumperi pe cineva. O să-ţi folosesc lista cu plăcere. O să-mi fie mult mai uşor să aleg oamenii. Primul jurat va fi John Morrison. Sunt obiecţii?

Harrison se prefăcea a fi căzut pe gânduri. Nu voia ca judecătorul Burns să-şi dea seama ce noroc avea. Adam sărise în ajutorul lui Morrison când i se prăbuşise acoperişul magazinului. Spera din tot sufletul ca Morrison să-şi amintească.

– Nu, domnule judecător. Nu am obiecţii. Morrison este un om cinstit.

– Dacă sunteţi pregătiţi, atunci o să las lumea să intre încet-încet.

– Domnule judecător, puneţi pe cineva în faţa uşii, ca să nu intre cu toţii?

– Aşa voi face, îi răspunse judecătorul.

– Aştept o telegramă importantă. Asta, dacă ajunge.

– O să mă asigur că o primeşti. Nu e cam puţin, Harrison?

– Telegrama îmi va fi de ajutor, dar nu am nevoie de ea ca să-mi prezint cazul.

Burns se ridică.

– Pe băieţii din sud o să-i bag ultimii. Din moment ce vor depune mărturie împotriva lui Adam, o să-i pun în partea opusă a sălii. Am aşezat cele două scaune în aşa fel încât juriul şi mulţimea să le vadă bine.

Harrison aşteptă ca judecătorul să ajungă pe culoarul principal până să i se alăture lui Adam la masă. Se aşeză, se apropie de el şi îi şopti ceva la ureche.

Mary Rose nu auzea ce spunea soţul ei, dar vedea, în schimb, reacţia fratelui ei. Adam părea uimit. Apoi zâmbi. Pentru prima oară în săptămâni, părea fericit. Nu-şi putea închipui ce îi spusese Harrison.

Soţul ei se aşeză pe scaun. Nu se uită la ea când o întrebă din nou dacă se simte bine.

– Da, şopti ea.

Harrison le poruncise tuturor să vorbească încet în timpul procesului, aşa că, atunci când intră primul bărbat şi se duse direct spre scaunul său din cele rezervate juriului, toată lumea tăcu.

În juriu nu erau femei. Mary Rose cunoştea majoritatea bărbaţilor, dar nu-şi amintea cum îi cheamă pe fiecare în parte. Nici unul dintre cei doisprezece nu zâmbea. Cu toţii aveau expresii solemne pe chip, ceea ce i se părea normal, având în vedere gravitatea cazului pe care urmau să-l judece.

Lionel şi Reginald Adderley fură ultimii doi bărbaţi lăsaţi să intre. Veniră în faţă călcând apăsat şi se aşezară. Amândoi aveau părul blond. Reginald era mai mare cu câţiva ani decât fratele lui. Avea fire albe în barba bine îngrijită. Ochii lui erau căprui-deschis, mai mult galbeni. Îi aminteau de o şopârlă. Fratele lui era la fel de urât. Avea ochii căprui şi pielea păstoasă ca fratele său, ceea ce sugera faptul că nici unul din ei nu lucrase o zi afară, în soare.

Dooley fusese pus să păzească uşa. Lui Billie i se spusese să-l ţină de vorbă.

Harrison rămase pe scaun până când Burns ajunse în capătul culoarului. Apoi Harrison se ridică imediat. La fel şi Adam.

Nimeni nu se mai mişcă. Judecătorul părea mulţumit de respectul pe care i-l arătau Harrison şi Adam.

– Cu permisiunea dumneavoastră?

Burns intui ce i se cerea. Dădu din cap că da.

– Aşteaptă până când ajung în magazie, şopti el. Va fi ceva unic şi vreau să mă bucur de fiecare minut.

Adam încercă să se aşeze. Harrison nu-l lăsă.

–Ridică-te, îi şopti.

Harrison aşteptă până când judecătorul ajunse în magazie, apoi spuse pe un ton răsunător:

–Atenţiune! Ridicaţi-vă în picioare cu toţii. Procesul a început. Onorabilul judecător John Burns prezidează.

Lumea se ridică imediat de pe scaune. Judecătorul trase cu ochiul să se asigure că erau cu toţii în picioare, apoi intră ţanţoş în sala de judecată părând mulţumit şi mândru ca un păun. Era clar că-i plăcea formalismul şi că avea rar parte de aşa ceva.

Nu se grăbi să ajungă la masă şi să se aşeze.

–În regulă, aşezaţi-vă. Am s-o spun doar o dată, aşa că să vă intre în cap. Nu voi tolera ţipete, chiote sau orice altă manifestare cât timp procesul e în desfăşurare. Aici e pământ sfânt din momentul în care am păşit eu pe el. Mai întâi, le voi comunica juraţilor probele strânse împotriva lui Adam Clayborne. Apoi voi chema doi martori.

Judecătorul se opri ca să bea nişte apă.

–Pe când era sclav, John Quincy Adam Clayborne a fost acuzat de uciderea lui Walter Adderley, stăpânul lui. Fiii lui Adderley mi-au adus scrisorile pe care familia Clayborne le-a trimis lui Rose, mama lui Adam. Rose locuieşte tot în sud, pe aceeaşi plantaţie cu Livonia, soţia lui Adderley. Are grijă de ea pentru că femeia e oarbă. În şase sau şapte dintre scrisori se pomeneşte de moartea lui Adderley. Însă nimic incriminatoriu. Adam nu recunoaşte că l-a ucis pe Adderley, dar spune că era în casă când a murit. Şi mai recunoaşte, în scris, că a fugit. O să-l întreb despre asta pe Adam când va veni la bară pentru mărturie. Va fi la bară, nu, Harrison?

–Da, domnule judecător.

–În regulă. Onorat juriu, mai am un singur lucru de spus. Vreau ca astăzi să se facă dreptate. Dacă unii dintre voi au hotărât deja că Adam e vinovat, să-şi ridice fundurile de pe scaun şi să plece. Omul e nevinovat până la proba contrarie şi nu permit nimănui să tragă concluzii pripite. Harrison, e rândul tău. Vrei să spui ceva juriului?

–Da, domnule judecător, îi zise Harrison.

Se ridică şi traversă încăperea ca să-i poată vedea pe toţi cei doisprezece bărbaţi.

– Clientul meu a fost acuzat de o crimă pe care nu a comis-o. Dacă veţi asculta cu atenţie toate mărturiile, o să-l eliberaţi pe Adam. Deschideţi-vă inima şi mintea, nu luaţi în seamă prejudecăţile legate de culoarea pielii lui şi aveţi grijă să aibă parte de un tratament corect. Abraham Lincoln credea în egalitate, la fel ca sute şi mii de tineri curajoşi care şi-au dat viaţa pentru ca sclavia să fie abolită. Nu batjocoriţi amintirea acelor oameni curajoşi. Amintiţi-vă cum au murit şi de ce. Viaţa lui e în mâinile voastre, domnilor, şi vă voi dovedi fără putinţă de tăgadă că Adam e nevinovat.

Harrison se întoarse şi merse încet până la masă. Mary Rose crezu că terminase. Încercă să nu zâmbească. Era atât de mândră de soţul ei. O impresionase discursul lui, însă acel amănunt în plus îl făcuse mai puternic. Avea un uşor accent tărăgănat specific vestului care se împletea cu puternicul său accent scoţian. Însă nu credea că observase cineva schimbarea, iar Mary Rose era sigură că ştia de ce o făcuse Harrison. Voia ca juriul să creadă că e unul de-al lor.

– O să vă vorbesc un pic despre John Quincy Adam. O să vă povestesc la început de ce mama lui i-a dat acest nume. Unii dintre voi vă mai amintiţi că John Quincy Adams a fost al şaselea preşedinte al Statelor Unite ale Americii. Însă nu de aceea îl preţuia mama lui Adam atât de mult. Femeia auzise o poveste despre preşedintele Adams, care se va dovedi mai târziu adevărată. După ce lui Adams i s-a terminat mandatul de preşedinte, s-a întors acasă, gândindu-se că va duce o viaţă tihnită şi exact asta a şi făcut, până a auzit de un incident ruşinos care avusese loc în ţara noastră. În jurul anului 1835, nişte piraţi spanioli au răpit cincizeci şi doi de africani, îndreptându-se apoi spre Cuba. Doi cubanezi i-au cumpărat pe toţi şi i-au dus la plantaţiile de trestie de zahăr ca să-i vândă pe toţi. Ei bine, africanilor nu le prea surâdea să fie sclavi, aşa că s-au răsculat. Au omorât şi un membru al echipajului. Când corabia a ajuns în Long Island, cubanezii i-au aruncat în temniţă şi i-au acuzat de revoltă și de crimă. De ce credeți că acest incident l-a deranjat atât de tare pe președintele Adams? Sclavia era legală pe atunci, nu-i așa?

Câțiva jurați dădură din cap că da.

Accentul vestic tărăgănat al lui Harrison devenea din ce în ce mai pronunțat, pe măsură ce continua.

– Vă spun sincer că și eu am fost nedumerit, dar am căutat și am aflat ce era în neregulă. Comerțul cu sclavi între țări fusese scos în afara legii în 1835. Multe țări au aplicat această lege. Iată legea: un negru născut în America, în 1835, era considerat sclav, dar era ilegal să aduci în țară sclavi din afară. Ei bine, președintele Adams s-a indignat peste măsură. Era de părere că toată lumea trebuia să respecte legile pe care le așternuseră pe hârtie cu atâta efort. N-a tăcut. Chiar nu a făcut-o. Prietenii lui i-au spus să nu se amestece, pentru că nu dădea bine să ții partea celor de culoare. Ceea ce l-a enervat și mai mult pe Adams. Știți ce-a zis?

Mai mulți jurați dădură din capete.

– A spus: „Vreau să merg umil, dar cu spatele drept, cu orice prilej, să nu mă dau în lături de la nici o datorie, să nu pun stavilă nici unei păreri, să fiu mereu pregătit să răspund cu fermitate la orice jignire adusă opiniei mele exprimate liber". A vrut să spună că legea e lege și intuia că va trebui să tragă niște șuturi unora, ca să apere onoarea țării sale. Legea e lege. Dacă unul sau doi o nesocotesc și nimeni nu face nimic, atunci vor fi din ce în ce mai mulți dispuși să încalce regulile, după bunul lor plac. Până să te dumirești, toate drepturile pe care ni le-au înscris strămoșii noștri în Constituție vor fi nesocotite. Chiar și ale voastre.

Harrison se opri să se uite la fiecare jurat în parte înainte de a continua.

– Adams avea 74 de ani, dar vârsta și sănătatea șubredă nu l-au împiedicat să se ducă imediat la Curtea Supremă și să spună ce gândește. I-a apărat pe negrii aceia și, când s-a terminat totul, africanii au fost trimiși acasă, unde le era locul. Legea e lege. Adams n-a uitat asta. Vreau să faceți și voi la fel. Mama lui Adam a admirat mult îndrăzneala președintelui Adams, și de aceea și-a botezat fiul după el. Clientul meu s-a născut sclav. Legea spunea că a fost sclav din momentul în care a respirat pentru prima oară în viața lui. A trăit și a lucrat pe plantația lui Adderley, care nu dădea doi bani pe sclavi. Şi nici pe Livonia, soţia lui. Pot dovedi ce spun. Am documente semnate de sudişti albi care îşi amintesc cum au văzut-o pe Livonia bătută. Lui Adderley îi plăcea să tragă la măsea şi, când se îmbăta, devenea o fiară. Era înalt, peste un metru optzeci. Soţia lui era micuţă, cam un metru cincizeci când stătea pe vârfuri. Fireşte că nu se putea apăra de *scumpul* ei... soţ – Harrison rosti cu dispreţ cuvântul, de parcă ar fi comis o blasfemie. Îi plăcea să-i dea în cap. Acum e oarbă, iar doctorii spun că toate loviturile în cap pe care *iubitul* ei soţ – rosti din nou cu ură ultimul cuvânt – i le-a dat au lăsat-o fără vedere. Crede vreunul dintre noi că e normal să-ţi baţi mama sau soţia?

Harrison ştia că nu trebuie să pună întrebări şi se grăbi să continue, înainte să fie mustrat de judecător.

– Nu, domnilor, vi se face rău numai gândindu-vă, nu-i aşa?

Toţi juraţii dădură din cap că da. Harrison îi avea pe toţi la degetul mic. Nu avea de gând să-i lase să scape.

– Şi Adam Clayborne s-a îmbolnăvit. Livonia nu era singura femeie bătută. Adderley dădea şi în mama lui Adam. Încercând să-şi apere stăpâna, s-a ales cu nasul spart. Când Adam avea vreo 13 ani, a auzit ţipete îngrozitoare venind din casă. Livonia striga după ajutor. Adam a intrat să vadă ce se întâmplă. Nu i-a plăcut ce-a văzut. Stăpâna lui zăcea pe jos. *Scumpul* ei soţ o lovea cu picioarele. Evident că îl veţi auzi pe Adam povestindu-vă el însuşi despre toate acestea. Ştia că Adderley era beat pentru că puţea a whisky, aşa că l-a luat de mijloc şi l-a tras înapoi. Adam nu era mare pentru vârsta lui, aşa că Adderley a putut să-l dea la o parte. S-a apucat din nou să o bată pe Livonia, iar Adam l-a tras din nou. Atunci Adderley şi-a pierdut echilibrul. S-a împleticit prin cameră şi s-a izbit cu capul de policioara şemineului. Adam nu l-a omorât, chiar nu a făcut-o. Băutura şi răutatea l-au distrus pe Adderley. De ce a fugit Adam? Pentru că stăpâna sa l-a implorat să o facă, de aceea. Ştia ce se va întâmpla dacă aveau să afle fiii ei. Nu uitaţi că Adam era sclav, iar sclavii nu aveau voie să pună mâna pe stăpânii lor. Ar fi fost ucis de acei bărbaţi pentru că făcuse un gest din milă şi încercase să le salveze propria mamă de la moarte.

Harrison se întoarse şi se îndreptă spre masă. Se opri brusc. Vocea îi deveni aspră, furioasă.

– Dacă cineva merita să moară, atunci Walter Adderley era acela. Orice bărbat care-şi bate soţia merită să moară. Însă Adam nu l-a omorât. Probele pe care le-am adunat vă vor demonstra că este nevinovat. Însă, vă spun un lucru: dacă eram în locul lui, şi dacă cineva, chiar tatăl meu, o bătea pe mama, nu cred că m-aş fi purtat cu mănuşi. L-aş fi omorât dacă o bătea pe mama. Da, domnilor, aşa aş fi făcut.

John Morrison şi alţi doi juraţi încuviinţară din cap.

Se gândeau cu toţii la mamele lor. Mamele erau, de cele mai multe ori, sfinte pentru copiii lor. Nici unuia nu-i prea plăcea de Walter Adderley în acel moment.

Şi era doar începutul. Harrison voia ca ei să-l urască pe bărbat, ca apoi să le îndrepte dispreţul spre cei doi fii ai lui Adderley.

În continuare era vorba de cuvântul unui negru împotriva cuvântului a doi albi. Soarta încă nu era de partea lui Adam. Harrison avea de gând să mute centrul atenţiei. Oamenii ignoranţi au tendinţa să urască pe cine nu seamănă cu ei, iar Harrison presupunea că, deşi juraţii ar fi înţelegători faţă de Adam, tot l-ar fi spânzurat.

În cazul în care nu urau pe altcineva mai mult.

Următoarea misiune era să-i facă pe toţi juraţii să-l placă pe Adam. Când vorbea, parcă le spunea o poveste:

– Vă mai răpesc doar un minut. Cred că ar trebui să ştiţi câte ceva despre Adam Clayborne. De fapt, cred că sunteţi curioşi în privinţa tuturor fraţilor. Membrilor familiei Clayborne nu le place să vorbească despre ei înşişi. Sunt oameni retraşi, ca voi toţi, dar cred că ar trebui să ştiţi cum s-au întâlnit şi cum şi-au format propria familie.

După moartea lui Walter Adderley, Adam s-a dus la New York. A dormit pe stradă cu alţi trei băieţi. Douglas, Travis şi Cole erau mai mici ca Adam, aşa că s-au lăsat în grija lui. Era o responsabilitate mare pentru un băiat de treisprezece ani, nu-i aşa? Ei bine, îi salvase pe toţi de la moarte sigură şi s-a gândit că va face la fel până va fi prins şi dus înapoi în sud. Îi era tare teamă, dar nu pentru că Walter Adderley murise. Fusese vina lui, nu a lui Adam. Băiatului îi era frică pentru că îl atinsese pe Adderley când îl apucase de mijloc. Ştia că-l vor omorî pentru acea îndrăzneală.

Da, domnilor, avea să fie considerat vinovat pentru că-şi salvase mama.

Harrison se opri şi dădu din cap.

– Ei bine, într-o noapte au găsit un coş pe care îl aruncase cineva la gunoi. Şobolanii se adunaseră deja, dar Adam a reuşit să ia coşul din calea rozătoarelor. Micuţa Mary Rose era înăuntru. Fusese aruncată, la fel ca Travis, Douglas şi Cole. Pe atunci, mulţi copii erau singuri pe străzi pentru că părinţii lor nu-i mai doreau prin preajmă. Alţii erau urcaţi în tren şi trimişi în vest. Alţii mureau de foame. Ei bine, micuţa Mary Rose avea doar patru luni. Băieţii n-au vrut să o ducă la orfelinat, pentru că ştiau ce se întâmpla într-un asemenea loc şi credeau că, oricum, fetiţa n-avea s-o mai ducă mult. Voiau să-i dea o şansă în viaţă. Şi, atunci, au hotărât cu toţii să-şi ia numele de Clayborne şi să o pornească spre vest, unde oamenii au principii şi valori solide. Le-a luat ceva timp, dar au ajuns în Blue Belle. Adam era singurul care ştia să citească, îl învăţase mama lui, aşa că i-a învăţat şi pe fraţii lui. Voiau să fie educaţi pentru sora lor. Vedeţi, voiau ca ea să aibă parte de o viaţă frumoasă. Au fost şi ajutaţi. Draga de Belle a făcut rochiţe pentru ea şi i-a arătat cum să se poarte ca o domnişoară. Apoi, au început să vină şi alte familii în zonă, iar, în curând, Mary Rose a avut prieteni cu care să se joace. Şi o familie. Avea o familie, un lucru normal pentru oricine. Băieţii au strâns cureaua şi s-au lipsit de multe ca fetiţa să ia lecţii de pian. Când a fost suficient de mare, au trimis-o la şcoală în St. Louis. Nu le-a fost uşor. Nu, domnule, chiar deloc. Dar i-au ajutat vecinii şi, când un prieten de-al lor a fost în primejdie, cei din familia Clayborne i-au sărit în ajutor. Mary Rose cunoştea împrejurările în care a fost găsită. Se enervează şi acum când unul dintre fraţii ei îi spune Sidney. Era primul nume pe care i-l dăduseră până să afle că era fată. Nu avea păr, vedeţi dumneavoastră, şi, pentru că băieţii erau şi ei tineri, s-au gândit că trebuie să fie băiat.

Juraţii zâmbeau acum. Harrison trase concluzia că vorbise suficient.

– Aşadar, acum ştiţi cum au devenit o familie. Însă nu Mary Rose a fost cea care i-a ţinut uniţi, cum cred fraţii ei. Nu, Adam i-a ţinut laolaltă. Este corect, cinstit şi bun la inimă.

Dacă ar fi omorât pe cineva, el ar fi primul care s-o recunoască. Nu uitați asta, domnilor. Judecați un om cinstit. Ascultați ce are de spus. Vă mulțumesc.

În timp ce Harrison se aşeza pe scaun, izbucniră aplauze furtunoase. Chiar şi judecătorul Burns bătu din palme.

Îi făcu semn lui Harrison, bău puțină apă şi apoi îl chemă pe John Quincy Adam să depună mărturie.

Adam se aşeză pe scaunul de la capătul mesei judecătorului. Se ținea drept ca un general.

–Adam, l-ai ucis pe Walter Adderley? îl întrebă judecătorul.

–Nu, domnule.

–Spune-mi ce-ți aminteşti din acea zi.

Adam făcu întocmai. Vorbi încet. În încăpere era linişte ca într-o catedrală, iar oamenii din rândurile din spate trebuiră să facă un efort ca să audă tot ce spunea.

Adam nu pomeni de faptul că îl lovise pe Adderley în bărbie. Lovitura nu-i făcuse nici un rău. Bărbatul masiv pe care încercase să-l convingă să o lase pe Livonia în pace nici nu se clintise după ce fusese lovit. În plus, Harrison îi spusese să țină pentru el acel amănunt.

–Adam, mai vreau să te întreb ceva înainte să mergi la locul tău. De ce mama ta n-a venit să stea la voi după ce s-a terminat războiul şi au fost eliberați toți sclavii?

–Livonia era aproape oarbă pe atunci şi depindea de mama pentru orice. Dacă ați şti cum e mama, ați înțelege de ce nu i-a putut întoarce spatele acelei femei. A rămas acolo, ca să aibă grijă de ea.

–Livonia Adderley are doi fii care stau cu ea. Nu şi-au ajutat mama?

–Nu, domnule.

–În regulă. Poți pleca.

Judecătorul aşteptă ca Adam să se aşeze la masa lui până să cheme următorul martor.

–Lionel Adderley, e rândul tău. Aşază-te pe scaunul ăsta. Îți voi pune întrebări, şi când termin, Harrison te va interoga şi el. Ce e cu gălăgia aia la uşă, Dooley? strigă el.

– Domnule judecător, e domnişoara Blue Belle. Mi-a spus că i-aţi zis să intre.

– Atunci las-o să intre, strigă judecătorul. Poate să stea lângă Travis, pe culoarul de acolo.

Cu toţii se opriră ca să o urmărească pe Blue Belle mergând agale pe culoar. Îi zâmbi judecătorului şi se aşeză unde îi arătase el.

– Mulţumesc, domnule judecător, îi strigă ea.

– Cu plăcere, Blue Belle. Tare drăguţ mai arăţi în rochia asta albastră.

– Da' eu port mereu albastru, domnu' judecător.

El dădu din cap şi se întoarse spre Lionel. Nici lui şi nici lui Harrison nu le scăpă dispreţul care se citea pe chipul sudistului. Lionel se uita fix la Blue Belle şi rânjea batjocoritor.

Judecătorul se încordă şi îşi ţuguie buzele, arătându-şi astfel dezgustul.

– Lionel, spune-mi ce ştii. Şi repede.

– Eu şi fratele meu am găsit toate scrisorile trimise de cioroi maică-sii. După ce le-am citit, am ştiut că Adam ne-a omorât tatăl.

– Stai un pic. Şi eu am citit aceleaşi scrisori şi n-am tras aceeaşi concluzie.

– Cioroiul recunoaşte că a fugit, nu? A pus mâna şi pe sărmanul meu tată, nu? Ştia ce pedeapsă primeşte dacă atinge un alb, dar tot a făcut-o. Ar trebui să moară pentru crima şi neobrăzarea lui, şi am venit aici să mă asigur că aşa va fi. Recunosc că nu a scris negru pe alb că l-a ucis pe tata. Eu şi fratele meu ne-am dus la mama noastră să aflăm exact ce s-a întâmplat. Aveţi hârtia pe care am scris faptele povestite de ea. Apoi i-am pus un stilou în mână şi a semnat. Spune că cioara ne-a omorât tatăl. Asta e dovada de care aveţi nevoie.

– E o dovadă al naibii de grăitoare, aprobă judecătorul. Au fost martori când a mărturisit mama ta?

– Da, erau acolo fratele meu, Reginald, şi mama cioroiului. Ea n-avea, oricum, nici o importanţă. Un sudist ştie că nu trebuie să aibă încredere într-un negrotei.

Harrison simțea că bărbatul emană ură prin toți porii. Se uită la jurați să vadă cum reacționează. Păreau stingheriți, câțiva se foiau pe scaune, însă nu dădeau semne că-l detestau pe Lionel Adderley. Încă.

Era timpul să se apuce de treabă.

– E rândul tău, Harrison.

Se apropie de Adam.

– Să nu crezi o vorbă din ce spun. Dacă dau din cap, să știi că mint. Spune-le și surorii, și fraților tăi, dar ai grijă să nu te audă nimeni.

Harrison își mută cu zgomot scaunul, ca să nu audă lumea ce le spune Adam fraților lui.

Merse mai întâi la judecător.

– Ei bine, o fi o dovadă al naibii de grăitoare sau poate că nu. Mai vedem noi, nu-i așa?

– Desigur.

Harrison se întoarse spre Lionel. Se uită fix la el pentru jumătate de minut. Voia ca jurații să-i vadă disprețul de pe chip.

Vocea îi era calmă și reținută când își începu seria de întrebări.

– Îmi place să cred că-i semăn tatei, Dumnezeu să-l odihnească. Era un om bun. Lionel, și tu ești ca tatăl tău?

– Cred că da. Sunt mândru că a fost tatăl meu.

– Deci îl admirai.

– Da. Toată lumea îl admira.

– Ce s-a întâmplat după moartea lui? S-au schimbat lucrurile pe plantație?

– A venit războiul, asta s-a întâmplat.

– Pun pariu că ești convins că tatăl tău l-ar fi putut opri. Și tu crezi asta, nu, doar ești mândru de tăticul tău.

– N-o să știm niciodată, nu? Lionel rânji batjocoritor. Poate ar fi reușit. Însă viața noastră ar fi fost alta. Am pierdut totul și tata n-ar fi lăsat să se întâmple așa ceva.

– Câți ani aveai când a murit tatăl tău?

– Șaptesprezece.

– Și fratele tău mai mic? Câți ani avea?

– Doisprezece.

– Eşti suficient de mare să te lupţi la şaptesprezece ani. Te-ai înrolat, Lionel?

– Nu, pentru că am un defect fizic din cauza căruia nu am putut face parte din Armata Confederaţiei.

– Ce anume, Lionel?

– Domnule judecător, sunt obligat să răspund?

– Da.

– Am platfus, izbucni el. Nu pot merge mult pe jos.

– Şi din cauza asta nu ai putut face parte din Armata Confederaţiei?

– Da.

Harrison nu-l credea. Ştia că nu-l credea nimeni dintre cei aflaţi în sală.

– Te-a lovit tatăl tău vreodată?

– Nu, niciodată.

Minţea din nou. Harrison se duse la masă, luă o Biblie şi o aduse în faţa lui Lionel.

Judecătorul nu se obosise să-i pună pe toţi să jure. Harrison se hotărî să îndrepte acum greşeala.

– După ce curtea a fost convocată şi onorabilul judecător John Burns a intrat în sală, să nu minţi înseamnă mai mult decât să-i arăţi respect. Era clar pentru toţi că tot ce urma să fie spus avea să fie adevărul adevărat. Îmi displace profund sperjurul. Iroseşti timpul preţios al juriului, dar şi al judecătorului. Te întreb din nou: Te-a lovit vreodată tatăl tău?

Lionel ridică din umeri.

– O palmă, din când în când. Nimic grav.

Harrison profită de această mărturisire.

– Nu se compară cu ce i-a făcut mamei tale?

– L-a provocat, strigă Lionel. Nevestele trebuie să fie supuse. Mama ştia asta. Îi plăcea să se ia la harţă cu el. Ştia că-i sare ţandăra uşor.

– Se certau din cauza voastră?

– Poate că da. Nu pot să spun cu precizie.

– Nu poţi? Ei bine, am o mărturie scrisă de la unul dintre vecinii care se afla din întâmplare la voi acasă şi v-a văzut pe tine și pe Reginald ascunzându-vă după fustele mamei voastre în timp ce Adderley o bătea. L-a lăsat să dea în ea ca să vă apere.

–Eram foarte mic.

–Aveai 16 ani. Aproape un bărbat. Erai deja mai înalt decât maică-ta.

–Faci totul să pară mai groaznic decât a fost. Lionel se întoarse spre judecător. Nu comportamentul tatălui meu trebuie judecat azi, ci cioroiul. Făceți-vă treaba și puneți-vă la punct avocatul.

–Nu-mi spune tu ce să fac, mârâi Burns.

–Foarte bine, dragule, îi strigă Blue Belle.

Judecătorul zâmbi.

–Harrison? i se adresă el. Cred că știi ce te paște.

Lionel era cu nervii la pământ. Harrison se hotărî să-l lase să se relaxeze un minut înainte să-i aplice lovitura de grație. Dădu din cap spre judecător înainte să se întoarcă spre martor.

–De acord cu tine, Lionel. Nu judecăm comportamentul tatălui tău. Ești un tip cinstit?

–Orice sudist e cinstit.

–Ați forțat-o pe Livonia să scrie mărturia și să se semneze?

–Evident că nu. Ea a vrut să spună ce s-a petrecut. A ținut totul în ea atâta vreme. I-a fost teamă.

–De ce?

–De cioara care are grijă de ea. Mama era convinsă că, dacă spunea ceva, cioara de maică-sa ar fi ucis-o.

–Stimați jurați, nu luați în seamă această ultimă remarcă stupidă. Nu vorbește în cunoștință de cauză, îi rugă judecătorul.

–Dacă Rose e așa de rea cum spui, de ce nu a ucis-o pe mama ta mai repede și nu a șters putina?

–N-a avut curaj, de aia. A avut prilejul. E prea proastă ca să-și dea seama de asta.

–N-ai prea stat cu mama ta după ce tatăl tău a murit, nu?

–Mi-a fost greu să o văd orbind. Eu și fratele meu stăteam în casa mare. Ea și cu cioara s-au mutat într-o căsuță la marginea proprietății.

–Ai luat locul tatălui tău?

–Am încercat.

Harrison dădu din cap aprobator. Se duse spre juraţi şi se uită la ei.

–Aşa văd eu lucrurile: Lionel spune că mama lui nu a fost forţată să mărturisească şi se aşteaptă ca voi toţi să-l credeţi. E alb, la urma urmelor. Am avea mai multă încredere în el decât în Adam, nu-i aşa? Ei bine, acum ar trebui să aflu dacă Lionel spune adevărul. Dacă minte despre un lucru, atunci minte şi despre altele, nu? Aşa văd eu lucrurile. Lionel, ce părere ai despre orăşelul nostru?

–Îmi place.

–Oamenii-ţi plac?

–Da, sunt foarte drăguţi.

–Ai petrecut foarte mult timp în oraş, în ultima săptămână, nu?

–A trebuit să rămân cu fratele meu. Am vrut să mergem călare prin munţi, dar nu erau cai de închiriat aşa că am venit aici cu trăsura.

–Aţi petrecut ceva vreme în magazinul domnului Morrison?

–Da.

–Aţi stat o vreme şi la cârciumă?

–Da.

–Deci aţi întâlnit câţiva oameni de treabă, nu?

–Da.

–Nu v-a plăcut de cineva?

Lionel se prefăcu a cădea pe gânduri.

–Nu, mi-a plăcut de toată lumea.

–Chiar şi de Blue Belle? Şi de ea?

Lionel îşi dădu seama unde voia să ajungă Harrison. Îi aruncă o privire judecătorului, apoi nu mai spuse nimic.

–Răspunde la întrebare, Lionel, îl îndemnă judecătorul.

–Da, mi-a plăcut la fel de mult ca de toată lumea.

Atunci Harrison schimbă tonul. Acum dădu frâu liber dispreţului şi furiei pe care le simţea.

–Ai o părere cam ciudată despre ce e drăguţ şi ce nu. De fapt, minţi, nu-i aşa? Ne urăşti pe toţi.

–Nu-i adevărat.

–Şi pe Belle? îl întrebă din nou.

– Îmi place de ea.

– Minte, domnule judecător! strigă Blue Belle. Mi-a spus că-s o curvă jegoasă şi ieftină. A spus asta de faţă cu Billie.

– Da' chiar e curvă, se apără Lionel.

Harrison zâmbi. Se întoarse.

– Mulţumesc, Blue Belle, zise el. Tare drăguţ din partea ta că m-ai ajutat.

– Domnule judecător, mai avem o problemă. Se pare că ceea ce ne place nouă şi ceea ce le place băieţilor din sud sunt două lucruri diferite. Lionel, crezi că dacă e drăguţ înseamnă că e dezgustător pentru voi?

Lionel nu-i răspunse. Harrison continuă să-l preseze.

– Dar celelalte femei din oraş? Mary Rose?

– E o târâtură. Trăieşte cu un cioroi, nu?

Harrison nu-şi pierdu stăpânirea de sine. Ar fi vrut să-l trosnească pe nenorocitul ăla pentru că-i jignise soţia. Însă avea de gând să-l nenorocească.

– Harrison, despre ce e vorba? De ce-l întrebi despre oamenii din oraş? îl întrebă judecătorul.

– Demonstrează ce caracter are Lionel, îi răspunse Harrison. Trebuie să aflu dacă tot ceea ce spune el e adevărat.

Judecătorul se declară de acord.

– Dar Catherine Morrison? Ce le-ai zis despre ea lui Dooley, Henry şi Fantomă?

– Nu-mi amintesc.

– Ei bine, eu da. Şi l-am pus pe Henry să scrie şi să semneze. Îl aducem aici dacă e nevoie şi o să ne spună ce s-a întâmplat.

Harrison se duse la masă şi luă prima foaie. I-o dădu judecătorului.

– Lionel a făcut-o pe Catherine curvă ahtiată după bărbaţi şi este convins că s-a culcat cu toţi bărbaţii din Blue Belle. I-a sugerat lui Henry să intre în afaceri cu Belle. A spus şi de mama ei câteva. N-o să repet. Sunt vorbe prea urâte. Spuneţi-le dumneavoastră juraţilor dacă vreţi.

Judecătorul făcu întocmai. Harrison evită înadins să se uite la John Morrison. Se duse înapoi la masă şi mai luă alte patru hârtii semnate şi, după ce judecătorul citi ce scrisese Henry, Harrison îi dădu celelalte probe.

Se întoarse la Lionel.

– Este limpede. Lionel, ne dispreţuieşti pe toţi, nu-i aşa? Nu suntem prea spilcuiţi şi destul de manieraţi pentru un sudist ca tine, aşa că suntem ca nişte animale, nu? Toată săptămâna ne-ai batjocorit şi ai râs de noi. Jumătate de oraş te-a auzit.

Lionel se îndreptă în scaun şi se uită urât la Harrison. Ura i se citea pe chip.

– Şi ce dacă? Am suportat condiţii oribile în ultima săptămână, doar ca să se facă dreptate. Da, eu şi fratele meu credem că sunteţi nişte animale jegoase şi necivilizate. Ce cred eu nu schimbă situaţia cu nimic. Mama mea a semnat mărturisirea prin care recunoaşte că cioroiul e vinovat. Asta-i tot ce contează.

– Dar ai minţit sub jurământ. Nu-i aşa, Lionel?

– Am vrut să fiu civilizat.

– De ce? Toată săptămâna asta ai fost foarte mojic. Ţi-ai forţat mama să semneze hârtia aia?

Harrison rostise acea ultimă întrebare pe un ton foarte ridicat.

– Nu, şi nu poţi dovedi contrariul, îi strigă Lionel.

– Domnule judecător, când totul se va termina, vreau ca acest bărbat să fie închis pentru sperjur. N-am terminat cu el, dar aş vrea să-l chem la bară din nou după ce veţi auzi alt martor.

Judecătorul se uită urât la Lionel.

– În regulă. Te poţi ridica, Lionel, dar nu părăsi sala.

Harrison îl chemă la bară pe Alfred Mitchell. Îl puse să jure cu mâna pe Biblie, fără să se grăbească.

Apoi judecătorul intră în rol.

– Juri să spui adevărul?

– Da.

– Nu cred că e nevoie de Biblie. Odată ce s-a reunit curtea, toată lumea trebuie să spună adevărul.

– Alfred, spune-ne cine eşti şi de ce te afli aici, începu Harrison.

– Mă numesc Alfred Mitchell. Sunt avocat la biroul Mitchell, Mitchell & Mitchell. Cei doi fraţi ai mei sunt ceilalţi doi Mitchell, îl lămuri el. Harrison, am primit o telegramă de la tine în care îmi cereai nişte informaţii. Voiai să ştii anumite lucruri, dar şi să ajung aici înainte să se scurgă cele două săptămâni, aşa că i-am rugat pe fraţii mei să mă ajute şi ne-am pus pe treabă. Am făcut rost de tot ce-ai vrut. Ba chiar de mai multe, din păcate. Ţi-am dat ieri documentele semnate.

Mitchell se întoarse spre juriu. Era tânăr, dar deja învăţase cum să farmece oamenii.

– Se întâmplă să-mi placă în Blue Belle. N-am văzut decât puţin din oraşul vostru, dar îmi aminteşte de oraşul în care am crescut eu. În sufletul meu am rămas tot un băiat de la ţară. Îmi place să am pământ sub unghii pentru că aşa simt că am muncit din greu.

Harrison nu surâse, deşi simţea nevoia. Juraţii erau receptivi la onestitatea lui Mitchell. Morrison chiar zâmbi larg.

– Povesteşte-mi despre Livonia Adderley, îl rugă Harrison.

Lui Mitchell îi dispăru zâmbetul de pe buze.

– Nu era în căsuţă. Un vecin mi-a spus că este la un spital din apropiere, aşa că m-am dus acolo să-i pun nişte întrebări. Doctorul a stat cu mine tot timpul, iar Livonia mi-a spus ce s-a întâmplat. Am scris exact ce mi-a zis, apoi i-am citit şi, pe urmă, Livonia a semnat.

Harrison se opri puţin ca să se ducă la masă. Luă hârtia semnată şi i-o dădu judecătorului.

Burns o citi juriului.

– „John Quincy Adam nu e vinovat de moartea soţului meu. Walter Adderley s-a împiedicat şi s-a lovit de colţul căminului. Lovitura i-a provocat moartea."

– Vă rog să citiţi tot, domnule judecător, îl rugă Harrison.

Burns se uită la Cole, iar apoi la Adam, până să fie de acord.

– Eşti sigur?

– Da.

– În regulă. Spune că „nu îi consider vinovaţi pe fiii mei şi nu voi depune plângere împotriva lor. Rose mi-a promis şi ea acelaşi lucru, iar prietena mea de nădejde se va ţine de cuvânt. Îmi iubesc fiii. Mă sperie doar când se lasă mânaţi de furie. N-au vrut să mă rănească, dar am refuzat să semnez acea hârtie, iar ei m-au forţat. Nu voiau să se descopere adevărul, iar eu nu mai suportam bătăile pentru că sunt slabă de înger, la fel cum credea şi Walter Adderley, aşa că am semnat. Dumnezeu să mă ierte că am minţit".

Mulţimea amuţi. Judecătorul Burns părea dezgustat. Harrison credea că toţi se simţeau la fel. Însă continuă. Mai erau multe de zis şi voia să se afle tot.

– În afară de doctor, mai era cineva în salonul de spital lângă tine?

– Da, îi răspunse Mitchell. Era şi Mama Rose. Livonia îi spune aşa şi mi-a dat voie şi mie să-i zic aşa.

– Unde era, în salonul Livoniei sau aştepta în faţa spitalului?

– Stătea pe un scaun lângă pat. O ţinea de mână pe Livonia şi o consola.

Harrison trase adânc aer în piept. Nu-i plăcea deloc ce avea să întrebe acum.

– Cum arăta Mama Rose?

Mitchell dădu din cap.

– Aproape la fel de rău ca Livonia. Avea faţa umflată, doi ochi vineţi şi vânătăi pe braţe şi pe picioare. Ar fi trebuit să stea şi ea într-un pat de spital, dar nu a vrut să plece de lângă Livonia. De câte ori se trezea Livonia, o striga pe Rose. Când îi auzea vocea, zâmbea şi se culca la loc.

– A semnat şi Mama Rose un document în care se spune că Adam e nevinovat?

– Da.

Harrison îi dădu hârtia judecătorului.

– Îşi va reveni Livonia?

– Doctorii sunt sceptici. A fost bătută crunt. S-ar putea să nu-şi mai revină niciodată.

– Şi Mama Rose?

– Doctorii au avut grijă de ea. Nu o puteau lăsa să doarmă acolo, dar, după o zi sau două, asistentele au văzut cu cine au de-a face şi au lăsat-o să doarmă într-un pat. O să-i ia ceva timp să se refacă, dar e foarte bine îngrijită.

Harrison se întoarse spre Adam. Fratele lui Mary Rose părea înnebunit de grijă. Îşi ţinea mâinile pe masă şi părea că va izbucni în orice moment.

Harrison aşteptă până când Adam se uita la el, apoi dădu încetişor în cap. Fratele se calmă imediat. Adam îşi aminti că Harrison îşi spusese că avea să dea din cap când urma să mintă. Cole îşi dusese mâna la cureaua fără pistol şi se gândise să se ducă la masa lui Burns şi să înşface pistolul ca să-i tragă lui Lionel un glonţ în inimă. Şi el văzu cum Harrison dădu din cap şi îşi reveni.

Când dădea din cap, minţea. Cole trebui să repete ce îi spusese Adam de trei ori până să-i revină respiraţia la normal.

– Spune, te rog, juriului cine a bătut-o pe Livonia.

– Lionel Adderley.

Se auzea deja rumoare în sală. Harrison făcu abstracţie de zgomot şi se întoarse spre Lionel.

– Cum e sacul, aşa-i şi petecul.

Îşi îndreptă din nou atenţia asupra lui Mitchell.

– De unde ştii că a fost Lionel?

– Mama Rose şi Livonia mi-au spus că Lionel le bătuse. Doctorul l-a văzut pe fiul Livoniei în după-amiaza următoare. A intrat în salonul de spital în timp ce era şi doctorul acolo. Am şi mărturia lui scrisă. Mi-a spus că, atunci când Lionel s-a aplecat să-şi sărute mama, a văzut tăieturile şi vânătăile de pe pumnii lui. L-a întrebat pe Lionel dacă şi-a bătut mama, iar Lionel i-a spus să-şi vadă de ale lui. Nu a mai revenit la spital după aia. Cred că a angajat un avocat şi a plecat spre Montana cu fratele lui, câteva zile mai târziu.

– Mulţumesc, Alfred. Te poţi retrage. Se întoarse spre juriu şi adăugă: Oameni buni, Mitchell este dovada că există oameni cinstiţi în sud. Lionel Adderley, revino la bară.

Lionel era roşu ca sfecla la faţă când se aşeză pe scaun. Părea posomorât şi furios.

– Lionel Adderley, ne-ai minţit şi pe mine, şi pe judecătorul Burns, şi pe juraţi. Ai minţit nu doar o dată. Te-am întrebat dacă ţi-ai obligat mama să semneze acel document. De două ori mi-ai spus că nu.

– N-am obligat-o. Mai degrabă am ajutat-o să vadă ce bine e să spui adevărul.

– Şi i-ai rupt fiecare os din afurisitul de corp? strigă Harrison. Aşa ai ajutat-o? Harrison dădu din cap dezgustat. Nu mai am întrebări.

Lionel se uită urât la juraţi în timp ce se ducea să se aşeze pe scaun. Harrison îl chemă apoi pe Reginald la bară. Nu-l lăsă să scape mai uşor nici pe fratele cel mic. Se dovedi exigent, convingător şi oarecum ameninţător. Se apropie de Reginald după ce termină de scos de tot ce trebuia de la el şi îi spuse ce părere avea despre el. Apoi îl lăsă să plece.

Venise vremea pentru pledoaria finală. Se postă chiar în faţa juraţilor, suficient de departe încât aceştia să nu se întindă ca să-l poată vedea.

– Dovezile sunt incontestabile. Adam Clayborne a fost achitat de acuzaţia de crimă de către doi martori. Lionel şi Reginald Adderley au venit în comunitatea noastră şi au spus că Adam e criminal. Sunt din afară, aşa că au impresia că ştiu mai multe decât noi, ţărănoi simpli şi ignoranţi. Adam nu e un intrus, e unul de-al nostru. Ne este vecin şi prieten. E mereu acolo când cineva are nevoie de ajutor şi a fost întotdeauna loial. E un om bun. Cu toţii ştiţi asta. Nu i-a plăcut deloc să audă că draga noastră Catherine Morrison a fost făcută curvă ahtiată după bărbaţi. S-au purtat groaznic, folosind cuvinte urâte de băieţi crescuţi la oraş. În plus, au mai şi minţit. Întoarcem şi celălalt obraz şi ne prefacem că nu ne deranjează că ne spun străinii cum suntem? Astăzi sunt infractori în sala de judecată. Uitaţi-vă la ei, domnilor. Lionel şi Reginald Adderley. Gândiţi-vă ce i-au făcut mamei lor, apoi gândiţi-vă la propriile voastre mame. Ne vom ruga ca Livonia să supravieţuiască, însă mă îndoiesc că aşa va fi. Nu va depune plângere, însă doctorii vor să implice autorităţile şi să-i acuze pe ambii fii de crimă dacă femeia moare. Faceţi ce trebuie. Lăsaţi dreptatea noastră să triumfe. Vă mulţumesc.

Judecătorul Burns nu era sigur ce trebuia să mai spună juriului. Nu voia să plece nimeni din sala de judecată, pentru că trebuia să treacă din nou prin procesul de deliberare. Stabili să-i trimită pe juraţi în magazie.

– Luaţi-vă scaunele şi duceţi-vă acolo, le dădu el ordin. Aşteptaţi cu toţii acolo, cât va dura. Vă dau o oră să deliberaţi.

Harrison nu se uită la juraţi în timp ce aceştia plecau spre magazie. Nimeni nu scoase o vorbă în sală, nici măcar cei din public. Harrison spera că vor reflecta în tăcere asupra faptelor pe care le prezentase.

Ură. Totul era despre ură. Realitatea îi făcea rău fizic. Probele nu erau atât de convingătoare pentru un om care voia să urască. Acesta se va opune oricărui adevăr şi îşi va condamna duşmanul. Raţiunea era lăsată deoparte, împreună cu mila şi înţelegerea. Ura, ca un vierme care-l rodea, devora totul.

Era dezgustat de efectele teatrale pe care le folosise, dar, oricum ar fi fost, nu pregetase să facă uz de ele. Ştia că aveau nevoie să urască pe cineva, aşa că le alimentase focul până se aprinseră din nou tăciunii. Apoi, ţinuse flăcările departe de Adam. Le oferise juraţilor o ţintă pe care s-o urască şi mai mult.

Se aşeză la masă şi se întoarse spre soţia lui. Avea nevoie s-o privească, să se asigure că era acolo. Avea nevoie de consolarea ei şi, Doamne Dumnezeule, era, de fapt, atât de speriat şi de nesigur, încât abia putea să-i vorbească.

Mary Rose avea lacrimi în ochi.

– Te simţi bine? îi şopti el.

– Pot să-ţi spun acum, Harrison?

El îi simţi căldura drept în inimă.

– Da, spune-mi.

– Te iubesc.

– Şi eu te iubesc. Domnule, daţi-i batista dumneavoastră lui Mary Rose, vă rog.

Se întoarse din nou. Adam se uita la el.

– Când ai dat din cap, am înţeles că...

– Da, asta am vrut să spun.

John Morrison intră iar în sală şi îl chemă pe judecător. Burns se ridică imediat şi se duse repede la uşă. Ascultă o clipă, dădu din cap spre Harrison şi intră grăbit în magazia unde se aflau cei doisprezece juraţi.

Harrison şi Adam se ridicară amândoi.

– Ridicaţi-vă în picioare. Procesul reîncepe, spuse Harrison.

Judecătorul îi aduse pe juraţi înapoi în sală. Oamenii îşi lăsaseră scaunele în magazie, dar îşi ocupară vechile poziţii.

– Ați ajuns la un verdict, John Morrison?

– Da, domnule judecător.

– La acuzația de crimă, cum îl considerați pe John Quincy Adam Clayborne?

Morrison se uită fix la Adam când răspunse:

– Îl considerăm nevinovat.

Mulțimea se dezlănțui. Oamenii săriră de pe scaune. Ovaționau și băteau din palme la auzul verdictului.

Judecătorul bătu cu ciocănelul în masă.

– Bine, de ajuns. Suntem cu toții fericiți că s-a făcut dreptate astăzi. Lionel și Reginald Adderley, cărați-vă naibii din oraș. Și dacă mai spuneți despre Blue Belle că e o curvă de doi bani, să nu credeți că o să trăiți mult. Aș putea să vă bag vreo două gloanțe în gurile voastre spurcate. Harrison, vino aici. E totul bine acum. Curtea se retrage, adăugă el cu o ultimă bătaie de ciocănel.

Harrison se grăbi înspre judecător. Burns stătea acum în picioare, cu brațele întinse.

– Zi-mi de telegrama pe care o așteptai. Ce sperai?

– Nu speram nimic, domnule judecător, însă fratele lui Mitchell urma să mă anunțe când moare Livonia. Îmi pare rău de ea. A avut o viață de coșmar. Poate își va găsi pacea pe lumea cealaltă. Dacă vreo femeie merită să ajungă în rai, atunci Livonia este aceea, spuse Harrison.

– Nu a murit încă, așa-i?

– Nu încă, dar e inevitabil. Are hemoragie internă.

– Ai vrut să afle și ăștia că vor fi acuzați de crimă, nu?

– Da, domnule judecător, asta am vrut.

– Au plecat primii. Lasă-mă să-ți strâng mâna, fiule. Ai făcut o treabă minunată.

Așa și era. Mary Rose veni în spatele lui. Îl luă de mijloc și îl îmbrățișă cu putere.

Fără să știe, îi dădu și judecătorului un prilej de bucurie.

– Scumpa mea Belle, vino aici și dă-mi o sărutare în semn că ești fericită să mă vezi.

Harrison trebui să se smulgă din brațele soției sale ca să se poată întoarce.

Pe obraji îi șiroiau lacrimi de bucurie.

– Sunt aşa mândră de tine, Harrison.

O sărută pe gură, lung şi apăsat.

– Poţi să-mi povesteşti totul la noapte, în pat, iubito. Mai întâi, trebuie să-l ducem pe Adam acasă. Bickley bântuie pe afară, ai uitat?

– Lasă-l pe Cole să-l împuşte, îi sugeră ea.

Harrison izbucni în râs.

Belle se opri să-l sărute în drum spre ieşire.

– Trebuie să mă grăbesc acasă, să mă pregătesc pentru judecător, explică ea. Voi veni mâine la fermă să sărbătoresc cu voi.

– Am fi încântaţi să vii, Belle. Adu-l şi pe judecător cu tine, îi strigă Mary Rose.

Nu mai putea să se dezlipească de soţul ei. Familia şi prietenii îi înconjurau fraţii. Adam părea încă zăpăcit. Harrison se îndoia că prietenul său îşi mai amintea ce verdict anunţase John Morrison.

Ieşiră împreună. Strada era aproape pustie. Odată ce străinii auziseră vestea dezamăgitoare că nu va mai fi nimeni spânzurat, plecară acasă. Bickley şi alţi cinci membri din grupul lui stăteau în mijlocul drumului. Harrison observă că erau cu toţii înarmaţi. O împinse pe Mary Rose în spatele lui.

– Domnule, urcaţi repede în trăsură. Cole se va asigura că ajungeţi teafăr acolo. Luaţi-o şi pe Mary Rose cu dumneavoastră.

Aceasta îşi urmă tatăl, dar rămase cu ochii pe Bickley. Acesta nu se uita la Adam. Harrison părea să fie ţinta furiei lui.

Bickley scoase pistolul. Mary Rose nu ezită. Se aruncă în faţa soţului ei, ca să-l apere.

Harrison ţipă:

– Nu!

Toţi îşi scoaseră armele în acelaşi timp. Judecătorul se dovedi cel mai rapid din toţi, căci avea deja pistolul în mână şi apăsa pe trăgaci. Ştiuse foarte bine ce voia să facă Bickley, aşa că aşteptase să intervină la momentul potrivit.

Glonţul îl nimeri pe Bickley în frunte. Omul căzu pe spate în ţărână.

– Mai vrea careva un glonţ? răcni judecătorul.

Prietenii lui Bickley dădură din cap şi îşi ridicară mâinile în semn că se predau.

– Atunci, căraţi-vă naibii din oraşul meu, le ordonă judecătorul. Şi luaţi şi gunoiul ăsta de pe jos. Valea acum!

Harrison tremura. Îşi luă nevasta şi o strânse în braţe.

– Era să fii omorâtă. Ce naiba făceai?

– Mă asiguram că n-ai să fii tu ucis.

– Dacă mai încerci vreodată... Doamne Dumnezeule, Mary Rose, nu pot trăi fără... Cum ai putut...

Cole începu să râdă.

– Ceart-o acasă cum trebuie, Harrison. Ştii de ce a vrut Bickley să te omoare, nu?

– Cred că-i urăşte pe avocaţi, ca toată lumea, de altfel. Harrison, crezi c-o să ajung şi eu unul? întrebă Travis.

Harrison nu era deloc vesel. Îl lăsă pe Cole să tragă calul după el şi se înghesui în trăsură împreună cu soţia şi socrul lui.

Travis, Douglas şi Cole călăreau în semicerc, cu Adam în centru, străbătând astfel tot drumul spre casă.

Nu aveau încredere în prietenii lui Bickley, bineînţeles, şi nu aveau de gând să lase pe nimeni să-i împuşte pe Adam sau pe Harrison acum.

Harrison scrâşnea din dinţi. Mary Rose ştia că încerca încă să-şi revină după ce încercase Bickley să facă. Hotărî să-i distragă atenţia, vorbindu-i de proces.

– Tată, nu-i aşa că Harrison s-a descurcat excelent?

– Da, excelent. Mă bucur că nu a trebuit să fie prea aspru. A mers totul exact după planul lui.

– N-a fost prea aspru?

– O, nu. Cred că a fost foarte civilizat.

– Harrison? Cum l-ai făcut pe Mitchell să mintă?

– N-am făcut aşa ceva.

– Atunci...

– A spus adevărul, aşa cum îl ştia el, adăugă el special ca s-o inducă în eroare.

– A fost un plan?

– Da.

Se sprijini de el.

–Nu mai vorbi pe un ton aşa răstit. Ştiu că eşti foarte supărat pe mine. E datoria unei soţii să-şi apere soţul. Încearcă să treci peste asta.

El o ridică în braţe şi o aşeză cu obrazul pe umărul lui.

–Sunt mândru de tine, fiule, îi spuse Elliott.

–A fost uşor, domnule. Adam era nevinovat.

–Dar procesul n-a fost doar despre asta, nu?

–Nu, domnule. A fost despre ură.

Elliott dădu din cap aprobator. Păstrară tăcerea în timp ce trăsura urca dealul. Elliott se gândea că nu mai poate aştepta să rămână singur cu Harrison ca să afle care îi fusese planul. Ştia cum funcţiona mintea lui Harrison şi mai ştia că, fără umbră de îndoială, n-ar fi minţit niciodată, dar niciodată, la un proces. Nici n-ar pune pe altul s-o facă pentru el. Atunci, cum de reuşise?

Parte din răspuns stătea în zâmbetul pe care i-l oferi Mary Rose soţului ei. Harrison nu minţise în faţa curţii, dar îi minţise pe Mary Rose şi pe fraţii ei. Bineînţeles că Elliott înţelegea de ce o făcuse. N-ar fi fost atât de calmi şi de stăpâni pe ei dacă ar fi ştiut ce-i făcuseră fiii Livoniei mamei Rose.

Elliott se întrebă dacă Harrison le va spune vreodată adevărul. O să-l întrebe chiar diseară, hotărî el.

–Trebuie să mă întorc curând în Anglia, anunţă el.

–Nu poţi pleca încă. Am atâtea să-ţi arăt. Vreau să te prezint lui Corrie şi să-ţi arăt munţii mei. Dacă rămâi, am să-ţi arăt şi locul unde sunt îngropate fantomele.

Elliott era fericit că ea nu-l lăsa să plece. Ochii i se înceţoşară de lacrimi şi dădu încet din cap. Vocea îi tremura când spuse:

–Bine, copila mea. Mai stau două săptămâni. Vino cu Harrison în Anglia, să-mi faceţi o vizită vara viitoare. Dacă-mi promiteţi, o să mai rămân încă o săptămână.

–Dar trebuie să te întorci aici vara viitoare. Nu o să pot să plec atunci, zise ea.

–Iubito, putem merge pentru o lună şi ne întoarcem. Vreau să-ţi arăt Scoţia, insistă Harrison.

–Nu promit nimic până nu vorbesc cu Harrison, tată. Nu poţi aştepta până mâine răspunsul?

Elliott a fost de acord.

–Sunt nerăbdător să aflu mai multe despre cimitirul fantomelor. Povesteşte-mi chiar acum. Pe cine ai îngropat acolo?

–Pe monştrii care erau sub patul meu, răspunse Mary Rose. Când aveam cinci-şase ani, nu voiam să dorm în patul meu. Întotdeauna aşteptam să se stingă lumina şi mă strecuram în patul unuia dintre fraţii mei. Am dormit mereu cu ei când eram mică, deşi ei au vrut să mă dezveţe de acest prost obicei. Douglas a pus o draperie între patul meu şi paturile celorlalţi. Trăiam încă într-o baracă pe atunci. Oricum, eram sigură că aud monştri sub patul meu. Toţi fraţii mei, în afară de Cole, voiau să mă convingă că aveam o imaginaţie bogată. Cole a găsit altă metodă. Se aşeza în genunchi şi se uita sub pat, apoi fluiera. „Al naibii să fiu dacă nu e un monstru aici. Mary Rose, închide bine ochii cât trag eu în ei. E prea urât şi o să te sperie."

Harrison şi Elliott zâmbeau amândoi.

–Cole îşi scosese deja pistolul. Îi striga lui Douglas să deschidă uşa. Alerga apoi afară ca să nu-l văd eu. Apoi auzeam o împuşcătură.

–Îl împuşcă ca să dormi tu liniştită.

–Desigur, răspunse ea. Mi-a promis că-l lasă acolo toată noaptea ca să ştie şi ceilalţi monştri ce crede familia Clayborne despre ei şi că dimineaţă, îl vom îngropa. Eram foarte mică şi, fireşte, l-am crezut. Îl făceam să împuşte cam un monstru pe săptămână. Apoi, m-am gândit că sunt în siguranţă. Cole punea o cutie goală pe verandă. Îmi spunea să nu mă uit înăuntru, că mi s-ar face părul măciucă.

Râse amintindu-şi de toate astea.

–Eram foarte mândră de părul meu. Nu îndrăzneam să risc. Urcam pe pajişte şi, când dădeam de primul deal, îl înmormântam pe monstru. Nu mă rugam la groapa lui pentru că nu voiam să ajungă în rai.

Lui Harrison îi apăru înaintea ochilor imaginea fetiţei care ţinea de mână un pistolar.

–Ai fost înconjurată de iubire, murmură el.

–Da, aşa e, întări Elliott. Diseară mai trebuie să-mi spui o poveste. Am aflat o mulţime de lucruri despre tine din scrisorile acelea. Mama ta nu purta pică nimănui. Mă întreb de unde ai moştenit şi tu aceeaşi trăsătură?

– Cred că de la Cole, răspunse ea.

– Şi de la Douglas şi Travis, adăugă Harrison.

– N-am fost un copil perfect, tată. Mă plângeam şi îi pâram mamei Rose dacă fraţii mei făceau ceva ce nu-mi plăcea.

– Va trebui să împuşc şi eu monştri pentru copiii noştri?

– Sigur, e datoria unui tată. Dacă avem un băiat, îl voi boteza Harrison Stanford MacDonald.

– Al IV-lea, adăugă el.

– Al IV-lea, încuviinţă ea.

– Şi dacă e fată?

– Cred c-o să-i dau numele celor două femei care m-au iubit atât de mult: Agatha Rose. E frumos, nu?

Elliott era prea înduioşat ca să vorbească. Dădu din cap în semn că i se părea un nume minunat.

Şi potrivit.

Toţi trei se gândeau la tradiţia care avea să reziste şi să continue.

Ajunseră la fermă după câteva minute. Fraţii ei nu voiau să-l lase s-o ducă pe Mary Rose în căsuţă. Voiau să le răspundă mai întâi la câteva întrebări.

Şi nu aveau să renunţe. Harrison se aşeză pe verandă, îşi trase nevasta în braţe şi aşteptă să i se pună întrebările.

Travis fu primul.

– Înţeleg de ce m-ai pus să aduc acasă toţi caii de închiriat. Voiai să-i blochezi în oraş pe Lionel şi Reginald.

– Da.

– Ştiai că n-o să le placă deloc. De unde ai aflat asta? întrebă Cole.

– Adam mi-a spus ce viaţă duceau ei acolo în sud, înainte de război. Erau obişnuiţi să trăiască în lux. Voiam să se simtă nefericiţi şi să se plângă.

– Ce altceva ai mai făcut? întrebă Douglas.

– Am vorbit cu Billie, cu Henry şi cu Dooley. Adam, ai prieteni credincioşi aici.

Adam zâmbi.

–Da, ştiu.

–Billie le dădea fiecare masă. Se asigura că mâncarea o să fie groaznică. Henry le dădea băutura pe care şi-o prepară Fantomă în casă, iar Dooley trăgea cu urechea la ce spuneau despre oameni. Apoi îmi spunea mie.

–Şi tu te duceai să le spui oamenilor ce ziceau şi îi puneai să semneze o hârtie?

–Nu, Dooley îi convinsese deja. Eu doar îi compătimeam şi insinuam că aş fi eventual dispus să-i aduc în faţa justiţiei.

–Pentru calomnie? întrebă Cole.

–Ceva de genul ăsta, răspunse Harrison.

Elliott se ridică în picioare.

–Vreau să-mi schimb hainele astea de oraş. Nu cred că voi fi în stare să înţeleg ce ai făcut, Harrison. Va trebui să-mi explici o săptămână mărturia lui Alfred Mitchell, aşa cred. Te cunosc bine, fiule, şi ştiu că nu faci nimic ilegal.

–O săptămână, domnule. Vă rog să aşteptaţi doar atât. Adam, cum e să fii liber? Ţi-ai făcut griji că vei fi spânzurat, ai uitat?

–E bine, şopti el. Nu cred c-am înţeles încă totul. O să intru acum în casă şi o să iau poezia aia de pe perete. Spune-mi ceva, Harrison. De ce erau cuvintele alea atât de speciale pentru tine? Le-ai memorat, ţi-aminteşti?

–Da. Îi citeam acest pasaj tatălui meu aproape în fiecare seară. Îi plăcea. Îi dădea curaj.

Adam dădu din cap. Harrison se simţea secătuit de puteri. Mary Rose părea epuizată. Le spuse tuturor noapte bună şi îşi duse soţia în „casa" lor. Avea nevoie de ea ca să-i dea din nou putere, trupească şi sufletească, ca să poată ieşi să omoare monştri din nou.

Stătea în pragul uşii căsuţei şi o privea cum se dezbracă. Tocmai îşi scotea cămăşuţa când o rugă să se aşeze pe marginea patului.

Îngenunche în faţa ei şi îi luă mâna într-ale sale.

–Mama Rose e foarte bine. Alfred Mitchell n-a minţit.

–Ştiu. Nu i-ai fi cerut niciodată să mintă. Se simte bine cu adevărat?

–Da. I-am mințit pe frații tăi pentru că nu voiam să audă cât au fost de aproape de oamenii care i-au făcut rău mamei lor. Ştiam ce s-ar fi întâmplat.

–Ce i se va întâmpla Livoniei, când se vor întoarce fiii ei acasă?

–Iubito, Livonia e pe moarte. Unul dintre frații Mitchell ne va trimite o telegramă îndată ce va muri. Alfred a angajat un om s-o păzească zi şi noapte. Va avea grijă şi de mama ta, dar nu cred că Lionel şi Reginald se vor grăbi să se întoarcă. Trebuie să fie îngrijorați să nu fie urmăriți în justiție.

–De ce nu le-ai spus asta fraților mei, pe verandă?

–Ce crezi c-ar fi făcut Cole dacă ar fi aflat adevărul?

–S-ar fi dus după ei.

Harrison încuviință dând din cap.

–Le dau fiilor Livoniei o săptămână să dispară. Altminteri, poate va trebui să-l apăr pe Cole de două acuzații de crimă.

Ea îşi retrase mâna din ale lui şi îl mângâie pe obraz cu blândețe.

–Cole ar face o nebunie. Cel puțin, aşa cred. Ai cântărit bine reacția fraților mei. Ai făcut ce trebuia.

–Îți mulțumesc că ai încredere în mine.

–Nu trebuie să-mi mulțumeşti. Cred în tine. Nu înțelegi încă? Faci parte din familia mea acum. Ne vom contrazice, ne vom certa şi ne vom ierta, ne vom ține predici unul altuia şi ne vom consola, vom face toate lucrurile minunate pe care le fac familiile. Iubirea va fi singura care ne va da putere.

–Aşa şi trebuie să fie într-o familie.

Dragi copii,

Livonia se odihneşte în pace acum. A fost înmormântată creştineşte săptămâna trecută. Eu nu am intrat în biserică în timpul slujbei, dar am urmat-o la cimitir. Am rămas un timp cu ea, după ce au plecat ceilalți, şi mi-am luat rămas-bun. O să-mi fie dor de ea.

Am găsit pe cineva să mă însoțească în călătorie şi, după atâta amar de vreme, mă întorc acasă. Sunt într-un oraş din Kansas, plin de negri care au părăsit sudul şi s-au stabilit acolo.

Voi sta aici câteva zile şi îmi voi revedea vechii prieteni, apoi îmi voi continua drumul.
Dumnezeu să vă aibă în paza lui până ajung eu la voi,
Mama voastră,
Rose

În aceeași colecție

au apărut:

Johanna Lindsey
Când inima dictează

Stephanie Laurens
Patimile iubirii

Victoria Alexander
Micile minciuni ale dragostei

Julie Garwood
Mireasa îndărătnică

Elizabeth Hoyt
Înger și demon

Julie Garwood
O nuntă de vis

Stephanie Laurens
Pasiunile inimii

Stephanie Laurens
Prizoniera dragostei

Christina Dodd
Dragoste și abandon

Christina Dodd
Logodnă în înalta societate

vor apărea:

Elizabeth Hoyt
O dragoste nepotrivită

Karen Robards
Atracție scandaloasă

Christina Dodd
Legile iubirii

Elizabeth Hoyt
Inocență pierdută

Stephanie Laurens
Pețitoarea